मध्ययुगीन रस-दर्शन और समकालीन सौन्दर्यबोध

मध्ययुगीन रस-दर्शन और समकालीन सौन्दर्यबोध

रमेश कुन्तल मेघ

राधाकृष्ण

नयी दिल्ली पटना इलाहाबाद

ISBN : 978-81-8361-560-0

मध्ययुगीन रस-दर्शन और समकालीन सौन्दर्यबोध

पहला संस्करण : 1969
दूसरा संशोधित एवं परिवर्द्धित संस्करण : 2012

मूल्य : ₹ 750

प्रकाशक
राधाकृष्ण प्रकाशन प्राइवेट लिमिटेड
7/31, अंसारी मार्ग, दरियागंज, नई दिल्ली-110 002

शाखाएँ : अशोक राजपथ, साइंस कॉलेज के सामने, पटना-800 006
पहली मंजिल, दरबारी बिल्डिंग, महात्मा गांधी मार्ग, इलाहाबाद-211 001

वेबसाइट : www.radhakrishnaprakashan.com
ई-मेल : info@radhakrishnaprakashan.com

आवरण : रमेश कुन्तल मेघ

मुद्रक
बी.के. ऑफसेट
नवीन शाहदरा, दिल्ली-110 032

MADHYAYUGEEN RAS-DARSHAN AUR
SAMKALEEN SOUNDARYABODH
by Ramesh Kuntal Megh

आरा के चंद्रभूषण तिवारी
की
याद में

मुखबंध

इतिहास जोखिमों से भरपूर होता है अगर हम उसे सामाजिक विज्ञानों (social sciences) तथा मूल्यों से न जोड़ें। इतिहास तथा सामाजिक विज्ञान दोनों ही मानवीय व्यवहार (बिहेवियर) का तथा समाज में मानवीय जीवन के अर्थपूर्ण पैटर्नों का अध्ययन करते हैं। अतः आधुनिक युग में राजनीति-शास्त्र, अर्थशास्त्र, समाजशास्त्र आदि क्षेत्रों के वैज्ञानिक इतिहास का उपयोग करते हैं; तथा इतिहासकार व्यवहारवादी विज्ञानों के आधार पर अतीत के मानवीय व्यवहार का विश्लेषण करते हैं। इसलिये इतिहास तथा सामाजिक-विज्ञान दोनों के ही दो रूप हैं : कला रूप तथा विज्ञान रूप। दोनों में ही मूल्य अन्तस्थ हैं और दोनों को ही द्वंद्वात्मक सामाजिक नियम निर्देशित करते हैं। इसी द्वंद्वात्मकता की वजह से हम कह सकते हैं कि लोगों के एकरूप व्यवहार-पैटर्नों (सामाजिक विज्ञान) तथा इलेक्ट्रोनों के व्यवहार-पैटर्नों (प्राकृतिक-विज्ञान) में एक समानता कतई नहीं है। इसी द्वन्द्वात्मकता की वजह से हम न तो इतिहास का परित्याग करते हैं, और न ही उसका पुनरुत्थान। सारांश में, हम इतिहास का सापेक्ष्य और अन्तर्मुखी व्याख्यायोग आधुनिक युग के धरा-तल पर से ही कर सकते हैं, और इस व्याख्या में सामाजिक विज्ञानों की दृष्टियों से दीपित होकर पूर्वाग्रही तथा अन्धभक्त न होकर मूल्यों के तथा इतिहास-दर्शन के अन्वेषक हो जाते हैं। इस व्याख्या के लिये हमें अपने युग के प्रतीकों के औज़ार इस्तेमाल करने पड़ते हैं; अन्यथा अतीत हमसे छिन जाता है, या हम वर्तमान से विच्छिन्न होकर अतीत में लुक-छिप जाते हैं। भारतीय सौन्दर्यबोध के विषय में हम मुख्यतः उक्त दूसरी अन्यथा-दशा को ही पाते हैं। अतः कलाशास्त्रों की इतनी ज्योतिर्मयी परम्परा का अतीत हमसे छीन लिया गया है और हम अपनी इस परम्परा के प्रति अन्धभक्ति का इज़्हार करने के कारण न तो उनके अंतर्विरोधों के प्रति संदेहवादी हो पाते हैं, और न ही आधुनिक प्रतीकों तथा धारणाओं के ज्ञान-औजारों का इस्तेमाल करके उसका पुनर्मूल्यांकन कर पाते हैं। इसीलिये हमारे इतिहास तथा मध्य-कालीन सौन्दर्यबोधशास्त्र में समसामयिक अर्थ लापता हो जाता है। हमारे सामने हिन्दू-मुसलमान ब्रिटिश भारत के इतिहास हैं; वेदांती, शैव, सुन्नी, बौद्ध और जैन इतिहास हैं; पंजाब, बंगाल, महाराष्ट्र, दकन के इतिहास हैं; लेकिन सामाजिक विज्ञानों से संचालित इतिहास लेखनशास्त्र (historiography) की कड़ी अभी बहुत छोटी है। मध्यकालीन सौन्दर्यबोधशास्त्र के क्षेत्र

में तो हमें कम-से-कम ऐसी एक भी विशेष किताब नहीं मिली जो हमारी रहनुमाई करती। अतः वैज्ञानिक पद्धतियों का प्रतिपादन करके ही हम भारतीय इतिहासलेखनशास्त्र का स्तर समुन्नत कर सकते हैं।

इतिहास को अतीत की आलोचनात्मक अन्वीक्षा बनते हुए लोकजीवन की स्वतन्त्रता की कहानी भी होना होगा जिसे हर युग की सांस्कृतिक चेतना तथा बुद्धिजीवियों के कृतित्वों की व्याख्या करके अपना एकरूप प्राप्त करना होगा। यह एक दुःखद तथ्य है कि भारतीय जन इतिहास-लेखन के प्रति भयंकर ढंग से उदासीन रहे हैं। मुसलमान शासकों से पहले केवल काश्मीर में इतिहास लिखने की परम्परा थी। कल्हण की 'राजतरंगिणी', जिसका हमने भी उपयोग किया है, बारहवीं शती के मध्य में लिखी जा चुकी थी। इसमें भी पुराणबोध से शुरुआत हुई है किन्तु समापन लेखक के समसमय अर्थात् ग्यारहवीं शती के यथार्थवाद में हुआ है। इसमें मूलतः भाग्य, रहस्यवाद तथा अतिप्राकृतिकवाद के द्वारा 'ऐतिहासिक प्रारब्ध' के रूप में सामाजिक नियमों की तलाश हुई है। इसके समानांतर दार्शनिक ग्रंथों में भी हमें इतिहासलेखन की दूसरी पद्धति नजर आती है : (१) पहले 'पूर्वपक्ष' के रूप में बेहद प्रवृत्त्यात्मक ढंग से किसी व्यक्ति या दर्शन के सूत्र को प्रस्तुत करके उसका खंडन-मंडन करते हुए अपनी स्थापनाओं को पेश किया जाता है जो मूलतः पूर्व पक्ष का ही पुनर्मार्जन होती है; तथा (२) प्रतिष्ठित पूर्व ग्रन्थों की टीकाएँ तथा भाष्य लिखकर उन्हें अपने रंग में ढाल देना। इस तरह दार्शनिक विवाद (polemics) का जो क्रम चलता था वह शताब्दियों तक को समेट लेता था।

भारतीय सौन्दर्यबोधदर्शन के क्षेत्र में भरत के रससूत्र को लेकर काश्मीर में ही सौन्दर्यतात्त्विक एवं दार्शनिक इतिहासलेखनशास्त्र को एक साथ चलाया गया। यह एक नया इतिहासरूप है जिसमें पूर्वपक्ष को प्रस्तुत करके उसका खंडन-मंडन होता है, कई पूर्वपक्षों को सहृदयतापूर्वक तथ्यरूप में पेश कर दिया जाता है; किसी पूर्वपक्ष को अपनी दार्शनिक अनुगामिता से रंग दिया जाता है; अपने किसी प्रिय ग्रन्थ पर 'प्रकाश', 'लोचन', 'भारती', 'दर्पण', रूप में भाष्य लिखे जाते हैं; तथा काव्यशास्त्र-लेखन की परम्परा में संग्रह-कोश तैयार किये जाते हैं। भरत से लेकर अभिनवगुप्त तक तथा विशेष रूप से भट्टलोल्लट से लेकर अभिनवगुप्त और मम्मट तथा विश्वनाथ तक ऐसा सौन्दर्यतात्त्विक इतिहासलेखनशास्त्र ही प्रधान इतिहास-रूप हो गया था। यह इतिहासदर्शन की प्रतिबद्धता से भास्वर है और इसमें भाग लेने वाला प्रत्येक बुद्धिजीवी या तो दार्शनिक है अथवा विचारधारक (Ideologue)। अतः प्रतिबद्धता के चुम्बकीय ध्रुवांतों से गतिमान रसदर्शन का विकास

प्रतिबद्ध विचारधारकों के बौद्धिक विवाद (Polemics) का ही परिणाम है जिसने एक महान् बौद्धिक परम्परा को जगमगाया। एक बात और है। बौद्धिक विवाद में भाग लेने वाले ये सभी बुद्धिजीवी दार्शनिक विचारधाराओं के पक्के तथा अनुभवसिद्ध विश्वासी थे। इसीलिये ये जीवन के अंतर्विरोधों से जूझते हैं, अपने युग की समस्याओं को समझाने की कोशिश करते हैं, तथा अंततः अपने ही रंग में शेष सभी को रंगारंग कर डालते हैं। दूसरा भी यही करता है; तीसरा भी; आदि-आदि। भट्टलोल्लट का विरोध श्रीशंकुक करते हैं और मीमांसा दृष्टि को न्यायदृष्टि में ढाल देते हैं; श्रीशंकुक का विरोध भट्टतौत और भट्टनायक करते हैं तथा (दूसरे) अपने सांख्यदर्शन को प्रचारित करते हैं; भट्टनायक का विरोध अभिनवगुप्त करते हैं तथा भट्टनायक के सांख्य दृष्टिकोण को अपनी अद्वैतशैवदृष्टि में रंग देते हैं; अभिनव का समर्थन मम्मट, विश्वनाथ तथा पंडितराज जगन्नाथ करते हैं और अभिनव की स्थापनाओं का कोरमकोर वेदान्तीकरण कर देते हैं। मध्यकालीन कलाशास्त्रीय इतिहास-लेखन की तरकीब यही है। हम देखते हैं कि इन विचारकों में इतनी गहरी अनुभूति तथा दार्शनिक प्रतिबद्धता है कि ये टीकाओं एवं भाष्यों तक में विचार के कलश छलका देते हैं। इनके पास दार्शनिक धारणाओं के बड़े खरे सिक्के हैं। एक अनूठी और विशाल बात तो यह है कि ये सभी लोग नाट्यपुरोहित भरत को प्रमाण तो मानते हैं किन्तु 'रससूत्र' की व्याख्या अपनी-अपनी दार्शनिक प्रतिबद्धता के प्रखर अनुशासन में करते हैं। अतः प्रत्येक व्याख्या मध्यकालीन भारतीय मस्तिष्क के विकास का इतिहास है। प्रत्येक व्याख्या में प्रतीकों (symbols), 'धारणाओं' (concepts) तथा रूपकों (metaphors) के नये बौद्धिक औजार इस्तेमाल हुए हैं जो नये अनुभव, नयी परिस्थिति, नई जीवनदृष्टि तथा नये सामाजिक संबंधों की माँग की यथासंभव पूर्ति करते हैं। हम देखते हैं कि जब दर्शन क्षेत्र से किसी नये प्रत्यय का सौंदर्यायन होता है, या जब कोई नया रूपक 'झम्म से' कला के रंगमंच पर आ धमकता है, तभी नये मानसिक क्षितिज उन्मीलित हो उठते हैं। भट्टलोल्लट ने रज्जुसर्प के आरोप के रूपक को; श्रीशंकुक ने चित्र-तुरग, मणि-प्रदीप, रजत-शुक्ति के रूपकों को, भट्टनायक ने त्रिगुणरूपा प्रकृति के रूपक को, अभिनवगुप्त ने शिव शक्ति के रूपक को, पंडितराज ने परब्रह्म के रूपक को इस्तेमाल करके सौंदर्यतात्त्विक वृत्ति के सूक्ष्म कोणों को नुकीला बनाया है। अतः इन्होंने रूपकात्मक भाषा (metaphorical language) का प्रयोग किया है। यह भाषा धीमे विकास के मंथर क्रम (sequence) को नहीं बता पाती बल्कि यह एक प्रतीक से दूसरे रूपक में छलाँग (leap) लगाकर मस्तिस्क एवं चेतना का विकास करती है। यह भाषा साम्यरूपकात्मक संबंधों (analogical relations) से संचालित

होती है तथा अन्वेषणात्मक प्रकृति वाली होती है। अतः हम दार्शनिक प्रत्ययों तथा रूपकों के संयोग से रसदर्शन को विकसित होते हुए पाते हैं।

ऐतिहासिक दर्शन की मशाल की रौशनी में मध्यकालीन संस्कृति, समाज, दर्शन, सौंदर्यबोधशास्त्र तथा कला आदि एक ही आधेय की संदर्भात्मक इकाइयाँ सिद्ध होती हैं। बुनियादी तौर पर भारतीय सौंदर्यबोधशास्त्र में सृजन की धुरी के बजाय आशंसा की धुरी पर कलारथ घूमा है। आशंसा को समझने के लिए मूल संदर्भ दर्शनशास्त्र रहे हैं। यथार्थवादी दर्शनों के अनुयायी आचार्य 'ज्ञान' को, तथा अद्वैतवादी दर्शनों के विश्वासी 'अनुभव' को प्रधानता देते हैं। ज्ञान को प्रत्यक्ष, कारणोत्पन्न, स्वयंप्रकाश, सत्य मानने वाले मीमांसक भट्टलोल्लट 'अख्याति' और 'विपरीतख्याति' के तर्कों का उपयोग करते हैं; नैयायिक श्रीशंकुक 'अन्यथाख्याति' और परतःप्रामाण्य के प्रति वचनबद्ध हैं; सांख्यवादी भट्टनायक 'सत्ख्याति' पर जमे हैं; शैवाद्वैती अभिनवगुप्त 'आत्मख्याति' पर मुग्ध हैं तथा वेदांती पंडितराज जगन्नाथ 'अनिर्वचनीय ख्याति' के प्रतिपादक हैं। इस तरह 'ज्ञान' की केन्द्रीय समस्या लोकायतिकों की 'प्रत्यक्षख्याति' से लेकर वेदांतियों की 'अनिर्वचीनय ख्याति' तक संवर्द्धित होती है। भट्टनायक तक यह प्रधानतः 'ज्ञान' की समस्या है क्योंकि यथार्थवादी दृष्टि प्रत्यक्ष प्रमाण तथा कारणकार्य-तर्क से प्रतिबद्ध है। भट्टनायक के बाद से यह प्रधानतः 'अनुभव' की समस्या है क्योंकि अद्वैतवादी दर्शन निर्विकल्पवादी (absolutist) एवं अनन्यतावादी (monist) है। इस तरह भट्टनायक संधि पर खड़े हैं। जब तक पात्र-नट का द्वैत रहा है तब तक मूलतः ज्ञानानुगत दिशा रही है और जब भट्टनायक से 'नट' का तिरोभाव होने लगता है त्योंही अनुभव की अभिव्यक्ति के प्रश्न उभरने लगते हैं, और नाट्य की देश-कालद्वन्द्वपरक 'चलचित्र' की इकाई के बजाय काव्य की नाम-ध्वनि-परक 'शब्दबिंब' की सूक्ष्म इकाई का अभिषेक हो उठता है। सौन्दर्यबोधदर्शन जब तक यथार्थवादी विचारधारा से अनुबद्ध रहता है तब तक वह 'प्रत्यक्ष' तथा 'परिणाम' के अनुशासन में भी बँधा है और 'स्वभाववादी' है। लेकिन जब वह अध्यात्मवादी धारा से अनुस्यूत होता है तब हम प्रत्यक्ष के बजाय 'दिव्यदृष्टि', जागृति के बजाय सुषुप्ति एवं समाधि, तर्क (reason) के बजाय उन्मेष (revelation), कारणकार्य के बजाय दैवी संकल्प का चमत्कार (mirade), 'प्रमा' के बजाय 'प्रज्ञा', प्रत्यक्ष के बजाय योगज, प्रकृति के बजाय ब्रह्म, 'परिणाम' के बजाय 'विवर्त', प्रकृति के बजाय माया आदि के तथाकथित 'अलौकिक', 'लोकोत्तर', 'रहस्यात्मक', 'चमत्कारपूर्ण', जैसे विशेषणों को पाने लगते हैं। यह अवलोकन अभिनवगुप्त देते हैं। स्तुतः मध्यकालीन तर्कशास्त्र (Medieval Logic) का यूतोपियन महल इन्हीं प्रत्ययों के स्तम्भों पर खड़ा है। एक ओर

यथार्थवादी हैं जो इंद्रिय ज्ञान की शुद्धता पर पक्का भरोसा रखते हैं तो दूसरी ओर आनन्दवादी हैं जो अतींद्रिय ज्ञान की आनन्दतात्मकता, सत्यता, ब्रह्म-रूपता पर श्रद्धा से विभोर आँखें मूंदे रहते हैं। वे लौकिक ज्ञान की सत्ता तथा लोक की सत्यता का ही निषेध कर देते हैं। वे भूत (matter) तथा गति (motion) के किसी भी रूप को सत्य नहीं मानते, अतः मात्र चैतन्य तथा अपरिवर्तनशीलता ही उनके आधार होते हैं। वे मानवीय जगत् तथा मानवीय स्व की रचना के लिये एक ऐसा कारण ढूंढ लेते हैं जो लौकिक कारणकार्यन्याय को भग्न कर दे; तथा निर्लिप्त भी हो। अतएव ब्रह्म' के रूप में ऐसा निर्विकल्प कारण प्रतिष्ठित होता है। वे 'काल' के क्रम (sequence), परिवर्तन (change) तथा क्षणिकता (now-ness) की सीमा को तोड़ना चाहते हैं। अतः काल के अक्ष से मुक्त ब्रह्म, परमशिव ईश्वर, अलौकिक रसचर्वणा, आदि के तत्त्वों में सहक्रमिकता (simultaneity), नित्यता तथा आत्मरूपता मिलती है। वे 'देश' की भौतिकता, संघर्षजन्य दुख, प्रत्यक्ष, अशुद्धता से मुक्त होना चाहते हैं। अतः विशुद्ध सृष्टि, प्रकाशरूप चैतन्य तथा समाधिभूत प्रत्यक्ष की प्रतिष्ठा होती है। वे 'कर्म' (work) तथा 'श्रम' (labour) की शूद्रधर्मा वृत्ति से भी मुक्त होना चाहते हैं। अतः संविद्विश्रांति, निर्विघ्नप्रतीति, समाधि, आनंद आदि की धारणाएँ मिलती हैं। वे 'व्यक्ति के बंधन' से भी मुक्त होना चाहते हैं। अतः स्वगतत्वेन, परगतत्वेन तथा तटस्थ तीनों प्रकार के सम्बन्धों से मुक्त निर्विशेष आत्मा, सहृदयत्व, जीवन्मुक्त, साधारणीकृत, सत्वोद्रिक्त आदि सम्बन्धों की निर्मितियाँ मिलती हैं। सारांश में, अभिनवगुप्त से सौन्दर्यबोधदर्शन के रुख में काल के, देश के, व्यक्ति के, कर्म के श्रम के तथा जागृति के सभी अक्षों और आयामों से पूर्णतः मुक्त होने का आध्यात्मिक आत्मछल छा जाता है। वस्तुतः दोनों धाराओं में सौन्दर्यबोधात्मक वृत्ति की 'विलक्षणता' को स्वीकार करने वाले ज्ञान के प्रतीकात्मक औज़ार गढ़े तो जा रहे थे, किन्तु उनका नामकरण करने की बौद्धिक फिज़ा खत्म हो रही थी। मध्यकालीन विचारधारा (medieval ideology) की एक ही अनुशासक धारा बह चली जो अध्यात्म, इहलोक का निषेध, रहस्यवाद, अतिप्राकृतिकवाद, ब्रह्मवाद में परिणत हुई। अतः सांख्य सांख्ययोग में, वेदांत योग में, न्याय नव्यन्याय में, पूर्वमीमांसा उत्तरमीमांसा में परिणत हुई। यह सब शंकर के बाद ग्यारहवीं शती से हो गया। हम गलती से अब भी केवल अद्वैतवादी दर्शनबोध को ही 'भारतीयता' की संज्ञा देने का दिग्भ्रम फैलाते जा रहे हैं। हाँ, यह धारा सर्वप्रधान अवश्य हो गई थी। फलतः अभिनवगुप्त के बाद दार्शनिक विवाद (polemics) का वातावरण विलुप्त हो जाता है और मौलिक भारतीय मनीषा में कठिन गाँठ पड़ जाती है। समाजशास्त्र का यह द्वन्द्वात्मक

नियम है कि मूर्त्त यथार्थता से जितना ज्यादा सम्पर्क छूटेगा उतने ही अनुपात से परायापन (alienation) बढ़ेगा। मध्यकालीन तर्कशास्त्र ने इसे उलटकर देखा : मूर्त्त यथार्थता से जितना अधिक सम्पर्क बढ़ेगा उतना ही परायापन बढ़ेगा। इस प्रकार अध्यात्मवाद विशुद्ध रूपों [शिवशक्ति का उन्मेष, 'ईश्वर' की इच्छा, आत्मा, रसानंद] की ही अनुकल्पना करता है जहाँ प्रकृति (nature) तथा मनुष्य (man), दोनों का निःश्रेयस, अमूर्त्तीकरण (abstraction) होता चला जाता है। अभिनवगुप्त से ये ही मध्यकालीन बोध शुरू हो जाते हैं। इन्हीं अमूर्त्तीकरणों से आत्मपरायापन (self-alienation) तथा देशकालव्यक्ति मुक्त निर्विकल्पों का लोक जन्म लेता है। उत्तर-मध्यकालीन सौंदर्यबोधानुभव इन पर ही टिका है। इन्हीं कारणों से 'चमत्कार', 'लोकोत्तरता', 'विलक्षणता', 'ब्रह्मानंद-सहोदरता' आदि की तर्कपूर्व (pre-logical) धारणाएं स्वीकृत हुईं जो निद्राचक्र (sleep-cycle) तथा वशीकरण (hypnosis) तथा मादकता (intoxication) की उत्तेजकताओं के अवनर्मिल रूपायन-सी हैं। हमने इनकी गहरी छानबीन की है। मध्यकालीन तर्कशास्त्र तथा आधिभौतिक यथार्थता को समझे बगैर हम आधुनिक भारतीय बुद्धिजीवी-परम्परा में भी शंकर तथा विश्वनाथ की शब्दावली में ही रसनिष्पत्ति का तोतापाठ करते चले जाएंगे। हमें यह समझना चाहिए कि ब्रह्म, आत्मा, चैतन्य, मुक्ति, रसानुभूति, चित्त, चित्तवृत्ति आदि तो प्रतीकात्मक अभिव्यंजनाएं हैं जो मध्यकाल में भौतिकवाद तथा अनुभववाद से पलायन के आदर्शीकृत रास्ते थे। ये प्रतीकात्मक अभिव्यंजनाएँ वस्तुतः समस्या-समाधान (problem-solving) की प्रक्रियाएँ हैं जो धार्मिक दर्शन में अतिप्राकृतिकवाद (supernaturalism) के रूप में उदघाटित हुईं अर्थात् ये प्राकृतिक नियमों, जागरण तथा लौकिक प्रमाणों से परे बताई गयीं। अतः हमें ऐसे प्रतीकात्मक कार्यों (symbolic acts) के ढांचे की छानबीन करना है, न कि मध्यकालीन आनुष्ठानिक समाधि में सामरस्य प्राप्त करना। मध्यकालीन दृष्टिकोण साफ है। वहाँ द्वैत है : शरीर और जीव का, इहलोक और परलोक का, प्राणी और आत्मा का, जगत् और माया का, स्थायीभाव और रस का, भावित रस और भुक्त रस का, चिदात्मक रस और चित्तवृत्ति रूप रस का, इत्यादि। मध्यकालीन अधिभौतिक तर्कशास्त्र इनका समन्वय कराने के बजाय इन्हें देश-काल-व्यक्ति-कर्म के चारों आयामों से मुक्त कराके तथाकथित अद्वैतपरक 'चमत्कार' तथा 'लोकोत्तरता' हासिल करता है। इसीलिये रस नित्य होकर भी तत्समकाल में अनुभूत होता है, क्रमपूर्ण होकर भी असंलक्ष्यक्रम से ध्वनित होता है, चित्तवृत्त्यात्मक होकर भी चिदात्मक आनंद रूप होता है। असल मामला तो यह है कि सौंदर्यबोधतत्त्व जैसे लौकिक भूमि वाले और इन्द्रिय-प्रत्यक्ष पर आश्रित विषय की यथार्थता को वे विचारक

बहुत अधिक चाहकर भी नहीं मिटा सके । अतः यह अंतर्विरोध आद्यन्त बना रहा । यह द्विधाविभक्ति मध्यकालीन विश्वदृष्टिकोण (world-view) भी थी । इसका एक फल भी मिला : जन्मांतरवादी कर्मसिद्धांत ने अतीत-वर्त्तमान-भविष्य की इकाई "एक" कर दी, तथा संस्कार ने भोग तथा चित्तवृत्ति की भावभूमि भी बना दी । इसीलिये इस सूत्र को लागू करते ही "सहृदयत्व" की दार्शनिक भूमिकाएं अधिकाधिक पल्लवित-पुष्पित हो उठीं । इसका एक दूसरा फल भी मिला : एक ओर भरत के रससूत्र का कर्मकांडी साक्ष्य ढीला पड़ा; भोज ने स्थायीभाव तक को सामान्य भाव की कोटि में रख दिया, विश्वनाथ ने विभावानुभावसंचारी में से एक या दो के बिना भी रसनिष्पत्ति स्वीकार कर ली ; पंडितराज ने रसात्मकता के बजाय रमणीयता का अभिषेक कर डाला। दूसरी ओर रामचंद्रगुणचंद्र रसानंदवादी धारा के विरुद्ध हो गए । इससे स्पष्ट प्रमाणित होता है कि रसानुभव को तो संशोधित-संवर्धित करके स्वीकार कर लिया गया था, किंतु विभाव-अनुभाव-संचारी की त्रयी को, तथा स्थायीभाव⇌रस के संबंध को नये-नये उद्बुद्ध अनुभवों तथा कलामाध्यमों के अनुपयुक्त समझा गया । यह एक 'ऐतिहासिक निश्चयता' थी जिसने अंततोगत्वा रससूत्र का मूल लिंग्विस्टिक या भाषिकीय ढाँचा ही संशोधित कर डाला । अतः 'संयोग' तथा 'निष्पत्ति' विटगेंस्टाइन प्रणीत 'भाषा-क्रीड़ा' की याद दिलाते हैं । अब विभावादि के बजाय अनुकरण, अभिनय-अभ्यास तथा कविनटशक्ति-कौशल की ज्यादा पहल हो गई । फलतः वैयाकरणों की शब्दशक्तियों की तरह भट्टनायक से लेकर पंडितराज तक अभिधा, भावकत्व, भोगकृत्व, विभावना, अनुभावना, समुपरंजन, व्यंजकता, रसना, चर्वणा, ध्वनन्, रमणीयता आदि की नाना 'कला-शक्तियों' की पूर्ण, शुद्ध तथा अलौकिक कल्पनाएँ हुईं । इसी तरह रसानुभव की प्रकृति को समझने के लिये अन्न के रूपक से शुरू करके छौंक वाली दाल, पके भात, प्रपानक रस, सिद्ध रसायन जैसे लौकिक जीवन तथा तांत्रिक रस के क्षेत्र के सादृश्य इकठ्ठे किये गए । हम आगे भलीभाँति देखते हैं कि मध्यकालीन सौंदर्यबोधशास्त्र रसदर्शन और ब्रह्मज्ञान के साम्यरूपकात्मक (analogical) संबंधों की तलाश में रसदर्शन की भावधर्मता तथा ऐन्द्रियिक प्रत्यक्ष से भी मुक्त होने की भगीरथ असफलता ही पाता है । हम जानते हैं कि अनुभव का केवल मात्र 'अनुभूत (felt) आयाम' ही नहीं है, बल्कि 'ऐंद्रियिक प्रत्यक्षीकरण' का भी दूसरा आयाम है, तथा इसके साथ ही एक 'तर्कगम्य' तीसरा आयाम भी है । मध्यकालीन बोध ऐंद्रियिक प्रत्यक्षीकरण के तथा तर्कगम्यता के आयाम से अंततोगत्वा आज़ाद होने की धारणाओं को उभारने में तर्कपूर्व भाषा का संधान करता है । अतः संविद्विश्रांति तथा श्रद्धा के गमक प्रधान हो जाते हैं। अतः रस 'अलौकिक प्रत्यक्ष' हो जाता है। देश तथा काल का इतना

संत्रस्त निषेध करके मध्यकालीन भारतीय चिंतन ने जगत्, जीवन, आर्थिक उत्पादन की खुशहाली, समाज की यथार्थता तथा मनुष्य का भी दुःखद निषेध कर दिया। आज की तरह ही मध्यकालीन सौंदर्यबोधात्मक वृत्ति का लक्ष्य भी पीड़ा तथा दुःख से प्रयाण रहा है। पहले यह प्रयाण मनुष्य को क्षणभंगुरता, आत्मछल तथा सामूहिक मिथकों की दुनिया में भटका देता था। इनका निराकरण इच्छा तथा ज्ञान से ही हो सकता था और हो सकता है। लेकिन इन्हें 'भ्रम' बता दिया गया। अत. लोकोत्तरता, चमत्कार एवं समाधि आदि ही इसके समाधान कबूल किये गए। इसलिये मध्यकालीन सौंदर्यबोधदर्शन को समझने के लिये हमें मध्यकालीन तर्कशास्त्र, मध्यकालीन रसायनशास्त्र, मध्यकालीन ब्रह्माण्डज्ञान (cosmography), मध्यकालीन प्रतीकवाद आदि का भी आधुनिक वैज्ञानिक विश्लेषण करना पड़ेगा। एक विशिष्ट परिस्थिति में जब 'योगी' का ऐतिहासिक महत्त्व भी प्रतिष्ठित हो जाता है तब 'शून्यत्व' (nothingness ≈ zero), और अंश-अंशी अथवा शेष-शेषी (parts-whole) के अनुभव की गणितीय धारणाएँ भी अनुभूत को प्रेषित करने की कोशिश करती हैं। हम जानते हैं कि शून्य की धारणा चक्र, नाभि, गर्भ, दशमलव से लेकर 'ब्रह्म' और 'निर्वाण' तक का समाहार करती है। यह धारणा विरोधाभासों (paradoxes) का पुंज है। अतः इसमें प्रतीक-समूहों की विविधमुखी अभिव्यंजनाओं की बेशुमार सहूलियतें हैं। इसी तरह अंश-अंशी की धारणा ब्रह्मकारणवाद को मजबूत विश्वास देने में इस्तेमाल की गई है। यह हमें निर्विकल्पों (Absolutes) की कसौटी देती है जहाँ जीवन की सभी रेखाएँ या तो अमूर्त्त हो जाती हैं अथवा विराटीकृत !

इस परिप्रेक्ष्य में हम मध्यकालीन मनोविज्ञान की दार्शनिकता (Philosophical Psychology) को नज़रअंदाज़ नहीं कर सकते। यह मनोविज्ञान सापेक्ष्य यथार्थता तथा रहस्यपरक धर्म के ध्रुवांतों वाला है। लौकिक प्रत्यक्ष की नर्मिल (normal) दशाओं से शुरू करके अनर्मिल अवस्थाओं का सामना करते हुए यह अवनर्मिल अवस्थाओं में ही विश्रांत होता है। भट्टलोल्लट नर्मिल प्रत्यक्ष से शुरुआत करते हैं, श्रीशंकुक अनर्मिल प्रत्यक्ष (मणिप्रदीप न्याय) में दैवसंयोग तत्त्व (chance factor) की गणना करते हैं, तथा भट्टनायक अवनर्मिल उदात्तीकरणों की संभावना का द्वार खोलते हैं। अभिनवगुप्त से लेकर जगन्नाथ पंडित तक प्रत्यक्षीकरण को रहस्यात्मक अवनर्मिल (abnormal) मनोवैज्ञानिक प्रपत्तियों से नत्थी कर दिया जाता है। अब लौकिक प्रत्यक्ष के बजाय अलौकिक प्रत्यक्ष, जागृति के बजाय तुरीयावस्था, और यथार्थता के बजाय भ्रांति की भूमिकाएँ बढ़ने लगती हैं। इसी सामूहिक मनोवृत्ति की देन का विचित्र व्यक्तिवादी नतीजा है कि जागृति, प्रत्यक्ष तथा

चेतना के मनोविज्ञान के बजाय वशीकरण (hypnosis), मायावरण (hallucination) तथा समाधि (trance) की अवनर्मिल दशाओं में विचित्र सत्य तथा अनुभव, प्रत्यक्ष तथा बोध ढूंढ़े और हासिल किये जाते हैं। मध्यकालीन मनोविज्ञान-दर्शन में इन उपकरणों की पहल को रेखांकित करना होगा जिसकी वजह से हमें बारम्बार 'चमत्कार', 'लोकोत्तरता', 'सत्वोद्रेक' आदि के परिणाम मिलते हैं। हमने पावलोवीय व्यवहारवादी तथा प्रायोगिक मनोविज्ञान-धाराओं के आधार पर बिस्तारपूर्वक रसानुभूति में बाह्य एवं आन्तरिक उत्तेजकों (stimulus), असाहचर्य प्रक्रिया (dissociation process), विभक्त मस्तिष्क की सह-चेतन क्रियात्मकता (co-conscious activity of the split mind) की भूमिकाओं को विशेषत: उद्घाटित किया है। एक दिलचस्प उदाहरण दिया जा सकता है: शमन (inhibition) अमूर्त्तन (abstraction) तथा उदात्तीकरण (Sublimation) के कारण ही नन्हें-से 'दीपक' के प्रकाश का उत्तेजक कई प्रतीकों में ढलते-ढलते अनंत 'प्रकाशरूप ब्रह्म' या 'परमशिव' हो गया; अथवा दु:ख से पलायन की मानवीय वृत्ति 'मुक्ति' तथा 'आनन्द' में परिणत हो गई। अत: 'दीपक' और 'दु:ख' के विषयों के इर्द-गिर्द आध्यात्मिक अनुभवों की स्कीमें तथा सामूहिक मिथकें गुंथी हैं। मध्यकाल में धार्मिक अनुभूति के दो महत्तम रूप मिलते हैं: रहस्यात्मक (mystical) एवं अवतारी (prophetic)। सौन्दर्यबोधानुभव में—वैष्णव सौन्दर्यबोधदर्शन के अलावा—पहली अनुभूति ही प्रतिष्ठित रही है जिसमें नि:श्रेयसता (passivity) तथा समाधि (contemplation) प्रधान हैं। मध्यकाल में इस अनुभूति का सम्बन्ध नित्यता (eternity) से जुड़ गया और इसकी अतिप्राकृतिक सिद्धि पर विश्वास भी जम गया। रहस्यानुभूति में भविता (being) तथा अनुभूति (feeling) के केन्द्र होते हैं। भारतीय दर्शन तथा कला में वर्त्तमान क्षण को अमर कालविहीनता में बदलने या रूपांतरित होने की साधना प्रधान है। अतः काल के प्रवाह को रोक देना मानवीय तर्क एवं यथार्थ की सीमा के परे है। इसका नतीजा तो मृत्यु से छुटकारा है। दार्शनिक शब्दावली में यही संस्कार का प्रशमित उदात्त भोग तथा कर्म-चक्र से मोक्ष प्राप्त करने का लक्ष्य अर्थात् 'योग' हो गया। 'काल' और 'मृत्यु' से मुक्ति प्राप्त करने वाले 'योगी' की ऐतिहासिक महत्ता यही है। सौन्दर्यबोधानुभव में रसानन्द को इसी सादृश्य से निरूपित किया गया। इस तरह योगी की साधना और सहृदय की रससाधना लगभग एक कोटि की हो गई: एकरूप नहीं, सहोदर-रूप!

इन परिस्थितियों में मध्ययुगीन व्यक्तित्व-धारणाओं (theories of (personality) का उद्भव हुआ जिनका प्रतिपाद्य प्रशिक्षित (trained)

'आशंसक' रहा। आशंसक के नामकरण स्वयं में सामाजिक मनोविज्ञान का क्रमिक विकास हैं। भरत ने 'सुमनस् प्रेक्षक' पर बल दिया है जो यथार्थता के कलात्मक रूपांतरण का तदनुकूल अंतरानुभूति (empathy) से प्रत्यक्षीकरण कर सके। यह प्रेक्षक सामूहिक जन है जिसमें भावात्मक दशाएँ उत्पन्न हो सकती हैं, जो परिस्थितियों के विभिन्न घटकों के संयोग से नये वातावरण में अभियोजित हो जाता है और जो विश्रांत अवकाश की निष्पत्ति का विनोदात्मक उपभोग कर सकता है। भट्टलोल्लट और श्रीशंकुक ने 'प्रमाता'-आशंसक की धारणा पेश की जो भ्रांतियों का निराकरण करके ज्ञान का भोग कर सके, जो इन्द्रियों से परे के यथार्थ को भी अनुमान द्वारा स्वीकार कर सके, तथा जो किसी भी अवर्नमिल दशा को न उभरने दे किन्तु कलामाध्यम की विलक्षणता को अवश्य पहचाने। ये दोनों धारणाएँ नर्मिल मनोविज्ञान के प्रत्यक्षों (perceptions) पर आश्रित हैं। भट्टनायक की 'सामाजिक'-आशंसक की धारणा आध्यात्मिक मनोविज्ञान के क्षेत्र में क्रांति कर देती है। सांख्य दर्शन ने शरीर की बारीकियों की, दार्शनिक शरीरशास्त्र की तथा मनोवैज्ञानिक विषयों की छानबीन करके एक ओर तो प्रकृति से लेकर बाह्यकरण को त्रिगुणात्मक माना तथा दूसरी ओर शरीर को 'अंतःकरण' एवं 'बाह्यकरण' में क्रमशः वितरित एवं विकसित किया। 'मन' दोनों करणों की संधि हुआ। मन की उत्तरोत्तर पूर्व दशाएँ अंतःकरण के बुद्धि एवं अहंकार हुए; तथा परवर्ती दशाएँ कई इन्द्रियाँ हुईं। इस भूमि पर इन सभी करणों की धर्मता का भी निरूपण हुआ। अतः सहृदय के अंतःकरण को भी त्रिगुणात्मक माना गया जो रसभोग के समय अपने तमस् एवं रजस् गुण के मोहसंकट का निवारण करने के बाद सत्व गुण को उत्कर्षपूर्ण करता है। सत्व-गुण प्रकाश, अमूर्त्त, सुखपरक तथा ज्ञान है। अतः रसभोग के लिये यह मनोवृत्ति स्वीकार की गई। इसी तरह भट्टनायक ने कलात्मक प्रत्यक्षीकरण का मनोविज्ञान प्रस्तुत करते हुए कहा कि नाट्यभूमि पर पात्र तथा रंगमंचीय भाव सभी लौकिक संबंधों से मुक्त होकर साधारणीकृत हो जाते हैं। यह एक मनोवैज्ञानिक 'भावना व्यापार' है। इस तरह भट्टनायक ने 'अनर्मिल' मनोविज्ञान की संरचनाएँ कीं। उन्होंने 'भावना' एवं 'भोग' की दो (शब्दार्थक नहीं) सौन्दर्यात्मक मनोदशाओं का विधान किया। मूलतः वे त्रित्वों (triads) के विधान के द्वारा मानव तथा प्रकृति के गुणात्मक व्यक्तित्व एवं तत्त्व की ऐकता भी कराते हैं। वे प्राणिशास्त्र तथा सामाजिक मनोविज्ञान के अकेले मध्यकालीन समन्वयकर्त्ता हैं। भट्टनायक ने ही नैतिक द्वन्द्वों तथा अतिमानवीय कर्मों की दशा में मनोवैज्ञानिक उलझन को भी भाँप लिया था, किन्तु पूज्यबुद्धि की आड़ लेकर वे इसे टाल-सा गए। यदि यह द्वंद्व अन्तरात्मा का द्वन्द्व हो गया होता तो भारतीय इतिहास में त्रासद

बोध (tragic sense) की सर्वप्रथम यथार्थवादी नींव पड़ती। इस तरह भट्टनायक एक बेहतरीन मध्यकालीन मनोवैज्ञानिक भी ठहरते हैं। अभिनव ने 'सहृदय' आशंसक की पुनः प्रतिष्ठा की। सहृदय कवि के हृदय से अथवा पात्र के हृदय से हृदयसंवाद कर सकता है। इस धारणा के पीछे दार्शनिक मनोविज्ञान की महत्तम निष्पत्ति है : मानवीय चित्ति (human psyche) की विश्वात्मकता ! अभिनव के शैवाद्वैत ने इसी बात को मध्यकालीन भाषा में सभी जीवों को परमशिव का अंश बताकर कहा। अतः सभी जीव एक ही परम-शिव के अंश हो गये। अतः 'सहृदयत्व' स्वभावतः स्वीकृत हो गया। इस धारणा पर 'योगी' का भी संयोग हुआ। प्रशमन (inhibition), नियंत्रण (control) तथा विमर्श (suggestion) आदि के आधार पर 'स्मृति', 'संस्कार', वीतविघ्नता' की धारणाएँ स्पष्ट की गईं। इसके अलावा अभिनव ने 'प्रतिभा' के तत्वों को भी पेश करने की कोशिश की। अभिनव ने रसविघ्नों के बहाने कलात्मक अनुभव की दशा में पहुँचने की मनोवैज्ञानिक प्रक्रिया की भी झाँकी दी। इसके साथ ही उन्होंने मनोविज्ञान की अबनर्मिल किस्म को भी मंजूर कर लिया। अतः जागृति के बजाय स्वप्न, चेतना के बजाय समाधि, द्वन्द्वात्मकता के बजाय विश्रांति (कैथार्सिस) मंजूर हुई। वैष्णवसौन्दर्यबोधशास्त्र ने 'भक्त'-आशंसक की धारणा विकसित की जो श्रद्धा तथा भक्ति की चित्तवृत्तियों से पूर्णतः संचालित है। विश्वनाथ तथा जगन्नाथ ने 'सहृदय' तथा 'रसिक' आशंसक की चर्चा की है जिसमें योग तथा शृंगार का अद्‌भुत मेल है। हमने इस पक्ष को गहराई से उभारा है। इसी तरह रसानुभव का भी मनोविज्ञान है जो 'ज्ञान' तथा 'क्रिया', 'इच्छा' तथा 'ज्ञान' के बीच का चुनाव करने के लिये परमशिव की 'शक्तियों' तथा ईश्वर की 'इच्छाओं' के प्रतीकों का सहारा लेकर जोड़-तोड़ करता है। किन्तु यह चित्त (अमूर्त) तथा चित्तवृत्ति (शारीरिक) के अंतर्विरोधों का निराकरण नहीं कर सका। यह स्वयं कला एवं कलामाध्यमों की वजह से हर्गिज हो ही नहीं सकता है। इस तरह भरत का ग्रामीण लोक प्रेक्षक पौराणिक साहित्य से संबद्ध होता चला गया; तथा भट्टनायक, अभिनव-गुप्त, विश्वनाथ, पंडितराज का शहरी सामाजिक, या रसिक, या सहृदय, या प्रमातृ काव्यशास्त्र तथा कामशास्त्र की विलासलीला का दावेदार बना। बारहवीं शती से यह वर्गीय विभाजन बहुत पैना हो गया था। ऐसे सृजनात्मक बोध के अंतर्गत निरंकुश सामंतों-सम्राटों की तरह अभागा आश्रित कवि भी 'निरंकुश' होने की पदवी से फुसला दिया गया। बस, उसका लोकजीवन से आत्मपरायापन बढ़ता गया, और वह राजसभाओं में कीर्ति तथा स्वर्णमुद्राओं का भूखा हो गया। राजसभाओं में कवि के बजाय सामंत महत्त्वपूर्ण था। अतः सृजनप्रक्रिया के बजाय रसनिष्पत्ति की ही छानबीन हुई। अतः

उत्पादयिता कारीगर और कलाकार से भोक्ता रसिक, तथा सिद्ध, तथा सामंत, तथा श्रेष्ठि श्रेष्ठ मान लिया गया। अतः हमें इन सामाजिक-सांस्कृतिक संदर्भ-इकाइयों के प्रति एक समाज-वैज्ञानिक की तरह सचेता बनना ही पड़ेगा। हमने पहले कहा भी है कि सौन्दर्यशास्त्रीय परम्परा का प्रखर दार्शनिक अक्ष नवीं शती में अचानक खुल पड़ा जब एक साथ कुमारिल, शंकर और सरह-पाद का उद्भव हुआ। हमने इस त्रयणुक क्रांति का एक बड़े रिनैसाँपटल पर सर्वेक्षण किया है। इनमें से पहला 'ज्ञान' का, दूसरा 'ब्रह्म' का तथा तीसरा 'सहजसुख' का अनुष्ठापक था। त्रयणुक क्रांति ने अपना असर बारहवीं-तेरहवीं शती में दिखाया जब 'योगी' तथा 'सिद्ध' तथा 'नाथ' तथा 'वीर' का आपस में पर्यवसान हो गया और इसका विपाक 'रसिक-सहृदय' में हुआ। उस युग में सामंत और सुमंत्री का समीकरण टूट गया; तथा एवज़ में सामंत और सिद्ध का नया अतिप्राकृतिक, अंधविश्वासी, रहस्यात्मक समीकरण बना। भोज के रस-सिद्धान्त में यह प्रक्षेपण ध्यातव्य है। पंडितराज जगन्नाथ का आविर्भाव मुग़ल शासन के उस चरण में हुआ जब 'विचार' (idea) को वास्तुकला के भव्य, महान् तथा विराट् पाषाणशब्दों (ताजमहल, जामामस्जिद, मोती मस्जिद, दिल्ली किला आदि) में ढाल चमत्कार उत्पन्न किया गया; तथा एक लौकिक झोंपड़ी की तुलना में ये अलौकिक आलीशान इमारतें बुलंद की गईं। अतः पंडितराज जगन्नाथ को अपने हिन्दुस्तानी सांस्कृतिक पैटर्न की सामान्यता (generality) के बीच 'शब्द' और 'रमणीयता' का अभिषेक करना पड़ा। इस तरह समाजशास्त्र, मनोविज्ञान तथा अध्यात्मशास्त्र को निथारने तथा छानने पर ही मध्यकालीन सौन्दर्यबोधशास्त्र की लगभग सारी रहस्य-मणियाँ हस्तामलकवत् हो जाती हैं, तथा ये नये रूप में आधुनिक भारतीय मानस को ज्ञानगोचर भी हो सकती हैं।

इस संपूर्ण लालित्य के विश्लेषण की सबसे गंभीर तथा गूढ़ ग्रन्थि इन मध्यकालीन सौन्दर्यबोधशास्त्रियों के मस्तिष्क की पुनर्रचना (reconstruction of the minds) की है। यदि इन बुद्धिजीवियों के मस्तिष्क की पुनर्रचना कर ली जाती है तब हम अपने वर्तमान अर्थ को भी सार्थक कर लेते हैं; उन सौन्दर्यतत्त्ववेत्ताओं के व्यक्तित्वों की अंतर्मुखता में झाँक लेते हैं; उनकी सामाजिक स्थिति, नैतिक एवं दार्शनिक प्रतिबद्धताओं (comitments) से पूर्णतः परिचित हो जाते हैं; तथा हम स्वयं अपना भी—इस प्रक्रिया में—नवोन्मेष कर लेते हैं। यह ऐतिहासिक बोध है। इसमें यंत्रणा है, कामना है, दर्शन है, विज्ञान है, कला है, उन्मेष है तथा उत्कर्ष है। भारतीय मध्यकालीन बौद्धिक आचरणों में रूढ़संहिता (dogma) के आधार पर शेष सभी मतों को धराशायी कर देना, नास्तिकों तथा लोकायतिकों के सारे साहित्य

को जला देना, किसी अन्य की स्थापनाओं को बिल्कुल दूसरे साँचे में ढाल देना, कभी-कभी गुमनाम हो जाना आदि की प्रधानता थी। इसलिये मध्यकालीन बुद्धिजीवियों के मस्तिष्कों की पुनर्रचना सबसे जटिल, जोखिम तथा ज्योतिर्मय कार्य है। मैंने इतिहासलेखनशास्त्र तथा इतिहासदर्शन की पद्धतियों का संयोग करके यह काम पूरा करने का हौसला किया है। उत्तरमध्यकालीन बुद्धिजीवी ब्रह्म (idea) तथा माया (subjective world) के अधिनायकत्व तथा संयोग से सृष्टि करते थे। और स्थूल प्रत्यक्ष तथा परिवर्तन के संस्पर्श को भ्रम तथा अज्ञान मान बैठते थे। आज हम पदार्थ तथा टैक्नालाजी के द्वारा ही सृष्टि करते हैं। अब 'शक्ति' विचार का नहीं, बल्कि पदार्थ का सर्वोच्च रूप है। न्यूक्लियर भौतिकशास्त्र की नींव ही पदार्थ (भूत) के शक्ति में रूपांतरण पर पड़ी है ($E=mc^2$)। अतः पदार्थ ही स्वीकृत शक्ति (crystalized energy) का भंडार है। अतः आज हमें 'रस' और 'ब्रह्म' की निर्विकल्प धारणाओं का विश्लेषण ज्ञान के नये औज़ारों से ही करना होगा। हमें आधुनिक होकर ही मध्यकालीन मानस को समझना होगा। यही हमारी विजय है, यही हमारा ऐतिहासिक बोध है। संदेह और अन्वेषण, विज्ञान और तर्क, संस्कृति और विचारधारा, प्रतीक और धारणाएँ हमारे औज़ार हैं। आधुनिक हुए बिना हम मध्यकाल को भोगकर उसकी व्याख्या ही नहीं कर सकते; इसके बिना हम मध्यकालीन संस्कृति को केवल निरूपित तथा प्रशंसित ही कर सकते हैं। हमने तो मध्यकालीन सौन्दर्यबोधशास्त्र को समसामयिक अर्थ देने का निर्णय किया है। इसीलिये हमने भरत से लेकर पंडितराज जगन्नाथ तक की अन्तर्चेतना की जीवनी लिखी है; तथा मध्यकालीन भारतीय मस्तिष्क के विकास का इतिहास भी प्रकाशित किया है। अगर मध्यकाल में कोई रहस्य है भी, अथवा कोई गूढ़ता है, तो हमें उस समस्या का समाधान करने की चुनौती स्वीकार करनी चाहिए, न कि आधुनिक मानस को प्राचीन मानस से भी ज्यादा अक्षम मान लेना चाहिए।

हम उपर्युक्त समस्याओं की आधुनिक व्याख्याओं तथा पुनर्निर्मितियों में जुटे रहे हैं। अतः यह किताब न तो इतिहास है, न इतिहास ग्रंथ, न भाष्य है, न चर्वितचर्वण। इसीलिये हम रससंख्या, रसभेद, काव्यभेद की सीमाओं में नहीं फँसे। अलबत्ता हम इस रसचक्र में शांति की समस्या और त्रासदी के बाबत चाहकर भी नहीं कह सके जिनके कारण यथास्थान स्पष्ट भी किये गए हैं। हम मुख्य रूप से मध्यकालीन सौंदर्यबोधात्मक वृत्ति तथा सौंदर्यबोधानुभव के छोरों को एकसंवलित करते रहे हैं। हमारी समस्याएँ दार्शनिक अथवा इतिहासलेखनशास्त्र के क्षेत्र की रही हैं। हमारा बोध आधुनिक रहा है और हमने द्वन्द्वमान की तर्कपद्धति का व्यवहार किया है। जब भट्टतौत

श्रीशंकुक की कट्टर आलोचना कर सकते हैं, महिमभट्ट अभिनवगुप्त का खंडन कर सकते हैं, श्रीशंकुक भट्टलोल्लट को धाराशायी कर सकते हैं, तथा रामचंद्रगुणचंद्र पूरी परंपरा से ही विद्रोह कर सकते हैं, तब कोई कारण नहीं है कि उनके वंशज होकर भी हम केवल जयजयकारी लीलापद गाएँ। अतएव इस शानदार विरासत को हम भी उतनी ही महत्त्वपूर्ण सामाजिक अनिवार्यता के साथ ग्रहण करें। हमेशा ही ऐसा ग्रहण समसामयिक होता है, नये मूल्य रचता है, तथा रूपांतर करता है। इसी के चलते यदि भरत मुनि-संमत लोक-रस की परिणति 'ब्रह्मानंदसहोदररस' में हुई, तो रससूत्र के विभावादि त्रय अथवा क्रम की अस्वीकृति भी हुई। इसी वजह से भरत ने कलाओं के जिस सौंदर्यबोधात्मक सामूहिक अंतर्संबंधों से समारंभ किया था उसी की परिणति काव्य के सौंदर्यबोधशास्त्र (न कि काव्यशास्त्र) में होती है। अंततोगत्वा 'रस' के एकाधिकार को 'रमणीयता' चुनौती देती है। यह एक वक्रपंथी मानसिक विकास है। किन्तु हमें इसके अंतर्विरोधों एवं विरोधाभासों, अमूर्त्तनों एवं निर्विकल्पों की उलझनों की चुनौतियों की लीपापोती को भी बर्दाश्त नहीं करना चाहिए। दार्शनिक दृष्टि से देशकाल का निषेध करके भी हम व्यवहारतः देशकाल से ही सत्तावान हैं, और सौंदर्यबोधशास्त्र तथा काव्यशास्त्र का अस्तित्व तो अस्तित्वपरक मनुष्य (existential man) की ही सबसे खूबसूरत और महबूब सामूहिक मूल्यधरोहर है।

अंत में थोड़े-से व्यक्तिगत हाशिये की भी इजाज़त मिलनी चाहिए।

इस किताब का जन्म एक किताब से हुआ। दस वर्षों से लिखे जा रहे अपने एक बड़े ग्रंथ "लीलाकमल" के अंतर्गत मैं रसानुभव को कोई पंद्रह-बीस पृष्ठों में लिखकर बेतहाशा भागा जा रहा था। इसी बीच आरा के चंद्रभूषण तिवारी आ गए और उन्होंने रस के अद्वैतवाद (Monism) तथा निर्विकल्पवाद (Absolutism) की मध्यकालीन परिणति के आवरण को भग्न करने का आह्वान किया। लगभग दो रातों में हम दोनों रस के तर्कशास्त्र में फँसे रहे। अन्त में यह तय किया गया कि मैं, चंद्रभूषण तथा सागर के शिवकुमार मिश्र मिलकर रस पर एक 'मोनोग्राफ' तैयार करेंगे। मैं समस्या के चक्रव्यूह में फँस गया और इसका नतीजा ही यह किताब है। अतः इस किताब के पुरोधा चन्द्रभूषण ही हैं और परोक्ष रहबर शिवकुमार। मैं इन्द्रनाथ मदान को भी सलाम करता हूँ क्योंकि मेरी बातें सुनते और मुझे समझाते तो गुरुवर हजारी-प्रसाद द्विवेदी हैं, किन्तु स्वीकृति या खंडन तो मदान करते हैं। रोहतक के राजदेवसिंह ने भी मुझे 'सिद्धों' की ओर अग्रसर किया। उनका भी शुक्रगुजार हूँ। तमामशुद !

—रमेश कुंतल मेघ

विषय-सूची

दूसरा खण्ड

'सौन्दर्यबोधानुभव' (Aesthetic Experience) या 'रसानुभूति'

'रीति' और 'रस' का द्वन्द्व तथा ऐकता

'नाट्यशास्त्र' के संग्राहक-प्रणेता भरत (ई० पू० २री-३री शती) ने कलाशास्त्रों की नींव भी डाली। वे नाट्यरस के संस्थापक थे और एक 'संश्लिष्ट संस्कृति' के द्रष्टा। लेकिन भरत के बाद सातवीं शताब्दी तक का समय कलाइतिहास की दृष्टि से भी ओझल और धूमिल है। सातवीं शताब्दी में **त्रयणुक दार्शनिक क्रांति** के सूत्रधार कुमारिल एवं प्रभाकर (सातवीं शती), शंकर (वेदांती) तथा सरहपाद (तांत्रिक) थे। इसी समय काव्यशास्त्र के जनक **भामह** (७वीं शती) तथा नाट्यरससूत्र के प्रथम समर्थ व्याख्याता **भट्टलोल्लट** का भी आविर्भाव हुआ जिससे त्रयणुक क्रांति पल्लवित-पुष्पित हो उठी। भामह तथा भट्टलोल्लट, दोनों ने ही अपनी अन्वीक्षा का आधार तो भरतकृत 'नाट्यशास्त्र' बनाया, अर्थात् उन्होंने एक पौराणिक सांस्कृतिक बोध की समसामयिक प्रामाणिकता की खोज की। भामह से शब्द ⇌ अर्थ के द्वन्द्व तथा ऐक्य की समस्या का नया आयाम उभरता है जो अलंकार ⇌ गुण की व्यापक समस्या होकर देशव्यापी हो गया ; और भट्टलोल्लट से नट ⇌ पात्र के अभिज्ञान के द्वन्द्व तथा निषेध की समस्या उभरती है जो रसनिष्पत्ति (सौंदर्यबोधात्मक वृत्ति) तथा रसानुभूति (सौंदर्यबोधानुभव) के माध्यम से लौकिक ज्ञान एवं कलात्मक अनुभवों के क्षेत्र में व्याप्त होती है। इस तरह भामह सौंदर्यतात्विक रीतिधारा के, और भट्टलोल्लट सौंदर्यदार्शनिक रसधारा के सार्थवाहक ठहरते हैं। दोनों का मूलाधार भरत तथा उनके युग में निर्मित कला-संस्कृति है। किन्तु भरत तथा भामह, और भरत तथा भट्टलोल्लट के बीच का लगभग छः-सात शताब्दियों का समय हमारी नजरों से ओझल है। तथापि यह सुस्पष्ट है कि इन दोनों धाराओं में अंश-अंशी कला का एक द्वंद्वात्मक संबंध है जिसमें सामाजिक चिंतन के एक गुणात्मक रूपांतर की अवस्था में एकता स्थापित हो जाती है। यही नहीं, काव्य एवं नाट्य के अलावा मूर्ति, चित्र, नृत्य, वास्तु आदि कलाओं के बीच ऐसे संबंध हैं जो मिलकर उत्तरमध्यकालीन हिन्दू-संस्कृति की आत्मा को "**आत्मा**" में ही खोज लाते हैं। भारतीय संस्कृति का यही आद्य प्रतीक (Prime Symbol) है। भारतीय मध्यकाल के प्रसंग में यह आद्य प्रतीक '**शरीर-आत्मा के ध्रुवांत**' में विभक्त हुआ। फलतः रीति एवं रस के तद्रूप रूपायन भी हुए। भरत ने नाट्यरस को केन्द्र में रखकर नट के संदर्भ में लक्षण, गुण एवं अलंकार की जो चर्चा की थी उसमें स्पष्ट भेद करना मुश्किल है। भामह-भट्टलोल्लट के समय में भरत के

शुंग-गुप्तकालीन **सांस्कृतिक पैटर्न** की पुनर्व्याख्या के आधार भी रस, लक्षण, गुण एवं अलंकार नामक चार घटक तथा उनके प्रकार्य बने। भट्टलोल्लट ने नाट्य-रस की चर्चा से शुरुआत करके रस को ज्ञान की समस्या के रूप में लिया, भामह ने अलंकार से प्रारंभ किया, दंडी ने गुण से समारंभ किया तथा अभिनवगुप्त ने लक्षण से नवोत्थान किया। कालान्तर में वामन (८वीं शती, मध्य) ने दंडी का सूत्र पकड़कर (गुण को अलंकार की उच्चतर श्रेष्ठता मानते हुए) गुणात्मक श्रेष्ठता को 'सौंदर्य' का अभिधान दिया तथा शब्द एवं अर्थ के भेद से भरत-दंडी संमत दशगुणों के शब्दात्मक-अर्थात्मक भेद कर दिये। इस दार्शनिक तर्कणा के व्याज से ही वे मार्गों का रीतियों में कायाकल्प कर सके। इसी तरह कुंतल या कुन्तक (१०वीं शती, मध्य) ने भामह का सूत्र पकड़ा। अभी तक अलंकार सामान्य रूप थे और गुण विशिष्ट रूप। विशिष्ट रूपगुण ही रीति का निर्धारण करते थे। किन्तु कुन्तक ने गुणों को भी सामान्य कर दिया और विशिष्ट कारक कविस्वभाव को बनाया जिससे मार्ग कविस्वभावोद्भूत हो गये। अंश-अंशी के गणित के बाद सामान्य-विशेष की इस विधि का पूरक उत्कर्ष हुआ जिसकी सर्वोदात्त परिणति भट्टनायक ने 'साधारणीकरण' के व्यापार की उद्भावना में की। अतः कुन्तक ने "कवि = काव्य = मार्ग" का समीकरण कल्पित किया। भट्टनायक का जिक्र होने पर सौंदर्यतात्त्विक रीति-धारा के उनके समकालीन रुद्रट (नवीं शती, प्रथम चरण) का खयाल आता है। भट्टनायक नाट्यरस एवं काव्यरस की तदात्मक (अंशीपरक) मैत्री कराते हैं तो रुद्रट रीति (अलंकार) एवं रस का सामंजस्य। अतः ये दोनों समकालीन दोनों धाराओं के आंतर रूपांतरण की संधि पर स्थित हैं, तथा दोनों के अंतर्विनिमय में ऐतिहासिक सेतु का कार्य करते हैं। इस दिशाबोध में ही आगे क्रमशः कुन्तक रीति की उपेक्षा करके कविस्वभाव के अनुकूल काव्यमार्गों की रचना करते है, तथा अभिनवगुप्त (१०वीं-११वीं शती) विभक्तप्रतिभानशाली सहृदय के हृदय में रसास्वाद कराते हैं। अद्भुत संयोग तो यह है कि इन दोनों धाराओं की अंतिम समरसता तथा अद्वयता पंडितराज जगन्नाथ द्वारा स्थापित होती है जब "शब्दब्रह्म = रसब्रह्म" का समीकरण स्थापित हो जाता है। पंडितराज भरत के संग्रहीत कलाशास्त्र को अमूर्तीकृत संपूर्ण सौंदर्यबोधशास्त्र में रूपांतरित करने की वजह से भारतीय बॉमगार्तेन जैसे हो जाते हैं। उनके द्वारा अभिनवगुप्त की शैवाद्वैतवादी जीवनदृष्टि की वेदांती परिणति होती है अर्थात् 'वस्तु' का पार्थक्य एवं 'रूप' का निषेध। फलतः सौंदर्यबोधदर्शन में वस्तु विलक्षण, अलौकिक, लोकोत्तर, चमत्कारपूर्णादि होती चली जाती है; तथा मानवचेतना आत्मपरायीकृत (Self alienated) होती जाती है।

उपर्युक्त परिवर्तन मध्यकालीन विश्वदृष्टिकोण (वर्ल्डव्यू) की देन है।

भामह के संकेत से वामन को एक विचारधारात्मक रूपक (Ideological Metaphor) ज्ञानगोचर हो गया ; "**शरीर-आत्मा**" के द्वैताद्वैत का। अतः उन्होंने इसका आरोप करके '**काव्ययुवती**' या '**काव्यांगना**' के रूप, गुण, अलंकार, शोभा, सौंदर्यादि के प्रकार्य और धर्म लक्षित किये। इस रूपक के द्वारा वामन ने एक ओर तो रीति-आत्मा, यौवनरूप (गुण) तथा अंगाभूषण (अलंकार) का स्पष्ट भेद किया ; दूसरी ओर व्याकरणशास्त्र-काव्यशास्त्र में कामशास्त्र का मेल करा दिया ; तथा तीसरी ओर 'शोभा', 'सौंदर्य', 'रूप' जैसे कला के शब्दों का प्रचलन किया। वामन की दृष्टि का ही परवर्ती उत्कर्ष **कान्तावाक्य** में हुआ जिसमें रमणीयता तथा सहृदयता अंतर्भूत हो गई। कुन्तक और अभिनवगुप्त ने इस रूपक का इस तरह अमूर्तीकरण किया।

ध्वनिवादियों ने उक्तरूपक को '**काव्यपुरुष-रूपक**' में तब्दील कर दिया और रस को काव्य की आत्मा भी घोषित कर दिया। इसलिए अब एक बदला हुआ सांगरूपक तैयार हुआ : शब्दार्थ काव्यपुरुष के शरीर बने, अलंकार कटककुण्डल की तरह हो गये, और गुणों के अवस्थान में आमूल परिवर्तन हो गया अर्थात् वे रसात्मन् के अंश तथा अंग हो गये। काव्यपुरुषरूपक की सर्वांगीण ऐतिहासिक-सांस्कृतिक परिणति यायावरीय राजशेखर (९वीं-१०वीं शती) ने की। उन्होंने पौराणिक इतिहासलेखन शैली के द्वारा कलाशास्त्र का इतिहास ही रच डाला। उनके रूपक के पहले चरण में काव्यपुरुष का **शरीराभिधान** है तो दूसरे में साहित्यविद्यावधू के साथ उसकी **भारतयात्रा**। अंततः कान्तावाक्य का विस्तार मानों कान्तासम्मित प्रबंध अर्थात् महावाक्य में हो जाता है। फलतः राजशेखर ने रस को रूप के पहले चरण में, और रीति को दूसरे में संस्थित किया। रीति को उन्होंने विद्या से भी जोड़ा अर्थात् प्रतिभा एवं मौलिकता के अलावा वैदग्ध्य एवं निपुणता से। अतएव अब **काव्यनाटक** की इकाई की तरह 'काव्य-साहित्य' की इकाई की धारणा का भी आविर्भाव हुआ। इस तरह काव्यमार्गों का रूपकात्मक निरूपण एवं इतिहासालेखन राजशेखर के पुरुषरूपक-यात्रारूपक-परिणयरूपक-त्रय द्वारा होता है। मध्यकालीन इतिहास-लेखन तथा सौंदर्यतत्त्वचिंतन की विधियाँ ही ऐसी थीं।

एक दूसरी दिशा समानांतर अंतर्विलयन की थी। भामह तथा दंडी के समय में काव्यनाटकादि के लिए 'नाट्यशास्त्र' ही संदर्भग्रंथ था। अतः उसके पारिभाषिक शब्दों की नई अर्थमीमांसा (Semantics) करके इन आचार्यों ने स्वतंत्र 'काव्यशास्त्र' का प्रणयन किया। भरत ने नाट्य में **नट** को संबोधित किया था तो भामहदंडी ने **कवि** को शिक्षा दी ; नाट्य में **वार्ता के दशगुणों** की चर्चा हुई थी तो दंडी-वामन ने **सूक्ति के दस गुणों** को रूपायित किया ; नट के लिए त्रिविध **अभिनयकौशल** की अपेक्षा थी तो कवि के लिए भी प्रतिभा-

व्युत्पत्ति-अभ्यास के **हेतुओं** की ; नाट्य में विभावादि के 'संयोग' से 'रस-निष्पत्ति' का विधान था तो काव्य में शब्दार्थ के 'सहभाव' से गुणालंकाररीति-युक्त 'सौंदर्यचमत्कार' का; यदि नाट्य में लौकिक कारणकार्य ही अलौकिक विभावानुभावादि हो जाते हैं तो काव्य में लौकिक कारणकार्यक्रम ही अलौकिक उक्तिप्रकार; अगर **नाट्य की आत्मा** रस बताई गई तो वामन ने **काव्य की आत्मा** रीति बताई ; अगर नाट्यशास्त्र में विभिन्न जातियों की लोकनृत्य पद्धतियों के अनुसार **नाट्यवृत्तियाँ** निर्दिष्ट हुईं तो काव्य में भी विभिन्न प्रदेशों के लोककाव्यों की रचनाप्रणालियों के अनुकूल **काव्यमार्ग** लक्षित हुए। इस तरह काव्यनाट्य के अंतरसंबंधों के आधार पर शनैः-शनैः अभिनव "काव्य-शास्त्र" का अभ्युदय भी होता है तो काव्यनाट्य का एकान्वयन भी। भामह से काव्यशास्त्रों की रचना का इतिहास शुरू होता है लेकिन भट्टलोल्लट से नाट्यरससूत्र की व्याख्याओं को लेकर एक महान् बौद्धिक विवाद (Polemics) शुरू होता है जो लगभग एक सहस्त्र वर्ष तक चलता है। उसका समापन पंडितराज करते हैं।

काव्यशास्त्रों की परम्परा के उन्मीलन का अर्थ काव्यभाषा के व्याकरण का आरम्भ भी तो है। इसलिए इस काल में कई भाषा-क्रांतियाँ हुईं। भामह ने 'सौशब्द्य' की धुरी में पहली भाषा-क्रांति की जिसमें शब्दचयन, शब्दगठन (स्वनिम् एवं ध्वनिम्) तथा शब्दालंकरण का मेल कौशल (skill) एवं शैली (style) का परिणाम हुआ। 'शब्द' के पश्चात् 'गुण' की धुरी में दूसरी क्रांति दंडी ने की जो शब्द से आगे वाक्य के प्रभाव पर आश्रित हुई। अतः गुण-मार्ग का उन्मेष हुआ। उनके सामने देश के भूगोल (विदर्भ, गौड) और विभिन्न भाषाओं (प्राकृत, पैशाची तथा संस्कृत) के मानदंड मौजूद थे। इसलिए एक बड़े वृत्त में उन्होंने भरतसंमत दस गुणों के आधार पर सूक्ति का अलंकृत-व्याकरण रचा। उन्होंने नट की **वार्ता के** लक्षणों का कवि की **वक्रोक्ति** में मिलान कर दिया। अतः गुणों का बोध चमत्कार-चातुर्य-प्रतिभा (प्रभा) की भूमि पर हुआ। वामन तीसरी भाषा क्रांति करते करते मुड़ गये। उन्होंने गुण को 'मन' के उभया-त्मक क्षेत्र प्रदान करके भरत तथा दंडी की धारणाओं का अनूठा विकास किया, लेकिन रीति को 'आत्मा' के रूपक में नहीं छाप सके। उसका तात्पर्य प्राण से ही रहा। आत्मा की धारणा का भरपूर विचारधारणात्मक प्रचार तो आनन्द-वर्धन ने किया। ध्वनि को काव्यात्मा घोषित करके उन्होंने **रसध्वनि** की स्थापना की, तथा त्रिगुणात्मक अंतःकरण एवं चित्त की तरह गुणत्रयी का सिद्धांत लागू कर दिया। इस तरह "ध्वनि = काव्यात्मा = रसध्वनि" का समरस तथा समतोल (synaesthetic) समीकरण कायम हुआ। दस गुणों वाला भाषिकीय सिद्धांत तिरस्कृत होकर गुणत्रयी वाला अनुभावसिद्धांत आरोपित

हो गया। अतः 'सौंदर्य' की धारणा का स्थानांतरण 'चारुत्व' से होना अवश्यंभावी हुआ। फलतः ध्वनिवादियों ने गुणों को रस का धर्म बना दिया और संघटना (रीति) में गुणों का चारुत्व अंतर्भूत कर दिया। भामह, दंडी, वामन, भोज आदि के द्वारा मार्गों अथवा रीतियों के निर्दिष्ट लक्षण आपस में बेहद उलटते-पुलटते रहे हैं, उससे तो हम यही नतीजा निकाल सकते हैं अनेक लघु कवियों, उनकी कोई महान् कविता या उनकी प्रवृत्तियों आदि को आचार्य गुण में अंतर्न्यस्त कर लेते रहे होंगे या फिर उनका नामकरण एक नये भावाधायक गुण-नाम से कर देते रहे होंगे। कालान्तर में जब ये सामूहिक शैली (Collective Style) के महत्त्व को प्राप्त करती होंगी तब इनका केन्द्रीय नामकरण किया जाता होगा। कुन्तक ने इस ऐतिहासिक संरचना के अभ्यास का प्रबल अनुभव किया था और भोज ने शैलियों के सूत्रधारण तथा कविकंठाभरण की व्यावहारिक प्रकिया भी बताई। इस परम्परा में **अंततः** पंडितराज जगन्नाथ (१७वीं शती प्रथमार्ध) ने **गुण**, **शब्द**, **अर्थ**, **रस** और **रचना**—इन चारों का एक ही भाँति से लक्षण कहा। स्पष्ट है कि 'काव्यशास्त्र' कवियों तथा काव्यों के जीवित संपर्क में रहे जबकि नाट्यरसव्याख्याता नाटककारों तथा नाटकों के संपर्क से तो करे ही, नटों से भी विच्छिन्न हो गये। वे केवल राजसभाओं में खेले जाने वाले नाट्यों तथा सामाजिकों की दुनिया में संकुचित हो गये।

हम आनन्दवर्धन के बाद छूटा हुआ सूत्र पुनः खोलते हैं। कुन्तक (१०वीं शती मध्य ईसवी) ने वक्रोक्ति-सिद्धांत के द्वारा तीसरी भाषाक्रांति की। उन्होंने कविशिक्षक के बजाय कविशिष्य की स्थिति से काव्यव्यापार, कविव्यापार तथा वक्रोक्ति व्यापार का अनुशीलन किया। उन्होंने प्रमुख कवि-स्वभावों के मनोवैज्ञानिक आधारों पर काव्यमार्गों की रचना की। सुकुमार तथा विचित्र नामक दो मार्गों के लिए चार समान गुण चुने, और सौभाग्य एवं औचित्य गुण तीनों मार्गों में समान रूप से उपस्थित बताया। मूल रहस्य तो यह है कि कुन्तल कविस्वभाव को आद्यभूमि मानकर भारतीय सौंदर्यबोध के लोक में सर्वप्रथम सृजनप्रक्रिया का सर्वथा नवीन विवेचन करते हैं। वे भामह-प्रणीत 'वक्रोक्ति' की इकाई को पूर्ण सांस्कृतिक रचना का विस्तार देते हैं और उसे 'सूक्ति' के छूटे हुए लोककाव्य के सूत्र से जोड़ देते हैं। अब वक्रोक्ति अलंकारमात्र न होकर पद, वाक्य, प्रबंध तक में परिव्याप्त हो जाती है। वक्रोक्ति के द्वार से सूक्ति के मिथकैतिहासिक संसार में स्वतंत्र हो जाने का मतलब ही था कि कुन्तक कवि स्वभाव तथा काव्य-स्वभाव का अनुभवन करें। अतः वे काव्य की **'शोभा'** के आगे कवि व्यापार से उद्भूत **'सहृदयाह्लाद'** को भी खोज लाते हैं। यही नहीं वे काव्य में उक्तिवैचित्र्य के **'चमत्कार'** के साथ **'रमणीयता'** को भी अन्वित कर देते हैं। वास्तव में वे काव्योक्ति

तथा कविउक्ति का कान्तसंयोग कर देते हैं। यही उनका सृजनात्मक रहस्य है श्रीमंत कुन्तक अपने सौंदर्यसंसार की रचना में शरीरात्मा के द्वित्व के अतिरिक्त अन्य द्वित्वों से क्रीड़ा करते हैं और यथारूप उनकी ऐकता (सहितता, परस्परस्पर्धा) भी कायम कर देते हैं। शब्दार्थों की सहितता, पद और वाक्य की सहितता, रचनासौंदर्य (लावण्य) तथा सहृदय चमत्कार की सहितता, आनन्द और रमणीयता की सहितता, कविव्यापार और काव्यमार्ग की सहितता आदि उनकी द्वंद्वकता के अभ्यास से उत्पन्न हुईं। फलतः उन्होंने सौंदर्यबोधशास्त्र को एक परिपक्व व मानक शब्दभंडार दिया : सौंदर्य, अलंकार, शोभा, छवि, लावण्य, सौभाग्य, भंगी, आमोद, आह्लाद, रमणीयता, कमनीयता, इत्यादि-इत्यादि। हम यह भी देखते हैं कि पंडितराज जगन्नाथ ने इनमें से ही रमणीयता, आह्लाद तथा चमत्कार को विशेष रूपसे चुनकर सौंदर्यबोधदर्शन को वेदांताद्वैतवादी बना डाला। हम यह भी देखते हैं कि अभिनवगुप्त काव्य ('लोचन') तथा नाट्य ('भारती'), दोनों ही क्षेत्रों का सामरस्य स्थापित करते हुए परवर्ती धारा पर इतना प्रबल असर डालते हैं कि सभी क्षेत्रों में अलौकिक-पारलौकिक-आध्यात्मिक विश्वदृष्टिकोण दिग्विजयी हो जाता है और काव्यरचना तथा काव्यसंसार की विलक्षणता की ऐंद्रियिक पहचान माया एवं भ्रांति से जोड़ी जाकर अत्यन्त तिरस्कृत वाच्य हो जाती है। अतः कुन्तक और भट्टनायक तक चले आ रहे यथार्थवादी चिंतनचक्र की अराएँ गिर जाती हैं। इसी के साथ **कवि** एवं **नट** की सत्ता भी तिरोभूत होती है, **सामाजिक** का सामाजिक पक्ष छिपता है, तथा अंततोगत्वा सहृदय ही योगी और तांत्रिक की सिद्धियों से रससिद्धि की स्पर्धा करने के लिए बाकी बच जता है।

इस तरह भाषा की इन तीन क्रांतियों ने साहित्यशास्त्र के सौंदर्यतत्त्व को विकसित किया है---पहली, भामहप्रणीत शब्द-सौष्ठव की क्रांति ; दूसरी दंडीसंमत गुण की क्रांति और तीसरी, कुंतकसंमत वक्रोक्तिक्रांति। इसी तरह भावलोक की क्रांतियाँ हैं — (१) भट्टलोल्लट प्रभूत नाट्यरस का लौकिकज्ञान ; (२) भट्टनायकसंमत रसज्ञान से रसानुभावन की ओर प्रयाण ; (३) अभिनवगुप्त प्रणीत रसानुभूति का मिथकीयकरण ; (४) भोज द्वारा रससूत्र के गणित का खंडन ; एवं (५) पंडितराज जगन्नाथ द्वारा प्रतिपादित रमणीयार्थक शब्दब्रह्म का लोकोत्तर चमत्कार। इन दोनों समानांतर हाशियों के निबंधन के मौके पर हम दुबारा कहना चाहेंगे कि संपूर्ण सैद्धांतिक चिंतन के मूल में सूत कवियों की '**सूक्ति**' तथा भरत का वह '**रससूत्र**' रहा है जो उन सूत्रधारों द्वारा साधित हुआ था जो स्वयं सूतकवियों के वंशज थे। अतः 'सूक्ति' एवं 'सूत्र' के 'सहभाव', 'संयोग' और 'निष्पत्ति' जैसे मंत्रबीजों के इर्द-गिर्द ही सौंदर्य-रथ के **रीति** और **रस** रूपी चक्र घूमे हैं।

इस उत्तरमध्यकालीन संस्कृति (ईस्वी ७वीं शती से १६वीं शती) का नवरूप भी एक अनुकूल अनुमित रूप ही रहा। यह संस्कृति गुप्त संस्कृति का ही विलक्षण विस्तार सिद्ध हुई। ईस्वी सातवीं शती से तेरहवीं शती के बीच के मध्यकाल में लोकव्यहारभावना का धर्मभावना में, धर्मभावना का कामभावना में, कामभावना का रहस्यभावना एवं अद्वैतभावना में रूपायन होता गया। इन सबका केन्द्रीयकरण ईश्वररूप सम्राट् में हुआ जो पूर्ण तथा प्रभु माना गया। प्रकारांतर से सामंत-सुमंत्री की राजनयिक मैत्री टूटती गई और सामंत-सिद्ध की चमत्कारी मैत्री मजबूत होती गई।

उपर्युक्त सांस्कृतिक पैटर्न में ही हम देखते हैं कि नाट्यरससूत्र तथा शब्दार्थसूत्र, दोनों में ही क्रमशः नट⇌पात्र और शब्द⇌अर्थ का द्वन्द्व एवं ऐकता है और इनके संबंधन के लिए **रूपकों**, **न्यायों** तथा **दर्शनों** का इस्तेमाल हुआ है। अंतः इनकी अंतिम परिणति ब्रह्मकारणवाद में हुई। इसलिए 'रीति' और 'रस' के द्वन्द्वात्मक संबंध लोककला तथा लोकजीवन के क्षीण होते जाने और उनके स्थान पर प्रभु-सामंतवर्ग तथा सामंतीय कला के प्रतिष्ठित होते जाने की भी कहानी का अनावरण करते हैं। सौंदर्यबोधशास्त्र की इस मध्यकालीन (तथा पर्याप्त सामंतीय) यात्रा की अंतिम परिणति (भामह के वस्तुरूप शब्द से शुरू होकर) शब्दब्रह्म में, तथा शब्दब्रह्म-रसब्रह्म के तादात्म्यीकरण में होती है। यह महाचक्र **शून्य** की तरह एक सहस्र वर्षों तक घूमा। इसका अंतिम **सौंदर्यबोध रमणीयता** है, तथा सहृदय योगी पर इसका प्रभाव **लोकोत्तराह्लाद** है। इसके बाद इस मध्ययुगीन विश्वदृष्टि की कोई भी आधुनिक संभावना नहीं बचती। रसो वै रसः।

अतएव आज सबसे ज्वलंत प्रश्न तो यह है कि क्या आज के पूँजीवादी अर्थतंत्र में जकड़ा हुआ आत्मपरायीकृत (self-aliaented) कलाकार, बेकार बुद्धिजीवी तथा गरीब सहृदय वैसा ही निर्द्वंद्व मानसिक जगत पा सकता है? क्या वह आज भी अलंकार, गुण, रीति, रस, रसब्रह्म की उन्हीं अनुभूतियों से अनुप्राणित है जिनसे रमणीयता पर मंत्रमुग्ध कुंतल, या माघ, या पंडितराज जगन्नाथ थे?? मेरे दिल की सच्ची धड़कन कहती है : नहीं! तो, यहीं से समकालीन सौंदर्यबोध की चुनौती शुरू होती है।

पहला खण्ड

•

सौन्दर्यबोधात्मक वृत्ति (Aesthetic Attitude) या 'रसनिष्पत्ति'

रूपरेखा

भरत

चाक्षुष-यज्ञ के रूप में नाट्य

मध्ययुगीन रिनैसाँ

कुमारिल, शंकर तथा सरहपा की त्रयणुक क्रांति

भट्टलोल्लट

लौकिक ज्ञान के रूप में कलाकृति

श्रीशंकुक

यथार्थता-रूपांतरण के रूप में कलानुमान

भट्टनायक

प्रकृतिदर्शन के रूप में कलात्मक औदात्य

अभिनवगुप्त

मिथकदर्शन के रूप में कला-प्रतीक

मध्यकाल (पुनश्च)

सामंतीयकरण तथा शृंगारिकीकरण (भोज तथा वैष्णव भक्तरसिक)

पंडितराज जगन्नाथ

निर्विकल्पवादी दर्शन के रूप में कलाप्रज्ञोद्घाटन

१. भरत : चाक्षुष यज्ञ के रूप में नाट्य
(Theatre as the Visual Ritual)

सौन्दर्यबोधात्मक वृत्ति या 'रसनिष्पत्ति'

भारतीय सौंदर्यबोधशास्त्र के सविधेनजनक तथा विश्वकोषकार (Encyclopædist) **भरत** ईसा पश्चात् दूसरी या तीसरी शताब्दी के थे क्योंकि 'नाट्यशास्त्र' में शुंगकालीन संबोधनों का पाया जाना भी इसका एक सशक्त कारण है; ऐसी स्थापना अधिकारी विद्वान् हजारीप्रसाद द्विवेदी की है। यह एक गंभीर तथा रोचक तथ्य है कि भरत का समय भारत के दो साम्राज्यों के बीच का है—चंद्रगुप्त मौर्य द्वारा संस्थापित साम्राज्य के पतन तथा दिग्विजयी समुद्रगुप्त (ई० पू० ३३०-३७५) द्वारा संर्वाद्धित स्वर्णयुगीन साम्राज्य के उत्कर्ष के बीच का। यह युग घोर उथल-पुथल का था। इस युग में चक्रवर्ती सम्राटों की पौराणिक यादें तो पल्लवित-पुष्पित थीं लेकिन देश में सर्वोच्च राजनैतिक सत्ता का कोई एक केंद्र नहीं था। देश में एक अनूठी अंतर-सांस्कृतिक निष्पत्ति हो रही थी क्योंकि शुंग, शक, पल्हव, कुशाण, कण्व, आंध्र-सातवाहनों के विविधरूप संयोग से देश खंड-खंड प्रशासित हो रहा था। मौर्य साम्राज्य के ध्वंसावशेषों पर पुष्यमित्र ने शुंगवंश की नींव रखी। ऐसी पूर्व-मध्यकालीन अर्थ-व्यवस्था तथा सांस्कृतिक रिनैसाँ की देन में से सौन्दर्यबोधशास्त्री भरत, दार्शनिक नागार्जुन, कवि कालिदास, कलाकार अश्वघोष आदि रहे हैं। इस युग में ही ब्राह्मणवाद हिन्दूधर्म में रूपांतरित हो गया।

भरत के युग में दो बातें दमक उठती हैं—पहली, उनका युग दो साम्राज्यों के बीच का अंतराल था; और दूसरी, उनका समाज गौतम बुद्ध की महान् बौद्धिक क्रांति को झेलने के बाद आबद्ध नहीं रह सकता था। हमें इस समाजशास्त्रीय भेद को समझ लेना चाहिए कि उनका युग सामंतीय साम्राज्यों (feudal empires) का था, न कि पूंजीवादी साम्राज्यवाद (capitalist imperialism) का। इनमें से दूसरा राष्ट्रीय राज्यों तथा राष्ट्रीयतावाद (nationalism) से अनुबद्ध है, जबकि पहला मुख्यतः सीमाविस्तार या चक्रवर्तित्व से। किन्तु दोनों ही प्रकारों में सीमाविस्तार तथा बँटवारे की प्रवृत्तियाँ जरूर होती हैं। आर्थिक आधार पर विश्लेषण करते हुए काबिल आधुनिक अर्थशास्त्री जोसेफ़ शूमपीटर इन आरंभिक साम्राज्यों में भी साम्राज्यवाद के तत्त्व पाते हैं तथा इसे कृषि-व्यवस्था पर आधारित मानवीय आर्थिक उत्पादन के सघनीकरण से जोड़ते हैं। मार्क्सवादी अर्थशास्त्री इसे अतिरिक्त-परिपक्व पूंजीवाद का फल मानते हैं जो अविकसित देशों पर कब्ज़ा करके उनका शोषण करता है। सामंतीय साम्राज्य राजनैतिक सीमाओं के सघनीकरण पर विशेष

निगाह रखते थे। लेकिन दोनों ही प्रकार के साम्राज्यपरक रूपों में राजनैतिक, आर्थिक, या दोनों तरह के, विस्तारवाद के लक्षण अनिवार्यतः मौजूद हैं। इसके द्वारा एक विदेशी भूमि पर आर्थिक, राजनैतिक या सांस्कृतिक लाभ उठाये जाते हैं। अतः यह एक विजेता तथा विजित राष्ट्र, एक शोषक तथा शोषितवर्ग, एक विकसित अर्थतंत्र तथा अविकसित समाज के बीच संघर्ष का प्रतिफलन होता है। एक विदेशी क्षेत्र का शोषण या कब्ज़ा साम्राज्यरूपों की आवश्यकता है। किन्तु सैनिक दृष्टि से पराजित श्रेष्ठतर संस्कृति पिछड़ी विजेता संस्कृति को जीत भी लेती है। अतः दूसरा बिंदु सांस्कृतिक क्रांति पर जगमगाता है। ऐतिहासिक दृष्टि से 'साम्राज्य' शब्द थोड़ा-सा भ्रामक है। भारत में मौर्य तथा गुप्त, दोनों ही साम्राज्यों ने प्रधानतः एक ही भूमि-सीमा को एकसूत्रबद्ध किया था; नागरिक संस्कृति को ग्रामों में ले गए थे तथा एक ही देशवासियों को जीता था जिनकी संस्कृति लगभग एक ही थी। इन साम्राज्यों में राज्य की भावना तो थी किन्तु राष्ट्रीयता की नहीं। इनमें एकरूढ़ आर्थिक विकास की वजह से नये सामाजिक संबंधों के आमूल परिवर्तन की आशा नहीं थी, और इनमें विशाल ग्रामीण भूचित्र लगभग ज्यों-का-त्यों लहूलुहान रहा।

लेकिन दो साम्राज्यों के बीच विदेशी संस्कृतियों और भारतीय संकृति की कान्त मैत्री भी हुई : यूनानियों की शिल्पकला (गांधार) तथा नाट्यकला, असीरियायियों की पाषाणकला, द्रविड़ों की धार्मिक उपासना, आदि घुलीं-मिलीं। इस काल में एक महान् विस्तार (expansion) हुआ, तथा एक सक्रिय जीवन का दर्शन और पारिवारिक जीवन का व्यवहार निर्धारित किया गया। द्रविड़ तथा आर्य संस्कृति के अन्तःघुलन का परिणाम 'हिन्दुत्व' हुआ। पारिवारिक मूल्यचक्र तथा लोक-प्रतिश्रुत जीवन की झाँकियाँ तथा समस्याएँ इतिहास (महाभारत) तथा काव्य (रामायण) तथा प्रकरण (गाथासप्तशती) में मिलती हैं।

मूलतः इस काल में आर्ष परम्परा से प्रवाहित तथा प्रकाशित ज्ञान तथा कर्मविधान को नाना प्रकार के विश्वकोषों में अनुबद्ध कर लिया गया। यह महाकाव्यों का युग भी है क्योंकि 'महाभारत' एवं 'रामायण' को अंतिम उपदेशात्मक रूप प्रदान कर दिया गया। इस युग में 'मनुस्मृति' तथा 'याज्ञवल्क्यसंहिता' को भी अंतिम रूप मिला। इस युग में कई दार्शनिक 'सूत्रों' तथा कुछ 'पुराणों' का भी प्रणयन हुआ। इसी लड़ी में कनिष्क की छत्रछाया में 'महायान-बौद्धधर्म' का उत्थान और 'त्रिमूर्ति'-धारणा का भी अभ्युदय हुआ। इनकी परिणति 'अवतारवाद' में हुई। इसी युग में सांची तथा भरहुत के स्तूपों, गांधार की मूर्तियों, मथुरा तथा अमरावती की शिल्पकला तथा आरंभिक अजंता चित्रों का भी निर्माण हुआ। इस तरह भरत का समय विश्वकोषों के ज्ञान, लौकिक जीवन के दर्शन तथा सांस्कृतिक विस्तारवाद का था। इसी कलात्मक सांस्कृतिक धारा

में उन्होंने भी विश्वकोषात्मक 'नाट्यशास्त्र' का प्रणयन किया।

उनके समय में वर्णाश्रमधर्म सामाजिक व्यवस्था का ठोस तथा रूढ़ ग्राधार हो चुका था। समाज चार प्रकृत मूल्यों को स्वीकार कर चुका था जिनमें से धर्म, ग्रर्थ, काम का संबंध 'प्रवृत्ति' ग्रर्थात् सक्रिय नागरिक-पारिवारिक जीवन से, एवं मोक्ष का संबंध 'निवृत्ति' अर्थात् समाज से ग्रात्मपरायेपन (self-alienation)से था। चार पुरुषार्थ, त्रिमूर्ति, ग्रवतार, ग्रादि की धारणाएँ एक लोकप्रिय लोकधर्म (popular-religion) को विकसित कर रही थीं जिसमें ग्रर्चाएँ (मूर्तियाँ) यात्राएँ, शास्त्रार्थ, उत्सव, पुराण-कथाएँ, नाट्यायोजन, महाकाव्यों के ग्रादर्श, एक सुदृढ़ राजनैतिक शक्ति की ग्राकांक्षादि प्रमुखता पाती चली गईं। इसके साथ ही इस युग में कर्म-सिद्धांत तथा आवागमन-सिद्धांत ग्रौर वर्णाश्रम-व्यवस्था सामाजिक दृष्टिकोण की ग्राधारशिला बनीं। इसके साथ-साथ वैष्णव, बौद्ध, शैव, शाक्त, चार्वाक, मीमांसा, नैयायिक, वैशेषिकादि सांप्रदायिक एवं दार्शनिक दृष्टियों ने सामाजिक समस्याग्रों को बौद्धिक वृत्ति से तथा कर्मणा झेलने के तत्कालीन बोध दिये। मूलतः यह काल हिन्दू-धर्म को लोकप्रिय बनाने का, तथा सांस्कृतिक रूपों की विशाल तथा दीर्घ विरासत को महफ़ूज़ कर लेने का था।

.इस तरह भरत 'मुनि' कहलाने वाले प्रथम समर्थ भारतीय बुद्धिजीवी एवं सौंदर्यबोधशास्त्री हैं जिनका व्यक्तित्व मिथकीय भी है। वे न तो नाटककार थे ग्रौर न ही एक साधारण जन। वे नाट्यकला के एक विश्वकोषकार (Encyclopaedist) तथा महान् व्याख्याता जरूर थे। उनके युग में इहलोक-परलोक का प्रतिबिंबात्मक संबंध भी माना जाता था जहाँ मनुष्यों को नियति नटी नचाती है। संभवतः इसी वजह से उन्होंने ग्रपने विवेचन में नाटककार को भुला दिया, अभिनेता को प्रधानता दी तथा प्रेक्षक को विनीत बनाया। विश्व-रंगस्थल की तरह रंगमंच भी रहस्य ग्रौर नाट्ययज्ञ का केंद्र बन गया। रंगमंच के रहस्य का अवगाहन करना, उसमें रस की 'निष्पत्ति' का भेद जानना बुद्धिजीवी ग्रौर ग्रालोचक की क्षमता के परे था। ग्रतः **सहृदय** को ही वह ज्ञाता बताया गया जो 'प्रमा' तथा 'भ्रांति' के आवरण को हटा सकता है। सहृदय रंगमंच की इस दुनिया को ग्रपनी दुनिया के रूप में कैसे स्वीकार करे? इसके लिये रससूत्र की व्याख्याएँ हुईं। ग्रौर, जब सहृदय ने इस दुनिया को निजी बना लिया तब वे व्याख्याएँ ग्रंतर्मुखी, स्वयंप्रकाश्य 'ग्रभिव्यक्ति' में बदल गईं। इसलिए हम संस्कृत-साहित्यशास्त्र में भट्टनायक से 'सहृदय-रूप-रंगमंच' ग्रौर उनके बाद से 'ध्वनि-रूप-ग्रर्थप्रतीति' की वार्ता पाते हैं।

यूनानी तथा भारतीय कला में ग्रनुभव-प्रक्रिया या रसनिष्पत्ति पर चिंतन की शुरुग्रात अभिनेय नाटक (play) को केन्द्र मानकर हुई। नाटक (drama), नाट्य या रंगनाटक (play), रंगमंच (stage) तथा रंगमंडप (theatre)—

इनका संयोजन 'नाटक' में हुआ। यथार्थता के प्रति दृष्टिकोण के अनुरूप रंगमंच ढला, सामाजिक उद्देश्यों के अनुरूप प्रयोजन निश्चित हुए, व्यवहार तथा सांस्कृतिक जीवन के अनुरूप मुद्रात्मक प्रतीक (आंगिक, आहार्य अभिनय) निर्धारित हुए, तथा सामाजिक समस्याओं के अनुसार कथावस्तु ढली। नाटक कलाओं का समूह तथा सामूहिक जीवन का दर्पण है; और कर्म (action) प्रधान है। इसलिए यहाँ 'अनुकृति' तथा 'भ्रांति' (illusion) के अनेक पटल मिलते हैं। इसलिये यथार्थता और भ्रांत प्रतीति की जटिलता की व्याख्याएँ ऐतिहासिक पुरुष, पुरुषपात्र तथा नट के त्रित्व के द्वारा हुईं। समाज-रूप-रंगमंच (stage-as-society) में इस समस्या का कठिन मुकाबला हुआ। एक ओर तो अभिनेय नाटक के **नट** के केन्द्र को लेकर, दूसरी ओर पाठ्य नाटक के **पात्र** के केन्द्र को लेकर, तथा तीसरी ओर रंगमंडप में **प्रेक्षक** के केन्द्र को लेकर यथार्थ के तीन प्रधान प्रतिबिंब उभर आए। मूलतः इस यथार्थता का आधा भाग पात्र एवं नट में, तथा शेष आधा भाग प्रेक्षक में प्रतिबिंबित हुआ। इस तरह प्रेक्षक के सामने रखा हुआ नाट्यदर्पण भ्रांतियों की लीला प्रस्तुत करता है और वह इस दर्पण के परे या पीछे की ओर प्रयाण करता है अर्थात् वह नट के पीछे पात्र, और पात्र के पीछे वास्तविक मनुष्य की व्यावहारिक दुनिया तक को संदर्शनपंथ में तय करता है। इस भाँति नाटक की भ्रांति ने मनुष्य के कई आयाम (प्रतिबिंब) प्रस्तुत किये। अतः रंगमंच के **माध्यम** से इस मनुष्य की परिपूर्णता के प्रत्यक्षीकरण की प्रक्रिया ही 'अनुभव' या रसनिष्पत्ति है।

उस काल की इस आधुनिक दृष्टि को अपनाने के पीछे एक विपुल ऐतिहासिक बोध झिलमिलाता है : एक ओर उपनिषदों के निर्विकल्पों (absolutes)—ब्रह्म, आत्मन्, मोक्ष, संस्कार, कर्म, ज्ञान आदि—के द्वारा अंतर्मुखी ज्ञान का अनुसंधान; तथा दूसरी ओर गौतम बुद्ध की आधुनिक क्रांति। उपनिषदों ने 'यज्ञ' के स्थान पर 'ज्ञान' की प्रतिष्ठा की तथा वैदिक 'प्रजापति' के बजाय 'ब्रह्म' को अंतिम पद दिया। किन्तु उपनिषदों के श्रेय अतींद्रिय ज्ञान की खोज तथा परलोक में मोक्ष थे। उपनिषदों ने जिस कर्मसिद्धांत को स्वीकार किया वह निवृत्तिवादी बोध को लक्ष्य मानता था। वैराग्य तथा संन्यास की इसी परंपरा में बुद्ध (ई० पू० ५६६) तथा महावीर (ई० पू० ५४७) भी आते हैं किन्तु बुद्ध ब्राह्मण-विरोधी, जातिप्रथा के विरोधी, नारियों को भी मोक्ष का अधिकार दिलाने वाले, छोटे-छोटे गणराज्यों के बीच नृशंस स्वार्थी युद्धों के विरोधी तथा इहलोक के ऐंद्रियिक ज्ञान के विश्वासी थे। फिर भी निर्वाण मार्ग के लिए संन्यास को स्वीकार करने वाले, मनुष्य-जन्म को ही यंत्रणा मानने वाले, जीवन के प्रति दुःखात्मक जीवनदृष्टि रखने वाले, आर्थिक उत्पादन करने वाले, मेहनती समाज का परित्याग करने का संदेश देने वाले बौद्धिकतावादी बुद्ध का यह त्रासद विद्रोह

उनके युग का महत्तम अंतर्विरोध (contradiction) था। लेकिन बुद्ध ने आत्मा, ईश्वर तथा सृष्टि आदि के विषय में शुद्ध बौद्धिक मीमांसा की कसौटी को ही अपनाया। 'ज्ञान' की यह कसौटी 'ख्याति' है। इस दृष्टि से बुद्ध लोकायतिक चार्वाक तथा बृहस्पति की परंपरा में आते हैं किन्तु वे आद्यंत प्रवृत्तिमार्ग के पक्षपाती नहीं हैं। उन्होंने 'ज्ञान' एवं 'निर्वाण' (मोक्ष) को चरममूल्य के रूप में लोकपरंपरा में प्रतिष्ठित किया।

इसी लोकपरंपरा में भरत ने कविमुख से 'रचना-प्रक्रिया' के, या प्रेक्षक-मुख से 'रसप्रकृति' के सूत्र के बजाय अभिनेता-मुख से 'रसनिष्पत्ति' का सूत्र प्रस्तुत किया है : 'विभावानुभावव्यभिचारिसंयोगाद्रसनिष्पत्तिः' (नाट्यशास्त्र, काव्यमाला, १९४३, पृ० ९३)। यही नहीं, उन्होंने स्वयं को लगभग पूर्णतया **नाट्यरस** (रंगनाटक को देखने से उत्पन्न रस) में ही सीमित कर लिया है (ये रसा इति पठ्यन्ते नाट्ये नाट्यविचक्षणैः, नाट्यस्यास्य प्रवक्ष्यामि रसभावादिसंग्रहम्, ना० शा० VI, २, ८)। नाटचरस के उपरान्त **काव्यरस** (काव्य को सुनने से उत्पन्न रस) का महत्त्व सर्वप्रथम नवीं शताब्दी में आनन्दवर्धन ने समझा था जिसका समाहार अभिनवगुप्त ने लोचनटीका द्वारा कर डाला। अतः शुरू में नाट्यरस एवं काव्यरस यदि पृथक् नहीं थे तो कम-से-कम उनमें अनन्यता भी नहीं थी। इसका कारण यह था कि यद्यपि नाटक तो 'रामायण' और 'महाभारत' से अनुप्राणित होकर लिखे जाते रहे थे, लेकिन 'नाट्यशास्त्र तथा काव्यशास्त्र के संप्रदाय अलग-अलग प्रचलित थे और नाट्यशास्त्र-संभूत रस-दृष्टियाँ शुरू में काव्य-सिद्धातों पर अपेक्षाकृत नगण्य प्रभाव डालती रही थीं।'[1] इस तरह रसनिष्पत्ति के अंतर्गत हम एक अपूर्व स्थिति पाते हैं : एक ओर नाटककार हैं जो प्रधानतया कवि हैं और 'ऐतिहासिक' काव्यों से अनुप्राणित हैं; दूसरी ओर नाट्याचार्य हैं जो प्रधानतया दार्शनिक हैं और रंगनाटकों के सैद्धांतिक विश्लेषक हैं। अतः नाटकों में नाटकीय तत्त्वों के बजाय काव्य की इफ़रात हो गई है—(उदा० शूद्रक के 'मृच्छकटिक' में ३८० छंद, कालिदास की 'शकुंतला' में १९५ छंद, भवभूति के 'उत्तररामचरित' में २५५, विशाख के 'मुद्राराक्षस' में १७० छंद हैं)। महाकाव्यों के प्रभाव के कारण ही संस्कृत नाटककार ने कार्य के बजाय छंद को नाटक का अनिवार्य तत्त्व मान लिया। 'यूनानी नाटकों में सहगान (कोरस) का उपयोग कार्य को टिप्पणी के साथ बाधित करने के लिए, संवेगों की अभिव्यंजना के लिए, तन्मयता तथा आग्रह के लिए, और संवादों की सहायता के लिए होता था, लेकिन संस्कृत नाटकों में वे (पद्य) साहित्यिक संचरण के हेतुओं के साधक

---

१. दे० S. K. Dey : 'Some Problems of Sanskrit Poetics.' Firma K.L. Mukhopadhyaya, Calcutta, 1959. p. 178.

थे।"[1] पद्य की अतिशयता की वजह से संवादों के गद्य और विवरणों के प्रगीत छंदों का अनुपात संवादों के प्रतिकूल हो गया। कहीं-कहीं तो यह तक हो गया कि गद्यात्मक संवाद छंद श्रृंखलाओं को केवल जोड़ने का काम ही करते रहे (उदा० 'विक्रमोर्वशीयम्' में नायक का विलाप, 'मृच्छकटिक' में वसंतसेना द्वारा वर्षा की प्रशंसा)। फलतः एक ओर नाटकीय प्रभाव कुंठित हुआ, तथा दूसरी ओर अभिनय में मुश्किलें आईं। इसका नतीजा नाट्यशास्त्र के व्याख्याताओं को भी भुगतना पड़ा। उन्होंने नाटकीय तत्त्व को काव्यात्मकता से अनुशासित कर दिया जिससे नाटकों के अवसान-काल में काव्यतत्त्व ही शीर्षस्थ हो गया। कालांतर में जब केवल राजसभाएँ ही संस्कृति का केंद्र बनीं (दे० राजशेखर), तब दरबारी माहौल की कृत्रिमता में नाटक के ढाँचे में केवल अतिरंजित काव्य ही लिखे जा सकते थे क्योंकि नाटककार की कीर्ति का आधार उसकी काव्यात्मक उपलब्धियाँ हो गईं। अतः भास, कालिदास और शूद्रक के बाद के अधिकांश नाटककार (भवभूति तथा विशाख को छोड़कर) नाटक और वास्तविक जीवन के बीच का संतुलन खो बैठे। नाट्य में नाटक के कार्य के बजाय नाटक में काव्य का मनोविनोद प्रधान हो गया। इस भाँति राजमहल के आश्रय ने नाटककार के कवि को ही अधिकाधिक उभारा, उसके और प्रजा (जन) के बीच की खाई बढ़ाई तथा उसकी यथार्थवादी दृष्टि को विकसित होने से रोका। 'काव्यमीमांसा' के आरंभिक विवरण से तो बिलकुल स्पष्ट हो जाता है कि रंगशाला में साधारण जनता को कोई जगह नहीं थी क्योंकि वह संभवतः 'कुपात्र' थी। इसीलिए "यूनानी नाटककारों के विपरीत संस्कृत कवि ने बहुधा लोकरुचि की परवाह नहीं की, क्योंकि उसने लोकप्रशंसा का आस्वादन नहीं किया। अपनी ही परिस्थितियों एवं संस्कारों से संचालित होकर उसने विदग्ध 'सहृदय' (जो दरबारी जीवन का अभिधायक था) की स्वीकृति को नजर में रखते हुए बेहद सुसंस्कृत साहित्यिक नाटक रचे। वर्षों के दौरान में काव्यशास्त्र, कामशास्त्र और नाट्यशास्त्र ने अभिरुचियों और आदतों को परंपरानुगामी बना दिया जिससे कि कवि एवं नाटककार से अधिकाधिक कृत्रिमता तथा मार्दव की अपेक्षा होती गई। ऐसे वातावरण में नाटककार सच्चे मनोरागों के प्रदर्शन तथा यथार्थवाद की शक्तियों के प्रति वफादारी पर अपना नियंत्रण खो बैठा।"[2] राजाश्रय की वजह से ही यूनानी थियेटर की भाँति संस्कृत लोकमंच नहीं था जहाँ **साधारण** जनता भी शामिल हो सके। विभिन्न नाटकों के

---

१. दे० A. B. Keith : 'The Sanskrit Drama'. Oxford, 1924, pp. 90, 279.

२. दे० I. Shekhar : 'Sanskrit Drama : Its Origin and Decline' E. J. Brill, Leiden, 1960, p. 137.

नांदी पाठों से भी यह स्पष्ट हो जाता है कि वे कुलीन सामंतों, विदग्ध सहृदयों के विशिष्ट दायरों और मंडपों में ही खेले जाते थे। यद्यपि भरत ने नाट्यशास्त्र में कहा है कि पंचम वेद (नाट्यवेद) **सभी** वर्णों के लिए खुला है, उसमें चारों वेदों से सामग्री ली गई है और उसमें इतिहास (धर्म, अर्थ, काम, मोक्ष के उपदेश से समन्वित इतिवृत्त कथा) अर्थात् प्राचीन घटनाओं की **रचना** हुई है (ना० शा० I, १७-१६); और, उन्होंने रंगमंच के लिए नाट्यगृह, नाट्यमंडप, प्रेक्षागृह, प्रेक्षागार आदि शब्द भी इस्तेमाल किये हैं, लेकिन यात्रा और लीला जैसे लोक-नाट्यों के अलावा कहीं भी इस बात के प्रमाण नहीं हैं कि जनता का भी कोई रंगमंच था जहाँ **सभी** वर्णों के आम दर्शक इकट्ठे होते हों (रामगढ़ पर्वत की जोगीमारा गुफ़ा के रंगमंच की धारणा को बेगलर तथा बर्गेस खंडित कर चुके हैं)। इसलिए कुलीन सहृदयों की आशंका तथा लोकरुचि के बीच एक सांस्कृतिक खाई बनी रही। शायद इसी वजह से हम नाटककार और नाट्य-व्याख्याताओं के बीच विविधता और विविध दृष्टिकोण नहीं पाते। जिन प्रतिभाशाली नाटक-कारों (शूद्रक, कालिदास, विशाख) ने यथासंभव अपने समकालीन जीवन का **प्रतिनिवेदन** किया है, उन्होंने अपने दृष्टिकोणों का भी तो **निवेदन** किया है। लेकिन न तो भरतमुनि ने, और न ही रससूत्र के व्याख्याताओं ने इस निवेदन-प्रतिनिवेदन पर ध्यान दिया है; बल्कि व्याख्याताओं ने तो सूक्ष्म विधि से किसी भी नाटक में रसनिष्पत्ति की विधियों की दार्शनिक व्याख्याएँ कर दी हैं। इन दार्शनिक व्याख्याओं में—मनोविज्ञान का आधार होते हुए भी—तत्कालीन नाटकीय यथार्थता तथा नाटककार की जीवन संबंधी दृष्टि, दोनों लापता हैं। इसके अलावा उनमें रुचि-भिन्नता—'नाट्यम् भिन्नरुचेजनस्य बहुधाऽप्येकं समाराधनम्'—के भी दर्शन नहीं होते। अलबत्ता वे अपनी आर्ष आस्था के कारण भरत के रससूत्र में तनिक भी परिवर्तन नहीं करते; तथा ब्राह्मणसंस्कृति के प्रभावस्वरूप दिव्य पात्रों और दिव्य लोकों के नाटकीय ग्रहण से उत्पन्न अतिमानवीय एवं अतिप्राकृतिक स्थितियों की नैतिक एवं आध्यात्मिक व्याख्याएँ पेश करते हैं। अतः रससूत्र के व्याख्याता नाटककार की जीवनदृष्टियों की गहराई में तो नहीं जाते, और न ही दिव्य पात्रों तथा दिव्य लोकों के प्रदर्शन से उत्पन्न साधारण प्रेक्षक की मनोदशा की जाँच-पड़ताल करते हैं, लेकिन वे उस उपस्थित नाटकीय स्थिति से उत्पन्न क्रांति को तुरंत नैतिक उदात्तता (सत्वोदय) से जोड़ देते हैं। वैसे इन व्याख्याकारों की भी दुविधाएँ रही हैं। नाटककार कवि थे और अपने नाटकों को बहुधा इतिहास एवं पुराण एवं महाकाव्यों (रामायण, महाभारत) पर आधारित करते थे। ये कवि तो कई क्रांतिकारी लीकों को खींच देते थे किन्तु इनके लिए अध्यात्म-प्रमाण नहीं दे पाते थे। अतः रससूत्र के व्याख्याता दार्शनिक—जिनके नाट्य-रसभोक्ता रसिक होने के प्रमाण हमें नहीं मिलते—वेदप्रमाण देने में ही जुट

जाते थे क्योंकि उनके पास लोकप्रमाण के साधन नहीं थे। इसीलिए ये रससूत्र की दार्शनिक व्याख्याएँ करते हैं। प्रारंभिक संस्कृत नाटकों का रूप इतिवृत्तात्मक था, इनके रचयिता कलाकार से अधिक नीतिवादी थे और (भरत-पूर्व) इनके सामाजिक वैसे ही थे जैसे महाकाव्यों को सूतों द्वारा सुनने वाले श्रोता। प्राचीन काल में 'सूत' पौराणिक होते थे अर्थात् जो परम्परागत आख्यानों से पूर्ण परिचित और घुमंतू गायक थे। इनकी तुलना में 'मागध' दरबारी चारण थे जो नृपों की वंशावलियों तथा उनकी अतिरंजित महानताओं के गायक थे। सूत महाकाव्य गायक थे, कवि इतिहासकार थे और संभवतः वर्णसंकर थे। वे कुशीलव (संगीत-वादक) की मंडली के साथ इतिवृत्तों को गाते फिरते थे। कुछ और विशेषताओं को अर्जित कर लेने पर **सूत** ही शनैः-शनैः नाटक के **सूत्रधार** हो गए होंगे। महाकाव्यों के युग में सूत सम्राटों और संरक्षकों का विरुद बखानते थे। संस्कृत नाटकों में सूत्रधार कवि को आश्रयदाता एवं दर्शकों से परिचित कराते थे। अपनी पुरानी आदतों के मुताबिक वह दर्शकों को भी 'आर्यमिश्र', 'विद्वत, 'गुण-ग्राहिन्' आदि कहकर संबोधित करता था, तथा कवि का परिचय भी चाटूक्तियों से देता था (इसीलिए भास ने सूत्रधार की चाटुकारिता से ऊबकर नांदी संक्षिप्त कर दिये हैं)। लेकिन सूत्रधार ही नाटक को नाट्य अर्थात् अभिनेय नाटक या रंग-नाटक में रूपांतरित करता था। वह निर्देशक और रंगमंच-मैनेजर था। वही संगीत-गान की योजना करता था तथा छोटे-छोटे अभिनय भी कर लेता था ('उत्तर-रामचरित' में अयोध्या के एक नागरिक के रूप में, 'मृच्छकटिक' में एक प्राकृतभाषी जन के रूप में, 'रत्नावली' में मंत्री यौगंधरायण के रूप में)। वह अभिनेताओं (नट) को भी दर्शकों से सुपरिचित कराता था। यह पहेली जरूर है कि सूत्रधार नांदी पाठ के मौके पर नटी का प्रवेश तो कराता था किन्तु नट का नहीं। रससूत्रस्थापक भरत के बाद रससूत्रव्याख्याता सूत्रधार को तो भूल गए, किन्तु नट के बारे में विमर्श करते रहे। उनकी मीमांसाओं में आगे हम नट और रंगमंच की ऐतिहासिक अवस्थाओं का भी उद्घाटन करेंगे। लेकिन एक बात साफ़ तौर पर ज़ाहिर हो जाती है कि नाट्यशास्त्र (ई० पू० २ से ३ शताब्दी) तो ऐसे वातावरण में ही रचा गया जो संस्कृत नाटकों का स्वर्णयुग था। भास, कालिदास, शूद्रक, अश्व-घोष आदि का समय ईसा-पूर्व पहली शती से ईसा-पश्चात् तीसरी शती के बीच पड़ता है। अतएव भरत ने विशुद्ध नाट्यरस को दृष्टांत माना है। लेकिन, रससूत्र के व्याख्याताओं के समय में नाटक तथा रंगमंच दोनों का ह्रास हो चुका था (हर्ष के बाद भवभूति का समय सातवीं शताब्दी का उत्तरार्ध है) और गोष्ठीकाव्यों तथा काव्यगोष्ठियों का युग प्रबल था। अतः रस की प्रतिष्ठा काव्यों में की जा रही थी। पंचपगेश शास्त्री और सुशीलकुमार दे रससूत्र के प्रथम व्याख्याता भट्टलोल्लट का समय नवीं शताब्दी का प्रथम चतुर्थांश मानते हैं; भट्टनायक का

समय नवीं शताब्दी का अंतिम चतुर्थांश है। अतः इस अवधि के बीच श्रीशंकुक हुए होंगे। आनंदवर्धन का समय नवीं शताब्दी का मध्य तथा अभिनवगुप्त का नवीं शती का उत्तरार्ध है। इससे हम आश्वस्त हो जाते हैं कि रससूत्र के व्याख्याताओं पर भी काव्य और काव्यशास्त्रीय परंपराओं का प्रभाव अधिक था; नाटककारों और अभिनेताओं का युग अस्तमित हो चुका था, तथा रंगमंच एक उच्चवर्गीय संकीर्ण 'समाज' से घिर गया था। इसीलिए ये व्याख्याता न तो नट की उस भूमिका पर गौर करते हैं जो उसे नाटककार की तरह पात्र की एक सृजनात्मक व्याख्या बनाती है; न रुचिभिन्नता के वैभव और फलस्वरूप असाधारणीकृत वैचारिक मतभेद को स्वीकार करते हैं; और न ही प्रेक्षकगण को आधार बनाते हैं। वे एक अकेले काव्यग्राही 'सहृदय' को ही आधार बनाते जाते हैं। नाटक के इस अवसान के लक्षण भट्टतौत तथा भट्टनायक में लक्षित होने लगते हैं। और, आनंदवर्धन के साथ हम नाट्यरस को छोड़ते हुए काव्यरस के लोक में दाखिल होते हैं। इसके अलावा इन व्याख्याओं पर जो सामग्री हमें मिलती है वह अभिनवगुप्त की 'अभिनव-भारती' है। यह एकांगी, अपूर्ण और काव्यदृष्टिपूरित है। हमें इन सब सीमाओं का खयाल रखना होगा।

अतः हम बुनियाद तो भरत के 'नाट्यशास्त्र' (ई० पू० २ से ३ शताब्दी) को ही बना सकते हैं। इसके कारण जायज़ हैं। एक तो नाट्यशास्त्र और भास, कालिदास तथा शूद्रक जैसे महान् नाटककारों के रूपकों का समय एक ही है। दूसरे, नाट्यशास्त्र में काव्य, संगीत, भाषणकला तथा मुरलीवादन जैसी लिरिकल कलाओं की भी सूक्ष्म मीमांसा हुई है। नाटककारत्रयी के तीनों सदस्य भी कवि थे और प्रतीत होता है कि तीनों रंगमंच से भी संबंध रखते थे। तीसरे, नाटक का युग दीपशिखा की भाँति थोड़ी अवधि का ही होता है क्योंकि इसको उत्पन्न करने वाले तो प्रचंड सामाजिक संघर्ष तथा सांस्कृतिक संक्रांतियाँ होती हैं। इसीलिए महान् नाटक और 'नाट्यशास्त्र' समानांतर रचे गए। लेकिन नाट्यव्याख्याओं के समय में वैसी पायदानी वाले तत्कालीन नाटक विलुप्त थे। चौथे, नाट्यशास्त्र से यह भी संकेत मिलता है कि महाकाव्ययुगीन सूत ⇌श्रोताझुंड के संबंध बदलकर अभिनेता⇌रसिक के संबंधों में रूपांतरित हो रहे थे; तथा संवादों के विभिन्न रूप (वृत्तियाँ) तदनुकूल विविध रूपकों तथा प्रेक्षागृहों (विकृष्ट, चतुरस्र तथा त्रिकोण) की ज़रूरतों को घोषित कर रहे थे जिससे सिद्ध होता है कि अनेक रूपक-रूपों के माध्यम से नाट्यकला की तरक्की हो रही थी जो कि बाद में नहीं हो सकी। पाँचवें, नाट्यशास्त्र में 'समाज-रूप-रंगमंच' (stage-as-society) का ही आह्वान है अर्थात् प्रेक्षक के बजाय नट को केन्द्र में स्थापित किया गया है और दृश्यविधान के विस्तारों को उभारा गया है। यूँ लगता है कि महान् नाटकों का युग महान् नटों का युग भी हो गया था, क्योंकि

नाट्यशास्त्र में रंगनाटक तथा नाट्यरस को ही प्रमुखता दी गई है; कान और नयन, दोनों का (संगीत, संवाद तथा दृश्यविधान का) ग्राह्वान किया गया है एवं चारों प्रकार के अभिनय को ही 'जीवितम्' माना गया है। छठे, नाट्यशास्त्र में अभिनय के परीक्षण के लिए प्रेक्षक और प्राश्निक (सिद्धिव्यंजन नामक सत्ताईसवाँ अध्याय) दोनों को महत्त्व दिया गया है जबकि तत्कालीन तीन महान् नाटककारों में एक सामान्य (general) 'दर्शक मंडली' तथा एक कल्पित दर्शकमंडली की ही झलक मिलती है। इसलिए नाट्यशास्त्र लोकधर्मी छोर से भी संपर्क बनाये है। सातवें, नाट्यशास्त्र से यह भी इंगित होता है कि नाटककारों की तरह ही सुमनस् प्रेक्षक भी एक ही परिपाटी और एक ही न्यस्त स्वार्थों में अंतरंग थे जिससे अंतर्विरोध नहीं प्रकट हो सके। लेकिन रससूत्र के व्याख्याताओं के समय में नाटककार तथा सहृदय के बीच के अंतर्विरोध उभरने लगे थे। उस समय में परम्पराएँ रूढ़िवाद में जकड़ चुकी थीं, नाट्य पर काव्यदृष्टि हावी हो रही थी तथा नाटककार और सहृदयों के बीच संप्रेषण के सवाल भी उठ पड़े थे। आठवें, नाट्यशास्त्र में रंगमंच (थियेटर) के दोनों तत्त्व—(धार्मिक नैतिकता एवं कर्मकांडी गूढ़ता, तथा कल्पनांदोलक यथार्थता और सामाजिक निष्कर्ष प्रदान करने की प्रभावशालीनता) —समाहित हैं जो यथार्थता एवं अनुकृति के संबंधों का भली-भाँति विन्यास करते हैं। और अन्त में, नाट्यशास्त्र नाटक के जिन ग्यारह तत्त्वों को गिनाता है उनमें रसनिष्पत्ति की व्याख्या का मर्म छिपा है। बाद में तो नाटक के प्रधान तत्त्व तीन (वस्तु, नेता और रस), अथवा पाँच (वस्तु, नेता, रस, वृत्ति और संगीत) हो गए।

'नाट्यशास्त्र' में भरतमुनि प्रणीत नाटक के ग्यारह अनिवार्य तत्त्वों की ओर ध्यान खींचने वाले पंचपगेश शास्त्री ने इनकी व्याख्या भी की है।[1] भरत के अनुसार :

"रसा भावा ह्यभिनया धर्मीवृत्तिप्रवृत्तयः।
सिद्धि स्वरास्तथातोद्यं गानं रङ्गश्च संग्रहः॥ (ना० शा० VI, १०)

अर्थात् रस, भाव, अभिनय, धर्मी, वृत्ति, प्रवृत्ति, सिद्धि, स्वर, आतोद्य, गान और रंगसंग्रह क्रमानुसार अनिवार्यता वाले हैं। इनमें से सर्वप्रथम **रस** है जिसका निरूपण प्रसंगानुसार हो रहा है। रस के अनुवर्ती **भाव** हैं। वस्तुतः भाव रस की पुष्टि तथा विकास करते हैं। रस की प्रकृति की गहराई में जाने के पूर्व हम फिलहाल मान लें कि नाट्यरस (नाटक के कलारूप द्वारा प्राप्त अनुभव) संवेग के अनुभव करने की विशेष विधि है जहाँ **'माध्यम'** तो शब्द और अभिनय हैं तथा **रूप** ऐसा है जहाँ एक यथार्थता का प्रतिनिवेदन होने की वजह से

१. दे० 'The Philosophy of Aesthetic Pleasure' pp. 13-31.

व्यावहारिकता के बजाय **तन्मयता**, तथा ढाँचे में आदि से अन्त की ओर अग्रसर होने वाला एक कृत्रिम क्रमापित गठन होने की वजह से **निर्विशेषता** की मनोवृत्ति कायम हो जाती है। इस भाँति इस लोक के रूप एवं माध्यम के न होने के कारण हम संवेगों की **वास्तविक** अनुभूति करने के बजाय उनकी आशंसा करते हैं और ये संवेग अस्तित्व-रूप (existentially) में न होकर सत्वरूप (essentially) में होते हैं। अतः ये अवास्तविक (non-actual) एवं अमूर्त (abstract) और साधारणीकृत (generalized) होते हैं। शास्त्रीय शब्दावली में जो 'काव्यार्थ' के भावयन्ता तथा विभाव द्वारा उत्पन्न हों वे भाव हैं। भाव में होनापन (Is-ness) है अर्थात् यह हमारे 'होने' (becoming) का बोध है। यह भाव क्रियात्मकता (आंगिक, वाचिक, सात्विक अभिनय) द्वारा संकेतित(sign) होता है। अतः भाव चतुर्विध अभिनय द्वारा गम्य और वस्तुमुखी है। लोक में जो भावना(feeling) मुद्रा और अर्थ में रूपान्तरित होने के बाद कर्म में परिणत होती है, कलामाध्यमों में वही भाव होकर एक विशेष अर्थात् अन्वेषक चित्तवृत्ति हो जाती है। अतः भावना या भाव सौंदर्यतात्त्विकवृत्ति में 'मुद्रा' तथा 'अर्थ', या अनुभाव तथा संचारी, अथवा अभिनय तथा ज्ञापकता (cognition) में अभिप्रेत होती है।

इस भाँति रस-भाव-युगल को भरत ने साध्य माना है तथा शेष नौ तत्त्वों को साधन। यहाँ रस तथा भाव में भी साध्य-साधन-न्याय है। नाट्यशास्त्र के छठे और सातवें अध्याय में रस तथा भाव का विवेचन हुआ है।

तीसरी अनिवार्यता **अभिनय** है। यह रस-भाव का प्रमुख साधन है। पंचपगेश शास्त्री इसके अंतर्गत एक ओर कर्म (action) को तथा दूसरी ओर पाठ्य या इतिवृत्त अर्थात् प्लॉट (plot) को शामिल कर लेते हैं (भरत के प्रमाण देकर)।[1] क्योंकि अभिनय आंतरिक भावनाओं तथा (कलारूप में उनके रूपांतरण) भावों का अनुभाव है। इसलिए इसके अंतर्गत संकेत(sign), प्रतीक (symbol), गति (movement), अभिप्राय (motifs), रूढ़ि (convention) की राशि संचित हो जाएगी। अतः अभिनय ही नाटक में यथार्थता का हूबहू अनुकृति के धरातल से उद्धार करके प्रतिनिवेदन (representation) तथा भ्रांति (illusion) के धरातलों पर समतोलित कर देता है। जिस तरह अरस्तू ने प्लॉट को त्रासदी का प्राण माना है, उसी भाँति भरत ने अभिनय को रस का प्रधान साधन। भरत-सम्मत अभिनय के अंतर्गत मुद्रा एवं अर्थ, नेत्र एवं कान, वाक् एवं भाषा, तथा प्लॉट एवं कर्म, सभी का समाहार हो गया है अर्थात् चतुर्विध अभिनय का आधान हुआ है। **सात्त्विक अभिनय** मुखमंडल प्रधान है क्योंकि यह मानसिक और मनस्तात्विक दशाओं की

१. 'The Philosophy of Aesthetic Pleasure', p.p 16, 20.

सांकेतिक झलक (**भंगी**) देता है । नाट्यशास्त्र के आठवें अध्याय में (सातवें में भी) शिर, दृष्टि (भ्रू, पलक), कपोल, अधर, दंत, चिबुक, मुख, नासा और ग्रीवा इत्यादि के कर्मों तथा उपछायाओं का अभिनय वर्णित है । **आंगिक अभिनय** मुद्रा-प्रधान है और संपूर्ण शरीर के अंगों की गतियों तथा मांसपेशियों की स्थितियों को एक अश्रुत भाषा में रूपायित कर देता है । नाट्यशास्त्र में आठवें से तेरहवें अध्याय तक **आंगिक अभिनय** का विवरण है । नवें में हस्त (असंयुत हस्त, संयुत हस्त, नृत्तहस्त,) तथा बाहु (दस प्रकार) के अभिनय का वर्णन; दसवें में वक्ष, पार्श्व (कंधे), जठर, कटि, उरु, जंघा, एवं पाद द्वारा अभिनय की विधियाँ; ग्यारहवें में प्रधानतः चारी-अभिनय (पाद, जंघा, उरु और कटि द्वारा किया गया अभिनय) तथा व्यायाम नामक कला का निर्देश; बारहवें में चारियों के संयोग से आकाशगामी एवं भौम मंडल की व्युत्पत्ति का विधान; तथा तेरहवें अध्याय में रस, यान एवं प्रकृति के अनुसार गति-भेदों का प्रचार, तथा पुरुषों एवं स्त्रियों के आसन का विस्तार आदि मिलते हैं । इस भाँति आंगिक अभिनय में मुद्रा, ताल, नृत्त, नृत्य, व्यायाम और गति, इन छः कलाओं एवं विद्याओं का संयोजन हुआ है । **वाचिक अभिनय** के अन्तर्गत भाषणकला (rhetorics), अलंकारशास्त्र (poetics), और भाषिकीय (linguistics), तीनों को शामिल कर लिया गया है । पंद्रह से लेकर उन्नीस अध्याय तक वाचिक अभिनय का वर्णन है । पंद्रहवें अध्याय में अभिनय में वाणी की महत्ता ('तस्माद्वाचः परं नास्ति वाग्धि सर्वस्य कारणम्') बताने के बाद संस्कृत एवं प्राकृत पाठ्य और व्याकरण, तथा अंत में छंदों का प्रस्तार वर्णित हुआ है । सोलहवें में वृत्तों के नाम तथा लक्षण सोदाहरण दिये गए हैं; सत्रहवें में अलंकारों, लक्षणों, काव्य के गुण-दोषों का विवरण है; अठारहवें में विविध प्राकृत भाषाओं के स्वरूप का, तथा पात्रानुकूल प्राकृत भाषा के प्रयोग का दिग्दर्शन कराया गया है; तथा उन्नीसवें अध्याय में पात्रों के परस्पर संभाषण के शील और औचित्य का, सप्तम स्वरों के पाठ्य का, काकु के उपयोग का वर्णन है । इस प्रकार वाचिक अभिनय व्याकरण, भाषिकी, भाषणकला, काव्यशास्त्र एवं अलंकारशास्त्र को आधार बनाकर **संवादों** (dialogues) को काव्यात्मकता तथा कृत्रिमता (शास्त्रीयता) की ओर अधिक ले जाता है जिसके असर से संस्कृत नाटक में व्यवहृत होने वाली रोज़मर्रा की मामूली भाषा का जादू तथा यथार्थता का अधिकाधिक लोप होता गया । **आहार्य अभिनय** के दायरे में वेशभूषा तथा रूपसज्जा प्रधान हैं । इसका वर्णन तेईसवें अध्याय में हुआ है । इसमें मुकुट, दंड, शस्त्र आदि के वर्णन के अलावा आभूषणों के भाव तथा रस से संबंधों का भी दिग्दर्शन कराया गया है ।

इनके अलावा चौबीसवें अध्याय में सामान्याभिनय का वर्णन किया गया है । इसमें नाट्याश्रय अलंकारों, स्वभावज एवं अयत्नज अलंकारों, मनःसंभूत

अभिनयों (पंचविषयात्मक अभिनय) का वर्णन हुआ है । इसमें तथा अगले पचीसवें अध्याय में कामदशाओं का वर्णन, अष्टविध नायिकाओं के लक्षण, दिव्यांगनाओं के स्वरूप तथा व्यवहार, वेश्या और वैशिकों के व्यवहार, दूतियों के लक्षण, पुरुषों की पंचविधता आदि का परिचय दिया गया है । ये प्रकरण कामशास्त्र से उपकृत हैं, और उत्पाद्य अथवा काल्पनिक इतिवृत्त के पात्रों के स्रोत, प्रवृत्तियों, बूर्ज्वाविलासिता आदि के सिद्ध प्रमाण हैं । ये एक ओर तो दरबारी संस्कृति के आचार तथा आभूषणों की झाँकी देते हैं तथा दूसरी ओर जन एवं सामंत के बीच की सामाजिक और सांस्कृतिक खाई को भी चौड़ी बना देते हैं । छब्बीसवें अध्याय में चित्राभिनय का आख्यान है । इसमें समय तथा ऋतु के अनुसार भाव, विभाव, अनुभाव के अभिनय की शिक्षा, नाट्योक्तियों का निरूपण तथा नाट्य की प्रमाणत्रयी आदि शामिल हैं ।

इसलिए हम अभिनय के अंतर्गत शब्द (वाचिक), मुद्रा (आंगिक), भंगी (सात्त्विक) और चित्र (आहार्य)—इन चारों को नट में केंद्रीभूत हुआ पाते हैं । अनुभावों तथा संचारियों (विभाव के आलंबन तथा आश्रय) का आधार यही है । इसकी प्रवृत्ति सामान्य तथा चित्रात्मक होने की है क्योंकि रूपक चाक्षुष **यज्ञ** तथा **लीला** कर्म है जो एक विश्वसित भ्रांति (make-belief) या आरोपित विश्वास (**माया**) की स्थिति में घटता है । इसीलिए नाटयशास्त्र में छठे से छब्बीसवें अध्याय तक अभिनय का ही दिग्दर्शन कराया गया है ।

चौथा अनिवार्य तत्त्व **धर्मी** है जिसके अंतर्गत लोकधर्मी तथा नाट्यधर्मी नामक दो भेद हैं । धर्मी का संबंध मुख्यत: रंगमंच (stage) से है जहाँ पर प्रतिनिवेदन (representation) के स्वरूप का प्रश्न उठाया गया है । नाट्यशास्त्र के प्रवृत्तिधर्मव्यंजन शीर्षक चौदहवें अध्याय में इन दो धर्मी भेदों का वर्णन है । लोकधर्मी यथार्थवाद तथा नाट्यधर्मी आदर्शवाद के दृष्टिकोण हैं जो संपूर्ण नाटक को कवि की जीवनदृष्टि के आधार के बजाय जटिल समाज की आधिकारिक विचारधारा (ideology) के आधार प्रदान करते हैं । रंगनाटक में जीवन को रंगमंच पर पेश किया जाता है लेकिन वहाँ जीवन की अनुकृति न होकर उसका प्रतिनिवेदन होता है । अरस्तू इसे भावात्मक या सर्जनात्मक अनुकृति कहते हैं । लोकधर्मी की माँग यह होती है कि रंगमंच में प्रतिप्रस्तुत जीवन, जीवन में साक्षात्‌घटित जीवन के साथ दृष्टान्त (analogy) रखे; अर्थात् वह मिथ्या न होकर एक नाटकीय सत्य हो, और असंभव न होकर संभावित यथार्थता हो । नाट्यशास्त्र में वस्तुतत्त्व और नेतापक्ष के रूढ़ हो जाने और ब्राह्मण संस्कृति के मानदंडों में जकड़ जाने के कारण लोकधर्मी की अभिव्यक्ति भाषा तथा भूषा (आहार्य अभिनय) तथा प्रकरीपात्रों के क्षेत्र में केवल 'स्वाभाविकता' का धर्म ही निबाह सकी है । यह तथ्य ध्यातव्य है । नाट्यधर्मी का

समाहार चतुर्वर्ग सिद्धि, मायारूप जगत् पर विश्वास, ब्राह्मण-क्षत्रिय के प्रभुत्व और शक्ति की नित्यता के प्रचार तथा काल्पनिक सत्यों एवं लोकों की आकांक्षा आदि में हुआ है। नाट्यधर्मी दृष्टि ने केवल सुखद पक्षों का ही **चुनाव** किया जिससे **यथार्थता** छिप तथा ढँक गई और समाज के खुशहाल तथा अवकाशभोगी वर्गों का ही प्रमुख प्रतिबिंब झलक सका। इस दृष्टि में इस विशिष्ट चुनाव (selection) के साथ संयमन (reticence) भी है अर्थात् उन सभी घटनाओं पर प्रतिबंध लगा देना जो अश्लील होने के अलावा विरूप, विध्वंसक, क्रांतिकारी (समाजव्यवस्था का विरोध करने वाली) हैं ; सभी कार्य-व्यापारों की परिणति फलागम में ही करना और इस काल्पनिक सत्य के द्वारा समाज के अंतर्विरोध को दबा देना; तथा पाठ्य में आभिजात्य संस्कृति की अनिर्भीक मर्यादा से बँधे रहना ; इत्यादि। इस तरह नाट्यधर्मी के अंतर्गत यथार्थता का काल्पनिकीकरण एवं आदर्शीकरण कर दिया गया है।

पाँचवाँ अनिवार्य तत्त्व **प्रवृत्ति** है (चौदहवाँ अध्याय)। इसके अंतर्गत देश, काल और भौगोलिक संस्कृति का निरूपण होता है। रंग-शीर्ष में (उदाहरणार्थ) श्री हर्षवर्धन के समय (काल) के स्थाण्वीश्वर (देश) में उद्यान, पांथशाला, सूर्यमंदिर इत्यादि की स्थिति कहाँ-कहाँ हो, राजकवि बाणभट्ट किस भाँति सम्राज्ञी का अभिवादन करें, कंचुकी की वेशभूषा कैसी हो, वसंत के समय स्थाण्वीश्वर विशेष की आंचलिक प्रकृति कैसी हो —इनका निरूपण प्रवृत्ति-व्यंजन-धर्म है। आंचलिक प्रकृति, देश-काल के स्थानीय रंग तथा प्रांतीय चरित्र, इन तीनों का समावेश प्रवृत्ति करती है। अतः इसका संबंध रंगमंच से है, और इसका संयोजन लोकधर्मी-विवेक के द्वारा होता है। **वृत्ति** छठा अनिवार्य तत्त्व है (बाईसवाँ अध्याय)। वृत्तियों को नाटक की माताएँ (वृत्तयो नाट्यमातरः) कहा गया है। वृत्तियाँ पात्र को व्यक्तित्व, अवस्था को वैशिष्ट्य तथा शरीर-मन-वचन की चेष्टाओं को वैचित्र्य प्रदान करती हैं। इनके द्वारा नाटक के पात्र का व्यक्तिगत चारित्र्य तथा अभिनेता का अपूर्व व्यवहार वर्तित होता है। भोजराज के अनुसार चित्त की विभिन्न दशाओं के व्यवहार तथा व्यापार का नाम वृत्ति है। अभिनव-गुप्त के अनुसार पात्र के शरीर, मन तथा वचन की वैचित्र्यपूर्ण चेष्टाएँ ही वृत्तियाँ हैं (काय-वाङ्-मनसां चेष्टा एव सह वैचित्र्येण वृत्तयः।)। इस भाँति शब्द, कर्म, सात्त्विक अनुभाव, शरीरदशादि का सहभाव अर्थात् मुद्रा-प्रतीक एवं शब्द-प्रतीक का संयोग, या भावना-अर्थ-कर्म का त्रित्व ही वृत्ति है। अतः वृत्ति परिवर्तमान और नायक के स्वभाव पर आश्रित है। जब अवस्था (situation) और संवेगदशा (रसदशा) में परिवर्तन आता है तब वृत्ति भी बदल जाती है। अरस्तू ने चरित्र को विचार (dianoia) तथा कर्म (ethos) नामक जिन दो अन्योन्याश्रित पक्षों में बाँटा था, उसी के समानांतर वृत्ति पात्र के मन और शरीर पर पड़ी वैचारिक

तथा क्रियात्मक प्रतिक्रियाओं की विशेषता तथा वैयक्तिकता तथा विचित्रता को वर्तित करने वाली एक कंप्युटर-जैसी है। यदि प्रवृत्ति नाट्यप्रदर्शन की प्रदेशाभिधान-वादी रीति या शैलियों का मार्ग है, तो वृत्ति पात्र + नट-प्रस्थान-हेतु अभिनय + चरित्र की विधि है जो मानव-स्वभाव पर आधृत है। यदि प्रवृत्ति रंगमंच का ऐतिहासिक एवं भौगोलिक चारित्र्य है तो वृत्ति पात्र का वैयक्तिक एवं विलक्षण चरित्र। शब्दों द्वारा प्रकट होने वाली वृत्ति 'भारती', तथा व्यवहार द्वारा उद्घाटित होने वाली वृत्ति 'सात्त्वती' कही गई है (काव्य में भारती शब्दवृत्ति तथा सात्त्वती अर्थवृत्ति हो जाती है)। सौम्यता तथा उग्रता की अवस्थाओं के अनुरूप इनके क्रमशः 'कैशिकी' एवं 'आरभटी' नामक दो उपभेद हैं। जागीरदार के अनुसार भारती में शुद्ध पाठन होता है और प्रतिनिवेदन नहीं होता; सात्त्वती में पाठन और अभिनय दोनों होते हैं तथा संवेगात्मक तीव्रता होती है; कैशिकी में नारियों की प्रतिप्रस्तावना के साथ नृत्य और संगीत की प्रचुरता होती है तथा सौन्दर्यसज्जा होती है (श्लक्ष्ण-नेपथ्यविशेष-चित्रा) तथा आरभटी में संगीत, नृत्य, इंद्रजाल, उग्रगमन आदि होता है तथा रंगमंच-संग्रह के द्वारा जीवन का सच्चा अनुकरण किया जाता है। सारांश में, भारती में वाचिक तथा सात्त्वती में सात्त्विक, कैशिकी में आहार्य और आरभटी में आंगिक अभिनय की प्रमुखता होती है।

सूत्ररूप में हम कह सकते हैं कि अभिनय और वृत्ति तथा धर्मी और प्रवृत्ति, इन चारों की एक गुँथी हुई जंजीर है। अभिनय की चतुर्विधियाँ एक ओर वृत्तियों से संबद्ध हैं, दूसरी ओर नटों के वैशिष्ट्य (particularity) से तथा तीसरी ओर मानव की वैश्वकता (universality) से। अभिनय शब्द (वाचिक) से लेकर मुद्रा (आंगिक), चित्र (आहार्य) और नृत्य तथा संवेग-प्रदर्शन (सात्त्विक) तक का समावेश कर लेता है। अभिनय ही विभाव, अनुभाव तथा संचारी का संयोग करता है। अभिनय ही प्लॉट (वृत्त), कर्म (एक्शन) तथा व्यापार (वृत्ति) तीनों को एकतान करता है। अभिनय ही नृत्य के आंगिक अभिनय, पदार्थ अभिनय तथा अंतर्गत भाव के आलंबन-धर्म को नाट्य के सात्त्विक अभिनय, वाक्यार्थ-अभिनय तथा अंतर्गत रस के आलंबन-धर्म में रूपांतरित करता है। सारांश में, अभिनय-धर्मी-वृत्ति-प्रवृत्ति की यह शृंखला ही सामाजिक परम्पराओं, संस्कृति, भूगोल, समाज आदि के यथार्थ का 'वागङ्गभिनय' (make-believe—जागीरदार) प्रस्तुत करती है। इसी संदर्भ में यह खयाल भी रौशन हो उठता है कि अगर नाटकीय प्रवृत्ति तथा वृत्ति के 'रीति' अथवा 'मार्ग' परक संदर्भों को लें, तो हम प्रवृत्ति के अंतर्गत युगीन नाटक-भाषा को ले सकते हैं तथा वृत्ति के अंतर्गत पात्र की नाटकीय भाषा को शामिल कर सकते हैं। किन्तु नाटककार की भाषा का प्रभाव तिहरा होना चाहिए: एक ओर वह युगीन प्रवृत्तियों (काल) के अनुरूप हो, दूसरी ओर पात्रों के स्वभाव तथा अवस्था के

अनुकूल हो और तीसरी ओर स्वयं उसके व्यक्तित्व की छाप भी दे ताकि अनेक पात्रों की वैयक्तिक **भाषाओं** को सुनने के बाद भी हम कह सकें कि यह सोफ़ोक्लीज़ की **भाषा**, कालिदास की **भाषा**, शेक्सपियर की **भाषा**, प्रसाद की **भाषा** या बर्नार्ड शॉ की **भाषा** है। नाटककार को एक ओर तो विशेष काल तथा समाज का रोज़ की बोलचाल की आमफहम भाषा पर आश्रित रहना पड़ता है, तो दूसरी ओर एक लिरिकल एवं नाटकीय भाषा की अभिव्यंजनात्मकता को भी विकसित करना पड़ता है। कलाओं में नाटक तथा उपन्यास की भाषा पर ही रोज़ की बोलचाल की आम भाषा को धारण करने की एक ऐसी गंभीर जिम्मेदारी होती है जिससे काव्य विमुक्त है। नाट्यशास्त्र में युगीन भाषा तथा आभिजात्य पात्रीय भाषा का तो निरूपण हुआ है लेकिन रोज़ की सामान्य भाषा तथा कविमार्गी भाषा की उपेक्षा-सी हुई है। अगर हम गहराई में जाकर देखें तो साधारणीकरण की समस्या के केंद्र में 'वृत्ति' है। यदि इसके अंतर्गत तत्कालीन सामान्य भाषा तथा कवि की छद्म भाषा का भी ख़याल रखा जाता तब साधारणीकरण के और भी दूसरे अंतर्विरोध उभरते।

सातवाँ अनिवार्य तत्त्व **सिद्धि** बताया गया है। नाट्यशास्त्र के सत्ताईसवें अध्याय में सिद्धिव्यंजन की चर्चा है जिसमें नाट्य के अभिनय में सिद्धि अर्थात् सफलता प्राप्त कराने वाले उपकरणों तथा विधियों का वर्णन है। यथासमुदय प्रयोग, समृद्धि तथा गुणसम्पन्न पात्र सिद्धि के लिए आवश्यक गुण माने गए हैं। इस अध्याय में अभिनय के परीक्षण के लिए सूत्रधार के बजाय प्राश्निकों तथा प्रेक्षकों का जिक्र भी किया गया है। अतः सिद्धि में एक ओर सूत्रधार के द्वारा रंगमंडप के संयोजन की योग्यता, दूसरी ओर नट द्वारा अभिनयकला की परिपूर्णता तथा तीसरी ओर प्रेक्षक के द्वारा सुमनस सहृदयता की तीव्र अनुभूति; तीनों के चरमबिंदु आकर मिलते हैं। एक प्रकार से सिद्धि रंगमंडप (थियेटर) का फलागम है जहाँ नट और प्रेक्षक (कवि और पात्र नहीं), दोनों की समान परीक्षा होती है। इसी बिंदु पर रस-निष्पत्ति की पात्रता का द्वंद्व भी उभरता है। रस का भोक्ता कौन है? पात्र, या नट, या प्रेक्षक ? हम इसी जगह इस रहस्य को सुलझाना चाहते हैं कि रससूत्र में भरत ने आदि में भाव को तथा अंत में स्थायीभाव (रस) को नहीं जोड़ा। उनका मनोरथ स्पष्ट था : वे रस (स्थायीभाव) की स्थिति प्रेक्षक में, तथा भाव की स्थिति रंगमंच पर प्रतिनिवेदित **ऐतिहासिक** व्यक्ति में मानते हैं। अभिनेता के तो उन्होंने केवल चार गुण गिना दिये हैं—कार्यकुशलता, पांडित्य, वाक्पटुता तथा थकान जीतने की शक्ति (I,20)। इसके ऐतिहासिक कारण हैं। एक तो, उनका युग महान् नाटककारों (भास, कालिदास, शूद्रक, अश्वघोष) का युग था जिस पर महाकाव्ययुगीन प्रभाव के कारण मुख्यत: ऐतिहासिक पात्र ही शीलनिरूपित किये जाते थे; दूसरे अभिनेता कलाकार के बजाय एक कौशलकार मात्र माना

जाता था; तथा, तीसरे, नट की सामाजिक स्थिति शायद प्रतिष्ठापूर्ण नहीं थी। छत्तीसवें अध्याय की नाट्यावतार की कथा में भरतपुत्रों के शूद्र तथा नर्तक हो जाने के शाप का प्रसंग आया है। शाप देने वाले ऋषियों ने शाप को तो वापस **नहीं** लिया, लेकिन नाट्य को अभयदान जरूर दे दिया। अतः अभिनेता या नट भर्त्यभाव को प्राप्त हुए भरत के ब्राह्मणपुत्र हैं। शायद इसीलिए सूत्रधार को भी ब्राह्मणों से नीचे किन्तु शूद्रों तथा वैश्यों से ऊँचे माना गया है। ब्राह्मणधर्म के बढ़ते हुए प्रभाव के कारण नट और नर्तक का दर्जा गिरता गया। कौटिल्य ने तो नृत्य तथा गायन को शूद्रों का पेशा बताया; मनु ने नट की पत्नी नटी के चरित्र पर संदेह किया (मनुस्मृति, VIII, 362), तथा आपस्तंब, बृहस्पति, गौतम आदि ने भी इसी तरह कहा। भरत इतने रूढ़िवादी तो नहीं थे, लेकिन वे ब्राह्मण-नैतिकता का खुला प्रतिरोध भी नहीं कर सके। उनका धर्मसंकट नाट्यशास्त्र के पचीसवें अध्याय में दृष्टव्य है। वे चौंतीसवें अध्याय में तीन प्रकार की स्त्रियों तथा चार प्रकार के नायकों की प्रकृति का निरूपण करते हुए राजाओं के अंतःपुर की स्त्रियों का वर्णन भी विशेष रूप से करते हैं। इसके साथ-साथ राजमंडल के अन्य पात्रों का वर्णन भी करते हैं। इसी तरह पैंतीसवें अध्याय में वे राजसभाओं, अंतःपुर, राजमार्गों और रंगशालाओं से संबंधित रूढ़ पात्रों (जैसे, सूत्रधार, विट, विदूषक, शकार, चेट, नट, मालाकार, रजक आदि); और सामंतीय विलास तथा मध्यकालीन अवकाश में पोषित नायक-नायिकाओं को वर्णनीय विषय बनाते हैं लेकिन ग्राम्यजीवन, कृषकजीवन, लोकांचलों के पात्रों तथा शोषित शूद्रों-दासों के वर्ग की लगभग उपेक्षा कर देते हैं। अतः रसनिष्पत्ति के सूत्र के आलंबन-आश्रय विभाव तथा उद्दीपन विभाव एक विशिष्ट सामाजिक समूह के पात्रों, तथा विशिष्ट दृष्टिकोणों एवं अवस्थाओं वाले परिप्रेक्ष्यों में बँधे हुए हैं। अतएव हम इस विशेष तथा आभिजात्य वर्गीय सामाजिक-संबंधता को नजरअंदाज करके रससूत्र का ऐतिहासिक संदर्भ नहीं स्पष्ट कर सकते। केवल सैद्धांतिक दृष्टि से ही भरत ने नाट्यवेद को चारों वर्णों के लिए खोल दिया है। नेता के चयन में कुल की शर्त का होना, तथा फलश्रुति में मांगल्य, पवित्रता, पुण्य, शुभ (शूद्र इन सबसे वंचित माने गए हैं पूर्वजन्म तथा इस जन्म के कारण) आदि का होना, इस दृष्टि की विसंगति को उघाड़ देते हैं। ब्राह्मणों तथा क्षत्रियों के शक्तिशाली वर्ग की मनोवृत्तियों से अनुशासित, राजसभा और अंतःपुर के जीवन से लालित्यरंजित, तथा अंततोगत्वा दुःख, सामाजिक अपमान, शारीरिक श्रम आदि से अपरिचित स्थितियों से प्रभावित नाट्यशास्त्र के इक्कीसवें अध्याय में कथावस्तु के पंच अवस्थाओं, पंच संधियों और पंच अर्थप्रकृतियों वाले रचनागठन का ही तदनुकूल मॉडल निर्मित हो सकता था।

आठवें, नवें तथा दसवें अनिवार्य तत्त्व क्रमशः **स्वर, आतोद्य** और **गान** हैं जिन्हें **संगीत** के अंतर्गत एकजूट किया जा सकता है। यूँ तो नाट्यशास्त्र के

चौथे अध्याय में संगीत के नृत्य-अंग के करणों, अंगहारों, रेचकों तथा वृत्तों का तथा बीसवें अध्याय में लास्य के अंगों का वर्णन हुआ है; लेकिन अट्ठाईसवें से तेंतीसवें अध्याय तक का विषय संगीतशास्त्र है। इस भाँति अभिनय, नृत्य और संगीत परस्पर अनुस्यूत हो गए हैं। अट्ठाईसवें अध्याय में स्वरों, श्रुतियों, मूर्च्छनाओं और जातियों के वर्णन के साथ आतोद्य की तत, अवनद्ध, घन और सुषिर नामक चार विधियों का विवरण है। उन्तीसवें अध्याय में तत-आद्योत विधान दिया है जिसमें रसों के क्रम के अनुसार वाद्ययंत्रों के स्वरों के लक्षण हैं। इकत्तीसवें अध्याय में तालव्यंजन के अंतर्गत कला, लय और तालों के लक्षणों का निर्देश है; बत्तीसवें में ध्रुवाओं के स्वरूपों तथा उनके छन्दोवृत्त का विमर्श है तथा तेंतीसवें अध्याय में वाद्यविधान है जिसके अंतर्गत नाट्य में भावों तथा रस के लिए प्रयुक्त मृदंग, पणव, पटह, चित्रा, घोषका, बाँसुरी, झल्लरी, विपंची आदि वाद्यों की—विशेषतः अवनद्ध वाद्यों की— प्रयोग-शैलियाँ बताई गई हैं। तीसवें अध्याय में वंशीवादन की विधि बताई गई है (अरस्तू वंशीवादन को एक स्वतंत्र ललित कला मानते हैं जिसका प्रयोग सहगान में होता था)। भरत के उक्त प्रसंगों से स्पष्ट है कि नाट्य में संगीत (अभिनय के बाद) रस तथा भाव का दूसरा सशक्त **साधन** है। स्तुति-शब्दों में काव्यार्थ के साथ-साथ संगीत के पाक का यह विधान संवादों की रंगमंडपीय दुनिया और बाहरी दुनिया के बीच मनस्तात्त्विक दूरी (psychical distance) व्युत्पन्न करता है। नांदी और मंगलाचरण में संगीत विधान का लक्ष्य रंगमंच की दुनिया में हमारा ध्यान केंद्रित करना, फलस्वरूप सचेतन आत्मतल्लीनता को उदित करना है। यदि संगीत का सानुपात अनुप्रवेश प्रेक्षक का ध्यान बाह्य जगत से खींचकर रंगमंचीय 'व्यापार' में केंद्रित करता है तो उसकी अधिकाई इसी व्यापार में केंद्रित ध्यान को भंग भी कर देती है। हमें यह लगता है कि नाट्यशास्त्र में अभिनय के साथ संगीत पर इतना बल देना महाकाव्ययुग का असर है जब सूत गायक होता था तथा गवैयों और वादकों—'कुशीलवों'—के साथ वह सार्वजनिक स्थानों में 'काव्यगान' करता था। संस्कृत नाटककार कवि तो थे, लेकिन उनका गायक तथा वाद्यवादक भी होना मुमकिन नहीं था। इसलिए संस्कृत नाटकों में सहगान का अभाव है; काव्य (verse) की अति तथा संगीत की कमी है; और जहाँ संगीत का संधान है वहाँ बहुधा सूत्रधार (सूतों का उत्तराधिकारी) की मदद ली गई है। संगीत का अनुप्रवेश नाट्योत्पत्ति वर्णन से ही पाया जाता है। नाट्यशास्त्र के प्रथम अध्याय में कहा गया है कि ब्रह्मा ने देवताओं से लेकर शूद्रों तक के देखने के लिए जिस नाटक की सृष्टि की, उसमें ऋग्वेद से **पाठ्य**, सामवेद से **गीत**, यजुर्वेद से **अभिनय** तथा अथर्व वेद से **रस** ग्रहण किया। इसके साथ-साथ, "एक नाटकीय प्रतिनिवेदन उतना ही वांछनीय था जितना कि कोई कर्मकांड तथा उतना ही—यदि अधिक

नहीं—मनोरंजक भी था। नाटक चारों पवित्र वेदों से ग्रहीत केवल दैवी प्रेरणा ही नहीं था, अपितु इसमें घटनाएँ (वृत्त) एवं उपचार (वृत्ति) भी उद्गम और धारणा की दृष्टि से वैसे ही दैवी थे। सर्वप्रथम नाट्य 'समवकार'—जिसका अर्थ अमृतमंथन है—का विषय देवताओं का कर्म था (अध्याय चार,4)। दूसरा प्रदर्शन—'डिम' रूप—का विषय शिव द्वारा त्रिपुरदाह (IV,11) था। इसके अतिरिक्त, बिलकुल आरम्भ के चरणों में स्वयं शिव ने ही प्रदर्शन में संगीत तथा नृत्य के प्रवेश का काम पूरा किया। इसी तरह विभिन्न 'वृत्तियाँ' भी कृष्ण के मधु-कैटभ नामक राक्षसों से युद्ध से उद्भूत हुईं। अतः कोई ताज्जुब नहीं कि ऐसे तत्त्वावधान में नाटक के दस रूप विकसित हो जाएँ। अलबत्ता आश्चर्य तो इस बात में है कि तब से न तो नाटककारों ने नये प्रकारों का समावेश किया, और न ही आलोचकों ने उन्हें स्वीकृति दी।"[1] इन दो स्रोतों से यह समर्थित हो जाता है कि ऋग्वेद की ऋचाओं से गृहीत भारतीवृत्ति का पाठ्य, तथा समवकार रूप का विशुद्ध विवरणात्मक पाठन (और संभवतः उसमें कर्म के प्रतिनिवेदन का अभाव) संवाद में काव्य, कर्मकांड एवं संगीत (गान) का अंतर्लयन कर देते हैं।

और अंतिम ग्यारहवाँ अनिवार्य तत्त्व है **रंगसंग्रह**। 'रंग' अर्थात् प्रेक्षागृह में रंग-नाटक के खेल (theatricals, performance) में **देखने** तथा **सुनने** के सभी साधनों और उपकरणों की व्यवस्था ऐसे की जाय कि प्रेक्षक को **रस** की **'सिद्धि'** हो सके : यह इसका प्रयोजन है। नाट्यशास्त्र के दूसरे अध्याय (प्रेक्षागृह-लक्षण) के अंतर्गत नेपथ्य (**सुसज्जित होने का स्थान**), रंगशीर्ष (**अभिनय-स्थल**), रंगशाला (**सामाजिकों के बैठने की जगह**), रंगपीठ, मत्तवारिणी, प्रेक्षाभवन, यवनिका का निरूपण हुआ है। इन सब की सार्थकता इसी में है कि सब वाद्य और गेय सुखपूर्वक सुना जा सके तथा नाना दृष्टियों से समन्वित नटमुखांकित भाव पराकोटि की अस्पष्टता वाले न हो जाएँ ('II, 22-24)। इससे यह भी लगता है कि भरत के समय में कक्षावृत्त रंगमंच (indoor stage) की प्रधानता हो गई होगी क्योंकि इसमें रंगशीर्ष तथा रंगशाला के बीच अधिक दूरी नहीं होती; और वेशभूषा की शैलियाँ और अलंकरण सूक्ष्म होते हैं ताकि नज़दीक से प्रवृत्ति या ऐतिहासिक काल के वैशिष्ट्य की प्रेक्ष्य प्रतीति हो जाय। रंगसंग्रह के अंतर्गत ही हम वस्त्राभरण (costumes and ornaments) तथा रूपरंजन (make-up) दोनों को ले सकते हैं। इस तरह रंगसंग्रह चरित्र-चित्रण तथा देश-काल दोनों का समान उपादान है क्योंकि यह एक ओर तो अभिनेता के 'रंगमंचीय चरित्र' की रचना करता है तो दूसरी ओर विशिष्ट

---

१. R.V. Jagirdar : 'Drama in Sanskrit Literature', Popular Book Depot, Bombay (1947), pp. 118–119.

काल तथा विशिष्ट राष्ट्र के अनुकूल समग्र 'रंग' (performance) की एक 'प्रति-निवेदित दुनिया' की रचना करता है। रंगसंग्रह नेत्र और कान के केंद्रीभूत, तीव्र तथा विशिष्ट प्रत्यक्षीकरणों (perception) की सुदृढ़ नींव है। यह प्रेक्षक गोत्र की वास्तविक दुनिया के ठीक सामने एक अपूर्व सौंदर्यतात्त्विक स्थिति उत्पन्न करता है; और हमारे देखते-सुनते नाट्य नामक एक कलाकृति की प्रत्यक्ष तथा शुरू से अंत तक क्रमशः तथा शनैः-शनैः रचना कर डालता है। नाट्य में प्रेक्षक एक कलाकृति का संपूर्ण निर्माण साक्षात् देखते हैं। यह केवल इसी की विशेषता है। अतएव रंगसंग्रह हमारे सम्मुख नाट्य की उत्पत्ति, अनुमिति, भुक्ति, व्यक्ति आदि की समस्याएँ उठाता है। रंगसंग्रह की वजह से काल्पनिक पात्र तथा वास्तविक अभिनेता का रूपांतर एक सारभूत (essential) चरित्र में हो जाता है; और यह रूपांतरित भ्रांति (illusion) रंगमंच करता है। सारांश में, न तो पात्र की ऐतिहासिकता, और न ही अभिनेता की यथार्थता शेष रहती है; बल्कि (अभिनेता की वैयक्तिकता को समाप्त करते हुए और पात्र की यथार्थता को लुप्त करते हुए) पात्र के संकेत-रूप अभिनेता में (पात्र के अस्तित्वमान (existential) चरित्र के बजाय) पात्र को 'सारभूत चरित्र' (essential character) ही हमारे लिए यथार्थता हो जाता है। अतः रंगसंग्रह का प्रतीतिमान पर्यावरण हममें सौंदर्यतात्त्विक वृत्ति की दीर्घता कायम रखता है।

अतः नाट्य में इन **दसों** अनिवार्य तत्त्वों का संयोग ही रसों तथा भावों की सिद्धि कराता है। सुमनस् प्रेक्षक में रस-भाव की सिद्धि के तीन प्रमाण हैं— "(१) संगीत तथा अन्य सदृश साधनों से उसका मन लौकिक विघ्नों से मुड़कर रंगमंच पर घटित 'व्यापार' में केंद्रित हो जाता है; (२) उसके लोचनों का रंगमंच के नानाविध सुखद दृश्यों से उपचार होता है जो रंगनाटक के मूल पात्र की अवस्थाओं तथा मनोदशाओं को प्रकट करते हैं; और (३) उसके मन में इन दृश्यविधानों की प्रतिक्रिया होती है जिससे वह रसानुभव की दशा में पहुँच जाता है।"[१] ये दस अनिवार्य तत्त्व रससूत्र की भूमिका की व्यापकता तथा गहराई के द्योतक हैं। इनके संदर्भ रससूत्र का एक नया अन्वेषण कर देते हैं।

उक्त दस अनिवार्य तत्त्वों की निवेशिका के आधार पर हम कुछ मौलिक निष्कर्ष पा सकते हैं—

(१) भरत का समय महान् नाटककारों का युग था जिनके नाटकों में महाकाव्य के (ऐतिहासिक) इतिवृत्त, पद्यात्मक वार्तालाप तथा महाकाव्यात्मक नेता (epic hero) होते थे; नाट्य जादुई चरण को पार कर धर्म के चरण, तथा

१. P. Panchpagesh Shastri : 'The philosophy of Aesthetic Pleasure' p. 31.

बाद के सज्जा के चरण में पहुँच चुका था; नाट्यशास्त्र में नाटक का विवेचन साहित्यरूप में न होकर संयुज् कलारूप में हुआ था; प्रेक्षागृह का स्वरूप कक्षा-वृत्तीय मंच वाला हो चला था और नाट्य में काव्य तथा संगीत भी रसनिष्पत्ति की ओर उन्मुख होते थे। इस भाँति रससूत्र में प्रधानतया तो **अभिनय** के द्वारा, फिर **काव्य** के द्वारा, और पुनश्च **संगीत** के द्वारा (अर्थात् तीन समानांतर संयोजक सूत्रों द्वारा) रस एवं भावों के एक ही लक्ष्य तक पहुँचा जाता था। नाट्यरस में अभिनय, काव्य एवं संगीत के त्रिविध मार्ग आपस में गुँथे थे।

(२) संस्कृत रंगनाटककार मूलतः या तो कवि थे, अथवा लिरिकल उन्मेष में लिखते थे; लेकिन साथ ही साथ वे नट के बजाय सूत्रधार से अलबत्ता संपर्क रखते थे जिससे चतुर्विध अभिनय सबसे अधिक बारीक तथा प्रतीकात्मक तथा मुद्रात्मक हो जाता था। एवज़ में सूत्रधार नर्तकों, गायकों और वादकों की मदद से नाटकीय कर्म (action) को नृत्यात्मक मुद्राओं में, संवाद को काव्य में, पद्यों को गान में रूपांतरित कर देता था। यूँ लगता है कि नाटककार के नट से और सर्व-जन (public) से संपर्क के मौके कम हो गए थे। अतः अभिनय के अन्तर्गत ही नृत्य, काव्य और संगीत मिल जाते थे।

(३) हमने अभी देखा कि अभिनय, काव्य और संगीत मिलकर नाट्य-रस की सिद्धि करते थे। लेकिन रंगनाटक की विलक्षणता के कारण अभिनय के अंतर्गत ही कर्म (action) एवं इतिवृत्त (plot) का संधान होता था, और साथ-साथ अभिनय में ही नृत्य, काव्य एवं संगीत का संयोग हो जाता था। यहाँ हमारा मन्तव्य चतुर्विध अभिनय से है। अतः अभिनय (नृत्य, काव्य एवं संगीत) नट के एक 'रंगमंचीय चरित्र' की रचना करता है। रंगमंचीय चरित्र को रचने में एक तो रंगशीर्ष (मंच) की, और दूसरी प्रेक्षागृह (थियेटर) की भूमिका होती है। रंगशीर्ष में वेशभूषा, अलंकरण, रूपसज्जा तथा 'वृत्ति' के द्वारा नट का अभिनेय रंगमंचीय चरित्र विरचित होता है, तो प्रेक्षागृह के रंगसंग्रह में 'प्रवृत्ति' 'धर्मी' की भूमिका निवेदित होती है। इस भाँति अभिनय और वृत्ति, प्रवृत्ति और धर्मी अन्योन्याश्रित होकर क्रमशः **नट** तथा **मंच** को एकतान करते हैं: नट का रंगमंचीय चरित्र तथा मंच की प्रतिनिवेदित दुनिया (represented world) का सामाजिक-सांस्कृतिक चरित्र एकतान हो जाता है। सारांश में हम कह सकते हैं कि नट तथा मंच का ऐक्य अभिनय-वृत्ति-प्रवृत्ति-धर्मी की शृंखला को पूरा करता है जिसकी परिणति 'सिद्धि' है, और यही नट-मंच-ऐक्य प्रेक्षक को शामिल करके विभाव-अनुभाव-संचारी की शृंखला को पूरा करता है जिसकी परिणति अथवा सिद्धि अथवा निष्पत्ति 'रस' है। 'सिद्धि' रंगखेल (theatricals) की सार्थकता है तो 'निष्पत्ति उसके संवेगात्मक प्रभाव (रस) की चरितार्थता।

(४) इस तरह समग्र नाट्य में रंगखेल की परिणति तो **सिद्धि** तथा

प्रेक्षक के अनुभव की परिणति '**रस**' है। अतः नाट्य में रस एवं भाव तो साध्य हो जाते हैं; और अभिनय, धर्मी, वृत्ति, प्रवृत्ति तथा संगीतादि उसके साधन। अतः साध्य (रस) रसिकमुखी होता है (भरतानुसार); तथा साधन **नटमुखी** (अभिनय, वृत्ति,सिद्धि) एवं **रंगशीर्षाश्रित** (धर्मी, प्रवृत्ति, रंगसंग्रह, आतोद्य)।

(५) दस अनिवार्य तत्त्व ही अनेक नाटकीय समस्याओं को छोड़ते जाते हैं जिनका समाधान परवर्ती रससूत्र व्याख्याओं ने किया। **नट** और **मंच** अर्थात् नट के रंगमंचीय चरित्र एवं रंगमंच के ऐतिहासिक चरित्र की 'सिद्धि' (निष्पत्ति) की सौन्दर्यबोधात्मक विधि अथवा तरकीब क्या है—इसे लेकर अनेक '**वाद**' (theories) सामने आयीं। **धर्मी** ने भ्रांति (illusion) तथा अनुकृति (mimesis) तथा प्रतिनिवेदन (representation) के सवाल पेश किये। **वृत्ति** ने वैयक्तिक तथा विशेष पात्र (चरित्र) के साथ तादात्म्य करने की समस्या दी और इसकी वजह से ही 'साधारणीकरण' की प्रतिकल्पना की गई। **प्रवृत्ति** ने देश-काल की सीमा को गाढ़ा किया। **सिद्धि** ने रसभोक्ता कौन है, इसके निश्चय की मीमांसा का प्रस्तार किया। **संगीत** ने भावबोधन और रसभावन को तीव्र बनाया। अंततः **रंगसंग्रह** (नट तथा मंच के सम्मिलित योगदान) ने नाट्य (रस) की उत्पत्ति, अनुमिति, भुक्ति, व्यक्ति आदि के मनोदार्शनिक प्रश्न प्रदीप्त किये। इसलिए रससूत्र की व्याख्या करने में हमें केवल विभाव (नट, नटी, अवस्था, परिस्थिति) तथा अनुभाव-संचारी (अभिनय) में ही नहीं बँध जाना चाहिए। हमें लगातार इस बात का ध्यान रखना चाहिए कि भरत का मन्तव्य केवल काव्यरस से न होकर नाट्यरस से है जिसकी संपूर्णता काव्य, नृत्य और संगीत से लेकर प्रवृत्ति तथा धर्मी तक, रंगसंग्रह से लेकर सिद्धि तक करते हैं। अतः भरतसम्मत नाट्यरस के अंतर्गत **दृश्य** के अन्तर्गत प्रवृत्ति, नृत्य और रंग-संग्रहादि, तथा **श्रव्य** के अंतर्गत पाठ्य, संगीत, गीतादि भी शामिल हैं। यह नाट्यरस केवल श्रव्य नहीं है बल्कि श्रव्य-दृश्य दोनों है। यहाँ **शब्द** भी हैं, मुद्राएँ भी हैं और **चित्र** भी।

अतः नाट्यरस के सूत्र में हमें विभाव के अंतर्गत प्रवृत्ति, धर्मी तथा रंगसंग्रह को लेना चाहिए; अनुभाव के अंतर्गत नृत्य, अभिनय, पाठ्य और गान को; एवं संचारी के अंतर्गत वृत्ति को (क्योंकि संचारी की चंचल, अस्थिर, अनेक दशाओं में संचरणशील होने के कारण चरित्र का ज्ञान कराते हैं)। हमारे अनुसार तो भरत के नाट्यरससूत्र की सही और मौलिक निवेशिका उपर्युक्त ही है। हम पुनश्च इसका स्पष्टीकरण करते हैं। इसके लिए हमें कुछ आधुनिक कलाओं के दृष्टांत लेने होंगे। उपन्यास एक व्यक्तिपाठक के पठन के निमित्त होता है जबकि नाट्य सामूहिक प्रेक्षकों तथा सामूहिक संवेग के उदय से संबद्ध रहेगा। इसके अलावा नाट्य में प्रेक्षकों का जीवित संपर्क होता

है क्योंकि नाट्य में प्रेक्षक नाटककार द्वारा 'नाटक' की सृजनप्रक्रिया (process) को तो नहीं जानते लेकिन रंगनाटक या नाट्य के रंगखेल की कार्यविधि (procedure) को ठीक अपने सामने बढ़ते, बनते तथा पूर्ण होते देखते हैं। अतः नाट्य में हर बार इस कार्यविधि की आवृत्ति होती है, जबकि काव्य तथा उपन्यास में केवल एक बार सृजन होता है। यद्यपि काव्य में भी आस्वादन निरंतर होता है लेकिन नाट्य में सृजन तथा आस्वादन दोनों में ही निरंतरता है। अतः काव्य की अपेक्षा नाट्य चिरनवीनता एवं अधिकाधिक अर्थानुशीलन का ज़्यादा हक़दार है। एक बात और है कि नाट्य दृश्य (देशपरक) तथा श्रव्य (कालपरक) दोनों ही होने के कारण सहक्रम और अनुक्रम, दोनों का व्यवस्थापन करता है। यहाँ चित्र (दृश्य) गतिमान होकर कार्य और संवाद से गुँथता है, अर्थात् देशपरकता का अन्वयन कालपरकता में तथा कालपरकता की संयुजता देशपरकता में होती है। अतः इसका अनुभव क्रमिक भी है, तथा एक साथ भी। अतः नाटकीय रूप में आकृतिसंश्लेष (configuration) का सबसे ज्यादा महत्त्व है जहाँ दिक्परक तथा कालपरक दोनों कलाओं का सामरस्य है। जब देश तथा काल के आयाम साथ-साथ लक्षित होंगे तब कला की स्थिति 'उसी जगह' तथा 'उसी समय' वाली अर्थात् साक्षात् एवं प्रत्यक्ष हो जाएगी। अतः नाट्य में तात्कालिकता एवं तात्स्थानीयता का ऐक्य होता है। इस तरह नाट्य की इकाई न तो केवल चित्र है, और न ही केवल शब्द; बल्कि यह शब्दचित्र तथा चित्रशब्द है; किंवा **चलचित्र** तथा **स्थितकाव्य** है। अतः नाटक एक साथ ही चलचित्र⇌स्थितकाव्य है। अस्तु, हमें नाट्य के निरन्तर सृजन, तथा उसकी दिक्कालपरक उभयात्मक विधा का ध्यान रखकर ही रससूत्र की व्याख्या करनी होगी। इस रससूत्र में चित्र (रंग) तथा संगीत (स्वर) का भावप्रधान-पक्ष; और पाठ्य (शब्द) का भावविचारप्रधान पक्ष—ये दोनों शामिल हैं।

(६) नाटक में नाटककार, अभिनेता और दर्शकवृन्द—तीनों जरूरी हैं। साहित्यिक नाटक में नाटककार की प्रमुखता होती है और उसके पाठ्य रहने के कारण पात्र केन्द्र होता है। लेकिन अभिनीत नाटक (नाट्य) में नट केन्द्र में होता है। भरत ने व्यावहारिक विवेचन तो रंगनाटक (नाट्य) का किया है, लेकिन सैद्धांतिक प्रमुखता दी है पात्र और सज्जा को। वे अभिनय को एक स्वतंत्र कला नहीं मानते, और न ही वे नट को नाटककार की जैसी प्रतिष्ठा देने को तैयार हैं। और, उनके नाटककार कवि हैं, तथा उन नाटककारों के पात्र महाकाव्यात्मक एवं लिरिकल। फलतः रससूत्र-संस्थापन में काव्यात्मकता तथा वर्णनात्मकता के दृष्टिकोण गहरे होते गए हैं। स्वयं सूत्र तक रूपकात्मक कथन (metaphoric statement) द्वारा अन्नरस को मानसिक नाट्यरस में, तथा संयुक्तता को संगम में रूपान्तरित करके एक मानसिक **अन्वेषण** को आयुर्वेदीय

प्रमाणों द्वारा प्रस्तुत करता है। अतएव रससूत्र में ही सृजनात्मकता (की प्रज्ञा) तथा वैज्ञानिकता (का प्रमाण), दोनों संयुक्त हैं। यह सूत्र अन्वेषण (discovery) एवं प्रमापन (verification), दोनों से ही निष्पन्न है। नाटक (drama) और रंगनाटक (play) के दोनों चक्र नाट्यशास्त्र में संघुलित हुए हैं। नाटक-चक्र में 'नाटककार-नाटककृति-पात्र (जिसका पटल नाटककृति है) -पाठकरसिक' हैं। इसकी तुलना में नाट्य या रंगनाटक-चक्र में 'निर्देशक (सूत्रधार)–नाटककृति–नट (जिसका कर्मक्षेत्र रंगमंच है) प्रेक्षक-रसिक' हैं। हम देखते हैं कि नाटक-चक्र में पात्र के चहुँ ओर कृतिपटल होता है तथा संवाद (शब्द) की ही प्रमुखता होती है, जबकि नाट्य-चक्र में नट के चहुँ ओर रंगमच होता है—जहाँ अभिनय (चतुर्विध) एवं मुद्रा (जेस्चर) की प्रधानता होती है। नाटक-चक्र में पाठकरसिक का पात्र से सीधा सम्पर्क होता है, जबकि नाट्य-चक्र में प्रेक्षकरसिक नट से साक्षात्कार करता है तथा नट द्वारा की गई पात्र की अनुकृति ही नहीं, अपितु पात्र की सृजनात्मक व्याख्या को जानता है। अतः नाट्य-चक्र में वह नट के माध्यम से — उसे देख और सुनकर—पात्र का वह रूप जानता है जिसकी एक ओर नाटककार द्वारा सृष्टि हुई तथा दूसरी ओर नट द्वारा सृजनात्मक व्याख्या। भरत ने नट तथा पात्र के अंतःसंबंधों के बाबत चुप्पी-सी लगा ली है। वे इन दोनों के बीच केवल अनुकृति-अनुकार्य के संबंध ही स्वीकार कर सके थे (क्योंकि उनके प्रारूप पात्र सद्वंशीय महाकाव्यात्मक 'ऐतिहासिक' पुरुष थे)।

नाट्यरससूत्र की उपर्युक्त निष्कर्षात्मक रंगभूमिका के विकीर्ण आलोक में अब हम 'सूत्र' की नानाविध व्याख्याएँ करेंगे—

(क) सबसे पहले हम इस सूत्र में (भाषिकीय दृष्टि से—लिंग्विस्टिकली) रूपकात्मक तथा तार्किक दोनों प्रकार के कथन पाते हैं। ज्ञान की एक नयी दशा के अन्वेषण को स्वयं भरत द्वारा समझने तथा समझाने के लिए रस के रूपक का प्रयोग हुआ है। जिस तरह नाना व्यंजनों से **संस्कृत** अन्न का भोग करते हुए सुमनस् पुरुष रसों का आस्वादन करते हैं और हर्षादि का अनुभव करते हैं, उसी तरह वे नाना भावों का तथा अभिनय द्वारा व्यंजित चतुर्विध अभिनय से **संयुक्त** (उपेतान्) स्थायीभावों का आस्वादन करते हैं। यहाँ रस का स्वाद **और** स्थायी भाव का अनुभव, तथा नाना व्यंजनों की संस्कृति तथा नाना भावों तथा चतुर्विध अभिनय का संयोग एक रूपकात्मक संबंध है। इसी तरह हम 'निष्पत्ति' को लेते हैं। जिस तरह नाना व्यंजन, द्रव्य, औषधि के संयोग से **रसनिष्पत्ति** होती है, जिस प्रकार गुडादि द्रव्यों, व्यंजनों तथा औषधियों से षाडवादि रस बनते (वर्त्यन्ते) हैं, उसी तरह नाना भावों से उपगत होकर स्थायीभाव **रसत्व को प्राप्त होते हैं**। यहाँ नाना व्यंजनों, द्रव्यों तथा औषधियों के संयोग से रस की 'उत्पत्ति' तथा 'परि-

पाक' का रूपकात्मक संबंध विभाव-अनुभाव-संचारी की उपगति से रसत्व की सिद्धि (एक आह्लादक दशा—मोनियर विलियम्स) तथा समाप्त संपूर्णता (terminated perfection) तथा भावन होना (being affected-मोनियर विलियम्स) आदि से स्थापित किया गया है । सारांश में, इस सूत्र में रस के अर्थ का विकास अन्नरस (भोग), द्रव्य और औषधि (शक्ति और स्फूर्ति), व्यंजन (आस्वाद, अनुभव), प्रभाव (हर्ष और सिद्धि), पूर्णता (रसो वै सः) आदि में हुआ है जो स्थूल से सूक्ष्म होते-होते आध्यात्मिक हो गया है । भरत ने इसे इंद्रियबोध से जोड़कर एक नवोन्मेषित सौन्दर्यबोधात्मक प्रक्रिया तथा परिणति, दोनों का रूपकात्मक कथन किया है । यहाँ रूप (नेत्र) और शब्द (कान) जैसे उच्चतर बोधों को स्पष्ट करने में रस (जिह्वा) के निम्नतर इन्द्रियबोध को उपमान के रूप में इस्तेमाल किया गया है । इस तरह एक सृजनतात्त्विक समीकरण (synactical equation) का रूपक बाँधा गया । मूल उद्देश्य है एक विशिष्ट सौन्दर्यतात्त्विक वृत्ति की प्रक्रिया का विवेचन करना । अंततः यह सूत्र एक मानसिक रसायन-(mental chemistry) परक हो जाता है ।

इसलिए यह सूत्र तार्किक कथन (logical statement) का आभास भी देता है । व्यावहारिक अनुभव में कारण, कार्य, ज्ञान के बाद एक अवस्था पूर्ण समाप्त हो जाती है । कला के रससूत्र के अनुसार "विभाव (कारण), अनुभाव (कार्य), संचारी (ज्ञान) का परिणाम रस की निष्पत्ति (समाप्ति) है ।" इस तरह इस तार्किक वाक्य में हम क्रम तथा उद्देश्यविधेय तो पाते हैं, किन्तु यह व्याकरण नहीं है । यह सौन्दर्यतत्त्व है । अतः विभाव-अनुभाव-संचारी के क्रम तथा सम्यक्ता के बावजूद भी परिणति का अंतिम स्वरूप इस श्रेणी (catagory) का होकर (अर्थात् स्थायीभाव न होकर) एक दूसरी उच्चतर श्रेणी (अर्थात् रस) का हो जाता है । इस तार्किक सूत्र में दो चरण हैं—पहला चरण शब्दार्थों के साहित्य का है; यथा, विभाव, अनुभाव एवं व्यभिचारी । लेकिन दूसरा चरण अर्थाभिव्यंजना से उन्मीलित अनुभव का है; यथा, रस । इस तार्किक सूत्र में ही प्रक्रिया तथा परिणाम दोनों का सहकार तो है लेकिन इसके पूर्वापर दोनों छोर अनिर्वचित तथा अनिर्वचनीय हैं—पूर्व-छोर है 'भाव' का तथा, परवर्ती छोर है 'रसानुभव' का । इसके अलावा इस वाक्य में दो पटल हैं : पहला पटल कलाकृति में प्रतिनिवेदन द्वारा प्रत्यक्षीकृत होता है (यथा विभाव, अनुभाव तथा संचारी); लेकिन दूसरा पटल कलाकृति से बहिर्भूत या बहिर्गत या 'उपगत' होता हुआ अमूर्त अनुभव में सिद्ध होता है (यथा, रस) । इस तार्किक वाक्य में पहले चरण और पटल में अर्थ की अभिव्यंजना की प्रधानता है लेकिन दूसरे चरण और पटल में अनुभव तथा ध्वनि का 'व्यक्त' लोक है; अतः रससूत्र एक पूर्ण

तार्किक कथन नहीं है क्योंकि इसमें रूपकात्मक कथन भी घुला-मिला है ।

लेकिन रससूत्र के तथाकथित तार्किक कथन में भी विरोधाभास (paradoxes) हैं । इसमें 'संयोग' एक संबंध विशेष है । विभाव भावप्रकाशक, अनुभाव भावबोधक तथा संचारी भाव भावगामक होने के बावजूद भी विपरीतों का सामंजस्य उपस्थित करते हैं । ऐसा पहला सामंजस्य तो अर्थ-अनुभव का सातत्य है। दूसरे के अंतर्गत हम 'भाव' के इर्द-गिर्द ही 'वि-', 'अनु-' तथा 'व्य-अभि-चर' प्रतिसर्ग पाते हैं । 'वि-सम' का उल्टा, पृथक् करने वाला (आलंबन-उद्दीपन, आश्रय-आलंबन) है अर्थात् नाटकीय स्थिति में द्वंद्व का बीजारोपण करने वाला है। विभाव 'प्रकाश' तथा 'प्रतीति' (मोनियर विलियम्स) तथा 'कारण'—तीनों हैं । 'अनु–' सादृश्यपरक, समानतापरक, अनुगमनकारी (दे० निरुक्त) है । अनु-भाव अभिप्राय, आवेष्टन (enclose), अनुगमन का द्योतक है । 'व्यभिचर-' अतिक्रमण, साध्य बिना हेतु तथा संक्रमण है । व्यभिचारी भाव परिवर्तनशील है और विलक्षण विशिष्टता का संचारक है । अतः इस सूत्र में दूसरा विरोधों का सामंजस्य स्थापित होता है : विभाव अनुभाव के विपरीत, तथा व्यभिचारी स्थायीभाव के विपरीत होता है । लक्षण की द्वैर्थक शुरुआत या व्यंजना का **अनेकार्थक** अनुरणन व्यभिचारी भाव ही का काम है । व्यभिचारी भाव ही नाट्यरस में विशिष्ट चरित्र (वृत्ति) को पकड़ता है । इसी तरह 'संयोग' के बौद्ध, मीमांसा, न्यायदर्शन के संदर्भ के अनेक अर्थ हैं जिसमें संयुक्त, संयोग उपगति (अर्थात् – **में** संयोग, **के साथ** संयोग) शामिल है । यह संयोग 'नीरक्षीरसंघोल' नहीं है जहाँ सभी तत्त्व अपना अस्तित्व खो देते हैं, बल्कि 'तिल-तंडुल-संयोग' है जहाँ सभी तत्त्व अपना सम्पर्क कायम करते हैं और अस्तित्व बचाये रखते हैं । इस भाँति से हम रससूत्र के प्रतीकात्मक तर्क को यों लिख सकते हैं :

विभाव (+><) अनुभाव (+) व्यभिचारी भाव ‖ ------→ रस

(≈) ‖ ↘ (><) (स्थायी भाव) ↑

इस ऐसे सूत्र में 'गति' तथा 'द्वंद्व', दोनों की बेहद गुंजाइश है क्योंकि नाट्य में भावना (feeling) संकेत (sign), अर्थ (meaning, symbol), गति (movement) इत्यादि सभी होते हैं जो 'भावना' से लेकर 'कर्म' तक के एक चक्र (cycle) को परिपूर्ण करते हैं । इसका दूसरा विहंगावलोकन भी है। हम अभी कह चुके हैं कि नाट्य की सौन्दर्यबोधात्मक इकाई (aesthetic unit) 'चलचित्र-स्थित शब्द' है । नाट्य में दृश्य श्रव्य की संयुज्यता, दिक्काल का अंतरावलंबन, निरंतर सृजन एवं निरंतर आस्वाद होता है। इसीलिए नाट्यरस-सूत्र एक विरोधाभासपूर्ण तार्किक कथन (A paradoxical-logical statement) है ।

भाषिकी-क्षेत्र इस सूत्र की चौथी दिशा भी निर्धारित करता है । यह भाषा कलाभाषा (language of art) है। शायद विश्वसंस्कृति में रससूत्र एक पहली कोशिश है जो अवाच् भाषा, वाच्-भाषा, चित्र-भाषा, गति-भाषा को मिलाकर एक कलाभाषा की भी संरचना करता है । नाट्यरससूत्र में शब्द (पाठ्य), बिंब (आहार्य अभिनय), मूर्ति (दृश्यप्रभाव), मुद्रा (नृत्य), स्वर (संगीत) का सामंजस्य हुआ है। प्रेक्षागृह में वास्तुकला का; वाचिक अभिनय के अंतर्गत भाषणकला, व्याकरण तथा काव्यकला का; आहार्य अभिनय के अंतर्गत वेशभूषा, अंत:सज्जा-कला का; संगीत के अंतर्गत गायनकला तथा वादनकला का; तथा आंगिक अभिनय के अंतर्गत नृत्तकला और नृत्यकला का संयोजन हुआ है। इस भाँति रससूत्र केवल शब्द-बिंब-मूर्ति-मुद्रा-स्वर की ही अवाच् एवं वाच् भाषा नहीं है बल्कि इसमें कलाओं का भंडार भरा है । इन सबका सम्मिलित (दृश्य एवं श्रव्य) प्रभाव ही सूत्र के विनयन को सार्थक कर सकता है। रससूत्र की इस भाषा में हम एक चित्र से एक संकेत को, एक शब्द से एक स्वर को, एक मूर्ति से एक मुद्रा को, एक बिंब से एक चित्र को जोड़ते-बाँटते रहते हैं । इसमें इन्हीं भाषा-इकाइयों का 'पारिवारिक सादृश्य' तथा 'भाषा-खेल' (**विटगेंस्टाइन**) चलता है । इस भाँति रससूत्र नाना कलाओं का संयोजन तथा नाना कलाओं के अंत:संबंधों (विशेषत: अभिनय, काव्य और संगीत) की छानबीन का भी एक क्रांतिकारी प्रयास है। उदाहरण के लिए, विभाव के अंतर्गत रंगसंग्रह (नट एवं मंच) से उद्भूत, प्रवृत्ति एवं वृत्ति का प्रभाव है; अनुभाव के अंतर्गत मूलत: चतुर्विध अभिनय, और फलत: अभिनय, संगीत, काव्य तथा नृत्य, का संगम है; व्यभिचारीभाव के अंतर्गत गामक मुद्राओं तथा स्नायविक मुद्राओं को ले सकते हैं । वस्तुत: संचारियों की झीनी ज्ञापक चपल उपच्छायाएँ (shades) भावों की आंतरिक लय और ताल हैं, जबकि वाचिक अभिनग में स्वर तथा गान का, आंगिक अभिनय में नृत्यात्मक मुद्रा का संयोग है ही । विभाव का आलंबन-अंश नट-नटी की वेशभूषा, अलंकार तथा मुखसज्जा से जुड़ा है, तथा उद्दीपन अंश रंगपीठ की चित्रकला से । अतः विभाव रंगसंग्रह को ताल (rhythm) देते हैं, एवं अनुभाव शरीर को ताल देते हैं, संचारी भावों को आंतरिक लय देते हैं। इस पर्यावरण की ताल (विभाव) ही शरीर के अंगों तथा मांसपेशियों की ताल (अनुभाव) में, और आंतरिक भावों की ताल तथा लय (संचारी) में विनीत होती जाती है। इस भाँति रससूत्र एक कलाभाषा की ताल एवं गति-युक्त धुँधली प्रज्ञा (intuition) है। इसका अधिक अन्वेषण अपेक्षित है। अत: भरत के रससूत्र में विभाव, अनुभाव तथा संचारी अभिनय तथा गान पर प्रधान रूप से, और काव्य पर सहायक रूप से आश्रित हैं; और रससूत्र के तत्त्वों को

कलाओं की एक राशि परिष्कृत तथा परिणत करती है।

(ख) इस सूत्र में हमारे ध्यान का भी क्रम है : हम मंच तथा नट के संपर्क (विभाव) से नट से संबंधित (संचारी अनुभाव) होते हैं और अंत में हम स्वयं केंद्र (रस) बन जाते हैं। अतः इस सूत्र में रंगमंच – अभिनेता – प्रेक्षक का त्रिकोण क्रमशः परिपुष्ट होता है।

(ग) विभाव और अनुभाव बाह्य परिस्थिति और मानवीय बाह्य प्रक्रिया तथा प्रतिक्रिया को प्रकट करते हैं। इस तरह ये सामाजिक अवस्था के सूचक हैं। संचारी आन्तरिक दशाओं के बोधक हैं। अतः हम विभाव एवं अनुभाव के द्वारा सामाजिक दशा की, तथा संचारी के द्वारा मनुष्य की आंतरिक दशा की आशंसा करते हैं। इसके उपरांत इन दोनों का अभिज्ञानात्मक प्रभाव (रसनिष्पत्ति) हम पर पड़ता है। सारांश में नाट्य की यथार्थता के विशिष्ट प्रत्यक्षीकरण द्वारा हमारी यथार्थ दशा विशिष्ट ढंग से प्रभावित होती है जहाँ न तो हम पात्र की तरह क्रियाशील तथा भोगी होते हैं, न ही अभिनेता की तरह क्रियाशील ; बल्कि निष्क्रिय तथा अनुमानी ही होते हैं। इस भाँति रस-सूत्र ज्ञान की वह विशिष्ट पद्धति है जो विलक्षण प्रत्यक्षीकरण पर आश्रित है।

(घ) यह रससूत्र हमें ज्ञान के समाजशास्त्र (sociology of knowledge) से ज्ञान के सौन्दर्यबोधशास्त्र (aesthetics of knowledge) की ओर उन्मुख करता है। विशिष्ट सामाजिक कारण विभाव में, कार्य अनुभाव में, ज्ञानबोध संचारियों में साधारणीकृत (generalized) तथा अमूर्तीकृत (abstracted) हो जाता है। यह तो कला के माध्यम से सौन्दर्यतात्त्विक रूपांतर हुआ। हमारे माध्यम से भी साधारणीकृत मानवीयचित्ति या 'वासना' (psyche)और वैयक्तिक चेतना या संस्कार (conscious) अंततोगत्वा पूर्णता को प्राप्त होकर 'रस' हो जाते हैं जो साधारणीकृत तथा अमूर्तीकृत हैं। इस क्रम में विभावानुभावव्यभिचारी भावसे रस की ओर अग्रसर होने में 'अनुकृति' तथा 'भ्रांति' की नाटकीय गाँठें खुलने लगती हैं। अतः इस सूत्र को हमें ज्ञान की मीमांसा के रूप में मंजूर करना ही पड़ेगा क्योंकि परवर्ती नाट्यवादी तथा ध्वनिवादी आचार्यों ने इनकी दार्शनिक तथा मनोवैज्ञानिक व्याख्याएँ भी की हैं। इन अनेक मनोदार्शनिक व्याख्याओं ने ज्ञान के क्षितिज का विस्तार किया है — अलबत्ता आध्यात्मिक ढंग से ! हम यही कहना चाहते हैं कि मध्यकाल में निर्विकल्प (absolute) की ओर प्रयाण करके तो एक आध्यात्मिक चिन्तन और आधिभौतिक अवस्था का निगूढ ढाँचा आसानी से रचा जा सकता था क्योंकि परलोक की ब्रह्म, आत्मन्, आनंद, मोक्ष, योग, इत्यादि जैसी धारणाएँ मिल सकती थीं, लेकिन उस काल में भौतिक आधारों पर धारणाओं का निर्णय करना मुश्किल था। इसलिए

हम देखते हैं कि आलंकारिकों तथा रीतिवादियों ने काव्य के शरीर के रूपक के आधार पर ठोस रूपमीमांसा (morphology) तथा अर्थमीमांसा (semantics) पेश की; जिसका मूल 'शब्द' है। यह अपेक्षाकृत कठिन है। भरत ने भी नाट्यवेद के पुरुषरूप का ही विन्यास किया है। लेकिन आनन्दवर्धन (काव्य में) तथा भट्टनायक (नाट्य में) कलाशरीर की चर्चा से विमुख-से होकर आत्मानुसंधान में लीन हो जाते हैं। परिणामस्वरूप रससूत्र की व्याख्या के लिए दर्शन, धर्म, अध्यात्म, मनस्तत्त्व आदि का आश्रय लेना पड़ा; और मूल सौंदर्यबोधात्मक शब्दावली को अविकसित रह जाना पड़ा। इसीलिए काव्यशरीरवादी और नाट्यरसवादी चिंतन की धाराएँ आत्म के लोक में अधिकाधिक दार्शनिक तथा आध्यात्मिक होती चली गईं। भूत (matter) तथा विचार (idea) का द्वंद्वात्मक संबंध कायम नहीं रह सका। यह सब कुछ हुआ ध्वनिकाल (८५०–१०५० ई०) में। इस काल में इसकी वह व्यापक निवेशिका नहीं रही जो कलाओं के पुंज से जगमगा उठती थी; और न ही वह गहराई रही जो दृश्य माध्यम तथा श्रव्य माध्यम को एकतान करके दृश्य-श्रव्य-युग्म-कला से निर्दिष्ट नाट्यरस का विवेचन कर सके। कारण साफ़ है: शब्द (श्रव्य) ब्रह्म है; रूप (दृश्य) तो इहलोक है। अतः शंकराचार्य के बाद के चिंतन में शब्द तथा स्फोट् तथा नाद (काव्य) ही प्रभुता पा गया। इस संदर्भ में हमें यह भी नहीं भूल जाना चाहिए कि जिस प्रकार नाट्यशास्त्र में दृश्य-श्रव्य-कला के लिए रस की प्रतिष्ठा हो रही थी, वह एक सही, यथार्थवादी और सुदृढ़ प्रवृत्ति थी। हम समानांतर ढंग से स्थापत्य कला के आठ अंगों के अंतर्गत भी वास्तुपुरुष की, तथा चित्रकला के षडंग के अंतर्गत ('चित्रसूत्रम्' में) चित्र-अप्सरा की धारणाएँ पाते हैं। चित्र भी रसचित्र, भावचित्र तथा विद्धचित्र होते हैं; उनमें भी चितवन (सात्त्विक अनुभाव), भाव (संचारी) एवं अंग-प्रत्यंग (अनुभाव) होते हैं (चित्रसूत्रम् ५-७)। यही नहीं, नृत्य को भी परम चित्र माना गया है (नृत्तं चित्रं परं मतम्)। नृत्य, चित्र और नाट्य, तीनों में 'सादृश्य' आधार है। अतः नाट्यरस में त्रिविध कला के इस आधार को भुलाये रखने पर शताब्दियों से रससूत्र की अपूर्ण तथा एकांगी व्याख्याएँ मिलती रही हैं।

(ङ) हमारे अनुसार व्याख्या की एक दिशा और हो सकती है। यह दिशा शरीरशास्त्र एवं मनोविज्ञान की है। प्रेक्षक के प्रत्यक्षीकरण में दो दृष्टियाँ होती हैं—एक, उसके निजी आवेशों की दुनिया; और दो, बाह्य संस्कृति। इस भाँति प्रेक्षक का प्रत्यक्षीकरण **नियंत्रित एवं सांस्कृतिक** भी होता है। उसके प्रतिबोध के कार्य (act of response) को सूचक (signal), संकेत अथवा प्रतीक, और गति (movement) में विभक्त किया जाता है। प्रतिबोध के प्रत्येक कार्य के अनुकूल शरीरतंत्र एक भौतिक वृत्ति के द्वारा प्रतिक्रिया प्रकट करता

है जो भावना तथा मुद्रा को एक इकाई बनाकर उसे सार्थक (अर्थसहित) कर देती है। भावना-मुद्रा- इकाई नाट्यशास्त्र से अधिक 'अभिनय दर्पण' में उद्घाटित हुई है : उदा०, 'वृक्षसिंचन' के लिए झुका शरीर, अवधुत शिर, अधोमुख तथा पद्मकोश हस्त की मुद्रा; 'भ्रमरबाधा' के लिए विधुतशरीर, कंपित अधर, त्रिपटक हस्त की मुद्रा; 'शृंगारसज्जा' के लिए लज्जित नेत्र (प्रसन्न 'मुखराग' अर्थात् इंगुर से मुख रँगना) तथा प्रवृत्तिमुख मुद्रा 'अर्थ' दे देती है। नाट्य में इस आंगिक अभिनय में नृत्यमुद्रा तथा विद्धचित्र का ऐसा अद्भुत (भाव-मुद्रा-इकाई वाला) संबंध होता है कि नेत्र हाथ का अनुकरण करते हैं, मस्तिष्क नेत्र का; अनुभूतियाँ मस्तिष्क का, तथा स्थायीभाव अनुभूतियों का अनुकरण करते हैं (यतो हस्तस्ततो दृष्टिर्यतो दृष्टिस्ततो मनः। यतो मनस्ततो भावः यतो भावस्ततो रसः —।। अभिनयप्रकाशिका)। इस तरह नाट्य में हम 'संकेत' से 'गति' तक का चक्र पूरा करते हैं अर्थात् अनुभूत चिंतन का तो **मुद्रा-प्रतीकों** द्वारा भावन करते हैं, तथा मौखिक चिंतन की **शब्द-प्रतीकों** द्वारा अर्थाभिव्यंजना। अतः संकेत से गति, मुद्रा से शब्दार्थ, अनुभूति से विचार में हम द्विपक्षीय प्रतीकात्मक कार्य की सिद्धि करते हैं। मुद्राएँ अनुभूति की तन्मात्राएँ होती हैं, तथा वाचकता चिंतन का सार। रससूत्र के तत्त्वों का अधिकांश मुद्रात्मक अर्थात् भावाश्रित है (अनु-भाव, वि-भाव, व्यभिचारी-भाव); मुद्रा चित्र और नृत्य से साम्य रखती है अर्थात् उसमें सादृश्य और ताल है; अतएव रससूत्र का कर्म (action) के द्वारा सूत्र में उपगमन होता है जिसमें पाठ्य और गान अर्थात् वर्णन (description) सहकारी हैं। इस भाँति पात्रों के कथोपकथन (भाषणकला, काव्यकला तथा गान से परिपूर्ण) शब्द के अर्थ एवं विचार का अधिग्रहण करते हैं लेकिन प्लॉट के अंतर्गत उनके कर्म (अभिनय) प्रकट करने वाली मुद्राएँ भाव या अनुभूति का वहन करती हैं। अतः रस-सूत्र के इस स्वरूप में विभाव, अनुभाव तथा संचारी के समाहार में मुद्रा और शब्द, भाव और चिंतन, कर्म और अर्थ का संगम रंगमंच की सौंदर्यबोधात्मक अवस्था में होता है। इस संगम की कुंजी है— **अभिनय**; और अभिनय आंतरिक अनुभूतियों का **अनुभाव** है। एक बात का और ध्यान रखना होगा कि नाट्यरससूत्र में 'निष्पत्ति' का अर्थ उत्पत्ति न होकर सिद्धि अथवा परिष्कृत परिणति है। इस सूत्र में रस तो प्रेक्षकाश्रित है तथा भाव पात्राश्रित। यहाँ नट कोरा अनुकर्त्ता मात्र है।

अंत में निर्णयात्मक रूप में हम कह सकते हैं नाट्य के ग्यारह अनिवार्य तत्त्वों की निवेशिका के आधार पर हमने छह **निष्कर्ष** प्राप्त किये; तथा इनके आलोक में भरत के रससूत्र की **पंचविध व्याख्याएँ** कीं। ये छह **निष्कर्ष** तथा **पाँच व्याख्याएँ** मिलकर रससूत्र की आधुनिक व्याख्या तथा द्वंद्वात्मक विश्लेषण करते हैं। इनसे कुल मिलाकर रसनिष्पत्ति की विधि के पाँचों आयाम झिलमिलाने लगते हैं।

उपर्युक्त भूमिका के परिप्रेक्ष्य में अब हम नाट्यरससूत्र के व्याख्याता आचार्यों के दृष्टिकोणों एवं जीवनदर्शन का दिग्दर्शन करेंगे।

नाट्यरस के पहले ज्ञात व्याख्याता भट्टलोल्लट हैं जो उद्भट के बाद में तथा अभिनवगुप्त के पहले नवीं शती के प्रथम चतुर्थांश में हुए थे।

२. मध्ययुगीन रिनैसाँ : कुमारिल, शंकर तथा सरहपा की त्र्यणुक क्रांति
(The Triple Revolution)

भरत के 'नाट्य शास्त्र' (ई० ए० दूसरी शताब्दी) के बाद भामह (ई० प० ६००), दंडी (ई० प० आठवीं शताब्दी का मध्य), वामन, रुद्रट आदि ने रससूत्र पर क्यों नहीं ध्यान दिया जबकि वे उद्भट (ई०प० ८००) और भट्टलोल्लट (ई० प० ८०० के बाद) के पूर्ववर्ती थे ? लगभग छः सौ से अधिक वर्षों के बाद भट्टलोल्लट ने ही नाट्यरस के बाबत चिंतन क्यों किया ? इसका जवाब ज्ञान के समाजशास्त्र तथा इतिहास के भौतिकवाद में निहित है। हम यह भी पाते हैं कि भट्टलोल्लट और श्रीशंकुक (ई० प० नवीं शताब्दी का प्रथम चतुर्थांश) ने रस को वस्तुनिष्ठ (देहवादी) मानकर भामह और वामन की देहवादी परंपरा को ही आगे बढ़ाया है। हम यहभी जानते हैं कि भट्टनायक मीमांसक तथा श्रीशंकुक नैयायिक थे; और ये दोनों दर्शन प्रथमतया अन-आदर्शवादी (ब्रह्मनिरपेक्ष) हैं। रस के तीसरे प्रमुख व्याख्याता भट्टनायक (ई० प० दसवीं शती) संधि पर स्थित हैं। उनके बाद से रससूत्र की व्याख्या नाट्यरस के बजाय काव्यरस के संदर्भ में, एवं वस्तुनिष्ठ या देहवादी आधारों के बजाय आत्मनिष्ठ या आत्मवादी आधारों पर होने लगती है। यह एक महान् गुणात्मक परिवर्तन है और विचारधारात्मक (idealogical) भी है। तदुपरांत आदर्शवादी दर्शनों के आधार पर रस और ब्रह्म में संबंध ढूंढे जाने लगते हैं, तथा रस निर्विकल्प (एब्सोल्यूट) हो जाता है । अतः आनंदवर्धन (नवीं शताब्दी का मध्य), अभिनवगुप्त (दसवीं शती के अंतिम चतुर्थांश से लेकर ग्यारहवीं शती केप्र थम चतुर्थांश तक), मम्मट (ग्यारहवीं शताब्दी), विश्वनाथ (चौदहवीं शती का पूर्वार्ध), पंडितराज जगन्नाथ (सत्रहवीं शती का पूर्वार्ध) आदि ने काव्यरस की आदर्शवादी व्याख्याएँ कीं। लेकिन रसब्रह्मवाद को वास्तु तथा संगीत में भी लागू करने का कार्य क्रमशः धारानगरी के राजा भोज (१०१८-६० ई० प०) ने 'समरांगणसूत्रधार' में तथा राजा सारंगदेव (१२१०-१२४७ ई० प०) ने "संगीतरत्नाकर" में पूरा किया। इस तरह "भारतीय सौन्दर्यबोधशास्त्र" के अंतर्गत नाट्य, वास्तु, संगीत तथा (कालांतर में) काव्य—ये चार प्रधान कलाएँ रसवृत्त में निवेशित हुईं।

हमारे विचार से रसनिष्पत्ति की वृत्तियों (attitudes) का रहस्य तब उद्घाटित हो सकेगा जब हम यह छानबीन करें कि आखिर नवींतथा दसवीं शती में ही कलाओं की यह 'रसेश्वरसाधना' क्यों सिद्ध होने लगी ? यह सामूहिक आकांक्षा और उसका वैयक्तिक अन्वेषण कैसे प्रतिफलित हुआ ? विचार शून्य में नहीं उदित होते। मनुष्य में उनका अभ्युदय एक सांस्कृतिक संदर्भ—बौद्धिक पर्यावरण, वैज्ञानिक स्थिति, अनुसंधाता की आत्मजीवनी तथा समाज की

आर्थिक दशा—के अन्तर्गत ही होता है। अतः अन्वेषक और अन्वेषित विचार की उक्त विरासत जानने पर हम कुछ बिल्कुल ताजे तथ्यों को पा जाते हैं।

भारत में नवीं और दसवीं शताब्दियाँ बौद्धिक क्रांति की शताब्दियाँ हैं जिनमें साहित्य, दर्शन, धर्म, राजनीति, अर्थतंत्र, सभी क्षेत्रों में उथलपुथल हुई। उत्तर में कश्मीर तथा कन्नौज, दक्षिण में केरल तथा (कालांतर में) द्राविड़, एवं पूर्व में नालंदा और विक्रमशिला इस त्रयणुक क्रांति के केन्द्र बने। हम एक साथ ही कुमारिल (ई० प० ८००) और शंकर (ई० प० ७८८–८२०) को, सरहपाद (नवीं शती का प्रथम चतुर्थांश) को, श्रीशंकुक और आनंदवर्धन को, भवभूति और राजशेखर को पाते हैं। "इन शतकों में साहित्य-संबंधी रचनाओं एवं मीमांसाओं के दो प्रधान क्षेत्र थे—प्रथम कश्मीर और दूसरा कन्नौज। इस अवसर पर जहाँ कश्मीर के संस्कृत-प्रणयी राजाओं के शासनकाल में आनंद, अभिनव, क्षेमेंद्र, मम्मट आदि प्रखर-प्रतिभा-संपन्न आलोचक विद्वानों ने जन्म लिया; वहाँ कान्यकुब्ज के यशोवर्मा, महेंद्रपाल, महीपाल, आदि संस्कृतानुरागी राजाओं के शासनकाल में वाक्पतिराज भवभूति, राजशेखर आदि विद्वानों ने आश्रय पाकर साहित्यक्षेत्र में अद्भुत प्रतिभा का परिचय दिया।···इनमें यह अंतर देखा जाता है कि जहां कश्मीरी कवियों की प्रवृत्ति **श्रव्य-काव्यों** में अधिक देखी जाती है, वहाँ कन्नौज के कवियों में **दृश्यकाव्यों—नाटकों** की ओर अधिक अभिरुचि थी।"[1]: हम इस आंशिक सत्य को पूर्णता जानना चाहेंगे।

कन्नौज के नाटक-केन्द्र बनने का कारण स्वयं सम्राट् हर्षवर्धन (६०६-६४७) का नाटककार भी होना था। यह परंपरा प्रतिहार महेन्द्रपाल (८८५-९१०) ने भी कायम रखी। लेकिन ६४७ ई० प० से पृथ्वीराज चौहान के पतन (११९२) तक का भारतीय राजनैतिक पटल कई सैन्य शिविरों में बंट गया था जो आपस में युद्ध किया करते थे। उत्तर के गुर्जर-प्रतिहार, दक्षिण के राष्ट्रकूट तथा पूर्व के पाल सम्राटों के बीच महासम्राट् होने की प्रतिद्वंद्विता के कारण प्रतिहारों का विनाश हुआ। उनका स्थान परमार सम्राट् वाक्पतिमुंज (९७४–९९५) और चंदेल सम्राट् डंग (९५४–१००८) ने लिया। लेकिन महमूद के विध्वंसक हमलों (९९८–१०३०) ने हिन्दू सामंतेश्वरों को शनै-शनैः चूर करना शुरू कर दिया। उधर दक्षिण में चेर तथा चोल राजवंशों की प्रतिद्वंद्विताएँ जारी थीं। इस तरह भारत क्षेत्रीय और प्रांतीय शिविरों में राजनैतिक दृष्टि से खंड खंड हो चुका था।

---

१. केदार नाथ शर्मा सारस्वतः "राजशेखर कृत काव्यमीमांसा," बिहार राष्ट्र-भाषा परिषद्, पटना, प्रथम संस्करण, पृ० १-२.

हर्ष के बाद इस विघटन की जड़ भूमि-व्यवस्था है । सेना और शासन के अधिकारियों को भूमि बाँट दी जाती थी और वे सम्राट् को राजस्व तथा सेना देने के जिम्मेदार रहते थे । इसके एवज़ में लगभग पूर्णतः प्रभुतासंपन्न-से हो जाते थे और 'राजा' की पदवी धारण कर लेते थे । उनके मातहत 'सामंत', 'उप-राजा', 'ठाकुर' आदि होते थे । इस तरह सेनाप्रधान सामंतों में परिवर्तित होकर छोटे-छोटे 'राजा' हो जाया करते थे (इसके प्रमाण के लिए 'एपिग्राफिका इंडिका' भाग I, II, III में असंख्य उदाहरण मिलेंगे) । इस तरह कृषक और दास, ठाकुर, सामंत तथा महासामंत, और अंत में सम्राट् की श्रेणियों में समाज बँट गया था । कई ब्राह्मण और वैश्य सामंतों के समर्थक या स्वयं सामंत हो जाते थे । इस तरह वास्तविक शासक सम्राट् न होकर ये सामंत ही थे । सामंतीय संस्कृति में उद्दाम शौर्य और कामिनी-सौंदर्य की परम प्रतिष्ठा थी । लेकिन इनके बीच के क्षेत्रीय युद्धों के संत्रास तथा आतंक तथा यातना को जनपदों को भुगतना पड़ता था । उस युग के धार्मिक साहित्य में पर्वत तथा धुएँ का रूपक बहुत आया है । इन युद्धों में ग्रामों तथा नगरों को जलाकर राख कर दिया जाता था तथा विरोधी को भ्रम तथा छल से समाप्त किया जाता था । इस तरह क्षेत्रीय राज्य एक युद्धलिप्त राज्य में भी बदल जाता था । ऐसे राज्य में सामंतों और ठाकुरों की आपसी प्रतिद्वंद्विता, ईर्ष्याएँ, वैमनस्य, दुरभिसंधियाँ, षडयंत्र, संघर्ष आदि सरकार की शक्ति समाप्त कर देते थे । इस तरह क्षेत्रीय राज्य में अराजकता (anarchy) एवं नृशंसता (tyranny) का ही न्याय था । कल्हण ने 'राजतरंगिणी' में तत्कालीन कश्मीर का चित्रण करते हुए बताया है कि वहाँ के जागीरदार 'डामरों' को हर्ष (कन्नौज के सम्राट् नहीं) ने अंकुश में करने की कोशिशें कीं, लेकिन स्वयं उसे ही सिंहासन से हाथ धोना पड़ा । इसके बाद कश्मीर के इतिहास में इन डामरों के आत्मघाती युद्ध, तथा डामरों और सम्राटों के बीच के सत्ताग्राही युद्ध ही होते रहे । अवंतिवर्मन (८५५-८८३) के शासनकाल में इन डामर सामंतों ने मंदिरों को लूटा; भिक्षाचार्य के शासनकाल में इन्होंने राज्य लक्ष्मी बाँट ली, फौजी सामान को हथिया लिया, तथा पिशाच एवं दस्युओं की तरह राज्य लूट लिया ।[1] हम यह भी जानते हैं कि आनंदवर्धन राजा अवंतिवर्मन के समसामयिक थे । अतः आनंदवर्धन के पूर्ववर्ती, भट्टलोल्लट और श्रीशंकुक को, तथा परवर्ती अभिनवगुप्त और मम्मट आदि को सामंतीय संस्कृति, युद्धलिप्त राज्य तथा आतंकग्रस्त पर्वतग्रामों के बीच अपनी जीवनलीलाएँ पूरी करनी पड़ी होंगी । संभवतः इसीलिए उनके रूपकों में

---

१. **'राजतरंगिणी'०** VIII, **पृ० ८५५-५६ सम्पादकः** M.A.Stein.

कुम्हार का 'घट' और जुलाहे का 'पट' इतना नहीं आता जितना कि पर्वत और धूम, रजत और शुक्ता (का भ्रम)। कल्हण ने 'तंत्री' नामक पैदल सैनिकों का भी उल्लेख किया है जिन्होंने तीस वर्षों (९०४-९३६) तक राजाओं को आसीन और सिंहासनच्युत किया (वही. V. पृ. २६५)। क्षेमेंद्र ने भी सरकारी कर्मचारियों अर्थात् कायस्थों द्वारा कृषकों को दंड से पीटे जाने, रिश्वतखोरी किये जाने, धोखाधड़ी और गोलमाल किए जाने का उल्लेख किया है। उन्होंने व्यापारियों को 'दिवस चोर' तक कहा है। ऐसी परिस्थितियों में पार्थ के शासन-काल (९१७-१८) में भयंकर दुर्भिक्ष पड़ा। क्षेमेंद्र ने गरीबों का दयनीय चित्रण किया है ('सेव्यसेवकोपदेश'. १९-२०)। इस तरह युद्धलिप्त क्षेत्रीय राज्य में स्वामी और सेवक के बीच, ठाकुर और दास के बीच, ब्रह्म और माया जैसे ही संबंध थे। समाज अंतर्विरोधों से ग्रस्त था : शौर्य और अस्थिरता, पराक्रम और अराजकता, विलास और निर्भ्रांति, सत्य और मिथ्या आदि का वादप्रतिवाद क़ायम था। आग और अकाल की हालतों में व्यापारियों और मुनाफाखोरों की चाँदी बन आती थी। उधर ग्रामांचलों में नट, नर्तक, चक्रचर, कुशीलव, चारण आदि लोकजन का धन तथा समय लूटते थे ('नटनर्तकचक्रचरा: कुशीलवाश्चारणा विटाश्चैव। ऐश्वर्यशालिशलभाश्चरन्ति तेभ्यः प्रियं रक्षेत्।।'—क्षेमेंद्र, 'कला-विलास' VII, २५)। अतः एक ओर कश्मीर में संस्कृतप्रणयी राजाओं के आश्रय में सामंती संस्कृति की छाया में ये दार्शनिक कलाचार्य आग और अकाल से मुक्त थे, दूसरी ओर लोकांचलों में नाट्यों का खूब प्रचार था, तीसरी ओर जनपदों में सार्वजनिक वार्ता (न्यायदर्शन की तर्क-पद्धति भी सार्वजनिकविवाद से अनुगृहीत है) पद्धति ग्रहण की जा चुकी थी और चौथी ओर शैव तथा तंत्र मतों को मानने वाले पर्वतीय कश्मीर में स्वत: ही कुछ ब्राह्मणों के बीच मीमांसा एवं न्याय जैसे अब्रह्मवादी दर्शन प्रचलित थे जिनपर शनैः-शनैः वेदांत और योग दर्शन का भी प्रबल प्रभाव पड़ने लगा था। ऐसी परिस्थितियों में शुरू में मीमांसक भट्टलोल्लट तथा नैयायिक श्रीशंकुक का ध्यान सहजत: नाट्य की ओर गया। 'नट' उनके विवेचन का केन्द्र बना क्योंकि संभवत: तत्कालीन सम्राट् भी नट की ही तरह भूमिकाएँ बदलते, और आते-जाते थे। इसके अलावा संपूर्ण हिन्दू संस्कृति के संदर्भ में ये क्षेत्रीय राज्य रुकावट नहीं बन पाते थे। इसलिए इन आचार्यों ने सभी प्रमुख कृतियों से उद्धरण दिये हैं। राजनीति की अपेक्षा धर्म का प्रभाव अत्यंत व्यापी था, यद्यपि धर्म भी यौद्धेय राज्यों की तरह अनेक संप्रदायों में बँटता जा रहा था। सामंतवर्ग के इस चित्र के समानांतर कृषक और कृषकदासों के बीच भी एक महान् क्रान्ति उभर रही थी जिसका नेतृत्व सरहपा ने किया जो धर्मपाल (७७०-८१५) के शासनकाल में हरिभद्र के शिष्य थे, और स्वयं एक बौद्ध भिक्षु थे। सरहपा ने अपने समय के समाज के प्रति

विद्रोह किया, जात-पांत और ऊँच-नीच में अविश्वास प्रकट किया, ब्राह्मणों की तरह ही शूद्रों को भी उतना ही पावन माना, ब्राह्मणवादी कर्मकांडों को लोकायत-तर्कों द्वारा भ्रम, मिथ्या एवं पाखंड सिद्ध किया। मूलतः उन्होंने ब्रह्म और जगत् के बीच में माया के बजाय ब्राह्मण और चांडाल के बीच की माया का खंडन किया। इस तरह उन्होंने कृषकों और कृषिदासों की उस क्रान्ति की शुरूआत की जिसने निम्नवर्णों को सामाजिक संगठन की असमानताओं तथा त्रिसंगतियों के प्रति चौकन्ना कर दिया। उन्होंने वर्णव्यवस्था पर वह कठोर प्रहार किया जो इस्लाम के तादृश्य संघात को उभार देता है। सरहपाद ने ब्राह्मणों के बजाय 'सिद्धों' की परंपरा की शुरूआत की। इन्होंने परलोक के बजाय इहलोक को, ब्रह्म के बजाय इहदेह को, अध्यात्मसाधना के बजाय भोगपरक साधना को स्वीकार किया। सिद्धों ने चांडाल, धीवर, डोम्बी, शबरी, मातंग आदि जाति की नारियों से विवाह किया, इनसे संभोग को ही 'महासुख' माना, तथा मानस अनुशासन को ही 'निर्वाण' सिद्ध किया। सरहपा की "सहजसाधना" का तात्पर्य युगनद्ध, महासुख और वज्रसत्व माना जाने लगा। सिद्धों ने सारे बाह्याडंबरों को तो तोड़ डाला किन्तु स्वयं भी ऋद्धि-सिद्धि के जादुई जालों में फँसते-फँसाते भ्रष्ट होते गये। सिद्धों का आन्दोलन तंत्रवाद की परिणति हैं। कालांतर में इसमें बौद्ध और हिन्दू मतों का संमिश्रण हो गया। बुद्ध के तीन रूपों की कल्पना—रूपकाया, धर्मकाया तथा संभोगकाया—हुई जो उनके ऐतिहासिक रूप (निर्माण काया) में पर्यवसित हो गई। बुद्ध की भौतिक रूपकाया दिव्य संभोगकाया होकर विश्व में करुणा, प्रीति, आनंद की वर्षा करती है। बुद्ध की यह त्रिकाय धारणा हिन्दू मत के ब्रह्म, ईश्वर तथा अवतार के सदृश है। धर्मकाया की तरह ब्रह्म निर्गुण है, संभोगकाया की तरह ईश्वर सत् चित् आनंद का पुंज है, और निर्माणकाया की तरह अवतार मानवरूप में लीलाएं करता है।

ऐसे ही बौद्ध और शैव मत का समन्वय हुआ, विशेषतः कश्मीर में। फलतः कश्मीर तंत्रसाधना का अड्डा बन गया (अभिनव गुप्त शैवतांत्रिक भी बताये जाते हैं)। शैवतंत्र के अनुसार शिव प्रकाश हैं और विमर्श प्रकाश का धर्म है। प्रकाश विमर्श में आलोकित होता है। इनकी एकता अहं है। प्रकाश का श्वेत बिन्दु, विमर्श का लोहित बिंदु तथा उनकी एकता श्यामबिन्दु है। इनका त्रित्व 'महाबिन्दु' है। प्रकाश और विमर्श की कल्पना शिव और शक्ति के रूप में हुई। यह वेदांत के ब्रह्म और माया की तरह है। वेदांत में माया भ्रम है जबकि तंत्र में शक्ति यथार्थ है। इसी भांति बौद्धतंत्र में शून्यता को 'प्रज्ञा' के रूप में, तथा करुणा को 'उपाय' के रूप में माना गया और उनका युगनद्ध दशा में संयोग हुआ। प्रज्ञा तथा उपाय को क्रमशः 'ललना' और 'रसना' भी कहा गया; तथा उनके सम्मिलन को 'महासुख' की संज्ञा दी गई। ये क्रमशः 'उप-

भोग्य' (अन्न) और 'भोक्तृ' भी माने गये। ये क्रमशः सूर्य और चंद्र के प्रतीक भी हुए। वैष्णव संप्रदाय में ये क्रमशः 'रस' और 'रति', या कृष्ण और राधा के रूप में भी प्रकट हुए। गौडीय वैष्णव मत में 'भगवान' के रूप में कृष्ण की स्वरूपशक्ति अर्थात् मूल प्रकृति के सत्, चित् एवं आनंद स्वरूप हैं। सत् में संधिनी शक्ति, चित् में संवित् शक्ति तथा आनन्द में ह्लादिनी शक्ति है। ह्लादिनी शक्ति राधा है, रतिभाव वाली है। इस तरह 'राधा' शक्ति है और 'कृष्ण' उसकी क्रिया या लीला की भूमिका। राधा 'रति' है; और कृष्ण 'रस'। राधा 'मदन' है और कृष्ण 'काम'। उनका सम्मिलन ही महासुख है। और, युग के अनुरूप राधा या रति या मदन 'परकीया भाव' प्रधान है। अतएव हम देखते हैं कि बौद्ध, शैव और हिन्दू मतों के सम्मिलन से जो नई 'साधनाएँ' उभर रही थीं उनमें एक ओर तो पुरुषतत्व तथा नारी तत्व के संगम की भोगवादी व्याख्याएँ थीं; दूसरी ओर बुद्ध, या शिव या ब्रह्म की कई दशाएँ या कायाएँ कल्पित की गईं; तीसरी ओर लोक से उनके संबंधों का अन्वेषण 'लीला' 'क्रिया' शक्ति' आदि के द्वारा किया गया, चौथी ओर इस जगत् के प्रत्यक्षीकरण के बाबत सत्य या मिथ्यात्व के सवाल उठे और पाँचवीं ओर शिव या शक्ति, प्रज्ञा या उपाय, ब्रह्म और माया, कृष्ण और राधा, रस और रति, आदि के मिलन के अनुभव को अनेक रूपकों तथा दृष्टांतों तथा न्यायों द्वारा अभिव्यंजित करने की कोशिश की गई। यौन-भावना के दिव्य आध्यात्मिकीकरण की यह अपूर्व मिसाल है जो तत्कालीन भोगलीलालिप्त विलासी सामंतों की कामुकता से तुलनीय है। काम (sex) का एक ही विचार सामंत वर्ग और दार्शनिकों के बीच दो समाजशास्त्रों की विरोधाभासी प्रवृत्ति से मंडित हो जाता है। ऐसी परिस्थिति में भरत के 'रससूत्र' को नया आलोक मिलना ही चाहिए था क्योंकि 'विभाव' के व्यक्तिगत रिश्ते 'लौकिक' एवं 'अलौकिक' दोनों हो रहे थे; तथा 'रस' के भी नये दार्शनिक, आयुर्वेदिक, तकनीकी, साधनापरक और कीमियागर आयाम खुल रहे थे। यह तो हम पहले ही कह चुके हैं कि बोधिसत्वों, अवतारों और शिवों के अनेक रूपों, तथा जगत् से उनके संबंधों के अनेक प्रतिभासों के कारण 'नट' के धर्म के अनुशीलन का भी बाँका मौका मिल गया था।

सिद्धरस के कीमियागर या रसायनशास्त्रीय आयाम ने भी कला में अपना प्रभाव छोड़ा हुआ प्रतीत होता है। यह तंत्र की ही एक शाखा है। बौद्धिक विश्लेषण के लिए तंत्र अब भी पहेली है। "इन सभी तंत्रग्रंथों का बुनियादी दृष्टिकोण यौनपरक बिंबविधान से ग्रहण हुआ है और ये ग्रंथपाठ जादू के प्रबल तत्त्वों से ओतप्रोत हैं। इनकी केंद्रीय विचारवस्तु पुरुष और स्त्री का संयोग है, यद्यपि इसकी अभिव्यक्ति शून्यता एवं करुणा, प्रज्ञा एवं उपाय, वज्र एवं पद्म जैसे परि-

भाषिकों के द्वारा हुई है जो सभी बौद्धवाद से लिये गए हैं।[१] और इनके कर्मकांडी पक्ष मैथुन पर आश्रित हैं। जबकि बौद्धधर्म में पंचमकारों का त्याग है, बौद्धतंत्र में पचमकार ही आधार हैं। वस्तुत: बौद्धतंत्र बौद्ध आवरण में हिन्दू या शैव मत है। इसके वाममार्ग को सिद्धों ने, तथा दक्षिण मार्ग (वेदांत-योग) को नाथों ने ग्रहण किया। किन्तु बौद्ध और हिन्दू, दोनों ही तंत्रों में प्रज्ञा और उपाय, शिव और शक्ति, हर और गौरी, कुलिश और कमल, कृष्ण और राधा, रस और रति के संयोग अर्थात् पुरुष और स्त्री के संगम की केंद्रीय धारणा मौजूद है। इस भाँति इहलोक और इस जीवन में ही 'मोक्ष' प्राप्त करने के लक्ष्य को लेकर सिद्धों का तंत्र और नाथों का योग चला। मोक्ष या निर्वाण की इनकी धारणा भौतिक थी। ये जीवित और सशरीर मोक्ष प्राप्त करने में विश्वास करते थे। अत: ये एक ओर तो इस भौतिक शरीर अर्थात् 'पिंड' को ब्रह्माण्ड का पूर्ण लघुस्वरूप-मानते थे तो दूसरी ओर इसी शरीर या देह को—अनेक चमत्कारपूर्ण ऋद्धि-सिद्धि, हठयोग-तप के द्वारा – 'दिव्य देह' में रूपांतरित करने का अंधविश्वास रखते थे। अत: ये मानवशरीर की महिमा को जादुई अंध-विश्वासों में जकड़ते गए। ये उस मानवतावाद को पुष्पित नहीं कर सके जो बाद के 'संतों' और 'भक्तों' ने किया। तिस पर भी इन सिद्धों एवं नाथों ने सशरीर मोक्ष पाने के चक्कर में अर्थात् भौतिक रूप में आध्यात्मिक विषयवस्तु के संस्थान करने की कोशिश में प्रच्छन्न विज्ञान का विकास किया। इनका यह मिथकीय रसायनशास्त्र 'रसेश्वरसाधना', कहलाया, जिसके अनुसार पारद (हर) और अभ्रक (गौरी) के किसी विशेष यौगिक से, बिना इस शरीरको त्यागे, नये शरीर की प्राप्ति हो सकती है। ऐसे "रससिद्ध" व्यक्ति इसी जीवन में मोक्ष प्राप्त कर लेते हैं जिसका श्रेय 'आनंद' है। अत: रसेश्वरतांत्रिकों की नजर में मोक्ष का अर्थ देह की पूर्णता तथा विकास है—अर्थात् 'शारीरिक अमरत्व' है। पारद शरीर को अनश्वर बना देता है, यह उन रसायनशस्त्रियों का विश्वास था। पारद ही रस होकर शरीर को 'द्रवित' कर देता है, यह भी उनका विश्वास था। इसके लिए वे प्राणायाम, आसन, मैथुन और 'रसायन' इत्यादि की साधना करते थे। इस तरह इन देहवादियों ने 'कायासाधना' में ध्यान केंद्रित किया। कई मध्यकालीन सम्राटों ने इन रसेश्वर सिद्धों को अपने यहाँ रखा। भोज ने अपना सोना गँवाया, ('पुरातनप्रबंध संग्रह') तथा कश्मीर के सम्राट हर्ष ने धन और स्वास्थ्य दोनों ('राजतरंगिणी' VII, ११३३-३४)। हम सिद्धों के बिंबविधान में सुरा और सुन्दरी के उपमानों की भरमार पाते हैं। उस युग के

१. Debiprasad Chattopadhyaya ; "Lokayat", People's Publishing House, New Delhi, 1959. pp. 325

यौनाचार का प्रभाव वैष्णवों तक पर पड़ा ; और वे भी स्वकीया रति की अपेक्षा परकीया रति को श्रेष्ठतर मानने लगे । इन धारणाओं से एक ओर तो कृषक समाज की नींव अर्थात् परिवार की इकाई (विवाह) से आस्था टूटी और दूसरी ओर इहलोक के ज्ञान और अनुभव और समस्याओं से ध्यान हट-सा गया । इस तरह मध्यकाल में इस देहवाद की परिणति भी रहस्यवाद में हुई । लोकचित्त में योगी रम गया ; तथा चमत्कार और जादू (ऋद्धियाँ और सिद्धियाँ) ही समस्या के समाधान माने जाने लगे । इस भाँति भारत की नवीं और दसवीं शताब्दी **सामंतों** और **सिद्धों** की आत्मघाती संधि की शताब्दी थी । सिद्ध सामंतों के सहायक हुए और उनकी विजय तथा विलास के उपकरणों को जुटाने में उन्होंने ऋद्धियाँ और सिद्धियां खर्च डालीं । इस भाँति लौकिक दृष्टि का प्रमाण 'दिव्यदृष्टि' हो गई, और ऋद्धि-सिद्धि ने सामाजिक यथार्थबोध को अंधा कर डाला । सामंतवर्ग तो दिव्य देह को प्राप्त करने में भी जुट गया, लेकिन साधारणजन की देह अपवित्र तथा मिथ्या सिद्ध की गई । सरहपा के भव (अस्तित्व) तथा निर्वाण (विमुक्ति) के क्रांतिकारी सिद्धांत की परिणति यहाँ हुई : डोम्बी-चांडाली के महासुख में, या फिर रससिद्धि में !

लेकिन इस मार्ग ने काव्यशास्त्र को परोक्ष विमर्श दिये । 'रससिद्धि' और काव्यरससिद्धि में कई साम्यबिन्दु मिलने लगे । काव्य भी एक विशेष दशा की उपज बताया गया ; काव्य में भी सहृदय एक योगी की तरह तन्मय होता है ; काव्य में भी पारद-अभ्रक के संयोग की भाँति रसपरिपाक होने के बाद 'रससिद्ध' होता है ; काव्य की रससिद्ध दशा में चित्त द्रवीभूत होता है, उसका मायावरण भग्न हो जाता है ; काव्य के रस का आनंद भी 'ब्रह्मानंद-सहोदर' और 'विषयानंद' से कई गुना अधिक होता है ; काव्य के रसानंद में भी चमत्कार, नैरात्म्य, सत्त्वोदय, आह्लाद जैसी उपलब्धियाँ होती हैं, तथा काव्यरस में भी यही देह क्षणिक अलौकिकत्व प्राप्त कर लेती है । ये प्रभाव आनंदवर्धन तथा अभिनवगुप्त के आदर्शवादी दृष्टिकोणों के कारण अधिक गोचर हो जाते हैं । वे रससिद्धयोगियों की जगह रससिद्धि कवियों तथा सहृदयों का अभिषेक कर डालते हैं ।

इस त्र्यणुक क्रांति की तीसरी नोंक अद्वैतवेदांती शंकर (७८८-८२०) हैं जो सिद्ध सरहपा के, मीमांसक मंडनमिश्र के, तथा सौंदर्यबोधशास्त्री आनंदवर्धन के समसामयिक थे । उन्होंने एक ओर तो सारे बाह्याडबरों का खंडन किया तथा दूसरी ओर इस जगत् को ही माया सिद्ध कर दिया । दिव्यदेह और जगत् की अमरता के स्थान पर शंकर ने आत्मन् और ब्रह्म की अमरता का प्रचार किया । उनके अध्यात्मवाद के अनुसार केवल विशुद्ध चैतन्य ब्रह्म ही सत्य और यथार्थ है ; शेष कुछ भी यथार्थ नहीं है बल्कि 'माया' है । शंकर

को दो सवालों से जूझना पड़ा : (१) जीव और ब्रह्म के संबंध क्या हैं ? और (२) ज्ञान की समस्या क्या है ? 'आदर्शवादी दृष्टिकोण को जन्म देने वाला ऐतिहासिक कारण मूलतः सिद्धांत का व्यवहार से विच्छेद रहा है। शंकर ने इसका विकास करने में सिद्धांत के व्यवहार से विच्छेद की एक निर्भीक दार्शनिक सुरक्षा के विकास की चेष्टा की है। उन्होंने तर्क किया कि 'ज्ञान' और 'कर्म' एक-दूसरे के बिल्कुल विरुद्ध हैं और फलस्वरूप कर्म ज्ञान से असंबंधित होने के अलावा ज्ञान का बाधक ही है। युगीन सैद्धांतिक परिभाषा में यह विवाद निस्संदेह तब उठा जब 'ज्ञान' का तात्पर्य कर्मकांड अथवा 'यज्ञ' था। ......'ब्रह्मसूत्र' के अपने भाव्य में शंकर आद्यंत दो दार्शनिक प्रतिपत्तियों के खंडन को व्याकुल थे : (१) मीमांसकों की और (२) सांख्यों की। इन दोनों के अनुसार ही यह जगत् 'प्रकृति' अर्थात् मूलभूत का वास्तविक रुपांतर है। इसके साथ-साथ 'कर्म' का उनका खंडन बेहद व्यापक अर्थ में था। इसके अनुसार 'ब्रह्मन्' या चरम सत्य 'आत्मा' ही है। अन्य कुछ भी यथार्थ नहीं है। अतः अंततोगत्वा द्वैत का कोई भी बोध मिथ्या हो गया है।,,[1] इस तरह शंकर ने भौतिक जगत् का दार्शनिक निषेध किया।

सबसे पहले उन्होंने सांख्यों और लोकायतों के 'स्वभाववाद' का 'विवर्तवाद' के द्वारा खंडन किया। स्वभाववाद के अनुसार वस्तुएँ अपनी 'प्रकृति' के अनुरूप नियमित होती हैं अर्थात् कार्यकारण न्याय सामान्य है। इस तरह स्वभाववाद ने विश्व का एक ऐसा नियमपूर्ण विधान दिया जिसपर किसी बाह्य आधिपत्य की अस्वीकृति है। सांख्य के अनुसार जगत् का विकास 'प्रकृति' या 'प्रधान' अर्थात् मूल भूतों के क्रमशः चरणों में रूपांतर में हुआ है - जिन्हें 'महत्' आदि कहते हैं। शंकर ने दूर्वा-दूध का उदाहरण लेकर तथा बीच में गौ के माध्यम को हटाकर स्वभाववाद का खंडन किया है। लेकिन स्वभाववाद का तर्क तो गौ-द्वारा-चरित-दूर्वा-तथा-दुग्ध का कार्यकारणसंबंध होगा। सांख्य ने प्रधान या प्रकृति के साथ 'पुरुषों' या 'अप्रधानों' के द्वैत को भी मंजूर किया। लेकिन इसके अनुसार 'पुरुष' उदासीन है ; 'प्रकृति ही अपने निहित स्वभाव के अनुसार विकसित होती है। शंकर के 'विवर्तवाद' में 'कार्यकारण' तथा 'परिवर्तन' दोनों को अस्वीकार किया गया। शंकर के मायावाद के अनुसार परिवर्तन (change) न्याय-वैशेषिकों का असत्-कार्य-वाद, (आरंभवाद) है, तथा कार्यकारण (causaility) सांख्य का सत्-कार्यवाद (परिमाणवाद) है। आरंभवाद के अनुसार

---

१. **देबीप्रसाद चट्टोपाध्याय** : "Indian Philosaphy", People's Publishing House New Delhi, 1964. pp-93.

कार्य (effect) केवल कारण में निहित तत्वों का प्रकाशन न होकर कुछ विलक्षण एवं नया भी होता है ; जैसे दुग्ध से दही की उत्पत्ति। परिणामवाद के अनुसार कार्य में कारण निहित तत्वों के अलावा कोई नवीनता नहीं हो सकता। कारण में जो संभावना है, कार्य में वही परिणाम हो जाती है। शंकर ने इन दोनों के तर्कों का खंडन, दोनों के ही तर्कों का परस्पर इस्तेमाल करके, किया। उनकी स्थापना के अनुसार हमें कार्य को कुछ नया समझना भी चाहिए, और नहीं भी। दूसरे शब्दों में 'कार्यकारण धारणा, (causation) एक आंतरिक अंतर्विरोध से ग्रस्त है और फलतः केवल 'भ्रम' (illusion) है। यही शंकर के 'विवर्तवाद' अर्थात् कारण के प्रतिभास संशोधन के सिद्धांत का सार है।'[1] कारण के प्रतिभासिक (इल्यूजरी) संशोधन का नतीजा यह हुआ कि केवल ब्रह्मन् या आत्मन् तो सत्य हुआ, लेकिन देह और जगत् में उसका संशोधन मिथ्या हो गया। इस स्थापना के बड़े ही दूरगामी परिणाम हुए। वस्तुतः हमारे ज्ञान के मूल स्रोत इंद्रिय ज्ञान या संवेदनाएँ (senses) और तर्क हैं। इस स्रोत के द्वारा ही हमारा नर्मिल प्रत्यक्षीकरण होता है। इसके आधार पर ही देह और जगत् वास्तविक प्रतीत होते हैं। अतः शंकर ने अद्वैत वेदांत में नर्मिल (normal) ज्ञानके सभी स्रोतों को नामंजूर किया और उनके स्थान पर स्वप्न दशाओं तथा ऐंद्रियिक भ्रांतियों (sense-illusions) को स्रोत बनाया। नर्मिल चेतना के शनैः शनैः जागृति से स्वप्न में घुलते चले जाने को समाधि से उपमित किया गया। क्योंकि इन अवस्थाओं में संवेदना शून्य तथा शरीर की चेतना विलीन हो जाती है। 'सुषुप्ति' अर्थात् स्वप्नरहितनिद्रा में शरीर और मस्तिष्क दोनों से संबंध विच्छिन्न होकर 'विश्रांति' दशा आ जाती है अर्थात् प्रत्यक्ष अनुभववादी चेतना स्थगित हो जाती है। यह अनुपस्थित या शून्य की 'चेतना' है। इसे 'शुद्ध चेत्तना' का पद दिया गया। अतः सुषुप्ति दशा को जानने पर ही मनुष्य 'चैतन्य' (विशुद्ध जीव) को प्राप्त करता है। इस भांति 'सुषुप्ति' और 'समाधि' की धाणाओं में साधर्म्य कायम हुआ। सुषुप्ति में मस्तिष्क का 'स्व' से संबंध विच्छिन्न हो जाता है और तब जिस 'चैतन्य' का उदभव होता है वह अतींद्रिय है, तथा शून्य है। इस भांति शंकर के अनुसार ज्ञान की प्रगति जागृत अवस्था में न होकर स्वप्न एवं निद्रा की अवस्थाओं में होती है। इस तरह 'सुषुप्ति' में स्व और जगत् के बीच विच्छेद होताहै ; अगली दशा 'सविकल्प समाधि' में ध्यान का सर्वोच्च केंद्रीभवन होता है और अंतिम 'निर्विकल्प समाधि' में वह अद्वैत हो जाता है, ब्रह्मन् हो जाता है। इस भांति मध्यकालीन आध्यात्मिक

---

१. वही, पृ० 97.

आदर्शवाद ने एक ओर तो श्रम और उत्पादन के सभी 'कर्मों' (मनु की शब्दावली में 'वृद्धि') से द्विजों को मुक्त करके सिद्धांत और व्यवहार के बीच खाई बढ़ा दी, और दूसरी ओर यह विश्वास प्रसारित किया कि यथार्थता का विशुद्धतम ज्ञान निद्रा, तुरीय और सुषुप्ति दशा में ही प्राप्त हो सकता है। बादरायण ने 'ब्रह्म सूत्रों' में आत्मन् को स्वामी तथा इंद्रियों को दास के रूपक से प्रकट करके इसी दृष्टिकोण को उद्घाटित किया है। इसका परिणाम यह ऐसा दर्शन है जो भौतिक जगत् से प्रत्याहरण कराता है। इसका परिणाम यह भी हुआ कि जाग्रत अनुभव भी स्वप्नों के संदर्भ में परखे जाने लगे। स्वप्न कल्पना की उपज होते हैं। अतः जागृत अनुभवों की वस्तुएं भी कल्पना (मिथ्या) हो गईं। फिर भी, **मिथ्या** जगत् की **अनुभूत** यथार्थता को कैसे नकारा जाय, यह ज्वलंत सवाल था। हमारा शरीर, हमारा जगत्, हमारे अनुभव अनुभूत यथार्थ हैं। मायावाद ने इन्हें 'अविद्या' करार दे दिया। इसके लिए उदाहरण दिये गये। 'रज्जु' के होने पर जिस प्रकार मनुष्य उसे 'सर्प' समझ लेता है, और यह समझ अविद्या है, उसी तरह वह इस जगत् को भी यथार्थ मान लेता है। ज्ञान की इस समस्या ने शिव और शक्ति, रस और रति, कुलिश और कमल के उपकरणों के बजाय सत्य और मिथ्यात्व के संबंधों को लिया। शंकर के अनुसार यह भ्रम 'अविद्या' या 'माया' है। 'माया' पहले तो वस्तु (रज्जु) के वास्तविक स्वरूप को आच्छादित करती है; और दूसरे, वस्तु पर किसी कल्पित वस्तु (सर्प) का आरोप करती है। लेकिन कल्पित वस्तु अर्थात् सर्प का स्वभाव क्या है ? ठीक है कि सर्प इस स्थिति में अस्तित्व नहीं रखता। लेकिन जब इसी स्थिति में भ्रम का निराकरण हो जाता है तब सर्प की सत्ता लुप्त हो जाती है और केवल रज्जु बच रहती है। अतः सर्प न तो विशुद्ध असत् है (जैसे खरगोश के सींग), और न ही सत् (क्योंकि मौजूद तो केवल रस्सी है)। सर्प का प्रत्यक्षीकरण केवल पहले चरण में हुआ है (इसे **शांकर** वेदांत में 'तूला अविद्या' कहेंगे)। दूसरे चरण में तो हम 'रस्सी' का ही प्रत्यक्षीकरण करेंगे। लेकिन मायावाद इस 'सर्प' (**भ्रम**) को ही आधार मानकर आगे बढ़ने लगता है। पहले सर्प की **यथार्थता** समाप्त की गई और उसके बाद में उसकी **वस्तुनिष्ठता**; और तीसरे चरण में उसकी मात्र **भावरूपता** प्रस्तुत की गई। यह भावरूप सर्प 'अनिर्वचनीय' कहा गया। इस भाँति उपमान-न्याय के अनुसार यह विचित्र बात हुई कि रज्जु छोड़ दी गई और सर्प (**भ्रम**) को ही सद्-असद्-विलक्षण मान लिया। अतः इसकी बुनियाद ही अनर्मिल ऐंद्रियिक प्रत्यक्षीकरण (abnormal sense-perception) पर टिकी है।

इसी उपमान के अनुसार शंकर ने आगे बढ़कर बताया कि इसी तरह मनुष्य भी ब्रह्म (रज्जु) में जगत् (सर्प) का प्रत्यक्षीकरण करता है। अतः

यह जगत् भ्रम, माया, अविद्या या मिथ्या है। ब्रह्म के वास्तविक ज्ञान की प्राप्ति (अर्थात् भ्रम का उच्छेदन) ही 'मोक्ष' है। मोक्ष—अर्थात् जगत् की भ्रांतियों से मुक्ति ! लेकिन शंकर ने अपने मूलरूपक में रज्जु के वास्तविक प्रत्यक्षीकरण के चरण की बात गुम कर दी। हम रज्जु में रज्जु का ही नर्मिल प्रत्यक्षोकरण करते हैं जब रज्जु में सर्प के अवनर्मिल प्रत्यक्षीकरण का निषेध कर देते हैं। शंकर ने जगत् के प्रसंग में ये उपमेय अदल-बदल दिये। यह एक दूसरी चतुर तार्किक विसंगति थी : जगत् और रज्जु के उपमेय युगल के बजाय ब्रह्म और रज्जु के उपमेय युगल लिये गए, तथा ब्रह्म और सर्प के युगल के बजाय जगत् और सर्प के युगल लिये गए। अत: प्रतीप दृष्टांत के मुताबिक ब्रह्म में आरोपित जगत् ही मिथ्या हो गया। अद्वैत वेदांत के अनुसार जगत् को सत्य मानने का भ्रम सर्पभ्रम से अधिक स्थायी है और यह मोक्षज्ञान द्वारा ही दूर होता है। रज्जु में सर्प का प्रत्यक्षीकरण 'प्रातिभासिक सत्ता' है; रज्जु में रज्जु का प्रत्यक्षीकरण 'व्यावहारिक सत्ता' है, लेकिन 'पारमार्थिक सत्ता' या चरम सत्य की दृष्टि से दोनों ही मिथ्या माने गए क्योंकि चरम सत्य तो ब्रह्म को पहले ही घोषित कर दिया गया था। इस तरह संपूर्ण व्यावहारिक जगत् और प्रत्यक्ष अस्तित्व मिथ्या हो गया; 'मूला अविद्या' बता दिया गया और प्रवंचनापूर्ण बौद्धिक चातुर्य से 'व्यावहारिक सत्ता' के मूल संकट से बच निकला गया। इसकी मँहगी कीमत 'कर्म' के निषेध से चुकानी पड़ी। अत : विशुद्ध 'ज्ञान' शंकर के अध्यात्मवादी दर्शन का लक्ष्य बन गया जिसमें असत्य और अयथार्थता की तो कोटियाँ हैं, लेकिन सत्य और यथार्थता की नहीं। सारांश में, शंकर ने स्वभाववाद का खंडन करके अनिर्वचनीय विवर्तवाद की स्थापना की; और विशुद्ध ज्ञान को बौद्धों के शून्यवाद के दर्जे तक पहुँचा दिया। अवकाश भोगी ब्राह्मण तथा क्षत्रिय शासक-वर्गों के लिए तो यह एक हिरण्यगर्भ-सिद्धि थी।

रससूत्र की व्याख्या के संदर्भ में भट्टनायक के बाद की आदर्शवादी धारा में 'नट' और 'पात्र' के सम्बन्धों की (रज्जु-सर्प एवं रजत-शुक्ता के उदाहरणों के द्वारा) विवेचना करके यथार्थ और भ्रम के 'ज्ञान' के विश्लेषण हुए हैं। हाँ, ज्ञान और अनुभव (रसानुभव) को अलबत्ता संयुक्त कर दिया गया। पहला सवाल उठाया गया कि कौन यथार्थ है ? नट ? या पात्र ? या ऐतिहासिक पुरुष ? दूसरा सवाल उठाया गया कि देह और जगत् का विशिष्ट अनुभव कौन करता है—पात्र, या नट, या सहृदय ? अर्थात् ऐंद्रियिक प्रत्यक्षीकरण किस प्रकार का है, और इसका अनुभव कौन करता है ? क्रमश: यह 'ज्ञान' और 'अनुभव' के विलक्षण संयोग का सवाल हुआ। तीसरा प्रश्न इस अनुभव की प्रकृति के बाबत रहा। इसके लिये 'अविद्या', 'विश्रांति', 'सविकल्प समाधि' (चैतन्य) की धारणाओं का जमकर इस्तेमाल हुआ। इस तरह मायावाद ने सौंदर्यबोधात्मक

प्रत्यक्षीकरण (नाट्य) से अधिक सौंदर्यतात्त्विक अनुभव (काव्य) पर अपनी प्रबल छाप छोड़ी, जिससे एक ओर तो भट्टलोल्लट, श्री शंकुक और (कुछ सीमा तक) भट्टनायक की स्वभाववादी परम्परा खत्म हुई और आनंदवर्धन, अभिनव-गुप्त, मम्मट, विश्वनाथ, पंडितराज जगन्नाथ आदि की अध्यात्मवादी शैली शुरू हुई; और दूसरी ओर 'वृद्धि' (मेहनत और भौतिक उत्पादन) तथा 'जागृति' के बजाय **लीला** और **समाधि** की प्रतिष्ठा हुई। (हम 'शून्यवाद' की चर्चा सौंदर्य-बोधानुभव—'रसास्वाद'—के प्रसंग में करेंगे)। जब 'देह' के बजाय 'आत्मा' में ध्यान केंद्रित होने लगा, तब स्वभावतः नाट्य के बजाय काव्य की, अलंकार और रीति के बजाय ध्वनि की, अभिधा के बजाय 'अनिर्वचनीय' तथा व्यजना की, लौकिक के बजाय अ-लौकिक की, व्यावहारिक के बजाय पारमार्थिक की प्रतिष्ठा तो होनी ही थी। इस मार्ग की चरमपरिणति रस को 'निर्विकल्प' (absolute) सिद्ध करने में हुई। ज़ाहिर है, कि भरत का यह इरादा क़तई नहीं था।

ऊपर हमने समाधि के साथ लीला की भी बात उठाई है। यह बात अद्वैतवेदांत की न होकर अन्य वेदांत मार्गों की है जिनमें से प्रधान के प्रवर्तक ब्रह्मसूत्र का श्री-भाष्य लिखने वाले विशिष्टाद्वैतवादी काञ्चीवासी रामानुजाचार्य (ग्वारहवीं शती का आरम्भ) हैं। इन्होंने ज्ञान के बजाय 'भक्ति' को, और ब्रह्म के बजाय उसके स-गुण अर्थात् मायामय मानवी 'अवतार' की प्रतिष्ठा की। वैष्णव मार्ग इस युग की तीसरी क्रांति थी। वैष्णव आचार्यों के अनुसार मोक्ष इसी जगत् में ज्ञान के अलावा इष्टदेवता के अनुग्रह से भी मिल सकता है बशर्त्ते कि जीव उसकी 'भक्ति' करे। विष्णु का जगत् में अवतार, तथा जीव का जगत् से उद्धार होता है। इस भाँति यह जगत् और यह देह (=माया) माध्यम बन जाती है। अतः जगत् और देह मिथ्या होनेकी अपेक्षा **लीला**-केंद्र हो जाते हैं अर्थात् यदि एक ओर निर्गुण ब्रह्म त्रिगुणात्मक माया से पूर्ण होकर मनुष्यरूप धारण करता है तो दूसरी ओर मनुष्य (जीव) भक्ति द्वारा मोक्ष पा लेता है। अद्वैतवाद के अनेक प्रकारों को स्थापित करने वाले रामानुज, मध्व, विष्णुस्वामी, निम्बार्क आदि ने वैयक्तिक सत्ता (जीव) और जगत् की भी किंचित् यथार्थता स्वीकार की है; अवतार को स्वीकार तथा मायावाद को अस्वीकार किया है; तथा द्वैत-अद्वैत के अन्य रिश्ते भी माने हैं। सारांश में सगुण भक्ति मार्ग **मिथकीय** (mythological) **फांतासियों** की दुनिया में कथा-त्मक या लीलामय उड़ानें भरने लगा। 'जीव' के लिए ब्रह्म का प्रकाशन ईश्वर रूप में होने के कारण, तथा सम्बंधों में वैयक्तिकता स्थापित होने के कारण 'बैकुंठ' और 'परिवार' के अंचलों के बिंबविधान की प्रचुरता हो गई। अतः 'रमणी' एवं 'वारुणी' संबंधी बिंबपुंजों को 'बैकुंठ, और 'परिवार' मूलक बिंबावली ने

स्थान्तरित कर दिया ।

वेदांत के समानान्तर मीमांसा और न्याय जैसे व्यावहारिक दर्शनों का भी प्रभाव था । प्रभाकर (सातवीं शताब्दी) शंकर के असमान एक महान् यथर्थवादी थे जो जगत् की सत्ता को इंद्रियगोचर, कर्म को प्रत्यक्षगोचर, आत्मा को जड़ किन्तु ज्ञान को स्वप्रकाश मानते हैं । इसी तरह मीमांसक कुमारिल (आठवीं शती का अन्त) पदार्थ को भाव (वाद) और अभाव (प्रतिवाद) परक मानते हैं, इंद्रियों को ज्ञान का कारण घोषित करते हैं, मन को भौतिक तथा अन्तरिन्द्रिय मानते हैं; सृष्टि के कर्त्ता के रूप में 'ईश्वर' को नहीं मानते तथा देह के आत्यन्तिक नाश को ही 'मोक्ष' बताते हैं । इसी तरह न्यायदर्शन भी जनसाधारण से जुड़ा रहा । मीमांसा में वेद के कर्मकांड [अर्थ] का विचार होता है; और न्याय में सार्वजनिक वादविवाद से वलयित तर्कपद्धति ('न्याय' का तात्पर्य ही उदाहरण है) का विकास । श्तेचब्स्कीं के अनुसार न्याय-सूत्र का उद्भव ही सार्वजनिक बहसों में हुआ है क्योंकि इसका सम्बन्ध सार्वजनिक विवाद करने की विभिन्न विधियों से था। भट्टनायक मीमांसक तथा श्रीशकुक नैयायिक थे । अतः स्वभावतः इन दोनों सौंदर्यबोधद्रष्टाओं का ध्यान नाट्य की व्यावहारिक, कर्मकांडी तथा संवाद प्रधान एक लोकमंगल तथा लोकविनोद वाली कला पर ही पड़ा । इसलिये पुरोहितशैली में लिखे गए मूल रससूत्र का इन्होंने दार्शनिक, व्यावहारिक तथा मनोवैज्ञानिक भाष्य किया । गंगेश द्वारा आरम्भ किये गए नव्य न्याय (बारहवीं शती) के पूर्व न्याय और वैशेषिक को एक साथ लिये जाने के कारण "न्याय-वैशेषिक" नामक एक संयुक्त नाम व्यहवार में आया । इस परम्परा में व्योमशिव (आठवीं शताब्दी), वाचास्पति मिश्र (नवीं-शताब्दी) और उदयन (ग्यारहवीं शती) आते हैं । इस तरह शंकर के अलावा मीमांसा तथा न्याय-वैशेषिक परम्परा में क्रमशः प्रभाकर और कुमारिलभट्ट, वाचस्पतिमिश्र और जयंतभट्ट (नवीं शती) जैसे दार्शनिक भी मिलते हैं जो साधारण लोगों को तर्क से संतुष्ट करने की कोशिश में दर्शन के दीपनिर्वाण कर रहे थे । कला में-से साधारण लोगों के सबसे अधिक नज़दीक प्रत्यक्षगोचर नाट्य था । इसीलिये नाट्यरससूत्र के पहले व्याख्याता मीमांसक तथा नैयायिक दृष्टिकोणों को मानने वाले साहित्यानुरागी ही हुये । सांख्य की भी आरम्भिक अवस्था द्वैत परक थी लेकिन शनैः शनै वह वेदांत में लीन होता गया । भट्टनायक इस संधि के दृष्टांत हैं । हम संक्षेप में इन दर्शनों के आलोक में 'ज्ञान' और 'यथार्थ' की समस्या का दिग्दर्शन कर सकते हैं जो रससूत्र के संदर्भ में अपेक्षित है ।

३. भट्टलोल्लट : लौकिक ज्ञान के रूप में कलाकृति
(Art-work as the worldly Knowledge)

पूर्ववर्णित सांस्कृतिक संदर्भ में विश्वकोशकार भरत (ई० प०दूसरी शताब्दी) के 'नाट्यशास्त्र' के आधार पर हम कह सकते हैं कि वे नाट्य को पंचम-वेद घोषित करने वाले तथा रससूत्र की स्थापना करने वाले एक पुरोहित-ब्राह्मण थे। वस्तुत: वे एक कवि-ऋषि थे, मुनि नहीं; क्योंकि वे दार्शनिक न होकर सर्जक-संग्राहक थे। यह सही है कि 'गुण, 'दोष', 'वृत्ति', 'प्रवृत्ति' आदि जैसे सांख्य तथा योग मत के शब्दों की उन्होंने सौंदर्यतात्त्विक अर्थमीमांसा (aesthetic semantics) पेश की है, किन्तु उनका आग्रह 'नाट्य' के यज्ञरूप तथा 'रंगमंच' के यज्ञभूमिवत्रूप पर ही अधिक था। 'रससूत्र' में उन्होंने तर्कशास्त्र का संकेत तक नहीं दिया है। वस्तुत: उसमें 'कारण कार्य-ज्ञानपरिणामवाद' की संगति स्थापित करने का काम तो नवीं शती के भट्टलोल्लट, श्रीशंकुक, भट्टतौत, भट्टनायक आदि जैसे विचारधारकों (ideologues) के कंधों पर आ पड़ा था। इनमें-से प्रत्येक ने अपने मत के कार्यकारणवाद के अनुकूल ही रससूत्र की व्याख्या की; और इनमें-से प्रत्येक का अनुयायत्व यथार्थवादी दर्शनों के प्रति ही था। नवीं शती में विचारधारात्मक उथलपुथल का प्रमाण समानांतरतया कुमारिल, प्रभाकर, जयंतभट्ट, शंकर, सरहपाद आदि का उत्थान है। सौंदर्यबोधशास्त्र के क्षेत्र में जो कलाचार्य हुए उन्हें हम न तो आलोचक कहेंगे, और न ही दार्शनिक। वे विचार-धारक हैं। कलाशास्त्रों में यथार्थवादी परंपरा के उच्छेदन का प्रारंभ आनंद-वर्धन से होता है (नवीं शती)। आनंदवर्धन में विचारक और दार्शनिक का संयोग था लेकिन अभिनवगुप्त में दार्शनिक और आलोचक संयुज हैं। इसके उपरांत मम्मट से लेकर पंडितराज जगन्नाथ तक में आलोचक और विचारक का संयोग है। पंडितराज जगन्नाथ में पुन: विचारधारक एवं दार्शनिक का वह संयोग हुआ जो पहले आनंदवर्धन में एक बार हुआ था। इस समस्त परंपरा -प्रवाह की पूर्वकड़ी में भामह से लेकर रूद्रट तक आलोचक ही मिलते हैं। इस तरह हम दो पक्षों को स्थूलरूप से विभाजित कर सकते हैं : पहले पक्ष में वास्तुनिष्ठ यथार्थवादी हैं और वे भामह से लेकर भट्टलोल्लट भट्टलोल्लट से लेकर भट्टनायक तक हैं; तथा, दूसरे पक्ष में आत्मनिष्ठ आदर्शवादी हैं जो भट्टनायक से लेकर मम्मट तक, मम्मट से लेकर पंडितराज जगन्नाथ तक हैं। अत: भट्टनायक पक्षसंधि पर स्थित हैं। अत: भरत से लेकर पंडितराज जगन्नाथ तक यह एक महत् श्रीपरंपरासूत्र गुँथ जाता है जिसमें भरत कविऋषि, भट्टलोल्लट विचारधारक, अभिनवगुप्त दार्शनिक, मम्मट सूत्रभाष्य संयोजक तथा पंडितराज विचारधारक-दार्शनिक हैं। इस तरह नवीं शती में ही इस परंपरा में वस्तुनिष्ठ यथार्थवाद एवं आत्मनिष्ठ अध्यात्मवाद के दो पक्ष साफ़ विभक्त हो जाते हैं।

भारत के मध्यकाल की नवीं शती में ही तर्कशास्त्र, आधिभौतिक शास्त्र तथा प्रत्यक्षानुभवशास्त्र की निर्णयात्मक संकुल टकराहट हुई। इस शती में ही मध्यकालीन विचारधारा (ideology) के अंतर्गत तर्कशास्त्र, सौंदर्यबोधशास्त्र, प्रत्युक्षानुभवशास्त्र और नीतिशास्त्र ने अपने समन्वित तत्त्वों, तथा एक निश्चित दिशा का संकेत किया। इसलिये हमने इस शती को **"त्रयणुक क्रांति की शताब्दी"** कहा है। इसमें **एक ओर** ब्रह्मवादी शंकर पारमार्थिकी सत्ता के संदर्भ में ब्रह्मज्ञान को शाश्वत सत्य सिद्ध कर रहे हैं **और** अमरत्व की तलाश में जगत् तथा जीवन को मिथ्या बता रहे हैं; **दूसरी ओर** सहजसाधक सरहपाद क्षणवादी सत्ता के आलोक में महासुखवाद की रससिद्धि में ही मोक्ष की घोषणा कर रहे हैं; तथा **तीसरी ओर** प्रभाकर, कुमारिलभट्ट, जयंतभट्ट, भट्टलोल्लट, श्रीशंकुक आदि प्रत्यक्षज्ञान की समस्या से जूझते हुए सृष्टि के कार्यकारणवादी **विकास** तथा विभिन्न प्रकार के **प्रमाणों** को स्थापित कर रहे हैं। हमारे अनुसार रस के सौंदर्य-बोधानुभव एवं सौंदर्यतात्त्विक वृत्ति के समझने के लिए इस मध्यकालीन त्रयणुक क्रांति, तथा तद्भूत सौंदर्यबोधशास्त्रीय परंपरा की इन बारीकियों को जानना अनिवार्य है। इस ज्ञान के बाद ही हम मध्यकालीन दुनिया की सामाजिक यथार्थता के परिप्रेक्ष्य में ही रससूत्र के व्याख्याताओं के मस्तिष्क तथा चिंतनपद्धतियों का पुनर्निर्माण कर सकेंगे (उस शती के आगे-पीछे के समाज, अर्थव्यवस्था, राजतंत्र, धर्म आदि का पुनर्निर्माण हम कर ही चुके हैं)।

इस काल में बुद्धिजीवी नेतृत्व सामंत और सिद्ध, योगी और दार्शनिक, आचार्य और ब्राह्मण, कवि और भाष्यकार आदि कर रहे थे। इस युग में विश्व दृष्टिकोण (world view) में इहलोक और परलोक, ये दो प्रकार के पृथक्-से ब्रह्माण्ड झिलमिला रहे थे। यथार्थ और भ्रम क्या है? ज्ञान कैसे प्रमाणित हो सकता है? दुःख से कैसे कैवल्य, या अपवर्ग, या मुक्ति, या मोक्ष मिल सकता है? अनुभव और अनुमान का प्रत्यक्ष-परोक्ष स्वरूप क्या है? परिवर्तन कैसे होता है? ऐसे प्रश्न ही इस काल की चुनौती हैं जिन्हें प्रामाण्यवादों द्वारा सुलझाया गया है। इनके समाधान में आरंभ में जिन दर्शनों का इस्तेमाल हुआ उनमें भी विभिन्नता है लेकिन दसवीं-ग्यारहवीं शती से अद्वैतवादी दर्शनदृष्यियों की प्रभुत्ता कायम हो जाती है। यह ज्ञान के समाजशास्त्र की एक जबर्दस्त हार है। इस भूमिका के बाद अब हम विश्वस्त होकर प्रत्येक व्याख्याता की व्याख्या का सप्रमाण-सापेक्ष्य—नवमूल्यांकन कर सकते हैं। अस्तु।

सबसे पहला नंबर मीमांसक भट्टलोल्लट (नवीं शती) का आता है जिन्होंने भरत के बाद—उद्भट को छोड़कर—लगभग सात शताब्दियों के अंतराल को पार कर रससूत्र की सर्वप्रथम समर्थ व्याख्या मीमांसादर्शन की विचारधारा के आधार पर की। भामह से लेकर दंडी, वामन, रूद्रट आदि तक

काव्य की संस्कृति राजदरबारी तथा शहरी रही। अतः 'उक्ति' पर सभी ने बल दिया और काव्य का संबंध अलंकृति—तज्जन्य 'चमत्कार'—से ही जोड़ा इन विशुद्ध कलावादियों की दृष्टि में काव्य में उक्ति का चमत्कार ही श्रेय है और यह अलंकार से प्राप्त होता है। इन्होंने उक्ति के अलावा काव्य में रस की बात लगभग नहीं ही की क्योंकि संभवतः इनका दृष्टिकोण था कि रस को इतिहास एवं नाट्य में ही लागू किया जाना चाहिए, जहाँ कथात्मक प्रमाण या संदर्भ अनिवार्य है। इस भाँति ये काव्य में **चमत्कार** तथा नाटक में **रस** की प्रतिष्ठा स्वीकार करके चलते हैं यह सौंदर्यतात्विक वृत्ति उस युग में विद्यमान थी। अतः भट्टलोल्लट ने भी नाट्यरस की ही व्याख्या की है। रससूत्र के 'निष्पत्ति' एवं 'संयोग' शब्द के बहाने उन्होंने एक ओर तो इस विशिष्ट ज्ञान के प्रमाण का सवाल उठाया है, दूसरी ओर नट और पात्र के [अनुकर्त्ता और अनुकार्य के] बीच के अंतर्विरोध स्पष्ट किये हैं तथा तीसरी ओर अनुभव के मनोविज्ञान के सूत्र भी दिये हैं। इसलिए हमें पहले मीमांसादर्शन की स्थापनाओं से संक्षेप में परिचित होना पड़ेगा।

प्रभाकर (सातवीं शताब्दी) और कुमारिलभट्ट (आठवीं शताब्दी का अंत), सृष्टि एवं प्रलय चक्र को नामंजूर करने के कारण, ईश्वर का निषेध करते हैं। इंद्रियों द्वारा जगत् की सत्ता का ज्ञान स्थापित होता हैं; और प्रत्यक्ष ज्ञान के लिए संयोग (सम्पर्क) अथवा समवाय (अंतर्निहित)-सम्बन्ध स्थापित होता है। उनका कर्मकांडों के जादू पर विश्वास बाकी था क्योंकि वे वेद के यज्ञों के व्याख्याता थे। अतः मीमांसकों ने यह प्रतिपादित किया कि यज्ञ (कर्मकांड) क्रिया के समाप्त हो जाने के उपरान्त भी उससे उत्पन्न शक्ति—'अपूर्व' शक्ति—वास्तविक परि-माण तक संचरित होती है। इस तरह सभी पदार्थों में अपनी-अपनी एक भिन्न 'शक्ति' है। कर्म प्रत्यक्षगोचर होते हैं। इंद्रियाँ ज्ञान का कारण हैं। शरीर और इंद्रियों से भिन्न जड़ (स्वप्नावस्था में) एवं बोध (जागृति में) स्वरूप उच्चतर चेतना 'आत्मा' है। यही विभु अर्थात् अहं-विधायक है। यही 'कर्त्ता' और 'भोक्ता' है। सारांश में मीमांसा ने द्वैत और भिन्नता पर बल दिया है किन्तु समन्वय तक उसकी परिणति अपेक्षाकृत नहीं हो सकी। प्रभाकर ने जीवात्मा को **भोक्ता**, शरीर को **भोगायतन**, इंद्रियों को **भोग-साधन**, तथा भौतिक जगत् और सुख-दुख आदि को **भोग्य** माना है। इस तरह जीव, शरीर, इंद्रिय, भोग्य, तथा इनपर आश्रित हमारी चेतना (ज्ञाता)—ये पाँच ही 'ज्ञान' के अंग हैं। मूलतः भौतिक इंद्रियाँ (Senses) ही ज्ञान का प्राथमिक कारण हैं। मीमांसकों को आदर्शवादियों (अध्यात्मवादियों) की मायाभ्रांति तथा स्वप्नभ्रम से जूझना पड़ा। यह तो एक विसंगत बात है कि हम यह मान लें कि सभी प्रत्यक्षज्ञान या तो इंद्रियभ्रम हैं अथवा स्वप्नभ्रांति; क्योंकि इनमें से पहला परवर्ती सही प्रत्यक्षीकरण द्वारा तथा

दूसरा जागृत अवस्था द्वारा दूर हो सकता है। स्वप्न का उद्भव उनिंद्रा, तथा भ्रांति का मंदप्रकाश के 'दोष' से होता है। लेकिन जागृत अवस्था के प्रत्यक्षण (percepts) तो 'सुपरिनिश्चय' होते हैं। इस तरह प्रभाकर और कुमारिल अध्यात्मवादियों के अद्वैत तथा भ्रांति का खंडन करते हैं। उन्होंने प्रमाणाश्रय (epistemol-ogy) तथा अर्थपरीक्षण (ontology) के आधार पर ही यह खंडन किया। प्रमाण का पहला चरण **अनुमान**, तथा दूसरा (प्रत्यक्षशक्ति-) **परीक्षण** है। उन्होंने जागृत प्रत्यक्षज्ञान तथा स्वप्नाश्रित प्रत्यक्षज्ञान की भिन्नता को बिल्कुल साफ कर दिया। हम जागने पर स्वप्न के मिथ्यात्व को जान जाते हैं। अतः कुमारिल ने कहा कि यथार्थ अनुभव 'प्रमा' है जो न तो अन्य ज्ञान से बाधित (negate) होता है, और नही दोषपूर्ण होता है। स्वप्न तथा संशय, दोनों संस्कार से उत्पन्न ज्ञान होने के कारण स्मृति हैं; और स्मृति यथार्थ होने पर भी 'प्रमाण' तो नहीं है। अतः स्मृति से भिन्न संवित् ही प्रमाण हो सकती है; और प्रत्यक्षज्ञान ही जबर्दस्त प्रमाण है। यह साक्षात् **उत्पन्न** ज्ञान हैं। यह पूर्णतः निर्मल है। अतएव मीमांसकों ने वेदांतियों के अवनर्मिल ज्ञान की तरह योगियों के अतिनर्मिल प्रातिभ ज्ञान को भी संदिग्ध करार दे दिया। प्रभाकर ने कहीं भी समझौता नहीं किया। उनके मुताबिक साक्षात् ज्ञान के उत्पादक तीन तत्त्व हैं : माता (मैं) मेय (घट को), तथा प्रमा (जानता हूँ)। इस 'त्रिपुटी' का साथ-साथ प्रत्यक्षीकरण होता है। इसमें से 'मिति' या प्रमा (ज्ञान) की प्रतीति स्वयं होने के कारण यह 'स्वयंप्रकाश' स्वरूप है। लेकिन मेय (घट) और माता (मैं), की प्रतीति प्रकाश की अपेक्षा करती है। अतः ये दोनों एक दूसरे के सहयोग की आवश्यकता पर निर्भर हैं (लेकिन, वेदांतियों के मत के असमान, सुषुप्ति में ये प्रकाशात्मा नहीं होते)। इस तरह अध्यात्मवादियों ने जिस प्रकार ज्ञाता (मैं) और ज्ञेय (घट) का तादात्म्य करके प्रत्यक्षीकरण की विविधता के बजाय केवल मात्र भ्रांति को सिद्ध किया था, उसे कुमारिल ने असिद्ध कर दिया अर्थात् भ्रामक प्रत्यक्षीकरण में निर्णय के एकत्व को भंग कर दिया। प्रभाकर ने 'अख्याति' (भ्रांति) का सिद्धांत प्रस्तुत किया। जब हम दो या अधिक यथार्थ प्रमाणों (निर्णयों) के बीच की भिन्नता नहीं पकड़ पाते तभी दोष, और फलतः भ्रांति उत्पन्न होती है। हम दो सरल (निर्विकल्प) निर्णय करते हैं : (१) 'यह रजत-जैसी है' (तात्कालिक प्रत्यक्षीकरण), और (२) "रजतजैसी चीजें (बहुधा) चाँदी होती है" (स्मृतिपरक प्रत्यक्षीकरण)। हम (१) और (२) के पार्थक्य का गड्डमड्ड करके (३) "यह चाँदी है" के निर्णय पर पहुँच कर दोष करते हैं। फलतः भ्रांति के शिकार होते हैं। किन्तु देश और काल की अनुकूलता से (४) "यह चमक रजत-जैसी है" और (५) "समुद्रतट पर चाँदी-जैसी चीज़ें (बहुधा) सीप होती हैं" के संबंध से (६) "अतः यह चाँदी-जैसी चीज़ सीप या शुक्ता है"

का ज्ञान भी प्राप्त करते हैं।[1] इस तरह (६) सत्य हो जाता है यद्यपि इसमें (४) और (५) के दो भिन्न निर्णय शामिल हैं। अतः मीमांसक जोर इस बात पर देते हैं कि अंतिम निर्णय (अतः यह चांदी जैसी-चीज़ शुक्ता है) या **निगमन**, **उदाहरण** (बहुधा रजत-जैसी चीज़ें चाँदी होती हैं), **उपनय** (समुद्र के तट पर चांदी-जैसी चीज़ें सीप भी होती हैं) तथा **हेतु** (क्योंकि यह आकृति सीप जैसी है) से मिलकर 'स्वतः प्रामाण्य' भी हों अर्थात् उनमें संदेह या अयथार्थता की संभावना न रह जाय। वे ऐसे स्वतः प्रामाण्य को ही ज्ञान मानते हैं, अर्थात् जिससे (सीप) ज्ञान उत्पन्न होता है उसी से उस ज्ञान का प्रामाण्य भी सिद्ध होता है। इस ज्ञान में केवल 'यह सीप है' का ज्ञान ही नहीं है बल्कि वह प्रायोगिक अर्थात् 'ज्ञातता पूर्ण' —'मुझसे यह सीप जानी गई'—है। अतः ज्ञातता ज्ञान का व्यहार है और ज्ञान से भी अधिक प्रत्यक्ष है। इसकी उपपत्ति में अर्थापत्ति प्रमाण का सहारा लिया जाता है अर्थात् दो प्रकार के निर्णयों में समन्वय की उपपत्ति करने के लिए एक नये अर्थ का अन्वेषण या अर्थापत्ति की जाती है। प्रभाकर के 'अख्याति'-सिद्धांत (भ्रांति का निर्विकल्पक प्रमाणों द्वारा उच्छेदन) के, पूरक के रूप में कुमरिल का 'विपरीतख्याति'–सिद्धांत (त्रुटियों का निराकरण) है। विपरीतख्याति का मतलब है कि दोष या त्रुटिपूर्ण ज्ञान यथार्थ के विपरीत है। कुमारिल रजत (चाँदी) के प्रत्यक्ष में रजता को भी शामिल करना नहीं स्वीकारते जिसके अनुसार रजता (चाँदीपन) रजत का समवाय है। कुमारिल के अनुसार रजत और रजता का भिन्न अस्तित्व नहीं है। कुमारिल तो भिन्नता-में-एकता की स्थापना करते हैं। यहाँ ज्ञानमीमांसा का अग्रायण हुआ है। रजत की रजता, तथा इस(सीप)की (समवाय) रजता में कोई भी दोष नहीं है क्योंकि रजत और यह (सीप) दोनों ही जगत् में हैं। लेकिन जब हम 'यह रजत है' का निर्णय हैं करते और 'यह सीप है' की उपेक्षा करते है, तभी दोष आता है। अतः 'सीप, और 'रजता' के निर्णय के बीच में 'रजत' लाने के कारण ही भ्रांति उत्पन्न होती है। इनमें से 'सीप' तो सीधे प्रत्यक्षीकरण का आलंबन हो जाती है। किन्तु रजत यथार्थ होकर भी स्मरणात्मक रहती है। 'रजत ज्ञान' और 'शुक्तिज्ञान' को आपस में मिला देना ही 'भ्रांति' है। इसके अलावा हमें यह भी ध्यान में रखना है कि यहाँ किसी खास रजत या खास सर्प का स्मरण नहीं होता। अतः रजत या सर्प का ज्ञान न तो 'प्रत्यक्ष' है, और न ही 'अनुमान'। जब शुक्तिज्ञान ⇌ रजतज्ञान, या रज्जुज्ञान ⇌ सर्पज्ञान को मिलाया नहीं जाता तब इस युग्म में: से दूसरा 'स्मरणात्मक, (उपमानप्रमाण) है; लेकिन जब दोनों को

---

१. दे० Karl H. Potter : "Presuppositions of India's Philosophics" Prentice-Hall of India. New Delhi. 1966; pp. 197-98.

मिलाया जाता है तभी भ्रांति' उत्पन्न होती है। अतः सर्प और रजत न तो शून्य हैं, न ही केवल मानसिक ; बल्कि उन्हें 'इदमत्व' से वंचित कर दिया गया है। अतः मीमांसा में भेद या भिन्नता पर सर्वाधिक बल दिया जाता है। मूल रूप में हम कह सकते हैं कि भ्रांतिज्ञान में एक वस्तु में दूसरी या 'अन्यथा' की ख्याति की जाती है। और इस एक वस्तु (सीप, रज्जु) के इदम् का भी **पूर्ण** प्रत्यक्ष नहीं किया जाता; कहीं न कहीं अधूरापन रह जाता है और इसमें सर्प से अधिक सर्पत्व या रजत का निषेध नहीं हो पाता। अतः यहाँ सर्प का पूर्वज्ञान संशोधित होता है और रज्जु का वास्तविक ज्ञान नर्मिल हो जाता है क्योंकि पूर्व में सर्प के ज्ञान में कोई भ्रम नहीं था। अतः हम रज्जु में चार सर्पों की सत्ता पा जाते हैं। पूर्व का प्रत्यक्ष सर्प, स्मरण का सर्प, अन्यथाख्यात सर्प और साधारण-धर्मी साहृश्यपरक (रज्जु-सा) सर्प। इनमें से सादृश्यजन्य ज्ञान 'उपमान प्रमाण' है, जिसमें एक के प्रत्यक्षज्ञान से अदृष्ट विषय या अविद्यमान मेय का ज्ञान भी हो जाता है। यह ज्ञान 'उपमिति' है। उपमान ज्ञान केवल स्मृति न होकर नवल ज्ञान भी है। उपमान में वेदांतियों की भाँति 'तादात्म्य' न होकर केवल 'सादृश्य; अथवा सादृश्य की चेतना होती है। सादृश्य में 'परिचयता' एवं 'तादात्म्य' का संयोग होता है। पहले नेत्र की अनुभूति मीन की तरह होती है, तदुपरांत, **परिणामस्वरूप** मीन की अनुभूति नेत्र जैसी होती है। यहाँ पहला चरण सादृश्य का तथा दूसरा तादात्म्य-जैसा है।

विचारधारक (आइडियोलाग) भट्टलोल्लट ने रससूत्र के पौरोहित्य बोध में मीमंसादर्शन का तारसप्तक भी साधा। मीमांसक शब्दों, या इंद्रियगोचर जगत की सत्ता, एवं स्थितियों की केवल मात्र 'अभिधा' (यथार्थ) मानते हैं। इसलिये कारणकार्य के अनुशासन में बंधकर वे उत्पादक-उत्पाद्य-संबंध को आधार बनाते हैं। फलस्वरूप 'निष्पत्ति' का अर्थ 'कारणकार्यपरक उत्पत्ति' हो जाएगा। अतः विभाव को प्रत्यक्ष कारण [उत्पादक] के रूप में, तथा स्थायीभाव को प्रतीत (virtual) अर्थात् अप्रत्यक्ष कार्य या उत्पाद्य या प्रभाव के रूप में स्वीकृत किया गया। कला और कलाकृतियाँ प्रत्यक्ष या 'यथार्थ' न होकर 'प्रतीत' होतीं हैं। अतः दार्शनिक दृष्टि से इनका **ज्ञान** इंद्रियगोचर अर्थात् 'प्रत्यक्ष' होकर भी अनुमान' के प्रमाण पर आश्रित है। 'नट' प्रत्यक्ष होकर भी अप्रत्यक्ष पात्र [अनुकार्य] का अनुमान कराता है। इस विशिष्ट ज्ञान की बारीकियों को तो भट्टलोल्लट नही समझ पाये किन्तु मीमांसक होने के नाते उन्होंने सभी पदार्थों की अपनी--अपनी शक्ति को स्वीकार करते हुए पात्र तथा नट के द्वैत को समझा-समझाया। उन्होंने अपनी दृष्टि नट पर केंद्रित की। नट में एक ओर तो **प्रमा** (यथार्थ अनुभव) है, दूसरी ओर पात्र का **स्मरण** है, तीसरी ओर पात्र की **अन्यथापरकता** है, तथा चौथी ओर पात्र की **सदृश्यपरकता** है। यह

स्थिति रज्जु में पूर्ववर्णित चार प्रकार के सर्पों की सत्ता-जैसी है।

मीमांसक भट्टलोल्लट को इस विशिष्ट ज्ञान की तह में अलबत्ता जाना पड़ा। वे नवीं शती में हुए थे जब उत्तरमीमांसा की वेदांती दृष्टि नहीं विकसित हुई थी। अतः एक विशुद्ध पूर्वमीमांसक के नाते वे यथार्थवादी एवं वस्तुपरक वेत्ता रहे, अध्यात्मवादी और आत्मवादी नहीं रहे। वे न तो 'विवर्त' का सहारा ले सकते थे, और न ही 'दिव्यदृष्टि' के द्वारा क्रीड़ा को लीला में रूपांतरित कर सकते थे। एक यथार्थवादी दार्शनिक होने के नाते उन्होंने नाट्य को अदर्शवादियों की 'मायाभ्रांति' नहीं कहा, क्योंकि उसमें सही प्रत्यक्षीकरण तथा यथोचित प्रकाश है; और न ही उन्होंने नाट्य को स्वप्नभ्रम ही बताया क्यों कि उसमें जागरण है और उनिद्रा नहीं है। जागृत अवस्था के प्रत्यक्ष 'सुपरिनिश्चय' होते हैं। प्रत्यक्षज्ञान ही साक्षात् उत्पन्न ज्ञान होता है। अतः वह पूर्णतः नर्मिल (मंद्रप्रकाश अथवा उनिद्रा से संचालित न होने वाला) एवं प्रमा (यथार्थ अनुभवपूर्ण) है। अतएव मीमांसक भट्टलोल्लट ने पूर्णतः नर्मिल, प्रमापरक तथा भ्रांतिरहित प्रत्यक्षज्ञान को स्वीकार किया जिसमें संदेह या अयथार्थता की संभावना न रहे अर्थात् जो 'स्वतः प्रामाण्य' हो। इस उपक्रम में उन्होंने कला के 'प्रतीतज्ञान' पर गौर नहीं किया यद्यपि उन्हें प्रत्यक्षज्ञान और नाट्य में नट तथा पात्र के भिन्न ज्ञान की समस्या से अंततोगत्वा उलझना पड़ा है। यही भिन्न ज्ञान स्मृति, संशय, अनुसंधान, सादृश्य, अन्यथाक्रिया आदि के द्वारा समझाया गया है। प्रत्यक्षज्ञान की इस भिन्नता का कारण मीमांसकों की 'त्रिपुटी' [माता (मैं); मेय (घट); मिति या प्रमा (ज्ञान)] का लड़खड़ा जाना है क्योंकि अब दो अंतर्विरोध (contradictions) उभरे :—यथार्थ जीवन एवं कला में निवेदित जीवन का अंतर्विरोध; और पात्र एवं नट का अंतर्विरोध। इस तरह मेय में तो पात्र एवं नट का द्वैत आया; तथा मिति में यथार्थज्ञान एवं प्रतीतज्ञान की भिन्नता आई। इसलिये भट्टलोल्लट को इसी चुनौती को सुलझाना पड़ा है।

भट्टलोल्लट ने नाट्य में ज्ञान के प्रत्यक्ष तथा प्रतीत (real and virtual) भेद को स्वीकार किया। सबसे पहले उन्होंने प्रत्यक्ष के लिये जो पात्र [राम] चुना वह कविकल्पित या [उनके मुताबिक] मिथक न होकर 'ऐतिहासिक' है। इस तरह पात्र या अनुकार्य या तो पूर्व का **प्रत्यक्ष** हुए, अथवा **स्मरण** के यथार्थ। अर्थात या तो नट ने राम को पहले देखा अथवा देखे हुए राम की स्मृति रखी। किन्तु स्मृति यथार्थ होने पर भी मीमांसा-प्रमाण नहीं है। इसी तरह नट ने राम को देखा भी नहीं है जिससे राम का पूर्व प्रत्यक्ष भी नहीं हो सकता। कविकल्पित पात्रों के साथ तो पूर्व प्रत्यक्ष तथा स्मृति प्रमाण दोनों ही नहीं लागू हो सकते। इसलिये एक विचित्र अंतर्विरोध आया: एक ओर प्रत्यक्ष नट है, दूसरी

और अनुकार्य पात्र; एक ओर भाव है दूसरी ओर अभाव। इस अंतर्विरोध का निराकरण न तो प्रत्यक्ष से हुआ, न ही संशय से; बल्कि 'प्रतीति' से हुआ। मीमांसा में 'भेद' [रजत⇌सीपी; रज्जु⇌सर्प] या भिन्नता पर सर्वाधिक बल दिया गया है क्योंकि भ्रांतिपरक ज्ञान में एक वस्तु [सीपी रज्जु] में दूसरी की [रजत, सर्प] या 'अन्यथा' की ख्याति की जाती है। इस प्रकार भट्टलोल्लट ने नट के संदर्भ में तो नट के ज्ञान और पात्र के ज्ञान को पृथक-पृथक किया जिससे कि नट में 'स्मरणात्मक ज्ञान' मौजूद रहा; लेकिन सहृदय के लिये नट के ज्ञान एवं पात्र के ज्ञान को एक विधि से मिला दिया जिससे कि भ्रांतिज्ञान भी उपस्थित हुआ। भीमांसक भट्टलोल्लट ने सहृदय पक्ष में इसे भ्रांति न कहकर 'दोष' कहा। यह बहुत कुछ 'अख्याति' सिद्धांत जैसी स्थिति है। जब हम 'यह राम है' का निर्णय करते समय 'यह नट है' को भुलाते हैं तभी दोष आता है। पात्र ज्ञान और नट ज्ञान को आपस में मिला देने से भ्रांति उत्पन्न होती है। यहाँ नट और पात्रत्व (रामत्व) के बीच में पात्र या राम को लाने के कारण ही भ्रांति उत्पन्न होती है क्योंकि नट तो सीधे प्रत्यक्षीकरण का आलंबन हो जाता है किन्तु पात्र—यथार्थ होकर भी— स्मरणात्मक रहता है। किन्तु स्वयं नट को राम का स्मरण हो, यह भी सिद्ध नहीं हो सकता। वास्तव में नट और पात्र, दोनों को उनके 'इदमत्व' से वंचित किया गया है; उनके इदम् का पूर्ण प्रत्यक्ष नहीं हुआ है और उसमें कहीं न कहीं अधूरापन रह गया है। अतः वस्तुतः यहाँ नट में पात्र [राम] की ख्याति की जाती है, इस अन्यथाख्याति को भट्टलोल्लट ने 'आरोप' की संज्ञा दी है। इस भाँति नट में अन्यथाख्यात राम की सत्ता होती है। किन्तु इस सत्ता को आंगिक (मुद्रा) तथा आहार्य (वेशभूषा) अभिनय द्वारा सादृश्य की चेतना भी प्रदान की जाती है। अतः 'मेय' नट में ही अविद्यमान द्वितीयक मेय पात्र [राम] का अनुसंधान हो जाता है। किन्तु यह आरोप 'माता' अर्थात् सहृदय करता है। माता के सम्मुख यदि एक ही मेय होता (जैसा कि प्रत्यक्ष ज्ञान में होता है) तब आरोप की आवश्यकता न पड़ती। किन्तु मेय भी दो है—पात्र तथा नट (जिसमें-से नट प्रत्यक्ष है)। अतः नट में पात्र का आरोप हुआ। इस आरोप में सामान्यत्व क्या है? सामान्यत्व न तो राम है, न नट; सामान्यत्व न तो रामत्व है न नटत्व; बल्कि सामान्यत्व है पात्ररूपता। नट में रामरूपता का अनुसंधान होता है। अनुसंधान में एक ओर तो नट जानबूझकर अपने में रामत्व का आरोप करता है। तथा दूसरी ओर स्वयं को रामरूप समझने का **अभिमान** करता है। यह अनुसंधान 'अशुद्ध' है। नट और पात्र के संदर्भ में यह अनुसंधान न तो भ्रम हैं, न भ्रांति। किन्तु नट और सहृदय के प्रसंग में यही अनुसंधान 'प्रतीति' हो जाता है क्योंकि आंगिक एवं आहार्य अभिनयादि की तद्रूपता के कारण प्रेक्षक दोषवश (भ्रांतिवश नहीं) नट पर राम का आरोप कर लेता है।

इस तरह भट्टलोल्लट ने भ्रांति के बजाय दोष या त्रुटि को सहृदय पक्ष में बरक़रार रखा अर्थात् प्रतीति के साथ आरोप संलग्न हो गया। ध्यान देने की बात हो यह है कि भ्रांति को दोष नामक संज्ञा से स्थानांतरित करके भट्टलोल्लट ने नट और पात्र का अद्वैत नहीं स्थापित किया बल्कि मीमांसाभूमि पर भिन्नता कायम रखी। 'भ्रांति' में नट और पात्र को मिला दिया जाता है किन्तु 'दोष' में पात्र के पक्ष में नट को भुला दिया जाता है जिससे स्मृति एवं संशय न रहे। लेकिन मीमांसा तो दोष को यथार्थ के विपरीत मानती है। अत: भट्टलोल्लट को नट और प्रेक्षक के बीच में इसे स्वीकार करना ही पड़ा। इसके लिए 'आरोप' का सहारा लिया गया। इस तरह नट में तद्रूपता की आरोपित प्रतीति एक प्रकार से "स्वारोपित विश्वास" (make-belief) जैसी हो गयी। यह एक महत्तम देन है सौंदर्यतात्त्विक वृत्ति के नज़रिये से!

हम इस बुनियादी सवाल की पूरी छानबीन करेंगे क्योंकि नट एक जीवित इकाई है और नट के कुछ अंतर्विरोध भी हैं। भट्टनायक की नट-केंद्राभिमुखता का आधुनिक दृष्टियों से अनुसंधान किया जा सकता है। बर्तोल्त बेख़्त के अनुसार नट या अभिनेता केवल मात्र अनुकर्त्ता ही नहीं है बल्कि अनुकार्य या पात्र का व्याख्याता भी है। नट पात्र का अपना भाष्य करता है। अत: पात्र उसके अभिनय के द्वारा अवतार नहीं बनता बल्कि अनेक संभवरूपों में से एक संभव रूप होता है। पात्र की तद्रूपता का अनुसंधान होने का मतलब ही यही है। नट सामाजिक दृष्टि से जागरूक भी होता है और उसकी वर्गीय स्थिति उसके अभिनय को अभिमुख भी करती है (क्योंकि यदि एक असवर्ण नट को यौगंधरायण मंत्री का अभिनय दिया जाएगा तो वह उसकी सामाजिक चेतना से टकराएगा और एक परायेपन (alienation) जैसी हालत पैदा होगी)। अत: नट को पात्र से 'तादात्म्य' भी करना पड़ता है और 'ताटस्थ्य' भी। नट रंगमंचीय जगत् को अपना बनाता है तथा अपना भी रूपान्तर करता है। कार्य (work) की यह मुक्तावस्था केवल कलात्मक कार्य में ही संभव है। अत: नट रंगमंचीय जगत् के कार्य (= अभिनय) में श्रम के हालात तब्दील करता है। उसके लिये अभिनय कार्य भी है जो वस्तुपरक आवश्यकता से जुड़ा होता है, और क्रीड़ा (play) भी है जो वस्तुपरक आवश्यकता से मुक्त भी होता है। क्रीड़ा में अंतर्मुखी स्वतंत्रता होती है। जबकि कार्य में प्रकृति की अनिवार्यता का बंधन होता है। अत: नट अपनी भूमिकाओं का 'बहाना' नहीं करता, वह उनमें "भाग लेता" है। इसका मतलब यह हुआ कि नट का अपना व्यक्तित्व भी होता है और वह विभिन्न भूमिकाओं में जीवित हिस्सा लेता है। अत: नट के व्यक्तित्व की एकता का विघटन न होकर संघटन होता है। हाँ, नट और उसके अभिनयांश (role) के अंतर्विरोध को ध्यान में रखना चाहिये क्योंकि रंगमंच में नट एक अभिनयांश का अभिनय करता है, एक विशेष

प्रकार के कार्य में भाग लेता है ; न कि वह अपना जीवन जीता है। वास्तव में पात्र के भावों की पकड़ मुश्किल है और अभिनय के समय वास्तविक संवेगों का अनुभव—कुछेक क्षणों को छोड़कर—तो अत्यधिक कठिन है। अतः नट अभिनय के कौशल के द्वारा संवेगों को गति (movement) अर्थात् अनुभावों (gestures) में बदलता है ; तथा अनुभावों का इस्तेमाल करते हुए संवेगों (संचारी एवं स्थायी) की अभिव्यंजना करता है। इस अभिव्यंजना में ही व्याख्या की गुंजाइश होती है। यहाँ दो बातें द्रष्टव्य है। एक तो नाट्य में अनुभाव की स्थिति केन्द्रीय है। दूसरे, मूल पात्रों में स्थायीभाव को निष्पन्न कराने में सहायक विभाव अभिनेता या नट को उपलब्ध नहीं होते क्योंकि मंचनायिका मंचनायक का विभाव नहीं है। अतः नट के लिए अनुभाव एवं संचारी उपलब्ध होते हैं। इसी तरह प्रेक्षक के लिए भी मंचनायिका विभाव नहीं है। भट्टलोल्लट कह सकते हैं वासवदत्ता के प्रति प्रेक्षक का वासवदत्ताभाव तो नहीं उद्‌बुद्ध होगा किन्तु 'कान्ता-भाव' उद्‌बुद्ध हो सकता है। किन्तु क्या पार्वती या सीता को भी कान्ताभाव से ग्रहण किया जा सकता है? यदि यह भी मान लिया जाय तो भी एक विरोध मौजूद होता है: मंचीय राम और मंचीयसीता के तो परस्पर विभाव-संबंध हो सकते हैं। किन्तु मंचीय सीता और **दर्शक के बीच दो** विभिन्न परिस्थितियों के होने पर कौन-सा संयोग होगा ? एक दूजी बात यह है कि नट का लक्ष्य स्वयं को उत्तेजित करना न होकर प्रेक्षकों को उत्तेजित करना होता है। उसे यह ख्याल रखना पड़ता है कि रंगमंच जीवन न होकर कला है। किन्तु नट को भ्रांति (illusion) भी उत्पन्न करनी पड़ती है। नट जितनी सफलता से यह भ्रांति उत्पन्न करता है उतने ही प्रभावशाली ढंग से प्रेक्षक आरोप एवं तादात्म्य करता है।

भ्रांति तथा दोष एक मानसिक संघटना है जिसके अनुसार वस्तु का अस्तित्व प्रेक्षक की किसी अवनर्मिल दशा पर निर्भर करता है तथा भौतिक वस्तु का यथार्थ रूप में ज्ञान नहीं हो पाता। नाट्य में हम रज्जु⇌सर्प के द्वारा नट⇌पात्र के संबंध नहीं स्पष्ट कर सकते। शू चियांग के अनुसार अभिनय के समय नट-स्वयं को अर्थात् अपने "प्रथम स्वायत्त" (first self) को भूलकर पात्र की भूमिका में उपचेतन-ढंग से तिरोभूत होता है जिससे कि वह भूमिका उसका "द्वितीय स्वायत्त" बन जाती है। किन्तु नट अपने व्यक्तित्व का पूर्णतः लोप नहीं करता है। उसमें उसका इदमत्व तथा पात्र का इदमत्व शामिल होता है। 'अभिनय भी एक प्रकार की सृजन-प्रक्रिया है जिसमें नट अपनी भूमिका में स्वयं को भुलाने की जागरूक चेष्टा करता है और अंततः पात्र ही "हो जाता" है। वह अभिनेयांश में जीता है तथा कलात्मक सृजन से परितुष्ट भी होता है। इस तरह वह अभिनय के द्वारा अपने प्रथम [चेतना] स्वायत्त तथा द्वितीय [उपचेतन] स्वायत्त के बीच के अंतविरोध का निराकरण करता है। हमें यह भी ख्याल

रखना चाहिए कि पात्र के विचार और अनुभूतियाँ तो नट द्वारा ही निर्धारित की जाती हैं। अतः पात्र एवं नट के विचारों एवं अनुभूतियों में एकत्व नहीं हो सकता।' (–"एक्टर्स कांट्रेडिक्शन",—चा० लि०, जनवरी १९६४)। भरत ने नाट्य को वेद मानकर रंगमंच को कर्मकांडी आयाम दिया तथा अभिनेता को ऋषिवत् दर्जा भी दिया। भट्टलोल्लट को आगे बढ़कर नट के सामाजिक धर्म तथा मानवीय अधिकार बताने चाहिए थे। उन्होंने नट को तो केंद्र में स्थापित किया किन्तु नट पक्ष से व्याख्या नहीं की। अलबत्ता उनके लिये रंगमंच तथा रंगनाटक (भरत के जैसा) कर्मकांड नहीं रहा बल्कि अभिनय और मुद्राओं की आवृत्ति ही हो गया। अतः ऐसी स्थिति में नट जानबूझकर (चेतन ढंग से) एक अवचेतन विषय (आब्जेक्ट) हो जाता है। इसलिये भट्टलोल्लट ने भी नट और पात्र के बीच भ्रांति की समस्या नहीं उठाई ; बल्कि नट और दर्शक के बीच इसे 'दोष' के रूप में प्रस्तुत किया और इसके स्वरूप को 'आरोप' कहा।

यदि भट्टलोल्लट जीवन में सत्य एवं कला में सत्य के बीच भी अंतर कर सके होते, और यदि वे रसवर्णन-प्रसंग में भरत द्वारा बारम्बार व्यवहृत 'उत्पत्ति' शब्द से विशुद्ध मीमांसादर्शन के क्षेत्र में चालित न हुए होते, तब उपर्युक्त दोष दोष 'न होकर एक विशिष्ट सौंदर्यतात्त्विकवृत्ति (aesthetic atti-ude) के रूप में स्थापित हुआ होता। रंगमंच का भी—अनुकार्य के तर्क-न्याय की तरह—अपना ही तर्कन्याय है। रंगमंच में पात्र, नट तथा प्रेक्षक का त्रित्व कायम रहता है। अप्रत्यक्ष पात्र एवं प्रत्यक्ष नट के संबंधों की चर्चा हम कर चुके हैं तथा नट [अभिनेता या अनुकर्ता] के अंतर्विरोधों की ओर इशारा भी कर चुके हैं। रंगमंच के संदर्भ में अन्य दो प्रधान अंतर्विरोध उभरते हैं: (i) रंगमंच के सत्य तथा जीवन के सत्य का; और (ii) नट तथा दर्शक [प्रेक्षक] का। रंगमंच में यथार्थता—अयथार्थता का संतुलन रहता है। रंगमंच में अभिनेता के अभिनय के अलावा प्रवृत्ति, वृत्ति, धर्मी एवं रंगसंग्रह आदि भी होते हैं जो भट्टलोल्लट प्रणीत त्रुटि या दोष (या भ्रांति) की प्राति-भासिक सत्ता का सत्य प्रदान करते हैं। इसीलिये नट में पात्र के आरोप, तथा अनुभावों [मुद्राओं, वेशभूषा] की प्रतीति 'चमत्कारक' होती है और मिथ्या तथा भ्रांति न होकर 'अन्वेषण' होती है। रंगमंच का दूसरा तर्कन्याय उसका वर्तमान काल में घटित होना और प्रत्यक्ष होकर अभिनत (एक्ट) होता है। रंगमंच की कृत्रिमता तथा उपस्थित सामाजिकों का तादात्म्य मिलकर अयथार्थता-यथार्थता का संतुलन कार्य करता है। इस भांति रंगमंच के दो सबसे बड़े गुण वस्तुपरकता तथा तात्कालिकता हैं। हमारे सम्मुख अभिनय के द्वारा पात्र का प्रत्यक्ष सृजन होता है अर्थात् यहाँ पात्र की विषयवस्तु और नट का रूप अलग-अलग है। वस्तु एवं रूप की यह भिन्नता मीमांसक भट्टलोल्लट ने

समझ ली है। इसके अतिरिक्त इस भिन्नता का एक परिणाम भी होता है। नट का **अस्तित्व** (existence) रह जाता है तथा पात्र का मात्र **तत्त्व** (essence) या सार। हम नट के अस्तित्व के यथार्थ एवं विशिष्ट आधार पर पात्र के प्रतिनिवेदित तथा तत्त्वरूप आधेय को आरोपित करते हैं। इसके साथ ही रंगशीर्ष की त्रि-आयामी भौतिक धर्मिता भी इस आरोप को 'स्वारोपित विश्वास' में तब्दील करती है। रंगसंग्रह के भौतिक गुणधर्म ही दर्शक को पात्र के संवेगों के साथ सह-भागी [सह-भोगी नहीं] बनाते हैं। इसके सह-भाग की एक वजह और भी है कि रंगनाटक का सृजन पूर्वपूर्ण न होकर दर्शक के सामने ही परिपूर्ण होता है जिससे वर्तमान काल की तात्कालिकता तथा चमत्कार, नटारोपित पात्र के संवेगों के साथ दर्शक का सहभाग किन्तु सहभोग का अभाव, ये दो दशाएँ प्राप्त होती हैं। रंगसंग्रह नट को देश-काल का आयाम देता है, तथा नट का अस्तित्व (existence) पात्र के तत्व (essence) को रूप प्रदान करता है। अतः नट और रंगसज्जा पात्र को रूप तथा देशकाल के अक्ष प्रदान करते हैं। इन कारणों से दर्शक यह जानता है कि नट वास्तविक पात्र नहीं है किन्तु वह उसकी वास्तविक पात्र के रूप में प्रतीति करता हैं। अत: प्रमा और प्रतीति का सह-अस्तित्त्व ही दर्शक में पात्र के अनुभव को यथार्थानुभव नहीं रहने देता। यह अनुभव सहभोग हो जाता है। अतः इसका अनुभव सुखदुखमोह से परे होता है तथा 'सामानाधिकरण्य' का भी अतिक्रमण कर देता है क्योंकि पात्र के संवेगों [कारण] का प्रभाव दर्शक पर पड़ता [कार्य] है। भट्टलोल्लट ने इस विशिष्ट अनुभव को सामानाधिकरण्य से तो मुक्त कर डाला किन्तु इसे सुखदुखमोह से परे नहीं कर सके। वे सहभाग के बजाय सहभोग के लौकिक अर्थ से बँधे रहे। यदि दर्शक को दुष्यंत-शकुंतला प्रसंग में सुख की प्रतीति होती है तो सीताहरण के अवसर पर राम की करुणा-कातरता से दुख की प्रतीति भी होनी चाहिए। यह अटपटा निर्णय है। भट्टलोल्लट लौकिक जगत तथा सुखदुख[भोग्य], एवं कलात्मक जगत एवं ध्यान परक अनुभव [आस्वाद्य] के बीच की भेदकता को नहीं स्वीकार कर सके। इसका कारण स्पष्ट है : पहले तो उन्होंने पात्र के उदाहरण के लिये अपने युग की मान्यता के अनुसार वास्तविक राम को लिया, तथा नाट्य-धर्मिता को मात्र प्रतीति के द्वारा सुलझाना चाहा। जब उन्होंने वास्तविक राम को पात्र का उदाहरण बनाया तब वे नाटकीय पात्र राम तथा वास्तविक राम को एक मानने की भी गल्ती कर बैठे। इस गल्ती को उनके दार्शनिक कार्यकारणवाद से दूसरा रुख दे दिया अर्थात् राम और सीता परस्पर एक दूसरे के विभाव, या उत्पादक, या 'कारण' हो गए और स्थायीभाव पूर्वतः निष्पन्न, या उत्पाद्य या 'कार्य' हो गया। इसका नतीजा यह हुआ कि रंगमंच के अंतर्गत नट के लिये रससूत्र के अनुभाव तथा संचारी ही बच गए। इसलिये विभाव, अनुभाव एवं संचारी का आपस

में संयोग नहीं माना गया, तथा उस संयोग के फलस्वरूप एक एकत्र शक्ति अर्थात् स्थायीभाव को उद्बुद्ध नहीं माना गया। इसके बजाय मीमांसा के भिन्न शक्ति वाले सिद्धांत के अनुसार विभाव और स्थायीभाव के बीच, अनुभाव और स्थायीभाव के बीच तथा संचारीभाव और स्थायीभाव के बीच भिन्न-भिन्न संबंध स्थापित किये गए जो क्रमशः उत्पादक-उत्पाद्य, गमक-गम्य और पोषक-पोष्य संबंध कहलाए। अतः विभाव से स्थायीभाव की उत्पत्ति, अनुभाव से स्थायीभाव की अनुमिति या प्रतीति, तथा संचारीभाव से स्थायीभाव की पुष्टि मानी गई। एक विचित्र दशा तो यह हुई कि विभाव तथा स्थायीभाव नाट्य एवं नट के दायरे के बाहर हो गए। मूल ऐतिहासिक राम में तो यह बात लागू हो सकती है किन्तु कविकल्पित पात्रों के साथ तो भट्टलोल्लट को उलझ जाना पड़ेगा। इसके भी दो कारण हैं। पहला, जब हम कविकल्पित पात्र को पूर्व प्रत्यक्ष अथवा स्मृति के द्वारा नहीं जानते तब रज्जु-सर्प-दृष्टांत के अनुसार दर्शक उसको नट में कैसे आरोपित कर सकते हैं ? दूसरे, जब पात्र (अनुकार्य) ही एक मात्र रसका आश्रय है तब नट में तो इसकी अस्वीकृति होगी ही। लेकिन इसके साथ-साथ ही नाट्यरस में केंद्र में अनुभाव हैं जो स्थायीभाव के साथ अनुमाप्य-अनुमापक संबंध से स्थायीभाव की 'अनुमिति' कराते हैं। और ये अनुभाव नट पर आश्रित हैं। इस तरह विभाव पात्र पर, तथा अनुभाव नट पर आश्रित हो जाते हैं तस्मात् घूम-फिर कर हम पुनश्च मीमांसा की भिन्नता तथा द्वैत की धारणा पर आ जाते हैं। उत्पत्ति तथा पुष्टि से भी महत्वपूर्ण अनुमिति है क्योंकि इसके द्वारा दर्शक रस का आरोप नट में करता है। लेकिन भट्टलोल्लट का एक अन्य मंतव्य भी मालूम पड़ता है। संभवतः वे विभाव के द्वारा स्थायीभाव को उत्पन्न तथा अनुभाव के द्वारा विकसित मानते हैं, लेकिन तब तक वे स्थायीभाव को 'रस नहीं बताते। जब व्यभिचारी भाव से ऐसा उत्पन्न एवं विकसित स्थायीभाव पुष्ट होता है तभी उसे 'रस' कहा जा सकता है। अतएव विभाव द्वारा स्थायीभाव उत्पन्न होता है (आलंबन से उत्पन्न तथा उद्दीपन से उद्दीप्त); अनुभाव द्वारा स्थायीभाव प्रकट होता है, तथा संचारी द्वारा स्थायीभाव पोषित होकर रस में रूपांतरित हो जाता है। इससे यह भी स्पष्ट हो सकता है कि रस का आस्वाद प्रेक्षक को होता है। अतः प्रेक्षक या दर्शक एक कार्य करता है : वह नट में पात्र का आरोप करता है। फलस्वरूप प्रेक्षक के लिये एक कार्य घटता है : नट के संचारीभाव के द्वारा प्रेक्षक को रस का आस्वाद होता है। दोनों ही दशाओं में नट केंद्र में रहता है। एक ओर नट पात्र का 'अनुसंधान' करता है तो दूसरी ओर प्रेक्षक नट में पात्र की 'अनुमिति' करता है। अतएव विभाव, अनुभाव एवं संचारी के स्थायीभाव से भिन्न-भिन्न संबंध और भिन्न-भिन्न प्रकार की निष्पत्तियाँ हैं। संचारी से मिलने पर स्थायी-

भाव पोषित या पुष्ट होकर 'रस' हो जाता है, किन्तु इसे पूर्व की [उत्पन्न तथा प्रतीत] अपरिपुष्ट दशाओं में वह मात्र स्थायीभाव ही रहता है। इसका मतलब तो यह हुआ कि जिस तरह उद्दीपन [आलंबन की चेष्टाएँ तथा गुण तथा अलंकृति; एवं पर्यावरण] आलंबनों के भावोंएवं अनुभावों को दीर्घता प्रदान करता है, उसी तरह संचारीभाव उत्पन्न हुए स्थायीभाव को दीर्घता प्रदान करता है। इस भाँति हम दो व्याख्याएँ पाते हैं जिनमें से एक के अनुसार पूर्वावस्था का स्थायी ही व्यभिचारी आदि के द्वारा परिपुष्ट होकर पात्र में ही रस हो जाता है; तथा दूसरी के अनुसार रस पात्र (अनुकार्य) तथा नट (अनुकर्त्ता) दोनों में रहता है, मुख्य रूप से पात्र में रहता है। किन्तु पात्र की तद्रूपता के अनुसंधान के कारण नट में भी इसकी प्रतीति होती है।

प्रेक्षक की दृष्टि से भट्टलोल्लट ने रसनिष्पत्ति पर जो विचार किया है वह उनकी स्थापनाओं को काव्य की पूर्ववर्ती अलंकारवादी-धारा से जोड़ती है। उनके अनुसार प्रेक्षक 'चमत्कृत होकर' आनंदित होते हैं। हमें ज्ञात है कि भामह से लेकर रुद्रट तक काव्यदेहवादी अलंकृत काव्य के क़ायल थे जो विशिष्ट 'उक्ति' का विन्यास है। अतः काव्य कथन उक्ति है; और 'उक्ति' में ही चमत्कार होता है। स्पष्ट है कि भट्टलोल्लट 'नाट्यशास्त्र' के काव्य-खंड का समावेश इसी रूप में कर सके और वाचिक अभिनय, गीत-संगीत को उक्ति में [तज्जन्य चमत्कार में] शामिल कर गए। नाट्य की तीव्र काव्यात्मकता के कारण ही उनका ध्यान **चमत्कार** की ओर गया है। इसके उपरांत उन्हें नाट्य-संदर्भ के आलोक में रस को तो शामिल करना पड़ा ही। कथात्मक काव्य में रस का रिश्ता सहृदय से ही जुड़ा सकता है। अतः उन्होंने अनुकार्य (राम) में उत्पन्न, तथा अनुकर्ता (नट) में आरोपित स्थायीभाव-रस का प्रभाव (आनंद) प्रेक्षक में माना। कार्यकारण वाद में यह दरार वस्तुतः 'नाट्य' के माध्यम [जीवित नट] को प्रत्यज्ञनान से जोड़ने के कारण पड़ी।

अतः भट्टलोल्लट ने रस की उत्पत्ति तो पात्र में तथा प्रतीति (अनुमिति) नट में बताई; परन्तु रस का आस्वाद स्पष्टतः कहीं नहीं बताया। इस तरह स्थायीभाव तो प्रेक्षक से बाहर स्थित हैं अर्थात् "तटस्थ" हैं किन्तु रसास्वाद प्रेक्षक कर सकता है। यह विसंगति है और सामान्याधिकरण्य [कार्य तथा कारण का एक ही वस्तु में संस्थान होना) का भी निषेध। हम इस अंतर्विरोध को तो तभी दूर कर सकते हैं जब यह पता लगाएँ कि अभिनय के मौके पर रस उत्पन्न होता है या अभिव्यक्त। यदि वह उत्पन्न होता तो उसे कार्यकारण सिद्धांत में बँधना होगा जिसका तात्पर्य होगा कि दुखपूर्णप्रसंग प्रेक्षक में दुख उत्पन्न करेंगे, निमित्तकारण (रंगनाटक) के समाप्त हो जाने के उपरांत भी प्रेक्षक में स्थायीभाव जारी रहेगा, मंच की नायिका ही उसका

कारण (विभाव) हो जायगी, इत्यादि। ये प्रश्न 'उत्पत्तिवाद' को लड़खड़ा देते हैं।

इसके बावजूद भी भट्टलोल्लट ने भरत के रससूत्र को सही बिंदुओं पर छुवा और संभवत: रस की 'उत्पत्ति'—चर्चा से प्रेरित होकर उन्होंने उसकी मीमांसादर्शनपरक व्याख्या कर डाली जिसमें अद्वैतवादी भ्रम के खिलाफ आरोप की, और आदर्शवादी एकता के खिलाफ़ भिन्नता की स्वीकृति है। भट्टलोल्लट लौकिक अनुभव को उत्पन्न स्थायीभाव मानते हैं, तथा कलात्मक अनुभव को प्रतीत स्थायीभाव। अत: वे रंगमंच तथा जीवन में यथार्थता के अन्तर को अधिक स्पष्ट नहीं कर सके। सामान्य बुद्धि के अनुसार ही वे यह मानकर चले कि प्रेक्षक इतना ठूँठ नहीं होता कि वह नट को केवल ऐसा नट समझे जो पात्र की कोरी नकल कर रहा हो; और न ही वह इतना आत्मविस्मृत तथा भ्रममुग्ध होता है कि नट को ही साक्षात् पात्रसमझ बैठे। वह जानता है कि वह एक विशिष्ट स्थिति में है जहाँ सशरीर नट का अपना अस्तित्व है; और उस पर ही वह पात्र के तत्व को आरोपित कर रहा है। अत: नट एक 'आरोपित पात्र' होता है जिसके प्रति हममें स्वारोपित विश्वास उद्भूत होता है। नट अपने त्रिविध अभिनय के द्वारा तथा रंगशीर्ष अपनी रंगसज्जा के द्वारा एक ऐसी सौंदर्यबोधात्मक स्थिति उत्पन्न कर देते है जिसमें नट ही पात्र की भ्रांति उत्पन्न करने की ओर मुखातिब होता है किन्तु साथ-साथ अपनी वास्तविक उपस्थिति से आरोपित पात्र की ज्ञातता' का बोध भी कराता है।

अंत में इस विवेचन के बाद भट्टलोल्लट के अनुसार रससूत्र की व्याख्या का भिन्नशक्तिपरक एवं द्वैतपरक मीमांसक भाष्य-निम्नलिखित होगा :

"विभाव के साथ उत्पाद्य-उत्पादक संबंध से स्थायीभाव उत्पन्न होते हैं; अनुभाव के साथ अनुमाप्य-अनुमापक संबंध से स्थायीभाव प्रतीत या **अनुमित** होते हैं; संचारी के साथ पोष्य-पोषक-भाव संबंध से स्थायीभाव **पुष्ट** होते हैं। पुष्ट होकर पात्र तथा नट दोनों के स्थायीभाव ही **रस** हो जाते हैं।" ●

४ श्रीशंकुक : यथार्थता-रूपान्तरण के रूप में कलानुमान

(Art-Inference as Transformation of Reality)

मीमांसक भट्टलोल्लट के समकालीन रससूत्र के दूसरे व्याख्याकार श्रीशंकुक हैं जो नैयायिक हैं। न्यायदर्शन में तर्क के अधिक प्रखर बाण और पुष्ट प्रमाण हैं। न्याय और मीमांसा का पूर्वक्रमिक द्वंद्व भी होता रहा था। अत: श्रीशंकुक ने एक ओर तो मीमांसक भट्टलोल्लट की स्थापनाओं का खंडन किया, तथा दूसरी ओर अपने न्यायदर्शन के आधार पर भट्टलोल्लट की 'उत्पत्तिवादी' व्याख्या के बजाय रससूत्र की 'अनुमितिवादी' व्याख्या पेश की। अत: उन्होंने भिन्नता और भ्रांति और दोष, तीनों का खंडन किया ('उत्पत्ति' तथा 'पुष्टि' के परिणाम भी समाप्त कर दिये)। अस्तु ! पहले हम न्यायदर्शन की निवेशिका प्रस्तुत करेंगे।

मीमांसा की तुलना में न्यायदर्शन सार्वजनिक वादविवादों की पद्धति के अनुरूप अधिक ढला है (—श्तेचेबर्स्की)। न्यायसूत्र के प्रणेता गौतम (ई० पू० २०० व ४००—जेकोबी) तथा वैशेषिक के कणाद थे। औपनिषदों तथा बौद्धों के मतों का खंडन करके अपने मत की स्थापना के लिए यह लोकायतिक परंपरा वाला दर्शन विकसित हुआ था। तस्मात् स्वाभाविकरूप में इसमें बौद्धमत तथा उपनिषद के प्रभाव भी पड़े। अत: इसमें चार्वाकों का 'प्रत्यक्ष', बौद्धों का 'अनुमान', सांख्य का 'शब्द,' और मीमांसकों तथा वेदान्तियों का 'उपमान' भी शामिल होता गया।

न्याय की भी लगातार यही कोशिश रही कि यथार्थता की पकड़ बनी रहे। अत: उन्होंने मन तथा दशेंद्रियों के द्वारा प्राप्त किसी प्रत्यक्ष या अप्रत्यक्ष ज्ञान को 'प्रमाण' माना। प्रमाण के द्वारा जाने गए पदार्थ 'प्रमेय' हैं। न्याय ने चार प्रधान प्रमाण माने--प्रत्यक्ष, अनुमान, उपमान तथा शब्द। न्याय ने शरीर से लेकर दु:ख तक को प्रमेय माना है। सुख और दु:ख का संवेदन अर्थात् 'फल' भी प्रमेय है। जब शरीर से लगाकर ज्ञान व मन तक (जिन्हें दु:ख का कारण कहा गया है) नष्ट हो जाएँ तभी जीवात्मा 'मोक्ष' या 'अपवर्ग' प्राप्त कर लेती है। अत: न्यायमत में ज्ञान (उपलब्धि) के साथ, उसके प्रामाण्य का भी अनुवेश हुआ है।

न्याय के अनुसार ज्ञान की उत्पत्ति आत्मा में होती है। अत: ज्ञान आत्मा का स्वाभाविक (उत्पन्न) धर्म न होकर उत्पाद्य धर्म है। पाँचों इंद्रियों एवं मनस् की सहायता से स्वभावत: जड़ (अचल) आत्मा में ज्ञान उत्पन्न होता है। किन्तु इस ज्ञान का लक्ष्य 'नि:श्रेयस्' की प्राप्ति है। नि:श्रेयस् एक **निषेधात्मक** पूर्ण स्वतंत्रता है जिसमें कर्मों के नियामक ईश्वर अर्थात् 'अदृष्ट' और अमिट 'संस्कार', इन दोनों का निषेध हो जाता है। नैयायिक दो प्रधान निषेध

मानते हैं जो कारणकार्यभाव का विचार करते हैं : (क) उत्पन्न होने के पूर्व कार्य का 'प्रागभाव' कारण में है; जैसे घट के दो कपाल, और (ख) नाश होने के पश्चात् उस कार्य का अन-अस्तित्व या 'ध्वंसाभाव' है; जैसे, घट का चकनाचूर हो जाना। इसके अलावा किसी वस्तु का बिल्कुल ही अनास्तित्व रहता है; जैसे घट में विशालकाय हाथी का समाना। यहाँ न भूतो न भविष्यति वाला मानवसामर्थ्य से परे का अभाव है। कार्यकारणभाव पर न्यायवैशेषिक में बेहद विचार हुआ है। नैयायिक कार्य को **समवायिकारण** से नित्यसंबद्ध मानकर भी कारण से भिन्न मानते हैं। यह उनका 'असत्कार्यवाद' है। नैयायिकों के अनुसार अयुतसिद्धों में समवाय-संबंध होता है। दो पदार्थों की अन्योन्याश्रित स्थिति अयुतसिद्ध है; जैसे सूत और कपड़ा, मिट्टी और घड़ा, पत्ता और उसका हिलना, घट और मोहनजोदड़ो का विशेष घट। जब हम ज्ञानेंद्रिय के द्वारा पदार्थ और उसके रूप का सन्निकर्ष जानते हैं तब इन दो अयुतसिद्धों में समवाय संबंध होता है, जैसे घट+घटरूप। इसके आगे विशेष घट में घटत्व भी होता है जिनके बीच 'संयुक्त समवेत-सम्बन्ध, होता है। इस तरह हम इंद्रिय तथा अर्थ के वस्तुपरक[='संयोग' परक]तीन सन्निकर्ष पाते हैं : नेत्र+घट; (नेत्र)+घट+रूप; और(नेत्र)+घट+रूप+घटत्व। इसी तरह हम इंद्रिय तथा अर्थ के आत्मपरक [संयोग रहित] दो संन्निकर्ष पाते हैं : कान +शब्द (समवाय), एवं (कान)+शब्द+शब्दत्व (समवेत—समवाय)। दूसरा है **असमवायिकारण**, अर्थात् कार्य के **पहले** नियतरूप से रहने वाला और अन्यथासिद्ध न होने वाला और कार्य में समवाय संबंध भी कायम रखनेवाला (सूत⇌कपड़ा); जैसे, सूतों से उत्पन्न पट (कार्य) के अंतर्गत सूतों में रहने वाला संयोग (पूर्ववर्ती कारण)। अतः यदि नील(गुण) और घट (गुणी) के बीच, या सूत (अवयव) और पट (अवयवी) के बीच समवाय संबंध है, तो 'सूत-**रूप** और नील**रूप** क्रमशः पट**रूप** और घट**रूप** का असमवायिकारण है। तीसरा है, **'निमित्तकारण'**। यह कार्य के पहले नियतरूप से रहने वाला और अन्यथा सिद्ध न होने वाला (किन्तु समवायसंबंध कायम रखने की तीसरी शर्त्त नहीं है) है; जैसे कुंभकार और जुलाहा। इस भाँति ये तीन कारणभावपदार्थों में होते हैं। लेकिन 'अभाव' का एकमात्र कारण 'निमित्त' ही है जो कार्य को उत्पन्न करके उससे पृथक् हो जाता है। 'यज्ञ-भूमि में घट का **न-होना**' घट का अभाव है। इस तरह घट और घटाभाव में एक 'द्रव्य' तथा दूसरा (अभाव) रूप 'पदार्थ' है। इस संबंध को 'विशेषण-विशेष्य-भाव' कहा गया है। घटाभाव यज्ञभूमि का 'विशेषण' है तथा यज्ञभूमि 'विशेष'। इस सन्निकर्ष से घट के बजाय घटाभाव के अनास्तित्त्व का प्रत्यक्ष ज्ञान होता है। अतः यह भाव [दो द्रव्यों या पदार्थों का] 'संबंध' नहीं है। फलतः यह 'अभाव-प्रमाण' है। (आत्मा में सुखाभाव भी एक

अभाव-प्रमाण है) । उपर्युक्त कार्यकारण विचार में हम देखते हैं कि नैयायिकों ने उत्पादन की प्रक्रिया को समझने की कोशिश की है और वे अंशों, खंडों या अंगों के संयोग या संबंध को ही सर्वांश, पूर्ण या अंगी रूप में जान सके। उस युग की सीमा में तकनीक को जानने के ये प्रयास अद्भुत थे । वस्तु के उत्पादन को उन्होंने अणु-संयोग की प्रक्रिया के द्वारा योग्य बताया । इसके लिये वे अध्यात्मवाद की ओर भी मुड़े और आत्मा को शरीर से पृथक्क बताने लगे—न कि उसका गुणात्मक परिवर्तन । जब वे 'संयोग'-संबंध की सीमाओं से वाकिफ़ होने लगे तब उन्होंने एक व्यापक 'समवाय-संबंध' का विधान कर डाला । पहले तो नैयायिकों ने प्रभाकर और बौद्धों की तरह ज्ञानप्रत्यक्ष्य के दो भेद माने : (क) स्थितिमात्र का आभास कराने वाला सामान्य और सरल 'निर्विकल्प ज्ञान'; तथा (ख) वस्तु के नाम, रूप, गुण, जाति आदि विकल्पों का भी भान कराने वाला 'सविकल्प ज्ञान'। मीमांसक प्रभाकर की तरह कुछ नैयायिकनिर्विकल्प ज्ञान को भी सदैव सत्य मानते हैं, जबकि कुछ निर्णयप्रमाण को सविकल्प ज्ञान पर ही लागू करने के हिमायती हैं । अतएव त्रुटी या दोष का उदय तो सविकल्प ज्ञान में ही होता है । मीमांसकों के असमान नैयायिकों ने 'अभाव' का समावेश करके मिथ्याज्ञान के सिद्धांतों की अधिक गहरी छानबीन की । वे प्रमा (यथार्थ या अनुभव-ज्ञान) से आगे भी अपने 'संशय' (एक वस्तु में दो भिन्न पदार्थों के समान धर्म वाले दो प्रकार के उभय कोटि ज्ञान मिलें और उन दोनों को परस्पर पृथक् करने वाला एक भी धर्म न मिलने पर उत्पन्न प्रमेय) को ले गए । वे संशय को सिद्धांत (प्रमाणों के द्वारा स्वीकृति) अर्थात् निश्चित ज्ञान में परिणत करने के लिये चेष्टाकुल हैं । अतः वे यथार्थता की पकड़ के लिये व्यस्त हैं । उन्होंने अभाव को 'प्रतियोगी' बताया । उन्होंने 'प्रमा' (अर्थात् प्रमाणित ज्ञान) को वस्तु का यथार्थ (faithful) तथा असंदिग्ध (certain) अनुभव माना । उन्होंने 'अप्रमा' में संशय, भ्रम, तर्क और स्मृति को माना । किंतु न्यायवैशेषिक में अप्रमा को अनिवार्य रूप से मिथ्या ज्ञान नहीं माना गया है । ज्ञान और ज्ञेय के संबंध के बाबत उन्होंने कहा कि प्रवृत्ति (चेष्टा) और फल (परिणामी चेष्टा) के आधार पर ही व्यावहारिक कार्यों की सफलता कूती जानी चाहिए । अतः नैयायिकों ने ज्ञान और कर्म को व्यावहारिकता के धरातल पर लाने की कोशिश की किंतु तत्कालीन इतिहास के बहाव ने उन्हें भी पार्श्विक यथार्थता से काटने को थपेड़े लगाये । अब निर्विकल्प–सविकल्प ज्ञान के बजाय (नव्य न्याय में) लौकिक एवं अलौकिक प्रत्यक्षों की वार्ता होने लगी । प्रत्यक्षज्ञान के बजाय 'विशेषज्ञान' के लिये कुछ अलौकिक सन्निकर्षों' पर भी विचार हुआ । एक गाय को देखने पर व्यक्तिगाय के साथ 'जातिगाय' का, और भावगाय (=गाय-पन) का भी प्रत्यक्ष होता है; एक बार धुँएँ के प्रत्यक्ष ज्ञान और आग के साथ उसके अयुतसिद्ध संयुक्त-समवाय-

संबंध के द्वारा हम धूमत्व-जाति से संबंधित होते हैं। अतः 'धूमत्व' भूत-भविष्य और यहाँ-वहाँ सभी के 'धूमों' में विद्यमान है। अतः हम 'सामान्य' (वैश्वक) से 'विशेष' का निष्कर्ष निकाल सकते हैं और कह सकते हैं: 'जहाँ धूम है वहाँ आग है'; 'जो भी गाय है वह खुर वाली है।' इसे 'सामान्यलक्षणाप्रत्यक्ष' कहा गया है। दूसरे प्रकार का प्रत्यक्षीकरणा 'ज्ञानलक्षणाप्रत्यक्ष' कहलाता है; जैसे चंदन को देखकर कहा जाय 'कि श्री-खंड चंदन में बहुत सुगंधि' है। यहाँ सुगन्ध और नेत्र के बीच सन्निकर्ष नहीं है; फिर भी हम सुगंध के बजाय सुगंधत्व (सुगंधि) का ज्ञान कर लेते हैं। यहाँ यदि नेत्र से कोई ज्ञान होता तो वह सामान्यलक्षणाप्र त्यक्ष होता लेकिन यहाँ इस प्रत्यक्ष के द्वारा ज्ञानलक्षणा प्रत्यक्ष हो रहा है। नैयायिकों ने रज्जु-सर्प के भ्रांतिपरक प्रत्यक्ष की व्याख्या में ज्ञानलक्षणाप्रत्यक्ष का भी प्रयोग किया। यहाँ 'परोक्ष' (=जिस वस्तु का इंद्रियों के साथ सन्निकर्ष न हो) वस्तु का ज्ञान अर्थात् अनुमान' (Inference) प्राप्त किया जाता है। यहाँ सामान्यलक्षणा प्रत्यक्ष (=दृष्टान्त) के द्वारा एक 'सामान्य' स्वाभाविक सम्बन्ध (धुवाँ-आग का) कायम कर लिया जाता है जिसका पारिभाषिक नाम 'व्याप्ति' है। 'जहाँ धुवाँ है वहाँ आग है'—इसी अनुमान की एक प्रणाली है जिससे कि भ्रांति से बचा जा सकता है। वह यों है

(१) पर्वत में आग है—**प्रतिज्ञा**

(२) क्योंकि पर्वत में धुआँ है—**हेतु** ['धुआँ' लिंग या हेतु या चिन्ह है जिसके द्वारा अविद्यमान आग का ज्ञान होता है]

(३) जहाँ धुआँ है वहाँ आग है; जैसे पाकशाला (अन्वय);
जहाँ आग नहीं है वहाँ धुआँ नहीं ; जैसे नदी (व्यतिरेक); **दृष्टांत**

(४) इस पर्वत में (व्याप्ति-विशिष्ट) धुआँ है—**उपनय**

(५) इसलिये पर्वत में आग है—**निगमन**

यहाँ व्यवहार द्वारा 'धुएँ' का प्रत्यक्ष तीन बार हुआ है जिससे त्रुटि या दोष की संभावना नहीं रह पाती : पहली बार रसोई घर में, दूसरी बार पर्वत में (हेतु) और तीसरी बार व्याप्ति में। इस तरह दृष्टांत, हेतु और उपनय आवृत्ति करते हैं। नैयायिकों के अनुसार यदि हम धुएँ के साथ अनुपस्थित 'वाष्प' (भाप) को यहाँ प्रविष्ट करा दें जिस प्रकार मीमांसक शुक्ता की चमक (जैसे, आग का धुआँ) के साथ अनुपस्थित चाँदी की चमक प्रविष्ट करा देते हैं, तब भ्रांति उत्पन्न हो जाएगी। इस तरह न्यायवैशेषिक में दिक् (space) एवं काल (time) के संबंधों की भूमिका महत्त्वपूर्ण हो जाती है। इसलिए वे धुएँ और आग के समवायिकारण में '**इस** पर्वत (दिक्) में **अभी** (काल) धुआँ है' को महत्त्व देते हैं। अतः भ्रांतिज्ञान तब नहीं होगा जब केवल 'समवाय संबंध' पर ही गौर न करके 'दिक्काल' के प्रति भी जागरूक रहा जाएगा। यह एक

महत् यथार्थवादी उपलब्धि है। हम जिस सर्प या रजत को यहाँ-और-अब देख रहे हैं, वह तो वहाँ-और-तब उपस्थित था (नैयायिकों की यह 'अन्यथाख्याति' प्रभाकर की 'अख्याति' को अधिक गहराई देती है)। नैयायिक वात्स्यायन कहते हैं कि चाँदी के टुकड़े के प्रति **लोभ** या सर्प के प्रति **विकर्षण** के कारण ही हमारी मानसिक दशा में 'दोष' उत्पन्न होता है जिसकी वजह से हम शुक्ति के बजाय चाँदी के टुकड़े की, और रस्सी के बजाय सर्प की भ्रांति कर लेते हैं। प्रेक्षक रज्जु तथा शुक्ति दोनों को ही जानता है, लेकिन वह इनसे बच नहीं सकता और स्मृतिज्ञान के कारण इन्हें भूल भी नहीं सकता। अतः वह (दोष — आकर्षण या विकर्षण की प्रवृत्ति—के कारण) रज्जु या शुक्ति तथा सर्प या रजत के संबंधों की पकड़ में 'असफल' (जैसा कि प्रभाकर मानते हैं) न होकर उन संबंधों को 'अन्यथाख्यात' (overlook) कर देता है। इसके लिए प्रेक्षक के मोह तथा विमोह या 'दोष' जिम्मेदार हैं। सारांश में नैयायिक, पर्वत में केवल धुआँ (हेतु) देख कर ही 'ज्ञानलक्षणा प्रत्यक्ष' के द्वारा आग का अनुमान करता है। नैयायिक के अनुसार गलत अवयवों को चुनने से भी निर्णय में भ्रांति उपस्थित होती है। कुमरिल के विपरीत नैयायिक मानते हैं कि ज्ञान स्वयंप्रकाश नहीं है; प्रत्युत प्रेक्षक इसकी 'अनुमिति' (अनुमान) करता है। अंततः मीमांसक कुमारिल ने अपनी 'विपरीत ख्याति' के अन्तर्गत नैयायिकों की 'अन्यथाख्याति' को मंजूर कर लिया जो प्रभाकर की 'अख्याति' से बेशक अधिक गहरी थी। कुमारिल ने घोषित किया कि गलतज्ञान (या भ्रम) यथार्थता के विपरीत है। उन्होंने ज्ञान को नैयायिकों के त्रित्व [यह (सीप) चाँदी (की चमकवत्ता से) का टुकड़ा है] के बजाय द्वित्व [यह (चमकवत्ता के समान और उससे भिन्न) चाँदी के टुकड़े की (समान और भिन्न) चमकवत्त है] में बाँटकर दो विकल्प दे दिये : वह भेद के द्वारा सही ज्ञान प्राप्त कर ले, अथवा अभेद के द्वारा भ्रांत ज्ञान प्राप्त कर ले।[1] इस समस्या की प्रचंडता इतनी थी कि नैयायिकों को अनुमान के 'हेत्वाभासों' (fallacies) से भी निपटना पड़ा जहाँ हेतु या चिह्न ही दोषयुक्त होते हैं। जब साध्य (प्रतिज्ञा) और साधन (हेतु) दोनों ही सिद्ध न किए जा सकें तब हेत्वाभास 'असिद्ध' होता है। उदा० 'कल्पना के हंस कूजन करने वाले हैं' में 'कूजन करने वाला, होना नामक साध्य, तथा 'क्योंकि (कल्पना के हंसों का) हंस होना' नामक हेतु— ये दोनों असिद्ध हैं। जब हेतु ही साध्य के विपरीत हो, तब 'विरुद्ध हेत्वाभास' होता है। उदा० 'खरगोश के सींग हैं' में 'सींग होना' के साध्य तथा 'पशु में सींग के होने' के हेतु में विरुद्धता है। जब हम अन्वय-व्यतिरेक की अपेक्षा करके एक जाति को जातियों पर आरोपित करके अनुमान करते हैं तब 'अनैकान्तिक'

---

१. दे० 'Presuppositions of India's Philosophies', pp. 204, 210

हेत्वभास होता है। उदा० 'आकाश रजत है' में 'रजत होना' साध्य, और 'क्योंकि वह नीला है' जैसे हेतु के बीच सव्यभिचार है। जब साध्य के अनुमान को सर्व-सामान्य जातिगत हेतु के द्वारा असिद्ध कर दिया जाय। उदा० 'आग शीतल है' में 'शीतल होना' साध्य को 'क्योंकि वह (जल की तरह) उत्पन्न होती है' जैसा हेतु बाधित करता है। अतः नैयायिकों ने 'अनुमान' में तर्कों के, दृष्टान्तों के, उपनय के विरोधाभासों को भी उद्घाटित किया। उन्होंने निर्णय के लिये **शब्द**-प्रमाण (प्रतिज्ञा) से लेकर **अनुमान**-प्रमाण (हेतु), **प्रत्यक्ष**-प्रमाण (उदाहरण या दृष्टांत) और **उपमान**-प्रमाण (उपनय) तक का इस्तेमाल किया। कुमारिल नैयायिकों के इस मत से सहमत नहीं थे कि प्रत्यक्षीकरण में 'अलौकिक सन्निकर्षों' को भी शामिल किया जाय। नैयायिकों ने स्वार्थानुमान के आगे दूसरों के लिये 'परार्थानुमान' को भी प्रतिपादित किया। व्यवहारिक क्रियात्मक पर बल देने के कारण ही 'स्वतःप्रामाण्यवादी' मीमांसकों के असमान नैयायिक 'परतः प्रामाण्यवादी' हैं।

मीमांसक ज्ञान होने से ही वस्तु को यथार्थ मानते हैं। ज्ञान का होना, और उसका मिथ्या होना परस्पर विरुद्ध हैं। ज्ञान और भ्रांति भिन्न हैं। इंद्रिय-संयोग से दूरी पर भी जल देख कर हम जल लाने जाते हैं। अतः जल के ज्ञान को यथार्थ मानते हैं; और ज्ञान यथार्थ है। यदि वह ज्ञान है तो मिथ्या नहीं होगा। इंद्रिय-सन्निकर्ष के द्वारा जल 'ज्ञान' होता है और उसमें 'ज्ञातता' नामक धर्म उत्पन्न होता है। अतः हमें जल का 'ज्ञान' भी है, और जल (दूरी पर) 'ज्ञात' भी है। ज्ञान-ज्ञात के बाद 'ज्ञातता' उत्पन्न होती है। अतः ज्ञात होने के कारण ज्ञातता ज्ञान का प्रमाण है। अतः ज्ञातता से एक ओर ज्ञान का ज्ञान होता है, तथा दूसरी ओर उसी से उस ज्ञान के प्रामाण्य का ज्ञान भी होता है। अतः यह ज्ञान स्वतः प्रमाण है। अतः प्रत्येक ज्ञान में स्वतः प्रामाण्य होता है। इसकी तुलना में नैयायिक कहते हैं कि इंद्रियसंयोग से दूरी पर भी जल के चिह्न देख कर हमें जल का प्रत्यक्ष ज्ञान तो होता है, किन्तु यह व्यवहार से कटा है। अतः इस प्रत्यक्ष ज्ञान के आधार पर हम जल लाने वहाँ जाते हैं अर्थात् ज्ञान क्रिया को प्रवृत्त करता है। यदि हमें वहाँ जल मिल जाता है तब हमारा पूर्व में उत्पन्न ज्ञान समर्थ है। अतः 'प्रवृत्ति-सामर्थ्य' ही इस ज्ञान को निश्चित करते हैं।

अतः मीमांसक पहले 'यह जल है' का ज्ञान चक्षु और जल के सन्निकर्ष से प्राप्त करते हैं। उसके बाद वे **सीधे** 'मुझसे यह जल जाना गया' की **ज्ञातता** पर बल देते हैं। इसकी तुलना में नैयायिक 'यह जल है' का पहला प्रत्यक्ष प्रमाण प्राप्त करते है; तदुपरांत इसके ठीक या गलत का निश्चय करने के लिये वे एक-दूसरे प्रमाण पर निर्भर करते हैं। दूसरे प्रमाण के बाद ही वे 'मुझे घट का ज्ञान है' का निश्चय करते हैं। इस तरह प्रथम ज्ञान या 'मिति' की निर्भरता दूसरे अनुगामी ज्ञान 'अनुव्यवसाय' या 'अनुमिति' पर टिकी है। यही 'परतः प्रामाण्य' है।

इसका मतलब यह हुआ कि मीमांसकों के असमान नैयायिक ज्ञान को स्वयं सत्य या मिथ्या नहीं मानते। ज्ञान को उत्पन्न करने वाली दशा और ज्ञान को निश्चित करने वाली दशा में अन्तर है। ज्ञान को निश्चित करने वाली दशा में कुछ अतिरिक्त 'गुण' या 'दोष' [अर्थात् प्रवृत्तिमूलक मानसिकता] जुड़ जाते हैं। देवीप्रसाद चट्टोपाध्याय के शब्दों में "न्याय-वैशेषिक पहले दार्शनिक थे जिन्होंने हमारी रोज़मर्रा की जिन्दगी की समस्याओं में सचमुच गंभीर रुचि ली। इस तरह वे समझना चाहते थे कि हमारे दैनिक अनुभव के प्रमेय के प्रमाणित ज्ञान का क्या अर्थ है; इस ज्ञान के कितने प्रकार हैं, तथा इन विभिन्न प्रकारों के विलक्षण हेतु कौन-कौन से हैं; इत्यादि।"[१]

भट्टलोल्लट ने प्रत्यक्ष अनुभव तथा नाट्यगत अनुभव के बीच की विलक्षणता को नहीं छुवा और वे व्यावहारिक जगत् के कार्यकारणवाद से बँधे रहे क्योंकि वे अनुकार्य अर्थात् पात्र अर्थात् राम को वास्तविक मानते थे कवि (या नाटककार-) द्वारा कल्पित नहीं। इसलिए उन्होंने पात्र और स्थायीभाव, नट और स्थायीभाव, दोनों के अलग-अलग संबंधों का द्वैत प्रस्तुत किया, क्योंकि मीमांसा में दो अनुभवों का मिलाना ही भ्रान्ति है। मीमांसक के अनुसार ज्ञान स्वयंप्रकाश एवं यथार्थ है। अतः वह भ्रांति हो ही नहीं सकता। इसलिए दार्शनिक दृष्टिकोण से भट्टलोल्लट ज्ञानमीमांसा के आधार पर यह नहीं कह सकते थे कि रस किसमें उत्पन्न होता है—पात्र में, अथवा नट में! उनकी दार्शनिक धारणा के मुताबिक प्रत्यक्ष प्रमेय तो नट तथा अप्रत्यक्ष प्रमेय यथार्थं पात्र ही रहेगा। फलस्वरूप रस की उत्पत्ति तो पात्र/नट में हुई किन्तु उस उत्पन्न अर्थात् पात्र के अनुभव से विहीन प्रेक्षक द्वारा उसका आनंद प्राप्त करना भी माना गया। पात्र की दृष्टि से रस 'तदात्मक' अर्थात् स्थायीभावरूप हुआ, तथा नट की दृष्टि से 'तत्प्रभाव' अर्थात् उत्पत्तिवाद द्वारा स्थायीभाव जन्य। इस प्रकार भट्टलोल्लट लौकिक ज्ञान तथा नाट्यपरक ज्ञान को भी प्रमा की कसौटी पर कसते हैं। नट पात्र का अनुसंधान करता है, तथा प्रेक्षक आरोप। मीमांसकों ने 'उपमान' प्रमाण पर बल दिया है। इसीलिये अनुसंधान और आरोप इसी पर आश्रित है। भट्टलोल्लट ने अनुमिति का भी निवेश किया है लेकिन विभावानुभावव्यभिचारी में-से केवल अनुभाव के प्रसंग में।

नैयायिक श्री शंकुक ने मीमांसादर्शन के विरुद्ध प्रतिबद्धता घोषित की। मीमांसक कुमारिल के अनुसार ज्ञान और भ्रांति भिन्न-भिन्न हैं। यदि ज्ञान होगा तो वह मिथ्या नहीं होगा; ज्ञान यथार्थ है तथा स्वयंप्रकाश है। नैयायिक के अनुसार ज्ञान स्वयंप्रकाश नहीं है, बल्कि प्रेक्षक इसकी अनुमिति या अनुमान करता

---

१. "Indian Philosophy", pp. 177.

है। क्योंकि मीमांसक परोक्ष वस्तु के ज्ञान के प्रमाण विकसित नहीं कर सके थे, इसलिये भट्टलोल्लट ने परोक्ष पात्र राम को भी वास्तविक माना। लेकिन परोक्ष वस्तु के ज्ञान अर्थात् 'अनुमान, के तर्कशास्त्र को विकसित कर लेने वाले नैयायिकों को एक नया अस्त्र मिल गया। उन्होंने कहा कि अनुमान के द्वारा भ्रांति से बचा जा सकता। स्वयंप्रकाश ज्ञान के स्वतः प्रामाण्य के विपरीत नैयायिक प्रत्यक्ष प्रमाण ['यह जल है'] की निर्भरता को दूसरे अनुगामी ज्ञान 'अनुमिति' पर टिकाते हैं जब वह 'व्यवहार' से संलग्न हो जाता है। प्रवृत्ति-सामर्थ्य [पूर्व में उत्पन्न ज्ञान की समर्थता] के द्वारा निश्चित ज्ञान 'परतःप्रामाण्य' है। अतः नैयायिक मीमांसकों की 'प्रमा' से आगे भी अपने 'संशय' को ले गए ताकि भ्रम, मिथ्या, तर्क आदि का भी अन्वेषण हो सके। नाट्य के लिये यह अनुकूल परिस्थिति थी क्योंकि यहाँ पात्र तो परोक्ष [=जिसका इंद्रियों के साथ सन्निकर्ष न हो] होता है, किंतु नट प्रत्यक्ष। इसलिये श्री शंकुक ने एक ओर तो भट्टलोल्लट के उत्पत्तिवाद से प्राप्त निष्पत्ति के उत्पत्ति, अनुमिति एवं पुष्टि के भिन्नतापरक अनुभवों के बजाय केवल एक 'अनुमिति' को स्वीकार किया, तो दूसरी ओर पहले पहल पात्र [राम] को प्रत्यक्ष के बजाय कवि-कल्पित भी माना। इस द्वैत-भंग के दो नतीजे हुए: पहले तो पात्र एवं नट के अंतर्विरोध सही आधार पर उभरे और पात्र को भी नट की तरह कलामंडल में घेर लिया गया; तथा भट्टलोल्लट के तीन प्रभावों के स्थान पर 'अनुमिति' के एक ही न्याय की स्वीकृति से विभावानुभावसंचारी के अधिक तर्कपूर्ण संबंध कायम हुए। यह एक क्रांतिकारी जमीन थी। इसी भूमि पर अनुमान के पंचावयवं [प्रतिज्ञा-हेतु-उदाहरण-उपनय-निष्कर्ष] को रससूत्र पर संक्षेप में ढाला गया। विभाव स्थायीभाव के **कारण** स्वरूप, अनुभाव उसके **कार्य** स्वरूप तथा संचारी उसके **सहकारी** स्वरूप हो गए। इस नवीन व्याख्या ने सौंदर्यतात्त्विक वृत्ति को एकरूपता दी। अनुमान की एक जबर्दस्त ताकत यह भी है कि वह ज्ञान को 'दिक्'+'काल' (Space-time) के संदर्भ में रखता है: 'पर्वत पर धुआँ है' के स्थान पर '**इस** (दिक्) पर्वत पर **अभी** (काल) धुआँ है' को परतः प्रमाण से धारण करता है जिसके फलस्वरूप 'यह धुआँ' 'तब और वहाँ की नदी के वाष्प' से नहीं जुड़ेगा। अतः ज्ञान को उत्पन्न करने वाली दशा (पर्वत पर धुआँ है) तथा ज्ञान को निश्चित करने वाली दशा में अन्तर होता है। अतः मीमांसक भट्टनायक के असमान श्रीशंकुक ज्ञान को स्वयं सत्य या मिथ्या नहीं मानते। जब प्रेक्षक इसकी अनुमिति कर लेता है तभी इसके स्वरूप का 'अनुकीर्तन' हो सकता है। इसके अलावा श्रीशंकुक को नट एवं पात्र, नाट्य एवं लोक के अंतर्विरोधों से अधिकाधिक उलझना पड़ा। उन्होंने अनुमिति-ज्ञान की तरह नाट्यप्रत्यक्ष को भी पाया जो तात्कालिकता (अभी) एवं तात्स्थानीयता (यहीं) अर्थात् दिक्काल की तद्वत्ता पर आश्रित पाया गया। उन्होंने यह भी पाया कि प्रेक्षक

के ज्ञान को उत्पन्न करने वाली दशा (लोक) तथा नाट्य में उसके ज्ञान को निश्चित करने वाली दशा (रंगमंच) में कुछ अतिरिक्त 'गुण' या 'दोष' जुड़ जाते हैं। जिस तरह चाँदी के टुकड़े के प्रति लोभ तथा सर्प के प्रति विकर्षण के कारण हमारी मानसिक दशा में 'दोष' उत्पन्न होता है जिसकी वजह से हम सीप के बजाय चाँदी के टुकड़े की, तथा रस्सी के बजाय सर्प की भ्रांति कर लेते हैं, उसी प्रकार कलात्मक अनुकरण के प्रति हममें विशेष चेतना होने के कारण हम नट में पात्र के 'विशेष' अनुमिति कर लेते हैं। नाट्य में एक तरफ तो नाट्य-भूमि यहाँ (दिक्) और अभिनय अभी (काल) होता है; तो दूसरी तरफ़ लोक में पात्र वहाँ (उज्जयिनी में उदयन) तथा घटना वह (शंकुन्तला की अंगूठी का खो जाना) हो सकती है। अतः स्वयं नाट्य तथा रंगमंच ही एक कृत्रिम (=कलात्मक) विधान है जो लोक तथा लोककर्म से भिन्न है। श्रीशंकुक की नजर इस अंतर्विरोध से फिसल गई और वे केवल 'नट' तथा 'रस' के अंतविरोध से जूझते रहे। इस भूमिका पर हम केवल नट के विभावादि को ही कृत्रिम नहीं पाते बल्कि संपूर्ण नाट्यायोजन को ही अवास्तविक अर्थात् प्रतिनिवेदनात्मक (representational) एवं अनुकरणात्मक (imitative) पाते हैं। श्री शंकुक ने मूलतः नट एवं पात्र के अंतर्विरोध सुलझाए। पात्र को कविनिबद्ध मानने के कारण उन्होंने विभावादि को पात्र के बजाय नट (अभिनेता) से संबद्ध किया। फलतः ये भाव एक तो कृत्रिम, दूसरे अनुकरणात्मक हो गए अर्थात् ये वास्तविक न होकर कलासंप्रेषित हुए। इसी क्रम में उन्होंने नट के व्यक्तित्व का भी अनुसंधान किया। उनका नट सांस्कृतिक शिक्षा एवं अभिनय-कौशल में निपुण एक व्याख्याता भी है। अतः वास्तविक जगत् में अनुमान 'कारण' पर निर्भर करता है, किन्तु नाट्य में यह विभावादि पर निर्भर करता है जो 'कारणस्वरूप' हैं। इसी तरह विभावादी कृत्रिम होकर भी—कलात्मक अनुकरण के द्वारा—कृत्रिम न प्रतीत होने वाले लिंग अर्थात् हेतु हैं। इनमें-से विभाव का अनुसंधान काव्य-बल से होता है, अनुभाव की सिद्धि नट के शिक्षाभ्यास से होती है, तथा व्यभिचारी भावों का अर्जन कृत्रिम अनुभावों के जरिये होता है। इस तरह ये तीनों भाव नट के बजाय 'नटगत रूप' में अनुमित होते हैं। सारांश में रससूत्र के विभावानुभावसंचारी का अनुकरण हो सकता है। अतः नट में अनुकरणात्मक रूप विभावादि की उपस्थिति की अनिवार्यता (हेतु) के द्वारा ही पात्र को स्थायी-भावपूर्ण सिद्ध किया जा सकता है (प्रतिज्ञा)। अतः नट के द्वारा ही पक्षधर्मता-ज्ञान प्राप्त होता है। यहाँ विभावादि तथा स्थायीभाव के बीच धूम-आग जैसा 'व्याप्ति' अर्थात् सामान्य स्वाभाविक सम्बन्ध है जहाँ विभावादि तो प्रयत्क्ष हैं किंतु स्थायीभाव परोक्ष। यह एक प्रकार से 'ज्ञान लक्षणाप्रत्यक्ष' है जहाँ हम नट को देखकर उसके भावों का भी अनुव्यवसाय करते हैं। श्री शंकुक ने इस अंतर्विरोध

को भी स्पष्ट करना चाहा। अतः उन्होंने स्थायीभाव के बाबत कहा कि इसका अनुकरण नहीं हो सकता, और इसीलिये भरत ने रससूत्र में इसे नहीं शामिल किया। स्थायीभाव अनुकार्य में रहने वाला तथा अनुकर्त्ता में संभवी हो सकता है किन्तु यह नाट्य के अनुकरणात्मक माध्यम की पकड़ के परे है। श्रीशंकुक ने पात्र तथा नट के बीच में स्थायीभाव की स्थिति की उलझन पर अधिक ध्यान नहीं दिया क्योंकि वे पात्र को कविनिबद्ध अर्थात् कल्पित मान चुके हैं, एवं नट को अभ्यासी, चतुर तथा सफल प्रदर्शक। अतः उन्होंने स्थायीभाव के एक नये रूप अर्थात् अनुकरणात्मक रूप की कल्पना की जिसका अनुमान—विभावादि, कृत्रिम हेतुओं के द्वारा—तो हो सकता है (अनुकरण नहीं)। यह अनुमिति नटगत रूप एवं अनुकरणात्मक रूप का मेल है। स्थायीभाव की इस नयी अनुमिति—अर्थात् अनुक्रियमाण स्थायीभाव या अभिनय किया जा रहा नटगत स्थायीभाव—को ही उन्होंने 'रस' की संज्ञा दी। अतः स्थायीभाव का नटगत अनुकरणात्मक रूप 'रस' है : अनुकरण स्थायीभाव का न होकर विभावादि का होता है, तथा विभावादि के द्वारा रस की प्रतीति होती है। इस तरह विभावादि एवं स्थायीभाव के बीच व्याप्ति सम्बन्ध होता है; तथा स्थायीभाव एवं रस के बीच अनुमिति ज्ञान। स्थायीभाव के साथ ज्ञान को उत्पन्न करने वाली दशा का सम्बन्ध है; और रस के साथ ज्ञान को निश्चित करने वाली दशा का जिसमें प्रेक्षक की प्रवृत्तियों के कारण कुछ 'गुण' भी जुड़ गए हैं क्योंकि दिक्-काल की भूमिका लोक में न होकर रंग-मंच में निवेदित हुई है। यह एक ध्यान देने की बात है कि भट्टलोल्लट ने इस संदर्भ में 'आरोप' का जिक्र किया था और 'दोष' या त्रुटि के कारण आरोप का कथन किया था। लेकिन श्रीशंकुक ने अनुकरण का जिक्र किया है और 'गुण' के कारण 'अनुव्यवसाय' को मौलिकता, विशिष्टता तथा नवीनता प्रदान की है। गुण इसलिये कि कृत्रिम लिंग (प्रदीप) के द्वारा ही रस (मणि) प्राप्त हो जाता है अर्थात् फल प्राप्ति हो जाती है। इस तरह असत्कार्यवादी आधार पर नैयायिक श्रीशंकुक स्थायीभाव को विभावादि से, रस को स्थायीभाव से, नट को पात्र से अर्थात् कार्य को कारण से भिन्न मानते हैं, और इसके साथ-साथ ही इन दो-दो पदार्थों की अयुतसिद्धि (अन्योन्याश्रित स्थिति) भी मानते हैं। अयुतसिद्धों के बीच समवाय सम्बन्ध भी होता है। इसीलिये चित्र और तुरग, सूत और पट, स्थायीभाव और रस, पात्र और नट के अयुतसिद्धों के बीच समवाय सम्बन्ध है। नट और नट-रूप और नटत्व आदि के बीच समवायिकरण है। इस न्याय से पात्र+पात्ररूप [नट]+पात्रत्व [अनुमिति] के द्वारा सविकल्प ज्ञान को लागू किया है। इस बुनियाद पर पात्ररूप को नटरूप का असमवायिकरण माना जा सकता है क्योंकि पहला (कारण) दूसरे (नट) के पूर्व विद्यमान है। इसी तरह कवि या नाटककार को पात्र का निमित्तकारण माना जा सकता है क्योंकि

पहला (कारण) दूसरे (कार्य) के पूर्व विद्यमान होने के अलावा परस्पर समवाय संबंध नहीं रखता। इसीलिये भारतीय सौन्दर्यबोधशास्त्र में निमित्त कारण अर्थात् कवि एवं नाटककार का विवेचन लगभग नहीं हुआ। नाट्य में नट के माध्यम से सविकल्प ज्ञान प्राप्त होता है। सविकल्पज्ञान में ही त्रुटि, या दोष या गुण (सुख दुख की संवेदना) का उदय होता है। अत: अनुमिति एक सविकल्प ज्ञान है और स्वयंप्रकाश नहीं है। नाट्य की अनुमिति में समवाय-सम्बन्ध के साथ दिक्काल के प्रति भी ऐसी जागरूकता होती है जहाँ त्रिकाल बोध की संवेदना 'वर्तमानकालीन' ही रहती है।

यहाँ हम ज्ञान के स्वरूप के निर्णय की ओर उन्मुख होते हैं। भट्टलोल्लट ने बताया था कि रस की उत्पत्ति होती है, और श्रीशंकुक ने कहा कि रस की अनुमिति होती है; भट्टलोल्लट ने प्रेक्षक द्वारा नट में रामादि का आरोप दोष या त्रुटिवश कहा था जबकि श्रीशंकुक इस अनुमिति को नट के अनुभव तथा कौशल से सिद्ध अभिनय की देन मानते हैं। भट्टलोल्लट इस [आरोपित] ज्ञान को अयथार्थ मानते हैं (आरोपितं साक्षात्कारात्मकं ज्ञानम्), किंतु श्रीशंकुक इसके स्वरूप का विवेचन करते हैं क्योंकि यह साधारण लौकिक प्रत्यक्ष नहीं। उनके अनुसार एक तो यह ज्ञान 'मिथ्या' नहीं है क्योंकि 'यह राम है' का ज्ञान बाद में 'यह राम नहीं है बल्कि नट है' के ज्ञान द्वार खंडित नहीं होता; दूसरे यह 'सम्यग्ज्ञान' भी नहीं है क्योंकि तब इसे 'यह स्वयं राम है और कोई अन्य नहीं' अथवा 'इसके अलावा कोई अन्य राम नहीं है' होना चाहिए; तीसरे यह 'संशय ज्ञान' भी नहीं है क्योंकि तब इसे 'यह राम है अथवा नहीं !' होना चाहिए; चौथे यह 'सदृश्य ज्ञान' भी नहीं है क्योंकि तब इसे 'यह राम है' के बजाय दो वस्तुओं का पृथक् बोध बनाये रखने वाला अर्थात् 'यह राम के सदृश है' होना चाहिए। वस्तुत: यह दर्शक का स्वानुमित विश्वास है कि 'यह [नट] राम है'। वह यह नहीं सोचता कि 'यह स्वयं राम है', या 'और कोई अन्य नहीं है', अथवा 'इसके अलावा कोई अन्य राम नहीं है; इत्यादि। यहाँ प्रेक्षक में अंतर्विरोध रहता है। लौकिक प्रत्यक्ष की दृष्टि से उसे 'यह [नट] वास्तव में राम नहीं है' की बुद्धि होती है तो नाट्यप्रत्यक्ष की दृष्टि से 'यह [नट] रामरूप है' की भी बुद्धि होती है। इस तरह विरुद्ध प्रमाओं (बुद्धियों) के मेल के कारण श्रीशंकुक इस ज्ञान को उपर्युक्त चारों प्रकार के ज्ञान से अजूबा मानते हैं। सौंदर्यतात्त्विक ज्ञान में पूर्ण मुक्ति की अनिवार्यता का यह प्रथम सबल संवेदन है क्योंकि नट कार्य [अभिनय] के द्वारा आत्मनिर्माण (self-creation) करता है और नाट्य की वस्तुगत यथार्थता को मानवीय यथार्थता में रूपांतरित करता है। वह सृजनात्मक अभ्यास के द्वारा कार्य [अनुकरण] को सिद्ध करता है। प्रेक्षक भी नाट्य की कलात्मक यथार्थता तथा लौकिक यथार्थता के पार्थक्य को समझकर 'यह

[नट] वास्तव में राम नहीं है' के निर्णय को स्थगित कर देता है क्योंकि केवल नट और अभिनय ही नहीं, बल्कि रंगशीर्ष, संगीत, प्रवृत्ति, वृत्ति, धर्मी, रंगसंग्रह आदि भी तो इस सौन्दर्यतात्त्विक स्थिति को उत्पन्न करते हैं। इस स्थिति में संपूर्ण रंगमंच मानो एक चित्र, कथोपकथन मानों काव्य एवं संगीत तथा अभिनय मानों नृत्य एवं सज्जा हो जाते हैं। यह सब कुछ रंगमंच के परिप्रेक्ष्य में घटता है जो चित्ररूप तथा चित्रत्व-पूर्ण होता है। श्रीशंकुक ने इस विलक्षण अनुमान की सिद्धि के लिये बौद्धों का एक नया रूपक प्रस्तुत किया—'चित्रतुरग न्याय'।

श्रीशंकुक ने चित्रतुरग न्याय को नाट्य में इस्तेमाल की जाने वाली अनुमिति के रूप में विकसित किया जिसके अंतर्गत चित्रांकित अश्व वास्तविक न होकर वास्तविक अश्व का अनुकरण मात्र है, तथा चित्रांकित अश्व को देख कर उसमें वास्तविक अश्व के गुणों का अनुमान किया जाता है जिससे दर्शक को आनंद मिले। इसे नट तथा पात्र के दृष्टांत में ढालने पर कहा जा सकता है कि नाट्यफलक पर राम प्रतीत होने वाला पात्र वास्तविक राम न होकर राम का अनुकरण मात्र है, तथा राम के अनुकर्त्ता नट में—उसकी अनुकरण-सफलता की वजह से—हम राम के भावों का अनुमान लगा लेते हैं। श्रीशंकुक के इस न्याय में अनेक नई स्थितियाँ उभरती हैं। पहले तो रूपक के आधार पर हम 'चित्र' और 'नाट्य' में कुछ सादृश्य स्थापित करते हैं। चित्र दिक् में स्थिर है और मात्र दृश्य है; जबकि नाट्य दिक् काल के अक्ष पर संचरणशील 'चल-चित्र' है। अतः चित्र की जड़ता और चलचित्र की जागरूकता के बीच चेतना की बुनावट—प्रत्यक्ष एवं अनुमान—का अंतर है। इसके अलावा जब चित्र-लिखित अश्व चित्रकार की कलाकृति है और वास्तविक अश्व लौकिक अनुभव है, तो नाट्य में अभिनय से सुसज्जित तथा कथानिमज्जित नट को भी कलाकार के पद पर आसीन करना होगा। किंतु नट के माध्यम से हम विशिष्ट पात्र के भावों का अनुमान लगाते हैं। यह विशिष्ट पात्र भी लौकिक प्रत्यक्ष का विषय न होकर कलाकार की सृष्टि होता है। अतः इस रूपक में नट स्वयं अनुकरणात्मक कला का विधाता है (अश्व की तरह चित्रकार निर्मित नहीं) और पात्र (वास्तविक अश्व की तरह) भी कवि द्वारा निबद्ध है। अतः हमें यहाँ नट के बजाय 'नट-गतरूप' को लेना पड़ेगा तथा पात्र के बजाय 'पात्रत्व' को। किन्तु यहाँ भी दो राम मिलते हैं और दोनों ही कलासृष्टि हैं: पहला नाट्य (अनुक्रियमाण) राम; और दूसरा काव्य राम। यदि हम मुड़कर भट्टलोल्लट की तरह पात्र को वास्तविक रामादिरूप मानें तब तो यह रूपक चल जाएगा; वर्ना नहीं। अतः नाट्य के संदर्भ में पात्र (तुरग) भी कलात्मक सृष्टि है, नट (चित्र) भी। इसलिए हम यहाँ कला (चित्र) एवं यथार्थ (तुरग) की संबंधता के बजाय अनुकरणात्मक कला (नट) तथा कल्पनाशील कला (पात्र) की संबंधता पाते हैं जो

कला की ही विविध पुष्टियाँ हैं। फिर चित्रतुरग न्याय में हम चित्र के माध्यम से कौन-से विशेष अश्व को प्राप्त करते हैं ? एक जातिवाचक सामान्य अश्व को अर्थात् चित्रांकित तुरगरूप से 'तुरगत्व' को !! किंतु नाट्य में हम राम के 'मनुष्यत्व' के बजाय विशिष्ट 'रामत्व' को (नट के माध्यम से) प्राप्त करते हैं। इसका मतलब यह है कि नट एक ओर तो अपने नटत्व अर्थात् 'प्राथमिक स्व' की संरक्षा करता है तथा दूसरी ओर अनुकार्य पात्र के पात्रत्व+पात्ररूपता अर्थात् 'द्वितीय स्व' को उद्घाटित करता है। प्रेक्षक कहता है कि 'यह [नट]राम' है; और नट कहता है कि **'मैं राम हो गया हूँ'**। इस तरह यहाँ अस्तित्त्व एवं सत्ता या तत्त्व का समायोजन होता है। अतएव प्रेक्षक के सम्मुख नट में अनुमित भावादि मूलपात्र के अनुकार (semblance) मात्र हैं। इस तरह चित्रतुरगन्याय के दृष्टांत में हम कला से यथार्थ ज्ञान की ओर प्रयाण करते हैं किंतु नाट्य का निजी तर्क हमें प्रत्यक्ष अनुकरणात्मक नाट्यकला (नट) से पुनः काव्यकला (पात्र) की ओर ही ले जाता है। नाट्य में केवल दर्शन ही नहीं, 'दिग्दर्शन' भी होता है। इसलिये हम 'चित्रतुरगन्याय' को अपूर्ण मानते हैं। वस्तुतः हम कुशल अभिनेता के **अनुकरण** से प्रवीण नाटकार की **अभिव्यंजना** की ओर जाते हैं जहाँ वास्तविकतापरक बुद्धि के बजाय अनुमित आनंद की अवस्था होती है। अतः यहाँ 'अनुकरण-अभिव्यंजना-अनुमिति न्याय' लागू होता है जो क्रमशः नट, कविनिबद्धपात्र, तथा मानवमात्र को एकसाथ सिद्ध करता है। अतः नाट्य में पात्ररूपता, पात्रत्व एवं मनुष्यत्त्व तीनों का संधान होता है। इस प्रकार हम देखते हैं कि भट्टलोल्लट का रज्जु-सर्प वाला रूपक 'दोष' के कारण आरोप पर बल देता है, तो श्रीशंकुक का चित्रतुरग वाला रूपक कलात्मक अनुभव को यथार्थ [प्रामाणिक] अनुभव में तिरोभूत करता है। श्रीशंकुक ने दो और रूपकों के जरिये बात की है। 'दूर पर उठती हुई धूल को धूम समझने' के दृष्टांत द्वारा उन्होंने कृत्रिम विभावादि हेतुओं (धूल) के द्वारा वास्तविक अनुमान (धूम समझकर अग्नि का अनुमान) की सिद्धि की है। किंतु यह रूपक भी अधूरा है क्योंकि पहले तो धूल (साधन पद) प्रेक्षक से बहुत दूर है (—वह ज्ञान है, ज्ञात नहीं) किंतु रंगमंच में प्रेक्षक नट के ठीक सामने है। प्रेक्षक यह भी पहले से जानता है कि 'यह [नट] है' अर्थात् 'नट है'। वास्तव में यह दूरी मनोतात्त्विक दूरी (psychical distance) है, भौगोलिक दूरी नहीं। यह अनुमान स्वानुमित विश्वास है क्योंकि यहाँ एक प्रकार का हेत्वाभास है क्योंकि विभावादि हेतु कृत्रिम हैं। इसीलिए नैयायिक ज्ञान को कर्म के अर्थात् व्यावहारिकता के धरातल पर लाने की कोशिश करते हैं। उनके अनुसार ज्ञान तथा ज्ञेय के संबंधों को प्रवृत्ति (चेष्टा) एवं फल (परिणामी चेष्टा) के आधार पर कूता जाना चाहिए। इसलिये श्री शंकुक महाराज मणिप्रदीप नामक तीसरे रूपक का इस्तेमाल करते हैं। यदि कोई

पास धरे हुए मणि एवं दीप में भेद न कर सके तब वह दीपशिखा को मणि समझकर पकड़ने की भूल में या तो अपने हाथ जला लेगा अथवा लौ के प्रकाश में मणि को पा लेगा। मतलब यह है कि दैवसंयोग (chance) मिथ्या ज्ञान को भी **कभी-कभी** यथार्थ ज्ञान में बदल देता है। इसीतरह प्रेक्षक का अयथार्थ ज्ञान (प्रदीप) वास्तविक आनंदानुभूति (मणि) करा देता है। यह भी गलती है। प्रेक्षक का नट (प्रदीप) तथा पात्र (मणि) से ऐसा संबंध, तथा ऐसा दैव-संयोगपरक 'फल' नहीं हुआ करता। आधुनिक शब्दावली में हम कह सकते हैं कि चित्र-तुरग-न्याय के तर्क व हेतु **प्रकटज्ञानवाद** (Phenomenology) का समुपरंजन करते हैं। कार्य-कारणवाद की देन की महत्ता दो लोकों को प्रस्तुत करने में है; हमारी इंद्रियों का जगत् एवं भौतिकवादी जगत्। इंद्रियों के जगत् का हम स्वयं निर्माण करते हैं जिससे प्रमाण, भ्रांति, विवर्त, संशय की स्थितियाँ उपस्थित होती हैं। इस जगत् का दिक् (space) भी हमीं रचते हैं। लेकिन वह भौतिकवादी जगत् का यथार्थ है जहाँ इंद्रियविरचित ठोस, रंगीन, शीतल या कोमल भौतिक वस्तुएँ नहीं हैं, बल्कि ध्वनियाँ, स्पर्श, रूप, रस, गंध आदि हैं। अतः प्रत्यक्षीकरण (perception) का भेद ही हमारी जागरूकता को स्मृति, या बिंब, या विचार या हेत्वाभास (fallacies) प्रदान करता है। हमारे मन में वाल्मीकि की दाढ़ी का मानसिक बिंब है। हम चाहें तो उसे रवींद्र ठाकुर की दाढ़ी से अदल बदल सकते हैं या पद्मिनी की शुकनासा से। अतः इस बिंब का प्रमाण प्रेक्षक के संकल्प (will) पर निर्भर है। लेकिन जब प्रेक्षक साक्षात् ताजमहल को देखता है जब वह उसे फतहपुरसीकरी की मस्जिद से स्थानांतरित नहीं कर सकता। अतः प्रेक्षक भी पात्र के मानसिक बिंब (ऐतिहासिक समुद्र-गुप्त के 'समुद्रगुप्तत्व' का चारित्र्यबिंब) एवं नट के भौतिक प्रत्यक्ष के बीच समायोजन करता है। अतः संकल्पित भी अस्तित्वमान हो सकते हैं। नाट्य में अभिनेता का 'प्रथम स्व' तो भौतिक है किंतु अपने नटगतरूप अर्थात् 'द्वितीय स्व' को वह भी संकल्पित कर रहा है। अतः यहाँ वह नटहेतु के रूप में सकल्पित है। पूर्ववत् अनुमान (वर्तमान मेघों को देखकर भविष्य की वर्षा—कार्य—का अनु-मान), एवं शेषवत् अनुमान (वर्तमान वेगवती धारा को देखकर बीती हुई वर्षा—कारण का – अनुमान) हमें अतीत तथा भविष्य से भी जोड़ सकते हैं। अतः हम प्रत्यक्षनट को कार्यस्वरूप एवं कारणस्वरूप मानकर काल के बोध की धारावाहिकता तथा "कल्पनापरक अनुमान"—इन दोनों को भी प्राप्त कर सकते हैं: हम 'तुरग' के बजाय 'सूर्य के पंखों वाले अश्व' का भी 'काल्पनिक अनुमान' कर सकते हैं। यदि ये दार्शनिक मिथकों को इतिहास के बजाय काव्य के दायरे में ले आए होते, तब अनिवार्यतः अनुमान से अगली सीढ़ी 'कल्पना' के विकास की हुई होती। श्रीशंकुक की भी यही युगीन सीमा रही। कल्पना दो विभिन्न वस्तुओं की 'भ्रांति'

पैदा करने के बजाय उनकी 'रचना' भी तो कर सकती है। लेकिन ये मीमांसक एवं नैयायिक आचार्य इस दशा को रियायत देने को अप्रस्तुत हैं। वे योगियों के 'अलौकिक प्रत्यक्षों' को तो सहन कर सकते हैं लेकिन कवि के 'कल्पनात्मक प्रत्यक्षों' को नहीं मान सकते। प्रत्यक्षज्ञान से आगे प्रकटज्ञान (phenomena) की ओर भी नहीं गए, जब कि मध्यकालीन चिंतन में इसकी गुंजाइश थी। प्रकट ज्ञानवाद भौतिक-वस्तुओं को प्रकटनों (phenomena) का पुंज मानता है। प्रकटज्ञानवादी के अनुसार ऐंद्रियिक प्रत्यक्ष में एक तो ऐंद्रियिक बोध की मानसिक क्रिया है, तथा दूसरे ऐंद्रियिक अनुभव का प्रमेय है जिसे 'ऐंद्रियिक अंक' (sense datum) कहा जा सकता है। (यह ज्ञान और ज्ञेय, मिति और मेय के निकट की स्थिति है)। अतः लाल और कठोर संवेदनाएँ न होकर ऐंद्रियिकांक हैं। ये ऐंद्रियिकांक न तो भौतिक हैं और न ही मानसिक। ये ऐसी सामग्री हैं जिनसे भौतिक वस्तुओं का निर्माण होता है (हमारी चेतना में)। अतः प्रेक्षक द्वारा भ्रांत सर्प अथवा वास्तविक सर्प देखने की दोनों प्रक्रियाओं में सर्प रूप ऐंद्रियिक अंकों की भूमिका होती है। इसी तरह वह पात्र (नटरूप) एवं पात्ररूप (नट) में 'रूपता' [अनुकरण, सादृश्य] का अनुभव करता है। अतः दोनों ही दशाओं में वस्तुएँ एक विशेष रूप में विन्यस्त हैं जहाँ भौतिक वस्तुओं के प्रकथनों (स्टेटमेंट्स) का रूपांतर ऐंद्रियिकांकों के प्रकथनों में हो जाता है। सारांश में नट के अस्तित्व के प्रकथनों का रूपांतर पात्र के ऐंद्रियिकांकों (तत्त्व) के प्रकथनों में हो जाता है। नाट्य में नट एवं पात्र का रूपांतर तो ऐंद्रियिकांकों में संभव हो जाता है, किंतु प्रेक्षक सशरीर (भौतिक) उपस्थित रहता है। प्रकटज्ञानवादी कहते हैं कि जिस भौतिक वस्तु (प्रमेय) का प्रत्यक्षीकरण नहीं हो रहा हो उसके बाबत प्रकथन करना तर्कतः एक ऐसे **प्रतिकल्पनात्मक (हाइपोथेटिकल) प्रकथन** की भांति है कि यदि कुछ शर्तें पूरी हो जाएँ तो प्रेक्षक अमुक का प्रत्यक्षीकरण करेगा। श्रीशंकुक ने विभावादि कारणों की, तथा नट के अभ्यास तथा योग्यता की शर्तों को लगाया है। निरूपाधिक प्रकथन में प्रमेय के अस्तित्व का निर्देश होता है ('हर्ष कान्यकुब्ज में रहे;); लेकिन प्रतिकल्पनात्मक प्रकथन में प्रमेय के अस्तित्व की अनिवार्यता नहीं होती -- भले ही वह प्रकथन सत्य हो ('**यदि** प्रेक्षक रंगमंच में हो **तब** वह हर्षरूप की प्रतीति करेगा'—यहाँ न तो 'हर्ष' और न ही 'कान्यकुब्ज' के अस्तित्व का समाहार है)। अतएव नाट्य के कल्पनात्मक अनुमान को हम तर्कपूर्ण अनुमान से सिद्ध नहीं कर सकते। हमें इसके लिये नाट्य के तर्कशास्त्र से मुकाबला करना होगा। यद्यपि श्रीशंकुक ने चित्रतुरगन्याय को—संशय, सम्यग्ज्ञान, मिथ्या एवं सादृश्यज्ञान से पृथक् माना है, तदपि यह सादृश्य पर आधारित ज्ञान है। चित्रलिखित तुरग 'यह अश्व है। न होकर 'यह बिल्कुल अश्व के सदृश है, होता है' ज्ञान वही है यद्यपि उसके प्रकथन में भेद है। इसके

अलावा इस न्याय के अंतर्गत प्रेक्षक का विश्वास 'यह राम है'—अवास्तविक है और ऐसा रहना चाहिए। कल देवदास का अभिनय कुंदन लाल सहगल ने किया, और आज दिलीप कुमार ने किया, तो भी 'यह [नट] देवदास है' गलत नहीं है क्योंकि सहगल और दिलीपकुमार भी व्यक्ति न होकर नटरूप हैं और देवदास भी व्यक्ति न होकर पात्र है। अतएव दोनों ही नटरूप-व्यक्ति प्रेक्षक के लिए पात्ररूप मात्र हैं। श्रीशंकुक के न्याय का तुरग वास्तविक एवं लौकिक है जबकि नाट्य का पात्र कविनिबद्ध है और सूक्ष्म तत्त्व (essence) है। यही श्रीशंकुक की सीमा है।

श्रीशंकुक के अनुमितिवाद के अंतर्गत पुनः कोरमकोर न्यायवैशेषिक को थोपने पर विसंगति हो सकती है। स्वयं इस नैयायिक ने नाट्यकला के लिये एक पाँचवें प्रकार के विलक्षण ज्ञान की प्रतिकल्पना की है। अतः यह कहना कि ज्ञान के क्षण दो क्षण तक स्थायी रहने वाली नैयायिक (धारणा क्षणद्वयावस्थायि) के अनुसार अनुमिति का सुख भी क्षणिक है, एक विचारधारात्मक संकीर्णतावाद है। यदि एक पहले क्षण में पता चल गया कि नट पात्र न होकर मात्र अभिनेता है तब संशय दूर हो जायेगा और फिर आगे अनुमितिक्रम्—"धारावाहिकानुमिति"—ठप्प हो जाएगा क्योंकि 'संशय' का लोप हो चुका होगा और 'निश्चय' की स्थिति आ चुकी होगी। श्रीशंकुक कह सकते हैं कि जिज्ञासु प्रेक्षक में एक ही वस्तु (नट) के बाबत अधिकाधिक अनुमिति प्राप्त करने की 'अनुमित्सा' अर्थात् अनुमितज्ञान की इच्छा हो सकती है क्योंकि साधन (विभावादि) तो नट में ही होते हैं। इसके उत्तर में कहा जा सकता है कि अनुमितियों की यह धारावाहिक शृंखला तो रस की निष्पत्ति में बारंबार विघ्न होगी जो मानस की तल्लीना भंग करेगी। किन्तु यह सब फिजूल या तर्कारोह है। प्रेक्षक यह भी तो जानता है कि वह इस लोक में मनसा मौजूद न होकर एक रंगनाटक के लोक में उपस्थित है जहाँ रंगशीर्ष (स्टेज) तथा रंगशाला (प्रेक्षक कक्ष) के बीच एक मनस्तात्त्विक दूरी है तथा, इसके साथ-साथ, रंगनाटक और लोक का भी अंतर है। अतः यदि पहले क्षण-दो क्षण में ही उसकी बुद्धि 'निश्चित' हो जाती है तो वह रंगशाला छोड़कर बाहर के वास्तविक जगत् में आने के लिये आज़ाद है। तब वह धारा-वाहिक अनुमिति करने वाले प्रेक्षक की भूमिका छोड़कर दुनियादार मनुष्य की भूमिका में आ जाएगा। यह भी कहा जा सकता है कि लोक में अनुमान सुख नहीं प्रदान करते। सवाल यह है कि हम कौनसी लौकिक वस्तुओं या विषयों को अनुमान के लिये चुनते हैं। नाट्य में अनुमान भी काल्पनिक हैं, तथा विषय भी स्थायीभाव है; और इस स्थायीभाव को रंगमंच, रंगसंग्रह, अभिनय-अनुकरण की समग्र कला एवं कौशल के जरिये प्रस्तुत किया जाता है। अतः हम लौकिक अनुमानों के स्वयंभोग (suffering) की स्थिति से परे कलात्मक अनु-

मानों की आशंसात्मक ज्ञातता (appreciative cognition) की अवस्था में होते हैं।

अब 'अनुकरण' की महत्त्वपूर्ण चर्चा बाकी रह जाती है। अनुकरण के अंतर्गत प्रत्यक्षीकरण (perception) एवं अनुमान (inference), दोनों का सन्निवेश होता है :–नट के भौतिक रूप का प्रत्यक्षीकरण, एवं पात्र के स्थायीभाव की नटगतरूप में अनुमिति। अतः स्थायीभाव अनुक्रियमाण (अभिनय किये जा रहे नटगत विभाव, अनुभाव एवं संचारी) अभिनय के माध्यम (मीडियम) से छनकर 'रस' हो जाते हैं। अतः रस केवल अभिनय के द्वारा ही प्रतीत हो सकता है। यह अनुभावादि की तरह अभिनीत होकर बाह्यतः प्रत्यक्ष नहीं हो सकता। "लोचन" में अभिनवगुप्त ने बताया है कि अनुकर्ता नट में स्थायीभाव का (अस्तित्व नहीं—) अवभास होता है; और प्रेक्षक को इस अवभास की 'प्रतीति' होती है। इस प्रतीति में एक विशेष शक्ति उत्पन्न हो जाती है जिसे रस के दृष्टांत पर 'आस्वाद' कहा जा सकता है। यह आस्वाद अर्थात् प्रतीति केवल नाट्य के द्वारा ही होती है। इस तरह काव्यबल का स्थायीभाव नाट्य में रस, और प्रतीति आस्वाद में रूपांतरित हो जाती है। प्रेक्षक द्वारा अनुक्रियमान स्थायीभाव का पुनः-पुनः अनुसंधान 'चर्वणा' कहा जाता है जो धारावाहिकानुमिति की रूपकात्मक प्रक्रिया है। इस तरह रससूत्र की दो समानांतर (तर्कपूर्ण एवं रूपकात्मक) व्याख्याएँ प्रकट हुईं जिनमें से एक भावरूपलिंगों या हेतुओं (विभाव-अनुभाव-संचारी) को कारण–कार्य-सहकारी के तर्कपूर्ण क्रम में निबद्ध करती है तो दूसरी जिह्वामूलक रस के दृष्टांत से स्थायीभाव के अनुकरणात्मक रूप को 'रस', (अनुभव के-) प्रतीत रूप को 'आस्वाद' एवं धारावाहिक अनुमिति की प्रक्रिया को 'चर्वणा' की संज्ञाएँ देती है। अनुकरण चर्चा में श्रीशंकुक ने कुछ नये सृजनात्मक रूपकों (मेटाफर्स) का सन्निवेश किया; जैसे, धूलधूमरूपक, मणिप्रदीपरूपक, चित्रतुरगरूपक, इत्यादि। पूर्ववर्ती भट्टलोलट द्वारा संचारी-स्थायीभाव के पोष्य-पोषक-संबंध को 'रस' के संदर्भ में पूरी तरह घटाकर सादृश्यधर्मिता के आधार पर 'चर्वणा' एवं 'आस्वाद का भी अनुप्रवेश हुआ। इसके अलावा श्रीशंकुक ने अनुकरण एवं सादृश्य के बीच के समीकरण के अन्वेषण को भी दिशा दी। हमें लगता है कि उनके अनुमानचक्र में यदि नट (=धूम) एवं पात्र (=अग्नि) के बीच पक्षधर्मता रंगशीर्ष (स्टेज)पर स्थिति करें तब नट के माध्यम से अनुक्रियमाण विभावादि का अनुमान होता है, न कि लौकिक अनुमान की भाँति अनुपस्थित पात्र का। नट का त्रिविध अभिनय तथा इसके साथ रंगमंच की कलात्मक (कृत्रिम) सज्जास्थापना—ये दोनों मिलकर अनुकरण को विचित्र आयाम प्रदान करती हैं। नट की शिक्षा, चतुरता, योग्यता अभ्यास आदि अर्थात् नट का नटरूपी व्यक्तित्व ही विभाव,

अनुभाव एवं संचारी का ऐसा कृत्रिम अनुकरण कराता है कि वे प्रेक्षक को — कृत्रिम हो कर भी—कृत्रिम नहीं प्रतीत होते। स्पष्ट है कि अनुकरण वेशभूषा, मुखसज्जा, मुद्रादि का ही हो सकता है जिसमें **बाह्यता** के साथ-साथ **रूपता** (तद्रूपता) की संभावना हो। अतः अनुकरण प्रत्यक्ष ज्ञान से अधिक प्रत्यक्षीकृत अभिज्ञान एवं प्रत्यक्षीकृत अनुसंधान है। अतः इनमें सादृश्य-प्रतीति की प्रचुरता एवं रुचिता है। जबकि भट्टलोल्ट ऐतिहासिक पात्र एवं यथार्थनट के सबंधों को "पात्र = नट" के प्रत्यक्ष समीकरण में ढाल देते हैं, तो श्रीशंकुक अदृष्ट पात्र एवं नट के संबंधों को "नट + पात्र" के समीकरण में रखते हैं जिसमें अप्रमाण-प्रमाण का द्वंद्व निराकृत(resolve)नहीं हो पाता; किंवा इसे निरंतर रखा जाता है। इन समीकरणों का नतीजा यह हुआ कि भट्टल्लोट तो मूलपात्र के स्थायीभाव और नट के स्थायीभाव को पर्याय मान बैठते हैं तथा नट में पात्र का 'आरोप' (superimposition) कर डालते हैं, किन्तु श्रीशंकुक के लिये यह तटस्थ समीकरण है जिसमें नट विभाव से संचारी भाव तक ही चल पाता है। इस स्थिति में प्रेक्षक 'अनुक्रियमाण स्थायीभाव' अर्थात् 'रस' की अनुमिति करता है। अतः प्रेक्षक में स्थायीभाव नहीं है किन्तु उसकी अनुकरणात्मक आशंसा—'रस'—उसमें है। अतः स्थायीभाव का वास्तविक आस्वाद न तो नट करता है, न ही प्रेक्षक। इसलिये दुःख, क्रोध, शोकादि की भी अनुकरणात्मक अनुमिति होती है जिसमें भोग न होकर ज्ञाततापूर्ण आशंसा होती है। इसलिये दुख, क्रोध शोकादि की भी नाट्यपरक अनुमिति ज्ञाततापूर्ण आशंसा से पूर्ण होती है जिसमें सुख-दुःख-मोह का घोर फलपरक (परिणामी चेष्टापरक) संदर्भ नहीं आता। हम कह चुके हैं कि अनुकरण बाह्य, रूपात्मक एवं सादृश्यपरक होता है। आंतरिक भावों का अनुकरण असंभव जैसा ही है। अनुकरण के तीन आधार हो सकते हैं— (१) मूल पात्र की प्रकृति का पूर्वमेव दर्शन; (२) अनुकर्त्ता को अनुकार्य (पात्र) के कुछ सादृश्यों का अनुभव, या प्रेक्षक को अनुकर्त्ता का ज्ञान; तथा (३) ऐतिहासिक एवं सांस्कृतिक भूमिका पर कविकल्पित पात्र या ऐतिहासिक पात्र का अवभास। इन तीन आधारों में पहले एवं दूसरे में पात्र-नट-प्रेक्षक की समकालीनता तथा सम्पर्क की येनकेन अपेक्षा की गई है। तीसरा आधार सृजनात्मक अनुकरण की पीठिका प्रस्तुत करता है जिसमें नट द्वारा पात्र की व्याख्या तथा प्रेक्षक द्वारा पात्र के सांस्कृतिक बिंब का भी सन्निवेश है। यहाँ तक अनुकरणात्मक अभिनय का सवाल है हम उसे अभिनेता तथा उसकी अभिनीत भूमिका (पात्रत्व) के बीच का अंतर्विरोध बता चुके हैं। नट [अभिनेता] पूर्णतः चेतन एवं जागरूक होकर अभिनय में अपने 'प्रथम स्व' को विलीन करता है तथा अपने 'द्वितीय स्व' (नटरूप पात्रत्व) का अनुसंधान करता है। वह स्वयं का पात्र के साथ तादात्म्य करके विभावों के स्थायीभावों को अपने निजी भोग्य नहीं बनाता; न ही बनाना चाहिये; और न सर्वदा ही

बना सकता है। नट अपने ही भावों के सहारे पात्र का अनुसरण नहीं करता बल्कि अनुकरण के उपरिलिखित तीसरे आधार में भी निष्णात होता है। अतः वह पात्र के भावों की अपनी व्याख्या करता है। अतः नट की अपनी स्वानुभूति विशुद्ध न होकर व्याख्यातानुभूति होती है, क्योंकि मूलतः नट ही पात्र की अनुभूतियों एवं विचारों का धारण एवं निर्धारण करता है।

'काव्यकौतुक'-कार भट्टतौत ने श्रीशंकुक की अनुकरण संबंधी मान्यताओं के खिलाफ मोर्चाबंदी की। उनके सामने अनुकरण के उपरिलिखित दो ही आधार थे। अतः वे भी मूल पात्र (राम) एवं नट एवं प्रेक्षक की समसामयिकता की असंभव परिस्थिति पर चोट करने लगे और कहा कि न तो दर्शक ने राम-सीता की रति का अनुमान किया है, और न ही नट ने। जब बात काल्पनिक पात्रों पर आती है तब पूर्वमेव प्रकृतिदर्शन भद्देपन की स्थिति तक पहुँच जाता है। नट द्वारा पात्र के तादात्म्य की सैद्धांतिक स्थिति को पहले अनुकरण का आदर्श मानकर और बाद में इसे असंभव बताकर भट्टतौत ने स्वयं अपने विरोधाभास को प्रकट किया है क्योंकि नाट्य में नट वेशभूषादि जैसी जड़ तथा बहिरंग वस्तुओं का, और विभावानुभाव जैसी बहिरंग मुद्राओं का अनुकरण करता है। वह (नट) स्थायी भावों का आंतरिक अनुकरण कर ही नहीं सकता। उसकी मुद्राएँ (अनुभाव) एवं भंगिमाएँ (संचारी) ही अभिव्यंजना करती हैं जिन्हें प्रेक्षक (नट नहीं) अनुमित करता है। जब हम काव्याधार पर पात्र द्वारा भावाभिव्यंजना को नाट्य में नट द्वार उसकी भावाभिव्यंजना के सादृश्य में ग्रहण करते हैं, तभी भूल होती है। नाट्य में नट अपने भावों की अभिव्यंजना नहीं करता; बल्कि पात्र के भावों की बाह्य अनुकृति करता है और विभावादि जैसे उसके अनुकरणात्मक उपकरण (बकौल श्री शंकुक) भी कृत्रिम हैं। अतः अनुकरण नट के अभ्यास, नटगत स्वभाव तथा अभिप्रायों-परंपराओं-रूढ़ियों के उसके अनुशीलन का भी परिणाम हैं। अतएव अनुकरण में स्थूल चित्रात्मक सादृश्य के साथ-साथ दीर्घ सांस्कृतिक स्वभाव भी शामिल हैं। भट्टतौत ने तो बस अनुकरण को समसामयिकता से जकड़ कर तर्क किया है। वर्ना वे अनुकरण को मिथ्या नहीं बताते। यदि नट द्वारा अभिव्यंजित अनुभूतियाँ उसकी अपनी न होतीं, या अनुकार यथार्थ न होकर अभ्यासजन्य होते। नाट्य में तो ये दोनों स्थितियाँ अनिवार्यतः आएँगी; और नाट्यानुकरण दार्शनिक मिथ्या न होकर 'अनुकारानुमिति' होगा। भट्टतौत सादृश्य को अनुकार नहीं मानते। उसके अनुसार एक बैल गाय के सदृश दीख पड़ता है किन्तु हम यह नहीं कह सकते कि वह गाय का अनुकरण करता है। अतः नट में अनुमित स्थायीभावादि को हम पात्र के स्थायीभावादि के सदृश नहीं कह सकते। भट्टतौत यहाँ भी स्वाभाविक रूपरचनाशास्त्र (morphology) तथा कलात्मक (=कृत्रिम) आभासित अनुकरणक्रिया को मिलाने की भूल कर रहे हैं। कलात्मक अनुकरण में पूर्वमेव प्रकृतिदर्शन की नींव पर

नहीं खड़े हैं बल्कि सांस्कृतिक बिंब से भी दीपित हैं। अतः भट्टतौत का यह तर्क निरर्थक है कि कोई भी अदृष्ट पात्र या अज्ञात पात्र के आंतरिक भावों का कृत्रिम विभावादि के द्वारा अनुकरण नहीं कर सकता। भट्टतौत अनुकरण तथा सादृश्य को पृथक् मानते हैं क्योंकि नट और पात्र के बीच सादृश्य के प्रमाण या तो ऐतिहासिक एवं सांस्कृतिक हो सकते हैं या फिर वेशभूषापरक आदि। वे दूसरे प्रकार के जड़ तथा बहिरंग सादृश्य तो को अनुकरण मान लेते हैं किन्तु पहले प्रकार के अन्वेषणात्मक एंव व्याख्यात्मक सादृश्य को समझ नहीं पाते; तभी तो वे बैल-गाय का एक मामूली उदाहरण पेश करते हैं, या अनुकरण के लिये मूल पात्र तथा नट का समसामयिक आपसी संपर्क अनिवार्य बनाते हैं। हम यही कह सकते हैं कि भावों का अनुकरण यांत्रिक नहीं है अपितु एक 'हृदय-संवाद' जैसा है। इसे श्रीशंकुक भी पूरी तरह ग्रहण नहीं कर सके।

अंत में हम श्रीशंकुक के अनुसार रससूत्र का भाष्य प्रस्तुत करते हैं :

"कृत्रिम विभावानुभावसंचारी हेतुओं के अनुमाप्यानुमापक भाव से (कारणस्वरूप–कार्यस्वरूप–सहकारीस्वरूप) संबंध होने पर अनुकरणात्मक स्थायीभाव की नट में अनुमिति होती है। प्रेक्षक पक्ष में अनुकरणात्मक ही स्थायीभाव रस है, और धारावाहिक अनुमिति द्वारा इसका पुन-पुनः अनुसंधान होता है।"

अतएव हम देखते हैं कि श्रीशंकुक ने भट्टलोल्लट के व्याख्यांतर्गत 'आरोप' तथा 'मिथ्या ज्ञान' के दोषों को दूर किया। भट्टलोल्लट ने प्रेक्षक के नाट्यज्ञान को प्रत्यक्ष बताया था जबकि श्रीशंकुक ने इसे अनुमितिसिद्ध परोक्ष ज्ञान माना। वास्तव में यह केवल परोक्षज्ञान नहीं है। श्रीशंकुक ने भट्टलोल्लट प्रणीत विभावादि के स्थायीभाव से पृथक् सम्बन्धत्रयी को भी समाप्त करके एकमात्र अनुमिति को स्थापित किया; उन्होंने भट्टलोल्लट के असमान रस को अनुक्रियमाण स्थायीभाव माना; तथा नट में स्थायीभाव की उत्पत्ति नहीं मानी। सारांश में श्रीशंकुक ने भट्टलोल्लट के उत्पत्तिवाद से उत्पन्न कार्यकारण-श्रृंखला की त्रुटियों का निरास करने की कोशिशें कीं। श्रीशंकुक ने कलात्मक अनुभव के स्वरूप की छानबीन करने के लिये नये-नये सर्जक रूपक गढ़े और कृत्रिमता, अनुकरण, सादृश्य, अनुमान, प्रतीति आदि की धारणाओं का इस्तेमाल करते हुए कलात्मक अनुभव एवं कलात्मक ज्ञान के स्वभाव की भी छानबीन की परिणामी चेष्टा की श्रीशंकुक ने मूल ऐतिहासिक पात्र के अलावा कविनिबद्ध अर्थात् कल्पित पात्र के होने की स्थिति के आधार पर रससूत्र को एक अधिक समर्थ तार्किक विन्यास दिया, तथा अनुकरण के अन्वेषण की ओर उन्मुख हुए। सारांश में श्रीशंकुक ने पहली बार कलाज्ञान की विलक्षणता में गोते लगाए। भट्टलोल्लट नट में रस की उत्पत्ति मान लेने पर प्रेक्षक तक नहीं पहुंचे। श्रीशंकुक ने नट और प्रेक्षक की भी चर्चा छेड़ी। वस्तुतः नाट्य (play) में नट पात्र [मूल या कविनिबद्ध] के संबंध से

स्वयं का निषेध (निगेट) करके पात्र की विषयवस्तु (content) एवं अपने रूप (form) का सन्निवेश करता है। अब सवाल उठता है नट और दर्शक के सन्निकर्ष का। रंगमंच पर तो नट को प्रेक्षक या दर्शक को भुला देना चाहिए, किन्तु रंगनेपथ्य में उसे भावरूप प्रेक्षकदल के प्रति बेहद जागरूक रहना चाहिए। यह नट तथा प्रेक्षक के बीच का अंतर्विरोध है। रंगमंच पर वह तन्मय प्रेक्षकों के संबोधनों, टिप्पणियों, हासाश्रुओं के द्वारा उनकी प्रतिक्रियाओं के प्रति सचेत होता है। अतः अनुक्रियमाण दशा में वह चेतन (कांशस) होकर अभिनय करता है किन्तु उपचेतन (सबकांशस) रहने का अभिमान कराता है। जब नट-पात्र "हो जाता" है अर्थात पात्ररूप एवं पात्रत्वमान हो जाता है तब प्रेक्षक के साथ के उसके अंतर्विरोध का निराकरण हो जाता है क्योंकि तब वह प्रेक्षकों में और अधिक निर्मलता से विश्वास स्थापित कर सकता है। जब नट मिथ्या को 'यथार्थ' समझकर उनका उपचार करता है और जब प्रेक्षक दृश्य को 'सत्य' मानने का विश्वास स्वारोपित करता है, तभी नाट्य प्रदर्शन में सत्य और गल्प का सहअस्तित्व रह सकता है। भारतीय आदर्शवादी आलोचना में नट द्वारा स्वयं के निषेध तथा पात्र के आहरण के द्वंद्व को भुलाया-सा गया है। हम किस 'नट' की बात करते हैं ? भरत के रससूत्र की व्याख्याओं के बाद यह नट क्यों और कहाँ गायब हो गया ? यह नट सहृदय की तरह ही कोई अमूर्त्तन तो नहीं है ? हमारे अनुसार नट 'पात्रछाया रूप नट' होना चाहिए। इसके बिना तो वह भी एक प्रेक्षक जैसा या पाठक जैसा है। अतः पहले नट का पात्रछायारूप में तन्मयीभवन तथा निर्विशेषत्व होता है; तदुपरांत प्रेक्षक का ऐसे नट में तन्मयीभवन तथा निर्विशेषत्व होता है। अतः पहले नट का, फिर प्रेक्षक का सामान्यीकरण होता है। ये दो सामान्यीकरण (genrealizations) ही नट और प्रेक्षक के नटरूप, नटत्व, प्रेक्षकरूप, प्रेक्षकत्व को तत्त्व परक (essential) कर देते हैं। देश-काल की सन्निधि से यह मुक्ति वैश्वकीकरण (universalization) में होती है। यह मुक्ति कलात्मक कार्य (work) में सर्वाधिक संभव है। इसीलिए इस परिणति में नट और पात्र और प्रेक्षक की चर्चा के बजाय विश्व-मानवता के 'स्थायीभाव' या रस' की चर्चा होती है। मध्ययुगीन तर्क-विधि के मूल में यही विवेक रहा है।

५. भट्टनायक : प्रकृति-दर्शन के रूप में कलात्मक औदात्य
(Artistic Sublime as the philosophy of Prakriti)

सांख्यवादी **भट्टनायक** (नवीं शती का अंत या दसवीं शती) रससूत्र के तीसरे व्याख्याता हैं। वे मध्यकालीन दर्शनाभासित तर्कशास्त्र के साथ-साथ दार्शनिक मनोविज्ञान का भी उपयोग करने वाले पहले इंसान हैं। एक विश्वदृष्टिकोण (world-view) के अनुरूप उन्होंने 'प्राकृतिक मनुष्य के नैतिक-व्यक्तित्व' की धारणा प्रस्तुत करके एक महत्त्वपूर्ण कार्य किया है जिसके फलस्वरूप 'प्रेक्षक' एवं सहृदय के अलावा 'सामाजिक' की धारणा में व्यक्तिनिष्ठता एवं समष्टिनिष्ठता का संयोजन हुआ। दर्शन, तर्क एवं मनोविज्ञान को संयुक्त करने के अलावा भट्टनायक का एक दूसरा युगांतरकारी कार्य काव्य एवं नाट्य की कान्तमैत्री कराकर काव्यरस एवं नाट्यरस में मूलभूत समानधर्मिता स्थापित करना भी रहा है। जिस तरह 'लाओकून'-कार जर्मन सौंदर्यशास्त्री ने काव्य (कालपरक) एवं चित्र (दिक्परक) के अंतःसंबंध स्थापित किये, उसी तरह भट्टनायक ने दृश्य नाट्य एवं श्रव्य तथा पाठ्य काव्य के सन्निकर्ष के कुछ समान आधार प्राप्त किये। भट्टनायक की तीसरी देन रसास्वाद के स्वरूप का अन्वेषण और "साधारणीकरण" की श्रेष्ठ स्थापना है। उनकी इन नवीन स्थापनाओं के प्रेरणास्रोत भरत ही हैं ("एभ्यश्च **सामान्यगुण** योगेन रसा निष्पद्यन्ते" ना०शा०)। 'भोग' एवं 'भाव' एवं 'गुण' की सांख्य-धारणाओं को उन्होंने नंदतिक "रस" के केंद्र के चारों ओर व्यवस्थापित कर दिया; तथा इसके लिये ध्वनिमत का खंडन करते हुए अपने '**भुक्ति मत**' की स्थापना की। उन्होंने योग की 'विश्रांति' एवं 'परब्रह्मानंद' संबंधी धारणाओं का भी अनुप्रवेश कराया। भट्टलोल्लट के उत्पत्तिवाद, श्रीशंकुक के अनुमितिवाद, एवं ध्वनिकारों की शब्दशक्तियों का खंडन करने में वे एक प्रज्ञावादी सृजनात्मक आलोचक के रूप में गौरवमंडलित हो उठते हैं। संस्कृत की परंपरा में उन जैसा दूसरा सृजनात्मक आलोचक केवल कुंतक (दसवीं शताब्दी के मध्य से ग्यारहवीं शताब्दी के आरंभ तक) ही मिलता है। भट्टनायक की विचारधारात्मक प्रतिबद्धता भी विचित्र है। दर्शन की दृष्टि से वे उस संधि पर रुके हैं जहाँ सांख्य की द्वैतपरक अवस्था वेदांत के अद्वैत में तिरोभूत होती है। विचारधारा की दृष्टि से विचारधारक (ideologue) भट्टनायक वस्तुनिष्ठ यथार्थवादी तथा आत्मनिष्ठ आदर्शवादी के समन्वयकर्त्ता हैं। अतएव मध्यकालीन सौंदर्यबोध शास्त्रीय प्रणाली में भट्टनायक एक गवेषणीय दिलचस्प हस्ती हैं।

भट्टनायक की आलोचनात्मक एवं कलासांस्कृतिक महत्ता को मूल्यांकित करने के अगले उपक्रम में हम पहले सांख्य को—तथा प्रकारांतर से योग को—लेना चाहेंगे। सांख्य तो न्यायवैशेषिक तथा मीमांसा से भी कदीम फिलसफा है जिसका मूल स्वरूप हासिल करना तक दुश्वार है क्योंकि इसका भी समाहार

वेदांत में होता चला गया। सांख्य एक 'स्वभाववादी' दर्शन है जो कारण में ही कार्य को निहित मानता है। अतः यह न्याय की तरह असत्कार्यवादी न होकर सत्कार्यवादी है। सत्कार्यवाद के अनुसार विद्यमान तत्त्वों (कारण) की ही नवीन रूप में परिणति (कार्य) हो जाती है। 'स्वभाव' तथा 'प्रत्यक्ष' की परंपरा लोकायत की रही है; और सांख्य भारत का सर्वप्रथम दर्शन है जिसने भूत (मैटर) से चेतना एवं सृष्टि के निर्माण अर्थात् ब्रह्माण्डविकास (कॉस्मिक इवोल्यूशन) की प्रक्रिया को समझने की आर्केटाइपल कोशिश की है। मौखिक परम्परा इस दर्शन का जन्मदाता कपिल मुनि को मानती है। इसके सबसे बड़े व्याख्याता ईश्वरकृष्ण (ई० प० ५००) हैं। विज्ञानभिक्षु, गौड़पाद, वाचस्पति मिश्र आदि ने तो मूल सांख्य को ही लुप्त कर दिया। किन्तु सांख्य का प्रभाव जबर्दस्त था। महाभारत, चरकसंहिता (ई० प० ७८), मनुस्मृति तथा पुराण—ये सभी सांख्यसिद्धांतों की चर्चा करते हैं। एस० एन० दासगुप्ता के अनुसार सांख्य के पूर्व-कारिका-संस्करण का सबूत 'चरकसंहिता' में मिल सकता है।

कारिका भी कार्य के लिये कारण के 'स्वभाव' पर बल देती है। पदार्थ का निहित धर्म नित्य न होकर बदलता रहता है। एक वस्तु के पूर्व में जो धर्म थे वे हट कर दूसरे धर्मों द्वारा स्थानांतरित हो जाते हैं। यही परिवर्तन 'परिणाम' है। अतः कार्य में जो कुछ भी है। वह बीजरूप में बिंदुरूप में, कारण में ही मौजूद है: आम के बीज से पीपल और पीपल के बीज से आम नहीं उग सकता। इसके अलावा कार्य कारण के पूर्व बिल्कुल ही अनास्तित्वमान नहीं होता क्योंकि अनास्तित्वमान का तो भाव ही नहीं हो सकता। हाँ, कारण में पूर्व-अस्तित्त्वमान होने की वजह से कार्य अव्यक्त (potential) रूप में ही रहता है। अतः एक वस्तु की अव्यक्त-व्यक्त अवस्थाओं के अर्थ में कारण-कार्य रहते हैं। सांख्य द्वैत प्रधान है। 'प्रकृति' (primeval matter) को यह **'प्रधान'** मानकर 'पुरुषों' की बहुलता की कल्पना करता है। इसके अनुसार 'प्रधान' या 'प्रकृति' ही प्रथम कारण है जो अचेतन (भूत) है। अतः यह 'प्रधानकारणवादी' 'अचेतन कारण वादी' भी है। इसके विरोध में वेदांत में चेतन ब्रह्म को प्रथम कारण स्वीकार करने के कारण उसे 'ब्रह्मकारणवादी' या चेतनकारणवादी' कहा गया। सांख्य के अनुसार यह जगत् प्रथमतः भौतिक था और भूत ता 'प्रकृति' इसका कारण है। जगत् की यह भौतिकता स्थूल न होकर पदार्थ और तत्त्व थी। भूत का आरंभिक स्वाभाविक रूप 'अव्यक्त' था। 'अव्यक्त' के अन्य नाम 'मूलाप्रकृति' और 'प्रधान' भी हैं। 'प्रकृति' के आधार पर सांख्य में विकास क्रम को स्पष्ट किया जाता है। सत्कार्यवाद के आधार पर जो अस्तित्त्व का अनुमान होगा, वही भूत का भी होगा। जगत् की प्रत्येक वस्तु तीन तत्त्वों या 'गुणों' के अस्थिर संयोग से बनी है। इन गुणों-में से एक की प्रधानता या इनके संस्थान भेद से वस्तुओं के

भेद उत्पन्न होते हैं । सत्त्व 'लघु' (प्रकाश, हल्कापन) रजस् 'चल' (क्रियाशील और वक्षुब्ध) तथा तमस् 'गुरु' (अवरोध, आवरण) हैं। इनके धर्म प्रकाश (ज्ञान) उपस्तंभ ('क्रिया' संचालन) तथा वरण (प्रकाश का मालिन्य, और नियम अर्थात् प्रकाश और क्रिया का अवरोध) । अव्यक्त दशा में इन तीनों गुणों की 'साम्यावस्था' है अर्थात् इनमें कोई वैषम्य नहीं है। अतः 'प्रकृति' इन तीनों गुणों की ऐकता नहीं है, बल्कि स्थायी समतोलन (equilibrium) है । यह साम्यावस्था 'व्यक्त' का कारण है । समतोलन के भंग होने पर अर्थात् अव्यक्त के व्यक्त होने पर पहले 'महत्' या 'बुद्धि' का उदय हुआ; महत् से 'अहंकार' का उदय हुआ । अतः यह व्यक्त होता 'विसदृशपरिणाम' तथा पुनः अव्यक्त होना 'सदृशपरिणाम' है । प्रकृति से महत् या बुद्धिकी अभिव्यक्ति होती है और बुद्धि में भी तीनों गुण रहते हैं। अतः महत् प्रकृति की 'विकृति' है । विकृति होते हुए भी बुद्धि अहंकार को उत्पन्न करती है । अहंकार में भी तीनों गुण वर्तमान हैं । यह 'बुद्धि-विकृति' है । लेकिन जब अहंकार से भी अन्य तत्त्व उत्पन्न होते हैं तब वह 'प्रकृति' का धर्म धारण कर लेता है। इस भाँति प्रकृति-विकृति का त्रिगुणाचल परिणाम चला करता है--स्थूल से सूक्ष्म तक। सत्कार्यवाद के कारण तीनों गुणों की एकता तथा सहयोग तथा इनमें-से एक का प्राधान्य होता है। फलतः अन्य गुण नियमित या अवरुद्ध हो जाते हैं (नष्ट नहीं) । इस भाँति तीन गुणों के सहअस्तित्व और सहयोग की कल्पना हुई है किन्तु समन्वय (synthesis) की नहीं । इस वजह से ये ही तीन स्थूल गुण (साम्यावस्था) सूक्ष्म होते चले जाते हैं ।

अहंकार से ग्यारह इन्द्रियों की—मनस्, पाँच ज्ञानेद्रियों (चक्षु, श्रोत्र, घ्राण, रसना और त्वक्) तथा पाँच कर्मेंद्रियों (वाक् पाणि, पाद, पायु एवं उपस्थ)--तथा पाँच तन्माताओं (रूप, शब्द, स्पर्श, रस, गंध) की अभिव्यक्ति होती है । ग्यारह इन्द्रियों के आपसी रिश्ते हैं किन्तु तन्मात्राएँ विशुद्ध रूप में पृथक्-पृथक् हैं और परस्पर असंबद्ध हैं । (अतः नैयायिकों की 'ज्ञानलक्षणा प्रत्यासत्ति' अर्थात् लोक में श्रीखंडचंदन को देखकर उसकी सुगंधि का ज्ञान विसंगत हो जाएगा) । एक बात और है । तन्मात्राएँ सूक्ष्म भी हैं, तथा स्वयं स्थूल (अविशेष) भी । ये भी अहंकार से उत्पन्न होने के कारण 'अहंकार-विकृति' हैं, लेकिन बाद में स्वयं पंचमहाभूतों (gross elements)—पृथ्वी, जल, अग्नि, वायु एवं आकाश—को उत्पन्न करने के कारण प्रकृति भी हैं ।

इस तरह हम प्रकृति (primeval matter या भूत) से आरम्भ करके महाभूत के पंचभेदों तक पहुँच जाते हैं । ग्यारह इंद्रियों के असमान पंचतन्मात्राएँ तथा पंचमहाभूत समान रूप से पृथक्-पृथक् और परस्पर असंबद्ध माने गए हैं । अतः शब्द से आकाश, स्पर्श से वायु, रूप से तेजस्, रस से जल

और गन्ध से पृथ्वी की विभक्ति होती है। यही पंचभूतों की 'सृष्टि' है। अतः एक धरातल पर 'महत् की सृष्टि' विसदृशपरिणाम है, तथा दूसरे धरातल पर (अहंकार के तमस् रूप से उत्पन्न-) 'महाभूतों की सृष्टि' है जो शान्त, घोर तथा मूढ़ हैं। (इस तरह सांख्य में चौबीस तत्त्व हैं—प्रकृति, महत् (बुद्धि) अहंकार, मनस्, पंच ज्ञानेन्द्रियाँ, पंचकर्मेंद्रियाँ, पंचतन्मात्राएँ व पंचमहाभूत)।

इस तरह मूलाप्रकृति (अव्यक्त) से तेईस तत्त्व 'व्यक्त' होते हैं; इस अभिव्यक्ति में एक क्रम है; इनमें से प्रत्येक व्यक्त का अपना कारण है जिसमें वह 'आश्रित' है; इनमें-से प्रत्येक में तीन गुण हैं और उन गुणों में संस्थानभेद की वजह से रूपधर्म भेद तथा परस्पर 'आश्रितत्त्व' है। अतः ये सभी तत्त्व अनित्य कारण-आश्रित, त्रिगुणात्मक, अव्यापक, अनेक तथा क्रियाशील हैं। इन 'व्यक्तों' में गुणों का समतोलन (equilibrium) नहीं रहता तथा इनका ज्ञान प्रत्यक्ष प्रमाण से होने के कारण ये 'सावयव' भी हैं।

अतएव एक ओर जड़प्रकृति में भूतरूप तीन अव्यक्त गुणों का समतोलन है जो 'सृष्टि' के पंचमहाभूतों में परस्पर असंबद्ध एवं पृथक् होती है। यह जगत् है। किन्तु यह जगत् भी निरंतर गतिशील है। प्रकृति भी स्थिर नहीं है। वह एक न एक रूप में विकसित होती है। अतः शाश्वत् भूत (eternal matter) कभी भी विश्रांति न करके निरंतर गतिशील रहता है। इसकी गति का कारण रजस् तथा कुछ अंशों तक, सत्व है। इस तरह भौतिक या स्थूल शरीर पंचभूतों वाला है। मानसिक शरीर के दो खंड हैं: (क) पाँच ज्ञानेंद्रियाँ और बाह्येंद्रियाँ अर्थात् 'बाह्यकरण' और, (ख) बुद्धि, अहंकार और मनस् अर्थात् 'अन्तःकरण'। आधुनिक मस्तिष्क और 'अंतःकरण, की धारणाएँ एक-सी मिलाई जा सकती हैं। बाह्यकरण ज्ञापक तथा गामक क्रियाओं का बोधक है। पंचतन्मात्राएँ वस्ततुः संवेदनाएँ (sensations) हैं। अतः यहाँ इंद्रियाँ, इंद्रियसंवेदनाएँ, संयुक्त उत्तेजक (stimulus) अर्थात् मनस्, चेतना अर्थात् अहंकार और मनस्तत्त्व (psyche) अर्थात् बुद्धि के आधुनिक साम्य प्रस्तुत किये जा सकते हैं। संपूर्ण शरीर तो पंच-भूत पंचकर्मेंदियों तथा पंचज्ञानेंद्रियों का संयोग है; मस्तिष्क अंतःकरण है तथा तन्मात्राएँ बाह्य सृष्टि के गुण धर्म हैं। इस तरह शरीर मस्तिष्क और बाह्य जगत् के ज्ञाप्य-ज्ञापक तथा कारणकार्य संबंध स्थापित-से हो जाते हैं। एक प्रकार से 'बाह्यकरण' प्रत्यक्षीकरण तथा गति का हेतु है; और 'अंतःकरण' (mind) धारणाओं एवं प्रतीकों का जनक। अतःकरण में हम चेतना और विवेक (consciousness & discrimination) को संयुक्त कर सकते हैं। सांख्य 'लय' या प्रलय अर्थात् प्रत्येक 'व्यक्त' का अपने कारण में ही समा जाने की अवस्था में केवल 'कारणशरीर' या 'प्रकृति' की साम्यावस्था ही रहेगी; न कि वेदांतियों की तरह 'सूक्ष्मशरीर' मुक्त रहेगा। यहाँ विनाश नहीं होगा बल्कि इंद्रियाँ और

तन्मात्राएँ अहंकार में, अहंकार बुद्धि में, बुद्धि महत् में और महत् प्रकृति में लय हो जाएगा क्योंकि इनमें कार्यकारणशृंखला का अन्योन्याश्रय है । किन्तु एक बात स्पष्ट-सी लगती है: प्रकृति—पंचमहाभूत तथा पंचभूतशरीर और शरीर के अंतः-बाह्यकरण एक-दूसरे के प्रतिरूप जैसे हैं; क्योंकि ज्ञानेंद्रियाँ और कर्मेंद्रियाँ शरीर के 'द्वार' हैं तथा प्रकृति-महत्-पंचभूत बाह्यजगत् के गतिवान रूप हैं । बाह्य जगत् का प्रत्यक्षीकरण शरीर ही तन्मात्राओं तथा इंद्रियों के द्वारा करता है । इसीलिए सांख्य की शब्दावली में शरीर ''भोगायतन' है तथा जगत् 'भोग्य' । इंद्रियाँ 'भोग-द्वार' तथा अंतःकरण 'भोग-द्वारि' हैं । **'भोक्ता, के सवाल को हम** बाद में उठाएँगे । भोग-द्वारि के अंतर्गत **मन** संकल्प-विकल्प करने वाला, अहंकार चेतना ('मुझे घट का ज्ञान हुआ है') देने वाला और बुद्धि निर्णय करने वाली ('यह नील घट और घटरूप है') है। इस सर्जक रूपक के अनुसार तो प्रत्यक्ष-चेतना-निर्णय का त्रित्व अर्थात् संवेदना से लेकर विचार और चिंतन तक का व्यापार या अनुभव **'भोग'** हुआ । इस तरह विवेक-ज्ञान और भोग एकतान हो जाते हैं तथा जगत् या 'सृष्टि' ही 'भोग्य' हो जाती है (बाह्य जगत् तो 'प्रकृति' की ही अभिव्यक्ति है)। इस तरह जगत् एक ओर तो प्रकृति की **अभिव्यक्ति** है तो दूसरी ओर (जगत् में ही निहित) बुद्धि का **धारण** । बुद्धि के द्वारा ही 'भोग' तथा 'मुक्ति' होती है; और बुद्धि के ये धर्म ही **'भाव'** कहलाते हैं और 'लिंग' या कारण-शरीर में रहते हैं । भाव तेरह करणों (अंतः एवं बाह्य) के आश्रित, और कार्य-आश्रित हैं अर्थात् ये अंतर्मुखी एवं अहंकार (I-function) परक हैं, और वस्तुपरक भी । सांख्य में संस्कार शेष बुद्धि को नहीं माना गया है। ईश्वरकृष्ण के अनुसार महत् से लेकर भूतों तक की सृष्टि 'प्रकृति' ही करती है और इस सृष्टि के लिये वह किसी की सहायता—योगसंमत ईश्वर की सहायता—भी नहीं लेती, क्योंकि प्रकृति सृष्टि का 'स्वभाव' है किन्तु 'स्वार्थ' नहीं । अतः सांख्य में परिवर्तन का कोई कोई भी निमित्तकारण (ईश्वर या 'पुरुष' जैसा बाह्यकारण) नहीं है। "परिवर्तन के तीन चरण हैं—जो बदल सकता है किन्तु बदलना शुरू नहीं हुआ (प्रकृति); जिसका बदलना तो शुरू हो गया है किन्तु अभी भी बदल सकता है (प्रकृति-विकृति); और जो किसी व्यक्त में बदल गया है आगे नहीं बदलता (विकार)। जहाँ तक मस्तिष्क का संबंध है वह अतःकरण (३ द्वारि) एवं बाह्यकरण (१० इंद्रियों) का योग है । अतःकरणरूप मस्तिष्क बाह्य जगत् का आहरण (apprehension) तथा प्रकाश (revelation) करता है । सांख्य तन्मा-त्रारूप मानस की भी कल्पना करता है जो अचल तथा स्थित है और तामसिक है । इस तरह सांख्य में इंद्रियों [मन तथा पाँच ज्ञानेंद्रियाँ और पांच कर्मेंद्रियाँ]; पञ्चतन्मात्राओं [शब्द, स्पर्श, रूप, रस एवं गंध]; और पंचभूतों [पृथ्वी

जल, अग्नि, वायु, आकाश] का खेल है। ग्यारह इन्द्रियाँ और अन्तःकरण [बुद्धि तथा अहंकार] मिलकर मानसशरीर रचते हैं। एक ओर तन्मात्राएं तथा इन्द्रियाँ मानसशरीर का समाहार करती हैं, तो दूसरी ओर इन्द्रियाँ तथा पंचभूत 'विकारों' या 'विशेषों' का। वस्तुतः एक मानसिक चिंतन है, तो दूसरा शारीरिक अनुभूति। विकार में भोग्यजगत् (भूत) तथा अनुभूति (इन्द्रिय) के बीच भेदक तन्मात्रा नहीं रहती। अतः यह मात्र अनुभूति रहता है और संवेदना (Sense-data) नहीं बना पाता। इसे सांख्य में 'भोग' कहते हैं। वास्तव में यह भोग का प्रथम चरण है। संवेदना इसका दूसरा चरण हो सकता है। किन्तु केवल अनुभूतिपरक भोग तो भूताश्रित है, तथा केवल संवेदनपरक भोग इन्द्रियाश्रित। अलबत्ता भोग दोनों में एकलय है। किन्तु भोग (यहाँ) इन्द्रियों या भूतों का कार्य न होकर 'प्रकृति-विकृति' है जो इनमें प्रकाशित या प्रतिबिंबित हुआ है। प्रकृति के तीन गुणों के सुख, दुख तथा मोह रूप भी हैं। अतः (भूत दिक्परक बोधगुण) और इन्द्रियाँ (कालपरक बोधगुण) भी इन गुणरूपों को प्रतिपादित करते हैं। अहंकार ज्ञापन (Cognition) है और बुद्धि ज्ञान (Knowledge)। इन्द्रियबोध में उद्घाटन (ज्ञानेन्द्रियाँ) तथा प्रसार (कर्मेन्द्रियाँ) अर्थात् प्रकाश और आहरण दोनों का इस्तेमाल होता है। अहंकार 'मैं यह हूँ (अर्थात् अन्य नहीं हूँ)' का अभिमान देता है तो बुद्धि 'मैं मैं हूँ' का अध्यवसाय (निर्णय) देती है। अहंकर भोग का संकल्पविकल्प करता है। अतः यह क्रम हमें बुद्धि के 'भावों' का सन्निकर्ष कराता है। सत्व के उपराग से सात्त्विक बुद्धि के चार भाव हैं : ज्ञान, ऐश्वर्य, वैराग्य और धर्म। तमस के उपराग से भी बुद्धि के चार भाव हैं : ज्ञान, अनैश्वर्य, राग और अधर्म। ज्ञान-अज्ञान का सम्बन्ध 'निश्चय' है और ये ज्ञानात्मक हैं। राग या अवैराग्य अनुभूत प्रमेय के द्वारा आकर्षित या आहरित होने की ज्ञानपरक चेतना या चेतन सम्बद्धता है।… यह 'भोग्य' से अमुक्ति है।[1] वैराग्य इसका उलटा है। अतः भाव केवल धर्म है, द्रव्यरूप नहीं।

बुद्धि के 'भाव' तथा 'वृत्ति' के बीच अन्तर करने की भी अपेक्षा है। विज्ञानभिक्षु के अनुसार वृत्ति द्रव्यरूप' (द्रव्य नहीं) अर्थात् दीपशिखा की तरह (Substantial) है, और स्व-स्थिति-हेतु 'व्यापार' भी है। अतः यह लक्षणा (mode) और धर्म (function) दोनों है। सांख्य में संस्कार-शेष

१. दे० K. C. Bhattacharya : "Studies in Philosophy" Vol. I. Progressive Publishers, 37 College Street, Calcutta-12, pp. 185-86

बुद्धि की मान्यता न होने से वृत्तिपूर्ण बुद्धि की स्वीकृति है । धर्मलक्षणावस्था **वृत्ति** के असमान **भाव** न तो द्रव्यरूप है और न ही तात्त्विक । यह केवल वस्तु या प्रमेय के प्रति उद्‌बद्ध होने का धर्म है । इस तरह भाव और वृत्ति अन्यो-न्याश्रित हो जाते हैं । वृत्ति के बिना भाव, तथा भाव के बिना वृत्ति नहीं है । मोटे तौर पर वृत्ति एक मानसिक दशा है, और स्व-स्थितिकत्री (Self-maintaining) है किन्तु भाव वस्तु या पदार्थ के प्रति 'व्यक्ति' या संचेतना या संदर्भ है । इसीलिये सांख्य में ज्ञान भी (बुद्धि का) एक भाव है, आत्म-निष्ठ धर्म है । ज्ञान केवल बुद्धि का ही नहीं, बल्कि बुद्धि, अहंकार, मन तथा एक ज्ञानेन्द्रिय, इन चारों का धर्म है । यहाँ बुद्धि का ज्ञापन धर्म 'अध्यवसाय' अहंकार का 'अभिमान', मन का 'संकल्प' तथा ज्ञानेन्द्रिय का 'आलोचन' है । इनमें से प्रत्येक, विशिष्ट पदार्थ के संदर्भ में, करण [बुद्धि, अहंकार, मन] की एक विशेष वृत्ति से भी सम्बद्ध है । इस तरह ज्ञान एक ओर भावरूप होता है तथा दूसरी ओर वृत्ति का धर्म । अतः वृत्ति बुद्धि का धर्म है, और भाव वृत्ति का धर्म । 'मन' इन्द्रिय तथा अन्तःकरण दोनों है, और इसका धर्म विशेष्य में विशेषण को ज्ञेय बनाना है । इसके लिये प्रत्यक्ष अनुभव का आश्रय अनिवार्य नहीं है (क्योंकि यह अंत.करण भी है) ।

इस भाँति हमने 'बुद्धिवृत्ति', 'भाव' और 'भोग' का निरूपण किया है । भट्टनायक ने रससूत्र के अपने दार्शनिक भाष्य में इनका उपयोग किया है । इसीलिये यह विस्तार अपेक्षित हुआ ।

इस बिन्दु पर आकर अब हम 'पुरुष' तत्त्व पर विचार कर सकते हैं । पुरुष सांख्य दर्शन की पहेली है क्योंकि रामानुज के विशिष्टाद्वैत में आकर तो पुरुष ब्रह्म या इष्टदेवता, तथा प्रकृति मायाशक्ति हो जाती है । यूँ, पुरुष 'उदासीन', निष्क्रिय, निर्लिप्त तथा निर्गुण है । पुरुष एक वचन है अथवा बहुवचन, यह भी तय नहीं है । जिस तरह सांख्य में भूत या पदार्थ (मैटर) में चिरंतन गति है, उसी भाँति पुरुष भूत या पदार्थ से चिरंतनतः निर्लिप्त रहता है । 'प्रकृति' के तत्त्वों में से सत्त्व और बुद्धि के रहते हुए पुरुष की भूमिका पहेली है । चरक ने इसे चौबीस धातुओं (तत्त्वों) का पुंज, या अनादि तथा सादि पक्षीय माना है । देवीप्रसाद चट्टोपाध्याय का प्रश्न है कि क्या हम पुरुष को विशुद्ध चैतन्य मान लें केवल जिससे ही प्रकृति प्रतिबिंब के द्वारा चेतना ग्रहण करके अपने मनस्तात्त्विक तत्त्वों को चेतना प्रदान करती है । उप-निषद् के विचारों की प्रधानता होते जाने के कारण 'पुरुष' में विशुद्ध चेतना की धारणा आ गई और वह भूत या पदार्थ से निर्लिप्त तथा असंपृक्त हो गया । अतः भौतिक विकास की प्रक्रिया [प्रकृति-विकृति] में उसका कोई वास्त-विक योगदान नहीं रहा । सांख्यकारिका ने उसे केवल प्रकृति की अभिव्यक्ति

का संचालनकर्त्ता, और संभवतः निमित्त कारण, माना। "घोषित किया गया कि विकास (इवोल्यूशन) का प्रयोजन पुरुष द्वारा 'भोग' है, लेकिन कारिका को यह भी कहना पड़ा कि वास्तविक प्रयोजन तो पुरुष की 'मुक्ति' है।[1] किन्तु 'भोग' और 'मुक्ति' परस्पर अंतर्विरोधी हैं। प्रकृति और प्रकृति-विकृति के यथार्थ होने पर अर्थात् 'प्रधान' एवं परिणाम के यथार्थ होने पर तो अगर इसे 'बंधन' मानते हैं तब तो बंधन भी यथार्थ है। अतः फिर ज्ञान मात्र से इस बंधन से पुरुष मुक्त नहीं हो सकता। या तो 'प्रकृति' और अभिव्यक्ति भ्रम है, या फिर ज्ञान का मुक्तिदान नहीं है। वेदांत ने पहले विकल्प को स्वीकार किया। वेदांत के अनुसार पुरुष ब्रह्म का पर्याय हो गया तथा प्रकृति भ्रम या माया हो गई। यही नहीं, विकास 'परिणाम' न होकर 'विवर्त (भ्रांतिपरक) हो गया तथा ब्रह्म 'मायिन्'। यह माना गया कि यद्यपि प्रकृति सृष्टि तो अपने 'स्वभाव' से ही करती है, सृष्टि में किसी की सहायता नहीं लेती; फिर भी सृष्टि का प्रयोजन पुरुष की 'मुक्ति' है। इसी पुरुष का जो बिंब प्रकृति पर पड़ता है, वह भी स्वभाव से ही है। इस तरह सांख्य ने भी जड़ से चेतन अर्थात् पदार्थ के गुण में परिवर्तन के नियम को 'पुरुष' के द्वारा स्पष्ट करने की कोशिश की। पुरुष एक प्रकार से कैटेलिस्ट (Catalyst) जैसा है जो निष्क्रिय, निर्लिप्त, निर्गुण रहता है। किंतु 'प्रकृति' पर अपना **बिंब** डालने के कारण बुद्धि के स्वरूप का 'आभास' या **प्रतिबिंब** उस पर भी पड़ता है। अतः यह **बिंब-प्रतिबिंब-वाद** ही 'बंधन' कहलाता है। किन्तु एक सवाल यह उठ सकता है कि पुरुष के बिंब का प्रभाव बुद्धि पर क्यों नहीं पड़ा अर्थात् बुद्धि क्यों नहीं निष्क्रिय, निर्गुण और निर्लिप्त हो गई, और केवल बुद्धि के मूल स्वरूप का [पुरुषबिंबालोकित स्वरूप का नहीं] ही प्रभाव पुरुष पर क्यों पड़ा जिससे कि वह 'कर्त्ता', 'भोक्ता' और 'आसक्त' प्रतीत होने लगा। इसी तरह बुद्धि भी तो निर्लिप्त, निर्गुण और निष्क्रिय प्रतीत हो सकती थी। तस्मात् इसके आधार पर हम 'स्वभाव' को भी मानते हैं; और यह भी मानते हैं कि बुद्धि का प्रयोजन पुरुष को भी मुक्त करना है। जब पुरुष अपने आपको पहचान जाता है तथा प्रकृति अपने स्वरूप को जान जाती है, अर्थात् बिंब-प्रतिबिंब समाप्त हो जाता है, तब वही 'मुक्ति' है। यह मुक्ति **'विवेक-बुद्धि'** प्राप्त करने से होती है। जब प्रकृति की सृष्टि का उद्देश्य अर्थात् पुरुष की मुक्ति प्राप्त हो जाती है तब प्रकृति विरत हो जाती और पुरुष 'कैवल्य' को प्राप्त कर लेता है।

अब यहाँ कई तार्किक खानापूरी हुई। पंचभूतों के शरीर के अलावा

---

१. "Indina Philosophy", pp. 116

एक 'सूक्ष्म शरीर' [बुद्धि, अहंकार, मन्, पंचकर्मेन्द्रियाँ, पंचज्ञानेन्द्रियाँ तथा पंच तन्मात्राएँ] की भी धारणा की गई। इस सूक्ष्म शरीर में बुद्धि के आठों भाव रहते हैं और यह स्थूलशरीर पर आश्रित हुए बिना नहीं रह सकता। यह सूक्ष्मशरीर नट की तरह स्थूलशरीर को धारण करके 'भोग' करता है। इस भाँति एक ओर शरीर-मस्तिष्क-इकाई को खंडित करके स्थूलशरीर और सूक्ष्मशरीर की धारणा विकसित हुई और इनके गुण-गुणी, कारण-कार्य, धर्म-धर्मी सम्बन्ध को समाप्त करके नटत्व के आरोपक-आरोप्य सम्बन्ध की स्थापना हुई। दूसरी ओर भौतिक जगत् के विकास में चेतना के अभ्युदय की व्याख्या के लिए भी पहले तो इस विकास अर्थात् 'सृष्टि' को ही भ्रांति (विवर्त) बताया गया और इसके बाद पुरुष और प्रकृति के सम्बन्ध को 'लीला' कहा गया अर्थात् पुरुष स्वयं को तो पहचानता है, उसपर प्रकृति का प्रतिभासिक प्रतिबिंब नहीं पड़ता, वह तो "लीला" (क्रीड़ा) करता है। अद्वैतवादी ब्रह्मवाद की सांख्य-संयोग से ऐसे ही परिणति होना लाज़िमी थी। सांख्य के परवर्ती रूप में इतना तो स्वीकार किया कि बुद्धि प्राप्त होने पर भी संस्कारों के भोग के लिये शरीर, फलतः जीव, शेष रहता है। अतः यह अवस्था **'जीवन्मुक्ति'** की है।

सांख्य में बिंब-प्रतिबिंब के न्याय से ज्ञान के सिद्धान्त का अनुमान हुआ है। पहले तो सांख्य में मस्तिष्क [अंतःकरण] के बुद्धि अहंकार और मन नामक तीन स्तर हैं जिनके क्रमशः अध्यवसाय, अभिमान और संकल्प धर्म हैं, दूसरे यह एक वृत्ति से, सीमित हो जाता है अर्थात् वस्तु या द्रव्य के अनुरूप हो जाता है (अतः वृत्ति 'प्रत्यक्ष ज्ञान' है), तीसरे वस्तु या द्रव्य से पृथक् भावरूप भी रहता है जहाँ कारण सम्बन्ध नहीं रहते और ज्ञात भी रहता। इस भाँति 'प्रत्यक्ष' का स्थान 'प्रतिबिंब' ले लेता है। अतः वस्तु या द्रव्य बुद्धि में प्रतिबिंब तो 'वृत्ति' रूप में होता है, किन्तु बुद्धि द्वारा उसका (वस्तु या द्रव्य का) प्रक्षेपण 'भाव' रूप में होता है। इस मनोवैज्ञानिक ज्ञानविधि में 'पुरुष' का समावेश ज्ञान-सिद्धान्त को मोड़ दे देता है। अब अन्तःकरण के धर्मों और पुरुष के धर्मों में भेद मिटने लगता है। अब वृत्ति वह 'पुरुष' हो जाती है जो वस्तु को प्रतिबिम्बत करता है, तथा भाव वह पुरुष' हो जाता है जो वस्तु को प्रक्षेपित करता है। सारांश में बुद्धि, (त्रिगुणात्मक, प्रकृति की सृष्टि) की जगह पुरुष (निर्गुण, निष्क्रिय, निर्लिप्त) ले लेता है। यह तो मनुष्य में होता है। वस्तु को प्रतिबिम्बित तथा वस्तु को प्रक्षेपित करने का आश्रय भी तो कोई होगा ही। यह आश्रय भी पुरुष हो जाता है। पुरुष ही बुद्धि-वृत्ति के प्रतिबिम्ब धारण करता है, और स्वयं ही बुद्धिभाव में प्रतिबिम्बित होता है। इस भाँति बुद्धि में वस्तु की तरह पुरुष का भी बिंब

पड़ता है। इस तरह बुद्धि की वृत्ति द्रव्यरूप अथवा पुरुषरूप होती है। यह दूसरा रूप आत्मज्ञान है अर्थात् वस्तुज्ञान या लौकिक ज्ञान नहीं। और इसे भ्रम नहीं माना गया। 'वृत्ति' का यह पुरुष रूप अहं (I), न होकर मयं (me) है। जब यह मयं (me) प्रक्षेपित होता है तब यह 'भाव' है। मूल सांख्य तो प्रत्यक्षज्ञान से भी गहराई में जाना चाहता रहा होगा ("मैं 'मैं' हूँ") क्योंकि केवल ज्ञानेंद्रियज्ञान (आलोचन) विवेकपूर्ण नहीं हो सकता। यही बात मन के संकल्पज्ञान की भी है। अहंकार में भी 'मैं' के बजाय 'मेरा' की प्रधानता रहती है। अतः बुद्धि में 'मैं' की ममत्वहीन, प्रमा की खोज 'मयं' में परिणत हुई होगी। शनैः शनैः प्रमाण या यथार्थानुभव की उपेक्षा होती गई और मात्रज्ञान की प्रधानता हो गई। अतः 'प्रमा' का स्थान 'प्रज्ञा' (प्रमाण से परे ज्ञान) ने ले लिया। सांख्य ने 'जीव-अभिमान' के बजाय ज्ञान की प्रामाणिकता को वैश्वक (universal) धरातल पर प्रतिष्ठित करने के लिये ही 'पुरुष-सामान्य' की धारणा रची जिसमें विलक्षणता एवं सामान्यता दोनों का सन्निकर्ष हो। यह सामान्य-में-विलक्षण है। इसलिये मुक्तपुरुष कम-से-कम चेतनतया वैयक्तिक नहीं है। सांख्य बुद्धि के लय को ज्ञान दशा नहीं स्वीकारता, जबकि वेदांत बुद्धिलय को ब्रह्मज्ञान का द्वार मानता है। सांख्य भोगायतन अर्थात् शरीर का आधार छोड़ नहीं सका, और न ही तीन गुणों का। पुरुष में ये तीन गुण नहीं हैं, किन्तु मनुष्य (शरीर) में इनके संस्थान की वजह से 'सुख', 'दु:ख' और 'मोह' की अनुभूति होती है। वस्तु या द्रव्य के प्रसंग में बुद्धि में गुणों की अभिव्यक्ति ही अनुभूति या 'भोग' है। इस तरह सुख, दुख और मोह भोग के ही प्रकार हैं। जब वस्तु में 'प्रकाश' होता है तब सुख का 'लघुत्व' जब 'क्रिया' होती है तब दु:ख का 'चलत्व' और जब 'स्थिति' होती है तब मोह का 'गुरुत्व' अनुभूत होता है। 'इस तरह वस्तु के प्रेक्ष को प्रख्या (knowing) और सुख से, उसकी क्रिया को प्रवृत्ति और दु:ख से, तथा उसकी स्थिति को मोह से सम्बद्ध किया जा सकता है—यह कृष्णचन्द्र भट्टाचार्य सोचते हैं।[1] वस्तुतः तीन गुणों से अभिव्यक्त तीन अनुभूतियों को मानने पर ऐसे अनेक उपमान-दृष्टान्त प्रस्तुत किये गये हैं तथा किये जा सकते हैं। भट्टाचार्य ने 'अभिव्यक्त' (वस्तु या द्रव्य) में गुणों के परस्पर चार सम्बन्ध गिनाये हैं। अभिव्यक्ति में ये गुण प्राथमिक अनुभूतियों के रूप में निवेदित होकर जटिल अनुभूतियों में बदलते हैं। इनके चार सम्बन्ध ये हैं—(१) 'अभिभाव' अर्थात् अभिव्यक्ति को बाधित करना; (२) 'जनन' अर्थात् अभिव्यक्ति को प्रेरित करना; (३) 'आश्रय' अर्थात् अन्य के व्यापार का वस्तु-

१. "Studies in Philosophy", Vol. I. pp. 208-209.

रूप आधार होना और (४) 'मिथुन' अर्थात् संयोग और अन्योन्याश्रयपूर्ण रहना। इस तरह एक वस्तु में केवल एक गुण आधिकारिक रहता है और शेष प्रासंगिक या सहयोगी। ये अन्य प्रासंगिक गुण व्यक्त, अथवा अव्यक्त दोनों की दशा में हो सकते हैं। उदाहरणार्थ बुद्धि में सत्व का आधिपत्य रजस् एवं तमस् का **अविभाव** करता है; यह रजस् एवं तमस् को **आश्रय**(=वस्तुरूप) रूप में प्रकाशित कर सकता; यह अहंकार(रजस् एवं तमस्)का भी **जनन** कर सकता है; यह रजस् और तमस् के साथ **मिथुन** संयोग भी कर सकता है (अर्थात् अहंकार और सुख से पूर्ण हो सकता है)। इस प्रकार आधिकारिक गुण या तो अव्यक्त प्रासंगिक गुणों को अभिव्यक्त कर सकता है, अथवा व्यक्त प्रासंगिक गुणों को अपने व्यापार या तत्वों के विकास में इस्तेमाल कर सकता है।[1] इन्हीं सम्बन्धों के कारण एक गुण के आधिपत्य के कारण, और शेष गुणों के जनन या आश्रय और मिथुन के कारण ही दुख और मोह का 'भाव रूप' में 'भोग' हो सकता है (बुद्धि में); सुख भी दुख या मोह उत्पन्न कर सकता है(जनन); दुख में भी सुख हो सकता है (मिथुन)। परिणामतः इसी विस्तृत भूमिका पर हम भट्टनायक की 'भाव' तथा 'बोध' की धारणा को सही परिप्रेक्ष्य में समझ सकते हैं। सांख्य में तीनों गुण मूलाप्रकृति के भूत (matter) की रचना करते हैं, विसदृशपरिणाम में अभिव्यक्ति को कई संबंधों से रूपायित करते हैं, बुद्धि में अनुभूति रूप में रहते हैं, वस्तु में स्थिति, क्रिया एवं प्रकाश का संपादन करते हैं, तथा वस्तु का भोग कराते हैं। जब वस्तु की अनुभूति न होकर (अर्थात् सुख, दुख, या मोह का उदय न होकर) अनुभूत की निर्विशेष (डिसिंटरेस्टेड) चेतना मात्र का प्रत्यक्ष होता है तब उसे 'साक्षात्कार' कहते हैं। अतः हर अवस्था में वस्तु अनुभूत्य तो होती ही है, चाहे अनुभूत या अनुभूति भले ही न हो। इस निर्विशेष अनुभूत्य (feelable) दशा को ही सांख्यशब्दावली में 'जीवन्मुक्ति' कहा गया है जहाँ विवेकबुद्धि की (सत्व के आधिपत्य एवं पुरुषरूप की) प्रमुखता होती है।

अब अन्तिम बात है: प्रकृति के कार्यकारणवाद की अर्थात् 'साम्यावस्था से 'विसदृशपरिणाम' और 'सदृशपरिणाम' का आयतन। मूलाप्रकृति (primeval matter) 'अव्यक्त' है जहाँ तीनों 'गुण' अपने 'गुणरूप' में संतुलित रहते हैं अर्थात् न तो इनमें वैषम्य होता है, न ऐक्य और न ही सन्निकर्ष! 'अनादि कर्मगति' इस संतुलन को भंग करके अर्थात् रजस् की क्रियाशीलता के कारण 'परिणाम' (परिवर्तन) करके 'महत्-तत्व' की अभिव्यक्ति करती है। साम्यावस्था एक 'लिंग-परिणाम' है अर्थात् इस अवस्था में प्रकृति पुरुष

१. भट्टाचार्य, वही, पृ० २१०-२११

के लिये (पुरुषार्थ) नहीं होती। प्रकृति की यह साम्यावस्था 'प्रलय' है। विद्दशपरिणाम भी प्रकृति के स्वभाव के कारण व्यक्त होता है। 'व्यक्त' का पुनः 'अव्यक्तरूप' में हो जाना सद्दशपरिणाम है। यह रूप मुक्ति' या 'प्रलय' है और वस्तु में कार्यकारण परंपरा से हट-सा जाता है। सद्दशपरिणाम में गुण केवल अपनी आत्मावृत्ति या आत्मोत्पत्ति करते हैं और वैषम्य नहीं हो पाता। एक व्यक्ततत्व तो आत्मकारण और आत्मकार्य होता है। सांख्य में आत्मकार्य ही आत्मकारण होता है। इस भाँति 'महत्' से लेकर 'भूत' तक की कार्यकारण शृंखला 'सृष्टि' है अतः 'प्रकृति' एवं 'सृष्टि' दो ध्रुवांत हैं।

उपर्युक्त विचारधारात्मक प्रतिबद्धता को ग्रहण करने के साथ ही 'हृदयदर्पण' कार भट्टनायक को बहुविध दार्शनिक प्रसुमन की वह शोभा भी मिली जिसने दार्शनिक तर्क-शास्त्र की परंपरा को उनकी दार्शनिक कल्पनाओं से रंगारंग कर डाला। यदि उनके पूर्ववर्ती आचार्य भट्टलोल्लट एवं श्रीशंकुक ने रूपकात्मक अन्वेषणों की दिशाएँ इंगित की थीं तो उन्होंने धारणाओं एवं प्रतीकों के द्वार खोल दिये। वे अपने युग की समाजशास्त्रीय नैतिकता, दार्शनिक मनोविज्ञान, एवं अतिमानवीय मिथकीय कृत्यों के औचित्य से भी निपटे। पहले तो उन्होंने यह सवाल उठाया कि राम-सीता तथा शिव-पार्वती जैसे दिव्य एवं पूजनीय पात्रों को 'सामाजिकों' का समूह अपना विभाव कैसे बना सकता है, अगर रस को आत्मगत मान लिया जाय ? फिर उन्होंने बुद्धि, अहंकार, मन, इन्द्रियों, तन्मात्राओं आदि की सांख्यवादी प्रपत्तियों के आधार पर त्रिगुणात्मक व्यक्तित्व, भाव एवं भोग, चित्तदशाओं, प्राकृतिक परिणाम, चेतना के निर्विशेषत्व आदि की मनोवैज्ञानिक व्याख्याएँ भी पेश कीं। तदुपरांत उन्होंने हनुमान द्वारा समुद्रलंघन जैसी असाधारण घटनाओं के नैमिल आधारों का भी पता लगाया। अतएव वे दर्शन के अलावा नैतिक लोकचित्त, सामूहिक चेतन के भावकत्व, मानव-व्यक्तित्व की 'करण' एवं 'गुण' मूलक आधार-भित्तियों, तथा सांस्कृतिक उदात्तीकरण (साधारणीकरण) के सवालों से सौंदर्य बोधशास्त्र के लीलाकमल की नई पंखुड़ियाँ भी खिलाते हैं। इस प्रकार उपरोक्त तीन यथार्थ चुनौतियों का सामना करते हुए कल्पनाकार दार्शनिक भट्टनायक इतिहास में प्रवेश करते हैं; और दर्शनशास्त्र की प्रणाली के अनुसार पूर्ववर्ती तेजस्वी आचार्यों के पूर्वपक्ष का खंडन करते हैं (केवल फिलहाल ही हम उनकी सीमाओं पर गौर नहीं कर रहे हैं)।

श्रीशंकुक की तरह भट्टनायक ने भी भट्टलोल्लट के रसोत्पत्तिवाद का खंडन किया; किन्तु सत्कार्यवादी बुनियाद पर। सत्कार्यवाद के अनुसार कार्य में जो कुछ भी है वह बीजरूप में कारण में [कारण के 'स्वभाव' में) ही विद्यमान है। कार्य का कारण के पूर्व बिल्कुल अभाव (अनास्तित्व) नहीं रहता

क्योंकि अनास्तित्व का तो 'भाव' ही नहीं हो सकता ! अलबत्ता कारण में पूर्व-अस्तित्वमान (विद्यमान) तत्त्वों की नवीन रूप में तब्दीली अर्थात् 'परिणाम' ही कार्य हैं। अतः कार्य 'अव्यक्त' रूप में रहता है। सांख्य प्रकृति को ही 'प्रधान' कारण मानता है जो अचेतन (भूत-matter) है (वेदांत में चेतन ब्रह्म को प्रथम कारण स्वीकार करने की वजह से 'ब्रह्मकारणवाद' की नींव पड़ी)। शाश्वत् भूत (Eternal matter) कभी भी विश्रान्ति नहीं करता निरन्तर गतिशील रहता है। इस गति का कारण रजस् एवं कुछ हद तक सत्व गुण है। यह नितान्त ध्यान देने की बात है कि सांख्य में 'परिणाम' [पदार्थ के धर्म का परिवर्तन] का कोई भी 'ईश्वर' अथवा पुरुष' जैसा निमित्तकारण नहीं है। भट्टनायक ने कहा कि नट में रस की उत्पत्ति इसलिये ही नहीं हो सकती कि क्योंकि कारण [विभाव] उसे उपलब्ध नहीं होते क्योंकि रंगशीर्ष की नायिका उसका विभाव नहीं हो सकती, इसलिये उसमें कार्य [रस] उत्पन्न नहीं होगा। इसी तरह प्रेक्षक में भी रसोत्पत्ति नहीं होती क्योंकि रंगशीर्ष की अभिनायिका उसका भी विभाव नहीं है। यदि रस की स्वगतत्वेन (सामाजिक में) प्रतीति मानें अर्थात् थोड़ी देर के लिए यह मान लें तो क्या करुण दृश्यों को देखने पर उसमें शोक का उदय होता है जिस प्रकार श्रृंगारिक दृश्यों को देखने पर सुख का उदय ? यदि सामाजिक में रस की उत्पत्ति होती है तो प्रत्यक्षतः संभोग-क्रीड़ा में रतनायकयुगल को देखने पर उसमें रस के बजाय क्यों लज्जा, जुगुप्सा, स्पृहा आदि चित्तवृत्तियाँ उदित होती हैं ? यदि वह श्रृंगार-प्रदर्शन में सीता के बजाय स्वकान्ता की स्मृति का संवेदन करने लगता है तो क्या वह राम द्वारा बालि-वध के प्रसंग में अपने तद्रूप शौर्य की स्मृति जगा सकेगा, जबकि स्मृति पूर्वोपलब्ध अर्थमात्र की होती है। एवं अर्थबोध में रसानुभूति नहीं होती ? यदि थोड़ी देर के लिये यह मान लें कि वह स्वयं को राम समझने का [रजतशुक्तिवत्] भ्रम पाल लेता है तो क्या वह सेतुबंध जैसी घटनाओं में भी ऐसी मनस्थिति अक्षुण्ण रख सकता है ? यदि निमित्तकारण के न रहने पर भी कार्य के परिणाम का न्याय लागू करें तो क्या नाट्य की समाप्ति पर भी उसमें (सामाजिक में) रस [कार्य] मौजूद रहता है ? इन सभी सवालों का जवाब नकारात्मक है। अतः सामाजिक में, तथा नट में, रस नहीं होता। रस की प्रत्यक्ष अनुभूति की असंभवता की तरह स्मृति भी नामुमकिन है क्योंकि नट और सामाजिक दोनों ने ऐतिहासिक राम दुष्यंत, काल्पनिक चारुदत्त अथवा मालती को पहले कभी नहीं देखा। अतएव रस प्रत्यक्षज्ञान जैसी सरसता से युक्त नहीं होता, और न ही उसमें प्रत्यक्ष अनुभव पर दूसरे प्रकार की तन्मयता भंग करने वाली लौकिक चित्तवृत्तियों का उदय होता है। इसीलिये नट पर दुष्यंत की रति

अथवा राम के क्रोध का 'आरोप' भी असंगत है। इसी तरह श्रीशंकुक की 'रसानुमिति' या 'प्रतीति' का विश्लेषण करते हुए भट्टनायक ने स्पष्ट किया कि यदि प्रतीति (अनुमिति) 'परगतत्वेन' (अर्थात् अनुकार्य या नट में) होती है तो सामाजिक 'तटस्थ' रहेगा। यदि स्वगतत्वेन (स्वयं सामाजिक में) होती है तो पूर्ववर्णित कई अन्तर्विरोध ही नये ढंग से उभरते हैं। इनके फलस्वरूप तन्मयता भंग होगी और रसप्रतीति क्षीण होगी। उपर्युक्त प्रश्न रसोत्पत्ति एवं रसानुमिति में आ गई अस्वाभाविकता, अव्यावहारिकता एवं अनौचित्य का भी उद्घाटन करते हैं। यदि हम परोक्षप्रतीति को लेते हैं तो इसके अन्तर्गत पूर्व प्रत्यक्ष से शून्य वस्तुओं की अनुमिति 'नहीं हो सकेगी, शब्द पर आधारित होने पर उसमें प्रत्यक्षज्ञान जैसी सरसता नहीं होगी। यदि प्रत्यक्षप्रतीति को लेते हैं तो एक ओर अपनी पूज्यबुद्धि से आराध्य सीता, पार्वती आदि के प्रति भी उसका (सामाजिक का) सहजरतिभाव प्रतीत होगा, दूसरी ओर नायकयुगल के शोक से उसको भी शोक का अनुभव होगा, तथा तीसरी ओर समुद्रलंघन अथवा प्रेमक्रीड़ा जैसे प्रसंगों के साक्षात्कार से उसके चित्त की तन्मयता भंग हो जाएगी। इसी क्रम में यदि आनन्दवर्धनसंमत रसाभिव्यक्ति को लेते हैं तो 'घटप्रदीपन्याय' से प्रकाश की मंदता एवं प्रखरता के आलोकमान से रसाभिव्यक्ति के तीव्र, तीव्रतर, तीव्रतम अथवा मंद, मंदतर, मंदतम जैसे भी भेदों की 'पुष्टि' करनी पड़ेगी और रस की अखंडता नहीं रह पाएगी। भट्टनायक ने माना कि—रंगमंच पर अभिनय के समय—मूल पात्र [अनुकार्य] की मानसिक दशाओं का जब कहीं भी अस्तित्त्व या 'भाव' नहीं होता, तो हम एक अजनबी नट अथवा सामाजिक में उन मानसिक दशाओं के अस्तित्त्व का अनुमान नहीं कर सकते। और यदि हम यह मानते हैं कि सामाजिक अपनी स्वयं की मानसिक दशाओं का साक्षात्कार करता है तो वह प्रत्यक्ष 'साक्षात्कार' होगा, अनुमान नहीं। इस तरह भट्टनायक ने इन अवस्थाओं के मूल में कार्यकारणवाद की 'ताटस्थ्य' नामक गल्ती पकड़ी ली जिसे भट्टलोल्लट अपने उत्पत्तिवाद में नहीं जान पाये। ताटस्थ्य का अर्थ है: कारण (विभाव) अन्य में, तथा कार्य (रस) अन्य में। इसलिये भट्टनायक को निषेध के द्वन्द्वन्याय बताने पड़े। पहले उन्होंने कहा कि रस न तो स्मृति है, न अनुमिति (प्रतीति), न उत्पत्ति, न प्रत्यक्ष अनुभव; और न ही अभिव्यक्ति (पुष्टि)। फिर उन्होंने कहा कि रस की परगतत्वेन (नट या पात्र में) प्रतीति, या उत्पत्ति या अभिव्यक्ति नहीं होती। तदुपरान्त उन्होंने बताया कि रस की स्वगतत्वेन (प्रेक्षक या सामाजिक में) प्रतीति, या उत्पत्ति या अभिव्यक्ति भी नहीं होती। उन्होंने स्थापना की कि रस की 'भुक्ति' (भोग) होती है।

लेकिन अब कई बारीकियाँ गौर करने लायक हैं। भट्टनायक इतना तो मानते हैं कि 'ज्ञान होता है'। उन्होंने यह बताया कि 'ज्ञान **क्या नहीं** होता' तथा 'ज्ञान **किसमें** नहीं होता' इस तरह उन्होंने निषेधात्मक पूर्ण स्वतन्त्रता (नैयायिकों का 'निःश्रेयस') जैसी परिस्थिति में हमें छोड़ दिया है। उन्होंने पहला निषेध (negation) पकड़ा : विभाव (कारण) न तो नट में है और न ही सामाजिक में अर्थात् रंगमंच की सीता न तो रंगमंचीय राम का और न ही प्रेक्षक का विभाव है। दूसरा निषेध : पात्र के मानसिक भावों का अस्तित्त्व रंगमंच में नहीं होता अर्थात् रंगमंच (विशेषण) के संदर्भ में पात्र एवं उसकी मानसिक दशाओं का अभाव अर्थात् उनका 'न-होना' (विशेष) घटता है। इन दो निषेधों का निराकरण हुआ : सामाजिक को पात्र एवं पात्र के भावों के बजाय पात्र-अभाव एवं पात्रभावाभाव के अनास्तित्त्व का प्रत्यक्ष ज्ञान (नट के द्वारा) होता है। तीसरा निषेध : नट न तो पात्र है, और न ही श्रीमान् पृथ्वीराज कपूर। चौथा निषेध : नट रंगमंचीय नटी या अभिनायिका को अपना विभाव नहीं बना सकता। इन दो निषेधों का निराकरण : भट्टनायक ने नट का ही ऋण (reduce) कर दिया। उन्होंने चौथे निषेध को स्पष्ट करने के अलावा नटी एवं नट के नटगतरूप की चर्चा कहीं नहीं की; प्रत्युत उसके जातिगतरूप (धीरललितनायक) एवं भावरूपत्व (कान्तभाव) की 'साधारणता' को ही लिया। इतने निषेधों का नतीजा तो यही हो सकता था। अतः भट्टनायक ने नट एवं पात्र के अन्तर्विरोधों को बिल्कुल नज़र-अंदाज़ कर दिया जबकि भट्टलोल्लट तथा श्रीशंकुक इनसे लगातार जूझते रहे। यूं लगता है कि रस की परगतत्वेन स्थिति की चर्चा में तटस्थरूप को बताने के बाद वे नट के मनोविज्ञान, परिस्थिति तथा कौशल की समस्याओं से पलायन कर गए। अत: नट⇌पात्र के द्वैत तथा द्वन्द्व तथा सम्बन्ध को धुँधला करने के उपरान्त उन्होंने 'पात्ररूप राम' या 'नटगतरूप राम' की चर्चा नहीं की; बल्कि 'रंगमंच के राम' की एक ऐसी झलक दी जिसमें पात्र एवं नट का एक विचित्र समन्वित अवभास है— पात्र के सत्व का, तथा नट के रजस् का। इसका नतीजा यह हुआ कि भट्टनायक को रंगमंच को प्रधानता देनी पड़ी। अब पाँचवाँ निषेध हुआ : 'रंगमंच' तथा 'रंगमंच के राम' अब मानों कारण हो गए, घट के दो कपाल जैसे। इनके सन्निकर्ष से ही कार्य [घट] अर्थात् रस की भुक्ति हुई—।

नट एवं पात्र की नाटकीय विभक्ति को धुंधला करने के दूरगामी नतीजे निकले। एक तो रंगमंच की मूलभूत विलक्षणता विलुप्त हो गई अर्थात् कृत्रिम विभावादि, अनुकरण, आरोप, धारावाहिकानुमिति, नट के प्रथम एवं द्वितीय स्व के संबंध, भ्रांति एवं दोष, इत्यादि जैसी सारी यथार्थ चर्चाओं की

बारीकियाँ लुप्त हो गईं। दूसरे, अनुकरणात्मक चतुर्विध अभिनय तथा रंगमंचीय रंगसंग्रहों की अद्वितीयता आदि का दृश्यविधान उपेक्षित होता गया जिससे एक ओर तो पात्र की चारित्रिक एवं शारीरिक विशेषात्मकता (particularity) तथा दूसरी ओर रंगमंच का—देशकाल के रंगों से परिपूर्ण—इतिहासत्व (histroricality) क्षीण हो गया। तीसरे, नट एवं पात्र के धर्मों का गड्डमड्ड हो गया अर्थात् नट की मूर्तता एवं पात्र की अमूर्तता, पात्र का कालबहिर्भाव और नट का कालसंभाव, पात्र के भावादि का अभाव तथा नट के भावादि का संस्कार-निःशेष इत्यादि 'रंगमंच के राम' को देश (space) एवं काल (time) के अक्ष से मुक्त करके मानवमात्र कर देते हैं। चौथे, यह निर्णय न हो सकने पर कि स्थायीभावादि किसके हैं और रसग्रहण कौन करता है, भट्टनायक के तर्कों की परिणति भावों एवं रसों के वैश्वक अमूर्तीकरणों (universal abstractions) में होनी ही चाहिए। इसीलिये भट्टनायक के चिंतन का प्रतिफलन चरित्रों को व्यक्तित्व से शून्य कर देने में (साधारणीकरण) तथा भावानुभवों को पूर्णतः निष्क्रिय, निर्लिप्त एवं निर्गुण कर देने में (सत्वोद्रेकपरक भोगीकरण) ही अंततोगत्वा हुआ। यह भट्टनायक की तर्कपद्धति का नतीजा है।

भट्टनायक के इस तर्क-न्याय ने एक और रूपान्तर किया। जब नट एवं पात्र की नाटकीय विभक्ति को धूमिल कर दिया गया तब सहज रूप से अनुकरण के बजाय 'अनुकीर्तन' की प्रधानता हो गई; मुद्राओं (gestures) का स्थान शब्दों (words) ने ले लिया; कार्य (actions) का स्थान संज्ञा (noun) ने ले लिया। इसलिये भट्टनायक को काव्यशास्त्र को भी एक आधार बनाना पड़ा। फलस्वरूप काव्यभाषा एवं नाट्यस्थितियों के बीच एक समीकरण विकसित हुआ जिसमें काव्य के दोषाभाव, गुण, अलंकार और शब्दार्थपाक, एवं नाट्य के आंगिक, वाचिक, सात्विक और आहार्य के बीच समता जैसी श्लेषात्मक स्थिति गढ़ी गई। अतएव भट्टनायक की व्याख्या की भाषा श्लेषधर्मा हो गई जो पाठ्य तथा श्रव्य काव्य, एवं दृश्य तथा श्रव्य नाट्य दोनों पर एक साथ लागू होती है। यूरोप में बहुत बाद में चित्रकला एवं काव्यकला के अन्तःसंबंधों पर लेसिंग (१७२९-१७८१) ने इस तरह का एक आंदोलक कार्य किया। इसी वजह से भट्टनायक को शब्दशक्तियों का सहारा लेना पड़ा। और शायद नाट्य तथा काव्य की एक श्लेषभाषा रचने के कौतुक में उन्हें 'ध्वनि' का भी हठवश खंडन करना पड़ा होगा क्योंकि भाषातात्त्विक दायरे में बँधकर काव्यध्वनि तथा नाट्यरस के बीच सामंजस्य पा लेना एक मुश्किल काम है। इसीलिये उन्होंने 'अभिधा' के बाद 'भावकत्व' एवं 'भोजकत्व' नामक दो नई शक्तियों की कल्पना की जो काव्य एवं नाट्य दोनों

पर समान रूप से लागू हो सकें। अलबत्ता उन्होंने जो रास्ता बताया, उसकी सारी संभावनाओं का अनुसंधान अभिनवगुप्त ने किया। किन्तु उन्होंने नट एवं नाट्य चर्चा को पृथक् कर दिया। उन्होंने 'काव्यरस' को ही लिया। इस तरह भट्टनायक के माध्यम से ही नाट्यरस और काव्यरस का संयोग तथा—बाद में—विभाजन हुआ। इस विभाजन के लिये भट्टनायक ने ही कल्पना की भूमिका की झलक दी और 'विश्रांति', 'भोग' तथा 'आनंद' जैसे विपुल धारणाओं वाले प्रतीकों को सौंदर्यबोधशास्त्र में समाहित किया। सारांश में, भट्टनायक ने जानबूझकर [सत्कार्यवाद के कारण] या अनजाने [स्वयंप्रकाश्य, (intuition), वश] जो नट तथा पात्र के बीच की नाटकीय विभक्ति भंग की उसके फलस्वरूप एक ओर तो उन्होंने निषेधपरक द्वंद्वमान (dialectics of negation) को विकसित करके 'साधारणीकरण' एवं 'भोग' की धारणाएँ दीं; दूसरी ओर नाट्यरस के साथ काव्यरस का सामरस्य स्थापित करने की कोशिश की; और तीसरी ओर क्रमशः शब्दशक्ति के क्षेत्र की 'अभिधा', नाट्यक्षेत्र की 'भावना' एवं सांख्यदर्शन क्षेत्र के 'भोग' (enjoyment) के सहारे भारत के रससूत्र की अपनी व्याख्या की पेशकश की। इस प्रसंग में हम यह भी याद दिला देना चाहते हैं कि भट्टनायक के विचारों को सूत्रशैली में 'पूर्वपक्ष' बनाकर प्रस्तुत करने वाले अभिनवगुप्त एवं मम्मटाचार्य ने अपने जीवनदर्शन की छाप से भी उन्हें अनुरंजित किया है क्योंकि एक तो सांख्यदर्शन की खुली चर्चा 'भोग' के प्रसंग में हुई है और दूसरे 'परब्रह्मास्वाद' एवं 'आनंद' जैसी परिभाषा वेदांत से आ गई है। यहाँ परवर्ती लिपिक भाष्यकारों का पूर्वाग्रह साफ़ झलकता है। इस बुनियाद पर हम 'अभिधा' एवं भावना-प्रसंग में भी सांख्यदर्शन की आधारशिलाओं के आधार पर भट्टनायक के सिद्धांत की पुनर्निर्मिति करने का गौरवपूर्ण साहस कर सकते हैं, और करेंगे।

रसमुक्तिवाद का पहला साधन और सोपान है 'अभिधा'। शब्दशक्ति अभिधा एक अर्थविषयक व्यापार है जिसमें अनुभूति एवं अनुभव के बजाय प्रत्यक्षीकरण, स्मृति, अनुकृति आदि की प्रधानता होती है। यह अमुक पद से अमुक अर्थ का बोध कराने वाली अर्थात् 'बोधकता' है। महिमभट्ट तो शब्द की एक ही शक्ति मानते हैं जो अभिधा है। मीमांसक भट्टलोल्लट ने भी यही माना। मीमांसा के अनुसार हर पदार्थ की एक पृथक् 'शक्ति' है। कारण में कार्य की उत्पत्ति का अनुकूल सामर्थ्य शक्ति है। इस भाँति अभिधाशक्ति की अर्थबोधकता के कारण ही व्यवहार (कार्य) चलता है; जैसे, शिशु पदार्थों का ज्ञान सीखता है, कवि अनुभव को प्रेरित करता है तथा सामाजिक ज्ञान ग्रहण करके अनुकूल क्रिया करता है। इस भाँति अभिधा शक्ति का ज्ञान (अर्थ, अभिनय) होने पर पद की क्षीणता (शब्द, बिंब) भी ढँक जाती है। अभिधा

का संबंध एकमात्र अभिधेय अर्थ के प्रति ही है (अनुमेय अर्थ के प्रति नहीं)—यह महिमभट्ट मानते हैं। प्रमाणों में जो पद 'प्रत्यक्ष' का है, शब्दशक्तियों में वही पदवी अभिधा की है। इस अभिधाशक्ति का ग्रहण व्यक्ति (proper) में न होकर व्यक्ति की उपाधियों (attributes) में होता है—जैसे जाति (पक्षी), गुण (नील), क्रिया (उड़ना) और संज्ञा (हंस)। अभिधा के विषय ये चारों हैं। जिस तरह ज्ञानेंद्रियों में अपने विषयों—शब्द, स्पर्श, रूप, रस एवं गंध-के प्रति आप्त बोधकता होती है, उसी तरह वाचक शब्दों में ही अपने विषयों—जाति, क्रिया, संज्ञा एवं विशेषण—के प्रति अर्थबोधकता है। अपने तरह अभिधा की शक्ति न्यायानुसार व्यक्ति (हंस) में, एवं मीमांसानुसार जाति (पक्षी) में, दोनों में विन्यस्त है।

भट्टनायक ने अभिधा के उपर्युक्त तात्पर्य स्वीकार किये और क्रमशः पहले व्यक्ति (दुष्यंत) तथा जाति (धीरललितनायक) में यह शक्ति स्थित की। उनके अनुसार तो यह लगता है कि वे अभिधा-शक्ति को काव्यपाठ अथवा नाट्यदर्शन में नट या पात्र की ओर से ध्यान हटाने का साधन मानते हैं। वे नट या पात्र को पद (शब्द) जैसी स्थिति में रखते हैं तथा नट या पात्र के भावों को पदार्थ (अभिनय, अर्थ) जैसी स्थिति में। इसके द्वारा उनका अंदाज़ है कि सामाजिक नट या पात्र के भावों के प्रति जागरूक होने के बजाय नाट्य या काव्य में आए हुए व्यवहारपूर्ण भावादि के प्रति चेतन होता है। इस तरह उसे यह जानने की भी परवाह नहीं रहती कि **रस** किसमें है—पात्र में अथवा नट में। उसे इस बात की भी चिंता नहीं रहती कि रस की उत्पत्ति हो रही है अथवा अनुमान। इसका मतलब तो यह हुआ कि काव्य में शकुंतला का नाम ही पर्याप्त है। इस नाम के आधार पर ही वह नाना संबंधों में प्रकट हो सकती है; जैसे कण्व की दुहिता, दुष्यंत की वधू, भरत की जननी, प्रियंवदा की सखी, इत्यादि। इसका मतलब यह हुआ कि नाम (संज्ञा) अपने समग्र अर्थ व्यापार तथा संबंध का प्रसार करता है। लेकिन नाट्य में 'बिंब' भी होता है। भट्टनायक ने अभिधा का ऐसा विस्तार नहीं किया है किन्तु उनके विशिष्ट प्रयोजनों से इत्तफाक करते हुए हम अभिधा में शब्द (word) तथा बिंब (image) का संयोग करा सकते हैं। यह तार्किक भी है भट्टनायक की काव्य-नाट्यभाषा की रचना की आकांक्षा को जानते हुए। शब्द तथा बिंब दोनों ही ऐंद्रियिक हैं। शब्द नामसंकेत हैं, और बिंब रूपनिवेदन। शब्द सुने जाते हैं, और बिंब देखे जाते हैं। लेकिन शब्द एवं बिंब **ऐंद्रियिक** के आगे **बौद्धिक** भी तो हैं। यही 'शब्दबिंबशक्तिद्वय' है। यह शक्ति तब अधिकाधिक उन्मिषित होती है जब शब्द और बिंब की मैत्री होती है (जैसी नाट्य में), अथवा शब्द या बिंब का प्रतीकात्मक रूप (symbolic form) में भी व्यवहार किया जाता

है। अतएव भट्टनायक प्रणीत 'अभिधा' तो शब्द एवं बिंब के युगल के अर्थ का **ज्ञान** एवं अर्थ की मानवीय **अभिव्यंजना** है। यह बात ज़रूर है कि भट्टनायक 'रूप' के झंझट से बचना चाहते थे क्योंकि एक ओर तो काव्य संदर्भ कट जाता तो दूसरी ओर नट एवं पात्र का द्वैतद्वंद्व शुरू हो जाता। लेकिन उन्हें नाट्य और काव्य को मिलाने की समस्याओं का मुकाबला करना ही पड़ा। ऐंद्रियिक प्रत्यक्ष (शब्द या रूप) के बाद अंतरंग पर्युत्सुकता की अभिव्यक्ति नाट्य में तो 'मुद्राओं' (gestures) में, काव्य में 'उक्ति' में, तथा चित्र में बिंब में होती है। यह एक मनोवैज्ञानिक तथ्य है जो मुद्रा-बिंब-शब्द की तिहरी भाषा का संकेत करता है। शब्द बिंब और मुद्रा के एकतान संबंध भी हैं। शब्द का अनुकृतिमूलक (mimetic) चरित्र ही प्रतीकात्मक चरित्र में विकसित होता है। अर्नस्ट कैसीरर के अनुसार भाषातत्त्व की दृष्टि से जब 'मुद्रा' के स्थान पर 'शब्द' का अयन होता है तब प्रतिनिवेदन (रिप्रेजेंटेशन) को नवीन गहराइयाँ एवं स्वतंत्रता मिलती है। भट्टनायक ने नाट्य की **मुद्रा** को काव्य के **शब्द** से संयुक्त एवं स्थानांतरित करके नई दिशाएँ पाई भी हैं। अभिधा, प्रत्यक्ष तथा संज्ञा (व्यक्तिवाचक सर्वनाम "मैं", तथा व्यक्तिवाचक संज्ञा 'दुष्यंत') में कई समानांतरताएँ हैं। यहाँ शरीर या वस्तु या व्यक्ति केंद्र हो जाता है तथा उसके चारों ओर अधिकरणमूलक कारक जुड़ते हैं; जैसे, मैं⇌मेरा, तुम⇌तुम्हारा, वह⇌उसका, आदि। इसीलिये भट्टनायक ने भी अभिधा के अंतर्गत अधिकरणमूलक संबंध (मेरी पत्नी, मेरा पुत्र, उसका प्रेमी, उसके पिता आदि) रखे हैं। अतः अभिधाशक्ति "मैं" तथा "जगत" अर्थात् नामों की दुनिया और वस्तुओं की दुनिया, या अंतरंग (मैं) और बहिरंग (मैं-नहीं) की कारणकार्यपरक एकता स्थापित करती है। अतः यह 'एक यथार्थता' का भी विधान करती है (दे० अर्नस्ट कैसीरर : "The Philosophy of Symbolic Form," pp118, 1953)। अतएव भट्टनायक ने भी अभिधा के द्वारा उपर्युक्त नया समन्वय, नयी एकता, नवीन गहराई, तिहरी भाषा आदि की खूबियाँ नैसर्गिक ढंग से प्राप्त कर लीं। भाषाविद् इन्हें ही 'शब्दजादू' और 'नामजादू' कहते हैं। भट्टनायक ने अभिधा का एक और भाषातात्त्विक इस्तेमाल किया। उन्होंने संख्या (numbers) की धारणा का पहला इस्तेमाल करते हुए—शुद्ध सादृश्य से परे होकर —त्रिश्लेषण अर्थात् नट-पात्र के दोहरेपन को संश्लेषित कर दिया; किंवा विविधता को एकता में घुला दिया। क्या हम अभिधा से संबद्ध भट्टनायक की विलुप्त दार्शनिक दृष्टियाँ पा सकते हैं? जरूर! इसके लिये पहले हमें नितांत क्रांतिकारी सांख्यदर्शन के अनुसार मानव-शरीरशास्त्र एवं मनोविज्ञान की धारणाओं को पुनः गिन लेना चाहिए।

सांख्य के अनुसार शरीर भोगायतन, जगत् भोग्य, इंद्रियाँ (पंचज्ञानेंद्रियाँ

तथा पंचकर्मेंद्रियाँ और मन=११) भोगद्वार हैं, और अंतःकरण (बुद्धि ,अहंकार तथा मन=३) भोग-द्वार हैं। जिस तरह प्रकृति से महत् (बुद्धि), महत् से अहंकार, अहंकार से दसों इंद्रियों एवं पाँच तन्मात्राओं (शब्द, स्पर्श, रूप, रस तथा गंध) की 'व्यक्ति' हुई, और जिस प्रकार पंचतन्मात्राओं से पंचमहाभूतों (पृथ्वी, जल, अग्नि, वायु और आकाश) का उदय हुआ, उसी तरह से मानव शरीर के दो करण हैं : अंतःकरण (बुद्धि, अहंकार एवं मन); तथा बाह्यकरण (दसों इंद्रियाँ)। इस तरह जगत् एवं शरीर दोनों में एक ही सृष्टि-विधि की आवृत्ति होती है। मानवशरीर में मन की द्वैतपरक स्थिति है क्योंकि वह अंतःकरण भी है और इंद्रिय भी। इसलिये मन के लिये प्रत्यक्ष अनुभव का आश्रय लाज़िमी नहीं है। एक तरह से बाह्यकरण प्रत्यक्षीकरण का, तथा अंतःकरण चिन्तन एवं धारणाओं का प्रणेता है। सांख्य में पंचभूतों का एक स्थूल शरीर के अलावा एक 'सूक्ष्मशरीर' [अंतःकरण (३)+दस इंद्रियाँ+पाँच तन्मात्राएं=१८] की धारणा की कल्पना करके 'शरीर-मस्तिष्क-इकाई' को विभक्त-सा कर डाला गया, यद्यपि स्थूलशरीर गुणी, कार्य, धर्मी रूप में आधार बना रहा। अतः यह जगत् बुद्धि का 'धारण' बना, बुद्धि के धर्म 'भाव' कहलाए, और भाव तेरह 'करणों' [दस इंद्रियाँ+अंतःकरणत्रयी] पर आश्रित हुए। इस तरह बुद्धि के द्वारा विशेष ढंग से जगत् का भाव-'धारणीकरण' हुआ। अतः यह करणरूप [दस इंद्रियाँ+अंतःकरण के तीन तत्त्व=१३] मस्तिष्क ही बौद्धिक जगत् का आहरण (apprehension) एवं प्रकाश (revelation) करता है : आहरण कर्मेंद्रियाँ तथा प्रकाश ज्ञानेंद्रियाँ करती हैं। लेकिन अंतःकरण की भी तो भूमिका है। अंतःकरण के अंतर्गत बुद्धि का ज्ञापक (cognitive) धर्म 'अध्यवसाय' (निर्णय), अहंकार का 'अभिमान' (चेतना) तथा मन का 'संकल्प' है। दस इंद्रियों के धर्म को 'आलोचन' की संज्ञा दी गई है। इस तरह धारणीकरण में ये धर्म भी शामिल होते हैं। इस तरह भाव तेरह करणों पर आश्रित हुए, करणरूप मस्तिष्क (बुद्धि) के धर्म हुए अर्थात् भाव वस्तु या प्रमेय के प्रति उद्‌बुद्ध होने के धर्म हुए। इस तरह सांख्य में ज्ञान भी बुद्धि का एक भाव तथा धर्म ठहरता है। ज्ञान वस्तुतः अंतःकरण एवं एक ज्ञानेंद्रिय पर आश्रित होकर ऐंद्रियिक तथ्यांक (Sense-data) रचता है। भाव अहंधर्मी होने के कारण अंतर्मुखी भी है। बुद्धि और वस्तु के संबंध की मूर्त्तता या द्रव्यरूपता को 'वृत्ति' से स्पष्ट किया गया है। वृत्ति अग्नि, बाती तथा तेल की भाँति 'द्रव्य' न होकर दीपशिखा की भाँति 'द्रव्यरूप' है, अर्थात् यह तात्त्विक (substantial) है और स्व-स्थिति-हेतु 'व्यापार' है। इसकी तुलना में भाव न तो द्रव्यरूप है और न ही तात्त्विक। यह वस्तु या प्रमेय के प्रति उद्‌बुद्ध होने का धर्म है। इस तरह बुद्धि में वस्तु या द्रव्य का **धारण** 'वृत्ति'-रूप में होता है जिस पर

देशकाल का रंग झिलमिलाता है लेकिन बुद्धि से उसका **प्रक्षेपण** 'भाव'-रूप में होता है। यह निरूपण 'भुक्तिवाद' की विलुप्त मान्यताओं को उद्घाटित करता है।

भट्टनायक अभिधा को 'भुक्ति' की पहली सीढ़ी मानते हैं। अभिधा एक शब्दशक्ति [शब्द] है अर्थात् एक तन्मात्रा है। इसका मतलब यह हुआ कि पहले तन्मात्राएँ और नाट्यजगत् का संपर्क होता है। पंचमहाभूत-जगत् की तरह नाट्यजगत् भी भोग्य है। किन्तु नाट्यजगत् एक 'सृष्टि' भी है। अतः नाट्य जगत् एक भोग्य सृष्टि है। हम इस सृष्टि के संपर्क में पहले-पहल अभिधा [=शब्द-तन्मात्रा] के द्वारा आते हैं। यह नाट्य सृष्टि भी प्रकृति का **स्वभाव** है, **स्वार्थ** नहीं। इसलिये इसका भाव [स्थायीभाव] न तो नट के लिये, न पात्र के लिये और न ही सामाजिक के लिये है। नाट्यसृष्टि नाट्य का स्वभाव है। हाँ, इस **स्वभाव** को सामाजिक की बुद्धि के धर्म **धारण** करते हैं। अभिधा से आरंभ करने पर पहले तो वस्तु (नट) का, फिर रूप (पात्र) का, दोनों का ज्ञान व्यक्त नहीं होता क्योंकि शब्द तो सार्थक होकर भी अनित्य श्रूयमाण है। इस तरह नट⇌पात्र के द्वैत को घुलाने की भट्टनायकीय प्रवृत्ति की दार्शनिक चिंता यही हो सकती है। इसके अतिरिक्त 'नट' द्रव्य न होकर द्रव्यरूप अर्थात् वृत्तिरूप है जिसमें मूर्त्तता, तात्त्विकता एवं व्यापार है। लेकिन 'पात्र' भावरूप है अर्थात् हममें प्रमेय के प्रति एक 'व्यक्ति' मात्र विद्यमान रहती है। इसलिये हम 'अभिधा' और 'वृत्ति' द्रव्यरूप को एक स्तर पर लाकर एक समीकरण बना सकते हैं। अतएव अभिधा प्रधानतया एक 'वृत्तिमूलक धारणीकरण' है। अभिधा को प्राथमिकता तथा प्रमुखता देने की वजह से भट्टनायक ने वस्तुरूप [नटगत अभिनय] के प्रसंग में केवल वाचिक अभिनय को आधार बनाया जिससे एक ओर प्रत्यक्षमूलक 'भ्रांति' की समस्या तो दब गई, लेकिन दूसरी ओर शेष तीन प्रकार के अभिनयों [आंगिक, सात्त्विक एवं आहार्य] के समग्र प्रभाव के नतीजे कट गए। इस गलती की मँहगी कीमत उन्हें 'साधारणीकरण' की धारणा में चुकानी पड़ गई।

अभिधा के पश्चात् रसभुक्ति का दूसरा साधन और सोपान **'भावना'** बताया गया जिसकी शक्ति का नाम 'भावकत्व' है। भावकत्व भी हमें सांख्य दर्शन एवं मनोविज्ञान से जोड़ता है। सीता, पार्वती, जैसी दिव्य और पूज्य कान्ताओं के प्रति सामाजिक में सहज रतिभाव के उदय की फूहड़ता (एब्सर्डिटी) से चौंकर भट्टनायक ने इस धारणा को व्यावहारिकता तथा सैद्धान्तिकता के उभय परिप्रेक्ष्य दिये। गो इस धारणा को विकसित करने में उन्हें भरत से इशारा मिला ('एभ्यश्च सामान्यगुणयोगेन रसा निष्पद्यन्ते')। भावकत्व उन्हें पुनः द्वंद्वन्याय (डाइलेक्टिक्स) की तरफ मुखातिब करता है।

जैसा कि हम अभी कह चुके हैं कि सांख्य में वृत्ति (व्यक्तिसंबंधाश्रय) के बोध में 'भाव' विलक्षणता लाता है अर्थात् वृत्ति की द्रव्यरूपता [रामरूपता] एवं तात्विकता (रामत्व) नहीं रहती है। इसका मतलब यह भी हो सकता है कि सांख्य के बिंब-प्रतिबिंब-न्याय के अनुसार मस्तिष्क [अन्तःकरण एवं एक ज्ञानेंद्रिय (एक समय में)] एक ओर तो वृत्ति से सीमित होता है अर्थात् वस्तु या द्रव्य के अनुरूप होता है ('कान्ताभाव' जैसा) एवं दूसरी ओर वस्तु या द्रव्य से पृथक् भावरूप भी रहता है जहाँ कारणसंबंध [नाट्य जगत्, नट और पात्र] का बोध दब जाता है। इस भाँति प्रत्यक्ष का स्थान प्रतिबिंब ले लेता है। इस भाँति बुद्धि [त्रिगुणात्मक एवं प्रकृति-विकृति] का 'पुरुषवत्' (निर्गुण, निष्क्रिय एवं निर्लिप्त) भावन हो जाता है। सांख्य में वृत्ति का यह रूप 'अहं' न होकर 'मयं' या 'माम्' है। जब यह मयं या माम् प्रक्षेपित होता है तब वह 'भाव' होता है। अतः सांख्य ने केवल ज्ञानेंद्रिय के धर्म 'आलोचन' तथा मन के धर्म 'संकल्प', अहंकार के 'अभिमान' (मैं, मेरा) को ही महत्ता नहीं दी। इसने बुद्धि में 'मैं' की महत्त्वहीन खोज की। इसीलिये सांख्य में बुद्धि के लय को ज्ञानदशा नहीं माना गया (जैसा कि वेदांत बुद्धिलय को ब्रह्मज्ञान का द्वार मानता है)। सांख्य तीन गुणों को नहीं छोड़ सकता। इसलिये 'यह राम है' का ज्ञान भावना द्वारा 'यह वह है' में परिणाम प्राप्त करता है। अतः भावना में "भावमूलक धारणीकरण" होता है जिसमें विशिष्ट 'व्यक्तित्वशून्य बोध' का उदय होता है जो 'सामान्य' है। अतः इसे "साधारणीकरण" कहा गया है।

इस साधारणीकरण में प्रमेय या वस्तु के प्रति उद्बुद्ध होने का धर्म भरपूर होता है जिससे द्रव्यरूपता तो नहीं, किन्तु संवेदनशीलता [ज्ञानेंद्रियों का गुण] तीव्र रहती है। भाव के उपर्युक्त विलक्षण व्यापार को 'भावकत्व' नामक संज्ञा दी गई। भावकत्व की शक्ति के द्वारा 'चरित्र' (अब पात्र या नट नहीं) का साधारणीकरण होता है, न कि सामाजिक का———यह बात रेखांकित करने योग्य है। सामाजिक का साधारणीकरण तो 'भोजकत्व'-शक्ति करती है। भावकत्व में 'चरित्र' का निजत्व लुप्त होता है अर्थात् शकुंतला मात्र 'नायिकारूप' हो जाती है, उसके संबंध 'कान्ताभाव' के हो जाते हैं, तथा उसकी **देश** (कण्व का आश्रम या रंगमंच) एवं **काल** (मिथकीय या पौराणिक काल या आधीरात) के अक्ष से भी मुक्ति हो जाती है। अतः अब चरित्र की द्रव्यरूपता तथा 'निजत्व' तो नहीं रहता, किन्तु त्रिगुणात्मक सूक्ष्म शरीरत्व रहता है जिससे कि संवेद्यता मौजूद रहती है। भावकत्व के दो नतीजे निकलते हैं : (१) अब शकुन्तला न तो मूल पात्र है, न ही रंगमंच की अभिनायिका; अब वह 'मात्र कान्ता' है। इससे विभाव (कारण) की समस्या नहीं उठती और 'ताटस्थ्य' दोष (अर्थात् कारण-कार्य की दो विभिन्न प्रमेयों में प्रस्थिति)

दूर हो जाता है। (२) 'अब शकुन्तला का स्थायीभाव कान्ता-जाति का स्थायीभाव हो जाता है अर्थात् अपनेपन की भावना नहीं रहती। इस प्रकार 'आत्मगत' दोष दूर हो जाता है। इस तरह भट्टनायक के अनुसार यदि अभिधा 'अनुमिति' तथा 'उत्पत्ति' की समस्या नहीं उठने देती, तो भावकत्व 'ताटस्थ्य' तथा 'आत्मगतत्व' के बोध को नहीं उठने देता है (?)। इसके अलावा भावकत्व की यह खूबी और निकाली गई कि पूर्ववर्ती चिंताधाराओं में विभावादि तो विशिष्ट (पर्टीकुलर) रहते थे लेकिन स्थायीभाव वैश्वक (यूनिवर्सल) हो जाते थे ताकि सामूहिक संवेगों को उद्बुद्ध कराने के हेतु (कम-से-कम) पात्र, नट और प्रेक्षक तो एकसूत्र हो जाएँ। परन्तु भावकत्व की धारणा ने तो विभावादि तक का भी साधारणीकरण किया क्योंकि भट्टनायक ने शुरू में ही नट बनाम पात्र के द्वैत के प्रश्न को ढाँक ही दिया। अतएव यदि श्री शंकुक ने **कृत्रिम** विभावादि का अनुकरण किया है तो भट्टनायक ने **साधारणीकरणात्मना**विभावादि का भावन किया है। श्रीशंकुक ने भट्टलोल्लट-संमत 'निष्पत्ति' की उत्पत्ति, प्रतीति एवं पुष्टि अर्थक जिस संबंधभिन्ना-त्रयी को घटाकर ऐक्य-परक 'अनुमिति' में ढाल दिया था, उसे सांख्य-स्वभाववादी भट्टनायक ने पुनः त्रैक्यधर्मा अभिधा, भावना एवं भोग में रूपांतरित कर दिया। भावकत्व की एक अन्य भूमिका यह भी है कि यदि श्रीशंकुक कृत्रिमविभावादि के द्वारा **अनुकरणात्मक** स्थायीभाव को ही रसत्व में अनुमिति होने की स्थापना की है तो भट्टनायक ने साधारणीकरणात्मना विभावादि के द्वारा **भाव्यमान** स्थायीभाव को ही रसत्व में भुक्त होने की स्थापना की है। इसका मतलब यह हुआ कि शकुन्तला न तो दुष्यंत का, न नट का, और न ही सामाजिक का विभाव (कारण है); और दुष्यंत-शकुन्तला के बीच रति 'उनकी' नहीं है। अतः 'निजत्व' से मोह या संकट के निवारण हो जाने पर वीर, रौद्र एवं करुण के दृश्यों की भी भुक्ति हो सकती है। इसलिये भावकत्व नट एवं सामाजिक के बीच तमस गुण वाली (मोह) तथा रजस गुणवाली (संकट) बाधा हटा देता है (दे० 'निबिडनिजमोह-संकटतानिवारणकारिणा'— अभिनव भारती) भावकत्व विभाव, अनुभाव एवं संचारीभाव तीनों के लिये है। इस तरह भावित विभावादि (कारण) सामान्य हो जाते हैं। फलस्वरूप स्थायीभाव 'भाव्यमान' हो जाता है। लेकिन यहाँ 'भाव' एवं 'भोग' के बीच कार्य विभाजन हो जाता है : भावकत्व विभाव अनुभाव और संचारी का हेतु है और नट एवं/अथवा पात्र का सन्निकर्ष पाता है, जबकि भोजकत्व स्थायीभाव का हेतु है और केवल सामाजिक का सन्निकर्ष पाता है। अन्त में, भावकत्व के 'अर्थ'-संवलित होने अर्थात् काव्यसंदर्भांकित होने की बात बाकी रह जाती है क्योंकि उन्होंने अभिधा की तरह भावकत्व को भी काव्य-नाटक पर लागू किया है। श्रीशंकुक

ने 'धारावाहिकानुमिति' की कल्पना प्रस्तुत की थी क्योंकि नाट्यमंच पर एक बार अनुमान होने पर प्रेक्षक उसे मिथ्या समझकर उठ जाएगा। और, क्योंकि यह भी शंका उठाई गई थी कि अनुमान जैसी प्रक्रिया में लिप्त रहने पर प्रेक्षक की तन्मयता में विघ्न आएँगे। भट्टनायक ने इसी साम्य पर 'लक्षणा' को नामंजूर किया क्योंकि एक तो वह कोरमकोर अभिधा पर आधारित है, दूसरे उसके अर्थग्रहण की प्रक्रिया भी तीन जटिल चरणों से गुजरती है, तीसरे वह साधारणीकरण नहीं कर सकती, और चौथे माधुर्य जैसे गुणों, अनेक रीतियों, अनेक वृत्तियों एवं उपमादि जैसे अलंकारों आदि के लिये 'लक्षणा' से काम नहीं चल सकता है। किन्तु हमें इस स्थापना की गहराई में भी जाना पड़ेगा। सांख्यवादी भावकत्व की अतिरिक्त विलक्षणताएँ 'गुण' की वजह से मानते हैं; और गुणवलयित काव्यधारणा सांख्य की देन है। लक्षणा में इसकी गुंजाइश नहीं है। इस संदर्भ में सांख्य तथा ध्वनि के अंतर्गत गुणों की तुलना समीचीन होगी।

सांख्य के अनुसार प्रकृति, बुद्धि, अहंकार एवं मनस्—सभी त्रिगुणात्मक हैं जिससे सत्व गुण की वजह से 'सुख' की, रजस की वजह से 'दुख' की तथा तमस् की वजह से 'मोह' की अनुभूति होती है। गुण की अभिव्यक्ति या अनुभूति 'भाव' न होकर 'भोग' है। जब प्रमेय में 'प्रकाश' होता है तब सुख का लघुत्व, जब 'क्रिया' होती है तब दुख का चलत्व, एवं जब 'स्थिति' होती है तब मोह का गुरुत्व अनुभूत होता है। इसके मुकाबले में ध्वनि के भी अन्तर्गत गुण रस के धर्म हो गए हैं। ध्वनिकार प्रसाद गुण में 'आविष्टता', माधुर्य में 'आर्द्रता' तथा ओज में 'दीप्ति' का संस्थान करते हैं। सांख्यवादी गुणों को अनुभूतिपरक तथा ध्वनिकार धर्मरूप बताते हैं। अतएव सांख्यवादी काव्य में दोषों के निवारण तथा नाट्य में 'निजत्व' के निवारण को एक समान दर्जे पर ला रखते हैं। भट्टनायक ने इसीलिये कहा है कि दृश्यकाव्य में दोषनिवारण तथा गुण, अलंकार, वृत्ति, रीति आदि के समावेश से भोगकत्व का भावन होता है। किन्तु श्रव्य काव्य में—विशेष रूप से मुक्तक काव्य में—दोषहीनता, गुण, अलंकार, वृत्ति, रीति आदि—संदर्भात्मक (महा —) काव्यों के विभाव-अनुभाव-संचारी का स्थान नहीं ले सकते और इनमें 'निजत्व' के लोप की बात कैसे लागू की जा सकती है? इनमें अभिधात्मक लौकिक स्वत्व का लोप तो अलबत्ता होता है जिससे ये वह 'उक्ति' हो जाते हैं जिसमें विलक्षण चमत्कार आ जाता है। इस तरह भट्टनायक भी एक बार पुनः भट्टलोल्लट की तरह काव्य की देहवादी परंपरा का सहारा लेकर ध्वनिध्वंस करते हैं लेकिन क्या वे यह भूल जाते हैं कि अलंकृत काव्य तो उक्ति-चमत्कार पर निर्भर करता है जबकि कथापरक काव्य रस पर? ध्वनिवादी भी भट्टनायक के अभिनव प्रयोगवाद को नहीं समझ

पाए जिसमें वे नाट्य एवं काव्य के लिये एक साम्य संध्या-भाषा खोजने की कोशिश में मशगूल हैं। अत: वे भागत्यागलक्षणा को रटते गये।

अत: भावकत्व की जो यह परिणति हुई वह सांख्यानुमोदित है। जब भट्टनायक ने अभिधा को पहली सीढ़ी माना तभी यह पारदर्शी हो गया कि उनका मंतव्य 'अनुकरण' के बजाय 'अनुकीर्तन' पर बल देना, नैयायिक श्रीशंकुक के 'समवायिकरण' के बजाय 'साधारणीकरण' पर आश्रित होना, तथा प्रत्यक्ष की अपेक्षा भावरूप ऐंद्रियिक तथ्यांक पर जोर देना हो गया था।

प्रकटज्ञानवादियों (phenomenologists)[जिनकी चर्चा हम श्रीशंकुक प्रसंग में कर चुके हैं] —के असमान भट्टनायक ने प्रधानतयः श्रव्य (शब्द) ऐंद्रियिक तथ्यांक (sense data) को नींव बनाया। अतएव शब्दार्थ की अगली सीढ़ीयों भी भाव होती है। इसलिये भावकत्व का मूलाधार शब्दार्थ ही ठहरता है। भावकत्व के प्रसंग में हम नाट्यकला के माध्यम के स्वभाव की एक चिरंतन स्वीकृति भी पाते हैं। हमने देखा है कि अभिधा एवं भावकत्व के प्रसंग में भट्टनायक ने दो 'अनिश्चयों' (भ्रांतियों को नहीं) को सिद्ध किया है—(१) नट अथवा पात्र के बाबत सामाजिक अपना निश्चय स्थगित-सा कर देता है जिससे 'रसानुमिति' या 'रसोत्पत्ति' के आधायक का सवाल नहीं उठता और (२) नट और पात्र के बजाय मात्र 'चरित्र भाव' के भावन के द्वारा 'ताटस्थ्य' एवं 'आत्मगतत्व' दोनों का सवाल नहीं उठता। जाहिर है कि उनका अभिप्रेत है कि सामाजिक जान-बूझकर अपने ज्ञान (आस्था) को स्थगित कर देता है। नाट्य की इस चिरंतन गति को भट्टनायक को भी झेलना पड़ा। उन्होंने अपने युगीन परिवेश में 'जान-बूझकर[साधारणीकरण की विधि से] **ज्ञान** के स्थगन' की स्थापना की, क्योंकि उनके लिये भी नाट्य-ज्ञान की समस्या को सुलझाने का एक उपजीव्य था। उन्होंने 'स्वेच्छापूर्वक **अनास्था** के स्थगन' की बात नहीं की क्योंकि एक ओर वे साधारणीकरण रूप के द्वारा **आस्था की समस्या** (सीता और पार्वती की रति) से जूझ चुके थे और दूसरी ओर वे वस्तुपरक आधुनिक मनोविज्ञान की उपर्युक्त प्रपत्ति (willing suspension of disbelief) की भाषा नहीं बोल सकते थे। इसके अलावा उन्होंने इस अविश्वास की जड़ को अर्थात् पात्र बनाम नट के द्वैत-द्वंद्व को ही उखाड़ दिया। अत: भट्टनायक की उपर्युक्त वास्तविक अनुभवसंमत प्रपत्ति —'भावकत्व'—व्यावहारिक होकर भी कई तार्किक त्रुटियों से भरी है जो साधारणीकरण के विश्लेषण में छलक पड़ती हैं। यह नाट्य माध्यम की क्रांतिकारी अनिवार्य विवशता थी कि उन्हें 'ज्ञान' का केन्द्र छोड़कर 'तन्मात्रा' [शब्द] तथा 'भाव' को केन्द्रस्थ करना पड़ा। यह भी काफी ठीक है कि उनके साधारणीकरण की धारणा पर मीमांसकों की 'अख्याति' का भी असर पड़ा है

क्योंकि उनकी तरह वह भी मूलतः यही कहते हैं कि सामाजिक रंगशीर्ष पर/के उन कारणों (विभावादि) के द्वारा रस भोग कर सकता है जिनके विषय में वह यह न जानता हो कि वे उसके हैं अथवा उसके नहीं। इस तरह 'भावकत्व' का नाट्यपरक तात्पर्य है : 'जान-बूझकर ज्ञान का स्थगन'।

साधारणीकरण को हमने सांख्यदर्शक की तर्कपद्धति के अनुसार साधारण कारणों से लक्षित एक 'करण' विशेष अर्थात् "**भाव**मूलक धारणीकरण" सिद्ध किया है। हमने बताया है कि 'भाव' [सांख्य में विशिष्ट अर्थों का वहन करने वाले] तेरह 'करणों' [बुद्धि, मन एवं अहंकारमय 'अन्तःकरण पंच कर्मेंद्रियां तथा पंच ज्ञानेंद्रियाँ] पर आश्रित हैं। भट्टनायक ने अभिधा की पहल की है। अतः उन्होंने शब्दार्थ मात्र को आधार बनाया। इसका नतीजा यह हुआ कि श्रव्य काव्यत्व के तो अनेक तत्त्व शामिल होते गए लेकिन दृश्य नाट्य के अनेक तत्त्व उसी अनुपात में कम हो गए। इसलिये वाचिक अभिनय पर जोर दिया गया तथा आंगिक, सात्त्विक एवं आहार्य अभिनय का नाम गिनाकर रस्मअदाई कर दी गई। वाचिक अभिनय को केन्द्रीयता प्रदान करने के कारण रसभुक्तिवाद लिरिकल काव्यत्व के लावण्यमंडल में द्रुतदीप्त होता चला गया जिससे दोषाभाव, रीति, वृत्ति, गुण, अलंकार के काव्य-तत्त्व समाहित हो गए। संख्या की दृष्टि से उन्होंने नाट्य के इतने तत्त्व नहीं शामिल किये। इसका नतीजा यह हुआ कि 'साधारणीकरण' केवल शब्द के माध्यम से चलकर भाव से अनुस्यूत हो गया। भरत से लेकर श्रीशंकुक तक जानते हैं कि नाट्य में नाट्यगत वृत्ति, धर्मी, प्रवृत्ति, रंगसंग्रह, गान एवं संगीतादि का भी दृश्य, श्रव्य, श्रव्य-दृश्य असर होता है। 'नट' और 'अनुकरण' (अभिनय), रंगमंच और नाट्य-कौशल (चाक्षुषयज्ञ) की उपस्थिति में हम इतनी आसानी से साधारणीकरण नहीं हासिल कर सकते क्योंकि नट के 'मुद्रात्मक प्रयोजन' (gestural motifs), उसका वेषभूषापरक 'बिंब', रंगमंच का विस्मृत करने वाला तथा तन्मय करने वाला 'पर्यावरण' आदि तो अभी भी विशिष्ट बने हुए हैं। ये सभी 'विलक्षण' तो जरूर हैं लेकिन 'साधारण' नहीं। अतः हमें कम से कम **शब्द** के साथ **रूप** को तो लेना ही पड़ेगा। रंगशीर्ष की कार्यगतियाँ **स्पर्श** भी शामिल कर सकती हैं ; और ज्ञानलक्षणा प्रत्यक्ष के द्वारा हम अन्य तन्मात्राओं का भी पुंजीभवन करते हैं। जब तक दृश्य [नट और रंगशीर्ष] का भी ऐसा ही 'भावन' नहीं होता तब तक श्रव्यपरक साधारणीकरण में विघ्न होगा और वह एकांगी भी होगा। हम यह तो जरूर मानते हैं कि सभी बोधों की अगली मंजिल 'भाव' ही है। भट्टनायक ने एक जटिलता और उत्पन्न की है। साधारणीकरण का सम्बन्ध सामाजिक से न होकर नाट्य-चरित्रों के आपसी संबंधों के नवीन रूपांतर (भावन) से है। भट्टनायक के

मुताबिक पहले सामाजिक केवल शब्दार्थ ग्रहण करता है अर्थात् वह अपनी किसी गूढ़ एवं गोपनीय प्रत्यक्षीकरण की प्रक्रिया के द्वारा नट के बिंब तथा मुद्रा, नाट्य के अलंकार और रंगरूप को ग्रहण ही नहीं करता। फलतः साधारणीकरण केवल शब्दार्थ पर आश्रित हो जाता है। लेकिन नाट्य में ऐसा कोई भी छन्ना (filter) आज तक नहीं मिल सकता जो रेडियो अथवा छाया नाटक (shadow-play) की तरह केवल शब्दार्थ-बोध ही कराए, रूप-बोध नहीं ; जबकि सामने साक्षात्कृत अभिनयालंकृत नट, देशकाल में प्रतिष्ठित होकर, विभावादि का अनुकरण कर रहा है। इसलिये यह बेहद जरूरी है कि हम साधारणीकरण की 'भूमि' को पहचानें। इसीलिये हमें अभिधा की एक तदनुकूल व्यापक व्याख्या के अंतर्गत शब्द-मुद्रा-बिंब त्रयी का समाहार करना पड़ा है क्योंकि 'शब्द' और 'प्रत्यक्ष' दोनों की ही एक समान स्थिति है; तथा नाट्य में ये दोनों ही विद्यमान रहते हैं।

अब सांख्यवेदान्त की दृष्टि से साधारणीकरण की तलाश की जाय। इसमें जो 'धारणा' है वह ध्यानपूर्व-दशा (अर्थात् भावना) है जहाँ सत्व की प्रधानता तथा एकाग्रता होती है (भट्टनायक ने इसे भोजकत्व के चरण में परिहार्य किया है)। किन्तु यहाँ 'अभिभाव' एवं 'जनन' संबंध से रजस् एवं तमस् की भी भूमिका उभरती है। अतः इस धारणा का ग्रहण 'धारणीकरण' है जिसमें उन्मेष का आहरण होता है। परन्तु साधारणीकरण में स+आ='सा' जातिवाचक एवं उपसर्ग वैश्वक (यूनिवर्सल) का द्योतन करता है। अतः यह अहं ('मैं') की दशा न होकर बुद्धि के 'मयं' या 'माम' (me) की दशा है। अतएव यही "सा-धारणी-करण" है। इस व्याख्या में हम गुणों के सम्बन्धों को स्पष्ट नहीं पाते। यह बोध भी शेष रह जाता है कि 'साधारणीकरण केवल भावरूप अनुभावन है या अन्वेषण भी ? अभी हम इन गुत्थियों को दर्शन के प्रभामंडल में ही रखते हैं। सांख्य, योग एवं वेदान्त के अनुसार अहंकार [अंतःकरण का मध्य तत्त्व] 'वैयक्तिकीकरण' (Individualization) का ऐसा सिद्धान्त है जो 'निर्विशेषीकरण' (अर्थात् साधारणीकरण) में रूपांतरित हो सकता है। तदुपरांत निर्विशेषीकरण से 'निःश्रेयस' की प्राप्ति होती है जो अहंकार की प्रथम अवस्था की 'विकृति' में नाम (content) और रूप (form) द्वारा उद्बुद्धि होती है। अतः यह अवस्था अहंचेतना से अधिक भौतिक व्यक्तित्वायन (इंडिविजुएशन) है। अतः यह पाश्चात्य अन्तर्मुखतावाद नहीं है। अलबत्ता यहाँ शरीर (भूत) एवं मस्तिष्क (सूक्ष्म) के सातत्य (Body-Mind-continuum) की झाँकी मिल जाती है जो संकेत को प्रतीक में, व्यक्तिबोधपरकता को व्यक्तित्वशून्य बोधपरकता में ढाल देता है। हमने अभी अनुभूत चिंतन की जो धारणा प्रस्तुत की थी वह शब्द-तन्मात्रा को भाव्य-

मान विचार (आइडिया) मात्र में रूपांतरित कर देती है। इसका मतलब यह हुआ कि साधारणीकरण में अ-साहचर्य (dissociation) घटता है। मनोविज्ञान ने—विशेषत: सी. टी. बर्नेट्ट ने १९२५ में—असाहचर्य पर अनेक नियंत्रित प्रयोग करके यह पता लगाया कि **विमर्श** (Suggestion) एक ऐसे चिंतन को उद्‌बुद्ध कर सकता है जो उत्तेजना की **स्थानिक** दशाएं उत्पन्न करे। इस तरह सहकारी-चेतन क्रियात्मकता—जिसे बर्नेट 'मानस का विखंडन' कहते हैं—के प्रमाण मिलते हैं। भावकत्व में शब्दार्थ के विमर्श के द्वारा केवल मात्र श्रव्य आधार पर साधारणीकरण घटाया गया है। किन्तु मनोविज्ञान में ये प्रयोग तुरीया (trance) दशा में होते हैं। क्या हम 'भावन' को यह दशा मान लें? नहीं; क्योंकि भट्टनायक का समग्र दार्शनिक महल ढह जाएगा। हम इसकी सांख्यवादी मनोविज्ञान से संगति बैठाएँ। अहंकार और मन उनके 'अभिमान' तथा 'संकल्प' धर्म भी—दोनों बुद्धि के करण हैं। बुद्धि का धर्म है 'अध्यवसाय'। नाट्य की पहली शक्ति 'अभिधा' मानी गई है जो इन्द्रिय का 'आलोचन' धर्म है। इस भाँति धारणीकरण में आलोचन—संकल्प—अभिमान—अध्यवसाय, ये चारों शामिल हैं जिनमें मुख्य हेतु अध्यवसाय है। किन्तु 'सा'-धारणीकरण में सामान्यावस्था भी आती है जिसमें 'विलक्षणता', 'वैचित्र्य' एवं 'सामान्यता' तीनों का सन्निकर्ष होता है अर्थात् यह 'पुरुष सामान्य' की धारणा जैसी है। अतः यहाँ मुक्त पुरुष चेतनतया वैयक्तिक नहीं है। शायद भट्टनायक के दिमाग़ में बहुत-कुछ इसी प्रकार की निर्मिति रही होगी। किन्तु उन्हें तो यह सब 'स्थायीभाव' की दशा के अन्तर्गत ही घटाना पड़ा। अत: 'मुक्ति' की धारणा को आगे परिचालित करके उसे 'भुक्ति' के द्वैत से जोड़ना पड़ा। सांख्य शब्दावली में निर्विशेष अनुभूत्य दशा [भावकत्व] को 'जीवन्मुक्ति' कहा गया हैं जहाँ 'विवेक बुद्धि' (सत्व का आधिपत्य एवं पुरुषरूप का प्राधान्य) की प्रमुखता होती है। मुक्ति एवं भावन के इस एक-तान व्यापार में भट्टनायक साधारणीकरण को ठीक से समायोजित नहीं कर सके; और निश्चित ही इसीलिये उन्होंने 'साधारणीकरण' के बजाय 'भावन' का व्यवहार किया है ['भावकत्व व्यापारेण भाव्यमानो रसो'—अभिनवगुप्त; तथा 'भावकत्व व्यापारेण भाव्यमान: स्थायी'— मम्मट]। अतएव साधारणीकरण अहंकार से बुद्धि तक के बीच का कविभावित मध्यान्तर-जैसा है जो 'अभिधा' और 'भोग' दोनों से उपच्छायित है (यद्यपि पृथकवत् प्रतीत अवश्य होता है)।

अन्ततः रसभुक्ति का तीसरा साधन और सोपान **'भोग'** है जिसकी शक्ति भोजकत्व अथवा 'भोगीकरण' है। इस धारणा में सांख्य का अंश बहुत है। इसे अत्यंत स्पष्ट करने के लिये हम पुन: सप्रसंग सांख्य की व्याख्या करेंगे। सांख्य

के अनुसार जो परिवर्तन किसी व्यक्त में बदल जाय और आगे नहीं बदले वह 'विकार' होता है। विकार में भोग्यजगत् (भूत) एवं अनुभूति (इन्द्रिय) के बीच तन्मात्रा (शब्द, स्पर्श, रूप आदि) के न रहने से वह मात्र अनुभूति रहता है और फलतः ऐन्द्रियिक तथ्यांक से परे-सा हो जाता है। सांख्य में इसे "भोग" कहते हैं। किन्तु इसमें संवेदना का सन्निकर्ष होना चाहिए, यद्यपि यह अगले चरण में सम्भव है। भट्टनायक की स्थापना में भाव्यमान स्थायीभाव विकार हैं क्योंकि अब ये आगे नहीं बदलते बल्कि सामाजिक इनका 'प्रतिबिंब' रसरूप में ग्रहण करता है अर्थात् सामाजिक बहुत-कुछ 'पुरुष' के धर्म का धारण करता है। भोग का सम्बन्ध सामाजिक से है और मूलतः उसके अन्तः-करण से; क्योंकि साधारणीकरण की सम्बद्धता तो प्रधानतया बाह्यकरण से है। अन्तःकरण में बुद्धि ही निर्णय करने वाली है जहाँ प्रत्यक्ष की संवेदना, तथा चेतना का ज्ञान विश्रांत-सा हो जाता है। अतः विवेक (अध्यवसायी बुद्धि) एवं भोग भी किसी बिन्दु पर एकतान होते हैं। अन्तःकरण के अंतर्गत अहंकार भोग का संकल्पविकल्प करता है। अतः वस्तु या द्रव्य के प्रसंग में तो बुद्धि में 'गुणों' की अनुभूति ही भोग है। तीन गुणों के स्वरूप सुख, दुख और मोह हैं। अतएव सुख, दुख और मोह भोग के ही प्रकार हुए। लेकिन भट्टनायक ने हमें भाव्यमान स्थायी भाव तक पहुँचाया है। अतः सांख्य-संगीति के मुताबिक भी सुख-दुख-मोहादि का भावरूप [साधारणीकरणात्मना] में भोग हो सकता है। सांख्य के मुताबिक ही विकास का प्रयोजन 'पुरुष' द्वारा भोग है जिसमें प्रकृति स्वभाव से सृष्टि करती है (भोग नहीं)। इसीलिये भोग या भुक्ति का सम्बन्ध नट अथवा पात्र से न होकर सामाजिक या प्रेक्षक से है।

सवाल उठता है कि भोग का स्वभाव क्या है?

ज्ञान के उपसिद्धांतों में ज्ञान के प्रत्यक्ष, अनुमिति, संशय, भ्रम आदि भेद साध्य-साधन के कारण ही होते हैं। भोग के लिये भी किसी एक अस्तित्त्व की अपेक्षा है जिसे 'भोग्य-वस्तु' कहते हैं। नाट्य में यह भाव्यमान स्थायीभाव है जो एक मानसदशा है तथा विभावादि से जुड़ी है। इसे तो "होना" ही है। भोग का बुद्धि से भी सन्निकर्ष है। अतः यह ज्ञानवत् है जिसका प्रमाण (साधन) साधारणीकरण है। साधारणीकरण विभाव अनुभाव आदि से निजता छीन लेता है अर्थात् वे विशेष रूप से किसी के भी नहीं रहते—न नट के, न पात्र के, और न ही सामाजिक के। यह तो पहले ही निरूपित किया जा चुका है कि भोग प्रत्यक्ष, स्मृति, अनुमिति, लोकानुभव आदि नहीं है। अतः हमें दो-तीन सारांशीकरण हासिल होते हैं—(१) भोग ज्ञान की उपच्छाया लिये होने के बावजूद ज्ञान से विलक्षण भी है (तभी तो 'भोग' शब्द दिया गया जिसका व्युत्पत्तिमूलक

अर्थ अनुभव-आस्वाद होगा); (२) यह 'भाव'- धर्मा बुद्धि में 'गुणों' की अनुभूति है, तथा (३) यह 'पुरुष'–वत् धर्म का धारण है। पहले सारांशीकरण से स्पष्ट है कि भट्टनायक को अभिज्ञान हो गया है कि नाट्य तथा रस की समस्या 'ज्ञान' से आगे/परे अनुभव (experience) एवं प्रेषित अभिव्यंजना (enjoyment) की है। भारतीय सौंदर्यबोधमीमांसा में भरत के बाद यह एक महत्तम निष्कर्ष था जिसने कलानुभव के आलम को ज्ञान के तर्कजालों से हटाकर अनुभव की व्यावहारिकता से जोड़ा। दूसरे सांराशीकरण से पहले का मध्यकालीन निषेधायन (निगेशन) हुआ। भोग को व्यक्तिगत अनुभव के दायरे में लाने के साथ-साथ मध्यकालीन नैतिक तथा दार्शनिक चिंतन ने पहली बार 'प्रेक्षक' या सामाजिक के व्यक्तित्व की एक नई धारणा भी गढ़ी। पहले भरत के सामने 'सुमनस्' 'प्रेक्षक' 'रसिक' की धारणाएँ थीं जिन्हें भट्टलोल्लट तथा श्रीशंकुक ने दुहराया। इन धारणाओं पर 'कवि' तथा 'पुरोहित' की छापें थीं। भट्टनायक ने 'भोग' के समावेश के साथ-साथ 'सामाजिक' अर्थात् प्रेक्षक की 'योगी' के साथ तुलना की। इस तुलना की छाया का प्रभाव अभिनवगुप्त पर सर्वाधिक पड़ा और उन्होंने 'योगी' तथा 'सहृदय' की कई प्रासंगिक साम्यताएँ रच डालीं। तीसरे सांराशीकरण ने 'अनुभव' के स्वरूप के लिये योग-क्षेत्र से साम्य ढूँढ लिया। निष्कर्ष यह है कि अंतर्मुखता के इस अत्यंत नये उद्घाटन को स्पष्ट करने के लिये योग-क्षेत्र की तुलनात्मक यात्राएँ की गईं।

जब 'सामाजिक' एक विशेष प्रत्यक्षीकरण (भावकत्व) के द्वारा भाव्यमान स्थायीभाव प्राप्त करता है तो इस ज्ञान के अनुभव का स्वभाव भी विशिष्ट होगा। इसमें एक ओर तो विशेष गुणात्मक सम्बन्ध (सत्त्वोद्रेक) होंगे, तो दूसरी ओर एक विशेष सम्बन्ध-दशा (ध्यान, संविद्विश्रांति)। इसका मतलब यह हुआ कि जिस तरह भावकत्व द्वारा 'चरित्र' का **साधारणीकरण** होता है (ज्ञानपरक), उसी तरह भोगकृत्व द्वारा सामाजिक का भी **वैश्वकीकरण** हो जाता है (अनुभवपरक)। अतः भावकत्व एवं भोगकृत्व दो विभिन्न मानसिकताओं (ज्ञान, अनुभव) को एकतान करते हैं। सांख्यदर्शन के मुताबिक वस्तु या द्रव्य के प्रसंग में बुद्धि में गुणों की अनुभूति भोग है। इस तरह सुख-दुख-मोह भोग के ही प्रकार हैं। लेकिन सांख्यवादी रसभुक्तिवाद में वस्तुरूप एवं द्रव्यरूप चरित्र और भाव्यमान स्थायीभाव की सत्ता है। इसलिये यहाँ सुख-दुख-मोह का स्थूल भोग नहीं होगा; और न ही लोकव्यवहार वाली त्रिगुणात्मक अनुभूति होगी। यहाँ क्या होगा, इस विषय में भट्टनायक तो खामोश हैं क्योंकि उनका कोई ग्रन्थ उपलब्ध नहीं है। लेकिन अद्वैतवादी अभिनवगुप्त तथा मम्मट ने अपनी दार्शनिक प्रतिबद्धताओं से भट्टनायक की स्थापनाओं को मोड़ दिया है। भट्टनायक की दिशा स्पष्ट है: उन्होंने 'सत्वो-

द्रेक' पर जोर दिया होगा। सत्वगुण 'सुख' परक है, सुख में 'लघुत्व' होता है और सुख वस्तु के 'प्रकाशित' होने पर अनुभूत होता है। अतएव सत्वोद्रेक में सुख एवं प्रकाश जुड़ सकता है। किन्तु नाट्य में वस्तु के बजाय वस्तुरूप प्रकाशित अर्थात् सिद्ध (revealed) होती है इसलिये प्रकाश के साथ 'आनंद' [सुख की नहीं] की धारणा जुड़ी। सुख⇌प्रकाश के युगल के बजाय आनंद ⇌प्रकाश युगल ग्रहण हो गया। 'आनंद' की धारणा का जिक्र अभिनवगुप्त तथा मम्मट दोनों ने किया है। लेकिन निश्चित ही अभिनवगुप्त ने अद्वैत की आधारभूमि पर विशुद्ध चैतन्य को लोक, लौकिक ज्ञान एवं लौकिक सुख-दुख मोहादि से परे 'आनंदघन' माना है। सांख्यवादी भट्टनायक का इस भाँति का प्रयोजन नहीं हो सकता। सत्त्वोद्रेक 'अभिव्यक्त' (वस्तुरूप से भावरूप) में गुणों का परस्पर संबंध है। सांख्य किसी एक वस्तुरूप में एक गुण को आधिकारिक तथा शेष दो को 'अभिभाव' 'जनन' 'आश्रय' एवं 'मिथुन' संबंध से संचालित मानता है। ये शेष गुण भी रहते जरूर हैं। अतः बुद्धि में सत्व का आधिपत्य (सत्वोद्रेक) रजस् एवं तमस् का **अभिभाव** (अभिव्यक्ति को बाधित करना) कर सकता है; वस्तुरूप को **आश्रय** (साधारणीकृत) रूप में प्रकाशित कर सकता है; और रजस् एवं तमस् के साथ **मिथुन** संयोग भी कर सकता है। अर्थात्, वस्तुरूप एवं भावरूप का क्रमशः द्रवीमान, विस्तार तथा विकास भी कर सकता है। इसीलिये सांख्यवादी मानते हैं कि सत्त्वगुण के आधिपत्य के कारण – और शेष दो गुणों के जनन एवं आश्रय एवं मिथुन संबंध से – दुख एवं मोह का भी **भावरूप** (भाव्यमान स्थायीभाव रूप) में 'भोग' हो सकता है; सुख भी दुख या मोह उत्पन्न करता है (जनन); एवं दुख में भी सुख हो सकता है। इसी विस्तृत भूमिका पर हम भट्टनायक की 'भोगकृत्त्व' की धारणा को समझ सकते हैं। यह एक निर्विशेष चेतनात्मक अनुभव (साधारणीकृत स्थायीभाव का) है। यह निर्विशेष अनुभूत दशा (सांख्य शब्दावली में) 'जीवन्मुक्ति' है। अतः हमें यह लगता है कि इस निर्विशेष सुखानुभव का 'आनंद' नाम तो अभिनवगुप्त ने दिया है – क्योंकि 'जीवन्मुक्ति' की धारणा को भी उन्होंने अद्वैत-परिभाषा में ढाल दिया है : 'सत्त्वोद्रेकप्रकाशानन्दमय **निजसंविद्विश्रान्ति** लक्षणेन **परब्रह्मास्वाद**सविधेन भोगेन परं भुज्यत इति'। मम्मट ने विश्रांति के सातत्य की बात कहकर 'परब्रह्मास्वादसविधेन' का इस्तेमाल नहीं किया है। अतः हम भट्टनायक को अद्वैतवादी अभिनवगुप्त की लोचन-भारती से ही देख सकने को मजबूर हैं। किन्तु हम यह भी जानते हैं कि भट्टनायक सांख्यवादी थे, तथा यह भी कि, सांख्य में योग का मेल होता चला गया। फलतः 'जीवन्मुक्ति' को 'परब्रह्मास्वादत्व' से स्थानांतरित कर दिया गया। यह भी कहा जा सकता है कि भट्टनायक ने सांख्य तथा अद्वैत के

संयुक्त दृष्टिकोण का आधार लिया है। लेकिन पहले तो स्वयं भट्टनायक 'ध्वनिध्वंसग्रंथ' के प्रणेता हैं, दूसरे उनकी व्याख्या में अद्वैत की परमप्रेयान् धारणाओं [जैसे 'भ्रान्ति' विवर्त, 'परमार्थ' आदि] की झलक तक नहीं मिलती। इसलिये हम उनके सिद्धान्त के केवल इस तीसरे चरण के आधार पर यह एकांगी फैसला नहीं ओढ़ सकते। हम यही समझते हैं कि इन अद्वैतवादी सुरों का मेल उन्होंने नहीं किया होगा। उनका सीधा मतलब तो इतना ही है कि 'भोगकृत्व' के द्वारा भावित या साधारणीकृत स्थायीभावों का 'भोग' [सांख्य संदर्भ में] अर्थात् सौंदर्यबोधानुभव होता है। 'गुण' एवं 'भोग' की सांख्यवादी भूमियों पर हमने यह दिग्दर्शन कराया भी है।

इस तरह मध्यकालीन सामाजिक-सांस्कृतिक संदर्भ में 'साधारणीकरण' की आवश्यकता की अनुभूति एक महत्तम सौंदर्यतात्त्विक अन्वेषण सिद्ध हुई— 'रस' के पश्चात्। हनुमान के अलौकिक करतब, भीम की अतिमानवीय ताकत, रावण का सीता के प्रति अनुराग आदि दशाएँ एक ओर तो अधिमानवीय एवं अतिप्राकृतिक थीं तथा दूसरी ओर दैनंदिन अनुभवों तथा मर्यादाओं से परे थीं। अतः वे अव निर्मल एवं वैचित्र्यमूलक थीं 'नर्मिल' (नार्मल) और साधारण (नहीं)। इसलिए उनके बोध में निषेधत्व (negation) उदित हुआ। यह निषेधत्त्व 'आश्चर्य' तथा 'आतंक' (wonder, terror) की रम्य दशाएँ उत्पन्न करता है किन्तु यह असामान्य है। अतएव आश्चर्य को उदात्त में, तथा आतंक को आह्लाद में रूपांतरित कर दिया गया। साधारणीकरण के भावन द्वारा यह बोध उदात्त आह्लाद बन गया। इसके अलावा साधारणीकरण की भाषातात्त्विक समस्या भी खुल गई। विशेषतया, क्रियाविशेषण तथा क्रिया तो स्वयं ही साधारणधर्मा होते हैं। प्रश्न केवल संज्ञा का बचा। व्यक्तिवाचक संज्ञा (और कहीं-कहीं सर्वनाम) के अभिधानरूप को जातिवाचक संज्ञा में भावित किया गया, और अंततः उसे भाववाचक संज्ञा में विशुद्ध (भोग्य) कर दिया गया। इस तरह भट्टनायक दोनों दिशाओं से वैचित्र्य को रम्य बनाने में कामयाब हुए।

आधुनिक सौंदर्यबोधत्व में भी आश्चर्य (wonder) तथा आतंक (awe) की दशाओं से शुरुआत होती है लेकिन आधुनिक बोध वैचित्र्य को 'रहस्य' (फान्तासी, अंधकार आदि) में संवर्धित करता चला जाता है। आधुनिक बोध का आत्मनिर्वासन (सेल्फ-एलियेनेशन) भाव भी आश्चर्य को 'विसंगति' (absurdity) में तथा आतंक को अमानवीयकरण (de-humanization) में रूपांतरित कर देता है। इस तरह 'आश्चर्य' एवं 'आतंक' ने मनुष्य के सौंदर्यलोक और मनोजगत् को कई प्रकार से प्रशिक्षित किया है। इस भूमिका पर भट्टनायक की महानता का असली अनुमान होता है।

यहाँ हम पुनः भट्टनायक के काव्य-नाट्य-बोध-श्लेष-न्याय के कारण 'भोगकृत्त्व' तथा 'व्यंजना' की तुलना कर सकते हैं। 'भोग' तथा 'व्यंजना' शब्द अर्थ की दृष्टि से अन्नपाक से ग्रहीत हैं। हमें यह मालूम है कि अन्न से ही 'भोग' एवं 'रस', विपाक (कर्मविपाक) एवं परिपाक (रसपरिपाक) आदि लिये गए हैं। हमें यह भी पता है कि काव्य में स्थायीभाव को व्यंजना ही 'व्यंजित' करती है जो अभिधाश्रित तथा लक्षणा से भिन्न है। आगे की भांति व्यंजना भी अर्थज्ञान से आगे/परे परिचालित होकर अनुभूति-अभिव्यक्ति-क्षेत्र को छू लेती है। अभिनवगुप्त ने तर्क देते हुए कहा है कि जब 'निज संकट एवं मोह के निवारण' की बात कही जाती है, तब यह स्पष्ट लक्षित हो जाता है कि 'सत्त्वोद्रेक' हो गया; और सत्त्वोद्रेक साधारणीकरण का परिणामी-कारण है। अतः व्यंजना के द्वारा भावकत्व तथा भोगकृत्त्व की असार्थकता सिद्ध हो जाती है। अभिनवगुप्त आगे कहते हैं कि गुण, अलंकार तथा अभिनयादि भी चित्तविश्रांति कर सकते हैं। इसका उत्तर दिया जा सकता है। पहला यह कि शब्दशक्तिव्यापार में अभिधा-लक्षण-व्यंजना पृथक् पृथक् तथा क्रमिक भी हैं किन्तु भट्टनायक ने काव्यनाट्ययुगल-बोध में अभिधात्व-भावकत्व-भोगकृत्त्व को एकसूत्र तथा क्रमशः माना है; दूसरे 'ध्वनि' में अभिव्यक्ति के स्तर हो सकते हैं लेकिन भोग में साधारणीकृत स्थायीभाव के तर-तम स्तरों की संभावना नहीं है; तीसरे, व्यंजना काव्यगुणों पर आश्रित है जबकि भोग सामाजिक के अंतःकरण की त्रिगुणात्मकता पर, और चौथे व्यंजना में सहृदय का कवि के हृदय से समानता का लक्ष्य होता है जबकि भोग में सामाजिक का लक्ष्य अपने अतुलनीय चित्त का ही रूपान्तर है।

अंततः हम 'सामाजिक' की धारणा पर विचार कर सकते हैं क्योंकि अभिनवगुप्त ने 'सहृदय' की धारणा का अनुरंजन सांख्यसम्मत सामाजिक के आधार पर किया है। व्यक्तित्व (पर्सनालिटी) की मध्यकालीन धारणा में यह एक अनुपम नंदतिक क्रांति है — अंतर्मुखीकरण (subjectivization) की। भट्टनायक के सामाजिक की धारणा का आदर्श विश्रांत अर्थात् ध्यानलीन वैश्वक स्व (contemplative universal self) है जिसे 'पुरुष' कह सकते हैं, जबकि अभिनवगुप्त के सामाजिक का आदर्श राजगोष्ठियों में प्रतियोगिता वाला बुद्धिजीवी है जो प्रधानतया कवि से होड़ लेते हुए या तो उसकी अभिव्यंजना को हू-ब-हू ग्रहण कर लेता है अथवा उसके हृदय से तादात्म्य कर लेता है। इसे हम 'जीवात्मन्' के नजदीक ले जा सकते हैं। आनंदवर्धन ने रस को 'परब्रह्मास्वाद सचिव' (ध्वन्यालोक) कहा है और अभिनवगुप्त ने 'ध्वनि'-ध्वंसक भट्टनायक के भोगकृत्त्व प्रसंग में यही ध्वनिवादी विशेषण चिपका दिया। भट्टनायक ने सामाजिक की सौंदर्यतात्त्विक-

वृत्ति (aesthetic attitude) के विकास के तीन चरण माने हैं : (क) काव्यनाट्य में विभावादि का साधारणीकरण सामाजिक के निजनिबिड़ मोह (तमस्) एव संकट (रजस्) का निवारण करता है ; (ख) भाव्यमान स्थायीभाव सामाजिक में सत्त्वोद्रेक के कारण प्रकाशमय एवं आन्दमय होता है ; तथा (ग) इसके बाद यह सामाजिक में निजसंविद्विश्रांति तथा परब्रह्मा-स्वाद लक्षण वाले भोजकत्व के द्वारा रसत्वरूप में **भोगा** जाता है। भट्टनायक की सामाजिक संबंधी मूल कल्पना 'पुरुष' की धारणा से तुलनीय है क्योंकि अद्वैत योग में जो स्थान 'ब्रह्म' का है, सांख्य में वैसा ही 'पुरुष' का ; और क्योंकि हम मानते हैं कि अभिनव-गुप्त ने 'पुरुष' तथा 'परब्रह्म' की अदला-बदली कर डाली है। सांख्य के अनुसार विकास (प्रकृति द्वारा 'सृष्टि') का प्रयोजन 'पुरुष' द्वारा **भोग** है ; लेकिन वास्तविक प्रयोजन तो पुरुष की **मुक्ति** है। इस तरह एक साथ ही मुक्ति एवं भोग का सहअस्तित्व नाटकीय द्वंद्व-दशा के बेहद मुआफिक सिद्ध हुआ—त्रासदी (करुण) के लिये, तथा कामदी (श्रृंगार) के लिये। पहले तो यह अंतर्विरोध 'योगी' तथा 'सामाजिक' की तुलना द्वारा हल किया गया। कहा जा सकता है कि 'योगशक्ति' तथा 'भोजकत्व' (भोगशक्ति) दोनों में सत्त्वगुण की प्रधानता होती है अर्थात् योगी की 'ध्यान-धारणा' और सामाजिक के 'भोगकृत्व' में कतिपय समानताएँ हैं : दोनों ही सुखाकार हैं, दोनों ही बाह्यता से विमुख करते हैं, दोनों ही जड़ता एवं चंचलता से मुक्त होते हैं। लेकिन इस तुलना के माध्यम बेहद अलग हैं : योगी की नित्य दिव्यदृष्टि तथा सामाजिक की अनित्य रंजित दृष्टि की समानता नहीं है, योगी के कारणकार्य क्षेत्र तथा सामाजिक के कार्यकारणक्षेत्र भी अलग हैं। अत: 'भोग' एवं 'ब्रह्मानंद' का यह समीकरण समीचीन नहीं है यद्यपि परवर्ती काल में यही स्वीकार्य हुआ। अतएव हम 'पुरुष' की धारणा की ओर पुनः मुड़ते हैं। जिस तरह सांख्य में भूत या पदार्थ (मैटर) में चिरंतनगति है, उसी तरह पुरुष भूत या पदार्थ से चिरंतनतः निर्लिप्त है। अतः प्रकृति के तत्वों में सत्त्व एवं बुद्धि के रहते हुए पुरुष की भूमिका एक अंतर्विरोध है। इस अंतर्विरोध को मध्यकालीन 'नि:श्रेयस्' द्वारा हल किया गया है अर्थात् पुरुष निर्लिप्त, निष्क्रिय, तथा **निर्गुण**—''उदासीन''—है। यह भी माना गया कि सृष्टि का प्रयोजन पुरुष की **मुक्ति** भी है यद्यपि पुरुष इसका **भोग** भी करता है। पुरुष का बिंब प्रकृति पर पड़ता है, वह भी उसके स्वभाव से ही है। अत: सृष्टि प्रकृति का स्वभाव है, तो बिंब पुरुष का। प्रकृति पर **बिंब** डालने के कारण पुरुष पर भी बुद्धि के स्वरूप का 'आभास' या **प्रतिबिंब** पड़ता है। अतएव एक ओर पुरुष भोग करता है तो दूसरी ओर बुद्धि पुरुष को मुक्त भी करती है। बुद्धि में वस्तुरूप का बिंब तो 'वृत्ति' है किन्तु

पुरुष का बिंब 'भोग'। इसी दृष्टांत के आधार पर भट्टनायक ने 'सामाजिक' की धारणा की प्रेरणा पाई।

नाट्य में भावरूप में भोग होता है तथा सामाजिक में सत्त्वगुण का उद्रेक रहता है। अतएव सौंदर्यतात्त्विक भोग विलक्षण होगा। सामाजिक भी त्रिगुण-बंधनों से क्रमशः मुक्त होता है, वस्तुरूप को भावरूप में भोगता है और क्रमशः मोह एवं दुःख का निवारण करता हुआ सुख के प्रकाश में प्रतिबिंबित होता है। भाव्यमान स्थायीभाव का वह भोग करता है तथा भोगकृत्त्व उसे 'जीवन्मुक्त' जैसा बना देता है अर्थात् वह स्थूल शरीर को धारण कि हुए भी 'अविचल बुद्धि' तथा 'शुद्ध सत्त्व वाला' हो जाता है जिसे काश्मीरीय अद्वैत शैवदर्शनवादी अभिनवगुप्त ने 'संविद्विश्रांति' कहा है। इसीलिये वेदांत और काश्मीरीय अद्वैतशैवदर्शन में इस स्थिति में "ईश्वर" का समावेश हो जाता है जिसकी बुद्धि की उपाधि 'शुद्धसत्त्व' होती है। सामाजिक को नाट्य सृष्टि का उद्देश्य —'रसत्व' पता लग जाता है। अतः वह विवेक बुद्धि प्राप्त कर लेता है। अतः विवेक बुद्धि से पूर्ण 'सामाजिक' सशरीर ही नाट्य जगत् में उदित भाव्यमान स्थायीभावादि का भोग करता है। सांख्य में मूलतः मन के धर्म (संकल्प-विकल्प) के त्याग के उपरान्त ही 'भोग' की भूमिका प्रस्तुत होती है। लगता है कि भावकत्व में वस्तु (पात्र, नट, रंगमंच) से संवेदना (तन्मात्रा) को मुक्त किया जाता है, तो भोगकृत्त्व या भोजकत्व में विवेक को बुद्धि के धर्म एवं वृत्ति से। अतः काव्य-नाट्य में भोग्य जगत के बजाय स्थायीभाव का भावरूप अर्थात् 'भाव्यमान स्थायीभाव' हो जाता है। अतएव इस बात को स्पष्टतः जान लेना चाहिए कि न तो योग में, और न ही सांख्य में, भोग अहंकार का धर्म नहीं है; बल्कि बुद्धिपूर्ण अहंकार का धर्म है। भोग वृत्ति का आवरण धारण करता है और अहंकार को अहंकारातीत करता है। सांख्य में यह विकास क्रम का अंतिम कारण है जो महत् से आरंभ होता है। अतः भोग (कारण) की परिणति 'मुक्ति' (कार्य) में होती है। अतः भट्टनायक ने सामाजिक के व्यक्तित्व के आहरण तथा आलोक मंडल में 'वृत्ति' (अभिधा), 'भाव' (भावकत्व) एवं 'भोग' (भोजकत्व) का ही समाहार किया है। भट्टनायक ने भी भोग और मुक्ति को भोजकत्व द्वारा मिलाया है—एक ओर सामाजिक के त्रिगुणात्मक संबंधों में सत्त्व का आधिपत्य, तथा रजस् एवं तमस् का अभिभाव, जनन, मिथुन एवं आश्रय संबंध है, (जीवन्मुक्ति); तो दूसरी ओर उसमें अंततःकरण के अंतर्गत रूपांतरण होता चलता है जिसमें इंद्रिय, मन एवं अहंकार की अपेक्षा विवेक बुद्धि का आधिपत्य हो जाता है। अतएव **सत्त्व की प्रधानता** एवं **विवेक बुद्धि का आधिपत्य** ही भोग के धर्म हैं। अभिनवगुप्त ने इन्हें अपनी प्रतिबद्ध दार्शनिक परिभाषाओं में क्रमशः 'परब्रह्मास्वादसविध' और 'निज-

संविद्विश्रांति' कह डाला है। अस्तु। भट्टनायक द्वारा 'सामाजिक' के भी उपर्युक्त "साधारणीकरणसाम्य" में सांख्यवादी व्यक्तित्व की मनोदार्शनिक संरचना हुई है। यह तो हाथ-कंगन की तरह स्पष्ट है कि अभिनवगुप्त द्वारा प्रस्तुत 'सहृदय' की अद्वैतशैववादी धारणा पर भट्टनायक का जबर्दस्त प्रभाव पड़ा है।

अब अंततः हम भट्टनायक प्रणीत रससूत्र के भाष्य का परिणाम दे सकते हैं —

"भावकत्व के द्वारा अभिधापरक (अर्थात् वृत्तिमूलक) विभावानुभाव-संचारी या गुण 'अलंकार' रीति आदि का साधारणीकृत **ज्ञान** होता है। तदुपरांत भोज्य-भोजक-भाव से भोजक विभावादि एवं भोज्य स्थायीभाव का संबंध होता है। भोजकत्व के द्वारा भाव्यमान भोज्य स्थायीभाव का रसरूप में—विवेकबुद्धि के द्वारा—**भोग** होता है। इस भोग में सत्त्वोद्रेक से आलोक एवं रससुखाकार, विवेकबुद्धि की प्रधानता से जीवन्मुक्ति विधेयता होती है।' अभिनवगुप्त के अनुसार, 'भोग होता हैं ··,' के पश्चात् यह होना चाहिए : 'इस भोग में सत्त्वोद्रेकपरक प्रकाश एवं आनंद उदित होने पर निजसंविद्विश्रांति तथा परब्रह्मास्वादविधेयता होती है।' अस्तु।

निष्कर्षरूप में हम कह सकते हैं कि भट्टनायक ने एक काव्यनाट्यभाषा की रचना की कोशिश में ही अभिधा के अलावा भावकत्व एवं भोजकत्व जैसी दो अतिरिक्त शक्तियों का समावेश किया और हम उन्हें सार्थक मानते हैं। उन्होंने 'सामाजिक' के व्यक्तित्व की जिस धारणा का प्रणयन किया वह सांख्य के 'पुरुष' से संचालित थी। 'विश्रान्ति' एवं 'आनन्द' की शैवाद्वैतपरक धारणाएँ आनंदवर्धन की हैं जिन्होंने रसभुक्तिवाद में उनका समावेश कर दिया है। भट्नायक आद्यंत सांख्यवादी ठहरते हैं—न तो वे वेदांतवादी हैं, और न ही अन्य कोई। भट्टनायक ने साधारणीकरण के सिद्धान्त द्वारा आयोजनपरक कलाओं (Performing arts) का अपना तर्कविधान पहचाना। उन्होंने कला को ज्ञान-चक्र से आगे ले जाकर 'भाव'-चक्र तथा अनुभव-चक्र से भी परिचालित किया; और उन्होंने रसभोक्ता सामाजिक तथा रसस्वामी के बीच भेद कायम रखा। यही उनकी एक कमी है जिसे अभिनवगुप्त ने अपने ढंग से सुलझाया। भट्टनायक ने भी रस की वस्तुपरक सत्ता क़ायम रखी। वे नट-पात्र के अंतर्विरोध से जूझते रहे हैं भी इसका समाधान साधारणीकरण एवं भावकत्व द्वारा किया है। उन्होंने सामाजिक को भी सामान्यीकृत करने की दिशा में सत्त्वोद्रेक तक कदम बढ़ाया है। उन्होंने करुण तथा भयानक के अनुभव की समस्या का भी समाधान प्रस्तुत किया। किन्तु त्रिगुणात्मक जाल ने भट्टनायक के बाद अद्वैतवाद के आदर्श में पनाह

ली। 'शरीर-मस्तिष्क इकाई' में ही सुख-दुख-मोह प्रस्थित हैं। इनसे मुक्ति तो शरीरनाश से ही होती है। इस भौतिकवादी चिंतन को मोड़ देने के लिये पुरुष की धारणा को इतना तूल मिला कि वह 'ईश्वर' 'ब्रह्म' 'परमशिव' आदि में परिणत हुई। इस 'पुरुष' को सुख-दुख-मोहादि से मुक्त कर दिया गया, भूत और जगत् से निर्लिप्त करके मात्र 'चैतन्यरूप' बना दिया गया, तथा लौकिक ज्ञान और लौकिक सुख से अतीत करके 'तुरीयचित्त' एवं 'आनन्दघन' बता दिया गया। पुरुष 'नित्य' भी माना गया। इस तरह प्रमाण एवं जागृति एवं यथार्थ की निश्चयता को घटिया दर्जा मिला, और ज्ञान की परिणति दुख से निवृत्ति होकर 'अलौकिक' आनन्द हुई। यह एक बड़ी भारी तब्दीली है जिसने सौंदर्य-तत्त्व की परिणति भट्टनायक कृत 'भोग' से हटाकर अभिनवगुप्त प्रणीत 'आनन्दवाद में कर दी।' ●

६. अभिनवगुप्त : मिथकदर्शन के रूप में कलाप्रतीक
(Art-Symbol as the Mythic Philosophy)

शैवाद्वैतवादी अभिनवगुप्त (ई० प० ९६० से ११-वीं शती का पूर्व-चतुर्थ) भरतकृत रससूत्र के चौथे व्याख्याकार हैं। भारतीय सौंदर्यबोध-शास्त्रीय परंपरा में वे जर्मन निर्विकल्पवादी हीगेल (—१७७०-१८३१) की तरह हैं। उन्होंने भी अपने न्याय के मुताबिक त्रिकदर्शन के द्वंद्वन्याय का प्रयोग किया, और निर्विकल्प ज्ञान (परमशिव तत्व) से लेकर मात्रा (भूत) तक के छत्तीस तत्त्वों (केटेगरीज़) को उसी तरह गिनाया जैसे कि हीगेल ने अपनी 'एंसाइक्लोपीडिया' में मात्रा से निर्विकल्प ज्ञान तक की अन्तःश्रेणियाँ तय कीं। अभिनवगुप्त को अहम फ़ायदा यह हुआ कि उन्होंने बौद्धों के शून्य एवं क्षणिकवाद का, वेदांतियों के मायावाद का, सांख्यों के परिणामवाद का, तांत्रिकों के सुखभोगवाद का अपनी अद्‌भुत प्रतिभा के द्वारा—बकौल उनके, 'संशोधन' द्वारा—समन्वय कर डाला। अभिनवगुप्त की महानता का, उनकी मुमताज़ शख्सियत का महामंत्र यही है। उन्होंने तर्क की दोनों—आदर्शवादी [परमशिवतत्व से लेकर माया तक] एवं यथार्थवादी [प्रकृति से लेकर भूततक]-व्यवस्थाओं का भरपूर व्यवहार ही नहीं किया, अपितु उनका सृजनात्मक विकास भी किया। आदर्श एवं कल्पना की भूमियों पर ऊँची परवाज़ करनेवाले अभिनवगुप्त को एक कीमत भी चुकानी पड़ी। क्योंकि उनके पूर्ववर्ती आचार्यों के दार्शनिक कोषों में 'कल्पना' भ्रांति, स्मृति, संशय, मिथ्या आदि नामों से जुड़ी थी, अतः उनका 'शैवाद्वैत' या 'त्रिक' दर्शन स्वयं ही एक काल्पनिक आधेय [माया से परमशिवतत्त्व तक] पर खड़ा होने के कारण उनका (अभिनव का) आधार बन गया। त्रिक में इस आदर्शपरक यथार्थता का नाम 'आभासवाद' दिया गया। फलस्वरूप भट्‌टलोल्लट से भट्‌टनायक तक जिस ज्ञान की समस्या का अनुसंधान—नाट्य, एवं काव्यनाट्य के माध्यम से—होता चला आ रहा था, उसे अभिनवगुप्त ने पर्याप्त विश्रांत कर दिया और एवज़ में समाधिभूत अनुभव की अभिव्यक्ति के सूक्ष्म एवं अमूर्त (abstract) स्तर प्रतिस्थित किये। अतएव अब हमें प्रमाण, परिणाम, अनुमान, कार्यकारण आदि शब्दावलियों के स्थान पर 'प्रतिभा' 'वासना-संस्कार' 'प्रकाश' 'तादात्म्य', 'अभिव्यक्ति' जैसी अनुभवावेष्ठित परिभाषाएँ मिलने लगीं। चाहे अभिनवगुप्त हों अथवा हीगेल अथवा संत आगस्ताइन, सभी के विश्व-निर्विकल्पादर्शवादी दर्शन हमेशा अमूर्तीकरणों एवं निर्विकल्पों में विश्रांति पाते हैं और ठोस यथार्थता का विलयन करते चले जाते हैं। अतएव अभिनवगुप्त के संशोधनों में स्वयप्रकाश मौलिकताएँ भी हैं और निर्विकल्पवादी विसंगतियाँ भी!! अन्य निर्विकल्पादर्शवादी (Absolute Idealistic) दार्शनिकों की तरह

उन्होंने भी ज्ञानानुभव— प्रतिभा (कवि) एवं तादात्म्य (आशंसक)—का एक अमूर्त तर्कशास्त्र (Abstract Logic) रच डाला जो प्रत्यक्ष ज्ञान की सभी अन्त:श्रेणियों या केटेगरीज़ से परे ('परा') है। आदर्शवाद की ओर मुड़ने की शुरूआत सांख्यवादी भट्टनायक ने ('भोग' में) की थी, किंतु अभिनवगुप्त ने निर्विकल्पवाद (एब्सोल्यूटिज़्म) तक को कदम से नाप डाला। क्योंकि शैवाद्वैतदर्शन में सांख्य का भी समावेश हुआ है अतएव अभिनवगुप्त ने, भट्टनायक की समृद्ध सौंदर्यशक्तियों की भूमि से, सामाजिक, साधारणीकरण, सत्त्वोद्रिक्त सुख, रसानुभव आदि की कई स्थापनाओं को ग्रहण करके उन्हें संशोधित किया। अभिनवगुप्त ने भी भट्टनायक की कदमगोई करके काव्य एवं नाट्य, दोनों के लिये एक समान सौंदर्यबोध निर्मित करने की एक लचीली कोशिश की। वस्तुत: पहले पहल उन्होंने ही नाट्यरस और काव्यरस को पृथक्-पृथक् करके 'काव्यरस' की ही शीर्षस्थ प्रतिष्ठा की। उन्होंने 'नट' का पूर्ण विसर्जन कर दिया, जबकि भट्टनायक उसे छायानाटकवत् या रेडियोनाटकवत् (छायात्मक, या शब्दात्मक) सूक्ष्म सत्ता पर उतार लाये थे। इसलिये अब पात्र एवं सहृदय के बीच—ज्ञान की अपेक्षा—'हृदयसंवाद' का सवाल प्रधान हो गया। इसके साथ 'ध्वनि' का समर्थन करके भी अभिनवगुप्त ने काव्य का ही अभिषेक किया। अत: अंततोगत्वा 'काव्यरस' की ही चर्चा एवं चर्या का बोलबाला हुआ जो मम्मट से लेकर (धनंजय को छोड़कर) पंडितराज जगन्नाथ तक कामयाब रही।

प्रत्यभिज्ञानवादी अभिनवगुप्त पर भट्टनायक की सृजनात्मक प्रतिमा का जबर्दस्त संघात रहा, और मानों इसके अपसार के लिये ही उन्होंने 'ध्वनि' की भूमि से भट्टनायक प्रणीत 'भावना' एवं 'भोग' नामक दो नई शक्तियों पर प्रहार किया। अपने गुरु भट्टतौत से भरत के 'नाट्यशास्त्र' को पढ़ने के कारण उन्होंने भट्टनायक की भोगपरक कमी—(रस का संबंध किसके भावों से है—पात्र के, या नट के, या सामाजिक के ?)—को भी अपनी अद्‌भुत प्रतिभा के द्वारा पकड़ लिया। जिस तरह भट्टनायक ने 'रसानुमिति' की कमियों को समझकर 'रसभुक्ति' की स्थापना की थी, उसी तरह अभिनवगुप्त ने रसभुक्ति की कमियों को पकड़कर 'रसाभिव्यक्ति' की स्थापना की। अत: दोनों ही भूमियों पर अभिनवगुप्त भट्टनायक से ही प्रतियोगिता में व्यस्त नज़र आते हैं। वे भट्टनायक के प्रतिभा-सूर्य का सामना अपने निर्विकल्प (परमशिव) की भूमि पर करते हैं जहाँ सांख्यवादी भट्टनायक गए ही नहीं (भट्टनायक को वेदांती मानने का हम यथाप्रसंग खंडन कर चुके हैं)। अभिनव ने भरत से 'रस', और आनंदवर्धन से 'ध्वनि' लेकर दोनों का ऐसा प्रपानक-संशोधन किया है कि रस काव्यगत, तथा ध्वनि व्यंजनापरक हो गई। कान्तिचंद्र पांडेय ने अभिनवगुप्त

के बौद्धिक विकास के तीन तत्समकालीन चरणों को लेकर बताया है कि 'तंत्रालोक' अंतिम अध्याय से उनके नवीन रुझान का पता लगने लगता है। वे काव्यरसिक होने को उन्मुख हैं। वे रंगों, स्वादों और मदिरापान की अलमस्तियों का सजीव वर्णन करते हैं ; नागर रमणियों की मुख-शोभाओं, क्रीड़ाओं, हावभावों आदि का वर्णन करते हैं; काम के चमत्कारों एवं अपनी प्रिया वितस्ता नदी की प्राकृतिक सुषमा का वर्णन करते हैं; आदि आदि। इसके तुरन्त बाद वे अपने विकास के आलंकारिक चरण में दाखिल होकर 'ध्वन्यालोक' का प्रणयन करते हैं। तदुपरांत जब वे अपने विकास के तीसरे दार्शनिक चरण में आते हैं तब 'अभिनवभारती' के माध्यम से रसचर्चा भी करते हैं (दे० 'Abhinavagupta' pp. 36, 1935)।

उनकी रचनात्मक प्रतिभा के निर्माण का एक और अछूतास्रोत काश्मीरीय इतिहासलेखनशास्त्र है जो इतिहास-पुराण परंपरा से ही विकसित हुआ और तथ्य के बजाय 'आख्यान' पर बल देता रहा। सूतों की परंपरा ने भी आख्यानों एवं आख्यायिकाओं के माध्यम से ऐतिहासिक परंपरा का उन्नयन किया। इसके साथ—सूतों के वंशगायन, पौराणिकों के आख्यानगायन के बाद 'चरितों' की तीसरी विधि उभरी (बाणभट्टकृत 'हर्षचरित') जो इतिहास कटकर से दर्बार में संकुचित हो गई। वंश के बजाय चरित की ओर प्रयाण एक सामंतीय बोध तथा सम्राट्धर्मी (इम्पीरियल) अर्थरचना का भी प्रतिबिंब है। इसके फलस्वरूप राजकुमार, कवि, वंशावलीकार तथा राजसभाविद् की मैत्री ने नई कलात्मक सामंतीय रूढ़ियों को पल्लवित-पुष्पित किया। फलस्वरूप नये नये प्रकार के 'प्रतीकवाद' आविर्भूत हुए (दे० "Ancient Historians of India", विश्वभरशरण पाठक, पृ० २६. १९६६। फलतः नाम-रूप मय यथार्थता के स्थान पर एक शाश्वत् यथार्थता या सत्य की खोज शुरू हुई, और आख्यायिकाओं में ऐतिहासिक धारा के साथ-साथ मिथकीय धारा का मेल हो गया। अभिनवगुप्त को मध्यकालीन बोध की ऐसी त्रिवेणी विरासत में मिली। उनके समय में इतिहास और नाटक की मैत्री के बजाय मिथक और आख्यायिका की मैत्री हो रही थी। अतः वे नाट्रस के बजाय काव्यरस से सम्मोहित हुए। वे नाट्य इतिहासकार के बजाय कवि मिथककार हो गये : राम और शिव और शकुन्तला के स्थान पर परमशिव और शक्ति और माया की अन्वीक्षा करने लगे। अतः शैवाद्वैत के अनुसार इतिहास और सहृदय का उन्मीलन स्वीकृत हो गया।

काश्मीर के सम्राट् अवंतिवर्मन की (८५५-८८३) की सभा में आनंदवर्धन, मुक्तकण, रत्नाकर, शिवस्वामी, मंत्री मयंख जैसे दिग्गज सम्मानित हुए (बिल्हणकृत 'विक्रमांकदेव चरित VV ३३-३५)। सम्राट् स्वयं ही देवता

हो गये और कवियों ने उसकी दिग्विजय अथवा स्वयंवर को शिवशक्तियों की विविधताओं से तुलनीय बना दिया। इस तरह इतिहास भी मिथकीय हो गया; और मिथकीय कथाओं पर आगमों के प्रतीकों का आच्छादन हो गया। अभिनवगुप्त कृत मध्यकालीन सांस्कृतिक प्रतीकों की रचना के रहस्य इस प्रक्रिया में निहित हैं। वे आगमों के अनुसार भावों तथा धटनाओं का परिमेय-करण करते हैं। फलतः इतिहास और मनुष्य का दैवीयकरण (divinization) हो जाता है और तब कार्यकारणश्रृंखला के बजाय चमत्कार और उन्मेष, लौकिक के बजाय अलौकिक, मनुष्य के बजाय शिव आदि का सन्निवेश भी हो जाता है। हिंदू-राज्यतंत्र की छाया परमशिव की पाँच शक्तियों में पूर्णतः चंचल हो उठती है जहाँ मनुष्य की मनोवृत्ति पारलौकिक हो गई है। अतः अभिनवगुप्त ने अपने रसदर्शन में **काल के दर्शन, सामाजिक प्रक्रिया के आदर्श रूप** तथा **मनुष्य की चेतना के उत्कर्ष** को भी संयोजित किया है।

इसके उपरान्त बहुमुखी प्रतिभा वाले अभिनवगुप्त की रसचर्चाओं को समझने के लिये हम पहले काश्मीरीय शैवाद्वैतदर्शन की भूमिका प्रस्तुत करते हैं।

काश्मीरीय 'शैवाद्वैतदर्शन, या त्रिकदर्शन' या 'प्रत्यभिज्ञान' अथवा 'माहेश्वरदर्शन' काश्मीर में तंत्रमत की तरह पुराना है। 'राजतरंगिणी' में विष्णु, शिव एवं बुद्ध की समानांतर दार्शनिक प्रतिष्ठा के विवरण मिलते हैं जिसपर (नवीं शताब्दी से) शांकर वेदांत की भी प्रसारित छाया पड़ी। त्रिकदर्शन सांख्य से सर्वाधिक समन्वित हुआ है लेकिन इसमें पुरुष से लेकर प्रकृति तक पच्चीस 'तत्व' उल्टे क्रम से शामिल हैं जिससे यह 'परमशिवकारणवादी' हो गया और प्रस्थानत्रयी (ब्रह्मसूत्र, भगवद्गीता एवं उपनिषदें) की भाँति आगमों पर आश्रित हुआ। त्रिकदर्शन के अन्तर्गत सांख्यदर्शन के तत्वों को, बौद्धदर्शन के क्षणिकतावाद को, और वेदांत के मायावाद को थोड़ा संशोधित करके स्वीकार किया गया।

भौतिक जगत् के विकास में चेतना के अभ्युदय की जो यथार्थवादी धारा चली आ रही थी, उसे अद्वैतवाद में मंजूर करना नामुमकिन था क्योंकि इसमें एक ओर प्रकृति के बजाय चेतन ब्रह्म को प्रथम कारण स्वीकार किया गया, तथा दूसरी ओर भौतिक जगत् एवं चैतन्य के बीच के द्वैत को समाप्त करके अद्वैत कायम करने के लिये भौतिक जगत् अर्थात् सृष्टि को 'मिथ्या', 'माया' या 'भ्रांति' घोषित किया गया जिससे इंद्रियातीत चेतनाएँ (जैसे सुषुप्ति, तुरीया, समाधि) ही प्रमाण होती गईं। अब पुरुष एवं प्रकृति के संबंध भी 'उदासीन' के अलावा 'लीलामय' हो गए अर्थात् पुरुष स्वयं को पहचानता है और उस पर प्रकृति का प्रातिभासिक प्रतिबिंब नहीं पड़ता और इसलिये वह 'लीला' (क्रीड़ा) करता है। अद्वैत वेदांत तथा शैवाद्वैत दोनों

में ही प्रकृति 'माया' कहलाई; और पुरुष 'ब्रह्म' अथवा 'परमशिव'। जब ब्रह्म और माया का सन्निकर्ष होता है तब वह 'सगुणब्रह्म' [प्रकृति के त्रिगुणात्मक होने के कारण, अथवा माया के कंचुकों से आच्छादित होने के कारण] या 'संसारी पुरुष' हो जाता है। सगुण ब्रह्म को ही 'ईश्वर' कहते हैं अथवा 'महेश्वर'। वेदांत के अंतर्गत ब्रह्म का ईश्वररूप विद्यामाया से, तथा जीवरूप अविद्यामाया से संबंध रखता है। यह 'माया' कहाँ से आयी और इसने चैतन्य को कैसे घेर लिया—इन प्रश्नों का जवाब शांकर वेदांत के बजाय त्रिकदर्शन में भी अधूरा ही दिया गया। इसके स्पष्टीकरण के लिये हमें सांख्य भूमि पर चलना होगा। सांख्य का पुरुष **चैतन्य** स्वरूप है, जबकि वेदांत का ब्रह्म **चैतन्य** एवं **आनन्द** स्वरूप भी है। शैवाद्वैत में परमशिव अपनी ही माया-शक्ति अर्थात् शिवा के द्वारा अपने को पाँच प्रकार की अज्ञान-सीमाओं ('कंचुकों') में ढाँककर 'पुरुष' हो जाता है। शरीर या भूत से तादात्म्य करने पर यही 'देहप्रमाता' तथा लयावस्था में होने पर 'प्रलयाकल' कहलाता है। अनेक प्रकार के 'मलों' से शुद्ध होता हुआ व्यक्ति [संसारी पुरुष] 'शुद्धविद्या, अथवा 'महामाया' का वैश्वक अनुभव करता है। सांख्य के अंतर्गत पुरुष अप्रमाणित या 'उदासीन' रहता है जबकि प्रत्यभिज्ञान में वह कुछ दशाओं में प्रभावित भी होता है। इसी क्रम में हम अंतःकरण की बुद्धि, अहंकार तथा मनस् संबंधी धारणाओं को ले सकते हैं। बुद्धि के अंतर्गत सांख्य एवं त्रिक दोनों ही यह मानते हैं कि एक ओर पुरुष का प्रकाश, तथा दूसरी ओर प्रमेय का प्रतिबिंब पड़ता है। लेकिन सांख्य के अनुसार शुद्धपुरुष बुद्धि पर बिंब (प्रकाश) डालता है, तथा त्रिक के मुताबिक यह बुद्धि आणव एवं कार्म मलों से प्रभावित है; सांख्य के मुताबिक बुद्धि अवस्तुपरक अर्थात् ''असंवेद्य' है लेकिन त्रिक के अनुसार यह विद्या का साधन तथा ज्ञेय, दोनों है। अहंकार को दोनों ही बुद्धि से उत्पन्न मानते हैं। यह सीमित करता है। मनस् अहंकार से उत्पन्न है। यह संवेदना, प्रत्यक्षीकरण आदि के लिये जिम्मेवार है। इसके बाद दोनों ही दर्शन ज्ञानेंद्रियों, कर्मेंद्रियों, तन्मात्राओं तथा भूतों को एक-समान मानते हैं। लेकिन एक बुनियादी फर्क हो गया है : सांख्य में प्रकृति से सभी तत्वों की अभिव्यक्ति होती है, लेकिन त्रिक में यह कार्य 'परमशिव' से संपादित होता है जिससे ज्ञान प्रत्यक्ष न होकर 'प्रत्यभिज्ञ'—केवल आन्तरिक संकल्प से निर्णीत—हो गया। अब वस्तु या प्रमेय की सत्ता **वहां** न होकर चैतन्य से **यहाँ** अवभासित (प्रकाशित) होने लगी। प्रत्यक्षीकरण के सिद्धांत में यही बुनियादी परिवर्तन प्रत्यक्ष के बाद 'आभासवाद' की स्थापना करता है। यही पुरुषतत्व से संबद्ध मनोदैहिक धारणा है।

'प्रकृति' के संदर्भ को लेने पर हम देखते हैं कि त्रिक ने इसे 'माया'

की भी संज्ञा दी है। मूलतः इसकी साम्यावस्था पर ही जोर दिया गया है। वेदांत में माया अनादि एवं स्वतन्त्र भी है लेकिन त्रिक में यह स्वतन्त्र नहीं और 'चिन्मय जगत्' में यह भिन्न भी नहीं है। सांख्य में प्रकृति प्रधानकारण तथा अव्यक्त है तथा 'सृष्टि' उसका स्वभाव है, लेकिन त्रिक में सृष्टि परमशिव की उन्मीलन (निद्रा से जागने जैसा) मात्र है। अतः सृष्टि प्रकृति का 'स्वभाव' न होकर चिन्मय परमशिव की 'लीला' (क्रीड़ा) हो गई—प्रयोजन रहित क्रीड़ामात्र ! शांकर वेदांत में माया अज्ञान भी है तथा ब्रह्म के अधीन नहीं है क्योंकि **ब्रह्म** शुद्ध, साक्षी, चैतन्यस्वरूप, अकर्त्ता आदि है। त्रिक के प्रत्यभिज्ञान में **परमशिव** स्वतन्त्र, चिन्मय, कर्तृस्वरूप आदि है। वेदांत तथा त्रिक में ज्ञान के कार्य को बुद्धि एवं माया दोनों ने ले लिया है। माया परमशिव की एक शक्ति भी हो गई जो उसे असंख्य जीवों [एक परमतत्त्व के बजाय] में व्यक्त करती है। इन जीवों का अपने स्वरूप ['स्वरूपख्याति'] से अज्ञान होता है जिससे इनकी इच्छा, क्रिया एवं ज्ञान की शक्तियाँ अपूर्णता लिये होती हैं। माया में 'अहं' (मैं) एवं 'इदं' (यह) के बीच फ़र्क हो जाता है अर्थात् मायातत्त्व परमशिव के ऐक्य को भंग करता है, और फलतः 'अशुद्ध सृष्टि' का विधान करता है। इस तरह त्रिक में असंख्य पुरुष की तरह असंख्य प्रकृतियां या प्रधान भी होते हैं ('मैं' 'यह' का भेद करने के लिये) जो पुरुष के लिए सृष्टि-उन्मुख होते हैं। इस तरह शैवाद्वैत में प्रकृति ने माया के नाम को ग्रहण कर लिया। जबकि सांख्य में पुरुष एवं प्रकृति स्वतन्त्र और नित्य है; वहां त्रिक में परमतत्त्व ही नित्य है, तथा पुरुष एवं प्रकृति परतन्त्र और अनित्य हैं। स्पष्ट है कि इससे यथार्थवादी दृष्टिकोण के ऊपर एक अतिरिक्त अमूर्त आदर्श को आच्छादित कर दिया गया और उसे ही प्रमुख कारण अर्थात् 'परमशिवकारण' या 'ब्रह्मकारण' बना दिया गया। फलस्वरूप यदि सांख्य में प्रकृति का स्वभाव सृष्टि है, तो त्रिक में परमशिव का स्वभाव विमर्श हो गया। इस तरह प्रकृति और परमशिव, सृष्टि और विमर्श, में अदल-बदल हुई। सांख्य में प्रकृति से ही महत् (बुद्धि), बुद्धि से अहंकार, अहंकार से मनस् इन्द्रियों तथा तन्मात्राओं की 'विकृति' मानी गई और यह क्रमिक, श्रृंखला परक न होकर, विकासशील एवं ज्ञानपरक स्वीकार की गई। त्रिक में प्रकृति के पाँच मायारूप कंचुक माने गए जिन्हें 'पुरुष' आवरणरूप में स्वीकार करके संसारी हो जाता है। अतः पुरुष तो अपनी इच्छा से संसारी या सशरीर हो जाता लेकिन सृष्टि का विकास किस तरह होता है यह नहीं स्पष्ट हो पाता। सांख्य में प्रकृति अव्यक्त से व्यक्त होकर बुद्धि, अहंकार, इन्द्रियाँ, तन्मात्रादि को उत्पन्न करती है, तो त्रिक में परमशिव ही इन पंच-कंचुकों के रूप में अभिव्यक्त होता है। इस तरह ये कंचुक परमशिव को पाँच आवरणों

या पर्दों में ढाँक देते हैं। अतः ये जगत् या शरीर को यथार्थ के बजाय आवृत्त या आभासवत् बना देते हैं। इस तरह परमशिव तो यथार्थ हो जाता है, किन्तु पंचावरणरूप यथार्थ अज्ञान; परमशिव सर्वकर्त्ता, सर्वज्ञ, पूर्ण, नित्य तथा व्यापक होकर भी कला, विद्या, राग, काल तथा नियति के कंचुकों से आवृत्त होकर सीमित कर्म वाला (कला), सीमित ज्ञान वाला (विद्या), सीमित इच्छा वाल (राग), सीमित अस्तित्ववाला (काल) तथा सीमित व्याप्तिवाला (नियति) हो जाता है। इस तरह त्रिकदर्शन परमशिव को संसारी पुरुष (देह-प्रमाता) या सशरीर मानव (अर्थात् जीव) में 'संकुचित' करता है जिसकी तीन शक्तियाँ—इच्छा (राग), (कला) एवं ज्ञान (विद्या)—हैं; तथा देश (नियति) एवं काल (काल) की सत्ताएँ है। देशकाल उसे भौतिक अस्तित्व देते हैं, तो इच्छा-कर्म-ज्ञान उसे चेतना। यह एक लौकिक मनुष्य है। त्रिक में माया को असत् नहीं कहा गया है। इस वजह से यह परमशिव की शक्ति हो सकती है (शांकर वेदांत में माया मिथ्या है और ब्रह्म की शक्ति नहीं है)। इसलिये त्रिकदर्शन की समस्या देशकाल के अक्षों (कंचुकों) को तिरोभूत करने की इतनी नहीं है जितनकी कि इच्छा-क्रिया-ज्ञान के पर्यवसान की। और यह पर्यवसान हुआ। इच्छा, क्रिया और ज्ञान 'शक्तियाँ' हो गईं। बहुत कुछ ऐसी स्थिति उत्पन्न हुई कि लौकिक कर्मेंद्रियों (क्रिया), ज्ञानेन्द्रियों (ज्ञान) तथा इनसे पृथक् तन्मात्राओं (इच्छा) को तो मनुष्यरूप में रखा गया जो 'प्रकृति' तत्त्व से सम्बद्ध हैं, लेकिन एक प्रतिकल्पित रूप—परमशिव के आवृत्तपुरुष-रूप—में इन्हें इच्छा-ज्ञान-क्रिया शक्ति के रूप में प्रतिपादित किया गया। इस तरह इच्छा-ज्ञान-क्रिया का आभासित रूप तन्मात्राओं-ज्ञानेन्द्रियाँ-कर्मेन्द्रियों से हो गया। अतः दो रूप आए : (१) माया से मुग्ध पुरुष का 'मनुष्य रूप' तन्मात्राओं, ज्ञानेंद्रियों तथा कर्मेन्द्रियों से अर्धपूर्ण है और 'प्रकृति' अंश (इदम्) जुड़ा है; तथा (२) स्वेच्छा से संकुचित शिव का 'पुरुषरूप' जो इच्छा-क्रिया-ज्ञान-शक्ति से अर्धपूर्ण है और 'पुरुष'-अंश (अहं) से जुड़ा है। एक ओर प्रकृति अंश-**मनुष्यरूप** के लिए अन्तःकरण (बुद्धि, अहंकार एवं मनस्) का संयोजन हुआ ताकि वह अनित्य पुरुषरूप का ज्ञान कर सके। यह सांख्य-दर्शन का संशोधित आहरण है। दूसरी ओर (त्रिक में) शिवअंश-**पुरुषरूप** के लिये ही (अन्तःकरण के समान) शुद्धविद्यारूप, ईश्वरतत्त्व, सदाशिवतत्त्व, शक्तितत्त्व एवं परमशिवतत्त्व जैसे पाँच सूक्ष्मतत्त्वों का संयोजन हुआ ताकि वह नित्य अद्वैतरूप (शिव-शक्ति का नित्य सामरस्य) का अनुभव कर सके। इस तरह अनित्य मनुष्य पुरुषरूप का **ज्ञान** प्राप्त करता है, और दूसरे चरण में पुरुषरूप (साधक ?) नित्य अद्वैतरूप का **अनुभव** करता है। इस तरह इस दुहरे संक्रमण में एक ओर परमशिव के पुरुषतत्त्व में स्वेच्छा से अवरोहण की, तथा दूसरी

ओर पुरुष के परमशिवतत्त्व में साधना से आरोहण की प्रक्रिया मानी गई है।

सांख्य में जो प्रकृति तथा पुरुष का सम्बन्ध था, वही त्रिक में माया तथा परमशिव का हो गया। सांख्य में पुरुष निष्काम तथा निर्लिप्त था लेकिन त्रिक में परमशिव इच्छावान तथा कर्त्ता भी हो गया। इसलिये त्रिक में कर्त्तापुरुष के दो प्रधानपक्ष उभरे : पहला माया से बिंबित होने की अपेक्षा आच्छादित अनित्य संसारी 'पुरुष' का; और दूसरा माया से मुक्त शक्तिवान नित्य 'परमशिव' का। इस प्रतिपत्ति का एक नतीजा यह निकला कि संसारी पुरुष को एक वैश्वकपुरुष अर्थात् परमशिव का ही अंश, अंग, गुण, धर्म, भाव आदि बना दिया गया। दूसरा परिणाम यह हुआ कि 'पुरुष' को आधार-भूमि बनाकर 'परमशिव' तक के अन्वेषण में पाँच कल्पित रहस्यपरक द्वैतोन्मुख अद्वैत भूमियाँ रची गईं : "पुरुष – शुद्धिविद्यारूप – ईश्वर – सदाशिव-शक्ति—परमशिव"। इस तरह त्रिकदर्शन में विकास-क्रम यों हो गया : महाभूत— प्रकृति—माया – मायावृत्तपुरुष – परमशिव" (स्थूल से सूक्ष्म); तथा "परमशिव – मायावृत्तपुरुष –प्रकृति [अन्तःकरण, तन्मात्राएँ]—महाभूत" [सूक्ष्म से स्थूल]।

अब इसके बाद हम परमशिव से महाभूत तक की, और महाभूत से परमशिव तक की अभिव्यक्ति का बौद्धिक प्रत्याख्यान कर सकते हैं। हमें दो महत्तम प्रयाण केन्द्रों पर नज़र रखनी होगी—(१) शैवाद्वैत में सांख्य की प्रकृति के बजाय 'शिव' (परमशिव, परासंवित्, परमेश्वर) की प्रधानता हुई; तथा (२) प्रकृति का नाम 'माया' हो गया। अतएव क्रमशः दो रूपान्तर (metamorphosis) भी किये गए जिनमें पहले के अन्तर्गत कोई नवीन वस्तु उत्पन्न न होकर पहले से अस्तित्वमान की ही अभिव्यक्ति या उन्मेष हुई। रूपान्तर ये हैं। [क] परमशिव का 'पुरुष' में रूपान्तर; एवं [ख] माया का 'प्रकृति' में रूपान्तर। लेकिन ये दो रूपान्तर अलग-अलग न होकर एकतान व्यापार हैं क्योंकि माया की भूमिका तो परमशिव के द्वैताभासवाले पुरुषतत्त्व के रूपान्तर में मिलती है; और प्रकृति की भूमिका पुरुष के मनोभौतिक मनुष्यरूप में अभिव्यक्ति हुई।

सांख्य में प्रकृति स्वभाव से सृष्टि करती है। प्रकृति से भूत तक का क्रम "पदार्थ का सृजनात्मक सिद्धान्त" (Creative Principle of the Body) कहा जा सकता है। यह सांख्य के अनुसार है। इसको एक नया घुमाव देने के लिये त्रिकदर्शन में शुद्धप्रकृति की माया में लीनता की धारणा है। इसका प्रयोजन यह हुआ कि इस नवरूपा प्रकृति को भी परमशिव [सांख्य के पुरुष से तुलनीय] के अधीन कर लिया गया। फलतः अब सृष्टि का कारण गतिमान पदार्थ न होकर चिन्मय विचार (शिव) हो गया; अब प्रकृति का

मायारूप 'शिव' को भी अच्छादित करने लगा अर्थात् भौतिक यथार्थता एक ओर तो आध्यात्मिक आदर्श के अधीन हुई तो दूसरी ओर उसे भी अपने अनुरूप ढालने लगी। अतः अब प्रकृति के त्रिगुणों के स्थान पर माया के पंचकंचुकों की कल्पना पेश हुई जिनसे परमशिव अपना रूप **आच्छादित** तथा **सीमित** करता है। सर्वकर्त्ता शिव कला के कंचुक के कारण कुछ ही क्रिया कर पाता है, सर्वज्ञ शिव **विद्या** के कारण कुछ ही जान पाता है, पूर्ण शिव **राग** के कारण अपूर्णता का बोध करता है, नित्य शिव काल के कारण अनित्यत्व का बोध करता है तथा व्यापक शिव नियति के कंचुक के कारण संकुचित शक्ति का मान करने लगता है। यह मायातत्त्व के कारण होता है। माया अहं (पुरुष) तथा इदं (प्रकृति) के ऐक्य को पृथक् कर देती है और इन्हें दो पृथक् अभिव्यक्तियाँ बना देती है। माया जड़ में भी प्रमातृत्व का भास करा देती है। माया शिव और प्रकृति को अलग करने वाली, लौकिक जगत् तथा चिन्मयभूमि का अन्तर करने वाली है।

माया स्वतंत्र न होकर 'शिव' के अधीन है अर्थात् यथार्थता का परिचालन कार्यकारणन्याय न करके एक निरपेक्ष चेतना करती है। यह एक घोर आदर्शवादी मोड़ है जो माया के पंचतत्त्वों एवं प्रकृति की 'विकृति' से परे की खोज में उन्मुख हो जाता है। इसीलिये यह सृष्टि 'शुद्ध-अशुद्ध' (द्वैत) कही गई है, क्योंकि अब दो आभास हैं: अहं एवं इदं।

यह खोज दो तरह से होती है। **पहली तरह** के अंतर्गत माया और उसके पंचकंचुकों से छुटकारा पाने के बाद जिज्ञासु क्रमशः शुद्धविद्या तत्त्व, ईश्वरतत्त्व, सदाशिवतत्त्व, शक्तितत्त्व और अंततः परमशिवतत्त्व का अनुभव करता है, यहाँ पहुँचकर वह अपने अस्तित्व को परमशिव में लीन कर देता है और 'चिन्मय' हो जाता है। वह **जीवन्मुक्त** [स्थूलशरीरधारण करते हुए भी शिवतत्त्व का ज्ञान] होकर 'संविद्रूपा शक्ति' को भी रखता है, अतः वह चित् एवं आनंद दोनों को प्राप्त करता है। इसे 'चिन्मय सामरस्य' की अवस्था कहते हैं। **दूसरी तरह** के अंतर्गत परमशिवतत्त्व अपने विमर्श के द्वारा क्रमशः शक्तितत्त्व, सदाशिवतत्त्व, ईश्वरतत्त्व और शुद्धविद्यातत्त्व की भूमियों में चर्या करता है, और फिर माया के पंचकंचुकों से आच्छादित होकर **'संसारी पुरुष'** हो जाता है। इस भाँति एक ओर पहली तरह से मानवचिति (psyche) का आरोहण 'जीवन्मुक्ति' में होता है तो दूसरी तरह से परमशिवतत्त्व का अवरोहण 'पुरुषतत्त्व' में। अतएव हम 'परमशिवतत्त्व' या 'महेश्वर' अर्थात् वैश्वक मानस की धारणा को साधक के 'जीव' अर्थात् विशेष मानस पर आधारित कर सकते हैं। इस निरूपण के बाद हम परमशिवतत्त्व से शुद्धविद्या तक की व्याख्या करेंगे। यहाँ तक सृष्टि 'शुद्ध' है क्योंकि शिव (चित्) पर आश्रित

है; यहाँ तक यह "अद्वैत" है; यहाँ तक "काल" से विमुक्त है अर्थात् ये पाँच तत्त्व एक साथ विद्यमान हैं ।

परमशिवतत्त्व से शुद्धविद्या तक की धारणाएँ अमूर्त्त दार्शनिक निर्मितियाँ हैं जिनकी भूमिका तत्कालीन सांस्कृतिक संकट को ही उद्घाटित करती है। अनुभवों के जगत् को समझने-समझाने के लिए प्रत्यक्ष, कार्यकारण (उत्पत्ति), भ्रांति आदि के बौद्धिक औज़ार जब असफल होते गए, अर्थात् जब यह समझ लिया गया कि मनुष्य अपने सीमित तथा संकुचित मानस से इतने विराट् विश्व को नहीं समझ सकता, अपने क्षणभंगुर जीवन से नित्य तत्त्वों को नहीं प्राप्त कर सकता, अपने वैयक्तिक मानस से सभी मनुष्यों के मानस के समानतत्त्वों की चर्चा आधिकारिक ढंग से नहीं कर सकता, तब एक वैश्वक मानस ('महेश्वर' या परमशिव) की धारणा का विकास हुआ जो प्रमुख कारण हो, नित्य हो, सर्वज्ञ हो, चिंतन और भाषा के परे हो, स्वयंप्रकाश्य एवं स्वयंप्रकाशक हो, चैतन्य हो तथा अंतिम यथार्थता हो जिसे साक्षी बताया जा सके। इस तरह एक अनुत्तर (सर्वोच्चयथार्थता), परा या पूर्णसंविद (सर्वोच्च चेतना) की धारणा का नामकरण 'परमशिव' हो गया। क्योंकि त्रिक दर्शन में माया मिथ्या नहीं मानी गई (सत् मानी गई) और क्योंकि परमशिव स्वेच्छा से कर्त्ता भी माना गया है, इसलिये—इन दो स्थापनाओं की वजह से—इसकी आदर्शवादी दार्शनिक व्याख्याओं में यथार्थ का भी समावेश है। कान्ति चन्द्र पांडेय के अनुसार त्रिकदर्शनवादी अभिनवगुप्त 'अनुभूत जगत्' को **यथार्थ** मानते हैं क्योंकि यह सर्वग्राही परमतत्त्व में वैसे ही निहित है जैसे कि एक योगी में सृष्टि निहित होती है; और **आदर्श** भी क्योंकि यह मात्र परमतत्त्व का सूक्ष्म अनुभव है और इसका अस्तित्व परमशिव में उसी तरह है जिस तरह हमारे विचारों का हमारे अंतःकरण में। इस तरह त्रिक में यथार्थ-आदर्श का यह ऐक्य "आभासवाद" की धारणा प्रस्तुत करता है (दे० "Abhinavagupta : An Historical and Philosophical Study", Chowkhamba, Benares, 1935, pp 196)। यह भव या जगत् परमशिव की इच्छा से 'उन्मिषित' (उत्पन्न नहीं) होता है क्योंकि परमशिव ही इसमें व्याप्त है और सीमित होकर 'प्रतीत' हो जाता है क्योंकि यह (भव) उसका वास्तविक स्वरूप नहीं है। अतः यह भव **आभास** है जिसमें परमशिव सीमित होकर **व्यक्त** होता है या जिसका परमशिव **उन्मेष** (revelation) करते हैं, और जिसकी हमें **प्रतीति** होती है - एक समष्टि रूप में, जातिरूप में। हम 'व्यक्ति' के प्रत्यक्ष अनुभव के आधार पर 'जाति' का बोध करते हैं अर्थात् हम किसी भी विशेष (particular) को वैश्वकीकृत (universalize) कर सकते हैं क्योंकि हममें, दुष्यंत में, मृग में, मृग की भीति में, वनस्थली में, सभी में शिवतत्त्व विद्यमान

है और एक ही शिवतत्त्व है। त्रिक दर्शन के अनुसार इस समग्र विविधता का परमशिवतत्त्व में पूर्ण ऐक्य है, ठीक उसी प्रकार जैसे मोर के अंडे की जर्दी में उसके असंख्य रंगों का आलम। इसे 'मयूराण्ड-रस न्याय' कहा गया है। अतएव परमशिव में आभास-दशा में सभी संभावनाएँ निहित हैं अर्थात् अनेक 'विकल्प' हो सकते हैं। इसी तरह जगत् भी परमशिव में अव्यक्त रूप में विद्यमान रह सकता है और हम [जीवांश के नाते] इसका आभास कर सकते हैं। सारांश में परमशिव से जो भी उन्मिषित होता है वह "आभास" है क्योंकि वह यथार्थ है और आदर्श भी, सीमित है और आभासनिरूपित भी। अतः पहले परमशिव तत्त्व की व्याख्या अपेक्षित है।

'परमशिव तत्त्व' ('शिव', 'महेश्वर', 'परमेश्वर' परासंवित्) की आध्यात्मिक धारणा के उद्गम की सांस्कृतिक जरूरत इसलिये हुई कि सीमित मानवचेतना और असीम विश्व के आंदोलन के बीच, एक मनुष्य और समग्र मानवजाति के बीच, चेतना और क्रिया के बीच, प्रत्यक्ष अनुभव और संभावनाओं के बीच एक सृजनात्मक सेतु बाँधा जा सके। क्योंकि प्रत्यभिज्ञा में जगत् मिथ्या और माया भ्रांति नहीं मानी गईं, क्योंकि मनुष्य के बौद्धिक एव क्रियात्मक विपुल ऐश्वर्यों की संभावनाओं के रूप में 'परमशिव' का एक चेतनापरक, सृजनपरक, आकांक्षापरक आर्केटाइपल प्रतीक गढ़ लिया गया, इसलिये परमशिव एक "शुद्ध" संघटन (pure phenomena) हो गया जिसमें सभी द्वंद्वात्मक अंतर्विरोध (dialectical contradictions) वाद-प्रतिवाद रूप में विद्यमान हैं। इनकी विद्यमानता गुणात्मक (qualitative) है, और ये क्रम (काल) एवं कारणकार्यन्याय (नियति), दोनों से मुक्त होकर मात्र संभावनाओं (आभास) की दशा में हैं। जिस तरह पदार्थ को रूपांतरित करने में ऊर्जा की भूमिका होती है तब वह गुणात्मक रूप में भी परिवर्तित होता है, उसी तरह परमशिव स्वयं अपनी शक्तियों तथा स्वभाव के द्वारा चेतना के कई गुणात्मक धरातलों को व्यक्त करता है। यह जड़ से मुक्त माना गया है किन्तु, जगत् में तत्त्वरूप में (phenomenally) भासित होता है। अतः 'शिव' मूलकारण है। यह द्वंद्वात्मक मानसिक वाद-प्रतिवादों का पुंज है : यह जीव में है और संसार की समस्त जड़ एवं चेतन वस्तुओं में भी; यह व्यष्टि रूप में है और समष्टि रूप में भी; यह अनेक वस्तुओं में एक है तथा सभी वस्तुओं में एकरूप (अनंतरूप नहीं); यह सभी देशकालों के बंधन से बँधा है तथा उससे मुक्त भी; यह विश्व में व्याप्त है तथा विश्वातीत भी; इत्यादि। लेकिन इसका चैतन्यरूप सर्वोपरि है और 'विमर्श' इसका स्वभाव है अर्थात् यह सृजनात्मक तत्त्व भी है। लेकिन सृजन केवल व्यक्त होता है क्योंकि मयूराण्ड-रस-न्याय से वह पहले से ही अव्यक्त रूप में विद्यमान है। इस तरह

महेश्वर के बिना और उससे अलग प्रमेय का अस्तित्व नहीं है। महेश्वर कारण-रूप है (कारण नहीं) । महेश्वर 'सूक्ष्म' है—काल, देश और रूप से परे। महेश्वर 'स्वतंत्र' है अर्थात् इसे किसी बाह्य कारण की जरूरत नहीं है क्योंकि व्यक्त जगत् की सारी व्याप्ति इसी में संकुचित है और इसकी इच्छाशक्ति से ही जगत् की अभिव्यक्ति हो जाती है । यह 'चैतन्य' रूप है अर्थात् इससे अभिव्यक्त सृष्टि वास्तविक न होकर आभास होगी एवं प्रत्यक्ष अनुभूत होकर भी निर्विशेष होगी । ऐसी सृष्टि 'शुद्ध' मानी गई है। इसलिये परमशिवतत्त्व (महेश्वर) चैतन्यरूप, परमआनंदमय तथा प्रकाशैकघन माना गया । यह परमशिव मात्र चैतन्यरूप है । शांकर 'ब्रह्म' की निर्विकल्प धारणा में वह निषेधों (negations) का पुंज भी है लेकिन परमशिव की निर्विकल्पधारणा में, उसका स्वभाव विमर्श मान लेने के कारण, ज्ञान एवं क्रिया की ओर उन्मुखता अर्थात् 'इच्छा' भी स्वीकार की गई है । परमशिव का स्वभाव सृष्टि, स्थिति, संहार, अनुग्रह एवं विलय करने वाला माना गया ।

त्रिक में परमशिव को 'प्रकाश' एवं 'विमर्श'मय मानने के कई नतीजे निकले । परमशिव के दो पक्ष हैं : विश्वोत्तीर्ण तथा विश्वात्मक । विश्वात्मक शिव को ही प्रकाशमय एवं विमर्शमय कहा गया । प्रत्येक जीव में स्थित शिव-तत्त्व ही 'विश्वात्मक' है । इस विश्वात्मक शिवतत्त्व का प्रकाश दर्पण से तुलनीय है । दर्पण में प्रतिबिंब ग्रहण तभी होता है जब वह बाह्य प्रकाश से प्रकाशित हो । किन्तु विश्वात्मक शिवतत्व को बाह्य प्रकाश की अपेक्षा नहीं रहती क्योंकि यह [विश्वात्मक शिव] तो स्वयंप्रकाश है । अतः इसके प्रतिबिंब वे ही होंगे जो इसके अभ्यंतर की पत्तों पर बिंब रूप में पड़े होंगे । इसके बिंब वासनारूप 'संस्कार' होते हैं । अतः संस्कार ही प्रकाशित होकर प्रतिबिंबित हो जाते हैं । साधारण दर्पण में तो बाह्य वस्तु का प्रतिबिंब पड़ता है लेकिन विश्वात्मक शिव के दर्पण में उसकी ही निज 'शक्तियों' का बिंब पड़ता है जो उसकी स्वातंत्र्य शक्ति के ही विभिन्न पक्ष हैं। अतः विश्वात्मक शिव के दर्पण में शक्तियों का बिंब, एवं संस्कारों का प्रतिबिंब पड़ता है जो 'नियति' से निर्धारित होता है ।

दूसरा पक्ष 'विमर्श' है अर्थात् विश्वात्मक शिव अपने को अपनी पूर्ण शुद्धि के साथ जानता है । इसे परमशिव का अकृत्रिम अहंभाव कहा गया है । यहाँ वह अपनी शक्तियों का 'उन्मीलन' करता है । यहाँ संस्काररूप में सभी 'इच्छाएँ' अवशिष्ट रहती हैं । यहाँ शिव या परमशिव या महेश्वर की इच्छा-शक्ति का संमूर्तीकरण होता है जिससे भव की सृष्टि होती है—किन्तु सीमित । वस्तुतः यह क्रिया और ज्ञान का 'स्वातंत्र्य' है । अतएव विश्वात्मक शिव स्वयं-प्रकाश ('प्रकाश') और स्वयंचेतन (विमर्श) है । विमर्श 'स्वातंत्र्य'-शक्ति और

महत्तम शक्ति है। यह कार्यकारणवाद से मुक्त है। जिस तरह हममें उन्मीलनपूर्व संस्कार अवशिष्ट रहते हैं उसी तरह परमशिव में अभिव्यक्तिपूर्व भव रहता है; जिस तरह हमारी चेतना (विमर्श) उन संस्कारों को स्मृति एवं कल्पना के क्षणों में चेतन बना देती है—उसी तरह परमशिव की स्वातंत्र्यशक्ति (विमर्श) अव्यक्त का 'उन्मीलन' करती है। इस तरह महेश्वर एवं विश्वात्मक शिव, दोनों के प्रकाशविमर्शमय रूप में सामान्यत्व है। सांख्य में जो भूमिका बुद्धि एवं अहंकार की है, त्रिक में वही भूमिका क्रमशः 'प्रकाश' एवं 'विमर्श' की है—किन्तु एक भिन्न धरातल पर (जहाँ कार्यकारणवाद का तिरोभाव है)।

महेश्वर या शिव या "परमशिव" पहला तत्त्व है। यह प्रकाशमय है और इसमें केवल 'चित्' तत्त्व प्रधान है। यह नितांत आत्ममुखी, उपसर्ग एवं प्रत्यय से रहित तथा कर्म एवं माया के मल से भी विहीन है। यह शुद्ध **"मैं"** है (—"मैं हूँ" भी नहीं क्योंकि यह संबंध मुक्त है)। इसका अनुभव निर्विकल्पसमाधि की तरह है।

शिवतत्त्व के व्यक्त होने का दूसरा तत्त्व "शक्ति" है। त्रिक में इसे दूसरा चरण न मानकर तत्त्व मानते है क्योंकि शिवतत्त्व के सहक्रम से **(साइमल्टेनियसली)** ही इसकी उन्मीलनावस्था प्रकट होती है। जिस तरह दीपक की लौ के बिना किरणें नहीं हो सकतीं, उसी तरह सत् के बिना चित् की, शक्ति के बिना शिव की सत्ता नहीं हो सकती। यह शिव का स्वभाव अर्थात् विमर्श है और स्वयंचेतन है। शक्ति से संपन्न शिव स्वेच्छा से सारे विश्व की अभिव्यक्ति करते हैं और अपने अहं का **बोध**—"मैं हूँ" - करते हैं। यहाँ शक्ति के बिना शिव जड़वत् है; और शिव के बिना शक्ति अस्तित्त्वहीन। इसीलिये दोनों में अभेद, अद्वैत, तादात्म्य, सामरस्य माना गया है। यह 'सामरस्य' ही शिवशक्ति की द्वैताद्वैत-अवस्था है। यह 'पूर्णावस्था' है। इसमें आनंदशक्ति की प्रमुखता है। यों तो शिव की पाँच शक्तियाँ हैं - चित् शक्ति, आनंदशक्ति, इच्छाशक्ति, ज्ञानशक्ति एवं क्रियाशक्ति। लेकिन प्रत्येक तत्त्व में किसी एक शक्ति की ही प्रधानता होती है; और अन्य शक्तियाँ गौण रहती हैं। यह दशा सांख्य की त्रिगुणात्मक प्रकृति की अभिव्यक्तियों जैसी है। शिवशक्ति के इसी सामरस्य के दृष्टांत से स्थायीभाव-रस, संस्कार और रस, आलंबन-आश्रय के युगल अद्वैत की क्रांतिकारी धारणा मज़बूत हुई। इससे पहले भट्टलोल्लट, श्रीशंकुक और भट्टनायक स्थायीभाव के रस में रूपांतरित (उत्पन्न, अनुमित, भोग्य) होने की चर्चा तक तो पहुँच चुके थे, लेकिन इनके सहैकरूप तथा समरस [एक ही परमशिवतत्त्व में परिणत अर्थात् एक ही सहृदय में स्थायीभाव-रस का सामरस्य] के होने का कोई भी प्रमाण नहीं पा रहे थे क्योंकि

नाट्यमाध्यम का अनुभव प्रत्यक्ष के दायरों से लुकता-छिपता भाग जाता था। परमशैव अभिनवगुप्त ने रसानुभव का रहस्य यहीं पाया, और इसे 'पूर्णावस्था' जैसा भी घोषित किया—अखंड, निर्विघ्न (इदं से मुक्त), अद्वैत !

शक्ति के पश्चात् "सदाशिव" तीसरा तत्त्व है। यह शिवतत्त्व के अहं तथा ईश्वरतत्त्व के इदं के बीच की संक्रांत अवस्था है। इसमें इच्छाशक्ति की प्रधानता होती है। इस तत्त्व में अहं प्रधान, तथा साथ-साथ इदं भी अस्फुट होता है। अतः इसका अनुभव—"**मैं** यह हूँ," है। इदं सृष्टि (प्रकृति) रूप है। अतः सदाशिव शक्तितत्त्व का पहला और स्थूल (इदं की भी गौणता के कारण) उन्मेष है। इसमें किसी नवीन उत्पत्ति के बजाय पहले से ही अस्तित्त्वमान की अभिव्यक्ति होती है। जब शक्ति का उन्मेष होता है तब 'सृष्टि'; और जब निमेष तब 'लय' होता है। शक्ति के उन्मेंष-निमेष के कारण इस अवस्था में तथा सांख्य के संकल्प-विकल्पपूर्ण मनस् में सादृश्य है।

चौथा तत्त्व है, "ईश्वर"। यह ज्ञानशक्ति प्रधान है। यहाँ सदाशिव तत्त्व के अंतर्गत शक्ति को उन्मेष अर्थात् जगत् [सृष्टि] की क्रमिक अभिव्यक्ति होती है। इसलिये यहाँ अहं गौण, तथा इदं प्रधान होता है। इसका अनुभव—"**यह** मैं हूँ" है। इसके अंतर्गत ज्ञानातृत्व शक्ति के ज्ञानशक्ति, स्मृतिशक्ति तथा अपोहनशक्ति नामक तीन भेद हैं। यहाँ जड़ाभास तथा जीवाभास दोनों होते हैं। इसकी तुलना ज्ञानेंद्रियों तथा कर्मेंद्रियों से की जा सकती है।

अंतिम पाँचवाँ तत्त्व है, "सद्विद्या या शुद्ध विद्या"। इसमें क्रियाशक्ति प्रधान है। यह शक्ति संबंध, सामान्य, देश (प्लेस), दिक (स्पेस) और काल आदि का आभास देती है। इसमें अहं तथा इदं दोनों की ऐक्य-प्रतीति रहती है। इसका अनुभव—"मैं=यह हूँ" है। यहाँ इदं न तो सदाशिवतत्त्व में जैसा अस्फुट है और न ही ईश्वरतत्त्व में जैसा स्फुट; बल्कि संतुलित है ('समधृत तुला पट न्यायेन')। सद्विद्या तत्त्व का संबंध परमशिवतत्त्व से है। अतएव यह पुरुष को आवृत्त करने वाले माया के विद्याकंचुक से मुख्तलिफ है। यह सर्वज्ञता है न कि सीमितज्ञातता। सद्विद्या में अहं एवं इदं दोनों का 'सामानाधिकरण्य' है अर्थात् विषय-विषयी की पृथक्-पृथक् चेतना नहीं है।

इस तरह हमने परमशिवतत्त्व से सद्विद्यातत्त्व तक की **अद्वैतपरक 'शुद्ध'** सृष्टि या 'आभास' का 'काल'-अक्ष विमुक्त सहवर्त देखा। इसके बाद 'मायातत्त्व' सद्विद्यातत्त्व के अहं-इदं को पृथक्-पृथक् कर देता है—यह हम निरूपित कर चुके हैं। परमशिव से सद्विद्यातत्त्व तक शक्ति का उन्मेष (सृष्टि) आभास है और इसका क्रम है : चित्, आनंद, इच्छा, ज्ञान एवं क्रिया। कान्तिचंद्र पांडेय ने इस क्रम की तुलना योगी की तुरीयातीत अवस्था, तुरीयावस्था, सुषुप्ति, स्वप्न एवं जागृति से की है जिसमें से अंतिम तीन लौकिक हैं,

और प्रथम दो समाधि अवस्थाएँ (दे० "Abhinavagupta"...pp. 209)। ये मानों सुषुप्ति से कर्म तक आने की अवस्थाएँ हैं। ज्ञानक्षेत्र में यह अलौकिक रुझान तांत्रिक अभिनवगुप्त से शुरू होता है यद्यपि पूर्ववर्ती आचार्यों ने 'योगज प्रमाण' का नाम भर गिनाया है। इस रुझान का खतरा है कि यह जागृति के प्रकाश के बजाय सुषुप्ति या तुरीया के स्वयंप्रकाश को साक्षी तथा चरम प्रमाण मान बैठता है और ज्ञान की खोज को रहस्यवादियों के गूढ़ एवं वैयक्तिक अनुभवों की मरुभूमि में भटका देता है। पंडितराज जगन्नाथ के प्रसंग में हम इस पर पूर्ण विचार करेंगे। वस्तुतः परमशिव से सद्विद्या तक के तत्त्वों को हम "चैतन्य के सृजनात्मक सिद्धांत" (Creative Principles of Pure Consciousness) कह सकते हैं जहाँ शुद्ध चैतन्य (Pure Consciousness) तथा शुद्ध संघटन (Pure Phenomenon) के अनेक अनुपातपरक संबंधों की प्रतिकल्पना हुई है। परमशिवतत्त्व और शक्तितत्त्व में तो सामरस्य है; किंतु सदाशिव में चैतन्य प्रधान है, ईश्वर में पदार्थ, और सद्विद्या में दोनों का संतुलन। लगता है कि त्रिकदर्शन में चैतन्य की प्रथम श्रेणी में 'चित्', दूसरी में 'आनंद' तथा तीसरी (सामरस्यसंभूत —) श्रेणी में 'इच्छा' का आभास है; तथा पदार्थ की प्रथमश्रेणी में 'क्रिया' (सद्विद्या) और द्वितीय में 'ज्ञान' (ईश्वर) का आभास है।

इस आदर्शवादी उड़ान पर हम कुछ विचार कर सकते हैं। शुद्ध चैतन्य (अहं) के कुछ रूप स्वीकार किये गए : परा (अहं-इदं से परे), अखंड, अद्वैत तथा चित् (विश्रांत किन्तु स्वयंप्रकाश्य)। स्पष्ट है कि आर्केटाइपल प्रतीक मध्यकालीन द्वैतों तथा अंतर्विरोधों के आधिभौतिक समाधान की एक सृजनात्मक इच्छा है जिसे साधारण प्रत्यक्ष ज्ञान (जागृति) तथा देशकाल के अस्तित्व (लौकिकता) के द्वारा नहीं सिद्ध किया जा सकता है। ये द्वैत सहकारी, सामान्य, समवाय तथा विपरीत सभी श्रेणियों के थे : सत् और चित्, सत्य और मिथ्या, जगत् और ब्रह्म (शिव), लोक और परलोक, नित्य और अनित्य, प्रत्यक्ष और समाधि, उत्पत्ति और अभिव्यक्ति (आभास), ज्ञान और क्रिया, इत्यादि। इनके समाधान की दो विधियाँ थीं : प्रकृति (भूत) को प्रधान कारण मानना; तथा चेतना को प्रधान कारण मानना। सांख्य तक तो अलौकिक चैतन्य (पुरुष) को उदासीन तथा निष्काम रखा गया और उसके बाबत द्वैत की समस्याएँ भी नहीं उठाई गईं। मीमांसा और न्याय तक में ज्ञान के स्वयंप्रकाश्य तथा व्यावहारिक प्रत्यक्ष के प्रमाण विकसित हो चुके थे। यहाँ तक ज्ञान द्वैतों को पहचानकर भ्रांति मिटाने वाला था। लेकिन अब द्वैतों का विलयन या अद्वैत अखंडता या ऐक्यवत्ता होने लगी। प्रत्यभिज्ञा (त्रिक) में पहले शिव+शक्ति का **सामरस्य** हुआ; फिर ज्ञान+क्रिया की एकसमानता (इच्छा); और

तदनंतर अहं-इदं के अहं>इदं (सदाशिव), अहं<इदं (ईश्वर), अहं+इदं (सद्विद्या) की ऐक्यवत्ता जैसे संबंधों के बाद पुनः इनका पार्थक्य (मायातत्त्व में) हो गया। आदर्शवादी शिवकारणवादी दृष्टि शिव और शक्ति का तो मेल करा सकती है, लेकिन शिव और प्रकृति का नहीं; शिव और माया का मेल अंतर्मुखी न होकर आवरणपरक (कंचुकाच्छादक) ही हुआ है। अहं तथा इदं अर्थात् पुरुष और प्रकृति के सामरस्य की तो कल्पना भी नहीं हो सकती थी, क्योंकि पुरुष (शिव) तो चैतन्यतत्त्व है और सृष्टि उसकी अनिवार्यता न होकर स्वेच्छा है; तथा वह सृष्टि की अभिव्यक्ति या आभास द्वारा अपने अहं तथा सृष्टि के इदं के द्वंद्व में झूलते-झूलते संतुलन या पार्थक्य ही कर पाता है। इन पाँचों क्रमिक तत्त्वों के क्रमिक अनुभवों—मैं', 'मैं हूँ', 'मैं यह हूँ,' 'यह मैं हूँ', एवं 'मैं≈यह हूँ'—में हम प्रमाता के अस्तित्व (शिव) तथा सत्ता (शक्ति) के बाद प्रमाताप्रधान अनुभव (सदाशिव), प्रमेय प्रधान अनुभव (ईश्वर) तथा इन दोनों के ऐक्य की प्रतीति के बाद अंततोगत्वा मायातत्त्व में पृथक्-पृथक्—प्रमातापरक एवं प्रमेयपरक—अनुभव पा जाते हैं। इसका तात्पर्य यह हुआ कि एक ओर प्रमा के बजाय अनुभव की प्रतिष्ठा हुई और दूसरी ओर प्रमाता-प्रमेय के विभिन्न स्वतन्त्र अनुभवों को क्रमिक एवं अवरोहणात्मक बना दिया गया। बिना कार्यकारणवाद के हम यह क्रम नहीं तय कर सकते। जाहिर है कि परासंवित् के इन पाँच आभासों (अभिव्यक्तियों) का ढाँचा प्रत्यक्षज्ञान—सीमित एवं संकुचित एवं आच्छादित 'पुरुष'—पर भी ढला होगा। हमने यह बिल्कुल स्पष्ट किया है कि त्रिकदर्शन में गृहीत प्रकृति विकासक्रम के आधार पर ही यह हुआ है : परमशिवतत्त्व और 'बुद्धि' में, विमर्शशक्तितत्त्व और 'अहंकार' में, सदाशिवतत्त्व और 'मनस्' में, ईश्वरतत्त्व और 'पंचज्ञानेन्द्रियों एवं पंचकर्मेन्द्रियों में किंचित् सादृश्य है। इस तरह एक ओर चैतन्य (शिव) को प्रमुख तत्त्व मानकर अन्य तत्त्वों की अभिव्यक्ति (उत्पत्ति नहीं) का क्रम, एवं प्रकृति को प्रधान तत्त्व मानकर अन्य तत्त्वों की 'विकृति' का क्रम एक जैसा है। अलबत्ता शिवतत्त्वों के अंतर्गत क्रमशः पाँच शक्तियों की कल्पना जरूर अद्भुत है। ये 'शक्तियाँ' चैतन्य (शिव) के विभिन्न स्वभाव (=गुण) हैं जिनके कारण सृष्टि के स्वरूपों (शक्तितत्त्व से लेकर सद्विद्या तत्त्व तक) तथा सृष्टि के मार्गों [इच्छा (सदाशिव), ज्ञान (ईश्वर), क्रिया (सद्-विद्या)] का अंदाजा मिलता है। चित् और आनन्द का सम्बन्ध सृष्टि (प्रकृति) या इदं से नहीं है अर्थात् ये केवल शिवशक्ति अर्थात् सृजनात्मक चैतन्य के गुण हैं। हम यह नहीं कह सकते कि किस प्रकार शुद्ध चैतन्य चित् स्वभाव वाला किन्तु सृष्टि से सम्बद्ध होने पर ज्ञान स्वभाव वाला, तथा शक्ति से सम्बद्ध होकर आनन्द स्वभाव वाला किन्तु सृष्टि से सम्बद्ध होने पर इच्छा

स्वभाव वाला हो गया। एक ही शुद्ध चैतन्य के आभास में चित् बनाम ज्ञान, आनन्द बनाम इच्छा के ये अन्तर 'अनुभाव' अर्थात् अतींद्रिय अनुभव जैसे ही हैं।

हाँ, एक भेद खुलता नजर आता है। प्रकृति का शुद्ध (विकृत नहीं) अर्थात् अव्यक्तरूप सांख्य में तो त्रिगुणात्मक संतुलन वाला है; लेकिन त्रिक-दर्शन में यह 'माया' हो जाता है। जिस तरह विशुद्ध चैतन्य के क्षेत्र में परम-शिव पंचशक्तियों (चित्, आनन्द, इच्छा, ज्ञान एवं क्रिया) से समस्त विश्व की **अभिव्यक्ति** करता है, उसी तरह पुरुष अभिव्यक्त जगत् की पाँच सीमाओं का मायामुग्ध **अनुभव** करता है जो नियति, काल, विद्या, कला एवं राग हैं। नियति एवं काल क्रमशः देश (Space) एवं काल (Time) के अक्ष हैं जो भौतिक एवं अनित्य अस्तित्त्व के निर्धारक हैं। विद्या ज्ञान से, कला क्रिया से, तथा राग इच्छा से तुलनीय हैं जो पदार्थ को गुण (क्वालिटी) तथा जीवन को चेतना (कांशेसनेस) प्रदान करते हैं। अतः हमारा इहलोक अपने संस्कार तथा संस्कृति रूप में नियति, काल, कला, राग एवं विद्या के द्वारा निश्चित किया जा सकता है। इस तरह हम द्वैताभासपरक मायामय सृष्टि (अहं + इदं) में एक देशकाल में बद्ध सांस्कृतिक एवं संस्कारपूर्ण जगत् पाते हैं; और शिव-शक्तिमय अद्वैतपरक सृष्टि को देशकालविमुक्त इच्छाप्रधान, ज्ञानप्रधान और क्रियाप्रधान पाते हैं जो अमूर्त्त सारांशीकरण ही हैं। देशकाल से विमुक्त होने पर सृष्टि "एक" धारणा मात्र रह जाती है जो वैश्वक (यूनिवर्सल) तथा शाश्वत् "इटर्नल" है जो देशकाल की कला, विद्या तथा राग (प्रवृत्तियों) के इतिहास एवं भूगोल से मुक्त है, जिसमें मानुषी चिंता, सुख-दुख, संशय, ज्ञान, मोह, अनुमान आदि के सम्पर्क नहीं हैं। अतएव उसमें नियति एवं काल के बजाय चित् एवं आनन्द है। वस्तुतः यहाँ अमरता तथा नित्यता की धारणा को आभासित किया गया है। सृष्टि (इदं) से जुड़ी इच्छा, क्रिया एवं ज्ञान से भिन्न परमशिव (अहं) का एक विशुद्ध एवं विशिष्ट ज्ञान (चित्) तथा सुख (आनन्द) भी है। एक तीसरी सृष्टि भी है जिसे त्रिकदर्शन ने प्रकृति-सृष्टि के रूप में ग्रहण किया है जो सांख्य का संशोधित ग्रहण है, जो **शुद्ध** [परम-शिव से सद्विद्या तक]; और **शुद्धाशुद्ध** [सद्विद्या से पंचकंचुक तक] के बजाय **अशुद्ध** [प्रकृति से शुरू] है। यहाँ भौतिक प्रकृति एवं जैविक सत्ता की व्याख्या हुई है।

इस भाँति हम समानान्तर तत्त्वों वाले तीन क्रमिक विभाजन कर सकते हैं :

(१) परमशिव से शुद्धविद्या तक अभिव्यक्त एक शाश्वत्, वैश्वकरूप, काल-विमुक्त, "शुद्ध" अद्वैत एवं अमूर्त्त सृष्टि जहाँ 'शक्ति' में परिणाम या

परिवर्तन होता है (शिव में नहीं); (२) माया तथा माया के पाँच कंचुकों से आवृत्त एक "शुद्ध-अशुद्ध", कालसीमित द्वैतभासक सृष्टि जहाँ शक्ति का रूपान्तर 'माया' में, तथा शिव (चित्त) का 'चित्त' (mind) एवं 'पुरुष' में हो जाता है; और सृष्टि 'सान्त' होती है अर्थात् यह सांस्कृतिक एवं संस्कार-पूर्ण प्रस्तुत सृष्टि होती है; और (३) 'प्रकृति' से 'व्यक्त' एक भौतिक एवं जैविक सृष्टि जिसे त्रिक में "अशुद्ध" कहा गया, जहाँ पुरुष देहप्रमाता हो जाता है, तथा माया प्रकृति। ...इन तीनों में प्रधानकारण क्रमशः परमशिव, माया एवं प्रकृति हैं; और इन तीनों में ही भौतिक यथार्थता के रूप क्रमशः इदं (अमूर्त), मायाकंचुक (सांस्कृतिक सृष्टि) तथा प्रकृति (स्थूल जगत् एवं जैविक प्राणी) हैं। इनमें से सांस्कृतिक तथा संस्कारपूर्ण यथार्थता की तत्का-लीनता एवं द्वंद्वात्मक विकास दूसरी सृष्टि (माया एवं पंचकंचुक) में ही निर्धारित हो सकता है। इन तीनों में से पहली 'परा' है, तीसरी 'अपरा'; और दूसरी द्वंद्वात्मक यथार्थता (जिसमें समन्वय या सिंथेसिस नहीं हुआ है केवल वाद (थीसिस) एवं प्रतिवाद (एंटीथीसिस) है)। त्रिकदर्शन ने इन तीनों को एकलड़ी करने की असफल कोशिश की है। यहाँ भी आदर्शवादी दर्शन की एक दिशा चकाचौंध करती है: "शिव चित् है, चित् शुद्ध है, शुद्ध में द्वैत नहीं होता; अद्वैत में एक शिव है (अहं और इदं का द्वैत नहीं); शिव की सृष्टि काल में नहीं बँधी है, काल अनुक्रम है; अतः शुद्ध सृष्टि की 'अभिव्यक्ति' होती है, अतः शुद्ध एक है, कालविमुक्त है, अद्वैत है, चित् है, और द्वैतबोध से अशुद्ध नहीं है।" फलतः जब द्वैत (अहं⇌इदं) का ज्ञान हुआ तो ज्ञान (शुद्धविद्या) भी अशुद्ध हुआ, और सृष्टि **शुद्ध-अशुद्ध** हो गई (मायाशक्ति के अंतर्गत)। और, जब पुनः **केवल** इदम् का ज्ञान प्राप्त हुआ तब सृष्टि **अशुद्ध** रह गई, और ज्ञान अंतःकरण एवं बाह्यकरण के माध्यम से देह एवं भूत पर निर्भर हो गया। पहले में शिव (अहं) का और तीसरे में प्रकृति (इदं) का ज्ञान होता है; तथा बीच में दोनों का पार्थक्य हो जाता है (माया)। इन तीनों चरणों में क्रमशः **शक्ति** (परमशिव से शुद्धविद्या तक), **कंचुक** (माया-शक्ति में) एवं **करण** (प्रकृति में) की भूमिका होती है। जाहिर है कि शक्ति चितिऊर्जाएँ (psychic energies) है, कंचुक सांस्कृतिक पैटर्न (cultural patterns) के अमूर्त्तन हैं, एवं करण जैविक एवं भौतिक साधन (organic and material means) है। इन तीनों चरणों में हम समानांतरताओं का जिक्र कर चुके हैं: पहले चरण में इच्छा, ज्ञान, क्रिया एवं शक्ति, दूसरे चरण में राग, विद्या एवं कला के कंचुक हैं तथा तीसरे में मनस्, ज्ञानेन्द्रियाँ एवं कर्मेन्द्रियाँ हैं। इस तरह पहले चरण का 'चित्-आनन्द', दूसरे का 'नियति-काल' तथा तीसरे का 'बुद्धि-अहंकार' एक श्रेणी में आते हैं। ये दिक्-काल

की भूत सीमाओं के अभाव के प्रयत्न हैं। सारांश में त्रिकदर्शन ने शुद्ध→शुद्धाशुद्ध←अशुद्ध, शक्ति→माया←प्रकृति, अद्वैत→द्वैताद्वैत←द्वैत, परमशिव→पुरुष←जीव (देहप्रमाता) आदि के द्वंद्वमान (dialectics) की धारणा पेश की है। लेकिन इसमें मध्यवर्ती तत्त्व समन्वय भी है, तथा क्रमिक विकास भी। यह विरोधाभास (paradox) ध्यान देने योग्य है क्योंकि इसकी वजह से एक तो ओर अंतर्विरोध (contradictions) तेज़ तथा ध्रुवांतीकृत नहीं हो पाते, तथा दूसरी ओर त्रिक का पहला तत्त्व (वाद) बहुधा अमूर्त्त, अद्वैत तथा निर्विकल्प अर्थात् एक प्रतीकात्मक परिपूर्णता (Symbol of perfection) होता है। होता यह है कि इस परिपूर्णता के प्रतीक का जीवन के प्रतीक (Symbl of life) अर्थात् तीसरे तत्त्व (अशुद्ध, प्रकृति, द्वैत, जीव) का असली आधार तो लुप्त हो जाता है और सृष्टि की रचना—'आभास'—परमशिव के आधार से शुरू होती है। जो यथार्थवादी आधार अर्थात् 'प्रकृति' के आधार पर परमशिव की प्रतिकल्पना करने का आधार है, वही उलटकर आभास के बजाय 'मोक्ष' हो जाता है। अतः तर्क की विधि बदल जाती है।

यदि आभास में 'उन्मेष' (सृष्टि) होता है, तो मोक्ष में 'निमेष' (लय)। मोक्ष में भौतिक एवं जैविक मनुष्य (तथा सृष्टि) माया के आवरण को भग्न करने के बाद—अर्थात् लोक की तथाकथित अशुद्धविद्या के कंचुक के स्थान पर 'शुद्धविद्या' के तत्त्व को ग्रहण करने के बाद—क्रमशः लोक की अशुद्ध सृष्टि एवं अहं-इदं के द्वैतज्ञान का परित्याग करता हुआ परमशिवतत्त्वमय या परमशिव के चित्तत्त्वमय या चित्मय अर्थात् 'चिन्मय' होने के 'उपाय' करता है। वह शुद्धविद्यातत्त्व को क्रियोपाय द्वारा, ईश्वरतत्त्व को ज्ञानोपाय द्वारा, सदाशिवतत्त्व को इच्छोपाय (या सांभवमार्ग) द्वारा, तथा शक्तितत्त्व को आनन्दोपाय (या अनुपायमार्ग) द्वारा, प्राप्त करता है। अत: यहाँ शक्ति ही उपाय में तब्दील हो जाती है और शक्तितत्त्व का अनुभव करने के बाद वह परमशिवतत्त्वमय (तत्मय अर्थात् 'तन्मय') होते ही 'चिन्मय' हो जाता है। यदि आभास के क्रम में परमशिव 'चित्' है तो मोक्ष के क्रम में जीव 'चिन्मय' है। सारांश में 'आभास' और 'उपाय' दोनों के क्रम परमशिवतत्त्व से सद्-विद्या (या शुद्धविद्या) तक ही अवरोहण-आरोहण करते हैं। माया और उसके बाद का सम्बन्ध आभास⇌मोक्ष की चर्याओं से नहीं है। यह एक ज़बर्दस्त विरोधाभास है। माया से महाभूत तक की शुद्धाशुद्ध एवं अशुद्ध सृष्टि के ज्ञान को तो बाह्यप्रकाश्य तथा प्रमाणज्ञेय माना गया है, लेकिन माया के पहले परमशिव से सद्विद्या तक की सृष्टि के ज्ञान को किसी भी बाह्यप्रकाश से अप्रकाश्य तथा किसी भी साधन से अज्ञेय बताया गया। लेकिन हमने यह भी अन्वेषण कर लिया है कि आभास एवं उपाय के क्रम का सुपरिगठन (super structure)

प्रकृति की सृष्टि के आधार (basis) को ही लिये है। इस आधार का पहला अमूर्त्तीकरण माया के पंचकंचुकों में होता है, और दूसरा सद्विद्या से परम-शिवतत्त्व तक की 'शुद्ध' सृष्टि में। इस भाँति यहाँ अमूर्त्तीकरण (abstraction) के दो स्तर हैं जो 'प्रकृति-विकृति' के ठोस आधार के ही प्रतिबिंब हैं जिनमें क्रमशः 'देश' का, एवं 'काल' का विलयन हो जाता है।

इस संपूर्ण क्रम में एक महत्त्वपूर्ण बात और भी ज्ञानगोचर होती है। भूत (matter) के यहाँ दो रूप हैं: 'प्रकृति', तथा 'मायाकंचुक'। इनमें से प्रकृति जैविक एवं भौतिक पदार्थ है तो मायाकंचुक भूत या पदार्थ के प्रति चेतना, सृजनात्मकता तथा संस्कृतिनिवेश। इसी तरह चैतन्य को दो रूपों में प्रस्तुत किया गया है: 'परमशिवतत्त्व', तथा 'शक्ति'। यह चेतना काल की क्रमिकता से, दिक् के कार्यकारणन्याय से, तथा भूत (इदं) की स्थूल सीमाओं से विमुक्त है।

लेकिन एक सवाल उठता है कि किस तरह प्रकृति का रूपान्तर 'माया' में, तथा माया का पर्यवसान 'शक्ति' में होता है क्योंकि शक्ति विशुद्ध चैतन्य से जुड़ी है, और, प्रकृति अशुद्ध सृष्टि से। इसका मतलब यह है कि 'माया' यह रूपान्तर करती है। यह एक चुम्बक की तरह से अहं तथा इदं को पृथक् कर देती है। लेकिन अहं-इदं परस्परविरोधी नहीं हैं। अतः हम माया को पोलरेस्कोप का पाँच सतहों वाला (कंचुकों वाला) रवा (क्रिस्टल) जैसा कह सकते हैं जो अहं तथा इदं के ज्ञान को स्पष्ट तथा लोकसापेक्ष्य बना देता है, लेकिन जिसे प्रत्यभिज्ञावादी अभिनवगुप्त 'शुद्धविद्या' तथा 'अशुद्धविद्या' दोनों कहेंगे। यह अहं तथा चित् का शुद्ध ज्ञान भी देती है, और इदं तथा प्रकृति का अशुद्ध ज्ञान भी। अतएव माया मानों एक 'चित्र-विद्युत-सैल' (Photo-Electric cell) की तरह है जो शक्ति की तरंगों (स्पंद) को भी ग्रहण करता है तथा शिव को अंकित (प्रत्यभिज्ञा) भी। यह 'सैल' इसलिये है, कि पंचकंचुकों से घिरकर यह पदार्थ (प्रकृति) भी है। इस तरह केवल माया तो दो तत्त्वों के अंतर्विरोधों के बजाय वैपरीत्य (Contrariness) को पृथक् करती है (उनका समन्वय नहीं)। माया अहं का शिव से तथा इदं का प्रकृति से संबंध धुंधला कर देती है। अतः यह 'परा' (trans-empirical) तथा 'अपरा' (घोर भौतिक) दोनों अतियों का मानों पृथक् ज्ञान करा देती है। त्रिक में इसे आच्छादक कहा गया है क्योंकि कोई भी आदर्शवादी दृष्टि निर्विकल्प (शिव) तथा आत्मन् (अहं) के सम्बन्धों को धुँधला होते हुए सहन नहीं कर सकती। अतः 'माया' की व्याख्या की गई कि यह शिव की 'निद्रा' है। 'निद्रा' चेतना के विरुद्ध है। यहाँ आदर्शवादी अन्तर्विरोध उभर आता है। यदि शिव की इच्छा, क्रिया एवं ज्ञान शक्तियाँ चित्विरोधिनी नहीं हैं,

तो मायाशक्ति (शिवा) ही क्यों ऐसी हुई? शक्ति से उन्मिषित माया आच्छादक क्यों हुई ? और यदि माया निद्रा की तरह है तो यह चेतना के अभ्युदय के साथ विलीन क्यों नहीं हो जाती ? यह तब भी क्यों बनी रहती है ? यदि यह विलीन हो जाती है तो यह किस तरह यथार्थ या सत् होगी ? कहा जा सकता है कि बद्धपुरुष के 'संस्कारों' की वजह से यह सत् है । लेकिन क्या शिव के भी संस्कार हैं ? तब तो वह अशुद्ध हो जाएगा । अतएव हमें पुनः मध्यकालीन दर्शन की इस भूल को समझ लेना होगा कि उन्होंने माया को प्रकृति से संलग्न करने के बजाय शिव से संबद्ध करके पदार्थ-चेतना, मात्रा-गुण, शरीर-मस्तिष्क, आदि द्वंद्वात्मक श्रेणियों को अद्वैत अथवा पृथक्-पृथक् रखकर ही यूतोपियाओं की रचना की । उन्होंने चेतना को निर्विकल्प एवं शुद्ध चैतन्य मानकर भूत से उसके संपर्क या बिंब मात्र तक को अशुद्ध बताया । शुद्ध चैतन्य का मतलब हुआ :—'मैं⇌तुम' के भेद की आवश्यकता का लोप ! 'देशकाल' के अक्ष से मुक्ति !! इन दोनों शर्तों को ही 'स्वतन्त्रता' का कारण बताया गया जहाँ कोई भी 'विघ्न' नहीं है । और यह स्वातन्त्र्य-दशा प्रकाशविमर्शमय (शिव-शक्ति का चित्-आनन्द रूप) है । इस तरह 'चित्' और 'आनन्द' की स्थिति का अनुभव तो स्वतन्त्र, निर्विघ्न, तादात्म्यमय, अभेदमय, समरस आदि है, किंतु मात्र 'सत्' की सत्ता (प्रकृति) अलग भी है । वस्तुतः यहाँ परमशिव तथा शक्ति तक तो **स्वातंत्र्यवाद** है; और सदाशिव, ईश्वर एवं शुद्धविद्या तक **आभासवाद** । अर्थात् आभासवाद सीमा का द्योतक हुआ । माया **आच्छादनवाद** का द्योतक है । इसके बाद प्रकृति से आगे सांख्य मत का **परिणामवाद** शुरू होता है । अस्तु ।

उपर्युक्त भूमि पर अभिनवगुप्त का नवोन्मेष करने पर उनका एक नया दार्शनिक एवं सौंदर्यबोधशास्त्री स्वरूप प्रकट होता है । अभिनवगुप्त जैसे एक मध्यकालीन बौद्धिक भीम का पुनर्मूल्यांकन एक मुश्किल करतब है क्योंकि यदि एक ओर हमें जीवंत इतिहास का वरण करना है तो दूसरी ओर कुतर्कों के मृतक जुए को उतार फेंकना है । हमें इस बात के प्रति जागरूक रहना है कि अभिनवगुप्त ने आदर्शवादी तथा यथार्थवादी भूमियों के पार्थक्य को कायम रखा है, और इनके विलयन (anulling) द्वारा कुछ अमूर्तीकरणों (abstractions) की रचनाएँ भी का हैं । मध्यकालीन आदर्शवादी विचारचक्र में कला एवं धर्म **'मेरी आत्मचेतना'** (Self-consciousness) न होकर **मेरी 'परायी' (एलियेनेटेड) आत्मचेतना है** अर्थात् चेतना (पुरुष का विद्याकंचुक) स्वयं अपना ही अतिक्रमण (परमशिव) कर जाती है । इसी तरह चिंतन का चिंतन द्वारा, भूत (प्रकृति) का भूत (माया) द्वारा, ऐन्द्रियिक चेतना (स्थायीभाव) का ऐन्द्रियिक चेतना (रस) द्वारा, मनुष्य का मनुष्य ('स्व' या जीव) द्वारा अतिक्रमण होता है

जिसे आत्म-परायापन (Self-alienation) कहते हैं। फलतः इस तर्कविधि में निषेध (निगेशन) का निषेध वास्तविक तत्त्व (ट्रयू एसेंश) की स्थापना न करके आभासित तत्त्व (स्यूडो-एसेंश) की पुष्टि करता है। अभिनवगुप्त ने त्रिकदर्शन के संदर्भ में साधारणीकरण, रसप्रतीति, स्थायीभाव, सहृदय आदि के लिए इसी द्वंद्वमान का प्रयोग किया है। इसीलिये उनके सौंदर्यबोध-दर्शन में अमूर्त्तनों (Abstractions) की प्रचुरता हो गई है जिससे नई धारणाओं को सिद्ध करने में हमारी कठिनाइयाँ बढ़ गई हैं। अभिनवगुप्त की आरम्भिक भूमिका ही 'मनुष्य' का संस्कारित हृदय वाले 'आत्मन्' (self) के रूप में, तथा 'ऐन्द्रियिक बोध' का आस्थाबंधरूप 'स्थायीभाव' में अमूर्त्तीकरण करके ही शुरू होती है। हम यह जानते हैं कि मनुष्य ही अपनी आँखों से रमणीक दृश्य को देखता तथा अपने कानों से मधुर शब्द सुनता है। हम यह भी जानते हैं कि आत्मचेतना के आँख, कान आदि नहीं होते। यह आत्मचेतना मानवीय स्वभाव का गुण है; किन्तु यह मानवीय स्वभाव नहीं है (दे० मार्क्स "**इकोनामिक एण्ड फिलोसाफिक मेनुस्क्रिप्ट्स**: १=४४", पृ० १०८)। पाँच **बोधों** (शब्द, स्पर्श, रूप, रस एवं गंध) का संस्कार और प्रतिमान मनुष्य की तात्त्विक सत्ता को उद्घाटित करता है, लेकिन उनकी व्यावहारिक भाव-संस्कृति (पंचकंचुक, या अंतःकरण) उन्हें **मानवीय** बोधों में रूपांतरित करती है। कला में ये बोध ठोस लौकिकता से नहीं जकड़े होते और स्थूल व्यावहारिक आवश्यकताओं के भी दास नहीं होते; बल्कि मानवीय तत्त्वों से परिपूर्ण होते हैं। अतः मनुष्य का अमूर्त्तीकरण 'आत्म' (सेल्फ़) की धारणा में करने पर हम मनुष्यत्व की सामाजिक बोधकता से क्रमशः दूर होते चले जाते हैं। अभिनवगुप्त-संमत सहृदय तथा धारणीकृत भावों के अंतर्गत ऐसे बहुत से निषेधात्मक पक्ष भी जुड़े हैं जिन्हें हम स्पष्ट करेंगे। अलबत्ता, यह एक तथ्य तो स्पष्ट है कि अभिनवगुप्त के कालखंड में सौंदर्यबोधशास्त्र में 'ज्ञान', 'अनुभव' (रस) तथा 'उक्ति' (चमत्कार)—इन तीन मूल्यों का समानांतर फासला और मिलन होता चल रहा है। भारतीय विश्वदृष्टिकोण के तीन समकालीन केन्द्रों में से मिथिला में दार्शनिक प्रज्ञा का सिक्का जमा था, कश्मीर में सौंदर्यतत्त्व के प्रदीप जलाए जा रहे थे तथा कन्नौज में ललित रसात्मक साहित्य का प्रणयन हो रहा था। कश्मीर के धर्मकेन्द्रित समाज में भी प्रत्येक छोटे-से-छोटे कार्य का साक्ष्य किसी-न-किसी आध्यात्मिक मूल्य से जोड़कर किये जाने का रुझान फैल रहा था। धर्मप्रधान समाजों में पुरोहित तथा आचार्य को ही सौंदर्य-तात्त्विक, आर्थिक एवं राजनैतिक समस्याओं के भी समाधान की जिम्मेदारी लेनी पड़ती थी। फलस्वरूप प्रत्यभिज्ञानवादी दार्शनिक अभिनवगुप्त ने भी सौंदर्यबोधदर्शन की समस्या को सुलझाने का बीड़ा उठाया। यह समस्या

मूलतः मिथकीय एवं धार्मिक परिप्रेक्ष्य में ही रही। अतः यहाँ ज्ञान के तर्क की श्रेष्ठता के बजाय श्रद्धाविश्वास के अंतर्तर्क की श्रेष्ठता आधार बनी। मध्यकालीन धर्माभिसारी लघु समाजों (little societies) की दिशा ऐसी ही हुआ करती है।

अभिनवगुप्त ने दो निर्मितियों पर अपना ढाँचा खड़ा किया है : पहली परमशिव से शुद्ध विद्या तक की प्रतीकात्मक अभिव्यंजना (Symbolic expression) का मॉडल, तथा दूसरी, माया से भूत तक का अस्तित्ववादी वास्तविक सत्। यहाँ भी हमें मध्यकालीन द्वैत झिलमिलाता मिलता है जिसमें शरीर-मानस, अमर आत्मा-मर्त्यमान शरीर, वैयक्तिकतापरक (मैं) तथा सामुदायिकतापरक (तुम) मनुष्य के द्वन्द्वात्मक सम्बन्ध हैं। और इनमें भी हम मध्यकाल के उस विश्व दृष्टिकोण का ही प्रमाण पाते हैं जिसके मुताबिक परमशिवतत्त्व के सामरस्य के स्वर्ग से मायाकंचुकावृत्त जगत् में आना पड़ता है। यह एक विचित्र आत्मपरायापन (Self-alienation) है जिसमें परमशिवतत्त्व के स्वर्ग में तो अभिव्यक्ति का स्वप्निल (समाधि, चिन्मय) भोलापन (innocence) है, तथा जगत् में स्वोन्मिषित त्रासदी है क्योंकि ज्ञान (विद्या), शक्ति (नियति), काम (राग) आदि में आत्मसार्थकता की उपलब्धि होती है। इस तरह यह एक सार्वभौम (यूनिवर्सल) या शिवतत्त्व-परक परायापन है जो अभिव्यक्ति के स्वप्निल भोलेपन से स्वोन्मिषित जागतिक त्रासदी में घटता है। मार्क्स, सोरेल, मानहाइम के मुताबिक अभिव्यंजना के मिथकीय, यूतोपियन एवं विचारधारापरक रूप (forms) हमारे कार्य के साधन एवं प्रतीक हैं। समस्या-समाधान के रूप में प्रतीकात्मक अभिव्यंजना (Symbolic expression) की कई दिशाएँ होती हैं : धर्मतन्त्र में अति-प्राकृतिक, जीवशास्त्र में प्राकृतिक, विज्ञान में यान्त्रिक, तथा कला में रूप-कात्मक दिशाएँ, इत्यादि। अभिनवगुप्त ने रसाभिव्यंजना की स्थापना के द्वारा प्रतीकात्मक क्रिया का अध्ययन किया है, और नाट्य तथा काव्य के शब्दबिंब की प्रकृति से लेकर शिवस्वरूपख्यात सहृदय के रसानुभव की चिन्मयता तक के प्रतीकात्मक अन्तःप्रक्रिया के प्रारूप (models) कल्पित किये हैं। उन्होंने रस की प्रतीकात्मक क्रिया की व्याख्या के लिये विभावादि की प्रेषणीयता वाले निरीक्षणीय तथ्य प्रस्तुत किये हैं। अतः उन्होंने सौंदर्यबोध क्षेत्र के लिये नाट्यदृश्य से लेकर सामरस्यदशा तक धारणाएँ इस्तेमाल की हैं। अतः उन्होंने काव्यनाट्य के वर्तमानकालिक प्रत्यक्ष और शैवाद्वैत के मिथकीय महाकाल संदर्शन का इस्तेमाल किया है।

हमारा ध्यान एक अन्य बात की ओर भी जाता है। भरत से लेकर भट्टनायक तक किसी ने भी रसदर्शन के अन्तर्गत मिथक (Myth) का

व्यवहार नहीं किया था। तान्त्रिक अभिनवगुप्त ने ही परमशिवतत्त्व से शक्ति एवं माया शक्ति तक का विधान शिव एवं शक्ति के मिथक के संयोग से किया, तथा इसे 'रस' और 'व्यंजना' में भी उपजीव्य बनाया। मिथक में अतीत एवं वर्त्तमान का सहकाल व्याप्त रहता है अर्थात् अतीत का पुराणैतिहासिक शिव आज का शिवमूल्य भी है; और अतीत का मिथकीय कथावाला चित् देवता शिव आज की केवल एक दार्शनिक धारणा (परमशिवतत्त्व) भी है जिस पर से कथाशिल्प के आवरण झरझराते हुए सरक गए हैं। अतएव यहाँ मिथक एवं सम्प्रदाय (Cult) का गहरा सम्बन्ध है। और अभिनवगुप्त भी इसके मंत्रमुग्ध दायरे में बँधे हैं, तथा अपनी सांप्रदायिक मिथक का 'आभास' भी कराते हैं। हम यह भी जानते हैं कि कश्मीर में शिव एवं शक्ति का मिथक शैवों एवं शाक्तों, पर्वतीय कबीलों, राजवंशों के धार्मिक एवं राजनीतिक के प्रयोजन भी सिद्ध करता था। तांत्रिकों, नाथों, शैवों, शाक्तों आदि की रासायनिक एवं कामपरक साधनाओं में परमभोग, महासुख, युगनद्धता, रस-सिद्धि, अंजनसिद्धि, व्यंजनसिद्धि, चमत्कार, भावना (पारद एवं अभ्रक का घोंटना) आदि की दशाएँ एवं क्रियाएँ थीं। इनमें से कई को 'शक्तियों' में ढाल दिया गया। वस्तुतः आनंदोपाय युगलमिलन की, तथा माया शक्ति विषयोन्माद के शमन के बाद की अवस्थाएँ हैं। अतएव इस प्रतीकात्मक अभि-व्यंजना में बहुत-कुछ मिथक एवं सम्प्रदाय, ज्ञान एवं अनुभव, लोक एवं कला के सहक्रम से रचित मानस की विशेष क्रियात्मकता (Special activity of the mind) भी है। मिथक समुदाय के जीवन का रूपायन तथा संप्रेषण सुदृढ़ करती है; तथा दर्शनशास्त्र मिथक की कथावस्तु को धारणाओं (कान्सेप्ट्स) में ढाल देता है। यह सब करने के लिये मानों अभिनवगुप्त को ही ऐति-हासिक संयोग हासिल हुआ। वे तान्त्रिक थे, प्रत्यभिज्ञान के प्रवर्तक दार्शनिक थे तथा रसाभिव्यंजना के पोषक सौन्दर्यबोधविद् थे। उन्होंने सार्वत्रिकीकरण (Universalization) तथा परायेपन (alienation) की मध्यकालीन भूमियों पर अपनी त्रिकसौन्दर्यबोधात्मक व्याख्याएँ प्रस्तुत कीं।

सम्प्रति पहले हम अभिनवगुप्त संमत "सहृदय" की धारणा पर विचार करेंगे।

अब सु-मन वाला प्रेक्षक वह पुरुष हो गया जिसके हृदय की तीन खूबियाँ हैं—(१) सहृदयत्व, (२) विमल प्रतिभानशालीनता तथा (३) मुकुर जैसा मन (मनोमुकुर)। ऐसे पुरुष को 'सहृदय' कहा गया। यह व्यक्तित्व (personality) की मध्यकालीन निर्मितियों में से एक है जिसमें भावना, प्रतिभा और प्रतिबिंब का मेल है। यह धारणा भट्टनायक संमत 'सामाजिक' के चित्त से भिन्न है। भट्टनायक के सामाजिक को मात्र अनुभव होता है

और उसका भोग बुद्धि के धर्म के रूप में गुणात्मक (सुख-दुख-मोह) हो सकता है। बाह्यरूप में ये प्रकाश (सत्त्व), क्रिया (रजस), एवं स्थिति (तमस्) रूप होते हैं। चेतन बुद्धि के सन्दर्भ में ये गुण क्रमश, प्रख्या (आत्मोद्घाटक ज्ञान) प्रवृत्ति (आत्मसंकल्पात्मक अर्थात् सीमित करने वाली क्रिया) तथा स्थिति (आत्मचेतन इच्छा) है। इसकी तुलना में अभिनव ने सहृदय के त्रिगुण स्वरूप से आगे प्रयाण किया है। उन्होंने प्रकाश, प्रवृत्ति तथा प्रख्या को एक दूसरे संदर्भ में गूँथा है : वासनासंस्कार के संदर्भ में। अतएव उनके सहृदय के व्यक्तित्व विन्यास में मध्यकालीन सामाजिक यथार्थता के अन्तर्गत लघु समाजों के तन्मय पेशों से लेकर, भट्टनायक संमत सामाजिक की प्रतिकल्पना, योगी के व्यक्तित्व की चमत्कारिक आकांक्षा, नागरिक रसिक की संस्कृति, बुद्धिजीवी का आत्म-अजनबीपन (self-estrangement) इत्यादि सभी का प्रपानक मेल हुआ है। उनका सहृदय एक लोकजन का नहीं, बल्कि एक अनूठे बुद्धिजीवी का अमूर्त्तन (एब्सट्रैक्शन) है। इस अमूर्तीकरण में देशकालघटना-सम्बद्ध 'मनुष्य' निमीलित होते-होते आत्म (self) भाव में ही बच रहता है। यह सहृदय सिद्धान्ततः कवि से तत्वतः तादात्म्य करके कवि के हृदय का स्वच्छ प्रतिबिंब ग्रहण कर सकता है; और व्यवहारतः काव्यानाट्य के विभावादि से प्रतीत तादात्म्य कायम करके तन्मयीभवन योग्यता में माहिर हो सकता है। कवि के साथ सहृदयत्व स्थापित करने में 'संस्कार,' कृति में तन्मय होने में 'संस्कृति' (काव्यानुशीलताभ्यास) और कलात्मक कल्पना के साक्षात्कार करने में 'प्रतिभा' का योग ही अभिनवगुप्त का अभिप्रेत रहा है। इस तरह भट्टनायक से आगे बढ़कर अभिनवगुप्त ने प्रधानरूप से प्रतिभा, काव्यानुशीलनाभ्यास और तन्मयीभवनयोग्यता पर बल दिया। इन तीन घटकों के कारण एक ओर तो उन्होंने सहृदय को साधारण त्रिगुणात्मक प्रवृत्ति वाले मनुष्य से भिन्न किया, दूसरी ओर प्रतिभा, व्युत्पत्ति (अनुशीलन) एवं अभ्यास (योग्यता) का परम्परागत संशोधन किया, और तीसरे संस्कार, संस्कृति एवं कल्पना जैसे अव्ययों को भी शामिल किया। इस संयोग की मदद से ही वे 'वासना संवाद' तथा 'हृदय संवाद' जैसी धारणा पेश कर सकें। वस्तुतः ये दोनों संवाद या प्रेषणीयता मानवीय चित्त (human psyche) एवं व्यक्तिचिति (individual psyche) के क्षेत्र हैं। यह माना गया कि प्रत्येक मनुष्य का हृदय वासनाएँ संस्कारित करती हैं। ये वासनाएं अनादि एवं असीम होती हैं। ये व्यक्तिसीमा से स्वसम्बद्ध होती हैं। लौकिक अवस्थाओं और कलात्मक स्थितियों आदि में ये उद्बुद्ध होती हैं। अतः पहले लौकिक अवस्थाओं से संस्कारित मनुष्य का हृदय ही (बाद में) नाट्यादि में 'वासनासंवाद' करता है। यह व्यक्तिसीमा में बँधा संवाद है। इसकी तुलना

में जब लोक के माध्यम के बजाय काव्य या नाट्य या संगीत या नृत्य कला का माध्यम होता है तब इन उद्‌बुद्ध संस्कारों के ग्रहण का विशेष नाम 'हृदय-संवाद' कहलाता है। इस 'हृदयसंवाद' की शक्ति ही **सहृदयत्व** हैं। अभिनव-गुप्त मानते हैं कि हृदयसंवाद में अर्थात् कलामाध्यम से उद्‌बुद्ध संस्कार के व्यापार में संस्कार व्यक्ति सम्बद्ध नहीं रहते क्योंकि विभावादि के **उपायों** से **नियत** (लौकिक कार्यकरण के कंचुक के) सम्बन्ध विगलित हो जाते हैं। इस सन्दर्भ में अभिनवगुप्त द्वारा त्रिक के 'उपाय', 'नियति', 'मुकुर' जैसे दार्श-निक शब्द भी इस्तेमाल किये गए हैं जिनका दिग्दर्शन हम शीघ्र ही करेंगे। किन्तु एक बात दर्पण के बिंब की तरह झिलमिलाती है कि अभिनवगुप्त ने भट्टनायक के साधारणीकरण का भी परिवर्धन किया है। इस परिवर्द्धन में यह ध्यान देने की बात है कि भट्टनायक ने सामाजिक को पूरे रसचक्र से नहीं जोड़ा था और प्रधानतया नाट्य पात्र एवं घटनादि का साधारणीकरण किया था, लेकिन अभिनवगुप्त ने सहृदय को भी रसव्यापार (निर्वैयक्तिक रस को प्रकट करने वाली प्रवृत्ति-निवृत्ति) के अन्दर शामिल करके 'रसिक' बना दिया। अतः सत्वोद्रेक से प्रख्यात सामाजिक ही रसव्यापार से अधिकृत एक "रसिक सहृदय" में रूपान्तरित हो गया। यह धारणा भी इसलिये पल्लवित हुई कि रस में समूहालंबनत्व सिद्ध किया गया अर्थात् विभावानुभावादि को स्थायी का विशेषण (एडजेक्टिव) बताया गया, न कि कारणादि। हम यह भी जानते हैं कि भट्टनायक तो विभावादि को नाट्य के पात्रों से बाहर करके उन्हें मानवमात्र का बना चुके थे, अभिनवगुप्त ने स्थायी को सहृदय में निश्चित कर दिया तथा, तदुपरान्त, सहृदय के स्वसम्बद्ध स्थायीभाव की व्यक्तिसीमा को विग-लित कर दिया। इस तरह सहृदय में 'आधिकारत्व' का भी मेल हुआ अर्थात् उसके स्वाभिव्यक्त एवं स्वकीय अनुभवों की प्रतिभा एवं वैयक्तिकता की भी थोड़ी गुंजाइश रही; और उसमें 'रसिकत्व' का भी परिपाक हुआ अर्थात् उसके विमल मनोमुकुर में संस्कार स्वसम्बद्ध नहीं रहते। सारांश में अभिनव-गुप्त के सहृदय के व्यक्तित्व के अव्यय ये हैं: प्रतिभा, काव्यानुशीलन, तन्मयीभवन योग्यता, भावना और रसिकत्व, इत्यादि।

यहाँ हम एक अन्य गूढ़ रहस्य का उद्‌घाटन करना चाहते हैं। सहृदय के अव्ययों में हम प्रतिभा, अनुशीलन, तन्मयता, भावना, रसना आदि की प्रधानता पाते हैं। इनकी प्रधानता के दो परिणाम हो सकते हैं: पहला ज्ञान की परम्परा के बजाय अनुभव पर जोर; और दूसरा, प्रमाण के बजाय 'अभिव्यक्ति' पर जोर। श्री शंकुक ने कलाज्ञान के **अनुमान** पेश किये थे, भट्टनायक ने कलानुभव के दार्शनिक **भोग** की धारणा दी थी, और अभिनव-गुप्त ने कलानुभव की आधिभौतिक प्रतीति अर्थात् '**ध्यान**' या 'समाधि' की

प्रतिष्ठा की। यह एक क्रान्तिकारी कदम है और मध्यकालीन चिन्ता की द्विधा तथा परिणति भी। मध्यकालीन चिन्ता ईश्वर को तर्क (reason) के तथा उन्मेष (उद्घाटन revelation) के सत्य का स्रोत मानती है। अतः तर्क और श्रद्धा (faith) का सहयोग उन मध्यकालीन दर्शनों में प्रधान रहा है जो ऐसी दो धाराओं को मिलाते हैं। अभिनवगुप्त के प्रत्यभिज्ञा में अद्वैत तथा सांख्य का ऐसा ही संयोग हुआ। किन्तु ऐसे दर्शनों में भी मध्यकालीन विचारक उन्मेष को तर्क से ऊँचा और महान् मानता है तथा तर्क का उपयोग भी उन्मेष के लिये ही करता है। शैवाद्वैत में भी सांख्य के आधार पर कई शिवतत्त्वों वाला एक प्रतीकात्मक आधेय-प्रासाद खड़ा है। "विवेकशील ज्ञान पर नितान्तः निर्भर करने के बजाय मध्ययुग का दर्शन तर्क की स्वाभाविक रोशनी को परिपूर्ण तथा सुदृढ़ करने के लिये उन्मेष के प्रकाशैकघन का आह्वान करता है।"[1] अभिनवगुप्त ने भी पुरुष की अपेक्षा परमशिव तत्व के 'प्रकाश' पर बल दिया। अब किसी भी तर्क के अध्यवसाय (निर्णय) के लिये जुटाये गये सभी प्रमाणों को उन्मेष का सत्य झटपट रौंद सकता है, और स्वयं अन्तिम निर्णय का दर्जा छीन सकता है। यह उन्मेष श्रद्धा (faith) की माँग करता है। सौन्दर्यतत्व में मध्यकालीन श्रद्धा के लिये 'प्रतिभा' तथा 'समाधि' से ज्यादा अनुकूल अन्य क्या हो सकता है ? अतएव अभिनवगुप्त ने भी श्रीशंकुक एवं भट्टनायक की तरह अनुकीर्त्तन किया कि कला का ज्ञान न तो संशय है, न प्रत्यक्ष, न स्मृति, न अनुमान, न प्रमाण, न सादृश्य, इत्यादि इत्यादि। लेकिन अभिनवगुप्त ने ही परमशिव शक्ति के 'उन्मेष' अर्थात् 'आभास' को शामिल करके नाट्यसृष्टि का भी एक प्रतीकात्मक संविधान दिया। इसी तरह सहृदय की विमल प्रतिभानशाली, तन्मय, चिन्मय, समरस आदि दशाओं के द्वारा भी उन्होंने श्रद्धापरक उन्मेष (revelation) को सर्वोच्च पद दिया। सारांश में, तर्क के बजाय श्रद्धा की, एवं ज्ञान के बजाय उन्मेष की परिणति ने मध्यकालीन दार्शनिक अभिनवगुप्त के तात्त्विक सहृदय की धारणा का भी विन्यास किया।

अब हम सहृदय के 'वासनागत' स्तरों का अवगाहन करेंगे। अभिनवगुप्त ने इन्हें स्वगत (स्वसंबद्ध) माना है। ये स्तर 'स्वार्थ'-परक होते हैं, निःस्वार्थ या परार्थपरक नहीं। ये मनुष्य की संज्ञा की उपाधि हैं। ये स्तर सहृदय के 'मनोमुकुर' से संबद्ध हैं। अभिनवगुप्त ने अपनी कुशाग्रबुद्धि से 'वासना' का भी सौंदर्यदार्शनिक व्यवहार कर लिया। यूं तो न्यायदर्शन भी

---

१ "Medieval Philosophy", Anond A. Maurer, [Random House, N.Y. 1962 preface by Estienna Gilson, pp xii.

मोह या विरक्ति के दोष को संस्कार उत्पन्न करने वाला मानता है; और सांख्य जीवन्मुक्त को संस्कारों के भोग के लिये शेष रखता है। अभिनवगुप्त ने एक ओर तो संस्कारों को वासना से जोड़ा तथा दूसरी ओर इनका अ-लौकिक भोग (रस-प्रतीति)—स्थायीभाव के विशेष स्वभावमें – भी स्वीकार किया। अभिनव ने संस्कारों के विशेष उद्बोधन को मोक्ष की तरह आनंदावस्था माना। इस तरह उन्होंने संसार-चक्र को नाट्यचक्र में ढाल दिया जिसकी चालिका अविद्या के बजाय चित्तवृत्ति है। यहाँ एक बारीक सैद्धांतिक भेद है। वासना को देश-काल-मुक्त अर्थात् एक सार्वभौमकालिक मानवीय चिति (human psyche) कहा जा सकता है जो आर्केटाइपल है। हर फलभोग की अपनी वासना होती है और वासना इस जन्म के कर्म उत्पन्न करती है। अतएव वासना एक जैविक मनुष्य (biological man) का अमूर्त्तन है। वासना के जो अवशेष मानस में रहते है और जिनके कारण अप्रकट हैं अर्थात् जो विलक्षण मनोवृत्तियों (attitudes) के हेतु हैं और जो वैयक्तिक मनुष्य (individual man) को उद्बुद्ध करते हैं, उन्हें 'संस्कार' कहा गया है। इस तरह कर्म →संस्कार→ वासना का एक चक्र कल्पित किया गया। वासना अप्रकट रहती है किन्तु संस्कार रूप में उद्बुद्ध होती है। अभिनव ने वासना को स्थायीभाव के सादृश्य में ग्रहण किया। इस रूपकात्मक संबंध से उनके सामने एक रहस्यात्मक दुनियाँ उद्घाटित हो गई। अभिनवगुप्त ने स्थापित किया कि पात्रों के (नट आदि के नहीं) विभावानुभावादि से सहृदय की अनुद्बुद्ध वासना जाग जाती है। हृदय में पहले से स्थित ये वासनारूप संस्कार स्थायीभाव हैं। बात यह हुई कि अभिनवगुप्त ने अपनी कल्पना से कर्मसिद्धान्त और स्थायीभाव का मेल कराया। अब संस्कार और स्थायीभाव का रूपकात्मक साम्य हो गया और स्थयी-भाव बीजरूपभाव हो गए जो आसानी से सबीज या संप्रज्ञात समाधि से जुड़ने की संभावना लिये थे, और इसी वजह से सहृदय की 'निर्विघ्न प्रतीति' समाधि जैसी बना दी गई। इन्सान की बुनियादी आकांक्षा दुःख से निवृत्ति और सुख से प्रवृत्ति की रही है। मध्यकालीन दर्शन एवं सौंदर्यबोधशास्त्र ने इसे मोक्ष और विश्रांति के द्वारा, आनंद और रस के द्वारा एक प्रतीकात्मक क्रिया में बदल दिया। इस तब्दीली में सौंदर्यतत्त्व की आवश्यकताओं का ध्यान रखा गया। अभि-नवगुप्त ने वासना के साथ-साथ 'चित्तवृत्ति' अर्थात् वैयक्तिक रुचिभिन्नता का समावेश किया अर्थात् उन्होंने भट्टनायक की ही तरह 'वृत्ति' को अंगीकार किया। हम यह भी जानते हैं कि आर्केटाइपल मानवीय चिति अव्यक्त (potential) रहती है और किसी कारणवश ही गतिपूर्ण (kinetic) होती है। इसी वजन पर भाव का स्थायीभाव भेद, तथा स्थायीभाव का ही रसरूप प्रतिकल्पित हुआ। यह एक त्रुटिपूर्ण सादृश्य है जिसमें एकत्व के बजाय द्वित्व

जैसी स्थिति है : पहले वासनारूप संस्कारों का उद्बुद्ध होना माना गया, तदुपरांत स्थायीभाव का उद्बुद्ध होकर "रस" होना बताया गया। संस्कार चेतन स्मृति की तरह मौजूद नहीं रहते। और हम यह जानते हैं कि अनुमान की तार्किक भूमि आत्मगत स्मृति न होकर विषयगत स्मृति होती है। इसी समस्या के कारण अभिनवगुप्त के रस-व्यापार में अनुभाव से जुड़ी 'तन्मयता' की छलाँग शिवतत्त्व की 'चिन्मयता' में लग जाती है। एक संशोधन और हुआ है। सहृदय को प्रकृत्या अधर्म, दु:ख और द्वेष से मुक्त मान लिया गया। वह 'पुरुष' जैसा है जिस पर पंचकंचुकों का आच्छादन है अर्थात् वह ऐसा 'जीव' है जो परमशिवतत्त्व का ही अंश है और 'उपायों' द्वारा परमशिवतत्त्व की आनंदपूर्ण चिन्मय दशा का अनुभव करता है। अभिनवगुप्त की इस त्रिकदर्शन वाली स्थापना के दूरगामी नतीजे निकले। अब सहृदय का साधारणीकरण मात्र सत्वोद्रेक के द्वारा न होकर समग्र शिवतत्त्व का अधिक व्यापक अनुभव हुआ जिसमें भोग और आनंद का, आनंद और प्रकाश का, शक्ति और शिव का सामरस्य है। सहृदय 'उपायों' द्वारा इस अवस्था की प्रतीति करता है। इन उपायों का विवेचन हम यथास्थान करेंगे। परमशिवतत्त्व के अनुभव में आनंद का, तथा ईश्वरतत्व के तन्मयीभवन में अर्थात् काव्यनाट्यवस्तु या प्रमेय के "इदं" से तादात्म्य (तत्+मय=तन्मय) की दशा में ज्ञान का उपाय होता है। ईश्वरतत्त्व का अनुभव "यह=मैं हूँ" है अर्थात् यहाँ अहं की गौणता एवं इदं की प्रधानता होती है। इस तरह अभिनवगुप्त भट्टनायक संमत साधारणीभाव को अपने ईश्वरतत्त्व के अंतर्गत ले आते हैं। अभिनव ने संभवत: यह भी माना है कि विभाव तथा अनुभाव तो अपने संस्कार छोड़ते हैं लेकिन संचारीभाव नहीं। अतएव संचारीभाव स्थायीभाव के रसरूप में सहायक मात्र हैं और स्वयं भोग्यरस में परिणत नहीं हो सकते। यदि हम संस्कारों की छाप को मंजूर करते हैं तो कम से कम उनके भेद से वासना के उद्बोधन में तरतमभेद आएंगे चाहे उनका स्वभाव भले ही वैश्वक हो। अत: स्थायीभाव की कोटि तथा मात्रा की अखंडता स्वरूप की अखंडता तो हो सकती है किन्तु अनुभव तथा तीव्रोद्बोधकता की श्रेणियाँ मुमकिन हैं। यह एक व्यावहारिक तथ्य है। इसके समर्थन में हम अभिनवगुप्त संमत सहृदय के 'अधिकारी' होने की शर्त—विमलप्रतिभानशालीहृदय—को लेते हैं। काव्यनाट्य में उद्बुद्ध संस्कार की स्मृति अंतर्मुखी है अर्थात् प्रतिभान है अर्थात् प्रतिभा ही इसका वास्तविक स्वरूप है। किन्तु इसका संबंध विमलता और मनोमुकुर की संस्कृति से भी है अर्थात् यह साक्षात्कारमय है—प्रतिभान साक्षात्कारमय ! अभिनव ने यहाँ नट के बजाय पात्र (काव्य या नाट्य के) को प्रधानता दी है जिससे प्रत्यक्ष नट और परोक्षपात्र का भेद मिटाया गया है। यह अभिनवगुप्त के तर्कचक्र का एक जबर्दस्त अंतर्विरोध है जिसे उन्होंने

मनमाने ढंग से ज्ञान की समस्या खत्म करने के लिये [नट→पात्र के ज्ञान (ख्याति) का प्रमाण देने के लिये] उपेक्षित कर दिया। यह सही है कि इस भेद की उपेक्षा करके उन्होंने कला का अपना अनुभूत तर्कशास्त्र उद्घाटित किया जो लौकिक ख्यातियों एवं प्रमाणों से भिन्न है। इसके एवज में सहृदय बनने के 'अधिकारी' के लिये दो प्रमाण जरूर उभरे हैं : पूर्व जन्म के पुण्य का प्रतिभामय प्रताप; और इस जन्म के अभ्यास की भावना ! ऐसे ही सहृदय का मन मुकुरमय होता है। मन अन्तःकरण है, अहंकार से उत्पन्न है तथा वृत्तियों का परिचालक है। प्रधानतः मन वस्तु (पात्र, घटनादि) या प्रमेय [जो बाह्यकरण के विशेष्य हैं] के विशेषणों (एडजेक्टिव्ज़) का संकल्प करता है। अभिनवगुप्त ने सहृय को 'देहप्रमाता' जैसा बताया है। इस देहप्रमाता सहृदय का मन मुकुरवत् है अर्थात् यह काव्यनाटकादि के प्रत्यक्षीकरण (पर्सेप्शन) के लिये उत्तरदायी है। अन्तःकरण पर दो प्रमेय प्रतिबिंब डालते हैं : (१) बाह्यस्थूल वस्तुएँ, जैसे गौ, घट, प्रदीप; तथा आन्तरिक प्रमेय। आंतरिक प्रमेय संस्कारों द्वारा निर्मित बिंब हैं जो इंद्रियों से प्रत्यक्ष नहीं किये जाते लेकिन—स्वप्न एवं स्मृति में भी—बुद्धि को प्रभावित करते हैं। अतः अंतःकरण—विशेषतः बुद्धि—के प्रतिबिंब के कारण दर्पणवत् परिवर्तन ही 'वृत्ति' है। यहीं अभिनवगुप्त की आभासवादी धारणा उद्घाटित होती है। आभासवाद के अनुसार ज्ञान प्रत्यक्ष न होकर 'प्रत्यभिज्ञ' अर्थात् मन के केवल आन्तरिक संकल्प से निर्धारित होता है। अभिनवगुप्त ने बुद्धिवृत्ति के साथ 'चित्तवृत्ति' की चर्चा भी की है। सांख्य में बुद्धि-अहंकार-मनस् का त्रित्व है, और वेदांत में बुद्धि-मानस्-अहंकार-चित्त का चतुष्टय। वेदांत में मनस् के अन्तर्गत चारों समाविष्ट हो जाते हैं किन्तु मनस् की वृत्तियाँ संशय एवं संकल्प-विकल्प हैं। चित्त के अन्तर्गत संकल्प के साथ-साथ 'स्मरण' एवं 'अनुसंधान' भी शामिल हैं। अतः चित्तवृति बाह्य प्रमेय की ओर उन्मुख है; साथ-साथ एक अन्तर्चेतन आत्मनिर्धारक वृत्ति है। इस प्रकार हमें लगता है कि अभिनवगुप्त ने मनोमुकुर का प्रयोग वेदांत के 'मनस्' जैसे व्यापक तात्पर्य में किया है। प्रत्यक्षीकरण में प्रमेय के अनुरूप मनस् ढल जाता है। इस तरह का ढलना 'वृत्ति' है। जब 'वृत्ति' पर 'चित्' का प्रकाश पड़ता है तब उसपर से 'नियति' और 'काल' के बन्धन विगलित हो जाते हैं। हम देखते हैं कि यहाँ तर्क का स्थान शनैःशनैः उद्घाटन लेता जाता है। प्रत्यभिज्ञादर्शन के मुताबिक प्रत्येक जीव में स्थित शिवतत्व ही विश्वात्मक (यूनिवर्सल) है; और विश्वात्मक-शिव ही प्रकाशमय एवं विमर्शमय बताया गया है। इस विश्वात्मक शिव का प्रकाश दर्पण (मुकुर) से तुलनीय है। दर्पण में तभी बिंब ग्रहण होता है जब वह बाह्य प्रकाश से प्रकाशित हो। परन्तु विश्वात्मकशिवतत्व तो स्वयं प्रकाश है। अतः इसके प्रतिबिंब वे ही प्रमेय होंगे जो इसकी अन्तर्यामी पर्तों पर

बिंबरूप में पड़े होंगे। और ये बिंब ही 'वासनारूप संस्कार' कहे गए हैं। अतः संस्कार ही प्रकाशित होकर प्रतिबिंब हो जाते हैं। अतः विश्वात्मक शिव के दर्पण में उसकी निज की शक्तियों का बिंब, और संस्कारों का प्रतिबिंब पड़ता है जो 'नियति' से निर्धारित होता है। अभिनवगुप्त कृत 'प्रत्यक्षीकरण का मनोमुकुर-वादी सिद्धांत' यही है जिसमें चित्तवृत्तियाँ, वासनारूप संस्कार एवं प्रत्यभिज्ञा का समावेश हुआ है। सारांश में सहृदय का कलागत प्रत्यक्षीकरण प्रत्यभिज्ञा अर्थात् 'मनस' के अन्तरमुखी संकल्प से निर्धारित होने वाला है।

इस सारे आध्यात्मिक उन्मेष(revelation) की नींव सहृदय (जीव) एवं विश्वात्मक शिवतत्त्व के तादात्म्य पर टिकी है। यह भी एक प्रबल मध्य-कालीन प्रवृत्ति रही है जो एक वैश्वक या सार्वभौम या सार्वत्रिक मनुष्य (यूनिवर्सल मैन) की धारणा का संविधान परमशिव की धारणा से तुलना करके करती है। सबसे पहले यथार्थता (reality) के ऐंद्रियिक स्वभाव के बजाय उसके आध्यात्मिक स्वभाव (स्प्रिचुअल नेचर) की, और मानवीय चेतना के बजाय मानवीय आत्मा की स्थापना की गई। अतः यथार्थता का एक आध्यात्मिक स्वभाव भी माना गया जिसमें केवल मानवीय आत्मा ही अनुप्रवेश कर सकती है। दूसरे, आध्यात्मिक यथार्थता एवं आध्यात्मिक आत्मा को अद्वैत, शिवअंश तथा शिव से उद्भूत माना गया। यह माना गया कि सत् रूप में परमशिव ही अंतिम संदर्भ है; सारी सृष्टि उसका तत्त्व है; तथा उसके बिंब में ढलकर उन्मीलित हुई है। लेकिन मानवात्मा (आत्मन्) तथा परमशिवतत्त्व के बीच 'माया' तथा माया के 'कंचुकों' का आच्छादन छा जाता है। अतः मनुष्य अपने आत्मरूप की प्राप्ति तर्क से नहीं कर सकता। तीसरे, मनुष्य केवल समाधि द्वारा ही परमशितत्त्व का अनुभव कर सकता है जब उसकी आत्मा शिव में चिन्मय हो जाएगी। मध्यकालीन स्थिर समाजों में जगत् की क्षणभंगुरता, परिवर्तन, अशुद्धि, सीमासंकोचन आदि का विश्लेषण नहीं हो सकता था। अतः समसादृश्य (analogy) को एक वैज्ञानिक तुला के रूप में उभारा गया। जो नित्य हो, अपरिवर्तनीय हो, शुद्ध हो, स्वतंत्र हो—वही परमशिव है। ऐसा परमशिव सत्य है, प्रकाश है. आनन्दरूप है। इसमें जगत् के प्राणियों (जीवों) के सुख, दुख, मोह असर नहीं करते। ज़ाहिर है कि ऐसा ज्ञान 'सद्विद्या' हो गया; तथा इसकी उपलब्धि उन्मेष (revelation) के प्रकाश से ही सिद्ध मानी गई, तर्क से नहीं। इस तरह इस व्यावहारिक जगत् का मध्यकालीन प्रतीकीकरण एवं अमूर्तीकरण "परमशिव" में हुआ। अतः परमशिव मंगल, आनंद तथा आध्यात्मिक यथार्थ भी हुआ। जब परमशिव को मंगल, शुभ, आनंद तथा यथार्थ मान लिया गया तो मध्यकालीन तर्कप्रमाण में यह विश्वास भी उत्पन्न होगा कि मानवात्मा (जीव) की पूर्णता, आनंदमयता,

प्रकाशमयता भी संभव है, और ये सब परमशिव से ही उन्मिषित होंगी। अतः इनका अधूरा होना, दुखपूर्ण होना तथा अविद्या से सीमित होना अर्थात् इस जगत् की ऐंद्रियिक यथार्थता से प्रमाणित होना "अशुद्ध" सृष्टि मानी गई। सहृदय को पुण्यप्रतापी मान लेने से पाप की गुंजाइश तो नहीं रहती लेकिन अशुद्ध विद्या अर्थात् विद्या का कंचुक, और जगत् के अन्य ऐंद्रियिक विघ्न जरूर बाकी रहते हैं। अभिनवगुप्त ने कला के संदर्भ में सहृदय को बाह्यकरण के धरातल के बजाय अन्तःकरण की भूमि पर प्रतिष्ठित करके नाट्यसृष्टि के 'आभास' को 'उपाय' द्वारा अनुभव करने का अनुकरणात्मक ढाँचा रचा है जो इस प्रतीकात्मक कार्य के अनुकूल है। हम यह भी देखते हैं कि अभिनवगुप्त ही वे पहले महापंडित है जिन्होंने उपनिषदों तथा आगमों के प्रत्ययों का संघुलन किया है। ऐसी प्रतिभा में यूरोप के संत आगस्ताइन ही उनकी तुलना में आते हैं जिन्होंने नव्य-प्लेटोनिक तथा ईसाई प्रत्ययों का संघुलन किया था। भारतीय मध्यकालीन दर्शन सृष्टि को एक चक्र (संसार चक्र, कर्मचक्र) के रूप में मानकर अपना विश्वदृष्टिकोण स्थिर करता है। इसी के फल स्वरूप शून्य की निःश्रेयस डाइलेक्टिक्स, रथचक्र की गति (कोर्णाक का सूर्यरथ) तथा गणितज्ञों की दशमलव प्रणाली का अन्वेषण हो सका। अत: भारतीय दृष्टिकोण काल और देश के अक्ष के टूटने की कल्पना निरंतर करते रहे हैं और इन संभावनाओं में सिद्धचित्त होकर रस, ब्रह्म, शून्य, मोक्ष, भोग जैसे अमूर्त्तनों (abstractions) का अलौकिक तर्कशास्त्र रचते रहे हैं। अत: मध्यकालीन सौंदर्यदर्शन की भी महत्तम समस्या देश एवं काल एवं व्यक्ति के अक्षों के विसर्जन की रही है। साधारणीकरण का रहस्य यही है। माया का स्वरूप इन अक्षों का विधान है। हम जानते हैं कि देश-काल-व्यक्ति के संबंध विलीन होने पर मात्र अद्वैतता (Monism), निर्विकल्पता (Absolutism) एवं वैश्यकता (Universalism) का महाशून्य स्वातंत्र्य मिलता है—अन्तरिक्ष जैसा अनन्त, अनादि, असीम, नित्य शून्य। यहाँ रहस्य है, चमत्कार है, उन्मेष है क्योंकि यहाँ जगत् की व्यावहारिक सत्ता नहीं है, कार्यकारणशृंखला छिन्न-भिन्न हो गई है, प्रत्यक्षीकरण के सारे प्रमाण बेकार हो गए हैं, तथा मात्र सूक्ष्म परमाणु (प्लेटो के eidos जैसे) ही हैं। यही परमशिव है और 'जीव' इससे ही चिन्मय होता है। अतः यह अन्तरिक्ष के शून्य का प्रतीकात्मक आदर्शीकरण है। यदि परमशिव असीम ऐश्वर्य है तो उस जैसे जीव में सीमित ऐश्वर्य होगा ही; यदि परमशिव प्रकाशविमर्शमय है तो जीव संकुचित ढंग से प्रकाशविमर्शमय होगा ही; यदि परमशिव की प्रकाश, आनंद, इच्छा, क्रिया, ज्ञान की शक्तियाँ हैं तो जीव (पुरुष) के विभिन्न नामों वाले ऐसे ही काल, नियति, विद्या, राग, कला के कंचुक होंगे ही। इस तरह, सारांश में, परमशिव-

तत्व और पुरुष का अयिभाज्य स्वभाव है; अलबत्ता यह माया के कारण पृथक है, तथा कंचुकों के कारण संकुचित है। इस तरह हम अविभाज्य परमशिव-स्वभाव तथा, उसका विभाजित मानवस्वभाव पाते हैं। इसीलिये अभिनवगुप्त मृग में, मृग के भीत होने में, दुष्यंत में, नट में, सहृदय में ऐसा ही अविभाज्य विश्वात्मक शिवतत्व स्थापित करते हैं। फलस्वरूप आगे के 'उपायों' की उनकी भावनात्मक साधना का मार्ग अंकित हो जाता है। इस मार्ग में प्रकृति का आधार छोड़कर उसके शुद्धरूप 'माया' से आरम्भ हुआ है। इसी शुरूआत ने आदर्शवादी अद्वैतवाद को मजबूत किया, तर्क के बजाय श्रद्धा की जरूरत पेश की तथा सहजज्ञान के बजाय प्रकाशमय उन्मेष को अन्तिम प्रमाण के रूप में प्रतिष्ठत किया। भारत का यह एक क्रांतिकारी मध्यकालीन रूपान्तर है जिसने बाद की नौ शताब्दियों तक तर्क, ज्ञान, प्रमाण की पद्धति का निरास करके भारतीय मनीषा को समाज के घोर सुख-दुखों से, आर्थिक एवं राजनैतिक उथल-पुथलों से, जीवन को इहलौकिक प्रगति तथा खुशहालियों से विमुख करके संस्कृति के विकास के पूर्ण प्रसुमन को अवरुद्ध कर दिया। रहस्यवाद, निराशावाद, परलोक, मोक्षवाद आदि ही भारतीय जीवन की गरीबी, भुखमरी, आर्थिक पिछड़ेपन, सांस्कृतिक अलगाव तथा सामंतीय पतन के प्रत्युत्तर हुए। सदियों तक सामंत युग के काले अन्धकार में हमें निष्पंद करके धकेलने की जिम्मेदारी वेदांत की तथा वेदांत के एक दिग्विजयी आचार्य की भी है। अभिनवगुप्त ने आदर्श एवं यथार्थ का मेल कराकर धरती की सुगन्ध और प्राणों का स्पंद नहीं खोया; अन्यथा हम परवर्ती वैष्णव सौंदर्यबोधशास्त्र तथा ब्रह्मसूत्रों के भाष्यों के बीच मुश्किल से अन्तर कर पाते। अभिनवगुप्त ने 'माया' को वास्तविक एवं शिव की शक्ति ('शिवा') माना, और इस तरह आगामी वैष्णव सौंदर्यबोध वाले दर्शनों को कई दिशाओं को इशारा बता दिया। इन दर्शनों ने परमतत्व के उन्मेष को 'लीला' तथा माया को गुणात्मक बताया। इस तरह सौंदर्यबोधशास्त्र का यह नया चक्र पूरी १८० डिगरी तक घूमा अर्थात् इसने भरत से भट्टनायक तक की, भामह से लेकर उद्भट तक की 'ख्याति' (ज्ञान) परक बौद्धिक परंपरा एवं उक्ति परक कारीगरी-परम्परा को पूरा १८० डिग्री का प्रतीप घुमाव दे दिया। अब अनुभवों, श्रद्धा एवं उन्मेष के समाधि जैसे आधारों की प्रधानता हो गई। सौंदर्यबोधदर्शन के आलम में हम काव्यनाट्यादि की यथार्थता से आजाद हो ही नहीं सकते। अतएव अभिनवगुप्त ने आभासवाद में परमशिव के 'शुद्धविद्या' के आदर्श को, तथा संसारीपुरुष के विद्याकंचुक अर्थात् 'अशुद्धविद्या' के यथार्थ को समसादृश्य ढंग से (analogically) सम्बन्धित किया। फलतः भरत ने सौंदर्यबोधशास्त्र के क्षेत्र में पहली सांस्कृतिक-कर्मकांडी क्रांति की, भट्टलोल्लट ने दूसरी बौद्धिक क्रांति की, तथा अभिनवगुप्त ने तीसरी उन्मेषात्मक (Revelatory) क्रांति की। सहृदय इस क्रांति का डायनेमो बना। मानवता, मनुष्य, व्यक्ति और वैश्वक आर्कटाइप का सूक्ष्म अमूर्तीकरण (Abstraction) रूप यह "सहृदय"

तर्क के बजाय श्रद्धा का मार्ग अपनाता है, ज्ञान के बजाय समाधिपरक उन्मेष से सत्य ढूंढता हैं, प्रकृति के बजाय परमशिवतत्व का लघुकल्प-बिंब (miniature image) बनाता है, और जीवरूप होने के कारण पूर्ण प्रेषणीयता का दावेदार होता है। सुतरां, सहृदय स्वयं मध्यकाल का ही एक सूक्ष्म सांस्कृतिक प्रतीक है।

इस आखिरी पक्षवाक्य को स्पष्ट करने के लिये हम मध्यकालीन प्रतीकात्मक अभिव्यंजना (symbolic expression) की कर्मधर्मता पर विचार कर लें। मध्यकालीन समाजों में आदर्शवाद भौतिकतावाद तथा संकल्प-वाद (positivism) से पलायन की सहूलियतें भी देता रहा है। आदर्श-वाद का कान्त सहयोगी रहस्य (Mystery) रहा है। पुरोहित, कवि, ब्राह्मण एवं आचार्यवर्ग रहस्यपरकता पर बल देते रहे हैं। इसका नतीजा मानवीय सामाजिक व्यवस्था (Human Social Order) के साम्य पर अनुकल्पित दिव्य एवं अलौकिक तत्त्व, अथवा देवतामंडल रहे हैं। परमशिवतत्त्व से सद्-विद्या एवं माया तक के दैवी तत्त्वों की अनुकल्पना मानवीय सामाजिक व्यवस्था के ज्ञान, सुख, इच्छा, कर्म आदि के ही प्रतिरूप हैं जिन्हें गूढ़ तत्त्वों से अभिहित किया गया है। मूलत: ये व्यावहारिक प्रयोजन ही हैं। शक्तियाँ (powers) किसी भी सामाजिक व्यवस्था की गारंटी होती हैं; और परमशिव की इन शक्तियों को भी हम अंततोगत्वा मध्यकालीन सामाजिक अनुबन्ध की अवस्था जैसा पाते हैं। रहस्य का दूसरा हेतु तन्मयता (communion) के कुछ प्रगाढ़ क्षण होते हैं जिनमें 'अद्वैत' का बोध होता है। अद्वैत के सामंजस्य के मूल में पुण्यात्मा का आध्यात्मिक सिद्धांत निहित है। संभवत: इसीलिये सहृदय भी पूर्व जन्म के पुण्य प्रताप का एक फल माना गया है। मध्यकालीन सामाजिक व्यवस्था में **प्रगाढ़ तन्मयता** और **पूर्ण परायेपन** के ध्रुवांत का उभार था जिसकी वजह से ही साधानादि की कई श्रेणियाँ प्रतीकात्मक कार्यों के रूप में उद्बुद्ध होती थीं। परमशिव और मायातत्त्व, प्रकृति और भूत ऐसे ही ध्रुवांत हैं।

अभिनवगुप्त के मध्यकालीन सौंदर्यबोधशास्त्र का ढाँचा मूलत: इसी ध्रुवांत में डोलता है। हम जानने हैं कि ठोस या मूर्त्त यथार्थता से हमारा सम्पर्क जितना ही लुप्त होता है। उसी के अनुपात में परायेपन (alienation) की वृद्धि होती है; और मनुष्य उतना ही स्वयं को अपने कर्म का दास समझने लगता है। वह मात्र 'अभ्यास' पर जोर देता है। मनुष्य के कर्म में सार्थकता तब होती है जब वह उसका स्वामी होता है। तब 'प्रतिभा' पर बल दिया जाता है। मध्यकाल में प्रतिभा की स्थापना केवल सौंदर्यतत्त्व में ही हुई थी। उस युग में सम्राट् और कवि को रुझानतया 'निरंकुश' मानकर

गौरवान्वित किया गया। विशेषरूप में कवि अपने को कारीगर से पृथक् करने की एक ही धारणा प्रचलित कर पाया था, और वह पुण्यस्वरूपा 'प्रतिभा' थी। इसी वजह से वह प्राकृत सम्राटों से व्यक्तिगत व्यवहार का, यश और अर्थ का प्रयोजन सिद्ध कर लेता था। लेकिन उस युग की सीमा में भी तकनीक तथा तनाव की थोड़ी नई शक्तियाँ उभर रही थीं जो मनुष्य को उनका अभ्यासी अर्थात् अनुकर्त्ता-दास बना देती थीं। मध्यकालीन मनुष्य अनजाने-अनचाहे उन वस्तुओं, उन मूल्यों तथा उन रूपों से प्रभावित तथा दिग्भ्रमित होता था। ऐसी नई ताकतें तकनीक अर्थात् कला; नये ज्ञान की दिशाएँ अर्थात् विद्या, नये भावात्मक संबंध अर्थात् राग, नये आर्थिक जाल अर्थात् नियति और महान् त्रासदियाँ अर्थात् काल थे। ये ही कंचुक अर्थात् सांस्कृतिक धारणाएँ हैं जिनसे मध्यकालीन बुद्धजीवी का अजनबीपन (estrangement) बढ़ा। क्यों ? उसे समझना यह चाहिए था कि मूर्त्त यथार्थता से संपर्क के विसर्जन का परिणाम परायापन (alienation) होता है लेकिन वह विश्वास यह करता है कि मूर्त्त यथार्थता अर्थात् माया के कंचुक या प्रकृति की स्वीकृति से परायापन उदित होता है। उसने यह विश्वास किया है कि अहं का इदं में परिवर्तन होते जाना अर्थात् मूर्त्त यथार्थता से संपर्क में आना ही परायापन है। मध्यकालीन चिंतन ने इसे "अशुद्धसृष्टि" कहा। वस्तुतः मध्यकालीन 'निर्विकल्प' नित्य (इटर्नल) एवं अपरिवर्तनशील (unchanging) था। अतः जो भी अनित्य तथा खंडित, एवं परिवर्तनशील गोचर हुआ वह अशुद्ध, द्वैत, कंचुक, भ्रम, संशय, विघ्न आदि बताया गया। फलतः सौंदर्यबोधशास्त्र की यात्रा भी अखंड, अद्वैत, निर्विघ्न, शुद्ध आदि की मंजिल के लिये तय हुई है। मध्यकाल में इसका एक फार्मूला है : 'काल' की सीमा में बाँधकर मनुष्य स्वयं को अपनी सृष्टि में विलीन कर लेता है, सीमित हो जाता है तथा देश के सुखदुखमोह में जकड़ जाता है। अतः 'काल' के अक्ष को काट देना ही मोक्ष, रसप्रतीति, आनंद, शक्ति-उन्मेष आदि है। वस्तुतः मध्यकाल की महत्तम समस्या काल के सूत्रों को काट देना रही है। इसके परिणाम सौन्दर्यबोध में साफ़ झलकते हैं : सूक्ष्म अमूर्त्तीकरण (minute Abstractions)। एक ओर वस्तु या प्रमेय (object) कीप्रतीति **अमूर्त-चेतना** के रूप में होती है; तो दूसरी ओर मनुष्य (पात्र या सहृदय) की प्रतीति **आत्मचेतना** के रूप में। यह सामाजिक 'अजनबीपन' का चरमबिंदु है जहाँ आत्मचेतना (self-consciousness) एवं अमूर्त चेतना (abstract consciousness) का पर्यवसान होता है। फलतः आत्मचेतना उभयरूप हो जाती है : वस्तुरूप अर्थात् इदंरूप; और विषयिरूप अर्थात् अहंरूप। साधारणीकरण एवं निर्विघ्नप्रतीति का द्वंद्वन्याय तो यही है। इनमें आत्म-

चेतना पर तो इतना बल दिया जाता है लेकिन चेतना के प्रमेय की उपेक्षा की जाती है। अंततोगत्वा उनका विलयन शिव में लय के द्वारा करा दिया जाता है अर्थात् भय का भाव अनुभूत भय अर्थात् भीतरूप न रहकर आशंसित भय अर्थात् प्रकाशविमर्शरूप भयानक रस में अमूर्त्तित हो जाता है। इस सारांशीकृत उदात्तीकरण की भी पारदधर्मी दिशा है। जब आत्मा या जीव को अद्वैत दर्शन में शिव का एकांश माना जाने लगा तब मृत्यु के दुःख और जगत् के परिवर्तन—इन दोनों का उच्चतर प्रतीकात्मक रूपों में निराकरण संभव मान लिया गया। इसके साथ-साथ ही ईश्वर या परमशिव को अमर तथा आनंद-रूप मान लिया गया। अतः कर्मसिद्धान्तवादी भारतीत मध्यकालीन जीवन-दर्शन में हमेशा के लिये 'त्रासदी' (tragedy) का अभ्युदय असंभव हो गया। अतः भारतीय सौन्दर्यतत्त्व की परिणति दुखनिवृत्ति के महारूप आनंद में हुई। अतः भारतीय सौन्दर्यबोधदर्शन में सहृदय द्वारा रस-प्रतीति, और रसचक्र में विभावादि के बीच उपाय↔अपाय के संघर्ष के समापन के बाद सुखांत,—ये दोनों ही श्रद्धा (faith) और नितांत द्वंद्वहीनता पर कायम हैं। मध्यकालीन अध्यात्म तथा सौंदर्यतत्त्व, दोनों में किसी भी ऐसी नैतिकता की कल्पना नामुमकिन थी जो कि दैवीय का विरोध करे। एक दूसरी दुनियाँ में मोक्ष तथा एक दूसरी अलौकिक दशा में रसानंद ही मध्यकालीन जीवन के प्राथमिक तथ्य थे। इसका मतलब साफ़ है। मध्यकाल में विचारों की दुनियाँ तथा अनुभववादी यथार्थता के बीच द्वैत था जिसमें-से दूसरे का ही निषेध किया गया। इन दोनों के बीच के संपर्क-बिंदुओं को अशुद्ध, दोष या भ्रम कहकर नकारा गया। अतः इन दोनों दुनियाओं के द्वंद्व तथा संघर्ष की अर्थात् ऐतिहासिक कार्य की चेतना प्रखर नहीं हो सकी। अभिनवगुप्त ने इस संपर्क को सात रसविघ्नों के अन्तर्गत डाल दिया। उन्होंने इस द्वंद्व को प्रखर होने से एकदम रोक दिया क्योंकि उन्होंने परमशिवतत्त्व से तादात्म्य में अर्थात् सहृदय के द्वारा सामरस्य अवस्था (पूर्णावस्था) के तादात्म्य में ही इतिकर्त्तव्यता समझी। फलतः पाप या दोष के बजाय आलोकित संस्कारों और तन्मयीभवन के भोलेपन को प्रश्रय मिला। "किसी भी पूर्ववर्ती अथवा परवर्तीकाल की अपेक्षा मध्ययुगों में ही इस दुनियाँ और अगली दुनियाँ के बीच, भौतिक जीवन और आत्मा के जीवन के बीच के विरोधाभास की गहरी संवेदना थी। लेकिन इसने ऐसा कोई भी द्वंद्व नहीं उत्पन्न किया जिसे कि 'त्रासद' कहा जा सके। मध्यकालीन दृष्टि से ऐसा द्वंद्व केवल तभी उत्पन्न हो सकता था जब इस दुनियाँ का भी यह कर्त्तव्य

मान लिया जाता कि वह स्वयं को अगली के स्तर तक उठाये।"[1] अतएव हम कह सकते हैं कि विचारधारा (ideology) जितनी अधिक धुंधली होगी उतना ही गहरा परायापन होगा और काल तथा नियति के आयाम उतना ही अधिक सीमा, बाधा, बंधन, विघ्न एवं अशुद्धि माने जाएंगे। अब हम सहृदय की रसप्रतीति की बुनियाद पर अभिनवगुप्त कृत परायेपन के विलक्षण सौंदर्यतात्त्विक रूपांतरों का विवेचन करेंगे जो आदर्शवादी जीवनदर्शन पर आधारित हैं। अलबत्ता उन्होंने 'शक्ति' की धारणा में भट्टनायक की शक्तियों की धारणा से प्रेरणा ली है, तथा 'प्रतीति' को नया अर्थ देने के लिये श्रीशंकुक की भूमिका का प्रसार किया है। अस्तु।

रसप्रतीति के विवेचन के पूर्व हम रसविघ्नों की चर्चा करेंगे।

जाहिर है कि सौन्दर्यतात्त्विकवृत्ति (aesthetic attitude) को लाने तथा बरकरार रखने में रुकावट डालने वाले तत्त्व ही 'विघ्न' हैं। अभिनवगुप्त ने इन पर मूलपात्रों एवं प्रेक्षक की दृष्टि से विचार किया है, नट के त्रित्व [नट स्वयं, अनुकार्यपात्र और ऐतिहासिक मनुष्य] को घुलाते हुए। नट के अनुभावादि (अभिनय) मूलपात्र राम के सूच्य स्थायीभाव के सूचक हैं। अतः अनुभावादि एवं स्थायीभाव में सूच्य-सूचक-भाव-सम्बन्ध रहता है। इसी तरह नटरूप पात्र (ध्यातव्य है; पात्ररूप नट नहीं) के विभावादि प्रेक्षक के अभिव्यंज्य स्थायीभाव के अभिव्यंजक हैं। अतः यहाँ अभिव्यंज्य-अभिव्यंजक-भाव-संबंध कायम होता है। इस तरह अभिनवगुप्त ने 'निष्पत्ति' के दायरे में 'सूचना' तथा 'अभिव्यंजकता' को शामिल कर लिया और 'संयोग' के मतलब भी बदल दिये।

लेकिन सिद्धांततः नट का अमूर्त्तन करके भी वे उसे वास्तव में पात्र नहीं बना सकते थे। अतएव भट्टलोल्लट एवं श्रीशंकुक को परेशान करने वाले नटगत स्थायीभाव के झंझट से आजाद होने के लिये वे हद से हद नटरूप पात्र की धारणा का अनुप्रवेश करा सकते थे। उन्होंने यही किया भी। किन्तु यह करने पर 'अद्वैतता' की जरूरत उठ खड़ी हुई अर्थात् लोक और नाट्य के बीच के, पात्र और नट के बीच के संशय को विलीन करने की सौंदर्यतात्त्विक आवश्यकता मौजूद हुई। कालका एक 'मनोवैज्ञानिक' काल रूप विकसित हुआ जो कार्यव्यापार की तीव्रता तथा चमत्कार के द्वारा प्रेक्षक की तन्मयता की अवधि (duration), दर (rate) तथा विभक्ति (segregation) को

---

१. Arnold Hauser : "Mannerism" : The Crisis of the Renaissance & the Origin of Modern Age", Vol. I ; pp. 138. Routledge & Kega Paul, London, 1965.

प्रभावित कर सके । इसी तरह **देश** का 'नाट्यशालापरक' देश रूप प्रस्तुत किया गया जो मानवीय व्यवहार को गत्यात्मक तथा विलक्षण ('अ-लौकिक') कर सके । सारांश में सौंदर्यतात्त्विक स्थिति में दिक्काल के क्रमापन (order) और नियंत्रण (control) का सवाल उठा । पहले काल ने प्रेक्षक को परिचालित किया; और बाद में प्रेक्षक ने काल से 'स्वातंत्र्य' (विमर्शदशा) प्राप्त कर लिया अर्थात् सारे नाट्यलोक को अपनी हृदयभूमि में मयूरांडवत् स्थित, तथा अपनी इच्छा से ही आभासित तथा व्यक्त मान लिया । काल एवं देश के इस विलक्षण सौन्दर्यतात्त्विक रूपांतर को भी **'अ-लौकिक'** कहा गया । हम जानते हैं कि न्यायदर्शन में इन्द्रिय-संनिकर्ष से प्राप्त होने वाला प्रत्यक्ष-ज्ञान 'लौकिक प्रत्यक्ष' तथा व्याप्ति द्वारा जाति या सामान्य का मानस ज्ञान (सीता के बजाय कान्तामात्र का ज्ञान) 'अलौकिक प्रत्यक्ष' है । नाट्य में नट के विभावादि साक्षात् इन्द्रियसंनिकर्ष से होने वाले लौकिक प्रत्यक्ष हैं, और सामान्यलक्षणाप्रत्यासत्ति द्वारा होने वाले विभावादि के मानसी या अलौकिक प्रत्यक्ष भी हैं । अतः अभिनवगुप्त ने इस विशिष्ट प्रत्यक्षीकरण को 'मानसी साक्षात्कार' की संज्ञा दी है; और साधारणीकरण की उनकी भूमि यही है । किन्तु अलौकिक प्रत्यक्ष वाले विभावादि का विकास एवं प्रसार भी होता है और ये प्रेक्षक के ज्ञान से आगे उसके हृदय में भी 'व्याप्त' होते हैं । यहाँ **'चमत्कार'** का तत्त्व आ जुड़ता है । हम इसे स्पष्ट करना चाहेंगे । चमत्कार प्राकृतिक कानून (Natural Law) की वैज्ञानिक अथवा दार्शनिक धारणा न होकर एक धार्मिक अंतःश्रेणी (category) है । वास्तव में यहाँ प्राकृतिक नियम का स्थगन (सस्पेंशन) होता है । चमत्कार आश्चर्य और उन्मेष की अनुभूतियाँ उद्बुद्ध करता है । यहां हमें सौन्दर्यबोध में चमत्कारपूर्ण कार्य (अद्भुत रसवाले) और चमत्कार-दशा को अलहदा करना पड़ेगा । चमत्कार (दशा) में तन्मयता और चिन्मयता की प्रधानता होती है अर्थात् यह तर्क (reason) के बजाय उन्मेष या उद्घाटन (revelation) का रहस्यवादी तर्कशास्त्र है । अतः यह अ-लौकिक है क्योंकि प्राकृतिक नियम स्थगित हो जाता है । अभिनवगुप्त के मस्तिष्क का अवगाहन करके हम कह सकते हैं कि वे इस दशा (रसदशा) में परमशिव तत्त्व के समरस अनुभव अर्थात् मात्र वैयक्तिक प्रेषणीयता को सर्वोच्च मानते हैं और इसका 'आवेश' विश्वात्मकपरमशिवतत्त्व की इच्छा के फलस्वरूप मानते हैं । अतः आदर्शवादी सौंदर्यबोधदृष्टि में चमत्कार वैयक्तिक प्रेषणीयता और प्रेक्षक द्वारा परमशिव के प्रति एक वैश्वक चेतना है । फलतः चमत्कार में **अतिप्राकृतिक** का तत्त्व भी शामिल है । जब परिस्थितियों का विकसन प्राकृतिक एवं लौकिक रीति से न होकर किसी अन्य ढंग से होता है, तब चमत्कार-दशा का उदय होता है । एक, चमत्कार-दशा

में यथार्थता प्राकृतिक क्रमापान (आर्डर) का अंग न होकर भी उससे पृथक् नहीं है; उससे ऊपर भी है। दो, चमत्कारभाव एवं उन्मेषभाव का साहचर्य होने से अतिप्राकृतिक तत्त्व (परमशिव) के इच्छाशक्ति (will) रूप का समावेश होता है जिससे चमत्कार के सौंदर्यतात्त्विक एवं धार्मिक अर्थ उद्बुद्ध होते हैं। तीन, चमत्कार भाव का उन्मेषभाव से परिपाक होने पर आश्चर्य (वंडर) एवं रोमांच (ऑव) के तत्त्व भी प्रकट होते हैं। चार, इस परिपाक के कारण ही चमत्कारदशा के बौद्धिक प्रमाण देना असंभव है। ऐसे उन्मेष या उद्घाटन में जो ईश्वर द्वारा जीव से आत्मसंवाद की धारणा भी मौजूद है, तथा ऐसे चमत्कार में असीम निर्विकल्प के ससीम वैयक्तिकीकरण का करिश्मा भी जुड़ा है।[२२] अतएव मध्यकालीन आदर्शवाद ने चमत्कार को अन्वेषण (invention) के बजाय दैवी संकल्प (divine will) से, तथा प्राकृतिक कार्यकारणवाद को अतिप्राकृतिक उद्घाटन (revelation) से जोड़ दिया। भारतीय सौंदर्यबोधशास्त्र में 'चमत्कार' के दो तात्पर्य हैं : काव्यपरम्परा वाला पहला अर्थ तो वक्रोक्ति की विचित्रता है; लेकिन अब नया अद्वैतपरक रसवादी अर्थ अलौकिक एवं दैवी प्रतीति हो गया। भट्टलोल्लट ने तो चमत्कार का वक्रोक्तिमूलक अर्थ ही ग्रहण किया था लेकिन अभिनवगुप्त ने दूसरा स्वीकार किया ('सा चाविघ्ना संविच्चमत्कारः')। उन्होंने इस चमत्कारपूर्ण अलौकिक प्रत्यक्ष को एक और घटक दे दिया :— 'वीतविघ्नप्रतीति'। अतः यह चमत्कारत्व भी सहृदय के रसानुभव में वैयक्तिकता की तन्वंगी रेखा खींचता है।

आनंदवर्धन से प्रेरित होकर अभिनवगुप्त ने सात रसविघ्न माने हैं। ये विघ्न एक ओर या तो हमें लौकिक दशा में जकड़े रहते हैं अथवा दूसरी ओर 'अलौकिक' सौंदर्यतात्त्विक दशा में हमारा ध्यानभंग करते हैं। इनके लिये नाटककार, सूत्रधार, तथा सहृदय तीनों ज़िम्मेवार हैं। यदि नाटककार ही उदयन के द्वारा राम के जैसा सेतुबंध करवाता है अथवा राम के द्वारा वासवदत्ता के प्रति स्वप्नछल दर्शाता है तो तत्कालीन सामाजिक बोध के अनुसार इसे 'संभावनाविरह' कहा जाएगा जो अयथार्थ तथा अनुचित अर्थात् फूहड़ (एब्सर्ड) है। यदि नाटककार प्रधानवस्तु को छोड़ता है अर्थात् प्रेक्षक के स्थायीभाव के उद्बोधन के लक्ष्य को छोड़कर अन्य गौण साधनों का दामन थामता है तो 'अप्रधानता' नामक विघ्न उसकी विश्रांति को रोकेगा। और यदि वह अनुभाव

---

१. दे० H.H. Farmer : "The World & The God". 2nd Edition, pp. 108-110. James Nisbet & Company Ltd. London.

अथवा संचारी का विशिष्ट स्थायी भाव से संबंध नहीं तय करा पाता तब 'संशययोग' होगा क्योंकि व्याघ्र भय तथा क्रोध दोनों का विभाव हो सकता है, अथवा अश्रु करुण, शृंगार, वात्सल्य तीनों का संचारी हो सकता है। अतएव इनका सूच्यसूचक सम्बन्ध स्पष्ट करना लाज़िमी है। इस तरह उपर्युक्त तीन विघ्नों के लिये कमोबेश नाटककार उत्तरदायी है। इनका फलभोग प्रेक्षक करता है। चौथे और पांचवें विघ्न क्रमशः 'प्रतीत्युपायवैकल्य' तथा 'स्फुटत्व-अभाव' हैं। इनका सम्बन्ध प्रधानतः मंडप के रंगसंग्रह और निर्देशक सूत्रधार से है। जब विभावादि की प्रतीति में अभिनय, वेशभूषा, काव्यपाठ आदि की खामियों से बाधा होती है, तब प्रतीति के उपाय में विकलता होती है। और जब विभादि की प्रतीति स्फुटरूप में नहीं होती (क्योंकि मंडपवैचित्र्य ने लोक से सम्बन्ध का स्थगन नहीं किया) तब अस्फुटता होती है। छठे एवं सातवें विघ्न क्रमशः 'निजसुखादिविवशीभाव' एवं 'स्वपरगतदेशकालविशेषावशेष' हैं। ये प्रधानतः सहृदय प्रेक्षक से सम्बद्ध हैं। जब प्रेक्षक सूचित एवं अभिव्यंजित भावों को अपना (स्वगत) समझता है, या दूसरे का (परगत) समझता है तब उसमें विषयावेश अथवा ताटस्थ्यौदासीनता होती है, और जब वह देशकाल के बंधन से जकड़ा होता है तब नाट्यभूमि के चमत्कार से पृथक् हो जाता है। इस तरह न तो उसका लौकिक बोध तिरोभूत होता है और न ही भावों का साधारणीकरण होता है। इसी तरह जब वह अपनी निजी मनोवैज्ञानिक ग्रन्थियों (complexes) को बिना उदात्तीकृत किये ही नाट्यमंडप में आ धमकता है तब अमूर्त्त एवं साधारणीकृत दशाओं के प्रति वह लाचारी का प्रभार ढोता रहता है और नाट्य के विभावादि के अनुरूप उसके संस्कार उद्बद्ध नहीं हो पाते।

अभिनवगुप्त ने इन सात रसविघ्नों की पहल के जरिये कई अनूठे कार्य सिद्ध किये हैं। सबसे पहले इनके द्वारा इन्होंने सहृदय को ही नहीं, अपितु कवि को भी रसव्यापार के नियामकों में दर्ज कर दिया। दूसरे, उन्होंने केवल लौकिक प्रत्यक्ष के ही नहीं, बल्कि नाट्य में अलौकिक प्रत्यक्ष के प्रतीत्युपायों की विकलता एवं अस्फुटता पर गौर किया। अतएव उन्होंने एक प्रारूप (model) नाट्य तथा एक प्रारूप-सहृदय से अपने निरूपण की शुरूआत की है। यह तथ्य ध्यातव्य है। इसीलिये उन्होंने इन विघ्नों के निराकरणों को मूल नाटक तथा मूलनाट्य में ही घटित मान लिया है और विश्लेषण के के बीच में इन्हें नहीं घसीटा। लेकिन प्रारूप-नाटक एवं नाट्य में ही रसविघ्नों के निराकरण को सिद्धांततः मंजूर करने पर वे भरत के सबसे ज्यादा नजदीक पहुँचे। भरत ने नाट्य के तत्त्वों में रस, (स्थायी—) भाव, अभिनय, धर्मी, वृत्ति, प्रवृत्ति, पाठ्य, गान, रंगसंग्रह आदि बताये थे। (हम इनका निरूपण

भरत के प्रसंग में सविस्तार कर चुके हैं)। अभिनवगुप्त ने अपनी चमत्कार-पूर्ण प्रतिभा की ताकत से इन्हें तथा रसविघ्नवीतताओं को सम्बंधित कर डाला। आश्चर्य तो यह है यह सम्बन्धन उस दार्शनिक ने किया जो नट को भी पात्र या सहृदय के दर्जे से हटाकर मंडपवैचित्र्य के मात्र एक तकनीकी तत्त्व के रूप में ले रहा था, तथा नाट्यरस का पर्यवसान काव्यरस में कर रहा था। भरत के 'नाट्यशास्त्र' से ऐसा महसूस होता है कि साध्य तो रस एवं भाव हैं, तथा साधन हैं अभिनय एवं संगीत। इसके साथ-साथ अभिनय के अंतर्गत ही पाठ्य, गीत एवं अनुभाव का समाहार है; तथा अभिनय और धर्मी और वृत्ति और प्रवृत्ति का एक तान व्यापार है। अभिनवगुप्त ने नाट्य के तत्त्वों तथा माध्यम को ही प्रतीतिविश्रांति प्रदान करने वाला सिद्ध किया। नाट्य-मंडप पर अप्रधानता का निराकरण रस द्वारा, संशययोग का भाव द्वारा, प्रतीत्युपायवैकल्य तथा स्फुटत्वाभाव का रंगसंग्रह और वृत्ति और नाट्यधर्मी द्वारा, संभावनाविरह का लोकधर्मी द्वारा, एवं स्वपरगतदेशकालविशेषावेश और निजसुखादिविवशीभाव का प्रवृत्ति, अभिनय एवं संगीत द्वारा बताकर अभिनवगुप्त ने अभिनय-अभिव्यक्ति-चक्र को पूरा घुमा दिया। वे यह समझ गए कि नाट्य में नांदीपाठ का प्रारम्भ ही उसे चमत्कारपरक कर्मकांड की भूमि पर प्रतिष्ठित कर देता है। तदुपरांत सूत्रधार की सूचना, नृत्य एवं गान आदि की विधियाँ उत्पन्न करके आत्मविस्मृति अविश्वास का ऐच्छिक स्थगन पूरा कर देती हैं। यही रसप्रतीति की 'अलौकिक' भूमिका है। यही सहृदय को मनोवैज्ञानिक काल में तथा मनोसौंदर्यतात्त्विक दूरी में प्रस्थित करती है। यही अभिनवगुप्त की एक महत्तम खोज है। आगे का व्यापार रंगमंच पर घटता है।

रंगमंच पर क्या होता है? अभिनवगुप्त ने कालिदास कृत 'अभिज्ञान-शाकुंतल' में अंकित दुष्यन्त द्वारा मृग का पीछा किये जाने के दृश्य का उदाहरण दिया है ('ग्रीवाभंगिरामं मुहुरनुपतति ···स्तोकमुर्व्यां प्रयाति।' १.७)। हम जानते हैं कि यह काव्यछन्द भी है तथा नाट्य की एक परिस्थिति भी। अतः अभिनवगुप्त ने भी भट्टनायक की तरह वाच्यार्थ (अभिधा) से शुरूआत की है। भट्टनायक ने स्थूल साक्षात्कार के बाद साधारणीकृत साक्षात्कार की ओर प्रयाण किया था, 'भावना' के द्वारा। किन्तु अभिनवगुप्त ने वाच्यार्थ से मानसी साक्षात्कार को स्वीकार किया है। इसके बाद नाट्य माध्यम के नौ तत्त्वों की वजह से रसविघ्न ढलने शुरू होते हैं। देशकालविशेषावेश के विगलित होने के कारण यह मानसी साक्षात्कार ही साधारणीकृत होता है। इस विशिष्ट प्रतीति अर्थात् मानसी साक्षात्कार में आविर्भूत यथार्थ मृगशावक वह मृगशावक नहीं है जिसका ऐतिहासिक दुष्यन्त ने पीछा किया, न यह कोई अन्य विशेष मृगशावक है। यह तो कोई भी मृगशावक हो सकता है और

इसे त्रास देने वाला भी पारमार्थिक रूप से कोई नहीं है। अतः यह तो मात्र एक भयाकुल मृग है। इस अवस्था में जो भयमात्र प्रतीत होगा वह देशकाल के लिंग से बिलकुल असम्बद्ध होकर 'आभासित' है। इस साधारण भयप्रतीति में स्वपरमध्यस्थ भाव भी नहीं है। अतः इसमें स्वगत्वेन भय से होने वाले दुख, परगत्वेन (शत्रुगत) भय से होने वाले सुख, या लौकिक भय के बाबत संकल्प-विकल्प (भीतोऽहं भीतोऽयं) आदि की बुद्धिवृत्ति भी नहीं रहती। अतः किसी भी लौकिक वृत्यंतर से बाधाहीनता होने के कारण यह भय की प्रतीति निर्विघ्न होती है। अतः मानस-प्रतीतिगत भयाकुलता ('भीतता') देशकाल की सीमाओं से मुक्त होकर सामान्य होती है; स्वपर-मध्यस्थभाव से विहीन होने पर बुद्धिवृत्ति से निवृत्त होती है; निजसुखादि-विवशीभाव से विरहित होकर रसिक के हृदय में साक्षात् प्रविष्ट होती है; और ऐसी निर्विघ्न भय-प्रतीति ही भयानक रस बताई गई है। सारांश में, हम यहाँ सामान्य प्रतीति पर ही आग्रह पाते हैं। मीमांसा में इसे 'भावना' कहा गया है और भट्टनायक ने सांख्य संदर्भ में इसे 'भावकत्व' के रूप में स्वीकार किया है। अभिनवगुप्त ने स्वयं नाट्य का ही (वाच्यार्थगत) इसके अंतर्गत समावेश कर लिया है। हाँ, वे भट्टनायक से एक कदम आगे बढ़कर उनकी तरह सामाजिक के व्यक्तित्व का शुद्धिवादी उदात्तीकरण (सत्वोद्रेक) करने के बजाय उसका भी साधारणीकरण कर देते हैं। वे कहते हैं कि भय की निर्विघ्न मानस प्रतीति में (मृगशावक के सम्बन्धों की तरह) सहृदय की आत्मा न तो तिरस्कृत होती है, न विशेषतः उल्लिखित। उसका यह अनुभव एक सहृदय मात्र का होता है। अतः यह देशकाल में परिमित न होकर मानव मात्र का अनुभव हो जाता है—धूमाग्नि अथवा भयकंप के सम्बन्ध के समान विश्वात्मक होता है। अतएव अभिनवगुप्त ने वासनारूप संस्कारों की सत्ता की भी प्रतिष्ठा कर दी। इस विश्वात्मक साधारणीभाव का परिपोषण नटादि सामग्री करती है। अतएव काव्य का मानस साक्षात्कार और नाट्य का रंगमंचीय साक्षात्कार विशिष्ट कलामाध्यमों की शर्त पूरी करते हैं। काव्य में वर्णन होता है, तो नाट्य में विद्यमानता। लेकिन दोनों में ही देश-काल प्रमाता को नियमहेतु के प्रतिबन्धों से पृथक् कर दिया जाता है। फलतः सभी रसिक सहृदयों की वासना एक जैसी हो जाती है।

निष्कर्ष रूप में कहा जा सकता है कि रंगसंग्रह, नाट्यधर्मी, वृत्ति, प्रवृत्ति, नटगत अभिनयादि तो विभावादि का **साधारणीकरण** करते हैं; तथा वासना अनादि संस्कारों से चित्रीकृत सामाजिक के चित्त का **वैश्वकीकरण** करती है। जैसा कि हम कह चुके हैं कि सहृदय का मनोमुकुर इन्हीं संस्कारों **से चित्रीकृत** होता है; तथा ऐसे चित्रीकृत चित्त में ही **वर्णनीय** अथवा **विद्यमान**

के प्रति तन्मयीभवन-योग्यता होती है।

सारांश में अभिनवगुप्त ने तीन चरणों का निर्देश किया है: वाच्यार्थ-बोध, देशकालव्यक्तिनिरपेक्ष अर्थात् सामान्य प्रतीति, एवं आत्मानुप्रवेश। सारे क्रम में भीत मृग समग्र देश-काल-व्यक्ति-सम्बन्धों से अपसृत होकर भय नामक स्थायीभाव उद्बुद्ध करता है; तथा यही साधारणीकृत भय साधारणीकृत सहृदय में उद्बुद्ध होने की वजह से भयानक रस कहलाता है।

उपर्युक्त चित्रीकरण रसरूप चन्द्रमा के एक पटल का है। अब हम अभिनवगुप्त के दार्शनिक टेलिस्टार के आधार पर दूसरे पटल के सैद्धांतिक आभासवादी चित्र का विवेचन करेंगे (दे० "तत्र लोक व्यवहारे ...... स्थायि-विलक्षण एव रसः।"—अभिनव भारती)।

पहले लोकव्यवहार को लें। इसमें कारण, कार्य तथा अन्य सहचरात्मक लिंगों (चिह्नों) का दर्शन करके मनुष्य अपनी तथा दूसरों की चित्तवृत्तियों का अनुमान करता है। नित्य अनुमान के अभ्यास से वह पटु हो जाता है। वह लोक-व्यवहारगत दो सम्बन्ध पाता है: निजसम्बन्ध (मैं) तथा अन्य-सम्बन्ध (वह)। अन्य सम्बन्ध में शत्रु, मित्र तथा तटस्थ हो सकते हैं। इन व्यक्ति-सम्बद्धताओं के अनुकूल ही हर्ष (मित्र), द्वेष (शत्रु), उदासीनता (तटस्थ) आदि की वृत्तियों का उदय होता है। अतः लौकिक व्यवहार का मूलाधार व्यक्ति-सम्बद्धता है।

काव्य तथा नाट्य माध्यम में भी वे ही कारण, कार्य, सहकारी होते हैं। लेकिन उनके यहाँ कई रूपान्तर हो जाते हैं: पहला, अनुमान के बजाय प्रत्यक्ष साक्षात्कार अथवा मानसी साक्षात्कार होता है; दूसरा, लौकिक कारणकार्यादि के धर्म अमूर्त्त (एब्सट्रेक्ट) 'भाव' के नुक्ते से बँधकर अब क्रमशः विभावन, अनुभावन तथा समुपरंजन हो जाते हैं, और इन धर्मों के बोधक क्रमशः विभाव, अनुभाव तथा संचारीभाव कहलाने लगते हैं; तीसरा, कलामाध्यम इनका ऐसा अर्थात् 'अलौकिक' रूपान्तरण कर देता है; चौथे, इस रूपान्तर की वजह से स्वभावतः (लौकिक कारणकार्यादिपरक) व्यक्तिसम्बद्धता विगलित हो जाती है, और सामान्यत्व से व्यक्तिनिरपेक्ष व्यवहार का उन्मेष होता है। इस विधि से लौकिक व्यवहार का—कलामाध्यम में—अलौकिक व्यवहार में रूपायन होता है। और दोनों व्यवहारों में (कारणकार्यादि में तथा विभावादि में) संस्कार ही आश्रय होते हैं। भट्टलोल्लट से भट्टनायक तक ने यहाँ तक विकास कर लिया था। अतः यहाँ तक अभिनवगुप्त पूर्ववर्ती सौन्दर्यदार्शनिक परम्परा के ही व्रती हैं। उनकी आभासवादी स्थापनाएँ इस बिन्दु से आगे ही अधिक मुखर कूजन कर उठती हैं।

अभिनवगुप्त ने बताया कि विभावानुभावसंचारी का गुणप्रधान

तारतम्य (न्यूनता-अधिकता आदि) से (अर्थात् प्रतीत्युपायवैकल्य एवं स्फुटत्वाभाव के विघ्नों के निवारण होने पर) सम्यक् योग (अर्थात् सम्भावना-विरह विघ्न का निवारण) होता है। विभावानुभावसंचारी का यह सम्यक्योग सामाजिक की बुद्धि में **सहसा प्रकाशित** हो उठता है अर्थात् यह काल (Time) की आवृत्ति (Recurrence) एवं अनुक्रम (Sequence) दोनों से मुक्त हो जाता है, उत्पत्ति को त्यागकर उन्मेष ग्रहण करता है; तर्क के बजाय उद्घाटन, रहस्य और चमत्कार से युक्त हो जाता है; तथा अद्वैत-परक दशा में परमशिव के प्रकाश एवं शक्ति के विमर्श की सामरस्य दशा में होता है। इस दशा में विभावादि की तादात्म्यावस्था होती है अर्थात् विभावादि सामाजिक की प्रतीति में एकाग्र हो जाते हैं। इस दशा में ये सामाजिक की अलौकिक एवं निर्विघ्न संवेदना को एक अलौकिक अर्थ देते हैं—'रस'। यह अर्थ चर्वणागोचर होता है। अतः यह पूर्वसिद्ध नहीं होता, 'तात्कालिक होता है, चर्वणा से अतिरिक्त-काल में नहीं शेष रहता, और आस्वाद्य है। सारांश में, स्थायीभाव ही 'चर्व्यमाणता' के कारण विलक्षणरूप होकर 'रस' कहलाता है। अभिनवगुप्त ने निर्विघ्न रसनात्मक प्रतीति को ही **चर्व्यमाणता** कहा है। उन्होंने रस को चर्वणारूप माना है। हमें यहाँ श्रीशंकुक की स्थापना से भी तुलना करनी होगी। श्रीशंकुक ने माना था कि स्थायीभाव की प्रतीति काव्यबल से न होकर केवल अभिनय के द्वारा होती है अर्थात् अनुक्रियमाण स्थायीभाव ही रस होता है। इसके पहले भट्टलोल्लट रस को तदात्मक (स्थायीभाव रूप) या तत्प्रभाव (उत्पत्तिवाद द्वारा स्थायी से उत्पन्न) मान चुके थे। श्रीशंकुक ने अनुकर्त्ता नट में स्थायीभाव की प्रतीति मानी थी और उसे 'आस्वाद' की संज्ञा दी थी। अभिनवगुप्त ने स्थायीभाव की प्रतीति सहृदय में बताई। अतः एक ओर स्थायीभाव के अनुक्रियमाणरूप का विलयन हुआ तथा दूसरी ओर अनुमान (अनुमित स्थायी) का शमन हुआ। अभिनवगुप्त ने ज्ञानतात्त्विक अनुमिति के बजाय अनुभवध्यानी 'अभिव्यक्ति' को तूल दिया। अतः प्रतीति का अर्थ बदला। उन्होंने अभिनीत अनुकरण के आस्वाद के बजाय 'स्वतन्त्र विमर्श' के आस्वाद पर बल दिया (आगे हम स्वतन्त्र विमर्श का पुनर्भाष्य करेंगे)। इस प्रकार अभिनवगुप्त ने श्रीशंकुक की धारणा का संशोधन किया क्योंकि वे नट का अपसारण कर चुके थे अर्थात् ज्ञानचक्र और तर्क से सौन्दर्यबोधदर्शन को तकरीबन आज़ाद कर चुके थे। बाकी बचती हैं भट्ट-नायक के अनुकल्पों की लावण्यछायाएँ। भट्टनायक ने अभिधा, भावकत्व (भावना) तथा भोजकत्व (भोग) नामक तीन 'शक्तियाँ' मानी हैं। अभिनव-गुप्त ने इनका विरोध किया है क्योंकि एक ओर तो वे नट की ग्रंथि को काट चुके हैं, दूसरी ओर काव्य ('लोचन') तथा नाट्य ('अभिनव भारती') के

रस के विवेचन को लगभग पृथक्-पृथक् माध्यमों में तकसीम कर चुके हैं, और तीसरे, उनके त्रिकदर्शन में शिव की चित्शक्ति, आनन्दशक्ति, इच्छाशक्ति, क्रियाशक्ति एवं ज्ञानशक्ति का एक अधिक ब्रह्मकारणवादी प्रतीकात्मक माडल प्रस्तुत है। लेकिन जब नाट्यरस की बात आई तो उन्हें भी भट्टनायक की तरह विभावना, अनुभावना, समुपरंजन तथा रसना की धारणाओं की रचना करनी पड़ी। भट्टलोल्लट ही इस शक्तितन्त्र से आज़ाद थे। श्रीशंकुक को ज्ञान की पहेली के रूप में विभावानुभावसंचारी को कारणकार्यसहकारी सम्बन्ध से गूँथना पड़ा था। अभिनवगुप्त ने थोड़ा सुधार किया। उन्होंने मानसी साक्षात्कार की अवस्था तक तो विभावानुभावसंचारी का लौकिक व्यवहार वाला क्रम ही मंजूर कर लिया। लेकिन संस्कार के बिन्दु पर पहुंचते ही वे एक झटके से (—'झटिति प्रत्यय' से —), अर्थात् अलौकिकता के उन्मेष से वशीभूत होकर और चमत्कार का सहारा लेकर, कारणकार्य के तर्क तथा लौकिक अनुभव के प्रमाण (देशकालव्यक्ति) का विसर्जन कर देते हैं। यह सौभाग्य और दुर्भाग्य दोनों ही है। सौभाग्य इसलिये की सौन्दर्यबोधानुभव को केवल ज्ञान के जाल से बाहर किया गया; दुर्भाग्य इसलिये कि यह अनुभव तर्क और ज्ञान से बिल्कुल विगलित होकर श्रद्धा, उन्मेष तथा आध्यात्मिकता से जुड़ गया। अतः अब रस न तो केवल स्थायीभाव है, और न ही विभावादि से उत्पन्न है। विभावादि रस के न तो उत्पत्ति-हेतु हैं, और न ही ज्ञापक हेतु अर्थात् रस न तो **उत्पन्न** होता है और न ही लौकिक प्रमाणों से **सिद्ध**। फलतः रस (विभावादि द्वारा) '**अभिव्यक्त**' होता है, और एक स्वानुभवसिद्ध **अलौकिक व्यवहार** है।

ऐसी प्रपत्ति का असर विभावादि पर पड़ा। अब विभावानुभावसंचारी का उद्देश्य संस्कारीचित्त का "भाव" (स्थायीभाव) हो गया। विभावना बीज-भाव की अंकुर-दशा का अर्पण करती है, अनुभावना उसकी अनुभवयोग्यता का सम्पादन करती है (यह सहृदय की तन्मयीभवन-योग्यता से तुलनीय है), समुपरंजन उसकी सुप्रकटता का सम्पादन करता है तथा रसना इन सभी के सम्यक् योग से निष्पत्त होती है। रसना का दूसरा नाम चर्वणा है : अर्थात्, रस की 'अभिव्यक्त प्रतीति'। रसना भी लौकिक प्रतीति नहीं है, प्रमाण-व्यापार नहीं है, उत्पन्नरूप नहीं है, प्रमेयपरक नहीं है। यह 'पानक रस' के आस्वाद जैसी है जिसमें विभावादि जैसे तत्त्वों के विभिन्न स्वाद सम्यकयोग से एक साथ मिलकर पानक रस की जैसी समूहालंबनात्मक रसना प्रकट करते हैं। स्पष्ट है कि अभिनवगुप्त इस पाकशास्त्रीय रूपक के द्वारा विभावादि की पृथकता को, तथा उनकी पृथक्-पृथक् कारणकार्यसहकारीरूप लौकिक भूमिकाओं को समाप्त कर देते हैं। उनके पहले श्रीशंकुक विभावादि

की लौकिक भूमिकाओंको तो रूपांतरित कर चुके थे, लेकिन उनकी पृथकता का विलयन नहीं कर पाये थे। इस तरह '**पानक रस**' के अपने नवल नये रूपक का अन्वेषण करके अभिनवगुप्त ने चित्रतुरग, मणिप्रदीप, घटप्रदीप, रज्जुसर्प, रजतशुक्ता आदि के पूर्ववर्ती रूपकों के मूल में निहित ज्ञान की समस्या, प्रमेयों की बहुलता, प्रमाण के क्रम, तथा परिवर्तनवाद, इन चारों का समापन कर डाला। क्या यह एक कम सौभाग्यपूर्ण तथा अधिक दुर्भाग्यपूर्ण परिवर्तन नहीं है? कहीं त्रिकदर्शन की भागीरथीधारा तो अभिनवगुप्त को ऐसे अद्वैतवादी एवं निर्विकल्पवादी मूल्यों के आभास में चंचल नहीं कर रही थी?

लोक-व्यवहार से शुरू करके लोकोत्तर रसप्रतीति की निवेशिका अभिनवगुप्त के दार्शनिक पटल का संपूर्ण आलोक चित्र उन्मिषित कर देती है।

प्रत्यभिज्ञा की दार्शनिक भूमि पर हमें दो इकाइयाँ उपलब्ध मिलती हैं: संस्कारित चित्र वाला **सहृदय** ("येषां काव्यानुशीलनाभ्यासवशाद्विशदीभूते मनोमुकुरे वर्णनीयतन्मयीभवनयोग्यता ते हृदयसंवादभाजः सहृदयाः" ।।); तथा अभिनय-धर्मी-वृत्ति-प्रवृत्ति-पाठ्य-आतोद्य-गान-रंगसंग्रहादि से परिपूर्ण **नाट्य-मंडप** ("रसा भावाह्यभिनया धर्मीवृत्तिप्रवृत्तयः। सिद्धिः स्वरास्तथातोद्यं गानं रंगश्च संग्रहः" ।। ना० शा० VI. 10)। जाहिर है कि यह 'प्रकृति'-भूमि अर्थात् मात्र लौकिक व्यवहार की ऐंद्रियिक प्रत्यक्षीभूत भूमि नहीं है बल्कि माया-भूमि है जो लोक तथा रंगमंच को, प्रकृति तथा पुरुष को, इदं तथा अहं को पृथक् करती है। यहाँ दो अभिव्यक्तियों का आभास होता है। इसके बाद का सवाल है रसप्रतीति को प्राप्त करने के 'उपायों' का।

इसी भाँति सहृदय भी 'पुरुष' की तरह होता है जिस पर पाँच कंचुकों का आच्छादन होता है अर्थात् प्रत्यभिज्ञान वाला देहप्रमातारूप सहृदय देश (नियति), काल एवं व्यक्तित्व (राग, विद्या, कला) के बंधनों से सीमित होता है।

ऐसे देहप्रमातारूप सहृदय का रंगनाटक से मानसी साक्षात्कार होता है; तथा वहाँ की यथार्थता में विभिन्न प्रकार का कारणकार्यपरक (विभावानुभावादिपरक) व्यवहार होता है, अर्थात् अन्ततोगत्वा वहाँ सहृदय में प्रतिबोध, प्रतीति आदि तो होती है, लेकिन क्रिया नहीं। वहाँ इच्छा और ज्ञान की शक्ति प्रधान हो जाती है। इसके अलावा रंगमंच पर ऐसी तात्कालिकता की व्याप्ति रहती है जो देश तथा काल के बोध को हटाती जाती है।

इस भूमिका पर नट, त्रिविध अभिनय तथा धर्मी-वृत्ति-प्रवृत्ति आदि की वजह से हम नट तथा पात्र के बाबत 'अविद्याग्रस्त' होते हैं। अतः हमारी (सहृदयरूप देहप्रमाता की) न तो नटत्व-बुद्धि स्थिर होती है, और न ही पात्रत्व-बुद्धि।

इसलिये अब रंगमंच पर के विभाव, अनुभाव, संचारी आदि की क्रियाओं का लक्ष्य केवल एक होता है—परमशिवतत्त्वरूप प्रकाश एवं आनंद वाली रसप्रतीति। हम जानते हैं कि विश्वात्मक शिव पुरुष का ही चरम प्रतीक वाला अमूर्तीकरण है और दार्शनिक परिभाषों में पुरुष इस प्रकाशैकघन आनंदरूप शिव का अनुभव कर सकता है यदि उपायोंद्वारा विघ्नों का अपसार करता चले। इसका अर्थ यह हुआ कि सहृदय पुरुष को स्वयं को अमूर्तीकृत करके केवल 'आत्म' (self) ही नहीं करना है बल्कि विश्वात्मक (शिव) भी होना है। द्वंद्वन्याय के मुताबिक यहाँ मनुष्य का निषेध (निगेशन) होता है। इस निषेध के द्वारा ही शिव (ईश्वर) के अस्तित्त्व की प्रतिपत्ति होती है। शिव का निर्विकल्प प्रत्यय परायीकृत मानवीय आत्मचेतना (alienated human self-consciousness) है। हम यह भी जानते हैं कि यहाँ मनुष्य मनुष्य के लिये प्रकृति का भाव हो जाता है, तथा प्रकृति मनुष्य के लिये मनुष्य का भाव हो जाती है। अतः ऐसी स्थिति में एक ऐसी परायीसत्ता (alien being) अर्थात् शिव की व्यावहारिक संभावना असंभव होती है जो प्रकृति तथा मनुष्य दोनों से ऊपर हो अर्थात् जो तर्क एवं उत्पत्ति के वैज्ञानिक क्रम को स्थगित कर दे। इसीलिये संपूर्ण नाट्यरस एवं काव्यरस का व्यापार धारणा (तन्मयीभवनयोग्यता) और रहस्य और चमत्कार के अ-व्यावहारिक वृत्त में घटता है। इस क्रम में विभावना चित्तवृत्ति की **उत्पत्ति** कराती है, अनुभावना चित्तवृत्ति का **अनुभव** कराती है एवं समुपरंजन चित्तवृति का **ज्ञान** कराता है। इस व्यापार के अंतराल में झाँककर देखने पर हम क्रिया (चित्तवृत्ति की उत्पत्ति), इच्छा (उसका अनुभव) तथा ज्ञान (उसका बोध) का, अर्थात् शुद्धविद्यातत्त्व, ईश्वरतत्त्व और सदाशिवतत्त्व का समावेश भी पाते हैं। यह तथ्यांश सौंदर्यबोध और दर्शन की तुलनीय साम्यरूपकात्मक (analogical) भूमि है। इसके बाद का दूसरा चरण अर्थात् रसप्रतीति की दशा त्रिकदर्शन के शक्तितत्त्व एवं परमशिवतत्त्व से तुलनीय हो जाती है। इस चरण में सहृदय भी परमशिव में 'चिन्मय' होता है। इसके पहले तो वह नाट्यसृष्टि (इदं) में केवल 'तन्मय' होता है।

इस तरह नाट्यभूमि पर हम दो चरण पाते हैं: (१) विभावादि से स्थायीभाव तक; और (२) स्थायीभाव की निर्विघ्न चर्वणा। पहले चरण में 'अभिनय' केन्द्र है तो परवर्ती ऊँचे चरण में 'अभिव्यक्ति'। पहला चरण विभावादि के द्वारा मंच पर से—पात्र, घटना, चित्त-वृत्तिसंबद्धतादि के—देशकाल तथा व्यक्ति के बंधन विसर्जित कर देता है। मृगशावक के प्रसंग में 'भीत' का 'भय' में रूपांतर इस साधारणीकरण का आदर्श उदाहरण माना जा सकता है। अतः पहले नट और पात्र (मायातत्त्व के पार्थक्य के निरास के

उपरान्त) में इदं एवं अहं के ऐक्य की प्रतीति होती है जो 'सद्विद्या' की तरह है। इस अवस्था में नाट्यस्थिति हमें अधिकाधिक तन्मयतापरक मनोवैज्ञानिक काल से मुग्ध करती जाती है। ऐक्य प्रतीति के बाद ही साधारणीकरण अवस्था में सहृदय पुरुष अपनी व्यक्तिसंबद्धता (अहं) तथा उससे संबद्ध कुछ रसविघ्नों से मुक्त होता है एवं विषय में तन्मय (तत् विषयमय) होने के साथ-साथ व्यक्तिनिरपेक्षता की दशा को प्राप्त होता है। यह दशा [जहाँ विश्वात्मक 'अहं' गौण हो तथा विश्वात्मक 'इदं' प्रधान हो] 'ईश्वरतत्त्व'-जैसी है, ज्ञान-प्रधान है, तथा ज्ञानोपाय द्वारा प्राप्त होती है। हम यह भी जानते हैं कि मंचीय साधारणीकरण की अवस्था यही है। इसी दशा में रसिक सहृदय का तन्मयीभवन होता है। और, तन्मयीभवन ही अनुभावन है। इसका मतलब यह हुआ कि विभावादि के अनुरूप सहृदय की चित्तवृत्तियाँ उदित होती हैं, न कि उसकी व्यक्तिसंबद्धता के अनुरूप। अतः यहाँ कुछ अन्य रसविघ्न व्यतीत हो जाते हैं। अतः अनुभावना के अनुभावनिरपेक्ष (साधारणीकृत) तथा निर्विघ्न (तन्मयीभावन) होने की सिद्धि भी प्राप्त करते हैं। यह अभिनय-केन्द्रित हैं। पात्र की दृष्टि से विभावानुभावव्यभिचारी लौकिक कारण-कार्य-सहकारी ही हैं, लेकिन सहृदय के अपरिहार्य अनुप्रवेश की दृष्टि से ही ये कलात्मक विभावादि की उपाधि धारण कर पाते हैं। इस तरह अभिनय केन्द्रित अनुभाव ही तन्मयीभवन-योग्यता के संपादक हैं। अभिनवगुप्त ने सहृदय के लिये विमलप्रतिभानशालीहृदय को जरूरी बताया है तो आनंदवर्तन ने 'तत्त्वार्थदर्शिनीबुद्धि' को। तत्त्वार्थनीबुद्धि नाट्यगत अर्थों का सामान्यत्व से ग्रहण करती है तथा प्रतीति में निर्विघ्न होकर विश्रांत होती है। इस तरह यहाँ नट का कुशल अभिनय और सहृदय की अनुभवपटुता, दोनों परस्परस्पर्धी सहयोग करते हैं। यदि श्रीशंकुक अनुभाव को नट के शिक्षाभ्यास द्वारा सिद्ध मानते हैं तो अभिनवगुप्त सहृदयपक्ष में काव्यानुशीलनाभ्यास पर बल देते हैं जो उसकी स्मृति को सुसंस्कृत करती है। यदि भट्टनायक अनुभाव को भावकत्व नामक व्यापार से साधारणीकृत मानते हैं तो अभिनवगुप्त प्रधानतः अनुभावन में साधारणीकरण को घटाते हैं। सारांश में, तन्मयीभवनयोग्यता का आयत्तीकरण नाट्यगत अनुभावना की अनुभवयोग्यता के संपादन पर निर्भर है। यही नहीं, तन्मयीभवनयोग्यता की धारणा के निर्माण में श्रीशंकुक एवं भट्टनायक की भी देनें हैं।

शेष रहती हैं समुपरंजन की चर्या अर्थात् संचारीभावों का धर्म। यह माना गया है कि विभाव तथा अनुभाव तो अपना संस्कार विशेष त्याग करके व्यक्तिनिरपेक्ष तथा सामान्यत्वेन हो जाते हैं, लेकिन संचारीभाव अपने संस्कार-विशेष नहीं छोड़ पाते। अभिनवगुप्त ने अपने इस बेहद मौलिक भावकल्प के द्वारा

एक ओर तो पात्रगत परकीय स्थायी के 'बोध' को मुमकिन किया; दूसरी ओर स्थायी को आस्वाद्य बनाया; तीसरी ओर रसप्रतीति को विश्वात्मक मानने के साथ-साथ उसकी विलक्षणता और प्रतिभानशालीनता सुरक्षित रखी; और चौथी ओर रस की तात्कालिता को भी पूर्ण एवं स्वसंवेदनसिद्ध घोषित किया। समुपरंजन से 'विचित्रता' की प्राप्ति भी होती है। यह भी एक योग है।

इस तरह पहले चरण में विभाव, अनुभाव एवं संचारीभाव की भूमिका प्रस्तुत होती है। यह भूमिका प्रधानतया ज्ञानधर्मा है। इसमें देशकालव्यक्ति के बंधन छूट जाते हैं (साधारणीकरण), तथा यहाँ एक विशेष प्रकार का प्रत्यक्षीकरण है जिसे मानसीसाक्षात्कार कहा गया है। यह भूमिका त्रिक दर्शन की साम्यरूपकता (analogy) से 'माया', 'शुद्धविद्या' एवं 'ईश्वर' तत्त्वों की अनुरूपता लिये है। यह चरण अभिनयकेन्द्रित है।

अब हम दूसरे चरण में आते हैं। यह 'अभिव्यक्ति'-केन्द्रित है। इसमें नाट्यलोक की क्रमिक उत्पत्ति का तर्क (reason) समाप्त हो जाता है और उन्मेष (revelation) की शुरूआत होती है। इस चरण की प्रतीकात्मक अभिव्यंजनाएँ साधारणीकृत (Universalized) होने के अलावा निर्विकल्प (Absolute) भी हो गई हैं। इस चरण में ज्ञान के स्थान पर 'ध्यानीअनुभव' का अभिषेक हुआ है। यहाँ अद्वैत (monism), रहस्य (mystery) तथा चमत्कार (miracle) का आध्यात्मिक मिलन भी हुआ है। यहाँ से सहृदय के अंतर्लोक की मनोरहस्यात्मक व्याख्या करने के लिये अंतर्यामी शिव के रूप में चरम अमूर्त्तीकरण (abstraction) हुआ है। इस चरण के बाबत हमारे निष्कर्षसूत्र ये हैं।

इस चरण में अभिनवगुप्त का रहस्यवादी मानस निर्विकल्प प्रत्ययों से क्रीडा करता है क्योंकि नाट्यगत विभावानुभावव्यभिचारी अपनी भूमिकाएँ संपादित कर चुके होते हैं। पहले चरण में ईश्वर तत्त्व तक पहुँचकर देहप्रमाता सहृदय पुरुष 'इदं' को प्रधानता दे चुकता है। इस दूसरे चरण में वह पुरुष परम-शिव तत्त्व का रसरूप में अनुभव करता है, और अंतत: 'अहं' – वैश्वकचिति — की अखंड एवं अद्वैत अवस्था प्राप्त करता है। वस्तुत: यह प्रक्रिया सहृदय में परमशिव के लघुकल्पबिंब (मिनियेचर) के आभास का पहला सांभव-मार्ग है।

इस चरण में साधारणीकृत विभाव, अनुभाव तथा व्यभिचारी भाव 'तन्मय' सहृदय के अनादि वासनारूप संस्कारों का उद्‌बोधन करते हैं। विभाव, अनुभाव एवं व्यभिचारी का समूहालंबनत्व होता है, तथा वे एक साथ मिलकर उद्‌बोधन करते हैं। हम यह जानते हैं कि लौकिक व्यवहार में हमारा चित्त पहले से ही संस्कारों से चित्रीकृत रहता है, और इस मनोमुकुर पर काव्यानुशीलना-

भ्यास के अनुभवपरक (=स्मृति) प्रतिबिंब भी पड़ते हैं। इस तरह स्मृति और संस्कार में एकरूपता होती है। ये वासनारूप संस्कार ही विभावानुभावसंचारी के समूहालंबनात्मक सम्यक् योग से उद्बुद्ध होकर स्थायीभाव हो जाते हैं। इस प्रकार सहृदय में पहले से अस्तित्त्वमान वासनारूप संस्कारों की ही स्थायीभाव रूप में अभिव्यक्ति होती है। यह अवस्था अहं-प्रधान है। इसमें सहृदय की अंतर्यामी सृष्टि का उन्मेष होता है। इसमें इदं (विभावादि) अहं (स्थायीभावे) में लीन होता है तथा यह इच्छाशक्ति प्रधान है। इसमें स्थायीभाव की सृष्टि तथा विभावादि का विलयन, दोनों होता है। इसकी तुलना सदाशिवतत्त्व से की जा सकती है। तो इस सदाशिवतत्त्ववत् अवस्था में 'उन्मेष' प्रधान हो जाता है; तथा स्थायीभाव 'उद्बुद्ध' होता है। उन्मेष और उद्बोधन के अर्थ तो यही हैं कि यह अवस्था काल (Time) के बोध से मुक्त है। काल के बोध से मुक्ति का मतलब है आवृत्ति (रेकरेंस) तथा अनुक्रम (सीक्वेंस) को झटके से तोड़ देना। अत: कालबोधमुक्ति के कारण ही विभावानुभावव्यभिचारी में क्रम न होकर सहवर्त्तित्व स्वीकार किया गया, इनकी स्वतन्त्रता मानी गई, तथा इन्हें लौकिक प्रमाण एवं उत्पत्ति के नियमों से भी विमुक्त कर दिया गया। अत: काल की सीमा से मुक्त होने पर ही सृष्टि को 'शुद्ध' (इस कलासंदर्भ में निर्विघ्न) माना जा सकता है, विभावादि के उन्मेषों को अनुक्रमिकता (successiveness) से अलग किया जा सकता है, और फलस्वरूप उन्हें ऐक अथवा अद्वैत भी माना जा सकता है। इस तरह स्थायीभाव एक निर्विघ्न उद्बोधन है, उसके विभावादि नामक उन्मेष अनुक्रमिकता से अलग हैं; तथा वे ऐक हैं। इस सदाशिववत् अवस्था में सहृदय का चित्त (जीव) विश्व मानवमात्र का अमूर्त्तीकृत चित्त (=शिव) हो जाता है और अपने अनुभवों के द्वारा ही सार्वत्रिक साधारणीभाव का बोध करता है (इसे शैवाद्वैत में 'प्रत्यभिज्ञा' कहते हैं)। अत: इस अवस्था में तर्क के बजाय उद्घाटन का, एवं उत्पत्ति के बजाय उन्मेष अथवा उद्बोधन का एकछत्र अधिकार हो जाता है। यह अवस्था ही अखंडता, व्याप्ति, संविद् आदि का मूल है। सौंदर्यतात्त्विक माध्यम में वासनारूप संस्कार के उद्बोधन को कालिदास ने 'पर्युत्सुकी भाव' की संज्ञा दी है, और अपूर्वअनुभववाली स्मृति को 'अबोधपूर्वा' कहा है। यह अबोधपूर्वा स्मृति संस्कार का एकरूप है और प्रतिभान साक्षात्कारत्मना है। अभिनवगुप्त ने कालिदास की इसी लालित्ययोजना का सौंदर्यदार्शनिक आहरण किया है तथा इसमें कर्मचक्र के आध्यात्मिक दृष्टिकोण का संयोग कर दिया है।

इस सिलसिले में स्थायीभाव एवं रस के सम्बन्धों का सवाल भी उठता है। त्रिकदर्शन की स्पंद-धारणा के अनुसार तो यह सृष्टि केवल एकमात्र तत्त्व

का ही स्पंदन है। इस तरह वासना, स्थायीभाव एवं रस एक ही तत्त्व (शिव) के स्पंदन ठहरते हैं। किन्तु रस को स्थायी से विलक्षण अर्थात् भिन्न भी माना गया है। अभिनवगुप्त ने स्थायीभाव को श्रीशंकुक की तरह न तो नटगत अनुकरण से संबद्ध रखा है, और न ही भट्टनायक की तरह सबसे असंबद्ध किया है। उन्होंने इसका 'उन्मेष' कराया है। शैवदर्शन के स्कंधावार का यह एक महत्तम अस्त्र सौंदर्यदर्शन में परीक्षण करने पर बहुत दूरमारक सिद्ध हुआ। अभिनवगुप्त ने श्रीशंकुक की तरह रस को अनुमित रूप न मान कर 'अभिव्यक्त रूप' माना। अभिव्यक्तरूप मानने पर रस भी काल की सीमा से मुक्त हो जाता है। यही नहीं, वह विभावादि के द्वारा अभिव्यक्त होने के साथ चर्वणारूप भी है। अतः रस **सहसा प्रकाशित** होता है, इसकी **सहसा प्रतीति** होती है, तथा इस प्रतीति में एकाग्रता एवं तात्कालिकता होती हैं। और, रस का प्रधान धर्म आस्वाद्यता ही है। यह आस्वाद्यता या चर्वणा एकघन तथा **प्रकाशमयी** है तथा **आनंद** इसका सारत्व है। ऐसी एकघन **निर्विघ्न संवित्ति** में सहृदय के हृदय की **विश्रांति** होती है, और विश्रांत अवस्था **सुखरूप** है (सुखरूप होने पर सत्वोद्रक होता है)।

उपर्युक्त निरूपण में जिन धारणाओं का प्रयोग हुआ है वे बेहद शैवद्वैतवादी हैं। यहां हम बार-बार निर्विघ्नसंवित्ति तथा हृदयविश्रांति के जो प्रसंग पाते हैं वे 'सृष्टि' को उन्मेष-निमेष से भी परे कर देते हैं क्योंकि आभासवादी मयूरांड-रस-न्याय से समग्र विविधता का 'परमशिव' में पूर्ण ऐक्य है, और इस (आभासदशा) में परमशिव में **सभी** संभावनाएँ निहित हैं अर्थात् अनेक 'विकल्प' भी हैं। परमशिवतत्त्व एक शुद्ध संघटना (pure phenomena) है जो जड़ और इदं दोनों से मुक्त है और केवल तत्त्वरूप में भासित होता है। यह **चैतन्यरूप** है अर्थात् इससे अभिव्यक्त सृष्टि प्रत्यक्ष अनुभूत होकर भी निर्विशेष है। अतः यह 'शुद्ध' है। सारांश में यह चैतन्य रूप, परम आनन्दमय तथा प्रकाशैकघन है। यह परासंवित् (चित्) है। परम-शिवतत्त्व का दूसरा तत्त्व 'शक्ति' है। जिस तरह प्रकृति का स्वभाव सृष्टि है, उसी तरह शिव का स्वभाव 'विमर्श' है। शिव ही अपने स्वभाव से 'शक्ति' तत्त्व हो जाता है। अतः शिवतत्त्व एवं शक्तितत्त्व में द्वैत भी है, अद्वैत भी। इसे 'पूर्ण' माना गया है। इस तत्त्व में शिवशक्ति का अभेद, तादात्म्य एवं सामरस्य होता है। अतः यह 'ऐक' भी है। सदाशिवतत्त्व के उपरांत इस अवस्था का अनुभव विश्वात्मक शिव के तत्त्व से तादात्म्य है, और यह (इदं से तन्मय की अपेक्षा अहं से—) चिन्मयरूप है। सारांश में, विश्वात्मक शिव प्रकाश (स्वयंप्रकाश) एवं विमर्श (स्वयंचेतन) मय है। वस्तुतः यह क्रिया एवं ज्ञान का 'स्वातंत्र्य' है, अर्थात् यह कार्यकारणवाद से मुक्त है। यहाँ परमशिव-

तत्त्व को 'शिवशक्ति के अद्वैत से मात्र "मैं" का बोध होता है क्योंकि शक्ति-तत्व से उन्मिषित [इच्छाशक्तिप्रधान] "मैं हूँ" का सम्बन्धयुक्त एवं उत्पत्ति-परक बोध भी यहाँ नहीं रहता। अतएव अब हम भलीभांति कह सकते हैं कि अभिनवगुप्त जब रस की चर्वणा या अनुभव को प्रकाशमय मानते हैं तो उनका तात्पर्य उसके विभावादि पर आश्रित न होकर 'स्वतन्त्र' होने से है, जब वे आनन्दमय मानते हैं तो उनका प्रयोजन उसके स्वयंचेतन होने से है, जब वे उसे एकघन मानते हैं तो उनका अर्थ उसके चित् रूप एवं आनन्द रूप के तादात्म्य से है। यह तादात्म्य "पूर्णावस्था" भी कहा गया है। अतः रस 'अभिव्यक्त' (स्वयंप्रकाश एवं स्वयंचेतन) होता है। रस के अंतर्गत बारंबार 'निर्विघ्नता' एवं 'विश्रांति' का संदर्भ शिवशक्ति के सामरस्य का ही संकेत करता है। इस 'अभिव्यक्ति' के चार धर्म हैं सहसा उन्मीलन (revelation), तात्कालिक एकाग्रता, निर्विशेष अनुभूति तथा शुद्ध संघटना। अभिव्यक्ति के क्रिया एवं ज्ञान एवं इच्छा का भी स्वातंत्र्य है। अतः यह चित् और आनंद के चैतन्य मानसव्यापार अर्थात् 'चर्वणा' से अभिहित है।

साम्यरूपकात्मक विधि से (analogically) अभिनवगुप्त ने 'चिन्मयावस्था' के सादृश्य पर 'रसाभिव्यक्ति' में कुछ परिवर्तन भी किये हैं। उन्होंने रसाभिव्यक्ति की अवस्था को वीतविघ्न होना अनिवार्य माना है। इसमें 'ऐक्य' तथा 'पूर्णता' की वजह से विश्रान्ति को प्रमुखता दी गई है अर्थात् चर्वणा ज्ञान एवं क्रिया का स्वातन्त्र्य हो गई है। रसाभिव्यक्ति आभास-दशा भी है। इसलिये इसमें सामान्यत्व का प्रकटन 'चमत्कार' भी है क्योंकि इस दशा में ("मैं" की दशा में) आभास का प्रसार नहीं होता, विकल्प होता है। इस अवस्था में सातों रसविघ्न नहीं रहते। अतः एक ऐसा वैचित्र्य प्रकट होता है जो काल की सीमा से, लौकिक व्यवहार से तथा तर्क के अनुशासन से परे होता है। अतः यह स्वयंचेतन विमर्श है जो 'स्वतन्त्र' है। इसका यह दार्शनिक 'स्वातन्त्र्य' ही चमत्कार है। चमत्कार ही 'चर्वणा' नामक मानस व्यापार है अर्थात् चर्वणा 'स्वतन्त्र विमर्श' है। चमत्कार की आधिभौतिक धारणा के बाबत हम पहले ही कह चुके हैं कि इसमें आश्चर्य (wonder) तथा वैचित्र्य (awe) की अनुभूति होती है क्योंकि यहाँ एक सर्वशक्तिमान (परमशिव) द्वारा लोक के प्राकृतिक कानून (Natural Laws) स्थगित कर दिये जाते हैं, और घटनाओं का विकास न होकर सहसा प्रकटन (अभिव्यक्ति) होता है। अतः चमत्कार भाव उन्मीलन भाव (idea of revelation) से भी उपचित होता है जिससे यह अलौकिक (अतिप्राकृतिक) तत्त्व के रहस्य का अद्वैत भी ग्रहण करता है। अतः चमत्कार के लिये कहीं कोई भी बौद्धिक प्रमाण नहीं दिया जा सकता। अतः चमत्कार में प्राकृतिक नियम

के भंग होने पर केवल दैवी विमर्श (divine will) ही उद्बोधन करता है। रसाभिव्यक्ति में एक और फर्क है कि यहाँ स्वयं प्रकाश चित् नहीं है बल्कि सहृदय के वासनारूप संस्कार विभावादि के सम्यक् योग से सहसा प्रकाशित हो उठते हैं। यह जरूर है कि दोनों ही स्थितियों में प्रतीति एक-घन, शुद्ध एवं प्रकाशआनन्दमय है। हमें यह ध्यान में रखना चाहिए कि अभिनवगुप्त ने परमशिव के 'स्वातन्त्र्य' का सौन्दर्यतात्त्विक 'चमत्कार' रूप में पुरजोश व्यवहार किया है जिसका सर्वाधिक प्रभाव कालान्तर में पंडित-राज जगन्नाथ पर पड़ा। सारांश में जिस तरह परमशिव की अंतःव्यापी शक्ति से सृष्टि की अभिव्यक्ति होती है, उसी तरह सहृदय के हृदय में अनादि वासनारूप संस्कार विभावादि के द्वारा रसरूप में अभिव्यक्त हो उठते हैं। और जिस तरह परमशिव एवं शक्ति का स्वातन्त्र्य तथा अद्वैत है, उसी तरह सहृदय का हृदय भी निर्विघ्न तथा विश्रांत है।

इस तरह नाट्यमंडप की 'माया' से शुरू होकर अभिनवगुप्त रस-प्रतीति के चिन्मय सामरस्य अर्थात् शिवशक्ति के विशुद्ध चित् एवं विशुद्ध आनन्द रूप 'अद्वैत' को स्वसिद्ध करते हैं। इसके लिये वे अपने त्रिक दर्शन के प्रत्यभिज्ञान का भरपूर उपयोग करते हैं और साम्यरूपकता (analogy) के आधार पर सौदर्यतत्त्व को निर्विकल्प (एब्सोल्यूट) एवं अद्वैत (monism) में ले जाकर उसे सूक्ष्म अमूर्त्तन दे देने हैं। उन्होंने बेहद चतुरता से से श्रीशंकुक तथा भट्टनायक और भट्टतौत के विचारों को संशोधित करके ग्रहण किया और उन्हें अपनी स्थापनाएँ बना दिया। वे भरत के काफ़ी नज़-दीक पहुंचे। उनके अलावा केवल भट्टलोल्लट को ही हम भरत की मनीषा का बौद्धिक अनुसंधाता मान सकते हैं। बड़ी ही बारीकी से उन्होंने एक ऐसे सौन्दर्यबोधात्मक व्यक्तित्व की धारणा का विकास किया जो सिद्धान्ततः प्रकृति तथा मनुष्य दोनों से ऊपर हो, उसका आत्मपरायापन (self-alienation), तथा आत्म-अजनबीपन (self-estrangement) भी हो। अतः उन्होंने व्यावहारिक सत्ता का शनैः-शनैः निषेध करके उसका निर्विकल्प अमूर्त्तीकरण (Absolute abstraction) कर डाला। इसका नतीजा यही हुआ कि एक ओर प्रमेय की प्रतीति सूक्ष्म **अमूर्त्त चेतना रूप** में हुई, तो दूसरी ओर मनुष्य की प्रतीति (अमूर्त्तीकृत 'स्व'—) **आत्मचेतनारूप** में हुई। अब जड़ (पदार्थ) तथा ज्ञान (इदं) दोनों की आवश्यकता नहीं रही। इसीलिये इनमें पर्यवसान हो गया। अतः आत्मचेतना का अमूर्त्त चेतना से तन्मयीभवन हुआ; एवं चैतन्यरूप परमशिव तत्त्व से चिन्मय सामरस्य ! सारांश में आत्मचेतना ही वस्तु (इदं) रूप तथा विषय (अहं) रूप हो गई, और इसका भी अंतिम विलयन एक दैवी चेतना अर्थात् शिव में हुआ। मध्यकालीन आधिभौतिकता

का आध्यात्मिक तर्कशास्त्र यही है। यह श्रद्धा तथा उन्मेष पर आधारित है। हम यह भी जानते हैं कि मानवीय स्वभाव तथा सामाजिक संस्कृति के पाँच चरम मूल्य ही नियति, कला, काल, विद्या और राग के मायामय कंचुक बताये गए हैं। अभिनव ने नाट्यभूमि से इनका भी आरोहण कालविहीन चित् शक्ति, नियतिविहीन आनन्दशक्ति, इच्छाशक्ति (राग), ज्ञानशक्ति (विद्या) एवं क्रियाशक्ति (कला) में किया। हाँ, उन्होंने इन्हें प्रतीकात्मक कार्य (symbolic acts) में ढाल दिया। हम जानते हैं कि 'शक्ति' अव्यक्त श्रम (labour) की तरह है। शक्ति परायेपन (alienation) के अंतर्गत सैद्धांतिक मानवीय क्रियात्मकता की ही अभिव्यक्ति है। यह जीवंत जीवन की परायीकत्री भी है। इसलिये मध्ययुग में स्वतन्त्र श्रम को आनन्द तथा व्यावहारिक श्रम को अविद्या माना गया है। व्यावहारिक श्रम निचले दर्जे का और शूद्र का धर्म भी बताया गया। इसलिए शूद्र के बजाय शिव रूप में एक परायीकृत मानवीय आत्मचेतना का अभ्युदय हुआ, और स्वतन्त्र श्रम के रूप में आनन्द तथा चित् शक्ति की चिन्मय सामरस्य वाली दशा उद्घाटित हो गई। इसी मध्ययुगीन सामाजिक व्यवस्था के आधार पर 'रसनिष्पत्ति' एवं 'रसप्रतीति' का आधेयरूप आकाशदीप जगमगाया। हम थोड़ी अधिक गहराई पर जाने पर यह भी पाते हैं कि 'परमशिव' से 'सद्विद्या' तक के अमूर्त्त प्रतीकात्मक कार्य (abstracted symbolic act) के अतिप्राकृतिक तर्क वस्तुतः उस पराये चिंतन (alienated thinking) की देन हैं जो प्रकृति तथा यथार्थ मनुष्य दोनों से अमूर्त्तीकृत हो गया है। अतः यह चिंतन एक परायीकृत चिंतन है, अमूर्त्त चिंतन है, एवं उन्मेषपरक चिंतन है। मध्यकालीन मानस की एक खूबी और रही है कि वह 'परिवर्तन' को अनित्य, असत्य तथा अयथार्थ मानता रहा है। अतः वह अपरिवर्त्तमान, अखंड, पूर्ण, एक, अद्वैत आदि की ओर निरन्तर बेतहाशा भागता रहा है। निर्विकल्प तथा अद्वैत की परिणति का प्रधान कारण यही है। "निर्विकल्प ज्ञान (चित्) वास्तव में प्रदर्शन (display) के अलावा कुछ भी नहीं है; यह अमूर्त्त दार्शनिक मानस के सारत्व (एसेंस) का **आत्मगत वस्तुकरण** (सेल्फ-आब्जेक्टिफिकेशन) है। और, दार्शनिक मस्तिष्क अपने **आत्म-अजनबीपन** के अन्तर्गत विश्वचिंतन के अजनबी हुए मस्तिष्क के अलावा कुछ नहीं है।"[1] अतः अभिनवगुप्त ने मध्ययुगीन परिवेश में कम-से-कम रसव्यापार की परिणति परायेकृत चिंतन एवं अमूर्त्तीकृत चिंतन में कर डाली। उनकी सामाजिक यथार्थता तो यही थी। अस्तु।

---

१. K. Marx : "Economic and Philosophic Manuscripts of 1844" Moscow 1961, pp 148.

सन्दर्भ के हेतु हम अभिनवगुप्त की श्रीशंकुक तथा भट्टनायक से तुलना का विहंगावलोकन करेंगे। श्रीशंकुक तथा अभिनवगुप्त दोनों मानते हैं कि स्थायीभाव ही रस है लेकिन इनमें से पहले के अनुसार रस ज्ञान विषय है तथा अनुक्रियमाण रूप है जबकि दूसरे के मुताबिक यह अनुभव विषय है तथा चर्वणारूप है। इसके अलावा श्रीशंकुक नट में अनुमित स्थायीभाव की बात करते हैं जबकि अभिनवगुप्त सहृदय के अनादिवासना के उद्बुद्ध संस्कारित स्थायीभाव की। श्रीशंकुक स्थायीभाव को ही रस बताते हैं जबकि अभिनव इसकी संस्कृति तथा संस्कार भी करते हैं। श्रीशंकुक स्थायीभाव की धारावाहिक अनुमिति की बात करते हैं और अभिनवगुप्त समकाल अभिव्यक्ति की।'' इसी परम्परा में भट्टनायक और अभिनवगुप्त के अन्तर भी निर्झरित हो उठते है। अब तो यह और भी स्पष्ट हो जाता है कि अभिनवगुप्त ने भोगीकरण के अन्तर्गत रस को जो प्रकाश एवं आनन्दरूप बताया था वह सांख्यदर्शन से परे का अर्थात् स्वयं उनका अभिमत था। भट्टनायक भाव्यमाण स्थायीभाव तथा उसके 'भोग' को पृथक् करते हैं जबकि अभिनवगुप्त उद्बुद्ध स्थायीभाव के बोध को ही रसप्रतीति बताते हैं। भट्टनायक सामाजिक में सत्वगुण के उद्रेक पर जोर देते हैं तो अभिनवगुप्त सहृदय की वीतविघ्नता पर। दोनों ही अपने-अपने दार्शनिक दृष्टिकोणों के अनुरूप 'शक्तियों' की धारणा की सहायता लेते हैं। भट्टनायक काव्य एवं नाट्य के उभय माध्यमों को साथ लेते हुए शब्दार्थ एवं अभिनयमुद्रा की इकाइयों का संयोग करते हैं जबकि अभिनवगुप्त काव्यार्थ पर ही नजर रखते हैं। भट्टनायक ज्ञान और अनुभव का समतोलन करते हैं जबकि अभिनवगुप्त अनुभव-अभिव्यक्ति का समवायिकरण।

इस विश्लेषण के उपरान्त भरत के रससूत्र की पूर्वपीठिका पर अभिनवगुप्त द्वारा शैवाद्वैतानुसार रससूत्र का भाष्य यों होगा—

"विभाव की विभावना द्वारा सहृदय की चित्तवृत्ति की उत्पत्ति होती है, अनुभाव की अनुभावना द्वारा चित्तवृत्ति का तन्मयीभवन अनुभव होता है तथा व्यभिचारिभाव के समुपरंजन द्वारा चित्तवृत्ति का विचित्रतापरक ज्ञान होता है। साधारणीकृत विभावानुभावव्यभिचारीभाव का समूहात्मक **सम्यक् योग** विमल प्रतिभानशाली सहृदय के वासना-संस्कारित चित्त में सहसा उद्बुद्ध होकर रसरूप में **अभिव्यक्त** या प्रतीत हो उठता है। यह संविद्विश्रांत अभिव्यक्ति ही चर्वणा है और इसका मानसिक आस्वादन पानकरस जैसा विलक्षण, अखंड प्रकाश आनंदमय तथा तात्कालिक है।"

अभिनवगुप्त के व्याख्याचंद्रमा की काव्यकला बच रहती है। आनन्दवर्धन (ई० प० नवीं शती का मध्य) के "**ध्वन्यालोक**" के '**लोचन**' के आधार पर उन्होंने शब्दशक्तियों के द्वारा रसनिष्पत्ति की व्याख्या की है। वास्तव में अभिनवगुप्त का 'रसाभिव्यक्तिवादी' सिद्धान्त मूलतः आनन्दवर्धन के

'रसध्वनिवाद' की ही छाया है। हम यह जानते हैं कि आनन्दवर्धन को 'ध्वनि' की सिद्धि के लिये व्याकरण, न्याय तथा मीमांसा के क्षेत्रों से चुनौतियाँ झेलनी पड़ी हैं। अभिनवगुप्त इसी लीक पर चलते हुए काव्यगत शब्दार्थ तथा नाट्यगत अनुभाव (अभिनव) को इकाइयाँ मानकर आगे बढ़ते चले गए।

आरम्भ करने के पहले हम इस बात की ओर इशारा करना चाहेंगे कि अभिनवगुप्त जिस प्रकार कालिदास प्रणीत पर्युत्सुकीभाव से प्रेरित होकर नाट्य प्रसंग में उद्बुद्ध संस्काररूप स्थायीभाव की धारणा पेश करते हैं, उसी तरह पुनः कालिदासप्रणीत विश्वासरूप शिव तथा श्रद्धारूप शक्ति से अनुप्राणित होकर वे काव्य-प्रसंग में भी शिवरूप शब्द तथा शक्तिरूप अर्थ की धारणा का अभिमान एवं निश्चय करते हैं। स्पष्ट है कि वे आलंकारिकों की भूमि से बहुत ऊँचाई पर प्रतिष्ठित हैं। किन्तु यहाँ पर यह मिथकीय रूपक उनकी मौलिक कल्पनाओं के धवल पंख खोल देता है। यहाँ वे रससूत्र की व्याख्या की तुलना के मुकाबले में ज्यादा तर्कदर्शी भी हैं।

पहले हम आनन्दवर्धन की स्थापनाओं का सारांश देते हैं। आनन्दवर्धन के पहले गुण, रीति, वक्रोक्ति, अलंकार आदि के द्वारा काव्यरमणी के सौन्दर्य की छानबीन हो रही थी। आनन्दवर्धन ने काव्यसौन्दर्य के बजाय काव्यरस की पहली सार्थक क्रांतिकारी प्रतिष्ठा की। उन्होंने काव्यरमणी शरीर के रूपक का विस्तार उसके सौन्दर्य के अतिरिक्त 'लावण्य' तक कर दिया। यह एक ऐसा भावगुणात्मक परिवर्तन था जो क्रमशः घटित न होकर सहसा स्फुटित हो गया जिसे द्वंद्वमान के अनुसार बौद्धिक छलाँग (intellectual leap) कह सकते हैं। समाजशास्त्रीय दृष्टि से ऐसी छलांगें विकास में प्रवर्तनकारी प्रखर परिवर्तन लाती हैं। अतः कामिनी के अंगसौन्दर्य बनाम लावण्य के रूपकात्मक सम्बन्ध को लेकर कवित्व के अंगसौन्दर्य (वाच्यार्थ) को साधन तथा लावण्य (प्रतीयमान अर्थ) को साध्य घोषित किया गया। आनन्दवर्धन ने कहा कि प्रतीयमान अर्थ रमणीय अर्थ भी है; और 'ध्वनि' अर्थात् मोर्फीमों (morphemes) जैसा है। आनन्दवर्धन ने यह भी बताया कि ध्वनि (प्रतीयमान अर्थ) स्वसंवित्सिद्ध अर्थात् स्वसंवेदनसिद्ध है। फलस्वरूप यहाँ वाच्यार्थ का अवसान हो गया।

आनन्दवर्धन ने 'शब्द' का एकांश (यूनिट) माना। मायावरण (hypnosis) की मनोदैहिक खोजों ने 'शब्द' के बाबत विचित्र उद्घाटन किये हैं। काव्यनाट्य की अलौकिक अवस्था में वशीकरणकर्त्ता (हिप्नोटाइज़र) कवि अथवा नट के शब्दों की विमर्श-शक्तियाँ (अर्थबोधन की शक्तियाँ) अद्भुत क्षमताएँ धारण कर लेती हैं। यहाँ शब्द-उत्तेजकता (word-stimulus) विलक्षण होती है। इसके द्वारा विमर्शित अर्थ (suggestions)

अधिकारी, निर्विघ्न तथा एकाग्र होते हैं क्योंकि ये मस्तिष्क (brain) के शब्दक्षेत्र को अत्यधिक जागृत कर देते हैं। विरोधाभासपरक मायावरण-चरण (paradoxical hypnotic phase) के नियमों के मुताबिक एक ही शब्द से अनेक विमर्श (या अर्थ) प्रसारित अथवा 'ध्वनित' हो सकते हैं जिनमें से—एकाग्रदशा में—प्रधान अर्थ प्रत्यक्षतः ज्ञानेन्द्रियों को प्रभावित करता है लेकिन व्यंग्य अर्थ यथार्थता का अतिक्रमण करके मुख्यार्थ पर विजय पा लेता है। उदाहरणार्थ किसी दीवानी 'विरहिणी' नारी के सामने 'चन्द्रमा' कहकर 'तापयुक्त' कहने पर हम पाते हैं कि इन्द्रिय को प्रत्यक्षतः प्रभावित करने वाली शीतलता पर 'ताप' का कमज़ोर विमर्श हावी हो जाता है और मस्तिष्क में स्वेद, कंप, श्वास आदि की स्नायुग्रंथिपरक (limbic) प्रक्रियाएँ तक शुरू हो जाती हैं। शर्त्त यह है कि ये विमर्श ग्रहीता की विवक्षा के विपरीत न हों। काव्यबोध की एकाग्र अवस्था बहुत-कुछ मायावरण के अधिवेशन जैसी होती है जहाँ कविकल्पित ऐसी अलौकिक उपपत्तियाँ अर्थात् 'कविसमय' यदि हमें प्रत्यक्ष न भी हों, तो भी प्रतीत होने लगते हैं। इसीलिये अभिनवगुप्त ने भी स्पष्ट किया है कि काव्यगत अभिप्राय व्यावहारिक तथा क्रियापरक न होकर प्रतीयमान तथा विश्रांतिकारक है ('……अपितु प्रतीतिविश्रांतिकारिणी, सा च अभिप्रायनिष्ठैव, न अभिप्रेतवस्तुपर्यवसाना।'—लोचन)। इस तरह प्रतीयमान अर्थ रसिक की विवक्षा की प्रतीतिविश्रांति से सम्बद्ध है। हाँ, इसमें संभावना-विरह नामक विघ्न नहीं होना चाहिए। आनन्दवर्धन ने 'ध्वन्यालोक' की कारिकाओं (३।१०–१५) में स्पष्ट किया है कि ऐतिहासिक काव्यकथाशरीर की वृत्तियाँ भी लोकव्यवहार तथा पात्र की प्रकृति के औचित्य से निर्धारित हो सकती हैं। अतः उनकी यथार्थता चमत्कार तो होती है किन्तु नैतिक आस्था तथा विवक्षा के कारण असंभाव्यता नहीं होती। राम के मन में सीता के प्रति अथवा हनुमान द्वारा समुद्रलंघन क्रमशः श्रद्धा एवं विवक्षा के उदाहरण हैं। इस तरह आनन्दवर्धन अर्थज्ञान की प्रेषणीयता के आगे अभिप्राय-प्रतीति के अनुभव तक का लक्ष्य करते हैं।

आनन्दवर्धन ने भी शब्द के अर्थबोधन की अर्थात् विमर्शक शक्तियाँ तीन मानी हैं—अभिधा, लक्षणा और व्यंजना। मूलरूप से यह शक्ति 'एक' है। इन शक्तियों के कारण शब्द को क्रमशः वाचक, लाक्षणिक एवं व्यंजक कहा जाता है। इनमें से वाच्यार्थ इन्द्रिय को प्रत्यक्षतः प्रभावित करने वाली उत्तेजकता का फल है जिस पर अन्यार्थों की शिथिल उत्तेजकताएँ विजयी हो जाती हैं। अनुद्बुद्ध उत्तेजनाओं का समवाय करने के लिये कवि शब्दार्थों में अलंकार तथा रीति तथा वक्रोक्ति का इस्तेमाल भी करता है। इन विधियों के कारण तो मुख्यार्थ अधिकाधिक बाधित तथा वशीभूत होता जाता है। इसलिये

परिणामोन्मुखी प्रयोजन तो व्यंजना-शक्ति का 'व्यंग्यार्थ' ही है।

यहाँ पर यह भी प्रकट हो जाता है कि आनंदवर्धन शब्दार्थ की अभिधा, लक्षणा और व्यंजना शक्तियों में से व्यंजना को ही आधार बनाते हैं। ऐसा मालूम होता है कि वे वक्रोक्ति तथा अलंकार को वाच्यार्थ तथा लक्ष्यार्थ से संबद्ध करते हैं, तथा व्यंग्यार्थ को रस से। वे रस को स्वसंवेद्य चर्वणारूप चित्तवृत्ति मानते हैं। वे रस को 'अभिव्यक्त' भी मानते हैं। अभिनवगुप्त ने रस के ये सभी गमक स्वीकार कर लिये हैं। हाँ उन्होंने इस चित्तवृत्ति में रसिक का तन्मयीभवन का भी उपन्यास किया है। यह तन्मयीभवन निर्विघ्न होने से चर्वणारूप है। सारांश में केवल व्यंजना नामक शब्दार्थशक्ति ही रस की 'अभिव्यक्ति' करती है।

व्यंजनाशक्ति अथवा व्यंजनाव्यापार में व्यंजक शब्द तथा व्यंग्य अर्थ का व्यंग्यव्यंजक-भाव-संबंध होता है। इस तरह इस संबंध में व्यंजक **शब्द**, व्यंग्य **अर्थ** तथा व्यंजना **शक्ति**, इन तीनों का समवाय संयोग होता है। इस त्रिपुटीकृत संबंध का साहित्यशास्त्रीय नाम "**ध्वनि**" है। अतएव ध्वनि शब्द (व्यंजक), अर्थ (व्यंग्य) तथा शक्ति (व्यंजना) तीनों का बोध कराती है, और अर्थ से परे अनुभव के क्षेत्र का भी आहरण करती है।

अतः "रसध्वनि" का अभिप्राय हुआ : काव्य में व्यंजक शब्दों तथा व्यंग्य अर्थों के संयोग से व्यंजनाव्यापार के द्वारा रस ध्वनित होता है। वक्रोक्ति तथा अलंकार, और अन्य शब्दार्थ-संबंध ध्वनिसामर्थ्य को ही बढ़ाते हैं। अतएव आनंदवर्धन के मुताबिक काव्य में **ध्वनित रस** का आस्वादन होता है। यहाँ नट की अनिवार्यता न होने से रसभोक्ता का सवाल ही नहीं उठा। कोरमकोर रसिक ही रसग्राहक सिद्ध हुआ। रसिक के कुछ लक्षण हैं। उसकी तत्त्वार्थदर्शिनी बुद्धि में प्रज्ञाविमलता तथा अनुभववैदग्ध्य के धर्म होते हैं। जब व्यंग्यव्यंजकरूप संबंधों अर्थात् ध्वनि वाले शब्दार्थों का संयोग रसिक के मन से होता है तब मन की कुछ अवस्थाएँ उनका आश्रय होती हैं। मन चैतन्य-स्वरूप है और द्रुति, दीप्ति एवं विस्तार इसकी अवस्थाएँ हैं। साहित्यशास्त्र में इन्हें ही क्रमशः माधुर्य, ओजस् एवं प्रसाद "गुण" कहा गया है। अतः ये गुण ही रसिकत्व हैं और प्रतीयमान अर्थों की भूमिका हैं। रसिकत्व ही हृदय-संवाद की विभुता है। हृदयसंवाद के बल पर व्यंजनाव्यापार होता है। सारांश में, व्यंजनाव्यापार हृदयसंवाद पर आश्रित है, हृदयसंवाद रसिकत्व है, रसिकत्व मन के तीन गुण हैं। अतः इन गुणों (मन की अवस्थाओं) का अनुभव आस्वाद है। आस्वाद की अवस्था भी एक मानसिक अवस्था है। यह चर्वणा रूप है। अतः यह व्यंजनाव्यापार से विलक्षण है क्योंकि यह शब्दार्थसंबंध (ध्वनि) के तत्काल संयोग (हृदयसंवाद) से ध्वनित और तदुपरांत मन की

विशेष गुणावस्थाओं से चर्व्यमाण है। सारांश में रसास्वाद चित्र की अवस्थाओं पर आश्रित व्यंजनाव्यापार है जिसमें शब्द एवं अर्थ का स्वसंवेद्य अनुभव में पर्यवसान हो जाता है।

हम देखते हैं कि आनंदवर्धन की पहली शर्त है काव्यगत शब्दार्थों की; जो व्यंजकव्यंग्य-भाव-संबंध वाले हों। इस संबंध में व्यंजक, व्यंग्य तथा व्यंजना अर्थात् ज्ञाता, ज्ञेय और प्रज्ञा तीनों विद्यमान हैं। इसे "ध्वनि" कहा गया है। दूसरी शर्त है कि 'ध्वनि' के विभागों में से भी व्यंजनाव्यापार में शेष दो का पर्यवसान होता है। तीसरी शर्त है तत्त्वदर्शिनीबुद्धि वाले रसिक के मन की द्रुति-दीप्ति-विस्तार अवस्थाएँ। इन्हें 'गुण' कहा गया है। वस्तुतः ध्वनि एवं गुण दोनों ही में क्रमशः शब्दार्थ एवं रसिकत्व की निर्विशेषता, व्यक्तिनिरपेक्षता तथा साधारणीकरण है। ये दोनों ही ज्ञान (अर्थ) से परे अनुभव या आस्वाद (चर्वणा) में एकघन होते हैं। शब्दार्थ की व्यंजनाशक्ति रस ध्वनित कराती है। अतः ध्वनित रस न तो वाच्य है, न उत्पन्न, न अनुमित, न अभिधा और न ही लक्षण का विषय। आनंदवर्धन ने नाट्य रस से तुलना करते हुए स्पष्ट किया कि काव्यगत व्यंजनाधर्मी शब्दार्थ मानों नाट्यगत विभावादि की तरह हैं। काव्य एवं नाट्य दोनों में रस समूहालंबनात्मक है लेकिन काव्य में केवल शब्दार्थों का क्रम होता है। दोनों ही में विभावादि तथा शब्दार्थादि समकाल अवभासित होते हैं और काल की क्रमिकता तिरोभूत-सी कर देते हैं। ऐसा प्रतीत होता है कि व्यंजना बहुत-कुछ नाट्यगत विभावादि की 'भावकत्व' (साधारणीकरण) शक्ति की तरह है और रसिक में इसका ध्वनन (आस्वाद) ही चर्वणारूप रस है जो एक चित्तवृति भी है। रसिक में व्यंग्य का समकाल ध्वनन रस एवं भावादि के क्रम का ज्ञान नहीं रहने देता। अतः हम कह सकते हैं कि "रस असंलक्ष्यक्रम से ध्वनित होता है।" हमें इस बात के प्रति आगाह रहना होगा कि ध्वनि, संलक्ष्यक्रम भी होती है। इसके ऐसे अनुरणनमूलक भेद वस्तुध्वनि एवं अलंकारध्वनि हैं। इन दोनों ध्वनियों को रसचक्र से बाहर रखा गया है। इनका लक्ष्य केवल अर्थ है। किन्तु रसध्वनि का लक्ष्य भावानुभव है। अतः यह असंलक्ष्यक्रम है। इसके अलावा आनंदवर्धन ने यह भी गौर किया है कि नाट्यरस की रंगत पर हम काव्य में विभावध्वनि तथा अनुभावध्वनि नहीं मान सकते, क्योंकि विभाव एवं अनुभाव तो वाच्य हो सकते हैं लेकिन इनके समवाय स्थायी तथा व्यभिचारी वाच्य नहीं हो सके। अतः स्पष्ट है कि आनंदवर्धन प्रतीयमान अर्थ को वाच्यार्थ पर आश्रित मानते हैं, लेकिन आस्वाद्य प्रतीयमान अर्थ का (असंलक्ष्यक्रमध्वनि को) शब्दार्थ से ऊपर अभिषेक करते हैं। उनके अनुसार काव्यगत (व्यंग्य-व्यंजकभाव संबंध वाले—) शब्दार्थों का पर्यवसान रसास्वाद में होता है। इन

शब्दार्थों में अलंकार **सौंदर्य** की प्रतीति करा सकते हैं, वक्रोक्ति उनमें **चमत्कार** का गमक जोड़ सकती है किन्तु व्यंजना तो इनमें **अभिप्राय** की प्रतीति ही कराएगी। इस तरह आनंदवर्धन काव्यशरीर से अलंकार तथा वक्रोक्ति को संबद्ध करते हैं, लेकिन भरत से रुद्रट तक परंपरा का अतिक्रमण करके गुण को मनोवस्थाओं से संवलित कर देते हैं। वे दस गुण-संख्या को भी घटाकर द्वंद्वात्मक त्रयी में घटा देते हैं यद्यपि इसके व्यवहार का राज़ उन्हें नहीं मिल पाया। किन्तु मनोगुण के द्वारा उन्होंने सबसे पहले रसिक के अमूर्त्त साधारणीकरण (abstract universalization) की झलक दी है। अतः आनंदवर्धन ने काव्यगत शब्दार्थों की पहली शर्त्त 'व्यंजकता', एवं दूसरी—व्यंजकता पर आश्रित—'चारुत्व' मानी है। यदि चारुत्व काव्यांग-सौंदर्य-विशेष है तो व्यंजकत्व लावण्य-विलक्षण ! ज़ाहिर है कि आनंदवर्धन काव्यरस के लिये भरत का नाट्यरस सूत्र यथावत् स्वीकार नहीं करते क्योंकि काव्य केवल शब्दार्थ-शक्तियों का व्यापार है जो अर्थ से अनुभव की ओर बढ़ता है। इसकी तुलना में नाट्य कारणकार्यसहकारीरूप विभावादि का नटगत अभिनय है जो अनुकरण से अभिव्यक्ति की ओर उन्मीलित होता है। एक बारीक बात यह भी है कि संभवतः आनंदवर्धन विभाव तथा अनुभाव को तो वाच्य मान लेते हैं किन्तु संचारी को वाच्य नहीं मानते। अतः रससूत्र की संयोगत्रयी ही उन्हें नामंजूर है। इसी तरह रस के लिये वे शब्दार्थ-शक्तित्रयी भी नामंजूर करते हैं और अभिधाश्रित व्यंजना को ही प्रमुखता देते हैं। सारांश में आनंदवर्धन शब्दार्थ और अनुभव की महत्तम समस्या से जूझते हैं, तथा, भट्टनायक की तरह पहली बार ज्ञान के अनुभव में पर्यवसान की अलौकिकता, एकाग्रता (विश्रांति), मनोगुणादि का अनुशीलन करते हैं। इनके निष्कर्ष आनंदवर्धन के मानस के रहस्य उद्घाटित करते हैं। लगता है कि वे आद्यंत द्वंद्वात्मक 'त्रित्व' के बजाय असमान एवं पार्थक्यमूलक 'द्वित्व' (क≠ख) की आपसी अधिकता (क+ख), अथवा न्यूनता (क—ख) अथवा स्पर्धा (क~ख) के मुरीद रहे हैं। उन्होंने समन्वय के बजाय दो में से एक के पर्यवसान की तर्कविधि मंजूर की है। इसलिये वाच्यार्थ-व्यंग्यार्थ, सौंदर्य-लावण्य, शरीर-आत्मा, शब्द-अर्थ, व्यंजकव्यंग्यभाव, ज्ञान-भाव, व्यंजनाव्यापार—रसचर्वणा, संलक्ष्यक्रम ध्वनि—असंलक्ष्यक्रम ध्वनि आदि के द्वित्व ही उनके श्रेयस् हैं। इनका नतीजा विभक्ति, पर्यवसान, परिणाम आदि हैं; समन्वय, समूहता आदि नहीं। यह भी ध्यातव्य है कि वे रस के आध्यात्मिक प्रकाश एवं आनंदरूप के बाबत खामोश हैं अर्थात् वे काव्यरसरूप को दर्शन से प्रतिबद्ध करने को राज़ी नहीं हैं। यह कार्य तो उनके टीकाकार अभिनवगुप्त ने संपादित किया।

त्रिकवादी अभिनवगुप्त ने आनंदवर्धन की 'रसध्वनि' की आधार-

भित्ति पर ही अपनी 'रसाभिव्यक्ति' का उन्मेष किया, रसिक गुणों का विस्तार करके सहृदय की सांस्कृतिक प्रतिछवि गढ़ी, व्यंजना के सादृश्य पर रस को व्यंग्य बताया, तथा मन की द्रुति-दीप्ति-विस्तार-अवस्थाओं के बजाय उद्बुद्ध वासनारूप संस्कारों की प्रतिष्ठा की, और अन्त में रस में गुणों के समवाय के सादृश्य पर रसाभिव्यक्ति में वीतविघ्न चित्तदशा की स्थापना की। सारांश में उन्होंने आनंदवर्धन के द्वैतवादी मानसिक चिंतन को द्वंद्वात्मक अद्वैतवादी आध्यात्मिक दर्शन (काश्मीरीय शैवाद्वैत दर्शन) की भूमि पर संशोधित किया जिससे द्वित्व का विलयन होकर समन्वय का उद्भव हुआ, तथा दार्शनिक प्रत्ययों के अनेक मोती गुँथने लगे।

काव्यसंदर्भ में आनंदवर्धन का ग्रालोचन करते हुए अभिनवगुप्त भट्ट-नायक की भावकत्व एवं भोगीकरण की धाराणाओं का समाभ्यस्त व्यवहार करते हैं। वे आनंदवर्धन का संशोधन करते हुए बताते हैं कि व्यंजक शब्दार्थों वाला भावक काव्य ही व्यंग्य (ध्वन्य) एवं भाव्य रस की अभिव्यक्ति करता है। यहाँ वाच्यवाचक का साधनभाव मात्र होता है। भावकत्व की विस्तृत विवेचना करते हुए अभिनवगुप्त बताते हैं कि काव्यगत शब्दार्थ में गुण, अलंकार तथा औचित्य वाली इतिकर्त्तव्यता उसे (शब्दार्थ को) वाच्य से संक्रमित करते हुए जातिगत सामान्य में रूपांतरित कर देती है। अतः 'भावक काव्य' वह साधारणीकृत काव्य है जिसमें शब्दार्थ में गुण, अलंकार एवं औचित्य के अंशों की त्रयी हो। हमें लगता है कि भट्टनायक की ओट में अभिनवगुप्त विभाव (औचित्य), अनुभाव (अलंकार) एवं संचारी (गुण) की त्रयी का साधर्म्य रंजित करते हैं। वे आगे यह भी स्पष्ट करते हैं कि भावकत्व केवल काव्यशब्दों का, अथवा केवल काव्यार्थों का न होकर दोनों का समकाल होता है; जैसा कि साधारणीकरण भी नट तथा भाव दोनों का ही होता है। भावना में "यहाँ ये शब्दार्थ उस (प्रतीयमान) अर्थ को व्यक्त करते हैं।"

भावक काव्य की त्र्यंश भावना में ध्वनन का भी करण अंश होता है। इसकी वजह से भावक काव्य एवं भाव्य रस का संबंध जुड़ता है। भावना का ध्वननीय करण अंश व्यंजकत्व व्यापार है। अतः ध्वनि व्यंजनात्मक होती है, और व्यंजना स्वसंवेद्य एवं अनुभवसिद्ध है। अतः ऐसा व्यंजनात्मक ध्वनन ही आस्वादनरूप है और ग्रलौकिक है। रस प्रतीति भी आस्वादनरूप में उत्पन्न होती है। इसलिये रस व्यंजनात्मक ध्वनिरूप है। अभिनवगुप्त ने यहाँ आनंद-वर्धन एवं भट्टनायक दोनों की ही रसिकमन से संबद्ध मान्यताओं के प्रति संदेह किया है। उन्होंने भट्टनायक के केवल सत्वोद्रेक को नहीं स्वीकार किया है, और न ही आनंदवर्धन कल्पित तमोगुणनिवृत्त किन्तु सत्वगुण (दीप्ति) एवं रजोगुण (द्रुति, विस्तार) प्रधान चित्तवृत्ति का अनुमोदन किया है। इसका

मतलब हुआ कि तमोगुण के घनमोहान्धसंकट को छोड़ने पर द्रुति दीप्ति विस्तार आदि आस्वादरूप हैं । अतः वे ऐसे भेद और पार्थक्य को अस्वीकृत करते हैं । वे रसविषयक ध्वनन को ही स्वीकार करते हैं जो आस्वादरूप प्रतीति है । अभिनवगुप्त के अनुसार रसध्वनि शास्त्र के शासन, इतिहास के प्रतिपादन से विलक्षण व्युत्पादन है । और यह सदाशिवतत्त्व जैसी वही अवस्था है ("जैसा राम—वैसा मैं") । इसके आस्वाद में न तो मनोगुणों की गणना हो सकती है और न ही ज्ञान के प्रमाण मिल सकते हैं । अंतः ध्वनीय रस का आस्वाद लोकोत्तर है और चमत्कारपूर्ण है (रस्यमानतोदितचमत्कार) । इसलिए अभिनवगुप्त ने काव्यप्रसंग में विभावादि एवं स्थायीभाव की चर्चा नहीं की, बल्कि व्यंग्य तथा रस की ही चर्चा की है । यह एक नितांत महत्त्वपूर्ण अभिज्ञान है । अभिनव ने आनंदवर्धन की रसिक-संबंधी धारणा को आमूल बदल डाला है क्योंकि यह आस्वाद को खंडित करके उसकी गणना करती है, रसिक की त्रिगुणात्मक प्रकृति में मनमाना उथल-पुथल करती है, तथा रसिक के वैश्वक रूप की संभावनाएँ विकसित नहीं कर पाती। फलतः भावक (साधारणीकृत) और काव्यपाठक के बीच अखंडानुभवरूप व्यापार नहीं कायम हो पाता। इसलिए उन्होंने आकांक्षाओं की नित्यता मंजूर की, और साथ-ही-साथ विचित्रवासनारूप (अबोधपूर्वा) स्मृति एवं संस्कार की एकरूपता तथा अनित्यता की भी सिद्धि की । इस भाँति उन्होंने आनंदवर्धन के 'रसिक' को अपने 'सहृदय' के साँचे में ढाल लिया । उन्होंने काव्य में भी देशकालसीमा तोड़ने का भगीरथ प्रयत्न किया । ध्वनिवादियों से उन्होंने सहृदय में ही स्थित रस की धारणा पाई है । ध्वनिवादियों से ही उन्होंने काव्यनाटकादि की अनुद्‌बुद्ध शक्तियों की धारणा का मन्त्र सिद्ध किया है । अलबत्ता, इन दोनों का आध्यात्मिकीकरण करने के लिये वे उत्तरोत्तर वासना, भावना, लोकोत्तरता, दैवसिद्धि, चमत्कार आदि धारणाओं की मुहरें खनखानते रहे ।

अतः समग्रता के परिप्रेक्ष्य में अभिनवगुप्त सबसे बड़े संशोधनकर्त्ता सिद्ध होते हैं जिनके बाद मम्मट, हेमचन्द्र, भोज, विश्वनाथ, जयदेव, भानुदत्त आदि की लगभग तीन शताब्दियों वाली एक परंपरा की टीका मिलती है ।

अभिनवगुप्त से नाट्यरस की परंपरा लगभग समाप्त हो जाती है । उनके बाद रससूत्र की व्याख्याएँ कोरमकोर काव्य के माध्यम से हुईं और विभाव और अनुभाव तथा संचारी तीनों ही वाच्य हो गए । काव्यरस की अनेक व्याख्याओं में संशोधन, संकलन और समन्वय के स्वर ही मुखर हैं जिनमें दार्शनिक प्रतिबद्धता तथा विचारधारात्मक दृष्टिकोण की कमी से मौलिक स्थापनाओं के दर्शन दुर्लभ हो जाते हैं । काव्यरस-व्याख्याओं ने रससूत्र के विश्लेषण के बजाय रसस्वरूप तथा रसस्वभाव का अनुशीलन अधिक

किया है । अतः मम्मट, भोज, हेमचंद्र, विश्वनाथ आदि ने काव्यशास्त्रों की परंपरा रची जिसमें रस और ध्वनि, तथा रसध्वनि का निरूपण नाट्यकलागत विभावानुभाव संचारी आदि के करणों से हुआ । भारत के मध्यकालीन इतिहास में अद्वैतवादी उपदर्शनों के कठोर अनुशासनों के कारण सौंदर्यबोधानुशीलन में ज्ञान, प्रत्यक्ष, परिणाम, प्रमाण आदि की धारणाएँ भी विलुप्त होती गईं, और उनके स्थान पर रहस्य एवं चमत्कारपरक पारमार्थिक प्रज्ञा, समाधि, उन्मेष, सिद्धि आदि की धारणाएँ बौद्धिक परंपरा को अपने पारलौकिक जाल में जकड़ती चली गईं । विचित्र बात है कि कामाध्यात्म एवं ब्रह्माध्यात्म के अजीब-अजीब सादृश्य नज़र आने लगे । भारतीय इतिहास के रंगमंच पर सिद्ध और सामंत की मैत्री, महत्त्वाकांक्षा एवं यथार्थता के बीच की भयंकर खाई के फलस्वरूप तीव्र हताशा (frustration), आर्थिक क्रियात्मकता के अभाव में लौकिक जीवन को खुशहाल बनाने या समाज में परिवर्तन लाने वाले संघर्षों का अभाव, पारिवारिक जीवन में कामिनी और योगिनी नारीरूपों के बीच अंतर्विरोध, जगत् एवं संस्कृति को माया समझने की भ्रांति, तर्क के बजाय श्रद्धा पर विश्वास, परिवर्तन के बजाय स्थिरता को निर्विकल्प परिपूर्णता मानना, कवि, दार्शनिक, आचार्य आदि बुद्धिजीवियों का आत्मपरायापन एवं आत्म-निर्वासन, आदि ने मिलकर घटाटोप मध्यकालीन बौद्धिक एवं सांस्कृतिक अंधकार फैला दिया । ऐसे समाजों में जगत्, जीवन और समाज माया जैसा ही होता है; और दरिद्रता तप एवं संन्यास के चरम आदर्श में परिणत होती है । इस कुहासे को भक्ति-धाराओं में नहाए हुए सलोने सौंदर्यबोधशास्त्रों ने थोड़ा-बहुत छिन्न-भिन्न किया है । किन्तु वैष्णव (मधुरोपासनामूलक एवं मर्यादोपासनामूलक), निर्गुण (रस-रसायनसिद्धिवादी) एवं सूफी सौंदर्यबोधदार्शनिक दृष्टियों में भी ज्ञान और तर्क का तिरोभाव हो गया । काव्य में तो यह ठीक है, किन्तु सौंदर्यबोधशास्त्रीय दृष्टि से यह स्थिति एक नये-नये ज्ञानों के कलहंसों से कूजित रसभूमि के दार्शनिक कूलकछारों को निःस्तब्ध किये रही । वैष्णवसौंदर्यबोधशास्त्र में अलबत्ता कई आध्यात्मिकतापरक स्थापनाएं हुईं । अस्तु ।

अभिनवगुप्त के साथ ही सौंदर्यबोधदर्शन के माध्यम से मध्ययुग का लगभग तीन शताब्दियों तक चलने वाला एक महान् दार्शनिक वादविवाद (polemics) लगभग समाप्त हो जाता है । ऐसा लगता है कि विभिन्न दर्शनों को मानने वाले बुद्धिजीवी कम होते चले जाते हैं और केवल एकस्वरता वाले शांकर अद्वैतवादी ही स्वालाप करने लगते हैं । अतः प्रतिबद्धताओं से विहीन होकर भारतीय बुद्धिजीवी दार्शनिक, सौंदर्यबोधात्मक तथा सांस्कृतिक ऐश्वर्य भी खो देते हैं । देश की अरक्षा, घोर दरिद्रता, सामाजिक विषमता को झेलते हुए जब-जब लोक से प्रतिबद्ध बुद्धिजीवियों ने दार्शनिक विवाद (polemics) छेड़े

हैं तब-तब सांस्कृतिक छलाँग (cultural leap) ने सामजिक पिछड़ाव (social lag) के कारणों का भी क्रांतदर्शी भंडाफोड़ किया है। किन्तु भारतीय मध्यकाल में यथार्थता से संपर्क स्थूलता, अज्ञान, अविद्या, विकार आदि माना गया। अतः एक विशुद्ध, निर्विकल्प, शाश्वत अमूर्त्तीकरण की अपेक्षा आत्म-परायापन (self-alienation) ही परिपूर्ण होता गया। कुछ तो यह भी लगता है कि काव्यशास्त्रों से दार्शनिक पुट तथा विचारधारा को हटाने की गल्ती पद्धति-सी बनने लगी। मम्मट ने अभिनवगुप्त के ही मूलसिद्धांतों का पुनराख्यान किया, किन्तु उनके शैवाद्वैत दर्शन को छान दिया। इसकी सज़ा उन्हें ही भुगतनी पड़ी। वे एक कुशल समन्वयवादी ही सिद्ध होते हैं, न कि एक मौलिक सौंदर्यतत्त्वचिंतक। यदि 'नट' की समाप्ति के साथ ज्ञान का समाजशास्त्र आगे विकसित नहीं होता, तो 'ध्वनि' की स्थापना के साथ तर्क की गुंजाइश भी नहीं बच रहती। अतः रसस्वरूप और रसस्वभाव के प्रतीकात्मक निर्विकल्प, अद्वैतपरक अंतर्यामी अनुभवों की स्वयंप्रकाश्य पारलौकिक उड़ानें शुरू होती हैं जिनको प्रमाण एवं परिणाम में बाँधा नहीं जा सकता। अब रस-संख्या, रसभेद, प्रधानरस जैसी मामूली बातों पर मामूली बातें कही जाती हैं जो उस बौद्धिक अवसान के पर्यावरण में दूर की कौड़ी जैसी प्रतीत होती हैं। अगर विश्वनाथ ने (१४वीं शती का मध्य) शांकर वेदांत के ब्रह्म-सादृश्य पर 'रस-ब्रह्म' का निरूपण कर दिया तो वह भी मौलिक मान लिया गया।

७. मध्यकाल : सामंतीयकरण तथा श्रृंगारिकीकरण
(भोज तथा वैष्णव भक्तरसिक)
[Feudalization and Amorization]

हम पंडितराज जगन्नाथ (सत्रहवीं शताब्दी का पूर्वार्ध) को रससूत्र का चौथा व्याख्याता मानते हैं। लेकिन इन छै शताब्दियों के बीच हम सौन्दर्यबोध के कुछ चिंतकों को अवश्य लेना चाहते हैं जिन्होंने पूरे रससूत्र पर काम न करके कुछ अंशों पर काम किया है। इनमें से कुछ की स्थापनाएँ तो मध्यकालीन इतिहास का स्वच्छ सांस्कृतिक प्रतिबिंब भी दीपित करती हैं।

पहले हम **भोज** (ग्यारहवीं शती का पूर्वार्ध) को लेते हैं। शायद हर्ष के बाद वे भारत के एक सांस्कृतिक सम्राट् भी कहे जा सकते हैं जो वास्तुकला, रसेश्वरसाधना, काव्यरसशास्त्र इत्यादि के भी ज्ञाता थे। उनका ज्ञान संग्रहकारी था। उन्होंने चतुर्धीर नायकों के आधार पर उदात्त, शान्त, उद्धत एवं प्रेयान् रसों की स्थापना की है। यही नहीं; वे विलास, आनन्द, संगम, अनुराग आदि रसों की भी उद्भावना करते हैं। उनकी उद्भावनाएँ स्वयंप्रकाश्य हैं। एक ओर वे मानते हैं कि रसों की संख्या अनन्त है, दूसरी ओर वे शृंगार को प्रधानरस (रसराज) मानते हैं तथा तीसरी ओर रुद्रट की तरह वे यह भी मानते हैं कि स्थायी के अलावा सात्त्विक अनुभाव तथा संचारी विभाव भी रसत्व को प्राप्त हो सकते हैं।[1] उनकी ये सभी उद्भावनाएं बड़ी सम्भावनाओं वाली हैं किन्तु किसी सृजनात्मक रूपक (creative metaphor) के अभाव में वे अपनी अंतर्दृष्टि को युक्तिपूर्ण अन्वेषण में नहीं विकसित कर सके। हम थोड़ा इशारा करना चाहेंगे। सांख्यवादी भट्टनायक के अनुसार सत्व की प्रधानता होने पर निर्विशेषत्व होता है तथा ऐसे 'भाव' का रसरूप में 'भोग' हो सकता है। सात्विक अनुभाव ऐसे ही हैं। इसी तरह हम जानते हैं कि विभाव एवं अनुभाव तो अपने संस्कार-विशेष छोड़ देते हैं लेकिन संचारीभाव नहीं। संचारीभाव भोग्य रस में तो परिणत नहीं हो पाते किन्तु स्थायी के रस में परिणत होने में सहायक होते हैं। इनका धर्म बोध है, और ये विचित्रता के जनक हैं। हम जानते हैं कि बोध की भूमि से आगे अनुभवधाम (रसानुभव) शुरू होता है, और रसानुभव 'चमत्कारपूर्ण' भी है। अतः रस को केवल एक मानसिक व्यापार मानने पर आज (आधुनिकता के बोध के अनुरूप) किसी भी संचारी के द्वारा 'रसाभासरूप' चेतना-प्रवाह (stream of consciousness) या अतियथार्थवादी फान्तासी (surrealistic fantasy) के सौंदर्यबोधात्मक आस्वाद [हमने जान-बूझकर 'रसास्वाद' नहीं कहा है क्योंकि ज्यावस, प्रूस्त तथा काफ़्का

---

१. दे० नगेंद्र द्वारा "रससिद्धांत", (पृ० २४२, १९६४) में प्रस्तुत राघवन का उद्धरण।

निर्मल वर्मा तथा मुक्तिबोध के उदाहरण भी विद्यमान हैं] को उत्पन्न किया जा सकता है। भोज ने 'रस' को स्वीकार करके भी रससूत्र की शास्त्रीय शासनविधि तथा संलक्षित क्रम को नामंजूर कर दिया। इसी तरह उन्होंने रस को तत्समकालीन बोध से परखा। **श्रृंगार** उनके युग की, तथा **अहं** उनके सम्राट् की प्रवृत्ति तथा वृत्ति थी। कामशास्त्रों तथा अलंकारशास्त्रों की प्रचुरता होने पर राजविलास तथा नागरिक सामंतों के उपभोग के लिये श्रृंगार की भावना प्रमुख हो गई। रुद्रभट्ट (दसवीं शती) के 'श्रृंगारतिलक' की परम्परा में भोज का 'श्रृंगार प्रकाश' आता है। श्रृंगार शास्त्र श्रृंगार रस तथा श्रृंगारिक नायक-नायिकाओं के भेद पर केन्द्रित रहता है। लेकिन भोज ने बहुत-कुछ दिया है। उन्होंने मध्यकालीन सामंतीय बोध के आत्मबिंब (self-image) के अहं-आदर्श (ego-ideal) तथा नैतिक मन (super-ego) की भी उद्भावना की है।

भोज के अनुसार मनुष्य की सभी प्रवृत्तियों का मूल 'अहंकार' है। अहंकार की वृत्ति 'अभिमान' है। अतः 'अभिमानवृत्ति' ही रसरूप में अभिव्यक्त होती है। इसलिये अहंकार आनन्दमय है। इस तरह भोज ने एक समीकरण पेश किया : "अहंकार=आत्मन्=आनंद=रस।" इसके सौन्दर्य-सामाजिक तात्पर्य बड़े गहरे हैं।

भोज ने सांख्य और वेदांत की कई धारणाओं का संयोग किया है; और हम जानते हैं कि इस काल में एक ओर सांख्य-वेदांत उभर रहा था, तो दूसरी ओर कामाद्वैत। योगी और सिद्ध इसी ओर प्रयत्नशील थे। ब्रह्म का स्वभाव आनन्द माना गया और यही अभिव्यक्त होकर चमत्कार होता है। शैवाद्वैत में भी चित् शिव और आनन्द शक्ति की सामरस्य तथा तादात्म्यावस्था में सृष्टि का उन्मेष होता है। अतः आनन्दमय ब्रह्म की अभिव्यक्ति चमत्कारपूर्ण रस हुई अथवा शिवशक्ति की प्रकाशविमर्शमय अवस्था का उन्मेष इच्छाप्रधान (सदाशिवतत्त्व रूप) सृष्टि है। इस तरह रस में काम और इच्छा के संयोग की गुंजाइश हो गई। लेकिन बुनियादी सवाल यह उठता है कि भोज ने 'महत्' के बजाय 'अहंकार' को क्यों केन्द्र माना ? सांख्य के मुताबिक महत् (बुद्धि) से अहंकार की अभिव्यक्ति तथा अहंकार से मनस् एवं ज्ञानेन्द्रियों-कर्मेंद्रियों की उत्पत्ति होती है। भोज ने अंतःकरण [बुद्धि-अहंकार-मनस्] में अहंकार को केन्द्र मान लिया। सामंतीय ऐश्वर्य और एक मध्यकालीन चरितनायक (hero) के लिये अहंकार तथा अभिमान से बड़ी विरासत क्या हो सकती है ? भोज ने अहंकार में आत्मप्रकाश, आत्मविश्वास, आत्मानुराग तथा आत्मप्रेम—इनका भी पर्यवसान किया। अतः अहंकार में ही बुद्धि (प्रकाश), मनस् (विश्वास), चित्त (अनुराग) एवं

विशेष मनोवृत्ति (प्रेम) का संयोग हो गया—निस्संदेह सैद्धांतिक निराधारों पर! अहंकार भी, बुद्धि की भाँति, आत्मवस्तुनिष्ठीकरण (self-objectification) में आत्मचेतना-रूप माना जाता है और आत्मचेतना आत्मसंकल्प को (अर्थात् मनस् धर्म का) भी समावेश करती है। अतः भोज ने 'अहं' और 'आत्म' का भी तादात्म्य भी किया है। अहंकार की वृत्ति 'अभिमान' है जो स्थूल रूप में (तामसिक अभिमान रूप में) गर्व (प्राइड) तथा दर्प (वेनिटी) है; और अमूर्त्त एवं आदर्श रूप में अधिकारत्व तथा अस्मिता। राजसिक (रजोगुणपूर्ण) अभिमान "मैं यह हूँ" के बजाय "मैं यह होऊँगा" में परिष्कृत होता है। यह 'भूतादि' के बजाय 'ऐश्वर्यादि' की ओर उन्मुख है। अतः अहंकार प्राथमिकतः संकल्परूप मानस है जिसमें संकल्प 'भोग' की ओर उन्मुख है। भोज ने इसे आसक्ति के दर्जे से उठाकर ऐश्वर्य की उपाधि से मंडित किया। उन्होंने संकल्परूप अहंकार में ज्ञान तथा अनुभूति का संयोग कर दिया। संकल्प का सारत्व तो **अभिमान** है, लेकिन यह ज्ञान का **निश्चय** है। निश्चयं का अर्थ है : "मैं मैं हूँ"। अतः भोज प्रणीत अहंकार "मैं यह हूँ और मैं यह होऊंगा" का समाहार करने के कारण सृष्टि (धारानगरी) का उद्भावक हुआ, और शृंगार (भोग) का पर्याय। अहंकार राजसिक तथा रजोगुण प्रधान भी है। इस तरह भोज ने अपने मध्यकालीन सांस्कृतिक पैटर्न में 'अहंकार' को व्याप्तरूप में रूपायित कर लिया।

किन्तु उनकी इस उद्भावना में मनोविज्ञान भी है। हम जानते हैं कि 'स्वत्व' (self) के घटक की शक्ति-इकाई संकल्प (will) है, और यह एक पूर्ण व्यक्तित्व (टोटल पर्सनालिटी) की व्यवस्था की निर्मिति है। कारेन होर्नी (Karen Horney) के अनुसार व्यक्तित्व में एकता का बोध कायम रखने के लिये एक आदर्शीकृत बिंब (idealized image) अपेक्षित होता है जो वास्तविक स्वत्व (real self) से तुलनीय हो सके। सामंतेश्वर भोज की एक यह बात गौर करने लायक है कि उन्होंने वास्तविक स्व को अमूर्त्तीकृत करने की अपेक्षा आदर्शीकृत किया है। अतः उनका वास्तविक स्व का आदर्शीकृत बिंब एक अधिनायक नृपति जैसा हो गया है जिसका सहयोगी सामंतवर्ग उसे सुरक्षित रखता है तथा उसके प्रभाव को भी बढ़ाता है, तथापि उसके अधिकार (अधीनता) में ही रहता है। भोज ने अधिनायक नृपति, तथा अधीन और सहयोगी सामंतों के प्रशासनमूलक रूपक के आधार पर अपना राजनयिक दृष्टिकोण तो निर्धारित किया ही; अपितु इस सम्बन्ध को रसराज-शृंगार और भावरूप से अन्य सामंतरूप रसों पर भी घटाया है। यह तथ्य सबसे महत्त्वपूर्ण है। अतः सभी रस मात्र भावरूप होकर रसराज शृंगार की रक्षा करते तथा प्रभाव बढ़ाते हैं; किन्तु स्वयं उपेक्षित-

से हो जाते हैं। भोज ने इस उद्भावना में सामंतवर्गीय सम्बन्धों को बड़े शानदार ढंग से अभिव्यक्त किया है। आदर्शीकृत बिंब तो वास्तविक स्व तक को धुंधला करके उसे विलीन तक कर देता है। अतः भोज ने भी अहंकार की आदर्शीकृत 'अभिमानवृत्ति' को ही सर्वोपरि बना डाला है। भोज के इस "आत्मबिंब" में राजा-प्रजा के स्वामी-दास तथा पिता-पुत्रपरक बिंबों का असर है; तथा मध्यकालीन सांस्कृतिक पैटर्न के दार्शनिक आदर्शों एवं वास्तविक ऐश्वर्यों का भी समुपरंजन है। फलतः आत्म, प्रज्ञा और काम का मिलन होना ही था। सारा जगत् शृंगाररस से सराबोर माना गया, शेष सभी रस प्रजा की तरह सेवक एवं सहयोग भाव हो गए, तथा सम्राट् का अभिमानी अहंकार सभी नियमों तथा संस्कृतियों का उद्भावक हो गया। आत्मस्थ अहंकार बाह्य जगत् तथा मानव-स्वभाव का भी नियंत्रण करने वाला नृपति-रूप हो गया। अद्भुत ढंग से भरत का लोकधर्मी भोज के अधिनायकवादी नृपतिधर्मी की भी एक दिशा के रूप में विकसित हुआ। यह मध्यकालीन सौन्दर्यतात्त्विक सामाजिकता के एक अन्यवर्गीय आयाम की भी झाँकी दे देता है। इस तरह समुद्रगुप्त, चन्द्रगुप्त, विक्रमादित्य, हर्षवर्धन आदि के ऐतिहासिक बोध का एक प्रमुख बिंदु मिल गया।

भोज ने अहंकार के संदर्भ में आत्मप्रेम, आत्मविश्वास, आत्मानुराग आदि पारिभाषिकों का भी इस्तेमाल किया है। हम इनकी दार्शनिक भूमिका बता चुके हैं। सौन्दर्यसामाजिक दृष्टि से ये वास्तविक स्व (real self) के 'आदर्शीकृत बिंब' की संरचना करते हैं। इस संरचना में आत्मसृष्टि, आत्म-अभिव्यक्ति, आत्मरति (narcissism) की संगतियाँ हैं। यह संरचना कोरमकोर अन्तर्मुखी तथा अधिनायकवादी है। होर्नी के मुताबिक आदर्शीकृत बिंब की वजह से वास्तविक स्व के साथ-साथ क्रमिक परायापन (alienation) होता जाता है क्योंकि सामाजिक बोध के अभाव में आदर्शीकृत बिंब का प्रत्येक प्रारूप अंततोगत्वा जीवन से दूर होता जाता है। आदर्शीकृत बिंब में चेतना की भूमिका तथा नैतिक मन की गहरी वशता होती है। भोज सामाजिक बोध तथा सामान्य ज्ञान से भी संचालित थे। अतः उन्होंने सत्वोद्रेक अथवा संविद्विश्रांति की चर्चा नहीं की। अतः उनके व्यक्तित्व की धारणा अमूर्त्तीकृत (abstracted) होने की अपेक्षा आदर्शीकृत (idealized) अधिक होती गई है। अतः उनकी अहंकार-अभिमान-इकाई में सामंतीय समाज के बिंब, एवं संस्कृति के आदर्श तथा यथार्थ की भी झलक मिलती है। सम्राट् होने के नाते भोज के व्यक्तित्व में संघर्ष की तेजी रही थी, कलाविद होने के नाते वे प्रेम और शृंगार के भोगी थे; अतः उन्होंने जीव के 'संस्कार' के बजाय मानव प्राणी के 'अहंकार' को प्रधान पद दिया तथा व्यक्तित्व की

इतिकर्त्तव्यतापरक पूर्णता—"आत्मस्थित अहंकार"—को आधार माना। अलबत्ता उनकी इतिकर्त्तव्यता भिन्न थी, क्योंकि वे ऐश्वर्य तथा अभिमानपूर्ण सम्राट् थे, और उस युग में सम्राट् ईश्वररूप तथा चरितनायक भी होता था। इसलिये हमें इसका आद्योपांत ध्यान रखना पड़ेगा कि भोजकृत वास्तविक स्व का आदर्शीकृत बिंब अर्थात् "अहंकारत्व" एक जैविक प्रदत्त न होकर संस्कृति-अर्जित धारणा है जिसके अनुसार इसे केवल कुछ नेता लोग—सामंत या सम्राट् या कुलीन—ही उपलब्ध कर सकते हैं। अन्य रसों के रसराज्याभिषेक में भी ऐसी ही कोई-न-कोई एक केन्द्रीय धारणा तथा कोई एक सामाजिक समूह [संन्यासी (शान्त), भक्तजन (भक्ति), त्रासद बुद्धिजीवी (करुण), प्रपंचक (अद्भुत)] का होना जरूरी है।

अतः मध्यकालीन विशिष्ट सामाजिक संबंधों तथा राजशक्ति के चक्र के दृष्टिकोण के आधार पर भोज ने माना कि अनादिवासनारूप संस्कार उद्बुद्ध होकर स्थायीभाव नहीं बनते, बल्कि आत्मस्थित अहंकार ही आनंदमय है। अतः हम स्थायीभाव की रसरूप चर्वणा करने की अपेक्षा आत्मस्थित अहंकार की अभिमानवृत्ति का अनुभव करते हैं जो रस है। यह रस शृंगार है। किन्तु अन्य विभावादि की अवस्थाओं में अभिमानवृत्ति से रति, शोक, भय, क्रोध आदि अनेक 'भाव' (स्थायीभाव) आदि भी प्रकट होते हैं जिन्हें **तथाकथित** रस-रूप में अनुभव किया जाता है। स्पष्ट है कि भोज अन्य स्थायीभावों को केवल 'भाव' मानते हैं तथा अन्य रसों को भी भाव ही मानते हैं जिन्हें औपचारिक रूप से 'रस' का नाम दे दिया गया है। किन्तु उनके अनुसार वास्तविक स्थायी भाव अहंकार है जिसका अभिमानवृत्ति से अनुभव आनंदमय रस है। अन्य रसों को वे 'भावमय रस' जैसा मानते हैं। इस तरह उन्होंने एक विराट् अहंकार तथा एकमात्र शृंगार के महारस की कल्पना की जिसमें अन्य स्थायीभाव तथा रस दोनों ही भावमात्र ही हैं। उनके इस शृंगार-महारस में शेष रस संचारीभाव जैसे हैं, वैसे ही जैसा कि उनका सामंतवर्ग। इस तरह महासाम्राज्य की धारणा रखने वाले भोज ने रससूत्र का विभावादि क्रम तथा संयोग संशोधित कर डाला क्योंकि देश के रंगमंच पर छोटे-छोटे सामंत भी सम्राट् हो जाते थे, तथा अभिमानी नरपति सभी अन्य गुणों को रौंद देते थे। अतः ऐश्वर्य, काम और अभिमान ही मिलकर शृंगार महारस हो गया। हम इसे जुंग के 'लिबीडो' के रूप में भी समझ सकते हैं जोकि संपूर्ण जीवनऊर्जा है, जोकि अंतर्मुखी (अहं) तथा बहिर्मुखी (इदं) दोनों है। इस तरह भोज ने रससूत्र का सारांशीकरण यों कर दिया :

"अवर्गीकृत भावों अर्थात् विभाव, अनुभाव, संचारी आदि भेदों में न बंधने वाले भावों से प्रकाशित होकर सात्त्विक अहंकार या अभिमान ही केवल

मात्र श्रृंगाररस है।" इसमें भरत के सूत्र का परार्ध ही स्वीकार किया गया है; विभावादि के पूर्वार्ध को नहीं।

अतिरसात्मक श्रृंगाररस का एक दूसरा पक्ष भी है : भक्तिरसामृत 'उज्ज्वलरस'। हम यहाँ केवल इसकी सौंदर्यदार्शनिक भूमिकाओं का संकेत करेंगे।

अभिनवगुप्त ने पहले ही चर्वणारूप व्यापार को **महारस** कहा था। उन्होंने भरत की व्याख्या करते हुए यह भी उद्‌भावना की। पुरुषार्थचतुष्टय के आधार पर उन्होंने नौ वासनारूप संस्कारों को रस होने में सक्षम बताया था और शेष को भाव मात्र कहा था। इन उद्‌भावनाओं का इस्तेमाल भोज और भक्तिवादी सौंदर्यबोध-शास्त्रियों, दोनों ने किया। वैष्णव विचारधारा सांख्याद्वैत का उत्कर्ष है। इसके समानांतर शैव एवं शाक्त उपासनाधारा भी चली। इन उपधाराओं में शिव और शक्ति, प्रभु और भक्त, पुरुष और प्रकृति, अवतार और लीला, हर और गौरी, रस और रति, पारद और अभ्रक, कृष्ण और राधा, ब्रह्म और माया, नाद और बिंदु आदि के ऐसे कई काम, धर्म एवं मोक्षपरक मध्यकालीन मिथुनों (युगलों) का विपुल ऐश्वर्य छा गया। इनके केंद्र में काम था और धर्म तथा अध्यात्म की सहजाति। अतः यह मूलधारा भी श्रृंगार को केंद्र में प्रतिष्ठित करती है। विशेष रूप से वैष्णव दृष्टिकोण में श्रृंगार के भक्तिपरक रूपांतर का नाम "उज्ज्वल रस" पड़ा है। वास्तव में भरत ने अपने रसाध्याय में रस को 'उज्ज्वल' विशेषण भी दिया था। अतएव वैष्णव सौंदर्यबोधशास्त्र ने 'उज्ज्वल रस' की स्थापना की जो अभिनवगुप्त की भावधारा का एक अन्य विलक्षण प्रसुमन प्रतीत हुआ। एक और रहस्यवादी पलायन हुआ। श्रृंगार रस इसी जगत् को कलामाध्यम से ग्रहण करने के कारण अलौकिक रस की चर्वणा कराता है, लेकिन उज्ज्वल रस अलौकिक जगत् को कलामाध्यम से ग्रहण करने के कारण पारलौकिक चर्वणा करता है जहां स्वयं प्रभु (न कि पात्र या नट) ही विभाव हो जाते हैं। ऐसे पारलौकिक उज्ज्वल रस का चर्वण करने वाला व्यक्ति सहृदय, सामाजिक, सुमनस्, रसिक आदि की अपेक्षा "प्रभुभक्त" है। अतः अब प्रभुभक्त की साधना एवं सिद्धि के अनुसार मध्यकालीन भक्त के सौंदर्याध्यात्मिक व्यक्तित्व की धारणा विकसित हुई। यह भोजकृत सामंत की अहंकारैश्वर्यात्मक व्यक्तित्व की धारणा के ठीक विपरीत है। ये दोनों ही बड़े महत्त्वपूर्ण समाजशास्त्रीय परिणाम हैं।

यती भक्तगण पुरुषार्थ-चतुष्टय पर भी कम यक़ीन करते थे क्योंकि वे जगत् एवं यथार्थता से सर्वाधिक आत्मपरायीकृत (self-alienated) तथा अमूर्त्ततः आत्मरत (narcissist) हो चुके थे। अतः उन्होंने केवल जगत् तथा यथार्थता के प्रपंचों से मुक्ति को ही परम लक्ष्य माना अर्थात् विशुद्धभाव को

ही अंतर्यामी समझा । फलतः अब आत्मपरायापन मात्र सूक्ष्म निषेधों की सत्ता हो गया । अतः भक्तरसिक का अन्तःकरण भोग्य जगत् के वासनारूप संस्कारों तथा स्मृतियों के भावरूपों में प्रतिबिंबित नहीं हुआ । यहाँ 'निर्मलमनोमुकुर' के बजाय भक्त के 'उज्ज्वल आत्ममुकुर' की धारणा पेश हुई जो जगत् का प्रतिबिंब नहीं ग्रहण करती, बल्कि केवल भगवत् आकारता ही ग्रहण करती है । अतः मधुसूदन सरस्वती ने "भक्तिरसराट्" की धारणा पेश की । वैष्णव धर्मसंप्रदाय ने भक्तिरस के पाँच भेद माने : शांत, दास्य या प्रीति, सख्य या प्रेयस्, वात्सल्य, तथा माधुर्य या उज्ज्वल । ये भेद मध्यकालीन सामाजिक व्यवस्था (social order) तथा भव्य नैतिक संबंधों (moral relationships) के प्रतीकात्मक उदात्तीकरण हैं । इन रसों के अनेकानेक भेदोपभेदों तथा स्थायीभावों को 'रति' के अंतर्गत ही समाहित कर लिया गया । इस तरह यहां भी **रति** एक युगलभावक आध्यात्मिक ऊर्जा जैसी स्वीकार की गई ।

ऐसे परिवेश में शिव और शक्ति के साथ-साथ कृष्ण और राधा का युगल भी विकसित हुआ। शिव और शक्ति के मिथकीय युगल का उपयोग अभिनवगुप्त के बाद मिथुनरूप में शिल्पकला तथा तंत्र में हुआ; और कृष्ण तथा राधा के मिथकरोमांटिक युगल का उपयोग काव्य तथा चित्रकला में हुआ । किन्तु दोनों ही 'नटरूप' रहे—एक नटराज (शिव) और दूसरा नटनागर (कृष्ण) । दोनों ही सर्वोच्च मध्यकालीन प्रतीक बने। मध्यकालीन भारत के जीवन में नियति का 'नटीरूप' तथा ब्रह्म या शिव या ईश्वर का 'नटरूप' ; और मानवीय कार्यों का 'लीलारूप' ही अंतिम सत्य हो चुका था । वैष्णव तथा शैव दृष्टियों में इसी तीन अंशों वाले विश्वास को सांस्कृतिक पैटर्नों तथा कलात्मक सृजन में बारंबार प्रकट किया गया । अतः पौराणिक मिथकों का एक अमृतसिंधु छलक पड़ा और प्रेम की मधुर नीलमणियाँ अवचेतन की फान्तासियाँ बिखेरने लगीं । मिथकीय तथा आकांक्षित कल्पना में मध्यकालीन मानस् की कुतूहलभरी उड़ानों का यह एक महाभागवत है । रूपगोस्वामी कृत 'हरिभक्ति रसामृतसिंधु' और 'उज्ज्वलनीलमणि' इस तथ्य के प्रमाण हैं । 'उज्ज्वलनीलमणि' तो नायक-नायिकाओं शृंगार, वेशभूषा, सज्जा, रंगों, रागों, भावों आदि का एक संदर्भात्मक वैष्णव शृंगारग्रंथ-सा बन गया है । इसमें कृष्ण-राधा आलंबन तथा मधुरा रति स्थायी है । भरत के नाट्यशास्त्र के बाद यह दूसरा सशक्त सौंदर्यतात्त्विक संदर्भ-ग्रंथ है ।

इसके कारण स्पष्ट हैं । इनमें से कुछ को हम मध्यकाल के परिवेश के अंतर्गत स्पष्ट कर चुके हैं । मध्यकाल के इस प्रखंड (६००-१२०० ई० प०) में 'शक्ति' की प्रधानता रही ; और बौद्ध, शैव एवं ब्राह्मण (वैष्णव) धर्मों का मेल भी हुआ है । इस काल की मूर्त्तियों में तो यह विशेष रूप से द्रष्टव्य है ।

इनमें शक्ति का प्रवाह 'मिथुन प्रतीक' के माध्यम से संप्रेषित हुआ है। वात्स्यायन के कामसूत्रीय चौंसठ आसनों तथा रूपगोस्वामी के साधनभक्ति की प्रेमारूप रति को चौंसठ अवस्थाओं (अंगों) का अद्भुत मेल हुआ। दोनों में ही भक्त 'शक्ति' या 'राधा' का संदर्शन करके उसके साथ तादात्म्य करता है तथा 'तद्रूप' तक हो जाता है। अभिनवगुप्त तो प्रतीतिविश्रांति के आगे शांत रस की ओर चले गए थे, किन्तु यह धारा मधुररस के 'अमृतसिंधु' को पीती है। इस धारा में शक्ति प्रधानतः अव्यक्त है, तथा यौनपरक एवं आध्यात्मिक ऊर्जा है। अतः इस मध्यकाल खड की ये मूर्तियाँ और काव्य केवल 'कला' ही नहीं हैं बल्कि 'यंत्र' भी हैं अर्थात् सिद्धियों के जादुई प्रतीक। अतः भक्तरसिक भी सिद्धसाधक (दे० रूपगोस्वामी) अथवा सहजसाधक (दे० सरहपाद) हो गया। अतः इनका रसानुभव भी एकाग्रता (ध्यान) के सिवाय 'सिद्धि' से पूर्ण होना माना गया। अतः चमत्कार के तत्त्व का खुल्लमखुल्ला रहस्यवाद में पर्यवसान करने की दिशा खुल गई। 'शक्ति' मुक्त भी है और युग्म भी; तथा यह और नयी शक्ति की भी सृष्टि करती है। खजुराहो तथा भुवनेश्वर में शिव तथा पार्वती की मिथुन मूर्त्तियाँ पुरुष एवं शक्ति तत्त्व के सामरस्य की पूर्णावस्था का प्रतीक मानी गई हैं (—स्टेला क्रेम्रिश : "Indian Sculpture" p.15 Philadelphia, 1950)। अतः यह यौनपरकता (sexuality) का आध्यात्मिक रूपांतर है जो शिव एवं शक्ति के, अथवा 'कृष्ण' एवं राधा के (आलंबनवत्) ब्रह्मरूप मिलन में उन्मिषित कर दिया गया है। मध्यकाल में ऐंद्रियिक भोग को भी योग में उपचित करने का यह एक गूढ़ प्रक्षेपण है। इसमें धार्मिक, कामुक तथा सौंदर्यबोधात्मक तीनों प्रकार के अनुभवों का ऐक्य हुआ है। मूल परंपरा के अंतर्गत ही हमने उपर्युक्त कार्य किया है और आधुनिक धारणाओं के द्वारा इनकी व्याख्या की है। इस तरह रस में योगभोग के अद्वैत पर नया बल दिया जाना, रस की 'सिद्धि' होना, रस में मिथुनत्व होना, इत्यादि इस कालखण्ड की विशिष्ट आध्यात्मिक जीवनदृष्टियाँ हैं। इनसे शैवशाक्त आनंदवाद और महासुखवाद, तथा वैष्णव सौंदर्यबोधात्मक रति एवं भक्ति रूपान्तरित हुई हैं। इस कालखंड की सौंदर्यतात्त्विक मनोवृत्ति (aesthetic attitude) प्रभुसंमत तथा कान्तासमित बोधों का अखंडैक व्यापार हो गई। इस धारा में तीन आधार प्रतिष्ठित हुए : **प्रभु** (कृष्ण, शिव, हरि), **रमणी** (शक्ति, भक्ति, राधा, पार्वती), तथा **योगी** (भक्त, साधक, सिद्ध, संबंधी आदि)। अस्तु।

(कालप्रवाह में हम काफी आगे आ गये हैं। अतः पुनः लौटकर ग्यारहवीं-बारहवीं शती के मध्यकाल में पहुँचते हैं।)

आनंदवर्धन ने शब्दों के वैयक्तिक (अनुमेय) तथा परोक्ष (व्यंजित) अर्थों के प्रति भी जागरूक किया था। उन्होंने भामह से लेकर रुद्रट एवं उद्भट तक

की काव्यदेहवादी परंपरा की रसवृत्त में ध्वनिवादी व्याख्या की । इसलिए उन्होंने रस को काव्य की 'आत्मा' कहा । यह अर्थों के अगले चरण अर्थात् अनुभव को साम्यरूपकात्मक ढंग से (analogically) कहने की चिरप्रिय मध्य-कालीन तर्क-विधि है । काव्य की धारणा में उन्होंने काव्यगत् 'औचित्य' की भूमि पर 'ध्वनि' तथा 'रस' का कान्तसंयोग किया । अभिनव-गुप्त ने काव्य में इसी की रस-ध्वनि-औचित्यपरक, एवं कवि-काव्य-सहृदय-परक अर्थात् त्रयनुक एकता क़ायम की । उन्होंने आनंदवर्धन के पार्थक्य वाले द्वित्वों को द्वंद्वात्मक त्रित्वों में परिवर्त्तित करके अनंत तथा असीमितरूप 'शक्ति' को गतिमान कर दिया । सूत्ररूप में उनकी युगांतरकारी देन को इसी तरह कहा जा सकता है । लेकिन अभिनवगुप्त शैवाद्वैतवादी दार्शनिक भी थे जो 'परमशिवतत्त्व' को ही अंतिम उत्कर्ष मानते हैं, शिव को प्रकाशविमर्श रूप मानते हैं, तथा वीतविघ्नप्रतीति की संविद्विश्रांति को परम चेतन दशा मानते हैं । यह सही है कि वे माया की वास्तविक तथा शिव की एक अधीन शक्ति भी मानते हैं । किन्तु उनके उक्त अद्वैतवादी दृष्टिकोण में ही ब्रह्मन्, आनंद, तुरीयावस्था के चैतन्य आदि की धारणाएँ निहित हैं । इनका उपयोग विश्वनाथ तथा मधुसूदन सरस्वती एवं रूपगोस्वामी आदि ने किया । दार्शनिक दृष्टि से दक्षिण के वैष्णव आचार्यों ने शांकर अद्वैत के विरोध के लिए संभवत: शैवाद्वैत के आदर्शात्मक यथार्थवाद से संकेत पाये हों । किन्तु रससूत्र के संदर्भ में हम पंडितराज जगन्नाथ (सत्रहवीं शती का पूर्वार्ध) को ही पाते हैं जिन्होंने शांकर वेदांत के आधार पर रससूत्र तथा रसस्वभाव की व्याख्या की ।

८. पंडितराज जगन्नाथ : निर्विकल्पवादी दर्शन के रूप में कलाप्रज्ञोद्घाटन

(Art-revelation as the Absolutist Philosophy)

व्यापक रूप में पंडितराज जगन्नाथ (सत्रहवीं शती का पूर्वार्ध) भी भरत के रससूत्र के चौथे व्याख्याता माने जा सकते हैं।

पंडितराज जगन्नाथ मुगल शाहंशाह शाहजहाँ (१६२७-१६५८) के एक विद्वान् मंसबदार थे और वेदान्तप्रेमी सूफ़ी शाहज़ादा दाराशिकोह के प्रियपात्र तथा मित्र थे। प्रतिभाशाली संस्कृतज्ञ बुद्धिजीवियों की मध्यकालीन परम्परा में मानों वे आखिरी जगमगाते निर्वाण-दीप थे। वे एक ऐसे युग में हुए थे जब भारत की सामंतीय संस्कृति का फारसीकरण हो रहा था, और लोकसंस्कृति का अलंकृतिकरण। उनके युग में इस्लामी तथा हिन्दू दो महान् संस्कृतियों का संगम और अधिक प्रगाढ़ होकर 'हिन्दुस्तानी संस्कृति' के नये रूप में ढल रहा था। शाहजहां के काल तक नागरिक व्यवस्था ने मुगल साम्राज्य को कमजोर नहीं बनाया था। अतः इसका असर कलाकारों और बुद्धिजीवियों पर पड़ा। फ़ारसी दरबार की भाषा थी। विशुद्ध फारसी शैली के अलावा अबुल फज़ल की कलम एक परिनिष्ठित तथा ललित भारतीय फारसी भाषा की उद्भावना कर चुकी थी और मुगल एवं राजपूत दरबारों में प्रिय थी। शाहजहां के दरबार में फ़ारस से शायरों के आगमन का सिलसिला शुरू हुआ किन्तु उनमें से अधिकांश घटिया थे। फैज़ी के बाद अब्दुल तालिब कलीम को शायरे आज़म का खिताब मिला। अन्य कवियों में क़ुदसी, काशी, शाएब, सलीम, मसीह, रफी, फारुक़, मुनीर, शैदा, ब्रहमन, हाज़िक, खियाली, दिलीरी, माहिर आदि थे। कुछ हिन्दी कवि भी दरबार से संबद्ध थे। इनमें से 'सुन्दर श्रृंगार' जैसा काव्यशास्त्रीय ग्रंथ तथा 'बारहमासा' लिखने वाले सुन्दरदास; 'छन्दविचार' 'काव्य प्रकाश' 'काव्यविवेक' तथा 'कविकुलकल्पतरु' लिखने वाले चिंतामणि, तथा 'कवीन्द्रकल्पलता' लिखने वाले कवीन्द्र आचार्य प्रमुख थे। अंतिम ग्रंथ शाहजहां की प्रशस्ति है। अब्दुल हमीद लाहौरी नामक दरबारी इतिहासकार के अनुसार जगन्नाथ नामक एक सर्वोत्तम संगीतज्ञ था जो शाहजहां का बेहद प्रिय था। उसे 'महाकविराय' का खिताब भी मिला था।[1] इस काल में चार विश्वकोशों का भी निर्माण हुआ था जो शाहजहां को समर्पित किये गए : अमानुल्लाकृत 'चहार अंसार दानिश', मुहम्मद सादिक कृत 'शाहिद-ए-सादिक' तथा अब्दुर रशीद ततवी कृत

---

१. डा० बनारसी प्रसाद सक्सेना द्वारा "History of Shahjahan of Dilhi" में उद्धृत पृ० 268.

(Pub., Central Book Depot, Allahabad, 1958)

'मुन्तखाब-उल-लग़ात-ए-शाहजहाँनी' एवं 'फरंग-ए-रशीदी' आदि। स्वयं दाराशिकोह ने भी उपनिषद्, गीता तथा योग-वशिष्ठ का फारसी अनुवाद किया। सारांश में, दरबार में कलात्मक और धार्मिक क्रियात्मकता बुलन्दी पर थी। शाहजहां के शासन काल में सर टामस रो, टामस हर्बर्ट, मांडेल्स्लो, मेनरीक़ रिचार्ड बेल, बर्नियर, टेर्वानियर आदि विदेशी सैलानी भी आए थे।

नागरिक प्रशासन की मजबूती की वजह से मध्यकालीन संस्कृति के धर्म, काव्य तथा कला जैसे प्रधान क्षेत्रों में तरक्की हुई। जहांगीर के शासनकाल में चित्रकला को सबसे ऊंचा दर्जा मिला था; और शाहजहां के शासनकाल में वास्तुकला की प्रधानता हुई। उनके शासनकाल में अराजकता की हवा तेज नहीं थी लेकिन शाहजहां और सूबेदारों, राजाओं, रावों के बीच यह जरूर मौजूद थी। शाहंशाह तथा विद्रोही सामंत के बीच संघर्ष छिड़ना मानों आम रिवाज़ थे। लेकिन इनसे परम्परागत संस्कृति छिन्न भिन्न नहीं हो सकी; अलबत्ता कवि और कलाकार लोग दारुल हुकूमत दिल्ली में पहुँचने लगे और शानदार स्वागत तथा पनाह पाने लगे। सांस्कृतिक परिवर्तन बेहद धीमा था। भारतीय कलाकारों में मौलिकता एवं नवलता की साख नहीं थी। उस समय के भारतीय भी अपने बुद्धिजीवी के बाबत एक विभिन्न धारणा रखते थे। यदि पहले उसका योगी रूप श्रेयस् था तो अब भक्तरूप परिणति माना गया। नये ज्ञान के संचय के बजाय सर्वोच्च धार्मिक उपासना की सिद्धि की बजह से ही वह अंततोगत्वा सम्मानित होता था। इसका असर इहलौकिक तथा मौलिक कला रचनाओं पर पड़ा। सूफी, वेदान्त या सगुण, तीनों प्रकार की साधनाओं के कारण एक ओर इस्लामी-हिन्दू संस्कृतियों का संगम हुआ, तो दूसरी ओर समाज पर रहस्यवाद (mysticism) का एक छत्र अधिशासन हो गया। ऐसी हालत में 'नमिल' एवं 'अवनमिल' के बीच विभाजक रेखा खींचना बेहद मुश्किल हो जाया करता है। हिन्दुओं के अमर आत्मा के आवागमन के सिद्धान्त ने एक और तो काल के (फलतः इतिहास के) बोध को खत्म करके केवल अनंतता (eternity) को चरम लक्ष्य घोषित किया तथा दूसरी ओर करोड़ों अन्धविश्वासों के जाल को बुना। अतएव स्थान (space) का उदात्तीकरण और कालतीत असीम (timeless Infinite) की खोज ही समग्र मध्यकालीन चिंतन की कुंजी तथा केन्द्रीय दिशा हो गई। भारतीय चिंतन रहस्यात्मक (mystical) था, इसकी तुलना में इस्लामी चिंतन पैगम्बरी (prophetical)। रहस्यवाद जीवन की पस्तहिम्मतो में डूबे जीवन को इहलौकिक उन्मेष नहीं दे पाता, और असीम एवं कालातीत के सम्मुख पूर्ण समर्पण के उपरान्त एक 'अलौकिक' आनन्द को ही मोक्ष मानता है। इसकी तुलना में पैगम्बरवाद

में जिजीविषा की उद्दाम लालसा होती है जिसमें जीवन एवं जगत के प्रति बेहद प्यार होता है। रहस्यवाद की परिणति निष्क्रियता एवं शांति के मूल्यों में, तथा पैगम्बरवाद की परिणति सक्रियता एवं संघर्ष में होती है। मध्यकालीन हिन्दू भारत की यथार्थवादी धारा में अलबत्ता पैगम्बरी जैसा जगत-जीवन का एक आग्रह था। लेकिन कुल मिलाकर भारतीय मनीषा अतीत तथा भविष्य के प्रति संवेदनशील न होकर केवल वर्तमान को एक 'अमर कालातीतता' में ही उदात्तीकृत करने को व्याकुल रही है। इसीलिये रहस्यवाद तर्कपूर्ण 'धारणाओं' के बजाय अनुभूत दशाओं या 'तत्त्वों' की चर्चा करता है, तर्क और आस्था के द्वंद्व में-से आस्था को आर्ष मानता है, और अपने रहस्यात्मक अनुभवों को बताने के बजाय उनकी स्वयंसिद्धि की बातें करता है। इस भूमिका पर—जब देश का फ़ारसीकरण होता जा रहा था और रहस्यवाद तथा पैगम्बरवाद का संगम भी हो रहा था—सभाचतुर पंडितराज में वेदांत की प्रतिष्ठा स्वाभाविक थी। एक 'ईश्वर' के रूप में पंडितराज जगन्नाथ ने दिल्ली, सम्राट् शाहजहाँ को 'दिल्लीश्वर' तथा 'जगदीश्वर' घोषित किया। वेदांत में 'ईश्वर' की धारणा के विशेष प्रयोजन हैं। जगन्नाथ ने हिन्दू-मुसलमान के भेद को कतई नामंजूर किया और एक मुसलमान कुरंगी रमणी से शादी की। इस्लामी तथा मोग़ल सांस्कृतिक समस्याओं से जुड़ी हुई अभिरुचि (taste) की क्रांति को बेशक उन्होंने समझा। उन्होंने हिन्दुओं की वर्णाश्रम-व्यवस्था को टूटते हुए, तथा उनकी सगुणावतारोद्धारित जगत् की धारणा को झूठा सिद्ध होते हुए देखा। ये दो निर्भ्रान्तियाँ (disillusionments) उनके लिये बहुत बड़ा सबक़ साबित हुईं। कभी-कभी कुछ हिन्दू-सम्राटों में परायापन (alienation) अक्सर कम होता था, लेकिन मज़हबी शाहजहाँ के समय में सामंतों एवं जनता के बीच का परायापन भयंकर हो गया था अर्थात् दरबारी-संस्कृति और लोक-संस्कृति चावल तथा तिल की भाँति छिटक गईं थीं।

अतएव हम जानते हैं कि पंडितराज जगन्नाथ एक ऐसी दरबारी संस्कृति में पल्लवित-पुष्पित हुए थे जहाँ दो संस्कृतियों का संगम हो रहा है, दरबार में अबुलफ़ज़ल की परिनिष्ठित भारतीय फारसी तथा कवीन्द्र आचार्य की ब्रजभाषा का ऐश्वर्य छिटक रहा था, तथा इस्लाम का निर्गुण एकेश्वरवाद एवं सूफ़ीमत की आध्यात्मिक प्रणयभावना विद्वत्ता के क्षेत्र में दाखिल हो चुकी थी। पंडितराज जगन्नाथ को बूढ़े भारत की पूरी सांस्कृतिक एवं दार्शनिक विरासत हस्तामलकवत् थी। व्यक्तिगत जीवन में वे परमरसिक, प्रचंडतार्किक, प्रबलआत्मसम्मानी तथा रूढ़िभंजक थे। एक ओर उन्होंने एक कुरंगी मुसलमान रमणी से अन्तर्जातीय विवाह किया तो दूसरी ओर अप्पय एवं भट्टोजि जैसे प्राचीनतावादी विद्वानों से जबर्दस्त मुकाबला किया। ज़ाहिर है कि वे इस्लामी ऐकेश्वर-

वाद, वेदांत तथा नव्यन्याय से खूब प्रभावित थे, लेकिन उनपर लोकजीवन को आंदोलित करने वाले पूर्ववर्ती सगुणभक्ति-आन्दोलन का कोई खास असर नहीं पड़ा, और न ही रीतिकालीन आलंकारिकों के बनावटी आडम्बरों का असर पड़ा। हाँ, काव्यशास्त्रीय ग्रंथों, विश्वकोषों, अबुलफज़्ल की फारसी शैली से अनुवर्धित होकर उन्होंने भी "रसगंगाधर" का प्रणयन किया। उनके काल में ही ब्रजभाषा संस्कृत-साहित्य के सर्वोत्तम की अनुकृति करके अपने प्रकर्ष पर थी; तथा कविगण घनाक्षरी छंद में पदांतानुप्रास करने में सिद्ध हो चुके थे। अतः कहा जा सकता है कि वेदांतसिद्ध 'शब्द' तथा अलंकार-रीतिसिद्ध 'चमत्कार' पर बल देने की प्रेरणा उन्हें तत्समकाल से भी मिली होगी। पंडितराज जगन्नाथ के सामने मौका था कि वे अपने युग के समसामयिक बोध को ग्रहण करते और उस युग की वैष्णव-निर्गुण-सूफ़ी धाराओं का बौद्धिक संगम कराते। लेकिन वे मौका चूक गए। ऐसा प्रतीत होता है कि वे आत्मगौरव तथा आत्मगर्वपरक त्रासद आत्मरति (tragic Narcissism) की ग्रन्थि से बिंधे थे। दरबारी तहज़ीब में पुष्पित, ऐश्वर्यभोगी, दिल्ली शहर के नागरिक, दिल्लीश्वर को जगदीश्वर बताने वाले तथा लोकजीवन की भयानक वास्तविकताओं से परायीकृत (alienated) होकर पंडितराज दर्शन की सूक्ष्म अवधारणाओं (abstract conceptions) से क्रीड़ा करने वाले महज एक प्रतिभाशाली तार्किक बने रह गए। सो, संस्कृत-सौंदर्यबोधशास्त्रीय परम्परा में उन-सा तार्किक और कोई दूजा है ही नहीं। बौद्धिक खंडनमंडन, ऐश्वर्य और अहंकार, रमणीयार्थक भोग तथा हिरण्यगर्भ का वैभवादि ही उनके रूपकात्मक अभिप्रेत रहे। वे तथाकथित तर्कशील शांकर वेदांत के बुद्धिवादी पुनरुद्धार के लिये कटिबद्ध रहे, जबकि बारहवीं शताब्दी से आचार्यों की परम्परा के सामने महत्तम चुनौती यही थी कि शांकर 'माया' से कैसे निपटा जाय। उनके पहले हर-मन-प्यारे कबीर, तुलसी, जायसी, रैदास जैसे लोकसांस्कृतिक नेता अन्तर्विरोधों को उद्घाटित कर चुके थे, यद्यपि इनका पूरा व्यावहारिक निराकरण वे नहीं कर सके। आदर्श वर्णाश्रम-व्यवस्था तथा सगुणावतारोद्धारित विश्व के स्वप्न देखते-देखते चकनाचूर हो चुके थे; तर्क के बजाय भक्ति की प्रभुता ने एक नये प्रकार का भावावेशपूर्ण उन्मेष फैला दिया था जिसके अंतर्गत जगत्, काल और मृत्यु का बोध तिरोहित होकर 'भगवत्करुणा' (grace) तथा 'आनन्द' (bliss) का रहस्यात्मक लोक प्राप्त होता था। पंडितराज ने स्वयं को सगुणभक्ति परम्परा से अलग रखा और, इसके साथ ही, वे लोकजीवनधारा से भी कट गए। अतः वेदांत, बौद्धिकता तथा आत्मरति की त्रासदी ने उनके दुरूह मानस की संरचना की। अतः शंकराचार्य, सरहपाद और सामंत—इन तीनों के लोक-बोधों के परिपाक से उन्होंने क्रमशः 'ब्रह्मास्वाद', 'रमणीयता' तथा 'सौंदर्य-

चमत्कार' का एक विचित्र प्रबोध प्राप्त किया। इन्हीं लोकबोधों से संचालित होकर उन्होंने "रसगंगाधर" की रचना की जिसमें वेदांत के आधार पर नव्य-न्याय की शैली में भरत के लोकरस की निष्पत्ति की यौगिक व्याख्या हुई है।

पंडितराज जगन्नाथ की उद्भावनाओं का विवेचन करने से पहले हम संक्षेप में वेदांत एवं योग की प्रासंगिक धारणाओं का निरूपण करेंगे :

अद्वैत वेदांत के भी कई भेद हैं। अभिनवगुप्त के प्रसंग में हम काश्मीरीय शैवाद्वैतवाद का विश्लेषण कर चुके हैं। वेदांत एक ओर 'योग' से, तथा तथा दूसरी ओर 'सांख्य' से भी संबद्ध किया जा सकता है। हम यह बता चुके हैं कि सांख्य के 'पुरुषार्थ' और शैवप्रत्यभिज्ञा के 'ईश्वर तत्त्व' में फर्क है; तथा शैवाद्वैत के 'ईश्वर' और वेदांत-योग के 'ईश्वर' एवं 'ऐश्वर्य' में भी उतना ही अन्तर है। शैवाद्वैत में 'माया' को स्वतन्त्र न मानकर परमशिव की एक शक्ति तथा मिथ्या न मानकर यथार्थ माना गया है, जबकि शांकर-वेदांत में माया ब्रह्म से स्वतन्त्र, तथा मिथ्या है। यही नहीं; वेदांतियों ने सांख्यिकों के 'प्रकृतिकारणवाद' के बजाय 'ब्रह्मकारणवाद' की प्रतिष्ठा करके तर्क (reason) बनाम श्रद्धा (faith) के सुदीर्घ मध्ययुगीन विवाद को लगभग समाप्तप्राय करके श्रद्धा का परमप्रेयान अभिषेक कर दिया। फलतः भौतिक एवं सामाजिक विज्ञानों की जगह योगियों की चमत्कारिक ऋद्धियाँ-सिद्धियाँ तथा जागृति के बजाय तुरीयावस्था के अनुभव ही अंतिम सत्य हो गए। भारत का धार्मिक अनुभव एकान्ततः रहस्यात्मक (mystical) हो गया। यूं भी भारतीय-मनस् को अतीत या भविष्य का ऐतिहासिक बोध नहीं था; और वेदांत की श्रद्धा, तुरीयावस्था तथा माया की धारणाओं ने तो वर्त्तमान क्षणों का भी उदात्तीकरण करके शाश्वत् कालविहीनता (immortal Timelessness) को ही श्रेय बना दिया। अतः इसके बाद का भारतीय चिंतन तथा सौंदर्यतत्त्व, दोनों ही 'काल के प्रवाह को स्थगित करने' को व्याकुल रहे अर्थात् वे उपलब्धि, विकास, संवर्धन और प्रगति की लौकिक धारणाओं के खिलाफ़ जीवन, चिंतन, कामना, कार्य और यंत्रणा के पूर्व की एक गूढ़ आदिम अवस्था (primal state) में लौटने को व्याकुल रहे। अतएव जो भी सब परिवर्तनशील था, वह मिथ्या मान लिया गया। अब अंतिम लक्ष्य ही हो गया - मोक्ष या कैवल्य अर्थात् मृत्यु से मुक्ति। काल के स्थगन के बाद का दूसरा चरण तो यही होता है। इस करिश्मे को प्राप्त करने के लिये एक अबनर्मिल (Abnormal) दशा भी लाज़िमी थी। अस्तु योगी की समाधि प्रमाण मानी गई। योगी की ऐतिहासिक प्रतिष्ठा का मूल यही है क्योंकि योग वस्तुतः रहस्यवाद की ही एक व्यवस्थित आयोजना है। इसी वजह से भारतीय मस्तिष्क द्वंद्वात्मक इतिहास की जागरूकता खो बैठा, और रहस्यात्मक धर्म की वजह से दिक् (space) को

(बैकुंठ, ब्रह्मलोक, परलोक, आदि में) उदात्तीकृत करके एक 'कालातीत अनंत' (timeless Infinite) की ओर बेतहाशा भटकता चला गया। सांख्य-मीमांसा-न्याय-लोकायत की धारा से इस १८०° के मोड़ को हम सम्पूर्ण भारतीय संस्कृति की महत्तम त्रासदी मानते हैं जिसने एक भारतीय बुद्धिजीवी तथा साधारणजन को जगत् तथा जीवन दोनों से सूक्ष्मरूप में परायीकृत (self-alieanted) कर डाला। समग्र भारतीय चिंतन का लक्ष्य ही एक हो गया : '**काल**' का स्थगन; और '**मृत्यु**' से मुक्ति। क्रमशः 'ब्रह्म' और 'आनन्द' की धारणाएँ तो इसी लक्ष्य का परिणाम हैं जो सभी क्षेत्रों में स्वरूपित हुईं।

शांकर वेदांत में आत्मन् की संकल्प (will) **से परे** विश्रान्ति 'ब्रह्म' है; और विशुद्ध संकल्प **में** विश्रांति 'ईश्वर' है। इनमें-से दूसरी हीगेल संमत निर्विकल्प विचार (Absolute Idea) से तुलनीय है, तथा आत्मन् कांट-संमत समन्वयात्मक एकता से। संकल्प के परे 'चैतन्य' की स्थिति मानी गई। इसके ज्ञान में 'स्वयंप्रकाशत्व' है। हम जानते हैं कि शंकर के समकालीन कुमारिल भी ज्ञान को स्वयंप्रकाश मानते हैं लेकिन शंकर का यह ज्ञान 'नित्य' (eternal) भी है; और इसका लक्ष्य सत्य के बजाय '**मोक्ष**' है। इस तरह शांकर ज्ञान एक 'मोक्षलक्षित-नित्य-स्वयंप्रकाश्यज्ञान' है और चैतन्य रूप है और ब्रह्मज्ञान है क्योंकि ब्रह्म भी चैतन्य रूप है। इसका यही एकतान समीकरण है। इसकी उपलब्धि नर्मिल (normal) जागृत अवस्था में न होकर ऐंद्रियिक बोधों से विहीन, स्वप्नों से विरहित (सुषुप्ति) एक अभेद चेतनावस्था अर्थात् 'तुरीया' या समाधि में होती है। इस तरह शांकर वेदांत ने अनचेतना को असीम पराचेतना के रूप में स्वीकार किया और केवल इसे ही चैतन्यरूप माना। इसीलिए सौंदर्यतात्त्विक पक्ष भी रहस्यात्मक भूमि में विलीन हो गया। इस तरह जागृति, स्वप्न तथा सुषुप्ति के बाद तुरीयावस्था के रूप में मस्तिष्क के एक नये 'ऐस्थेटिक' आयाम के अन्वेषण का दावा इस मध्ययुगीन रहस्यवाद ने किया; और हम इसी दावे का खंडन करेंगे क्योंकि इसके मुताबिक तो तुरीया या समाधि से निचले सुषुप्ति, स्वप्न एवं जागृति के स्तर पर की जो चेतनाएँ हैं वे सब 'अविद्या' अर्थात् भ्रांतियाँ (illusions) हैं। अतः हम सहजरूप से मनोविज्ञान के क्षेत्र में जाने को प्रस्तुत हो जाते हैं।

उपर्युक्त भूमिका पर अब हम अपनी मीमांसा शुरू कर सकते हैं।

शंकर ने सांख्य का चाहे जितना खंडन किया हो उनका वेदांत सांख्य के रचनागठन (structure) के कई घटकों को स्वीकार करता है। इसी तरह हम शुरू में ही यहाँ यह बिल्कुल स्पष्ट कर देना चाहते हैं कि काश्मीर में स्पंदवादी वसुगुप्त तथा प्रत्यभिज्ञावादी अभिनवगुप्त ने अद्वैत दर्शन से ही अनुप्रेरित होकर शैवागमों के शिव को उपनिषदों के ब्रह्म के समान, पुरुष को

वेदांती ईश्वर के समान, तथा जीव को आत्मन् के समान एवं माया को (अद्वैत वेदांत के असमान) परमशिव की एक 'शक्ति' के समान माना। उन्होंने जगत् की अभिव्यक्ति या सृष्टि को 'परिणाम' माना जबकि वेदांत में 'परिवर्तन' के किसी भी सिद्धान्त की गुंजाइश नहीं है। वेदांत में केवल भेद की कल्पना है, चाहे वह विवर्त (emanation) हो, अथवा परिणाम (evolution)।

लेकिन 'श्रुति'-परक दार्शनिक आधेय के बावजूद अद्वैत-योजना का आधार सांख्यदर्शन की व्यवस्था है। सांख्य के अनुसार प्रत्येक आत्मा यथार्थ हैं; और इसमें भ्रांति वैश्वक न होकर प्रत्येक प्रमाता के मानस, नेत्रों, कानों तथा अन्य इन्द्रियों के मुताबिक व्यक्तिपरक भ्रांतियाँ हैं। सांख्य के अनुसार अंतिम तत्त्व तथा सत्य 'प्रकृति' है और यही प्रधान कारण है। अद्वैतदर्शन के अनुसार अन्तिम सत्य 'ब्रह्म' है; और प्रकृति 'माया' है। सांख्य में प्रकृति से ही महत् अंतःकरण तथा इन्द्रियों की अभिव्यक्ति होती है, लेकिन वेदांत में प्रकृति अर्थात् माया से मिथ्या जगत् का भान होता है। वेदांत माया के तीन रूप मंजूर करता है : शक्ति (सत्वगुण प्रधान), अपराप्रकृति (रजोगुण प्रधान) तथा पराप्रकृति (तमोगुण प्रधान)। शक्तिरूप में माया स्वतन्त्र है और 'ब्रह्म' इससे अच्छादित नहीं है। इस दशा में ब्रह्म सत्, चित् और आनन्द रूप है अर्थात् विशुद्ध अमूर्त्तीकरण (Subtle abstraction) है। ब्रह्म की दृष्टि से संपूर्ण माया ही मिथ्या है। यही नहीं, केवल सत्व ही सत्य है और तमस् अर्थात् प्रकृति और जगत् मिथ्या है। 'माया' एक भ्रान्ति के सिद्धान्त के रूप में प्रतिष्ठित हुई है अर्थात् इसमें न तो सत्य का, और न ही मिथ्यातत्त्व का चरित्र प्राप्त हो सकता है। माया 'नाम' एवं 'रूप' की सत्ता स्वीकार कराती है यद्यपि इस स्वीकृति में आत्मबोध नहीं है। वेदांत 'जाति' के सामान्यत्व को भी नहीं मानता अतः माया एक वैश्वक सिद्धांत (universal Principle) हो जाती है। हम श्रीशंकुक के प्रसंग में इसका खंडन करते हुए कह चुके हैं कि न्यायदर्शन 'व्यक्ति' में ही जाति के सामान्यत्व अर्थात् वैश्वकता को स्वीकार करता है और परतःप्रमाण पर भी आश्रित है। इसकी वजह साफ़ है। सांख्य 'प्रकृति' को तथा न्याय 'ज्ञान' को अपनी रथधुरी बनाता है लेकिन वेदांत 'ब्रह्म' को। वेदांत का ब्रह्म सब कुछ है (सर्वं खल्विदं ब्रह्म), सत्यों का सत्य है (सत्यस्यसत्यं) तथा आत्मन् में भी एक-सा है (अयं आत्माब्रह्म) इत्यादि। इस तरह ब्रह्म को अंतिम सत्य मानने के कारण वेदांत भ्रांति को—फलतः जगत् को—दोष या गुण न मानकर एक वैश्वक (universal) तथा शाश्वत (eternal) संघटन मानता है। अतः 'पदार्थ' के आधार के बजाय 'विचार' आधार बनता है; और सूक्ष्म तथा नित्य तथा पूर्ण 'ब्रह्म' के आर्केटाइप की तुलना में सभी स्थूल तथा अनित्य तथा संस्कारित प्रमेयादि सीमा, अथवा बंधन, अथवा कर्म-

भोग, अथवाभ्रांति, अथवा मिथ्या इत्यादि ही हो सकते हैं।

इस के बाद वेदांत में कल्पना की गई कि ब्रह्म ही माया की आवरण-शक्ति की वजह से 'अपराप्रकृति' से पूर्ण तथा "ईश्वर" हो जाता है (इसी की समतुलना में शैवाद्वैत में 'पुरुष' की कल्पना हुई है)। ब्रह्म ही माया की श्यामलपीठिका पर ईश्वर होता है। यहाँ माया 'अपराप्रकृति' होती है। तथापि च ईश्वर यहाँ स्वतन्त्र होता है और अपराप्रकृति का स्वामी भी। जब अपराशक्ति जगत् का सृष्टि-रूप —सांख्य की प्रकृति भूमि जैसी —होती है तब वह भौतिकवादी मात्रागुणधर्म से संचालित होने के कारण वेदांत में तमोगुणी 'पराप्रकृति' मानी गई है। यह सीमित पराप्रकृति ईश्वर की 'बुद्धि' है एवं अपराप्रकृति का आभास या बिंब भी है। इस तरह 'बुद्धि' अपराप्रकृति का भी परिणाम हो जाती है। यह अति-चेतन या अपरा-चेतन ही जागृति के बजाय समाधि को श्रेष्ठतम दशा मानने की रहस्यात्मक आस्था प्रदान करती है; तर्क नहीं। वेदांत में बुद्धि को ज्ञान माना गया, जो निश्चय तथा अध्यवसाय करती है और परिनिष्ठित है। इस ज्ञान में वृत्ति तथा चित् का भी समावेश हुआ। वृत्ति संस्कारों या विद्याकर्मों का परिणाम मानी गई। अतः यह 'अध्यात्म' है। यहां हम योगांतर्गत 'वृत्ति' की धारणा का परिशिष्ट भी देंगे। यहाँ हम कई प्रासंगिक बिंदुओं पर सांख्य तथा योग की भी तुलना करना चाहते हैं। योग एवं सांख्य दोनों में 'अस्मिता' का एक रूप "मैं 'मैं' हूँ" के अलावा "मैं (मया) हूँ" भी है। सांख्य में अस्मिता 'अध्यवसाय' तथा 'निश्चय' है (संकल्पपूर्व 'मैं मया हूँ' का रूप)। योग तो संकल्प को भी बुद्धि का धर्म मानता है, किन्तु सांख्य के अनुसार यह अहंकार का धर्म है। बुद्धि का पूर्ण धर्म 'विवेक' अर्थात् पुरुष से पृथक् बुद्धि का ज्ञान है। इसी दृष्टिकोण ने इन दोनों के बीच अन्तरों को सूक्ष्म बनाया। योगभाष्य ने पाँच चित्तभूतियाँ अर्थात् बुद्धि के स्तर माने। क्षिप्त (रजोगुण के प्रभाव की चंचलता), मूढ़ (तमोद्रेक से निद्रा जैसी हालत), विक्षिप्त (सत्त्व का आधिक्य किन्तु रजस् की भी उपस्थिति : देवताओं का चित्त विक्षिप्त माना जाता है), एकाग्र (विशुद्ध सत्त्व के उद्रेक से एक विषय में निर्वात दीपशिखा-सा स्थिर होना) एवं निरुद्ध (चित्त की सभी वृत्तियों का निरुद्ध होना और केवल संस्कारों का रह जाना : सांख्यों की जीवन्मुक्त जैसी अवस्था)। इस तरह निरोध में वृत्तियों का बाध होता है।

योग में 'वृत्ति' के निरुपण के लिये हम कुछ अन्य बातें स्पष्ट करेंगे। तत्त्व के प्रत्यक्ष परिणाम या परिवर्तन (नये तत्त्व के परिणाम से भिन्न) के तीन प्रकार है : 'धर्म' (क्षमता) का परिवर्तन, 'लक्षण' (वास्तविकता actuality के चरण) का परिवर्तन तथा 'अवस्था' (state)। इनमें क्रमशः कारण-कार्यभाव है। सांख्य में तत्त्व के अनेक धर्म, लक्षण तथा अवस्थाएँ तो हो सकती

हैं किन्तु इस क्रम का कार्यकारणभाव नहीं हो सकता। यह न तो यथार्थ परिणाम है; न ही भ्रांति। यह प्रकृति-विकार है। योग में वृत्तियाँ बुद्धि की चेतन दशाएँ हैं, द्रव्यरूप है, दीपशिखा की तरह हैं। ये केवल धर्म और लक्षण ही नहीं हैं। योग में ये बुद्धि के **यथार्थज्ञान** की विधियाँ हैं। वृत्ति (प्रत्यक्षज्ञान) के पाँच प्रकार माने गए हैं : प्रमाण (वस्तु का **यथार्थ** ज्ञान), विपर्यय (वस्तु का अयथार्थ ज्ञान), विकल्प (अभावपूर्ण वस्तु के 'निर्माण' का ज्ञान), निद्रा (वस्तु के अभावज्ञान का आलंबन) तथा स्मृति (अनुभूत विषयों का ठीक-ठीक वैसा ही प्रस्तुत होना)। अतः प्रमाण में वस्तु यथार्थ जानी जाती है, विपर्यय में अयथार्थ जानी जाती है, विकल्प में अयथार्थ ज्ञात होने पर भी यथार्थ आभासित होती है तथा निद्रा में वस्तु की-प्रस्तुति का अभाव और स्मृति में प्रस्तुति की प्रस्तुति होती है। प्रस्तुति (presentation) की बहिर्गत चेतना 'व्यवसाय' तथा उसका ज्ञान भी 'अनुव्यवसाय' है। प्रस्तुति एक मानसिक वस्तु (ग्राह्य) तथा वस्तु का भावरूप प्रतिबिंब (ग्रहण), दोनों ही है। ग्राह्य वस्तु का ज्ञान स्मृति के द्वारा अधिक हो सकता है। स्मृति का दूसरा प्रकार 'चिंता' (thinking) तथा तीसरा 'ध्यान' (contemplation) है। वेदांत में ईश्वर की बुद्धि को 'शुद्ध सत्व उपाधि' बताया गया है। अंतःकरण के तत्त्वों में कोई खास मौलिक भेद नहीं है। 'मानस' संशय, संकल्प एवं विकल्प करता है; 'चित्त' बौद्धिक समन्वय का धर्म है जिसमें स्मरण, अनुसंधान एवं प्रवृत्ति भी शामिल है; तथा 'अहंकार' में चेतना अन्तरोन्मुख है। अतः प्रवृत्ति बहिर्मुखी एवं अहंकार (में चेतना) अन्तर्मुखी है।

सार रूप में हम कह सकते हैं कि वेदांत के अनुसार ब्रह्म तो 'जीव' नहीं होता, लेकिन जीव या देही ब्रह्म है और भ्रमवश स्वयं को ब्रह्म से भिन्न जानता है। जीव की तरह 'ईश्वर' भी ब्रह्म का ही विवर्त है। ईश्वर के दो स्वरूप माने गए : मायाशक्ति का प्रयोग करने के कारण 'विकारवर्त्ती; एवं उससे असंपृक्त 'त्रिगुणातीत'। ईश्वर के त्रिगुणातीत स्वरूप की धारणा वह है जो माया नहीं है, जबकि ब्रह्म की धारणा माया एवं जगत् से विरहित है। इस स्थिति में ईश्वर और ब्रह्म, दोनों की उपाधियाँ नित्य, शुद्ध, बुद्ध एवं मुक्त (=४) हैं। यह ईश्वर सत्त्वगुण प्रधान (शुद्ध-सत्त्व-उपाधि) तो है जो अपराप्रकृति का सत्त्वपक्ष है। सत्त्वपक्ष सूक्ष्म आवरण भी है। इस दृष्टि से सत्त्व ही यथार्थ तथा तमस् मिथ्या हो जाता है। अतः त्रिगुणातीत ईश्वर सविकल्प समाधि से सम्बन्धित है जबकि ब्रह्म निर्विकल्प समाधि से।

ईश्वर की 'करुणा' (grace) का वरदान जीवों को उनके कर्मों के अनुसार मिलता है। यह जीवों के अपने-अपने कर्मों को करुणा प्रदान करता है ताकि वे 'मोक्ष' पद पा सकें। ईश्वर की सृष्टि की 'इच्छा' या 'सिसृक्षा'

उसके लिये कोई बंधन नहीं है बल्कि एक 'लीला' है। वैष्णव अद्वैत में यह लीला संश्लेषविश्लेषण – मिलन-विरहरूप – है। ईश्वर के लिये जो 'लीला' है, वही जीव के लिये 'करुणा' का आधान है। ईश्वर की सुषुप्ति को 'प्रलय' माना गया है जहाँ क्रमचक्र रुक जाता है। प्रलय के बाद 'सृष्टि' होती है, तथा सृष्टि के बाद प्रलय। यही संसारचक्र है। जब ईश्वर रजस् से आच्छादित होता है तब बुद्धि के माध्यम से उसका धर्म 'सृष्टि' है; जब ईश्वर तमस् से आच्छादित होता है तब उसका धर्म 'प्रलय' है; और जब वह सत्त्व से आच्छादित होता है तब उसका धर्म 'स्थिति' है। इस तरह सृष्टि में ईश्वर **ब्रह्मा** है, प्रलय में **महेश्वर** तथा स्थिति में **विष्णु**। इस त्रित्व को नित्य माना गया है जहाँ केवल कर्म के अभाव (nothingness) में परिणति होती है। 'कर्म' का अभाव भी वेदांती सौंदर्यबोध का एक महत्तम केन्द्रबिंदु है—'काल' के स्थगन-जैसा ही। यह दोहरा सूत्र रेखांकित करने योग्य है।

सृष्टि का क्रम ईश्वर से विराज, प्राज्ञ से देहिन् की ओर अग्रसर होता है। स्थूल शरीर से तादात्म्य करने पर आत्मन् **'जीव'** या देहिन् है। इन सभी जागृत जीवों की समष्टि का नाम **'विराज'** (या 'वैश्वानर') है। सूक्ष्म शरीर से तादात्म्य करने पर आत्मन् 'तैजस' (या 'लिंगी') है। सभी तैजस जीवों की समष्टि का नाम **'हिरण्यगर्भ'** (या सूत्रात्मन्') है। अंततः कारण शरीर तादात्म्य करने पर आत्मन् **'प्राज्ञ'** है। सभी प्राज्ञजीवों की समष्टि का नाम **'ईश्वर'** है। पंडितराज ने तैजस जीवों की एकता अर्थात् 'हिरण्यगर्भ' की धारणा का भी इस्तेमाल किया है। प्रगति की निरंतरता के कारण प्रत्येक चरण में दुहरापन है। अतः 'ईश्वर' की सभी उपाधियाँ 'हिरण्यगर्भ' की भी, अथवा हिरण्यगर्भ की उपाधियाँ 'विराज' की भी हो जाती हैं[1]। सारांश में, 'हिरण्यगर्भ' ही ईश्वर में रूपित होता है। हिरण्यगर्भ की 'आत्मापूजा' के रूप में अग्नि ने उसमें 'प्राण' प्रतिष्ठित किये। निष्कर्षरूप में, वेदांत के अन्तर्गत प्रधानतया 'ब्रह्म-ईश्वर-जीव' का त्रित्व ही कायम हुआ और अमूर्त्तन की भित्ति, फलतः आत्म-अजनबीपन (self-estrangement) की सुदृढ़ता का समायोजन होता गया। अद्वैत ने मानों जगत् को मिथ्या बनाकर तिरस्कृत ही कर दिया।

वैष्णववेदांतों ने शांकरवेदांत के 'मायावाद' से जबर्दस्त संघर्ष किया। रामानुजाचार्य (ग्यारहवीं शताब्दी) ने विशिष्टाद्वैत द्वारा, मध्वाचार्य (बारहवीं शती) ने द्वैताद्वैत द्वारा और वल्लभाचार्य (सोलहवीं शताब्दी) ने

---

१. दे० Krishnachandra Bhattacharya : "Studies in Philosophy" Vol. I, pp. 60,62.
(Progressive Publishers, Calcutta-12, 1956)

शुद्धाद्वैत द्वारा दर्शन को साक्षात् जिन्दगी की धड़कनों से भी किंचित् स्पंदित कराने की कोशिशें कीं। रामानुजाचार्य के अनुसार ब्रह्म, आत्मन् एवं जगत् विच्छिन्न नहीं हैं; बल्कि विलक्षण (डिस्टिंक्ट) है अर्थात् आत्मन् एवं जगत् ईश्वर के विशेषण हैं। मध्वाचार्य ब्रह्म, जीव एवं जगत् के त्रित्व में से जीव एवं जगत् को भी सत्य मानते हुए मूलतः ब्रह्म एवं जीव के संबंधों का स्वरूपण करते हैं। इसी तरह वल्लभाचार्य माया के बिना ही ब्रह्म एवं जीव के अद्वैत का प्रतिपादन करते हैं। ऐसा लगता है कि ये आत्मन् के साथ-साथ जगत् को भी जोड़ने की कोशिशें हुईं। इसीलिए 'ईश्वर' की धारणा ही 'अवताररूप' में समर्थ होकर एक सांस्कृतिक आंदोलन के रूप में उमड़ चली। रामानुज एवं मध्व, दोनों ही शैवाद्वैतवादियों की तरह—'शक्ति' को यथार्थ मानते हैं तथा शांकर अद्वैत के मायावाद पर प्रहार करते हैं। यह भी एहसास होता है कि इस धारा ने 'माया' को ईश्वर से तथा 'अविद्या' को जीव से संबद्ध करके माया बनाम अविद्या के बीच का अन्तर स्पष्ट करने की भी चेष्टा की है। जिस तरह माया ब्रह्म के स्वभाव को सीमित करती है उसी तरह अविद्या जीव के। इसीलिये वेदांत एवं योग में 'अविद्या' की धारणा का प्रवेश हुआ क्योंकि अब प्रत्यक्षज्ञान और यथार्थ अनुभव के दोषों के आधार पर जगत् को ही मिथ्या सिद्ध करना साध्य बनता गया। अविद्या एक प्रकार से इंद्रियातीत दोष हो गई और उसके साथ अस्मिता, राग, द्वेष तथा अभिनिवेश भी जुड़ गये। अनित्य को नित्य मान लेना, अशुद्ध को विशुद्ध मान लेना, दुःखपूर्ण को सुखपूर्ण मान लेना, अनात्म को आत्म मान लेना आदि अविद्या हो गये। इस भाँति अविद्या एक सामान्य (universal) मिथ्याज्ञान भी हो गई जिससे 'क्लेश' अर्थात् विपर्यय की उत्पत्ति मानी गई। क्लेश ही अस्मिता (पुरुष और बुद्धि को एक मानना), राग (सुख के लिये प्रबल इच्छा), द्वेष (दुःख के साधनों में स्थित क्रोध) तथा अभिनिवेश (मृत्युभय) है। इस तरह योग 'विपर्यय' को ही बुद्धि की सर्वाधिक मूलवृत्ति मान बैठता है। प्रत्यक्ष और अनुमान को पदच्युत करने के कारण समाधि और निद्रा की अवर्नमिल दशाएँ दृष्टान्त हो गईं। 'प्रत्यक्ष' तो वस्तु के 'सामान्य' (universal) की अपेक्षा 'विशेष' (particular) पर बल देता है; और 'अनुमान' वस्तु के विशेष की अपेक्षा सामान्य पर। योग-वेदांत ने प्रकारांतर से वस्तु का प्रत्यक्ष तथा अनुमान ही नामंजूर किया; प्रत्युत् जगत् को ही 'अभाव' बताया। अतः योग का 'विपर्यय' ही वेदांत में 'विवर्त' हो गया। अतः 'माया' का अनुप्रवेश बना रहा। यहाँ आगमिकों और शांकरों की 'शक्ति'-संबंधी धारणा की तुलना भी दिलचस्प है। आगमिकों की शक्ति चिन्मयी तथा परतत्त्व से अद्वय है, जबकि शांकर शक्ति जड़ात्मिका और ब्रह्मबोध से निवृत्त हो जाती है। अतः उसे 'अनिर्वचनीया' कहा गया। इसकी

तुलना में आगमिक इसे 'चिन्मयी' कहते हैं। इसी तरह आगमिक विश्व को अपनी प्रकृति में आनन्दमय मानता है तो शांकर अद्वैतवादी संसार को अपनी मायात्मिका प्रकृति में दुःखमय। अतः पहले में वासना के शोधन की, एवं दूसरे में वासना की निवृत्ति की चर्चा है। इसी क्रम में आगमिक दृष्टिकोण में ज्ञान के बाद भी भक्ति की स्थिति कही गई है और ज्ञान एवं भक्ति का सामंजस्य स्वीकार किया गया है; जबकि शांकर अद्वैत में भक्ति भेद की ही भूमिका पर सम्भव है। ये अन्तर हमें अभिनवगुप्त तथा पंडितराज जगन्नाथ की दार्शनिक भूमिकाओं को ज्ञानगोचर करा देते हैं।

'ईश्वर' द्वारा सृष्टि के अवतार की तरह 'जीव' द्वारा मोक्ष के उद्धार की भी समानांतरण धारणा प्रस्तुत हुई। वेदांत में कर्म से मुक्ति तथा काल के स्थगन, दोनों पर बल दिया गया। फलतः वेदांती सौंदर्यबोधशास्त्र में कर्म से मुक्ति की समाधि तथा अमरता को, एवं काल के स्थगन के ब्रह्मानन्द को भी स्वीकार किया गया।

वेदांत के अनुसार अविद्या एवं कर्म का विनाश करने वाला ही 'जीवन-मुक्त' है। भट्टनायक की चर्चा में हम सांख्य की भी इसी धारणा का निरूपण कर चुके हैं। अविद्या एवं कर्म का नाश करने के बावजूद भी कर्मभेद के कारण आत्मन् जीवत्' रहता है। कर्म के तीन भेद हैं: संचित, आरब्ध एवं क्रियमाण। आरब्ध कर्म का फलभोग इसी जीवन में हो जाता है, संचित कर्म का फलभोग नहीं हो पाता तथा क्रियमाण कर्म इस जीवन में व्युत्पन्न नया कर्म है। अविद्या का नाश करने के कारण जीवनमुक्त कामनारहित हो जाता है जिससे क्रियमाण कर्म की व्युत्पत्ति का सवाल नहीं उठता, संचितकर्म ज्ञान की अग्नि में भस्म हो जाता है, तथा आरब्ध जीवनपर्यंत तक चलता रहता है अर्थात् कर्मचक्र चलाता रहता है। जिन जीवों में सत्त्व प्रधान होता है वे ईश्वर के माध्यम से ऊँचे उठते चले जाते हैं। जिस तरह शैवाद्वैत में पुरुष पाँच कंचुकों से आच्छादित होता है, उसी तरह वेदांत में व्यष्टि (='जीव ही ब्रह्म है') पाँच 'कोषों' से आवृत्त माना गया।

सुषुप्त अवस्था में व्यष्टि द्वैतप्रधान तथा ईश्वर की तरह होता है। यह 'मलिनसत्त्व' प्रधान है। इस कोश में चैतन्य **'प्राज्ञ'** कहलाता है। यह कारणशरीर है। यहाँ अहंकार संस्कारमात्र में रहता है। इसमें शान्ति है, आनन्द है। यह 'शुद्धसत्त्व' ईश्वर से तुलनीय है। यहाँ जीव **आनन्दमय कोष** से आवृत्त है। आनन्दमय को उसी तरह 'ब्रह्मपुच्छ' कहा जाता है जिस तरह लक्षणा को 'अभिधापुच्छभूत'। आनन्दरूप ब्रह्म को आनन्दमयकोष से आच्छादित नहीं माना गया। पूर्वजन्म के विद्या एवं कर्म के अवशेषों अर्थात् 'संस्कारों'

की वजह से ही व्यष्टि सीमित होता है। जब संस्कार उद्‌बुद्ध हो जाते हैं अर्थात् जब पंचज्ञानेन्द्रियाँ एवं अंतःकरण कार्यशरीर होते हैं तब बुद्धिप्रधान **विज्ञानमयकोष** की आवृत्ति होती है। इस कोष से आवृत्त चैतन्य 'जीव' है। यहाँ कार्य की प्रधानता है जिससे जीव इसी संसार में रहकर कर्त्ता, भोक्ता, सुखी-दुखी आदि है। यही जीवबद्ध है। जब ज्ञानेन्द्रियों के साथ मन चैतन्य को घेरता है तब वह इच्छाशक्ति प्रधान **मनोमयकोष** है जिसमें संकल्प-विकल्प की प्रमुखता है। जब कर्मेन्द्रियों के सहयोग से पाँच प्राण (प्राण, अपान, व्यान, उदान तथा समान) चैतन्य को आच्छादित करते हैं तब वह क्रियाशक्ति प्रधान **प्राणमयकोष** है। वेदांत में विज्ञानमय, मनोमय तथा प्राणमय कोषों का संयोग 'सूक्ष्मशरीर' है जिसमें बुद्धि, मन, पाँच ज्ञानेन्द्रियाँ, पाँच कर्मेंद्रियाँ तथा पाँच-वायु हैं)। यह सब कुछ सांख्य की धारणा के ही अनुरूप विकसित हुआ है। वेदांत में व्यष्टि-अवस्था वाले सूक्ष्मशरीरों की समष्टि से घिरा हुआ चैतन्य 'हिरण्यगर्भ' या 'प्राण' या 'सूत्रात्म' कहलाता है।

'मोक्ष' के क्रम में जीव अन्नमयकोष से आनन्दमयकोष की ओर क्रमशः स्वतंत्र होता जाता है। अंत में केवल ब्रह्मपुच्छ आनन्दमय बच रहता है। 'प्राज्ञ' अर्थात् मलिन-सत्त्व प्रधान आत्मन् चलकर 'शुद्धसत्त्व' प्रधान होता है। शुद्धसत्त्वप्रधान आत्मन् अविद्या एवं व्यष्टि के बंधनों का नाश करता है और जीवनमुक्त होता है। अतः सुषुप्ति में ही जीव मुक्त हो जाते हैं। हम इस दशा की तुलना त्रिगुणातीत ईश्वर की सुषुप्ति से कर सकते हैं जहाँ पराप्रकृति एवं अपराप्रकृति की समष्टि है। यह समष्टि 'अव्याकृत आकाश' कहलाती है जहाँ नाम-रूपों का निलय है। इस तरह हम शनैः-शनैः 'समाधि' के नज़दीक पहुँचा दिये जाते हैं। 'सुषुप्ति' में जीव **ईश्वर** की तरह है, द्वैत है। लेकिन 'निर्विकल्प समाधि' में वह व्यष्टि न होकर अद्वैत, **ब्रह्म** की तरह बताया गया है। वेदांत जीव तथा ईश्वर का एक समानांतर मिलनबिंदु पेश करता है : 'जीव' पर सुषुप्ति का आवरण मलिनसत्त्व (धुँधला) है जबकि 'ईश्वर' पर आनन्द का आवरण शुद्धतत्त्व है। वेदांत के अनुसार यह मलिनता 'संस्कार' के कारण है क्योंकि सुषुप्ति (स्वप्नविहीन प्रगाढ़ निद्रा) में अतीत जीवन के विद्या एवं कर्म 'संचित' रहते हैं। हम इस तथ्य की ओर पुनः ध्यान दिला देना चाहते हैं कि अभिनवगुप्त तथा पंडितराज जगन्नाथ दोनों अद्वैतवादी कलाचार्य मानवीय चित्ति (human psyche) एवं कल्पना (Imagination) की समस्या के आमने-सामने आ खड़े हुए हैं; और मानों इन दोनों के हेतु पारिभाषिकों की तलाश कर रहे हैं जो उनके मध्यकालीन आध्यात्मिक चिंतन में विकसित नहीं हो सके हैं। इसीलिये वे शायद स्मृति, कर्म, सुषुप्ति तथा समाधि से युक्त चतुर्विध रूपांतरण (metamorphosis) के द्वारा 'संस्कार' नामक एक रूपिम् (morpheme) में

मानवीयचित्ति एवं कल्पना दोनों को समाहित करना चाहते हैं। यह सही है कि वे सौंदर्यबोध में 'ख्याति' (ज्ञानप्रमाण) की समस्या से तो परे पहुँच चुके हैं लेकिन 'अनुभव' के विवरण के लिए उनके दार्शनिक शब्दकोष में केवल रहस्यात्मक शब्द एवं धार्मिक उपासनापरक दशाएँ ही हैं। अतः वे उनकी धारणाओं से खुलकर ललितलीला करते हैं। आत्मन्, ब्रह्म, आनन्द, चैतन्य, समाधि, मोक्ष, भग्नावरणचित्त, संविद्विश्रांति आदि ऐसे ही विशुद्ध आध्यात्मिक पारिभाषिक शब्द सौंदर्यबोधशास्त्र में तद्रूप प्रवेश पा गए। इसीलिये 'ब्रह्म' का एक आदर्श तथा प्रारूप पेश करके लौकिक मानक रचे गए। अतः माना गया कि 'माया' से आच्छादित होकर तो ब्रह्म **ईश्वर हो जाता** है, और 'पंच-कोषों' से सीमित होकर वही **जीव है**। यह भी माना गया है कि ईश्वर भ्रम नहीं है लेकिन जीव भ्रम है। अन्ततः यह भी माना गया कि प्रलय तक मुक्त आत्माएँ ब्रह्मलोक में रहती हैं। अतः 'मुक्त' आत्माएँ स्वयं जगत् की स्रष्टा या स्थाता नहीं हो पातीं; बल्कि वे **विद्या** एवं **आनन्द** से पूर्ण हो जाती हैं, अपनी लिंगदेह (व्यष्टि) कायम रखती हैं तथा ब्रह्म के **समान** (ब्रह्म नहीं) हो जाती हैं। अतः ब्रह्म के अन्तिम सत्य का ज्ञान (विद्या), और काल एवं मृत्यु से अर्थात् कर्म से मुक्ति (आनन्द) ही मोक्ष है जहाँ मिथ्या जगत्, भौतिक शरीर तथा जीवन की ऊर्जा नहीं रहती। रूपकात्मक ढंग से रस के आनन्द को ब्रह्मानंद-सहोदर बताकर वेदांती सौंदर्यबोधशास्त्र ने अपनी बात पूरी कर डाली। लेकिन क्या बीसवीं शताब्दी का कोई आधुनिक भारतीय बुद्धिजीवी भी इसे (इस दस सौ साल प्राचीन इल्हाम को) यथावत् शिरोधार्य करता चला जाय ?

अतएव हम निद्रा ('सुषुप्ति') और स्वप्न का संक्षिप्त वैज्ञानिक विश्लेषण करने के साथ मध्यकालीन 'समाधि' की साम्यरूपकता (analogy) का दिग्दर्शन करेंगे।

आज कई वैद्युत-इलेक्ट्रोनिक विधियों ने सुषुप्त मस्तिष्क के रहस्योद्-घाटक अध्ययन किये हैं। सन् १९२९ में हांस बर्गर द्वारा आविष्कृत 'इलेक्ट्रो-एंसीफालोग्राफ' अर्थात् 'EEG' की मदद से निद्रादशा वाले मस्तिष्क का अध्ययन शुरू हुआ। वेदांत ने जागृत अवस्था को सूक्ष्म शरीर, एवं समाधि-अवस्था को सूक्ष्म शरीर माना है। यहाँ हम यह स्पष्ट करना चाहेंगे कि स्वप्न और सुषुप्ति (स्वप्नरहित गहरी नींद) से विलक्षण 'समाधि' बताई गई है जिसे हम "स्वप्नसुषुप्तिचेतना" कहना पसंद करेंगे।

EEG के तरंगचित्रों पर जागृति से सुषुप्ति तक की अवस्था को अंकित करने पर पाया गया कि जागृति की दशा में आल्फातरंगें पचास माइक्रो-वोल्टों की तथा दस प्रति सेकेंड के नैरंतर्य (frequency) वाली हैं। इसके

बाद निद्रा के पहले चरण में निचले वोल्टेज की अक्रमिक तथा पाँच चक्र प्रति सेकेंड वाली तेज़ तरंगें उठती-गिरती मिलती हैं। दूसरे चरण में नियमित तरंगों के उत्तान-अपान स्फोट होते हैं। इनका नैरंतर्य लगभग प्रतिसेकेंड बारह से चौदह चक्र है। तीसरे चरण में ऊँचा वोल्टेज तथा बेहद मंद क्रिया नज़र आती है। यह सुषुप्ति है। यहाँ तरंगों की प्रलंबता (amplitude) बड़ी होती है और इनका नैरंतर्य केवल एक से दो चक्र प्रति सेकेंड ही होता है। यहाँ भी दूसरे चरण की भांति नियमित तरंगों के घटते-बढ़ते विस्फोट होते हैं जिन्हें 'निद्रा-तकुए' (sleep spindles) कहते हैं। और, चौथे चरण में बड़ी प्रलंबता तथा मंद तरंगों की ही प्रभुता होती है। इस ग्राफ़चित्र के अनुसार पहला चरण "हल्की निद्रा" का, तीसरा निद्रा का, और चौथा सुषुप्ति अर्थात् "गहरी निद्रा" का द्योतक है। अतः EEG में निद्रा की गहराई का मानदंड ऊँची प्रलंबता (high amplitude) तथा मंद नैरंतर्य (low frequency) है।

डेमेंट (Dement) एवं क्लाइटमान (Kleitman) ने निद्रादशा में शारीरिक हरकतों तथा नेत्रों के संचालन का अद्भुत अध्ययन किया। EEG के प्रत्येक चरण के अन्त में उन्हें "सत्वर-नेत्र-परिचलन-समय" (rapid eye movement periods) या 'REMPs' प्राप्त हुए। यह काम उन्होंने नेत्र-कटोरों के चारों ओर नन्हें-नन्हें इलेक्ट्रोडों को चिपकाकर किया। उन्होंने यह भी पाया कि निद्रा के 'REMPs' या 'REMs' जागृत अवस्था में दृश्यात्मक प्रत्यक्षीकरणों के 'REMs' के ही समान हैं। अतः उन्होंने निष्कर्ष निकाला कि "निद्रा" के अन्तर्गत दो चरण हैं : पहला REMPs अर्थात् "स्वप्नचक्र" की अंतिम अवस्था; तथा दूसरा इसके पहले का सब कुछ। इस दूसरे चरण को "मंथर-नेत्र-परिचलन-समय" (non-rapid eye movement period) या 'NREMP' अथवा 'NREM' कहा गया है। सारांश में निद्रा में इन्हीं दो बुनियादी चरणों का ताल होता है। NREM—निद्रा का सबसे प्रधान लक्षण उसका नियमित होना है जहाँ सबसे धीमी क्रियात्मकता है। REMP–निद्रा में रक्तसंचार तेज़ हो जाता है, हृदय तथा श्वास गति बढ़ जाती है तथा पलकों के नीचे नेत्रपुतलियाँ चौकड़ी भरने लगती हैं जिन्हें बिना निद्राभंग में नन्हें इलेक्ट्रोडों की शृंखला ग्राफ़ में अंकित कर लेती है। ऐसा लगता है कि मानो आभ्यंतरतया मस्तिष्क जागृत है। फिर भी सारे बाहरी लक्षण नींद के ही होते हैं अर्थात् केन्द्रीयस्नायु-व्यवस्था (Central nervous system) या CNS में तीक्ष्ण परिवर्तन हो जाता है, सभी मांसपेशियाँ विश्रांत हो जाती हैं, साँस गहरी और धीमी हो जाती है, रक्तचाप पारे के २० से २५ मिली-मीटर तक गिर जाता है, आदि। किन्तु 'CNS' की कार्यधर्मता कायम रहती है। निद्रा की शरीरशास्त्रीय प्रकृति का विवेचन करते हुए पावलोव ने कहा

है कि निद्रा वह छिटका प्रशमन (diffused inhibition) है जो मस्तिष्क के उच्चतर संभागों तक पहुँचता है तथा मस्तिष्क प्रक्रिया में वह तत्त्व है जो उसकी रक्षा तथा संचयन करता है। अतः पावलोव के अनुसार बृहन्मस्तिष्क के कोर्टेक्स में प्रशमन के छिटकाव (diffusion) का नाम ही "निद्रा" है। 'गहरी निद्रा' अर्थात् NREMP में मनुष्य स्वप्न नहीं देखता।

'स्वप्न' के चरण की छानबीन करते हुए पावलोव, ग्रासेरिंस्की एवं क्लाइटमॉन (१९५३) को अनूठे नतीजे मिले। बर्गर तथा ओस्वाल्ड (१९६२) ने 'इलेक्ट्रोओकुलोग्राम' या 'EOG' का इस्तेमाल करके यह सिद्ध किया कि सत्वर-नेत्र-परिचलन-समयों अर्थात् REMPs के दौरान ही स्वप्न दिखाई देते हैं। डेमेंट तथा क्लाइटमान ने बताया कि स्वप्न-अनुभव के अन्तर्मुखी समय की लंबाई जागने के पूर्व REMP के अनुपात में होती है। एक ओर तो उन्होंने EEG में निद्रा के इस चरण के तरंगचित्र को अंकित किया; और फिर स्वप्नद्रष्टा को जगाकर स्वप्न के प्रत्याह्वान द्वारा घटनाओं के अनुरूप नेत्र-परिचलन एवं तरंगचित्र के बीच एक अनूठी समानता पाई; तथा दूसरी ओर कृत्रिम ध्वनियों, प्रकाशकौंध, जलफुहार जैसे उत्तेजकों के द्वारा कृत्रिम REMPs भी उत्पन्न किये। यह एक क्रांतिकारी निष्कर्ष है कि एक निद्रित इंसान स्वप्न में अपने नेत्रों की दोनों पुतलियों का एकरूप संचालन ठीक वैसे ही करता है जैसे कि वह जागृत अवस्था में देखने पर। 'EOG' ने पलकों से ढंकी नेत्र-पुतलियों के नर्त्तन को अंकित करके यथार्थ प्रत्यक्षीकरण (perception) तथा स्वप्न-मायावरण (hallucination) के बीच समीकरण (इक्वेशन) कायम कर दिया। इससे यह भी साबित हुआ कि REMP में अनुभव 'प्रवाहित' होता है, अलबत्ता इस प्रवाह में अचानक स्वप्नबिंबों के पटल में परिवर्तन (change), विरूपीकरण (distortion), विराटीकरण (magnification), प्रतीकीकरण (symbolization) आदि भी होता है। स्वप्न के दो प्रधान निशान बताए गए : जागने पर स्वप्नद्रष्टा का सारा मायावरीय मोह-भंग और यह ज्ञान कि वह शय्या पर लेटा है; तथा स्वप्न की स्मृति एवं उसकी प्राथमिक विषयवस्तु की प्रेषणीयता। पावलोवीय मनोविज्ञान ने तो यह भी सिद्ध किया कि स्वप्न के दौरान ही अल्पकालीन स्मृति दीर्घकालीन स्मृति में रूपांतरित हो जाती है। REMP-निद्रा के चरण में यदि मनुष्य जगा दिया जाय तो वह स्वप्न का प्रत्याह्वान (recall) कर सकता है। किन्तु NREMP,—निद्रा के चरण में जगाया गया मनुष्य पारदर्शी स्वप्नबिंबों के प्रत्याह्वान के बजाय 'अमूर्त्त विचारों' (abstract thoughts) एवं खंडित बिंबों का तर्क-बोध देता है। यह एक बेहद क्रांतिकारी खोज है जो 'समाधि' की हकीक़त को उद्घाटित कर सकती है। इस दशा में विभिन्न जटिलताओं वाली, क्षणे-

क्षणेरूपांतरित, तथा लक्ष्यविहीन विचारों एवं बिंबों की शृंखला हुआ करती है। इस दशा में प्रत्यक्षात्मक तत्त्वों (perceptual elements) का निरास होता है।

डेमेंट तथा क्लाइटमान ने यह भी सिद्ध किया कि वातावरण-परिवर्तन, मनोवैज्ञानिक तनाव, मदिरा या मादक द्रव्यों का सेवन आदि भी स्वप्न को प्रभावित करते हैं। स्वप्न की स्मृति बेहद क्षणजीवी और बेहद प्रत्यक्षीकृत भी होती है। यह भी पाया गया कि करवट जैसी शरीर की प्रबल हरकतों के दौरान में REMP भग्न होता है तथा इन क्षणों में विस्मरण भी सर्वाधिक होता है। ऐसी स्थिति में पहला स्वप्न बिल्कुल भूल-सा जाता है और एक नया सपना शुरू होता है। इस तरह एक ही रात में हम कई स्वप्न देखते हैं। बाह्य उत्तेजकों (stimuli) के द्वारा हम स्वप्नों के पैटर्न गढ़ सकते हैं। मध्य-काल में हर घर में दीवा तो जलता ही था, और प्रकाश की तालयुक्त चका-चौंधों का असर सोते हुए अभिनवगुप्तों, शंकराचार्यों, मधुसूदनसरस्वतियों पर भी पड़ता ही था। शायद इसलिये 'समाधि'-दशाओं की कल्पनाएँ हुई हैं; तथा ब्रह्म को प्रकाश रूप बताया गया है, अमूर्त कहा गया है आदि। बाह्य उत्तेजक स्वप्न के प्रत्यक्षणों (percepts) को विरूपीकृत तथा विराटीकृत कर देते हैं। अतः ज्ञान का लौ हो जाना, लौ का ब्रह्म हो जाना, ब्रह्म का प्रकाशपुँज हो जाना इसी स्वप्नवत् प्रक्रिया का रूपक भी है। स्वप्न में कहीं मंदिर के घंटों की आवाज़ भी सोते हुए अद्वैतवादी को अनाहत नाद प्रतीत हो सकती है क्योंकि स्वप्न में तथा स्वप्न के उपरांत हम स्वयं इसके स्रोत को कतई नहीं पहचान सकते। ये बाह्य उत्तेजक स्वप्न-कथा के प्लाट तथा स्वप्न-बिंब के चित्र को बदल डालते हैं और अनिद्रा, उन्माद तथा मदिरा जैसे आंतरिक उत्तेजक स्वप्न को अधिकाधिक मायावरणीय (hallucinatory) बना देते हैं। मध्यकालीन चिंतक स्वप्न को दैवी कहते हैं और वेदांती तो स्वप्न को जागृति की अपेक्षा एक श्रेष्ठतर प्रमाण मानते हैं। स्वप्नों को शकुन तथा आत्मा का प्रकाशक भी माना गया है क्योंकि इनमें सृजनात्मकता की बेमिसाल क्षमता होती है। इनमें अन्तर्लयन (merging) तथा अनुस्थापन (substitution) इस कदर होता है कि स्वप्न के स्रोत एवं विषय दोनों ही धूमिल हो जाते हैं। स्वप्न में द्वितीयक संकेत-व्यवस्था (second signal system) पहले विश्रांत होती है अर्थात् अमूर्त्त चिंतन स्थगित हो जाता है लेकिन मूर्त्त चिंतन तथा विमल बिंबों की वाहक प्राथमिक संकेत-व्यवस्था सचेत रहती है। इसीलिये स्वप्न चित्रात्मक तो होते हैं लेकिन तर्क से व्यवस्थित नहीं होते। ये बेहद विसंगत, अतर्कपरक तथा असंभव घटनाओं वाले होते हैं। इसीलिये 'समाधि'—दशा में सादृश्यतः तर्क को बिल्कुल विसर्जित किया गया। इसके

अलावा ये अतर्कपूर्ण एवं असंभव स्वप्न बेशक "यथार्थ" के रूप में स्वीकार किये जाते हैं स्वप्नदशा—'REMPs'—में इन्हें कोई भी मिथ्या नहीं मान सकता। इसकी वजह यह है कि स्वप्न के प्रत्यक्षात्मक आवेश (perceptual impulses) भी तो स्नायुव्यवस्था के उसी "मार्ग" से गुज़रते हैं जिससे कि जागृत अवस्था में यथार्थ सूचनाएँ। अतः स्वप्नों की प्रकृति तर्कविहीन (uncritical) होती है। डेमेंट तथा वोल्पर्ट (१९५८) ने यह भी पाया कि किसी भी एक स्वप्न की हूबहू आवृत्ति नहीं होती, न ही स्वप्नों की क्रमिकता निरन्तर होती है, और न ही एक स्वप्न पूर्ववर्ती स्वप्न पर आधारित होता है।

सोते मनुष्य को जगाकर "गहरी नींद" या NREMPs के बाबत भी कई तथ्य हासिल किये गए हैं। गहरी नींद "सुषुप्ति" कही गई है। वेदांत में इसके बाद की एक 'तुरीयावस्था' की भी कल्पनामात्र हुई है। इस अवस्था में ही ब्रह्मज्ञान तथा ब्रह्मानन्दसहोदररस, इन दोनों का निवेशावेश होता है। इस रहस्यात्मक समस्या के समाधान के लिये हम पुनः जागृति से सुषुप्ति की अवस्थाओं में से 'NREMP' का विश्लेषण करेंगे।

ऐसी अत्वरित-नेत्र-परिचालन-समयावस्था में मनुष्य को जगाने पर पता लगा कि वह 'स्वप्न नहीं देख रहा' था, बल्कि उसके अन्तर्मुखी अनुभव का स्वरूप 'चिंतन' (thinking) या विचार था। इसका मतलब तो यह हुआ कि निद्रा के सभी चरण किसी-न-किसी प्रकार के अन्तर्मुखी अनुभव या मानसिक क्रियाओं से परिचालित होते रहते हैं जिन्हें 'स्वप्न', 'चिंतन', 'अचल-बिंब', 'प्रतीक', 'आर्केटाइप' आदि नामों से पुकारा गया है। इसका मतलब यह हुआ कि स्वप्न के दौरान मनुष्य पूर्णतः **निश्चेतन** नहीं होता, वह मृतकवत् भी नहीं होता, बल्कि वह **अवचेतन** भर होता है। बाहरी निश्चेतन और अन्तर्मुखी अवचेतन की दशा ने मिलकर ही मध्ययुगीन 'संविद्विश्रांति', 'मुक्ति' 'समाधि' आदि जैसी दशाओं का विकास किया। वेदांत दर्शन में सुषुप्ति का रूपक मृत्यु से न जुड़कर 'प्रलय' (ईश्वर-पक्ष में) तथा 'लय' (व्यष्टि पक्ष में) से संलग्न है। यह तथ्य स्वयं में आन्दोलक है। अतः सुषुप्ति के भी और गहरे स्तर खोजे जा सकते हैं जिनमें अमूर्त्त विचारों (abstract thoughts) की प्रधानता हो जाती है। अतः 'RMEP'-निद्रा वाला स्वप्नपरक बिंबविधान (hypnagogic imagery) गहरी नींद में भी थोड़ा-बहुत अनुप्रवेश कर ही लेता है, किन्तु यहाँ मानसिक सक्रियता में तीक्ष्ण परिवर्तन हो जाता है अर्थात् बिंबों के बजाय विचारों में रूपायन हो जाता है। यदि स्वप्नवाली 'REMP'–घटनाएँ प्रत्यक्षीकरण हैं तो NREM – घटनाएँ "पृष्ठभूमि" की विचार की भूमिका अदा करती हैं। हम देखते हैं कि स्वप्न के परे की अवस्था तो सुषुप्ति ही होती है लेकिन इसके बीच की अमूर्त्त विचारों वाली अवस्था भी है। वेदांत में इस मध्य की अवस्था

को अपरावस्था बना दिया गया और तुरीय कहा गया। वस्तुतः अवनर्मिल (abnormal) यौगिक क्रियाओं की वजह से निद्राविहीनता से पूर्ण लम्बी अवधियाँ गुज़र जाती थीं जिससे मनुष्य (योगी) अवनर्मिल मनोदशा से भर जाता रहा होगा। कुछ निद्राविहीन रातों या स्वप्नविहीन निद्राओं के बीतने पर हृदयगति तथा शरीर का तापमान तो नर्मिल रहता है किन्तु मनुष्य में प्रमाद, स्मृतियों का असाहचर्य (dissociation) तथा मायावरण (hallucination) अर्थात् साक्षात्कार-भ्रांति के लक्षण उदित हो जाते हैं। ऐसी अवस्था में मनुष्य अपनी कल्पनात्मक फैंटेसियों को ही यथार्थ समझने लगता है। जिस तरह निद्रावस्था में दीपक की लौ का काँपना या मंदिर के घंटों का बजना जैसे बाह्य उत्तेजक स्वप्न में रूपांतरित होकर नींद को सुरक्षित रखते हैं, उसी तरह इस अवनर्मिल दशा में विमर्श (suggestion) या बाह्य उत्तेजक (external stimulus) स्वप्न-जैसी फैंटेसियों तथा मायावरणों में ढल जाते हैं। हम यह भी जानते हैं कि फ्रायड ने स्वप्न के प्रतीकों का आरंभिक विश्लेषण किया है जो निषिद्ध इच्छाओं को प्रस्तुत करते हैं। कार्लजुंग ने तो यह भी माना है कि स्वप्न अनुभवों के विश्लेषण एवं समन्वय की कोशिशों को भी अंकित करते हैं ताकि उनके भावी विकास का भी विक्षेप हो सके। यह तय है कि मध्यकाल में योगियों के स्वप्न-पैटर्न विचित्र रहे थे। अतएव इंदोनीसिया के एक हिन्दू द्वीप, बाली, के स्वप्न-पैटर्नों का अध्ययन करने के लिये अब रिटायर्ड क्लाइटमॉन जाना चाहते हैं। निद्राचक्र पर सांस्कृतिक पैटर्नों का प्रभाव भी बहुत अधिक पड़ता है। ओषधि, 'सिद्ध'-रस, द्रव्य आदि का सेवन करने पर निद्रा के REMP-चरण विलीन होते जाते हैं तथा बेहद मंदस्पंदित स्तर पर 'अध्यास', 'आलोचन' तथा 'विमर्श' की वृत्तियाँ जगी रहती हैं। क्लाइटमॉन इसे 'निम्नस्तरीय कोर्टिकल चिंतन' कहते हैं। किन्तु यह अमूर्त्त जरूर होता है। कहा गया है कि योगी की अपनी 'योगजसृष्टि' भी है। वस्तुतः यह स्वप्ननियंत्रण के अभ्यास का नतीजा है जिससे स्वप्न में सृजनात्मकता के उच्चतर को प्राप्त किया जा सकता है। यह आधुनिक सृजनशास्त्र (synactics) के क्षेत्र में शामिल भी हो गया है। योग में 'समाधि' के आत्मदर्शन की भी काफी चर्चा है। वास्तव में यह भी एक मध्यकालीन सांस्कृतिक पैटर्न की देन है जिसके अन्तर्गत योगी स्वप्न के तात्कालिक प्रत्याह्वान (रिकॉल) का भी श्रेष्ठ गुण विकसित कर लेता था। अतः हम स्वप्न-नियंत्रण के द्वारा 'सृष्टि' और स्वप्न के द्वारा 'स्थिति' (या संविद्विश्रांति) के उद्गमों के नज़दीक पहुँच जाते हैं। समाजशास्त्रियों ने तो यह भी बताया है कि मध्यकाल में अतिप्राकृतिक लोक तथा अलौकिक या सूक्ष्मशरीर की धारणाओं का एक प्रमुख हेतु स्वप्न भी था।

जागृति से सुषुप्ति तक पहुँचने में वर्जना (inhibition) की संचित शक्ति धीरे-धीरे फैलती है और बृहन्मस्तिष्क के कोर्टेक्स (cortex) पर छाती है। तथापि मस्तिष्क के उच्चतम केन्द्र के कुछ बेहद चेतनबिंदु मध्यांतर में मुक्त रहते हैं। पावलोव ने इस मध्यांतर-चरण को वशीकरण (hypnosis) कहा है जो जागृति तथा निद्रा (न कि जागृति तथा स्वप्न) के बीच की अवस्था है जिसमें निद्रा के साथ आंशिक जागृति भी शामिल रहती है। इनके बीच आपसी विनिमय का एक नियम है अर्थात् निद्रा का रूपांतर वशीकरण में, तथा वशीकरण का रूपांतर निद्रा में हो जाता है। यदि वशीकृत मनुष्य को न जगाया जाय तो वह प्राकृतिक निद्रा की अवस्था में आ जाता है। उत्तेजना (एक्साइटेशन) की तीव्रता के अनुपात से ही एक जागृत मस्तिष्क में प्रतिक्रिया होती है। कलादर्शन के समय सहृदय का मस्तिष्क एक तीव्र उत्तेजना से वशीकृत-सा होता है। यहाँ समकर्त्ता (equalising) वशीकरण-चरण की स्थिति होती है जहाँ सहृदय प्रबल तथा दुर्बल दोनों ही उत्तेजकों (stimuli) के प्रति समान तीव्रता वाले संबद्ध प्रत्यावर्तन (conditioned reflex) या 'CR' का प्रकटन करता है। अतः सहृदय के CNS में नट या कवि के विमर्श इतनी शक्ति प्राप्त कर लेते हैं कि वह (सहृदय) पूर्णतः समर्पित अर्थात् चित्तनिवृत्त या 'विश्रांत' हो जाता है और 'संवर्धित विमर्शता' (increased suggestibility) का सिद्धांत भी सक्रिय हो उठता है जिसे 'चमत्कार'—दशा से जोड़ा जा सकता है।

इसीलिये वेदांत तथा योग में समाधि और तुरीय को जागृति, स्वप्न या सुषुप्ति से परे की अवस्था माना जाता है। जो भी अनूठे आधुनिक अनुसंधान उपलब्ध हैं उनके आधार पर हम इन रहस्यात्मक दशाओं को वशीकरण (Hypnosis) तथा 'NREM' जैसी दशाएँ मान सकते हैं। इस क्षेत्र में अभी जो अज्ञात है वह हमें अंधविश्वास की ओर नहीं ले जाये तो अच्छा है। बल्कि उसे तो हमें समस्या की चुनौती और उसके समाधान की ओर अग्रसर करना चाहिए। 'समाधि' की अवस्था में 'प्रमा' समाप्त होकर 'प्रज्ञा' प्रतिष्ठित होती है। यह स्वप्नरूपक के अनुकूल ही है। इस तरह योगवेदांत में यथार्थानुभव की भूमि छूटती चली जाती है। न्यायदर्शन में इसीलिये बुद्धि की सत्ता के अलावा न तो वृत्ति को स्वीकार किया गया, न स्वप्न को, और न ही समाधि को। इसके मुकाबले में योग में निद्रा भी एक वृत्ति मान ली गई है क्योंकि यह अवर्नामिल (abnormal) दशाओं पर बल देता है। योग में 'समाधि' तथा 'सुषुप्ति' के सादृश्य भी पेश किये गए हैं। वेदांत ने तो 'सुषुप्ति को भी विशुद्ध चैतन्यज्ञान तक बता डाला है जो निर्विकल्पसमाधि जैसी है। समाधि में अहंकार का लोप होता है, किन्तु सुषुप्ति में नहीं; सुषुप्ति की दशा में स्मृति होती है किन्तु समाधि में स्मृति न होकर प्रज्ञा। वेदांत सुषुप्ति को भी वृत्ति-

विहीन बनाकर उसे सत्यज्ञान की भूमि देता है। इस तरह ज्ञान की समस्या प्रत्यक्ष से हटकर समाधि भूमि पर, कोर्टेक्स के अतिजागृत बिन्दुओं पर, अमूर्त्तचिंतन पर, अध्यास पर प्रतिष्ठित होकर आगे बढ़ती है। अब ज्ञान के हेतु विकल्प (अयथार्थ जैसा आभासित होना), विपर्यय (अयथार्थ को यथार्थ जैसा पेश करना), प्रमाण (अयथार्थ को अयथार्थ जैसा पेश करना) आदि हो गए। स्पष्ट है कि जागृत अवस्था के सभी अनुभव 'अविद्या' हो गए। एक अवनर्मिल निद्राचक्र में ही ऐसा संबद्धप्रत्यावर्तन एक सांस्कृतिक पैटर्न बन सकता है। जब कभी किसी जाति पर रहस्यवाद का शासन होता है तब नर्मिल एवं अवनर्मिल के बीच विभाजक रेखा खींचना मुश्किल हो जाता है। वेदांत में योग का बेहद मेल भी रहस्यवाद को बढ़ाता है। अनेक प्रकार के योगांगों द्वारा योगी अतिप्राकृतिक शक्तियाँ अर्थात् 'विभूतियाँ' प्राप्त करता हुआ भी माना गया। दासगुप्ता के अनुसार शैव एवं शाक्त सिद्धान्तों के अनुरूप योगाचार का विकास होता गया। हठयोग के रूप में हम अवनर्मिलता (abnormality) की पराकाष्ठा पाते हैं जिसमें योगियों द्वारा—शारीरिक आसनों एवं स्नायुचक्र के विविध प्रकार के नियंत्रण के माध्यम से—ऋद्धि-सिद्धि प्राप्त करने के विधान हैं। 'आठयोगांग' एवं 'चित्तवृत्ति-निरोध' इसकी ही देन हैं। इस तरह 'योगी' की ऐतिहासिक भूमिका स्पष्ट हो जाती है। पंडितराज जगन्नाथ ने जिस सहृदय को लिया मानो वह 'एक योगसाधक वेदांती' ही है। समाधि के ज्ञान में तर्क के विसर्जित किये जाने के तथा मायावरणों को यथार्थ मान लिये जाने के मनोशारीरिक कारणों को हम पूरी तरह उद्घाटित कर चुके हैं। वस्तुतः समाधि का यह अमूर्तज्ञान अंतर्मुखी आत्मानुभव है। 'संप्रज्ञात समाधि' का लक्ष्य यह भी माना गया कि रजस् एवं तमस् के धर्म से उद्भूत 'विक्षेप' के भटकाव को रोककर पहले वृत्ति को सीमित किया जाय; और तदुपरांत चित्त को क्षीणवृत्ति बना दिया जाय अर्थात् मस्तिष्क तरंगों की ऊँची प्रलंबता (एम्प्लीचूड) एवं नीचा नैरंतर्य (फ्रीक्वेंसी) प्राप्त किया जाय। इसकी तुलना में माना गया कि 'असंप्रज्ञात समाधि' में विक्षिप्त का संस्कार शेष नहीं रहता; उसका बीजरूप भी नहीं रहता। ज्ञान से परे अपरचेतन या अध्यात्म की प्रक्रिया का क्षेत्र असंप्रज्ञात समाधि है। इसके लिये ही योग ने यम, नियम, आसन, प्राणायाम, प्रत्याहार, धारणा, ध्यान और समाधि को साधन बताया है। ये योगाङ्ग हैं। वस्तुतः ये बाह्य उत्तेजकों एवं आंतरिक उत्तेजकों, तथा अन्तर्मुखी अनुभवों और मनोवैज्ञानिक तनावों (स्ट्रेस) आदि के ही सूचक हैं जो नर्मिलता (normality) का विलयन कर देते हैं और जागृति के आधार को ऋणित (reduce) करते जाते हैं। हम भली-भाँति देख सकते हैं कि धारणा, ध्यान एवं समाधि अन्तरग हैं, अन्त-

मुंखी अमूर्त चिंतन एवं अनुभव हैं। "धारणा" में चित्त को किसी स्थान (नाभि चक्र, कमल आदि) में स्थिर किया जाता है। ये प्रमेय वशीकृत विमर्श (hypnotised suggestion) की भूमिका निबाहते हैं। अतः धारणा में 'यहाँ' के बजाय 'वहाँ' का संदर्शन अर्थात् तत्काल का विलयन होता है। इस 'वहाँ' की स्थिति शरीर या जगत् में होती है। अतः धारणा में देश या दिक् (space) का संदर्भ बच रहता है, किन्तु काल को क्षीणवृत्ति बना दिया जाता है। धारणा में एक ज्ञात संदर्भ में कल्पना करने का संकल्प होता है, केवल ज्ञान का संकल्प ही नहीं। धारणा सामाधि का साहाय्य है। इसकी तुलना में "ध्यान" में एक ध्येय वस्तु के ज्ञान की निरन्तरता होती है। मध्यकाल में यह विश्वास भी प्रचलित रहा कि योग के अष्टांगों द्वारा अवनर्मिल ज्ञान अथवा जादुई शक्तियाँ—'सिद्धि' या 'विभूति' भी प्राप्त होती हैं। इसके लिये 'योगज-ज्ञान' की विभिन्न दशाएँ भी पेश की गईं। 'ईश्वर' नामक एक नये तत्त्व का समावेश करने के कारण ही योग मनुष्य की आकांक्षाओं को रहस्यात्मक सिद्धियों का लोक दे सका। वेदांत ने ईश्वर से आगे 'ब्रह्म' को ही अंतिम सत्य बताया; 'प्रकृति' को नहीं। अतः ब्रह्मज्ञान ही नित्य (eternal) कहा गया। इस तरह वस्तुज्ञान अर्थात् 'प्रमाण' से ब्रह्मज्ञान अर्थात् 'प्रज्ञा' की ऐतिहासिक परिणति हुई। इसका नतीजा यह हुआ कि तर्क के बजाय 'श्रद्धा' को प्रतिष्ठा मिली। तर्कशील (reason) की मृत्यु हो गई। अतः श्रद्धा ज्ञानपूर्व एवं ज्ञानेतर बताई गई। यह भी कहा गया कि श्रद्धा के द्वारा ही प्रज्ञा सार्थक होती है। आस्तिक बुद्धि (उच्चतर सत्ता में विश्वास) एवं सम्प्रसाद (आत्मा के उद्धार की आकांक्षा) ये दो श्रद्धा के पक्ष हुए। सम्प्रसाद असंप्रज्ञात समाधि की ओर उन्मुख होता हुआ ईश्वर के 'अंतर्यामित्व' (आंतरक्रिया) द्वारा परिपूर्ण होता है। अतः श्रद्धा में ईश्वर का उदय होता है, तथा समाधि में ईश्वर का ज्ञान होता है। इस तरह श्रद्धा और समाधि का अभिषेक हो गया; और तर्क तथा प्रत्यक्ष को सदियों का बनवास मिला।

इसी बिंदु से हम अब वेदांत के ज्ञान-संबंधी सिद्धांत को भी भली-भाँति समझ सकते हैं। मध्यकालीन भारतीय दर्शन की मूल्यमीमांसा (epistemology) का सबसे बड़ा सवाल यही था कि ज्ञान सत्य है अथवा मिथ्या? वह प्रमाणित हो सकता है अथवा अनुभवसिद्ध ही रहता है?? स्वयं प्रकाश है अथवा प्रकाशित???

भट्टलोल्लट तथा श्रीशंकुक के प्रसंग में हम बता चुके हैं कि 'ख्याति' (ज्ञान) के इर्द-गिर्द ही लोकायत, न्याय, मीमांसा, अद्वैत आदि के प्रमाणविचार बुने गए हैं। 'अख्यातिवादी' मीमांसक ज्ञान को स्वयंप्रकाश तथा आत्मा को भूत मानते हैं; 'अन्यथाख्यातिवादी' नैयायिक ज्ञान को परतःप्रामाण्य तथा

भ्रांति-परक वस्तुओं की भी यथार्थता को स्वीकार करते हैं। इनकी तुलना में अद्वैत के अंतर्गत व्यावहारिक तत्त्व अर्थात् 'जगत्' का सारा ज्ञान माया अर्थात् भ्रांति अथवा **सामान्य** है, किन्तु पारमार्थिक तत्त्व अर्थात् 'ब्रह्म' का ज्ञान सत्य अथवा **विशेष** है। ब्रह्मज्ञान विशेष है, उसकी सिद्धि अष्टांगयोग से होती है, तथा उसका प्रमाण केवल 'श्रुति' अर्थात् 'शब्द' हैं। जहाँ तक प्रत्यक्ष, अनुमान, उपमान, अर्थापत्ति, आदि जैसे लौकिक एवं सामान्यज्ञानपरक प्रमाणों का सवाल है, वे बहुत-कुछ पूर्ववर्ती परम्परा की तरह ही हैं। लेकिन जब 'ब्रह्म' का सवाल उठता है, तब ये सभी प्रमाण बेकार हो जाते हैं और केवल 'श्रुतिप्रमाण' या शब्द ही रह जाता है, तथा जगत् मिथ्या हो जाता है। कह दिया जाता है कि जड़ विषयों के आकार से आकारित हमारी चित्तवृत्ति तदनुरूप 'प्रतिबिंबित' हो जाती है। इसके नाश से ही चित्प्रतिबिंबितचित् 'ब्रह्मस्वरूप' हो जाता है। यही 'जीव' एवं 'ब्रह्म' का ऐक्य है, तथा वेदांत का परम लक्ष्य 'ब्रह्मसाक्षात्कार' है।

अतः माया का नाश ही ज्ञान है।

अतः यह ज्ञान प्रमाण के बजाय प्रज्ञा (Revelation) के द्वारा होता है।

अतः यह ज्ञान 'अनुभूति' या 'साक्षात्कार' है जो श्रुति पर समाधि लगाने से प्रकाशित होता है।

अतः यह ज्ञान, विशेष है, स्वयंप्रकाश है और ब्रह्मज्ञान है।

उपर्युक्त प्रतिपत्तिकाओं को प्राप्त करने में वेदांत 'अनिर्वचनीय ख्याति' का सहारा लेता है। इसका मूल तात्पर्य यही है कि भ्रांतिपरक प्रमेय की व्याख्या सत्य अथवा मिथ्या के रूप में नहीं हो सकती। इसीलिये अद्वैतवादी ज्ञानसिद्धांत अनिर्वचनीयख्यातिवाद कहलाता है जो भ्रांतिपरक वस्तुओं की यथार्थता को ही नामंजूर करता है। जैसा कि हम पहले कह चुके हैं कि अख्यातिवाद के अनुसार प्रत्यक्ष वस्तु (रज्जु, सीप) तथा आरोपित स्मृत वस्तु (सर्प, रजत) के बीच के प्रत्यक्षज्ञान के अभाव से भ्रांति उत्पन्न होती है; अन्यथाख्यातिवाद के अनुसार प्रत्यक्ष वस्तु पर अतीत में देखी गई या वर्तमान में याद की गई वस्तु के दोषगुणपूर्ण आरोपण की वजह से भ्रांति उत्पन्न होती है (यद्यपि अनुपस्थित वस्तु भी यथार्थ ही होती है)। अद्वैतिनों के अनिर्वचनीय ख्यातिवाद के अनुसार भ्रांति भावनाएं उत्पन्न नहीं कर सकती (वे गुणदोषवृत्ति नहीं मानते) और भ्रांति में स्मृति का अनुभव भी नहीं होता। अतः भ्रांति स्मृति के बजाय प्रत्यक्षीकरण का एक रूप है। अतः भ्रांतिपूर्ण वस्तु न तो यथार्थ है, न स्मृति, न अनुमान और न ही प्रत्यक्ष। अतः यह न तो यथार्थ है, और न ही मिथ्या; अपितु यह 'अनिर्वचनीय' है। इसकी

तुलना में सत्य या ज्ञान 'स्वप्रकाश' है। हम यथास्थानों पर अनिर्वचनीयता का खंडन कर चुके हैं। श्रीशंकुक ने भी मणिप्रदीपन्याय से यही कहा है कि मिथ्याज्ञान भी कभी-कभी फलदायक अर्थात् यथार्थ हो जाता है। नैयायिक मानते हैं कि प्रत्येक वस्तु का स्वभाव तथा स्वरूप निश्चित है और परत:-प्रामाण्य पर आश्रित है। अद्वैतवादी कहते हैं कि केवल ब्रह्म ही सत्य है तथा सभी निश्चितों से परे है। निश्चय या तो 'मिथ्या' हैं, अथवा 'अनिर्वचनीय'। नैयायिकों के अनुसार निश्चय 'निर्वचनीय' हैं। अत: नैयायिक 'परिणाम' पर बल देते हैं, जबकि अद्वैतवादी 'विवर्त्त' पर विश्वास करते हैं। किसी संस्कार या कर्मबीज के विपाक की वजह से संपूर्ण मानस ही वृत्ति में रूपांतरित हो जाता है। इसे ही 'विवर्त्त' कहा गया है। यह वृत्तिचैतन्य का विवर्त्त है। हम जानते हैं कि चैतन्य संस्कार भी चेतनस्मृति के रूप में हाजिर नहीं होते। अत: अनुमान की तार्किक भूमि अंतर्मुखी स्मृति नहीं है; बहिर्मुखी है। स्वप्न तथा भ्रांतिपूर्ण प्रत्यक्ष में अनिर्वचनीय प्रमेय वस्तुत: एक स्मृतिबिंब है—एक ऐसा स्मृतिबिंब जो अपने स्मृतिचरित्र के प्रति भी प्रबुद्ध नहीं है।

इसका मतलब यह हुआ कि अनिर्वचनीयख्यातिबाद अंतर्विरोध (कान्ट्रे-डिक्शन) को बनाये रखकर उसे स्थायी कर देता है तथा उसका निराकरण नहीं करता। यह वाद (भ्रांति) तथा प्रतिवाद (मिथ्या) अर्थात् सद्रज्जु तथा असद् सर्प की विलक्षणता को बनाये रखता है। क्या हम 'चौकोर गोल' या 'खरगोश के सींग' को जान सकते हैं? लेकिन हम 'उस मिथ्या सर्प' को सही प्रतियोगी प्रत्यक्षीकरण द्वारा जान सकते हैं। तो हम इसे 'अनिर्वाच्य' क्यों मानें? यह तो अतर्कयुक्तचिंतन पर ही टिक सकता है। यह पहले शर्त्त लगवाता है कि हम 'माया' को स्वीकार करें। इस माया अर्थात् भ्रांति के तीन प्रकार हैं—वास्तवी, अनिर्वचनीय एवं तुच्छा। 'वास्तवी माया' वास्तविक जगत को प्रतिभासित मानती है तथा ईश्वर की 'लीला'। यह वास्तवी माया की चित्रात्मक धारणा है जहाँ जगत् लीलारूप में प्रतीत होता है। 'अनिर्वचनीयमाया' की धारणा बहिर्मुखी प्रतीतियों को अविचारणीय में घटा देती है। ईश्वर के पक्ष से यह उसकी निर्विकल्प स्वतंत्रता है जिससे वह सृष्टि तथा प्रलय करता है। 'तुच्छामाया' की धारणा ही ब्रह्म सत्य की धारणा का वैपरीत्य पेश करती है। इस तरह अनिर्वचनीयख्यातिवाद की भित्ति पर व्यष्टि का आत्मचैतन्य टिका है जहाँ 'अहं' या आत्म ही अनात्म या 'तत्' मान लिया जाता है। अत: माया की अपनी निजता नहीं है। वह तो 'नामों' एवं 'रूपों' की प्रातिभासिकता है। इसीलिये जागृति और सुषुप्ति की अपेक्षा स्वप्न और तुरीय को श्रेष्ठ माना गया। बृहदारण्यक उपनिषद् (IV, iii) का भाष्य करते हुए शंकर कहते हैं कि 'स्वप्न' में स्वयंज्योति प्रमातृ स्वप्नाकृतियों

को विषयरूपों में देखता है और इसलिये स्वयं भी प्रकट होता है; लेकिन 'सुषुप्ति' में स्वयंज्योति प्रकाशित नहीं होती क्योंकि वृत्ति पूर्णत: विसर्जित हो जाती है। अत: ख्याति के लिये वृत्ति की अपेक्षा रहती है।

सबसे अन्त में हम **'मोक्ष'** की समस्या लेंगे। वेदांत में इसे 'कैवल्य' भी कहा गया है।

भारतीय दर्शन 'मुक्ति' प्राप्त करने का विश्वासी है। मुक्ति का अभिप्रेत है, दु:ख से निर्विकल्प स्वतंत्रता। इसके लिये **दु:ख** से स्वतंत्रता की इच्छा आवश्यक है क्योंकि जिसकी समाप्ति की इच्छा नहीं की जाती वह **अनुभूत दु:ख** नहीं है। इस तरह इच्छा दु:ख के तथ्य की नियामक है। इसलिये इच्छा भी 'दोष' है। अत: दु:ख और इच्छा दोनों दोष हैं। न्याय में एक ही यथार्थता की स्वीकृति है। इसलिये शरीर नाश के साथ ही दु:ख से स्वतंत्रता मिलती है और यही 'अपवर्ग' है। पर वेदांत के अनुसार दु:ख के ज्ञान से स्वतन्त्रता की इच्छा न केवल दु:ख के निरास की इच्छा है बल्कि उपस्थित दु:ख का एक अंतर्विरोध रूप में भावित होने की इच्छा भी है। इस तरह स्वयं दु:ख और अनुभूत-न-किये-गये-दु:ख में भेद है। सांख्य और न्याय दोनों ही अनुभूत दु:ख को यथार्थ मानते हैं किन्तु वेदांत भ्रम मानता है जिसकी प्रातिभासिक सत्ता है। लेकिन सभी दर्शन दु:ख को भ्रांति (Illusion) अवश्य मानते हैं। वेदांती के लिये दु:ख, अनुभूत दु:ख तथा दु:ख की भावना एक हैं और सभी 'अविद्या' के कारण हैं। बौद्ध तथा न्याय दर्शन में दु:ख स्वाभाविक तथा यथार्थ किन्तु दोष माना गया है। वेदांत के अनुसार अनुभूत दु:ख आध्यात्मिक भ्रांति से उत्पन्न न होकर उसका ही देहवानिव है। अत: मुक्ति का मूल अर्थ दु:ख से स्वतंत्रता की इच्छा है, लेकिन वेदांत में यह नित्य मानी गई है। न्याय में मुक्तावस्था भी यथार्थ है, जबकि वेदांत में पारमार्थिक है। सांख्य में तो यथार्थ दु:ख से मुक्ति तक 'भोग' ही है। वेदांत तो बुद्धि से भी मुक्ति चाहता है—निर्विकल्पमुक्ति ! इसीलिये उसमें 'चैतन्य' पर बल है। वेदांत इस अन्तर्विरोध का समाधान नहीं कर सका है, इसीलिये उसमें श्रेय और प्रेय, शास्त्रीय कर्म और स्वाभाविक कर्म आदि का द्वंद्वात्मक द्वैत है। इसीलिये वेदांत 'साधना' पर बल देता है जबकि सांख्य 'विवेक' पर। किन्तु इसका लक्ष्य क्या है ? यदि दु:ख दोष है, तो सुख को गुण होना चाहिए। सांख्य में सुख को सत्त्व गुण प्रधान मानकर विवेकशील के रूप में स्वीकार कर लिया गया है, लेकिन वेदांत में सुख को भी व्यावहारिक सत्ता माना गया है और उसके स्थान पर 'आनंद' की कल्पना का समावेश हुआ है। इस प्रकार हम देखते हैं कि भारतीय दर्शन शरीरनाश के साथ दु:ख से स्वतन्त्रता तथा मुक्ति को स्वीकार करने की धारणा से आरम्भ होता है; और फिर क्रमश:

शरीर के अतिक्रमण की, कर्मों से निवृत्ति की, तथा जन्म-मृत्यु के क्रम से छुटकारे की धारणाएँ इसमें प्रधान होती जाती हैं। इसके लिये अनित्य शरीर और नित्य आत्मा का द्वैत कायम करना लाज़िमी था; इस लोक को केवल भ्रांति अर्थात् दुःखपूर्ण सिद्ध करना और परलोक को सुखपूर्ण तथा स्वर्ग सिद्ध करना वांछनीय था; तथा काल के अक्ष (axis) को तोड़कर परिवर्तन, परिणाम, कार्यकारण, आदि-अंत की सीमा, क्रम, आदि को समाप्त करना भी लाजिमी था। यही सब हुआ। और, मुक्ति में यही सब स्वीकार किया गया। इसके लिये 'ब्रह्म' या 'परमशिव' की धारणा का निर्विकल्प प्रत्यय ही मूल कारण माना गया। इस तरह मोक्ष का अर्थ आत्मा का ब्रह्म में लय होना, मिथ्या जगत् का त्याग कर परलोक की साधना करना, 'काल' के आवागमन-क्रम तथा कर्म-चक्र से छुटकारा पाकर विश्रांति प्राप्त कर लेना आदि हो गया। सारांश में एक 'चिरंतन जीवन' का प्रत्यय ही मोक्ष या मुक्ति बन गया। मोक्ष या मुक्ति के लिये यह भी माना गया कि 'काल' एवं 'देश' के अक्ष तोड़ कर इनके परे भी किसी सूक्ष्म एवं नित्य रूप में जाया जा सकता है बशर्ते कि मर्त्यमान शरीर और मृत्तिकापिंड जगत् से निवृत्त हो जाया जाय। इस भांति **परिवर्तन, मृत्यु** तथा **लौकिक दुःख-सुख** की समस्याओं का एक रहस्यात्मक अध्यात्मशास्त्र गढ़ डाला गया। और, इन्हीं के रूपकात्मक साट्टश्यों की बुनियाद पर सौंदर्यबोधशास्त्र के प्रत्यय भी ढाले गए। हम जानते हैं कि दुःख-सुख, मृत्यु, परिवर्तन की समस्याएँ मनोवैज्ञानिक, भौतिक तथा सामाजिक हैं। इनके समाधान के अपने वैज्ञानिक तथा समाजशास्त्रीय नियम भी थे। अतएव इनके मध्यकालीन आध्यात्मिक समाधानों अर्थात् 'मोक्ष' एवं 'आनन्द' को हम केवल विचारधारात्मक धारणाओं (Ideological concepts) तथा प्रतीकात्मक क्रियाओं (Symbolic activities) के रूप में ही विश्लेषित कर सकते हैं। जिस तरह स्वप्न तथा निद्रा के चरणों में शरीर की सत्ता और जागृतदशा के प्रत्यक्ष विलीन-से हो जाते हैं. उसी तरह मोक्ष का पूर्वाभ्यास (रिहर्सल) समाधि-दशा के रूप में किया गया। स्वप्न में भी तर्क का अवसान, यथार्थप्रत्यक्षों की असीमता, अवचेतन का उफान, अमूर्त्त चिंतन, विषय-विषयि का एकात्म आदि होता है। लगभग ऐसी ही धारणाएँ मोक्ष और रसानुभव के लिये ग्रहण कर ली गईं। निष्कर्ष रूप में कह सकते हैं कि वेदांत के अध्यात्म ने भी उन रूपों का अध्ययन किया जो भूत (matter) तथा परिणाम (motion) से भिन्न हैं। विश्व में सभी मध्यकालों के अध्यात्म ने केवल ऐसे ही रूपों का अध्ययन किया है। अतः मध्यकालीन सौंदर्यबोधशास्त्र में भी कलाकृति तथा कलानुभवों की अंतिम स्थितियों का तद्रूप रूपांतर हुआ है। इस रूपांतर का चरमोत्कर्षी मूल्य "**आनंद**" है जो लौकिक सुख का ही

एक विराटीकृत, उदात्तीकृत, अमूर्त्तीकृत तथा प्रतीकात्मक स्वरूप है।

ब्रह्म या परमशिव तत्त्व स्वप्रकाशरूप तथा आनंदरूप माना गया है। व्यष्टि को उसका अंश माना गया है। अतः आत्मन् या जीव का परमतत्त्व में लय ही मोक्ष है, जिसका अनुभव आनन्द है। यह आनंद भोगता कौन है? यह एक पहेली उठी ! देहप्रमाता इसे कैसे भोगे ? अतः कहा गया कि योगाभ्यास तथा समाधि आदि के द्वारा मनुष्य 'ज्ञान' प्राप्त कर सकता है, 'जीवनमुक्त' हो सकता है, 'सत्त्वोद्रेक' से पूर्ण हो सकता है। फलतः वह इस प्रकार से रूपांतरित होकर आनन्द का अनुभव कर सकता है। इसकी शर्त्त केवल 'देश' तथा 'काल' के अक्षों के बंधनों से क्षणिक या दीर्घ या अनतिदीर्घ स्वतंत्रता का आभास है। यह स्वतंत्रता 'स्वप्न', 'समाधि' और 'विश्रांति' में मिल सकती है। इसलिये आनन्द का अनुभव 'योगी' एवं 'सहृदय' दोनों कर सकते हैं, पहला योगसाधनाओं के द्वारा, और दूसरा तन्मयीभवन के द्वारा। दोनों ही चित्तवृत्ति का निरोध करते हैं और संविद्विश्रांति प्राप्त करते हैं। योगी 'ज्ञान' के द्वारा ब्रह्मानंद पाता है, तो सहृदय 'आस्वादन' के द्वारा। जिस तरह पानक रस पीने पर 'हर्ष' तथा 'तृप्ति' मिलती है, उसी तरह विभाव-अनुभाव-संचारी आदि के समूहालंबनात्मक आस्वादन से एक विचित्र प्रकार का हर्ष अर्थात् 'आह्लाद' तथा तृप्ति अर्थात् 'तर्पण' का फल मिलता है। इस तरह यहाँ हम त्रिविध रूपकता पाते हैं : अद्वैत दर्शन की साधनाओं की, पाकशास्त्रीय व्यंजन की तथा कलाव्यापार के अवयवों की। इनकी आद्यंत सांगरूपकता अद्भुत है। इसीलिये क्रमशः 'मुक्ति', 'भोग' तथा 'आनंद' एकघन अखंड व्यापार में गुँथे हैं। आनंद सुख-दुःख रूप से परे है क्योंकि यहाँ अनुभूत सुख-दुःख नहीं हैं। अतः अंतःकरण के मन तथा चित्त में 'विश्रांति' है। हृदय स्वगतपरत्वेन संबंधों से भी 'निर्विघ्न' है। अतः यहाँ न तो अनुभूत सुख-दुःख हैं, न वृत्तिरूप सुख-दुःख हैं बल्कि चैतन्यरूप स्थायीभाव मात्र हैं। इसलिये यही "आनंद" है। योग में संप्रज्ञात समाधि में वस्तु के तत्त्व की चार कोटियाँ मानी गई हैं : वितर्क, विचार, आनंद एवं अस्मिता। जब चित्त किसी एक वृत्ति पर 'एकाग्र' होकर लगता है तब केवल वही वृत्ति जागृत रहती है। स्थूल की प्रज्ञा 'वितर्क'; तथा स्थूल के सूक्ष्म पक्ष की प्रज्ञा 'विचार' है। योग में एकाग्रता के केन्द्र 'ग्राह्य'-'ग्रहण'-'गृहितृ' हैं। जब विचार की पूर्णता से सूक्ष्म के आलंबन के परिणामस्वरूप सत्त्वगुण का उदय होता है तब 'आनन्द' अनुगत होता है। विज्ञानभिक्षु के अनुसार वस्तु के तत्त्व के सुख की सिद्धि ही आनंद है; वाचस्पति के अनुसार यद्यपि 'ग्राह्य' पर वितर्क एवं विचार एकाग्र रहते हैं; लेकिन आनंद तो 'ग्रहण' अर्थात् क्रिया भाव पर एकाग्र रहता है। विज्ञानभिक्षु आनंदानुगत को विचारानुगत से श्रेष्ठतर

मानते हैं। विवर्त एवं विचार की तरह आनंद वस्तु का प्रस्तुतीकरण (प्रत्यक्ष) न होकर आत्मनिष्ठ अंतर्मुखता की एकाग्रता है। अतः आनंद में 'ग्रहण' एवं अस्मिता में 'ग्रहीतृ' होता है; जबकि विचार एवं वितर्क में 'ग्राह्य' की व्यक्ति होती है। सारांश में अंतर्मुखी वृत्ति में समाधि के अन्तर्गत ग्रहण के विषय से आनंद होता है। इसीलिये "आनंद" संविद्विश्रांति है।

'आनंद' की ऐसी धारणा की वजह से ही भारतीय हिन्दू काव्यनाटकों तथा सौंदर्यतत्त्व में त्रासदी (tragedy) का विकास असंभव हो गया और सुखांतिकी (Comedy) का त्रिवर्गसाधक हास्यविहीन रूप ही श्रेयस् बना। त्रासदी के जन्म के लिये कुछ विशेष मनोवृत्तियों का होना अनिवार्य है। यह एक विचित्र बात ही है कि शायद सारी दुनिया के केवल एक चौथाई हिस्से अर्थात् योरप में ही त्रासदी का उद्भव हुआ। हम भारतीय मध्यकाल के परिप्रेक्ष्य में इस पर विचार करेंगे। आर्नाल्ड हाउज़र ने कहा है कि 'मनोवैज्ञानिक आत्मरति (narcissism) और इसका समाजशास्त्रीय प्रतियोगी भाग परायापन (alienation) मिलकर ही त्रासदी की पूर्वपीठिका उपस्थित करते हैं। अकेलापन और दुःसंघात त्रासदी के व्यापार के आधार हैं।'[1] त्रासद नायक का प्रतीकात्मक आचरण **खामोशी** है जो उसे ईश्वर तथा जगत् से जोड़ने वाले सेतु को भंग कर देती है। भारतीय चिंतन में ईश्वर से जोड़ने वाले सेतु के टूटने की धारणा ही असंभव थी बल्कि यहाँ तो खामोशी की परिणति **शांति** में होती है और चित्तनिवृत्ति के द्वारा ईश्वर के साथ यह सूक्ष्म संबंध पुनः स्थापित होता है। त्रासदी में 'भाग्य' घटनाओं का संचालन करता है। भारतीय मध्यकालीन चिंतन में भाग्य कर्मफल से बँधा है; और उसके अनुसार जो भी नायक चुना जाता है वह अन्ततोगत्वा सौभाग्यशाली होता है, अतः यहाँ त्रासद नायक का जन्म नहीं हो सका। भारतीय चिंतन में कर्मचक्र पूर्वजन्म से लेकर आगामी जीवन तक को जोड़ता है। अतः नैतिक यातनाओं के प्रति त्रासद बोध नहीं जाग पाता क्योंकि उन्हें पाप-भोग मानने का विश्रांतिपरक विश्वास होता है। फलतः पात्र में नैतिक द्वंद्व का अभाव होता है। मध्यकाल में ईश्वर के प्रतिकूल कोई भी नैतिकता नहीं हो सकती थी। अतः उस काल में मामूल की व्यावहारिक जिंदगी या जीवंत यथार्थता भी अतिप्राकृतिक शक्ति से संचालित मानी जाती थी। अतः आत्मा परमात्मा से अलहदा नहीं हो सकती थी। इसीलिये एक ही नैतिकता सारे हिन्दुओं के लिये लागू थी जिससे नरोत्तम और नराधम पात्र तो उत्पन्न हुए किन्तु ऐसा

---

१. "Mannerism". p 138. Routledge & Kegan Paul, London, 1965. Vol I.

त्रासद नायक नहीं जन्मा जो 'एक साथ ही अनजान एवं अपराधी' हो। इसके अलावा अमरता, परलोक एवं आनंद और मोक्ष में विश्वास होने के कारण इस जगत् में त्रासदी का अनुमान ही वर्जित था। अलबत्ता भट्टनायक ने पहले-पहल पात्र बनाम सामाजिक के बीच सीता या पार्वती की रति को लेकर गूढ़ नैतिक संकट की झलक दी थी, किन्तु उसका स्वरूप दो धरातलों वाला था। यदि यह संकट नाट्य के ही नायकादि में उभरा होता, तब त्रासदी संभव थी। अतएव कर्मचक्र, मोक्ष, आनंद एवं अमरता की धारणाओं के कारण भारतीय मध्यकाल में त्रासदी का जन्म नहीं हो सका।

उपर्युक्त पृष्ठभूमि पर ही पंडितराज जगन्नाथ की स्थापनाओं का सही विवेचन हो सकता है।

हमारा अंदाज़ तो यह भी है कि पंडितराज जगन्नाथ (सत्रहवीं शती) ने अद्वैतवेदांती शंकराचार्य (आठवीं शती) से बेहद तादात्म्यीकरण किया था। 'सौंदर्यलहरी' की तरह 'गंगालहरी' लिखना, 'ब्रह्मसूत्रों' के भाष्य की तरह शब्दब्रह्म का रस-भाष्य लिखना, दिगंतव्यापी खंडन-मंडन करने की तरह अप्पय-भट्टोजि आदि का खंडन करना, आत्मगौरव तथा महान् प्रतिभा से दीप्त होना, और सर्वोपरि विशुद्ध वेदांत का आधार लेना, इत्यादि;—ये उनके अर्जित शांकर स्वभाव के प्रतिपादक हैं। शायद अभिनवगुप्त के पश्चात् वे दूसरे सशक्त दार्शनिक-सौंदर्यशास्त्री ठहरेंगे जिन्होंने पाँच सौ वर्षों से सुषुप्त संस्कृत काव्यशास्त्रीय परम्परा का दुबारा उन्मेष किया। अभिनवगुप्त एक हिमस्थैतिक लघु समाज तथा तंत्रपीठ की महत् उपज थे, जबकि पंडितराज एक विशाल मुगल साम्राज्य की ठाठवाली ठसक थे। वे एक बेहद परायीकृत, ऐश्वर्यपूर्ण, आडम्बरपूर्ण किन्तु शहरी तथा धर्मनिरपेक्ष पर्यावरण में फूले-फले थे। वे सच्चे वेदांती थे इसीलिये एक रमणीय मुसलमान कुरंगी रमणी से विवाह भी किया था। हम बेझिझक कह सकते हैं कि यह सब-कुछ काव्यपीठ के शंकर बनने की उनकी महत्त्वाकांक्षा की झाँकी देता है। बेशक उनमें बौद्धिक प्रखरता तथा निर्भीक कल्पना का आदित्य तमतमाता और चन्द्रमा चमचमाता है। अस्तु।

पंडितराज जगन्नाथ ध्वनिवादी थे। इस दृष्टि से भी वे आनंदवर्धन और अभिनवगुप्त की कड़ी में आते हैं। अभिधा के प्रसंग में वे वैयाकरणों से, लक्षणा के प्रसंग में नैयायिकों से, तथा व्यंजना के प्रसंग में रसध्वनिवादियों से प्रभावित थे। इसी तरह वे आनंदोपासक शैवाद्वैत की अपेक्षा शांकर अद्वैतवेदांत के अनुयायी थे। मध्यकालीन भारतीय आचार्य प्रतिबद्ध होने के नाते दूसरों के मतों की या तो अपने अनुसार व्याख्या कर देते थे अथवा मूल सूत्र को अपने दार्शनिक भाष्य में ढाल देते थे। अभिनवगुप्त ने भट्टनायक की व्याख्या

में 'आनंद' 'प्रकाश' जैसे शब्दों को शामिल करके भट्टनायक का शैवाद्वैतीकरण करने की कोशिश की थी। मम्मट ने अभिनवगुप्त को अद्वैत के ढाँचे में ढालने की कोशिश की थी। विश्वनाथ ने भट्टनायक तथा अभिनवगुप्त का मिलन कराने की कोशिश में एक ओर तो भट्टनायकप्रणीत भावकत्व-व्यापार में-से साधारणीकरण को अलहदा कर दिया, तो दूसरी ओर रसानुभव के अंतर्गत शैवदृष्टि को वेदांती दृष्टि में रूपित कर दिया। सबसे अखीर में पंडितराज जगन्नाथ ने अभिनवगुप्त को ही अपना प्रतिष्ठान बनाया, किन्तु अभिनवगुप्त के समग्र सिद्धांत का **शांकर वेदान्तीकरण** कर डाला। "उन्होंने अपने विवेचन में ग्यारह मतों को महत्त्व की दृष्टि से आपेक्षिक क्रम में रखा है। प्रथम अभिनवगुप्त का मत है। वही पंडितराज का सिद्धांतपक्ष है। अभिनव के दार्शनिक दृष्टिकोण की जगह वेदांत की दृष्टि अपनाकर अभिनव के मत का वेदांतीकृत रूप ही पंडितराज को इष्ट है। महत्त्व की दृष्टि से द्वितीय भट्टनायक का मत है। और तीसरे दर्जे पर अनिर्वचनीयतावादी मत आता है। उसे पंडितराज की तटस्थ दार्शनिक बुद्धि की एक प्रतिक्रिया ही समझना चाहिए। दोनों नवीन मतों में पंडितराज यही दिखाना चाहते हैं कि यदि शुद्ध दार्शनिक दृष्टि से रस पर विचार किया जाय तो उसका स्वरूप इस भाँति निरूपित किया जा सकेगा। इस कारण पंडितराज के रस-विवेचन में महत्त्व इन नूतन मतों का उतना नहीं जितना उस सिद्धांतपक्षीय मत का है जो अभिनव के ही मत का वेदांतीकृत रूप है।"[1] निस्संदेह अभिनव के बाद वे दूसरे दार्शनिक सौन्दर्यबोधशास्त्री हैं।

सबसे पहले हम पंडितराज कल्पित व्यक्तित्व (Personality) की धारणा से शुरुआत करेंगे। इस दृष्टि से उन्होंने भरत के बाद महत्तम क्रांति की। भरत का 'सुमन प्रेक्षक' पंद्रह सौ वर्षों के बाद 'रसिक योगी' की तरह हो जाता है। यह एक विरोधाभासपूर्ण (पैरोडाक्सिकल) परिभाषा है। इसमें उस युग की महान् दरार भी परिलक्षित होती है। शाहजहां युग में पंडितराज ने 'प्रतिभा' की प्रतिष्ठा की है। मध्यकाल में मौलिकता को उतना बल नहीं दिया जाता था जितना कि शास्त्रपरम्परा को। प्रतिभा की धारणा पर बल देकर पंडितराज एक ओर तो अतीत से सूत्र जोड़े रहते हैं और दूसरी ओर

१. प्रेमस्वरूप गुप्त : "रस गंगाधर का शास्त्रीय अध्ययन" पृ० २१८, भारत प्रकाशन मन्दिर, अलीगढ़, १९६२।

अपने विद्रोह की भी घोषणा कर देते हैं। मध्यकाल में निरंकुश शासकों की तरह निरंकुश कवियों का सादृश्य तो अर्से से चला आ रहा था, लेकिन कुंतल के बाद पंडितराज ने ही सही अर्थों में प्रतिभा में 'अंतर्मुखी व्यक्तिवाद' की प्रतिकल्पना भी की है। कौशल तथा परम्परा के अलावा सृजनात्मकता के भी समावेश का यह अंतर्मुखी दृष्टिकोण एकदम कला-दर्शन का दबाव कृति से कवि पर केन्द्रित कर देता है। यह शाहंशाह और जगदीश्वर की हुकूमत का ही प्रभाव था, जिसके फलस्वरूप अन्य कलाओं विशेषतः वास्तुकला—में ताजमहल और जामा मस्जिद का भी निर्माण हुआ था। पंडितराज ने 'कारयित्री' प्रतिभा पर बल देकर श्रम या कार्य तथा व्यक्तित्व के बीच के संबंध को चाहे समझा न हो, किन्तु महसूस जरूर किया। बहुत कुछ ऐसी ही दास्तान रिनैसाँ में माइकेल एंजिलो के साथ गुजरी थी। अंतर्विरोधों की इस कड़ी में हमें यह भी खयाल रखना चाहिये कि पंडितराज दरबारी मंसबदार भी थे। अतः वे अपनी दुनिया में पूर्णतः अंतर्लिप्त थे और अलंकरण-गुण-शृंगार की चमक-दमक के कायल थे। ऐसा मध्यकालीन परिवेश एक अंतर्लीनता (involvement) की माँग करता है जबकि भरत से लेकर अभिनव तक इस शर्त्त से विमुक्तप्राय थे। इस दृष्टि में शासक तथा शासित, कवि तथा सहृदय के बीच ज्यादा दूरी हो ही जाती है। अतः गर्व और गौरव, कीर्ति और अभिमान ही प्रधान हो जाता है। इस परिवेश में सौंदर्य की धुरी 'रमणी' होती है—नारीछवि ! मादक रागोन्माद तथा ऐंद्रियता इसके दो तत्त्व हैं। गोपनीय तथा आवृत्त को उद्घाटित या अनावृत्त या आलोकित करना ही इस गुप्त कामदेवता की रीति (mannerism) होती है। स्थूल मांसल धरातल पर हिन्दी का रीतिकाल इसकी पूर्ति कर रहा था। सूक्ष्म तथा वैचारिक धरातल पर पंडितराज ने 'व्यंग्यार्थक शब्द' के बजाय 'रमणीयार्थक शब्द' की प्रतिष्ठा कर दी। मुगलों का युग रीतिवादी युग (Mannerist Age) था। अपने को भाखा-कवियों से तथा जनचित्त से अलग करने के लिये परायीकृत (alienated) पंडितराज ने कारणता की विलक्षणता के कारण प्रतिभागत वैलक्षण्य तथा कार्यता के अवच्छेद के कारण काव्य की विलक्षणता को स्वीकार किया। उन्होंने प्रतिभात्व को जाति तो माना, किन्तु न्यायसंमत जाति-विशेष भी। अतः यहाँ विविधरूपता—एकरूपता का द्वित्व कायम हो गया। यह द्वित्व 'सहृदय' की धारणा तक में लक्षित हुआ।

अध्यात्म के धरातल पर प्रतिभा का यह द्वित्व उसकी 'अखंड-उपाधि-रूप'-धारणा में परिणत होता है। इस धारणा के मूल यथार्थ ज्ञान के लौकिक प्रत्यक्ष के बजाय स्वयंप्रकाश्य ज्ञान (intuition) या 'प्रज्ञा' के कार्यकारणविमुक्त उद्घाटन (revelation) की प्रमुखता है, तथा नर्मिल मानवीय चेतना के मुकाबले 'ब्रह्म' के निर्विकल्प आर्केटाइप का आत्मा रूप में एक लघुकल्प

(मिनियेचर) है। अतः 'ब्रह्म' एवं 'जीव' के प्रत्ययों को लेकर देशविमुक्त अर्थात् 'विशुद्ध' एवं कालविमुक्त अर्थात् 'मुक्त', चेतनातीत अर्थात् 'बुद्ध' तथा कर्म के कारण-कारण से स्वतन्त्र अर्थात् 'नित्य' उपाधियों की प्रतिष्ठा हुई। 'काल' एवं 'कर्म' के अक्षों से मुक्त प्रतिभा एक ओर तो मात्र चैतन्य हो जाती है तथा दूसरी ओर यथार्थ एवं अयथार्थ के भेद तथा विकल्प से परे 'अखंड' रहती है। अतः अमूर्तीकरणों का यह सिलसिला ही प्रतिभा को अखंड उपाधि-रूप बनाता है। हम जानते हैं कि स्वयं प्रकाश्यज्ञान या 'प्रज्ञा' (intuition) की कुछ विशेषताएँ हैं : यह प्रमाण से परे है; इसमें यथार्थ तथा अयथार्थ के पूर्व की अभेदावस्था है; इसमें यथार्थ के प्रत्यक्ष तथा संभव के बिंब की अखंडैकता भी है; तथा यहाँ व्यष्टि अपनी विलक्षणता में उन्मीलित होता है। अतः 'प्रज्ञा' विलक्षण प्रत्यक्षबोध (aesthetic) या सौन्दर्यतत्त्वबोध के क्षेत्र की है। इसमें बिंबों का विशुद्ध प्रकटन होता है। सौन्दर्यतात्त्विक प्रज्ञा का घटन ऐतिहासिक तथा वैज्ञानिक ज्ञातता के पहले होता है, और यह धारणात्मक ज्ञान से भी स्वतंत्र है क्योंकि यह बिंबों की उद्भावना स्वमुक्त ढंग से करती है। सारांश में, प्रज्ञा के तत्त्व तथा धर्म ये ही हैं। इन्हें ही 'प्रतिभा' की धारणा में पिरोया तथा ब्रह्म से संलग्न किया जाता रहा है। इसीलिये आत्मा के प्रत्यय का व्यवहार हुआ। वेदांत के अनुसार 'जीव' ब्रह्म है, लेकिन स्थूल शरीर से तादात्म्य करने पर आत्मन् जीव अर्थात् देहिन् हो जाता है। वस्तुतः यहाँ एक सूत्र गुँथा है : ब्रह्म माया से आच्छादित होकर ईश्वर हो जाता है, तथा पंचकोषों से सीमित होकर वही जीव है। इसी भूमि पर एक ओर विशुद्ध 'ब्रह्म' है जो निरुपाधिक है अर्थात् जो ज्ञाता-ज्ञेय-ज्ञान के भेदों तथा विकल्पों से विरहित है; दूसरी ओर 'ईश्वर' है। सत्त्वगुणप्रधान ईश्वर (अर्थात् प्रज्ञारूप सृजनात्मकता का अमूर्त्त वैश्वकीकरण) की नित्य, शुद्ध, बुद्ध एवं मुक्त उपाधियाँ हैं। अतएव अखंड उपाधि की धारणा में प्रतिभा आत्मन् है, चैतन्यरूप है, सत्त्वगुणप्रधान है, तथा चैतन्यरूप होने के साथ-साथ सोपाधिक भी है अर्थात् अंतर्विरोधों का सामंजस्य है। इस रूप में प्रतिभा 'एकाग्र' भी है, तथा 'विक्षिप्त' (सखंड उपाधि) भी। इस रूप में वह 'स्थिति' है जहाँ कर्म का अभाव तथा लौकिक प्रत्यक्ष का तिरोभाव है। अतः यहाँ जागृति, चेतना एव यथार्थ के बजाय 'सुषुप्ति', विवर्त्त एवं चित्तबिंब आ जाते हैं। सारांश में पंडितराज ने प्रज्ञारूप प्रतिभा का निरपेक्ष (absolute) से तादात्म्य कराया, और मध्यकालीन दर्शन के अनुसार उसे 'ईश्वरवत्' प्रतिष्ठित किया जिसमें स्थिति-सृष्टि अर्थात् कारयित्री पक्षों की ही प्रधानता हुई।

ईश्वर-रूप प्रतिभा की तरह पंडितराज ने "सहृदय" के लिये भी 'आत्मन्' का इस्तेमाल किया है—आत्मा की अज्ञानावृत्त दशा का। वेदान्त

का बोध सब आत्माओं में भी एक-सा है। स्थूल शरीर से तादात्म्य करने वाला रसिक सहृदय एक आत्मनयुक्त देहिन् अर्थात् जीव है। इस संदर्भ में ब्रह्म सत्य है, जगत् मिथ्या है, तथा जीव अविद्या में आवृत्त होने के कारण बद्ध हैं। इस त्रित्व का यही लक्ष्य होता है कि मिथ्या जगत् अर्थात् माया की अविद्या से जीव मुक्त हो; मुक्त होने पर वह चैतन्य रूप होता है; चैतन्य रूप होने पर विशुद्ध आत्मन् हो जाता है और विशुद्ध आत्मन् समाधि में व्यष्टि न होकर अद्वैत, ब्रह्म की तरह, हो जाता है। एक रूपक द्वारा यह स्पष्ट किया गया कि ईश्वर पर आनन्द का आवरण शुद्धसत्त्व है, लेकिन जीव पर सुषुप्ति का आवरण मलिन सत्त्व है। यह मलिनता संस्कार के कारण है क्योंकि सुषुप्ति (स्वप्नविहीन प्रगाढ़ निद्रा) में अतीत जीवन की भी विद्या तथा कर्म 'संचित' रहते हैं। इसलिये सहृदय की आत्मा भी संस्कारों के मलिन आवरण तथा अविद्या से आच्छादित रहती है, लेकिन मूल रूप में वह नित्य है, शुद्ध चैतन्य है, स्वप्रकाश है, आनन्दघन है। अतः संपूर्ण रसप्रक्रिया का लक्ष्य केवल इस अविद्या के आवरण को भग्न करना है, ताकि सहृदय जीवन्मुक्त की तरह हो जाय, और अपने आत्मन् को ब्रह्मरूपता दे सके। वेदांत में इस प्रक्रिया के लिये घट-प्रदीप के रूपक का व्यवहार हुआ है। यदि एक दीपक को सकोरे से ढँक दिया जाय तो न तो वह खुद प्रकाशित होता है और न ही आसपास की पूर्वोपस्थित वस्तुओं को प्रकाशित करता है। यदि इस सकोरे से आवरण हटा दिया जाय तो दीप भी स्वयं प्रकाशित हो उठता है तथा आसपास की सभी वस्तुएँ भी प्रकाशित हो जाती हैं। इसी तरह सहृदय का दीप रूपी चैतन्य है जो संस्कारों तथा जगत् की माया के सकोरे से आवृत्त है। इस सकोरे के हटा दिये जाने पर—अर्थात् अविद्या के नाश होने पर—चैतन्य का वास्तविक रूप अभिव्यक्त हो जाता है। इसे 'भग्नावरण चित्त' कहा गया है। अतः बिंबवृत्ति के कारण चित्त स्वयं भी प्रकाशित होता है, तथा अन्य को भी प्रकाशित करता है। इसका मतलब यह हुआ कि सहृदय का चैतन्य या चिति स्वयं भी वैश्वकीकृत होती है तथा काव्य एवं नाट्य की शब्द और विभावादि की अ-लौकिक सृष्टि को भी (घटरूपक से) प्रकाशित करती है। अतः हम देखते हैं कि अभिनवगुप्त ने जिस 'वीतविघ्नप्रतीति' पर बल दिया है, वही यहाँ 'भग्नावरण चित्त' हो गई है। अभिनवगुप्त ने आनंद को परमशिवतत्त्व की एक शक्ति के रूप में लिया है, वेदांती पंडितराज उसे चितिरूप मानते हैं। अतः आनंद चैतन्य का रूप हुआ; स्वभाव नहीं। चैतन्य नित्य, मुक्त, स्व-प्रकाश तथा आनंदघन है। इसलिये रस भी नित्य, मुक्त, स्वप्रकाश और आनन्दरूप हो गया। इस तरह 'रस' और 'ब्रह्म' के बीच समीकरण (equation) कायम होता चला गया। फलतः 'आत्म—ब्रह्म—रस' के

विशुद्ध निर्विकल्प प्रत्यय ढलते गए। इसमें मूल सवाल जीव को आत्मन् में रूपांतरित करने का, तथा विभावादि से अभिव्यक्त स्थायीभाव को रस में रूपांतरित करने का ही रह गया। इस रूपान्तर को स्पष्ट करने के लिये 'योगी' तथा 'सहृदय' के साम्यरूपकात्मक सम्बन्ध (analogical relation) का जमकर व्यवहार हुआ है। फलतः यहाँ आकर सहृदय योगी की तरह हो गया। इसी स्थिति को मीमांसा, न्याय, सांख्य आदि बचाते चले आ रहे थे। अभिनवगुप्त ने भी इसे एकांतिक आधार नहीं माना। अतः अब रसानंद का सम्बन्ध सहृदय के संस्कारों से अधिक सहृदय के आत्मन् से हो गया। अतः संपूर्ण सौन्दर्यबोध-दार्शनिक दिशा संस्कार से चित्तवृत्ति में केन्द्रित हुई। सारांश में अभिनवगुप्तसंमत अभिव्यक्ति की वेदांती व्याख्या 'आनंदरूप आत्मन् की चित्त-वृत्ति' में हुई।

योगवेदांत में कुछ 'चित्तभूमियाँ' ध्यातव्य हैं: क्षिप्त (रजोगुण के प्रभाव की चंचलता), मूढ़, विक्षिप्त (सत्त्व का आधिक्य किन्तु रजस् की भी उपस्थिति), एकाग्र (विशुद्ध सत्त्व के उद्रेक से एक विषय में निर्वात दीपशिखा-सा स्थिर होना) और निरुद्ध (सभी चित्तवृत्तियों का निरुद्ध होना और केवल संस्कारों का रह जाना)। वेदांत में ईश्वर की सीमित पराप्रकृति—जगत् का सृष्टिरूप प्रत्यक्ष या माया—उसकी 'बुद्धि' है, जो ज्ञान भी है। ज्ञान में 'वृत्ति' तथा चित् का भी समावेश है। वृत्ति संस्कारों तथा विद्या-कर्मों का परिणाम मानी गई है। स्मृति तथा निद्रा भी चित्तवृत्तियाँ हैं। इनमें से निद्रा में वस्तु के अभावज्ञान का आलंबन है तो स्मृति में प्रस्तुतीकरण है। स्मृति के अन्य भेद 'चिंता' एवं 'ध्यान' भी हैं। इस तरह हम शनैः-शनैः जागृति के बजाय सुषुप्ति-दशा में खिसकते चले जाते हैं। कला में अलौकिक उपकरण चित्तवृत्ति को सीमित करते हैं। स्थायीभाव इनमें से मुख्य है। अतः लौकिक आनंद एवं काव्यानंद में भेद होता है। अतः भाव चित्तवृत्ति-रूप हैं अर्थात् ये विषयों के अनुरूप बिंब-प्रतिबिंबमय हैं। ये भाव संस्कारों द्वारा भी निर्मित हैं जो इन्द्रियों द्वारा प्रत्यक्ष नहीं किये जाते, लेकिन चित् को—स्वप्न एवं स्मृति में भी—प्रभावित करते हैं। अतः चित्तवृत्ति का सम्बन्ध विशुद्ध ब्रह्म चैतन्य से नहीं है। रसानंद में चित्तवृत्ति का सम्बन्ध एक ओर विभावादि तथा प्रमेयों के प्रतिबिंब से है, तो दूसरी ओर संस्कारों से भी। अतः चित्त-वृत्ति एक ओर काव्यनाट्यादि के प्रमेयों के आकार के अनुरूप अर्थात् 'तत्तद्वि-षयाकारा' हो जाती है, तथा दूसरी ओर 'अखंड चैतन्यविषया'। चैतन्य का स्वरूप आनंद है, और विषयाकारिता का अनुव्यवसाय तन्मयीभवन है। अतः स्थायीभावों के अनुरूप चित्तवृत्ति तत्तद्विषयाकारा होती है तो रसानंद रूप में आत्मचैतन्यस्वरूप भी होती है। पंडितराज ने विभावादि की 'चर्वणा' को

आवरण-भंग भी कहा है। इसका अर्थ तो यह हुआ कि चर्वणापूर्ण अवस्था एक भ्रांति-जैसी है। इससे यह निष्कर्ष निकलता है कि काव्य में अभिधा की लौकिकता, तथा नाट्य में रंगशीर्ष का अभिनय एवं रंगसंग्रह वाला समग्र प्रत्यक्षीकृत प्रमाण माया का पराप्रकृति-रूप है। इसलिये रसानुभूति में चित्त-वृत्ति विशुद्ध चैतन्याकारा न होकर 'एकाग्र' एवं 'संस्कारित' रहती है। एक ओर चित्तवृत्ति की विषयाकारा परिणति होती है तो दूसरी ओर प्रमातृ की चेतना चित्तवृत्तिधर्मा हो जाती है। इस तरह प्रमातृ की चेतना, चेतना की चित्तवृत्ति, तथा चित्तवृत्ति की प्रमेयाकारिता—तीनों अखंडाकार हो जाती हैं। यही 'तन्मयीभवन' की वेदांती व्याख्या है। जाहिर है कि यहाँ सभी कुछ अंतर्मंडलित, अभेदीकृत तथा अमूर्त्तीकृत है। वस्तुतः यह तर्कपूर्व (pre-logical), प्रत्यक्षेतर (beyond perception) तथा कारणवाद (causality) से मुक्त है। वस्तुतः इस प्रक्रिया में विषय के अन्तर में प्रवेश तथा विषय द्वारा चेतना का रूपांतर, दोनों शामिल हैं। यहां हम देखते हैं कि यह सब-कुछ यथार्थ, जागृति और चेतना के नर्मिल परिप्रेक्ष्य में न घटकर प्रतीकात्मक कार्यों में घटता है। इसी वजह से जागृति की एक निरपेक्ष दशा समाधि, चेतना की एक निरपेक्ष दशा चित् या चैतन्य, विश्रांति की एक निरपेक्ष दशा मुक्ति, हर्ष की एक निर्विकल्प दशा आनंद आदि के विराट् आध्यात्मिक प्रतीक रचे गए हैं। फलतः सारी मनोस्नायविक प्रक्रिया (psycho-neural activity) की आरम्भिक भूमि ही निद्रावृत्ति तथा एकाग्रचित्तवृत्ति है। यह जागृत तथा विविध संवेदनाओं वाली लौकिक दशा के कर्म-इच्छा-ज्ञान के एकान्वय का रहस्यात्मक आदर्श (mystical ideal) ही है। यह उस अयथार्थ दार्शनिक दृष्टि पर आधारित है जिसके अनुसार मनुष्य के अन्दर ही की प्रक्रियाओं की वजह से मानवीय जगत् तथा मानवीय आत्मा का 'आभास' होता है। वेदांत के आदर्शवाद ने इसे एक निर्विकल्प मानस या 'आत्मन्' या 'ब्रह्म' का कार्य बताकर निर्विकल्पों (Absolutes) का प्रवेश कराया। इसके पहले मीमांसा, न्याय, सांख्य आदि अंतःकरण तथा मनुष्य की इंद्रियों के अलावा अन्य किसी सक्रिय कारण (agent) को नहीं स्वीकारते थे। लेकिन शैवाद्वैत तथा शांकर अद्वैत ने परमशिव अथवा ब्रह्म को ही ऐसा प्रधान कारण मान लिया। बस, निर्विकल्पवाद (Absolutism) का पूर्ण रचनागठन (स्ट्रक्चर) संभव हो गया। अब एक ऐसा 'कारण' मिल गया जो काल, देश, कारण, भूत, गति, परिवर्तन, खंडता, अपूर्णता, अनित्यता, अशुद्धता, बद्धता आदि सभी से मुक्त है। स्पष्ट है कि ऐसे अद्वैत ब्रह्म का ज्ञान किसी अन्य कारण से न होकर आत्मज्ञान तथा आत्मप्रकाश तथा आत्म-आनन्द रूप से ही हो सकता है। इसकी भी अद्वैतवादी प्रक्रिया है : (१) पहले जगत् तथा आत्मन् को विभक्त

कर देना; (२) आत्मन् को देहिन् से विभक्त कर देना; एवं (३) इस विभक्ति को आत्मचैतन्य द्वारा सूक्ष्म तथा अमूर्त्त तथा विशुद्ध संवटनों (phenomenon) द्वारा एक कर देना। किन्तु यह सब करने के हेतु सुषुप्ति, स्वप्न, समाधि की दशाएँ आधार बनीं; न कि जागृति एवं प्रत्यक्ष की दशाएँ। अस्तु।

सहृदय के प्रसंग में हम यही देखते हैं कि चर्वणा-व्यापार भी एक आवरणभंग है। यहां आवरणभंग केवल कलात्मक संदर्भों में सीमित है। अत: यह एक सीमित एवं विलक्षण आवरणभंग है जो 'भाव' पर केन्द्रित है। स्थायीभावादि चित्तवृत्तिरूप हैं। अत: यह भग्नावरणचित्त चैतन्य रूप भी है, और चित्तवृत्तिमय भी। यह इसका द्वैत है : चित्त एवं चित्तवृत्ति का द्वैत ("भग्नावरणचिद्विशिष्टो रत्यादिः रसः")। इस तरह आनन्द का आधार तो चिति-अंश है, तथा तन्मयीभवन का चित्तवृत्ति। यहाँ पंडितराज के मुताबिक आनन्द का चिदंश विशेषण है, तथा चित्तवृत्ति-अंश विशेष्य। यहाँ अभिनव तथा पंडितराज में भेद है। माया को भ्रांति तथा आवरण मानने के कारण पंडितराज यह काव्यव्यापार शुद्ध ब्रह्म के पहले ही शुद्धसत्त्वउपाधिमय ईश्वर के चरण पर सम्पन्न करा देते हैं। इसकी तुलना में अभिनवगुप्त माया को परमशिवतत्त्व की शक्ति तथा उन्मेष मानने के कारण काव्यव्यापार में स्वयं लोक के बजाय असौंदर्यतात्त्विक लौकिक विघ्नों को समाप्त कराते हैं। काव्यव्यापार में वेदान्ती सहृदय अर्थात् जीव अपने ऊपर से मलिन सत्त्व का आवरण हटाकर शुद्ध सत्त्व की आनन्दरूप उपाधि प्राप्त करता है। वेदांत में भौतिक संपर्क अर्थात् तमस् मिथ्या है, और सत्त्व की सूक्ष्मता ही यथार्थ। यह इसकी बुनियादी दार्शनिक दृष्टि है। ताज्जुब तो यह है कि शुद्ध सत्त्व उपाधि धारण करने वाला अर्थात् चित्त के आवरण को भग्न करने वाला जीव इस अवस्था में अविद्या तथा कर्म के बंधनों का नाश करके 'जीवन्मुक्त' होता है। इस दशा की तुलना त्रिगुणातीत ईश्वर की 'सुषुप्ति' से की गई है। अत: सुषुप्ति में ही जीव मुक्त हो जाते हैं। अत: जीव पर सुषुप्ति का आवरण सत्त्व तो है लेकिन मलिन सत्त्व, क्योंकि संस्कारों के कारण मलिनता रहती है। इसकी तुलना में ईश्वर की सुषुप्ति में आनन्द का आवरण तो है लेकिन शुद्ध सत्त्व रूप। इस आधार पर 'चित्त' के बाद दूसरा केन्द्र "सुषुप्ति" (निद्रा) हो जाता है।

इस केन्द्र पर 'योगी' तथा 'सहृदय' की तुलना का सारांश देना समीचीन होगा। हम बता चुके हैं कि योगी तथा सहृदय, दोनों के आत्मन् चैतन्य रूप हैं, आनंद रूप हैं तथा चिदंश हैं। योगी ब्रह्मानंद का, तथा सहृदय काव्यानन्द की अनुभूति करता है। ब्रह्मानंद की स्थिति चित्तवृत्तिशून्य होती है,

जबकि काव्यानन्द स्थायीभाव की उपाधि से उपहित चित्तवृत्तिरूप होता है। दोनों ही आनन्दरूप आत्मन् माने गए हैं। अतः काव्यानंद का आत्मानंद सोपाधिक है। इस तरह योगी के विशुद्ध ब्रह्मानंद के सादृश्य पर सहृदय के ब्रह्मानंद-सहोदर काव्यानंद की धारणा प्रस्तुत की गई। योगी को ब्रह्मानंद की उपलब्धि 'समाधि' में होती है जबकि सहृदय को समाधिवत् तन्मयीभवन द्वारा। इसी क्रम में योगी के 'ज्ञान' तथा सहृदय की 'चर्वणा' में भी एकरूपकता बँध जाती है। इस तरह अनुभव की स्वतंत्रता अब स्वप्न सुषुप्ति तथा समाधि में ढूंढ निकाली गई। हम इन सभी दशाओं का विश्लेषण-निरूपण करते हुए आ रहे हैं। इन अनुभवों में तर्कभेद के बजाय श्रद्धा-विश्वास, कालभेद के बजाय तात्कालिकता, बाह्य उत्तेजकों के अलावा आंतरिक उत्तेजकों के द्वारा मिथक एवं स्वप्ननिर्माण, 'EEG' में अंकित स्वप्न-बिंबों तथा अमूर्त्त चिंतनों के दो निद्रात्मक चरण, स्वप्नबिंबों का अमूर्त्तीकरण-विराटीकरण-विरूपीकरण-प्रतीकीरण, निद्रा की विश्रांति तथा मस्तिष्क की अवचेतनावस्था, स्मृतियों का प्रत्याह्वान, वशीकरण, बृहन्मस्तिष्क के कोर्टेक्स में कुछ बिंदुओं का तदपि अत्यधिक जागरूक रहना, आदि को हम गिना-गुना चुके हैं। वेदांती शब्दावली में यह चैतन्य से आकारित रत्यादि स्थायीभाव की चित्तवृत्ति का आनंद है।

अतएव पंडितराज के वेदांतीकृत जीवन्मुक्त जैसे **'सहृदय'** की धारणा में **'योगी'** **'रसिक'** तथा **'प्रतिभाशाली'**—इन तीनों की धर्मता का समन्वय हुआ है। इसमें अभिनवगुप्त की संविद्वृत्ति के बजाय चित्तवृत्ति, संस्कार के बजाय आत्मन् तथा आनन्दशक्ति के बजाय आनन्दरूप की प्रधानता हो गई है। इसमें सहृदय के चित्त का पहला चरण आवरणबद्ध, तथा दूसरा भग्नावरण है। इसमें सहृदय की आत्मा (चिदंश) तथा चित्तवृत्ति (भाव) दोनों का सम-योग है। मध्यकालीन सौन्दर्यबोधदार्शनिक व्यक्तित्वों की कड़ी में यह स्वरूप अन्तिम निर्विकल्प उत्कर्ष है। मुनि भरत के सुमनस् प्रेक्षक के दरबारी पंडितराज जगन्नाथ प्रणीत प्रतिमानशाली योगी-सहृदय रूप में रूपांतरित होने में कम-से-कम पंद्रह शताब्दियाँ लगी हैं।

इसके उपरांत हम सौदर्यतात्त्विक प्रत्यक्षीकरण की समस्या तथा इसके साथ-साथ ज्ञानानुभव की अभिव्यंजना को भी ले सकते हैं।

वेदान्त आत्मा को सत्-चित्-आनन्द स्वरूप मानता है। उच्चतर अमूर्त्तीकरण में आत्मा चित् और आनन्द रूप ही ली जाती है। यह अमूर्त्तीकरण एक ओर तो "ज्ञान" को स्वयं प्रकाश मानने के अलावा आनन्दरूप भी मानने को उन्मुख करता है। तार्किक दृष्टि से ज्ञान की प्रकृति में यह ऐसा आयाम है जो ज्ञान को भी भावनामय कर देता है। इसके अलावा सत् से असंपृक्त

होने के कारण ज्ञान का यह स्वरूप भूत (matter) तथा गति (motion) दोनों के रूपों (forms) से हटकर शुद्ध और नित्य की उपाधियाँ धारण कर लेता है। इस तरह 'ब्रह्म' का निर्विकल्प कारण आत्मा में भी अनुधावित होकर आत्मा की भी ऐसी ही पारमार्थिक सत्ता रच देता है। फलस्वरूप सत् अर्थात् भूत के अस्तित्त्व के कारण से गतिमान, परिवर्तनशील, खंडों में विश्लेषणीय, प्रत्यक्ष प्रमाणों पर आश्रित जीवन, जगत् तथा चेतना के सभी रूप 'अज्ञान' हो जाते हैं। इस विरोधाभासपूर्ण (paradoxical) स्थिति पर वेदांती सौन्दर्य-बोधानुभव का प्रतिष्ठान स्थित है। यहाँ ब्रह्मज्ञान सत्य है, तथा जगत्-ज्ञान भ्रान्ति अथवा अज्ञान। अतः क्या हम ज्ञान को आनन्दरूप मानकर, तथा कला के प्रत्यक्षीकरण को अज्ञान मानकर सचमुच कला के प्रत्यक्षीकरण, निर्वच-नीयता, भावतृप्ति आदि के सवाल सुलझा सकते हैं ?

इस उलझन का सामना वेदांती सौंदर्यबोधदर्शन को करना पड़ा है, और इसीलिये वह चित्तवृत्ति से चिपका रहा है, एक ज्ञानरूप को अनिर्वचनीय कहता रहा है, तथा प्रातिभासिक रूपों की सृष्टि करने वाले अज्ञान की विक्षेप-शक्ति की चर्चा भी करता रहा है। अभिनवगुप्त ने परमशिव की शक्ति के फलस्वरूप 'आभास' की स्थापना की थी, किन्तु पंडितराज को माया के अज्ञानावरण के फलस्वरूप 'प्रतिभास' का जिक्र करना पड़ा। वेदांत का यह प्रतिभास दो समानांतर प्रत्यक्षीकरणों की भ्रांति वाली 'अख्याति' न होकर एक स्थायी भ्रांति वाली 'अनिर्वचनीय ख्याति' है जिसमें दूसरा सही प्रत्यक्षी-करण भी महत्त्व नहीं रखता। यह माना गया कि 'अविद्या' सहृदय के जीव के स्वभाव को सीमित करती है। यह अविद्या एक सामान्य (universal) मिथ्या ज्ञान हो गई जिससे अस्मिता (पुरुष एवं बुद्धि को एक मानना), राग (सुख के लिये प्रबल इच्छा), द्वेष (दुःख के साधनों में स्थित क्रोध) तथा अभिनिवेश (मृत्यु का भय) उत्पन्न होते हैं। इस तरह जागृत अवस्था के सभी द्वंद्वपरक, यथार्थ एवं धर्मविरुद्ध सभी अनुभव 'अविद्या' हो गए। इसकी तुलना में स्वभावतः अजागृत अवस्थाओं—स्वप्न, सुषुप्ति, तुरीय, समाधि आदि—के अनुभव आदर्श, यथार्थ, विद्या तथा सत्य हो गए। इस तरह एक ओर ज्ञान (ब्रह्मज्ञान) बनाम अज्ञान (जगत् का प्रत्यक्ष प्रमाण) के बीच, तथा दूसरी ओर जागृति (जगत् का यथार्थ) बनाम समाधि (अजागृत अवस्था) के बीच 'विवर्त' स्थापित हो गया। ज्ञान की समस्या को लौकिक प्रत्यक्ष से हटाकर केवल समाधि-भूमि पर, कोर्टेक्स के अतिजागृत बिंदुओं पर, अमूर्त्त-चिंतन पर ही प्रतिष्ठित कर दिया गया। योगियों की अतिप्राकृतिक शक्तियों वाली अवनर्मिल धारणा को वेदांती सौंदर्यबोध में 'संप्रज्ञात समाधि' में समेट लिया गया। वेदांत ने तो सुषुप्ति तक को विशुद्ध चैतन्य ज्ञान की संभावना

से पूर्ण कर दिया है। वेदांत में समाधि-दशा सुषुप्ति की स्मृति तथा अहंकार वृत्तियों से मुक्त होती है। संप्रज्ञात समाधि पहले वृत्ति को सीमित करती है; तदुपरांत क्षीण। हमने यह स्पष्ट किया है कि सुषुप्ति के NRMEP-चरण में अमूर्तविचारों की प्रधानता होती है तथा वेदांत में सुषुप्ति मृत्यु से न जुड़कर 'लय' से संलग्न है। स्वप्न से परे की अवस्था सुषुप्ति है। अतः हम स्वप्न के प्रत्यक्षीकरणों से अमूर्त विचारों की अवस्था में पहुँचते हैं जहाँ 'EEG' में मस्तिष्कतरंगें धीमी तथा दीर्घ हो जाती हैं। योगियों की ये शारीरिक-स्नायविक क्रियाएँ (physico-neural acts) 'योगज ज्ञान' होकर रसचक्र में भी दृष्टांत हो गईं। हम भली-भाँति जानते हैं कि काव्यनाटक के विभावादि लौकिक न होकर 'अ-लौकिक' हैं और विलक्षण बाह्य उत्तेजक हैं। इनकी वशीकरणात्मक विमर्शता (hypnotising suggestibility) होती है। इसे ही 'अलौकिक प्रक्रिया' कहा जा सकता है। इसके फलस्वरूप हम यथार्थ 'देश'-'काल' का बोध स्थगित करके अपनी चेतना को प्रमेय (नाट्यवस्तु) के आकार में परिणत कर देते हैं। इसे ही चैतन्य का आवरण-भंग होना कहा गया है अर्थात् देश काल एवं लौकिक कार्यकारण के बोध के लय होने पर चेतना का चरण तादात्म्यात्मक हो जाता है। प्रमेय, प्रमाता तथा प्रमा के भेद की यह विलक्षण स्मृति प्रकाशरूप आत्मा के आवरण के भग्न होने की संज्ञा पाती है। इसका सीधा-सादा अर्थ यही हुआ कि काव्य तथा नाटक की सामग्री आवरण डालती है और जब काव्य तथा नाटक की इस सामग्री का आवरण भग्न हो जाता है अर्थात् जब हम काव्य तथा नाटक के प्रत्यक्षीकरण (perception) के बोध को स्थगित कर देते हैं, अर्थात् जब हम नितांत अंतर्मुखी होकर अपनी चित्तवृत्ति में ही तन्मय हो जाते हैं, तब काव्य एवं नाटक की सामग्री से परे का बोध सौंदर्यात्मक होता है। संभवतः ऐसी "व्यक्ति" (अभिव्यक्ति) भग्नावरणचित्त दशा सौंदर्यबोध पर आरोपित नहीं हो सकती, क्योंकि तार्किक दृष्टि से तो काव्य तथा नाटक की सामग्री प्रत्यक्षीकरण के ऐन्द्रियिक एवं बिंबात्मक चरण के बाद और अधिक गहरे मानसिक अनुभव, कर्म-विरहित सक्रियता, देशमुक्त स्थैतिकता एवं कालबहिर्भूत तात्कालिकता का विचित्र या चमत्कारपूर्ण सूक्ष्म आवरण और भी पूरी तरह डाल देती है। अभिनवगुप्त ने कलात्मक सामग्रियों को विघ्नापसारक कहा है तथा इनके प्रभाव से वासना का उद्बुद्ध होना बताया है। लेकिन वेदांती जगन्नाथ हमें एक विचित्र हालत में छोड़ते हैं : उनके अनुसार काव्यसामग्री ही चैतन्य पर आवरण डालती है और उसीके विभावादि अंश आवरण को भग्न भी करते हैं। वस्तुतः उनकी इस सौंदर्यतात्त्विक गलती की जड़ है काव्य एवं नाटक के प्रत्यक्ष्यात्मक पहले स्तर को लौकिक जागृति (अज्ञान) मानने में, तथा दूसरे अनुभूत्यात्मक

स्तर को संप्रज्ञात समाधि (ज्ञान) के रूप में स्वीकार करने में। एक दूसरी वजह भी है। भट्टलोल्लट, श्रीशंकुक, भट्टनायक तथा कुछ हद तक प्रकृति का भी आधार लेनेवाले अभिनवगुप्त तो लौकिक कारणों एवं ज्ञान की प्रत्यक्षदशा के दायरे में भी थे। लेकिन वेदांती पंडितराज को अलौकिक ब्रह्मकारण तथा ज्ञान की समाधिदशा का ही मुँह जोहना पड़ा। अतः हर सूक्ष्म एवं अमूर्त्त 'व्यक्ति'-दशा तथा रूप (फार्म) निरपेक्ष्यों (Absolutes) एवं प्रतीकों (symbols) के द्वारा ही प्रकट हुई। इस अभिव्यक्ति में उत्पत्ति, परिवर्तन, प्रत्यक्ष, चेतना, जागृति आदि के सभी आधार छूट गए। यही माना गया कि यहाँ आत्मरूप में सभी पूर्ण हैं, नित्य हैं, अखंड, हैं, प्रकाशमय हैं, आनन्दमय हैं।

इन्हीं कारणों से पंडितराज जगन्नाथ के वेदांती सौंदर्यबोधशास्त्र में भरत के रससूत्र के विभक्त हो जाने का अंदेशा नजर आने लगा। विभावानुभावसंचारी तो बाह्य हैं; तथा काव्यनाटक की सामग्री हैं। इसलिये ये आत्मा में अविद्यमान हैं। अतः इनकी उत्पत्ति तो हो सकती है किन्तु अभिव्यक्ति नहीं। तार्किक दृष्टि से यही स्थिति है। इसकी तुलना में रत्यादि स्थायीभाव चित्तवृत्तियाँ हैं। अतएव ये पूर्वविद्यमान हैं; तथा अन्तःकरण के धर्म हैं। इसलिये ये साक्षीभास्य हैं अर्थात् ये आत्मा के द्वारा प्रकाशित या ज्ञानगोचर हो सकते हैं। घट परसकोरे से ढँके दीपक के रूपक के न्याय से एक ओर स्वयं चित्त प्रकाशित होता है, तथा दूसरी ओर वह रत्यादि स्थायीभाववृत्ति को भी प्रकाशित करता है। इस तरह प्रकाशित आत्मन् स्थायीभाव को भी प्रकाशित करता है। लेकिन क्योंकि प्रकाशित आत्मन् आत्मानन्दरूप भी है इसलिये 'प्रकाशित' स्थायीभाव चित्त-वृत्तिरूप से चित्तरूप हो जाता है। इसको ही 'रस' कहते हैं; और यह आनंदरूप है। अतः रस प्रकाशरूप है, आनन्दरूप है। किन्तु इस रूप का धर्म ? यहाँ नहीं !! इस कमी की चर्चा हम यथास्थान करेंगे।

जब आलोकित आत्मन् ही आनंदरूप हो गया तो आनंद भी स्थायीभाव की उपाधि से उपहित हुआ। अतः आनंद सोपाधिक अर्थात् चैतन्य से आकारित चित्तवृत्तिवाला भी हो गया। वेदांती सौंदर्यबोधशास्त्र रस को चिदंश ही मानेगा ('रसो वै सः। रसं ह्येवायं लब्धवानन्दी भवति')। रस आत्मा द्वारा प्रकाशित स्थायीभाव है। स्थायीभाव चित्तवृत्ति है। प्रकाशित होकर स्थायीभाव चिदंश हो जाते हैं। अतः चिदंश और चित्तवृत्ति के बीच का अंतराल यह स्पष्ट नहीं कर पाता कि यह चित्तवृत्ति का आनंद है अथवा चित्त का ; अर्थात् क्रमशः विकारवर्त्ती आनंद है अथवा त्रिगुणातीत। इसके अलावा अंतःकरण की चित्तवृत्ति तथा आत्मन् के चित् रूप के बीच भी अंतर कायम नहीं रह पाता। हम जानते हैं कि अंतःकरण के प्रत्येक करण अपने-अपने धर्म हैं। अतः स्थायीभाव की

चित्तवृत्ति तथा रस के चित् रूप के अद्वैत, रूपांतरण, भेद आदि का संकेत भी वेदांत नहीं कर सका है। इस प्रकार इस आदर्शवादी सौंदर्यबोध दर्शन की दरारें यह साबित करती हैं कि रस को पूर्णतः निर्विकल्प—ब्रह्मन् की भाँति—बनाना मध्यकाल में भी तर्कतः सफल नहीं हो सका। हमें इस पर भी गौर करना चाहिए। ब्रह्म-ईश्वर-जीव के त्रित्व में एक अमूर्त्त तथा निर्विकल्प आत्मन् तथा चिति मौजूद रही है। किन्तु काव्यनाटकादि की विभावादि विषय-सामग्री, रंगसंग्रह आदि के बाबत तो हम ऐसे अमूर्त्त एवं निर्विकल्प प्रत्यय भी नहीं ढूंढ़ सकते। इसी तरह कलानुभवों में चित्त, वासना एवं संस्कारों की मौजूदगी पूर्ण आवरणमुक्त नहीं करती। इसलिये रस को ब्रह्मरूप—ब्रह्मसजातीय—बनाने की नींवें हिलने लगती हैं।

स्थायीभाव की पहेली के साथ विभावादि की कलात्मक सामग्री के अंतर्चेतन होने का सवाल भी उठता है क्योंकि विभावादि बहिर्गत तथा बाह्यकरण हैं। अतः—वेदांत के अनुसार—चैतन्य इन्हें कैसे प्रकाशित करे? दूसरा सवाल यह भी है कि ये स्थायीभाव से क्या तथा कैसे सम्बन्ध रखते हैं? इसका उत्तर पंडितराज जगन्नाथ 'अख्याति' के उदाहरणों से देते हैं। हम जाग्रत अवस्था में भी सीप में चाँदी की प्रतीति कर लेते हैं क्योंकि अविद्यमान चाँदी की सत्ता आत्मा के द्वारा प्रकाशित हो उठती है। अतः पंडितराज एक विचित्र ऊहापोह में फँसकर यह मान बैठते हैं कि आत्मप्रकाशरूप आत्मा साक्षीभास्य भ्रम और मिथ्या को भी प्रकाशित कर सकती है जबकि आत्मप्रकाश सत्य तथा यथार्थ माना गया है। दूसरा उदाहरण वे स्वप्न में दिखाई देने वाले घोड़े का देते हैं जो अविद्यमान है, अर्थात् स्वप्न-बिंब यथार्थ तथा तत्काल प्रतीत होते हैं। किन्तु स्वप्न कौनसी दशा है? क्या अविद्यमान चाँदी तथा स्वप्न-अश्व की तरह विभाव-अनुभाव-संचारी भी हैं? क्या ये अविद्यमान हैं? क्या ये भ्रम हैं? क्या ये स्वयं ही कार्य-कारण-सहकारी से विलक्षण नहीं हैं? अतः ये साम्यरूपक (analogies) यहाँ कम समीचीन हैं। कला में वेदांत 'भ्रांति' तथा 'साक्षिभास्य' को एक ही स्तर पर रखकर अपनी प्रसिद्ध व्यथा प्रकट करेगा। इसके बाद हम यह भी देखें कि विभावादि अज्ञान का आवरण भग्न करते हैं—आत्मा पर पड़े अज्ञान का आवरण। फलस्वरूप वासनारूप से रहनेवाले अंतःकरण के स्थायीभावादि के नित्य धर्म को आत्मा प्रकाशित करती है और स्थायीभाव को रसरूप में रूपांतरित कर देती है। अतः तार्किक दृष्टि से विभावादि चित्त को आवरण को भग्न करने में, तदुपरांत स्वयंप्रकाशित होने में व्यस्त रहते हैं। अतः विभावादि के भी दो स्तर हुए : पहला प्रकाशित होने के पूर्व का; दूसरा प्रकाशित होने के बाद का। प्रकाशनपूर्व विभावादि को हम रत्यादि स्थायीभाव की चित्तवृत्ति से जोड़ भी सकते हैं और उनका स्थायीभाव में अंतर्लय भी कर

सकते हैं। किन्तु प्रकाशित स्थायीभावरूप 'रस' तथा प्रकाशित विभावादि को कैसे समीकृत करें ? अतः प्रकाशित रस और प्रकाशित विभावादि का सह-अस्तित्व भी स्वीकार करना पड़ेगा, स्थायीभाव की चित्तवृत्ति का अपसार करते हुए। हम इस स्थिति को समझते हैं कि जब तक विभावादि रहते हैं—वेदांती शब्दावली में जब तक आवरण विनष्ट रहता है—तब तक नित्य रस प्रकाशित होता है। उसके बाद स्थायीभाव रूप में आवरणाच्छादित हो जाता है। अतः हम यहाँ भी हेत्वाभास देखते हैं : नित्य स्थायीभाव हैं, न कि उनका प्रकाशित रस-रूप। अतः या तो हम रस और स्थायीभाव को एक मानें, अथवा इनमें परिणाम के बजाय विवर्त मानें। इस दृष्टि से विभावादि को रस-रूप से संबद्ध करना पड़ेगा। अतः क्षणभंगुर विभावादि की मौजूदगी के अनुसार ही रस निष्पत्त होता है। पंडितराज ने भग्नावरण-चिद्विशिष्ट रत्यादि स्थायीभावों को ही रस माना है। अतः आवरणरहित चैतन्य ही रस है। इस तरह रस के दो स्वरूप मिलते हैं। (i) ज्ञानरूप आत्मा से प्रकाशित स्थायीभाव ही रस हैं; तथा (ii) रति आदि अंतःकरण की वृत्ति के विषय में होनेवाला आनंदरूप ज्ञान ही रस है। यह दरार भी इसीलिये पड़ी है कि वेदांती सौंदर्यबोधदर्शन विभावादि के उपयुक्त दो चरणों को तूल देता है। इसके पहले विभावादि की दो दशाएँ नहीं मानी गईं। वस्तुतः विभावादि शुरू से ही लौकिक कारणादि से विलक्षण बताये जाकर स्वीकार किये गए हैं। वस्तुतः ये उलझनें ज्ञान⇌अज्ञान और जागृति⇌समाधि के इन ऐसे अंतर्विरोधों (contradictions) का परिणाम हैं जिन्हें वेदान्त निराकृत नहीं कर सकता है। इसीलिए अद्वैतपरक रस-बोधदर्शन तक में चैतन्य (रस) तथा चित्तवृत्ति (स्थायीभाव), दोनों का सह-अस्तित्व बना रहा है। अतः रस की दो समानांतर दृष्टियाँ भी मौजूद रही हैं।

दो 'नवीन' मत देते हुए भी पंडितराज ने वेदांत दर्शन का भरपूर इस्तेमाल किया है। कई लोग तो इन नव्य रसमतों को पंडितराज की ही स्थापनाएँ मानते हैं। हम केवल इनके वेदांती रंग को ही लेंगे। नव्यमत 'साधारणीकरण' को अस्वीकार करता है। इस मत के अनुसार शकुन्तलादि शब्द का अर्थ शकुन्तलात्वादि प्रकार के बोधों के साहचर्य से ही व्यक्त होता है। अतः सहृदय कान्ताभाव या धीरोदात्त नायक के बजाय शकुन्तला और दुष्यंत तथा उनके संबंधों का संदर्शन करता है। विभावादि सहृदय को दुष्यंत-शकुंतला के स्थायीभाव की 'व्यंजना' कराते हैं। इससे सहृदय की एक भावना-विशेष उद्बुद्ध हो जाती है जिसे दार्शनिक दृष्टि से 'दोष' कहेंगे। जिस तरह पीलिया से ग्रस्त मनुष्य को दृष्टिदोष के कारण उज्ज्वलशंख 'पीतशंख' दिखाई पड़ता है, उसी तरह से सौंदर्यबोध-दृष्टि में 'भावनाविशेष' एक दार्शनिक दोष है। इस भावनाविशेष के कारण सहृदय स्वयं को दुष्यंतत्व से अविच्छिन्न पाते हुए उससे अभिन्न हो जाता है

अर्थात् उससे तादात्म्यीकरण कर लेता है। फलस्वरूप विभावों और स्थायीभाव के आधार का सवाल ही नहीं उठता, क्योंकि सहृदय के लिए शकुंतला विभाव है तथा दुष्यंत की रति उसकी रति हो जाती है। ऐसी दशा में राम या दुष्यंत से तादात्म्यीकरण करने के कारण सहृदय यह नहीं जान सकता कि सीता या शकुंतला की रति यथार्थ है अथवा अयथार्थ ; सत् है अथवा असत्। इस तरह उसमें 'अनिर्वचनीय' रति उद्बुद्ध होती है। यह अनिर्वचनीय रति सत् तथा असत् शब्दों से नहीं कही जा सकती। यह एक 'दोष' है। वेदांती ही भ्रम को अनिर्वचनीय कहते हैं। इस प्रकार नाट्य और काव्य की सामग्री न तो यथार्थ है न स्मृति, न अनुमान, और न ही प्रत्यक्ष। यह न तो यथार्थ है, और न ही मिथ्या। यह मात्र 'अनिर्वचनीय' है। अतः यह निश्चय से परे है। इस दृष्टि से रस भी एक अयथार्थज्ञान है। किन्तु पंडितराज रस-ज्ञान के संबंध में अभिनवगुप्त के अनुधावन हैं। अतः पात्र तथा भाव के संबंध में 'अनिर्वचनीय ख्याति' का ग्रहण हो सकता है। लगता है कि जगन्नाथ के नव्यमतवादी ने साधारणीकरण को अस्वीकार कर दिया क्योंकि शकुंतला (विशेष) में शकुंतलात्व (सामान्य) भी शामिल है। अतः 'चमत्कार' की आगामी भूमिका प्रस्तुत करने के उद्देश्य से साधारणीकरण के बजाय 'अनिर्वचनीय ज्ञान' का समावेश किया गया। फलतः 'दोष' को स्वीकार करने की अनिवार्यता उपस्थित हो जाती है। यहाँ 'दोष' एक मनोवैज्ञानिक तथा सौंदर्यतात्त्विक मनोदशा के रूप में ढल गया है। यह दोष इसलिये जरूरी है कि यह सहृदय के सहृदयत्व में भी आयत्त हो जाता है। अतः इसके रहते हुए रसास्वाद होता है ; अन्यथा नहीं। इस तरह इस मत में 'आत्मप्रकाश' के बजाय 'दोष' को तूल दिया गया। यह दोष व्यंजना-व्यापार से उत्पन्न होता है। इसीलिये रसास्वाद मुमकिन है। यह भी 'साक्षीभास्य' को लचीला बनाने का ही फल है।

इसी मत का एक संशोधन भी दिया गया है कि सहृदय केवल 'दुष्यंत' से तादात्म्यीकरण नहीं करता, बल्कि 'शकुंतला के प्रति प्रेममुग्ध दुष्यंत' से तादात्म्यीकरण करता है। यह ज्ञान ही रस है। यह आरोप है।

इस तरह इन दोनों मतों के ही अनुसार भरत के रससूत्र में आए "संयोग" शब्द का अर्थ भावनाविशेष का दोष है ; तथा "निष्पत्ति" का अर्थ एक विलक्षण अनिर्वचनीय अथवा निर्वचनीय मानसिक दशा की उत्पत्ति है। वेदांती सौंदर्यबोधात्मक तर्क की एक परिणति यह भी हो सकती है कि सौंदर्यतात्त्विकवृत्ति एक 'दोष' बन जाए। इसकी सर्वोच्च परिणति यह भी है कि सौंदर्यबोधानुभव रंगमंच तथा काव्यभूमि छोड़कर तुरीयावस्था का 'ब्रह्मानंद-सहोदर' रस हो जाए। अतः 'भावनादोष' और 'ब्रह्मानंद' के दो विचित्र और विसंवादी ध्रुवांत प्रदान करने में वेदांत के निर्विकल्पवाद तथा अद्वैतवाद का ही योग-

दान है जहाँ मूल कला तथा ऐंद्रियिक कला-परिवेश 'भ्रम' 'भ्रांति' 'आवरण' आदि की धारणाओं में समाहित हो जाता है। स्पष्ट है कि वेदांती सौंदर्यबोधशास्त्र केवल अमूर्त्तनों पर लागू हो सकता है। इसलिये यह बेहद सीमित तथा संकुचित है। इसे काव्य के अलावा चित्रकला, मूर्तिकला, वास्तुकला, संगीतादि में नहीं लागू किया जा सकता। इसीलिये पंडितराज ने विभावादि की चर्चा भी काव्यसामग्री के रूप में ही की है।

अभिनवगुप्त के मत का वेदांतीकरण करने वाले पंडितराज जगन्नाथ के अनुसार भरत के रससूत्र की काव्यशास्त्रीय व्याख्या यों होगी :

"विभावादि की काव्यसामग्री ['संयोग' की चर्चा लगभग बचाई गई है क्योंकि शुद्ध-अशुद्ध की समस्या आ जाती] चित् पर पड़े अज्ञान के आवरण को भग्न करके प्रकाशमान आत्मा को 'व्यक्त' करते हैं तथा स्वयं प्रकाशित होते हैं। फलस्वरूप चित्तरूप रस या/ और चित्तवृत्तिरूप स्थायीभाव 'व्यक्त' होकर आनंदरूप हो जाते हैं। 'भग्नावरण चित्' ही रस की अभिव्यक्ति (निष्पत्ति) है।"

... .

अब हम पंडितराज के निम्नलिखित सूत्र का विश्लेषण करेंगे —

"रमणीयार्थक प्रतिपादकः शब्दः काव्यम्।"

यहाँ पंडितराज जगन्नाथ ध्वनि-संप्रदाय के अनुवर्ती होने के बावजूद मानों 'रस' के नाम से कतराते हैं। वेदांती सौंदर्यबोधदर्शन को लागू करने में असंगतियों का सामना करते-करते कम-से-कम उनका यह अनुभव हो गया था कि सभी काव्यों में रस को आत्मा नहीं माना जा सकता। काव्य के संदर्भ में वे अंततोगत्वा शब्दार्थ-इकाई के बजाय 'शब्द' का अभिषेक करते हैं। हम जानते हैं कि मम्मट ने शब्दार्थ-इकाई से शुरू किया है। उन्होंने उस 'शब्दार्थ' को काव्य माना है जिसमें दोष न हों और गुण हों; जिसमें अलंकार हों अथवा न हों। स्पष्ट है कि मम्मट ने एक ओर अलंकार संप्रदाय का मेल किया है तो दूसरी ओर रीतिवादियों से प्रेरणा ली है जिनके अनुसार गुण तो नित्य हैं किन्तु अलंकार अनित्य। पंडितराज जगन्नाथ ने केवल 'शब्द' को लिया है, तथा 'अर्थ' के साथ 'रमणीय' नामक विशेषण लगाया है। इस तरह 'रमणीयार्थ' वाच्यार्थ, लक्ष्यार्थ और व्यंग्यार्थ से भिन्न एवं विलक्षण है। इसलिए वेदांती जगन्नाथ ने गुणों को केवल रस-आत्मा का धर्म ही नहीं, बल्कि रस, शब्द, अर्थ एवं रचना में भी प्रयोजकत्व के रूप में स्वीकार किया है। यह एक बेहद बारीक रूपायन है। इसके द्वारा काव्य के केवल काव्यशास्त्र का ही नहीं बल्कि उसके सौंदर्यबोध का भी अनुप्रवेश हुआ। पंडितराज के वेदांती पूर्वाग्रह ने उन्हें काव्य तथा मानवशरीर के रूपक (metaphor) के प्रति विशेष आकर्षित

नहीं किया। इसीलिये वे रसगुणों एवं मानवगुणों के संबंधों के सादृश्य को कोई नया मोड़ नहीं दे सके। उन्होंने रमणी-सौंदर्य एवं रमणीलावण्य की मध्ययुगीन रसिक रूपकता का समाहार "रमणीयता" में कर दिया जिसमें अलंकार तथा ध्वनि, प्रत्यक्षीकरण तथा कल्पना, चारुत्व तथा लीला, निर्वचनीयता तथा अनिर्वचनीयता, चेतना तथा आत्मा, प्रकाश तथा आनंद के द्वित्वों का पृथक् एवं सम्यक् संयोग हुआ। नारी-सौंदर्य की धारणा से ग्रहीत 'रमणीयता' की धारणा के द्वारा उन्होंने शब्दशक्तियों के रूढ़ धर्मों को बदल दिया; तथा नये मध्यकालीन अनुभवों के अनुरूप शब्द की इकाई की भी पुनः परिभाषा की। इसी तरह वाचक, लक्षक या व्यंजक शब्दों के बजाय पंडितराज ने 'प्रतिपादक' शब्द की धारणा को भी गढ़ा। सारांश में, उन्होंने 'रमणीयार्थ' तथा 'प्रतिपादक शब्द' का समवाय संबंध रचा। अतः उन्होंने व्यंग्य-व्यंजक-भाव-संबंध की तरह 'रमणीय-प्रतिपादक-भाव-संबंध' की एक मौलिक कल्पना की है।

हम सबसे पहले 'शब्द' को लेंगे। यह वेदांत में श्रुति-प्रमाण है। अद्वैत वेदांत तथा मीमांसा दर्शन, दोनों ही शब्द को जाति (यूनिवर्सल) मानते हैं। उदाहरणार्थ, 'गौ' शब्द में अतीत, वर्तमान तथा भविष्य, सभी कालों की गायों की आकांक्षा है, न कि किसी विशेष गाय की यदृच्छा। अतः हम 'जाति' के द्वारा ही 'व्यष्टि' को प्राप्त करते हैं। अद्वैतवेदांत के अनुसार संसारचक्र चला करता है। प्रत्येक चक्र के आरम्भ में ब्रह्म शब्दों को उन्हीं अर्थों में अभिव्यक्त करता है जैसा कि वह पिछले संसारचक्रों में कर चुका था। इसलिये वेदांत के अनुसार शब्द नित्य हैं। शब्द अपने अर्थ से नित्य ढंग से या तो 'संकेत' अर्थात् परिपाटी अथवा 'ईश्वरेच्छा' के द्वारा संबद्ध है। शब्द का स्वर या उच्चारण काल में होता है। अतः 'ध्वनि' अनित्य है। एक शब्द सभी पूर्ववर्ती संसारचक्रों में भी था, और आगामी चक्रों में भी रहेगा; तथा इस चक्र में 'ईश्वर' द्वारा व्यक्त होकर हमारे संस्कारों के माध्यम से स्मृत हो रहा है। इस तरह 'ईश्वर' एवं 'शब्द' में सह-नित्यता (Co-eternity) है क्योंकि दोनों ही ब्रह्म के निर्धारण हैं। (ब्रह्म नहीं) और प्रलय में उसमें ही तिरोहित हो जाते हैं। इस न्याय से विशेषण और विशेष्य यथार्थतः अन्य नहीं हैं किन्तु निश्चय के हेतु वे अन्य माने जाते हैं। 'नील कमल' शब्द में 'नील' विशेषण अन्य रंगों के कमलों से इस जाति का भेद कर देता है अर्थात् यह विशेषण अन्य विशेषणों का निषेध कर देता है। लेकिन विलक्षण विशेष्यों के लिये विशेषणों का इस्तेमाल अनाकांक्षित है क्योंकि इसे अन्य विशेषणों से संबद्ध नहीं किया जा सकता। ऐसे दृष्टांतों में विशेषण 'लक्षणा' के हेतु होते हैं और अपने विशेषणत्व को द्वितीयक पद दे देते हैं। अतः 'विशेषण' एक वस्तु को उसकी जाति की अन्य वस्तुओं से निवर्त्तन (पृथक्) करता है; लेकिन 'लक्षणा' उस वस्तु

का सभी वस्तुओं से निवर्त्तन कर देती है। हमें यह भी ध्यान रखना चाहिए कि वही शब्द-संयोग 'वाक्य' में निष्पत्त होता है जिसमें 'आकांक्षा' (syntactical connection), 'योग्यता' (अर्थ की स्पर्धा), 'आसत्ति' (वाक्यांशों का सामीप्य) तथा 'तात्पर्य' (बहिर्मुखी मंतव्य उत्पन्न करने की क्षमता) की शर्तें भी पूरी हों। पंडितराज जगन्नाथ ने 'शब्द' की अद्वैतवेदांतपरक जो व्याख्या की है उसमें बहुत-कुछ रूपांतर भी किया है। 'शब्द' के दर्शनशास्त्र पर आज अनूठे काम हुए हैं। भाषिकी की दृष्टि से इसमें स्वनिम् (phoneme) एवं रूपिम् (morpheme) का बोलबाला है, तो दर्शन की दृष्टि से फ्रेज (Frege) तथा विटगेंस्टाइन (Wittgenstein) की धारणाओं की विभूति मिलती है। हम जानते हैं कि भारतीय काव्यशास्त्र में 'ध्वनि' एक सौंदर्यतात्त्विक सिद्धांत भी बन गई है और यह अर्थ (meaning) की आकांक्षा, तात्पर्य, बहुलता, विविधता आदि से भी जुड़ती गई है। पंडितराज ने 'शब्द' का श्री-पूर्ण व्यवहार किया है अर्थात् उन्होंने यथार्थता का 'रूपान्तर' किया है। उन्होंने शब्द द्वारा **'प्रमेय या विषय को विलक्षण ढंग से देखने का वशीकरण'** बताया है। इस सूत्र में हमने प्रत्येक शब्द का पूरे उत्तरदायित्व से आधुनिक प्रयोग किया है। इसे हम बाद में निरूपित करेंगे। विटगेंस्टाइन भी 'शब्द-क्रीड़ा' की धारणा से बहुत-कुछ यही प्रेषित करना चाहते हैं। 'मेरी भाषा की सीमाओं का अर्थ मेरी दुनिया की सीमाएँ हैं'—यह उन्होंने कहा; इसीलिये उनका भी 'शब्द' पर प्रबल आग्रह रहा। उन्होंने शब्द और भाषा को आंतरिक अनुभवों से संलग्न किया; संवेदन (sensation) की भाषा तथा व्यवहार (behaviour) के रूपों के बीच निकट सम्बन्ध ढूंढे और बताया कि व्यवहाररूप संवेदना-भाषा की ही अभिव्यंजना हैं। इस तरह विटगेंस्टाइन ने अपने ढंग से नाम-रूप का द्वैत प्राप्त किया। लेकिन उन्होंने यह भी उद्‌घाटित किया कि हम शब्दों को संवेगों, अनुभूतियों, संवेदनाओं आदि से भी "संबद्ध" (attach) करते हैं; और ये सब हमारी अंतर्मुखी वैयक्तिकता हैं। अतः भाषा और अंतर्मुखी अनुभव के बीच के सम्बन्धों के जरिये हम जाति-शब्द का भी व्यष्टि-शब्द के तौर पर प्रयोग करते हैं। इसका परिणाम जटिलता है किन्तु सौंदर्यबोधशास्त्र में इसे 'चमत्कार', 'संभ्रांति' (ambiguity), 'व्यंजना' आदि के तत्त्वों से पुह दिया जाता है। विटगेंस्टाइन वैयक्तिक भाषा को नापसंद करके भाषा एवं अनुभव के बीच और अधिक आत्मीय संबंध कायम करते हैं। इसीलिये वे सबसे अधिक ज़ोर 'प्रयोग' (use) पर देते हैं। वैज्ञानिक दृष्टि से आज मानसिक दशाओं एवं स्नायविक-शरीरशास्त्रीय प्रक्रिया-पैटर्नों के बीच 'एक-एक' का संवाद या फिर कम-से-कम 'एक-अनेक' का संवाद स्वीकार किया जाता है। कोहलर, एड्रियान, पेनफील्ड आदि भी मस्तिष्क के विभिन्न क्षेत्रों की

स्नायविक प्रक्रियाओं के पैटर्नों के समाकृतित्व (Isomorphism) में ऐसा ही संवाद पाते हैं। अतः हम भाषिकीय सक्रियता (linguistic activity) को वाच्य पैटर्नों में ढाल अवश्य सकते हैं; लेकिन किस हद तक—यह तय नहीं है। हमें हरेक शब्द की धारणा जानने के लिये ऐतिहासिक अर्थमीमांसा (historical semantics) का जानना लाज़िमी नहीं है क्योंकि इसके 'वर्णन' के बिना भी 'व्यवहार (behaviour) के रूप का अनुमान होता है, चाहे वह **अनुकरण** के द्वारा, अथवा **अकस्मात्** हो। इसीलिये 'शब्द' में 'व्याकरण' और 'तथ्य' की अन्विति पर बल दिया जाता है। राइल (Ryle), विटगेंस्टाइन आदि ने 'मानसिक कार्य' की धारणा में यही किया है। विटगेंस्टाइन ने एक वाक्य में आसत्ति एवं अनासत्ति के संबंधों की—भाषाक्रीड़ा के द्वारा—गहरी छानबीन की है। अद्वैत वेदांती भी 'जाति' के माध्यम से 'व्यष्टि' के संकेत को शब्द की 'लक्षणा' ही मानते हैं। वे यह भी मानते हैं कि शब्द अपनी शक्ति' के द्वारा विषय को जाति को, और उसके माध्यम से विषयविशेष को, लक्षित करता है। इसी तरह के कई शब्दों का संयोग 'वाक्य' होता है जिसमें एक भाषिकीय रचनागठन (linguistic structure) एवं आंतरिक अनुभव (inner experience) तथा सार्वजनिक व्यवहार (public use) का संयोग होता है। वाक्य में इसे ही 'आकांक्षा', 'आसत्ति', 'योग्यता' एवं 'तात्पर्य' का होना माना गया है। भारत की तांत्रिक एवं व्याकरणात्मक भाषिकी ने 'शब्द' की जाति, गुण, क्रिया एवं यदृच्छा नामक चार प्रवृत्तियाँ, तथा 'वाणी' के वैखरी (कंठस्थ), मध्यमा (हृदयस्थ), पश्यंती (नाभिदेशस्थ) एवं परा (मूलचक्रस्थ) नामक चार प्रकार माने हैं। वेदांत शब्दार्थयुगल की अपेक्षा शब्द और अर्थ के अद्वैत की तलाश करता है क्योंकि यहाँ ब्रह्म की कोई नारीरूपा-शक्ति नहीं है। शैवाद्वैत वाणी तथा अर्थ को परमेश्वर तथा पार्वती की तरह एकरूप मानता है। यही 'शब्द' का सारत्व है। जिस तरह 'ब्रह्म' अमूर्त्त एवं निर्विकल्प है, उसी तरह 'शब्द' भी नित्य, विशुद्ध एवं अमूर्त्त हो गया; अभिव्यंजना मूल-शक्ति हो गई; और शक्तियाँ सामान्य (जातिपरक) मानी गईं, न कि विशेष।

इसीलिये पंडितराज ने शब्दार्थ-युगल या रसात्मक वाक्य के प्रतिपादक होने के बजाय शब्दवादी होना मंजूर किया। उनके तर्क अपेक्षाकृत आसान हैं। वे रमणीयता और रस में पृथकता मानते हैं। शायद उनके अनुसार रमणीयता के अंतर्गत रस, अलंकार, रीति, वस्तु, वक्रोक्ति आदि का पर्यवसान हो सकता है किन्तु रस के अंतर्गत यह संभव नहीं है। उनके अनुसार लगभग किसी भी लौकिक वाक्य में विभाव या अनुभाव होता ही है; जगत् की सभी वस्तुएँ विभाव, अनुभाव या संचारी होती हैं; अतः ऐसे सभी लौकिक वाक्य

रसात्मक नहीं हो सकते। पंडितराज ने शायद रससूत्र के भाषिकीय रचनागठन (linguistic structure) की यह सबसे पहली क्रांतिकारी आलोचना की है। केवल गाथापरक तथा व्यवहारवादी (behavioristic) काव्य की सीमा से आगे उन्होंने रीतिवाद (mannerism) पर भी सिंहावलोकन किया।

अतः उन्होंने 'शब्द' का अभिषेक किया। वेदांती धारणा के अनुसार सभी व्यावहारिक अनुभवों में अन्तःकरण तथा आत्मा का ऐक्य होता है, तथा विषय या प्रमेय की ओर उन्मुख होते ही अन्तःकरण उससे तादात्म्य कर लेता है, अर्थात् प्रतिबिंबमय हो जाता है। यही अंतःकरण की चित्तवृत्ति है। इस तरह 'शब्द' चित्त तो हैं ही; चित्तवृत्तिरूप भी हैं।

काव्य में 'शब्द' (नाम) तथा नाट्य में 'बिंब' (रूप) तथा नृत्य में 'मुद्रा' (जेस्चर)—ये सभी ऐंद्रियिक हैं। लेकिन इन्हें प्रतीक (symbol) की तरह इस्तेमाल किया जाता है। अतः ये **ऐंद्रियिक बिंब और बौद्धिक विचार**—दोनों हैं। अतः शब्द में बिंब और शक्ति का योग है। अतः हम ऐंद्रियिक लोक से भावों तथा विचारों की ओर बढ़ते हैं। शब्द की शक्ति अर्थ की मानवीय अभिव्यंजना तथा ज्ञान है। आदिम धारणाओं में शब्द-जादू तथा नाम-जादू का आधार प्रमेयों के जगत् तथा नामों के जगत् को केवल **एक** तथा **अद्वैत** मानने का सिद्धांत है। अतः शब्द और नाम, वस्तु और नाम—एक समग्र यथार्थता है। अर्नस्ट कैसीरर ने बताया है कि प्रत्येक आंतरिक पर्युत्सुकता की अभिव्यक्ति शारीरिक मुद्रा में होती है जो शब्द-मुद्रा-बिंब का त्रिभाषीय ऐक्य कायम करती है। यही अनुकृति का भी मूल है। विटगेंस्टाइन इसे ही उपयोग (use) कहते हैं। वस्तुतः जब मुद्रा या बिंब (अर्थात् अभिनय या चित्र की भाषा) के बजाय शब्द का इस्तेमाल होने लगता है तब प्रतिनिवेदन (representation) और प्रतिपादन (अर्थात् व्यवहारवादी पैटर्न) को नई गहराई तथा सूक्ष्मता मिलती है। भट्टनायक ने 'अभिधा' के द्वारा अभिनय की इकाई का ऐसा स्थानांतरण किया था; और पंडितराज ने 'शब्द' के द्वारा काव्य के शब्दार्थ की इकाई का स्थानांतरण किया। इस तरह शब्द के अभिषेक द्वारा पंडितराज ने काव्यभाषा के अनुकृतिमूलक (mimetic) अर्थात् रसव्यवहारवादी चरण के अलावा साम्यरूपकात्मक (analogical) अर्थात् अलंकार एवं रूपकात्मक चरण, और प्रतीकात्मक (symbolic) अर्थात् अनुभवात्मक चरण का भी अभिधान किया। यह उनका शब्द का दर्शन है।

सारांश में, शब्द के माध्यम से पंडितराज ने सीधे **शब्द से—रूढ़ अर्थ** का संक्रमण करते हुए—अनुभव पर छलाँग लगाई। हम जानते हैं कि कलात्मक अनुभव का गर्भ अनुभूतियों (feelings) से अनुधावित रहता है। अनुभूतियाँ यथार्थता की पकड़ तथा ऐंद्रियिक प्रत्यक्षीकरण का भी आधार हैं।

अतएव बिंब और अनुभूति की ऐकता का सिद्धांत ही 'विलक्षणता' का हेतु होता है। बिंब में हम अन्तर्मुखता भी पाते हैं। इसीलिये बिंब को 'प्रमा' के पूर्व (a priori) 'प्रज्ञा' (intuition) से भी जोड़ा जाता है। इसीलिये शब्द को चित्त और चित्तवृत्ति - पुरानी शब्दावली में—की ऐकता कहना औचित्यपूर्ण है। यही प्रज्ञा एवं प्रमा की अभेद्य एकता है। सुशाने लैंगर भी कला के प्रत्येक कल्पना-रूप में अनुभूति-गर्भ ही पाती हैं। अतः बिंब और अनुभूति की ऐकता का प्रसारण ज्ञानेंद्रिय (sense) और संवेग (emotion), एवं ज्ञान (knowledge) और अनुभव (experience) तक हो गया है। मानवीय मानस की यह यात्रा मूलतः शब्द-बिंब के द्वारा तय हुई है। पंडितराज ने इसीलिये शब्द-अर्थ के स्थान पर "शब्द" के अन्तर्गत 'शब्द-बिंब' का अंतर्भाव किया है क्योंकि वे भी तो अभिनवगुप्तसंमत काव्यनाट्यपरम्परा से ही निकलकर आए हैं। फलस्वरूप उनके 'शब्द' में बिंब और मुद्रा का संयोग है। इसीलिये वह वाचक, लक्षक, व्यंजक की अपेक्षा सर्वोपरि 'प्रतिपादक' है। ऐसा 'प्रतिपादक शब्द' एक ओर अलंकार, रूपक, उपमा, उक्ति आदि के कार्य प्रतिपादित करता है; दूसरी ओर प्रमा एवं प्रज्ञा की एकता स्थापित करता है; तीसरी ओर बिंब एवं मुद्रा के प्रयोजनों से समृद्ध होता है तथा चौथी ओर अनुभव एवं ज्ञान का भी प्रतिनिवेदन प्रस्तुत करता है। इसीलिये पंडितराजसंमत 'शब्दबिंब' में 'भावनाविशेष', 'अनुसंधान', 'ज्ञानगोचरता', 'लोकोत्तरता' आदि के नुक़्ते मिलते हैं। यह सब शब्द के अंतर्गत बिंब एवं अनुभूति की ऐकता के सिद्धांत से अभ्युदित 'विलक्षणता' का प्रतिपादक है। अस्तु !

पंडितराज ने शब्द को प्रतिपादक कहा है जो संपादक, अनुपादक, निष्पादक से विलक्षण है। इसमें प्रतिपाद्य अर्थ के सजातीय तथा तादात्म्यात्मक बिंब और अनुभूति उत्पन्न करने की क्षमता है जो स्थूल अर्थ का संक्रमण कर जाता है। प्रतिपादन में अनुभूत व्यवहार (पद्) तथा अंतर्मुखी (प्रति) तादात्म्य का बोध है। पंडितराज ने प्रतिपादित अर्थ में वाच्यार्थ, लक्ष्यार्थ तथा व्यंग्यार्थ का भी संस्थान कर डाला है। किन्तु यह उससे अधिक है। यह 'रमणीय अर्थ' है। यह रमणीय अर्थ प्रतिपादक शब्द की 'रमणीयता' नामक शक्ति का फल है। अतः यहाँ 'रमणीयता-व्यापार' है। यह व्यापार अभिनवगुप्तकृत 'रसना व्यापार' के सादृश्य पर उभरता हुआ प्रतीत होता है। इसमें 'अर्थ' के ज्ञान के विषय की अपेक्षा 'भावना' की अनुभूति पर बल दिया गया है। अतः बिंब और अनुभूति की ऐकता इसमें 'विलक्षणता' व्युत्पन्न करती है।

पहले हम इस भावनाविशेष का सर्वेक्षण करेंगे। नव्य रस-मत के अंतर्गत पंडितराज ने इसे अनिर्वचनीय भावना का 'दोष' बताया था। यहाँ

काव्यसंदर्भ में यह भावना 'चमत्कार' से संवलित है। यह भावना चमत्कार को उत्पन्न करती है। इस प्रकार पंडितराज ने एक तर्क शैली बुनी है : भावना चमत्कार की जनक है, भावना का विषय (object) अर्थ है, तथा उस अर्थ (चमत्कार उत्पन्न करने वाली भावना का विषयार्थ) का प्रतिपादन जो शब्द करता है, वह काव्य है। अतः भावना चमत्कार का कारण है, तथा अर्थ परिणाम का कार्य। इस तरह 'शब्द' भावना और चमत्कार से संलग्न है। हम ज़रा सूक्ष्मता से अन्वीक्षा करें तो देखते हैं कि यह भावना विशेष 'अर्थ' में घनीभूत होती है अर्थात् अर्थ ज्ञान का धरातल छोड़कर भावना के धरातल में घुल जाता है। ऐसा अर्थ तर्कपूर्व (pre-logical) अनुभव ही है। अतः यह अर्थ प्रज्ञात्मक (intuitional) है जिसमें बिंब अर्थात् ऐन्द्रियिकता का प्रतिष्ठान है। पंडितराज़ ने इसे 'भावना-विशेष' इसलिये कहा है कि यह 'पुनः-पुन: अनुसंधानात्मा' है। इस भावना का बार-बार आंतरिक अनुसंधान होता है। मीमांसा तथा न्याय में अनुसंधान शब्द का सम्बन्ध आरोप (अपने में रामत्व का आरोप), अभिमान (स्वयं को राम समझना), तथा योजना (मैं अब राम हूँ) है। इसीलिये मैंने आंतरिक अनुसंधान कहा है। नाट्य प्रसंग में भी अभिनय में अनुसंधान होता है। अतः अभिनय को चमत्कार से सम्बद्ध किया गया है (भट्टलोल्लट की स्थापना)। किन्तु पंडितराज यहाँ शब्द में अर्थ की ज्ञानपूर्व अर्थात् प्रचुर अनुभवपूर्ण शक्तियों की योजना का आग्रह करते हुए प्रतीत होते हैं। हम जानते हैं कि एक ही शब्द विभिन्न भावों, अनुभूतियों, संवेगों, विचारों के अनुरूप भावना की अनंत झिलमिलाती छायाएँ धारण कर लेता है। यही 'प्रज्ञा' का मोल है। अतः अंततोगत्वा अनुसंधान अर्थ के साथ हमारे अनुकृतिमूलक (mimetic), साम्यरूपकात्मक (analogical) एवं प्रतीकात्मक (symbolic) संबंधों को स्थापित करता है। अतः यह अनुसंधान यथार्थता का सापेक्ष्य अंतर्मुखी रूपांतरण (metamorphosis) है। सारांश में, यह अनुसंधानात्मक रूपकवाद (metaphorism) से रूपांतरण की ओर प्रयाण है। रूपक एवं अनुसंधान दोनों ही संबंधान्वयी हैं। संबंध में संयोग भी होता है। रूपक एवं अनुसंधान में ये नाना संयोग संबंधस्थापन सीधे न होकर वक्रपंथी होते हैं जिससे क्रमिकता के बजाय आकस्मिकता, चलने के बजाय छलाँग होती है। यही पुनः-पुन: और नवल-नवल अनुसंधान है जिसका स्रोत अवचेतन (unconscious) में स्थित है। यह 'शब्द' को 'वैयक्तिकता' एवं 'गोपनीयता' भी प्रदान करता है। यह मौलिकता का हेतु तथा प्रतिभा का लक्षण है। यह स्थूल या गोचर यथार्थता का अतिक्रमण करता है तथा वस्तुपरकता को भी अंतर्मुखी बना देता है। ऐसा अनुसंधान किसी भी वृत्त, वत्ति या विवृत्ति को बिंबों की रंगारंग दुनिया में रूपांतरित कर देता है।

अतः अनुसंधान यथार्थता का रूपांतरणवाद (metamorphism) है। शब्द की इसी प्रभुसत्ता की स्थापना के कारण पंडितराज रसादि के असंलक्ष्य क्रम तथा संलक्ष्यक्रम दोनों प्रकार मानते हैं। इसके आधार के लिये उन्होंने 'व्यंजकों' का सहारा लिया है। सारांश में, पुनः-पुनः अनुसंधानात्मा भावना-विशेष की विशेषता यही है।

यह भावनाविशेष चमत्कार को भी उत्पन्न करती है। अभिनवगुप्त के प्रसंग में हम 'चमत्कार' की समाजशास्त्रीय अन्वीक्षा करने के बाद इन निष्कर्षों पर पहुंचे थे : (i) चमत्कार में प्राकृतिक नियम का स्थगन होकर आश्चर्य तथा उन्मेष का उद्‌बोधन होता है ; (ii) इसमें तन्मयता प्रधान होती है; (iii) इसमें अद्‌भुत (wonder) एवं वैचित्र्य (awe) की अनुभूति होती है; (iv) इसमें घटनाओं का विकास न होकर सहसा उद्‌घाटन होता है जिससे वैयक्तिक प्रेषणीयता की भी पहल होती है; (v) इसमें यथार्थता नैसर्गिक क्रमापन (आर्डर) से ऊपर है; (vi) इसमें दैवी इच्छा (divine will) पर आश्रित आत्मानुसंधान (self-invention) होता है। हम जानते हैं कि भट्टलोल्लट ने चमत्कार का उक्तिमूलक प्रयोजकत्व लिया था और अभिनवगुप्त ने विश्रांतिपरक चर्वणा-व्यापार का ही पर्याय स्वीकार किया; किन्तु पंडितराज जगन्नाथ ने इसे लोकोत्तर ज्ञान के कौतूहल (wonder) के अलावा आह्लाद रूप भी बताया। यही नहीं, उन्होंने आह्लाद एवं चमत्कार की अभेदता भी मानी। उन्होंने इसे एक 'जाति'—चमत्कारत्व—भी माना जिससे इसके अनेक विशेष तथा विशेषणत्वपूर्ण भेद संभव हो गए। अतः यह 'जाति विशेष' भी है अर्थात् लक्षणापरक है। स्पष्ट है कि पंडितराज जगन्नाथ अभिनवगुप्त की तरह चमत्कार को 'संविद्विश्रांति' से नहीं जोड़ते, बल्कि 'अनुसंधानात्मा' से जोड़ते हैं। यह चमत्कार की स्पंदनपरक अवस्था है। इसमें चैतन्य का प्रसार या विस्तार होता है। इसमें सहसा उद्‌घाटन तथा अंतर्मुखी तन्मयता का निवेश है। अनुभव-संवेदना का प्रकटन इच्छा, ज्ञान एवं क्रिया शक्ति रूप में हो सकता है। इच्छा तो आह्लादकारक है और ज्ञान के दो प्रकार हैं : प्रबोधक एवं चमत्कार। चमत्कारक ज्ञान लोकोत्तर है क्योंकि यह चमत्कार जाति में काव्याह्लाद से संबंधित चमत्कारत्व है। मन इसी ज्ञान को बनाये रखने में प्रवृत्त होता है। अतः लोकोत्तर स्वरूप वाला चमत्कार विलक्षण है। किन्तु अनेक 'संस्कारों' के पुनः-पुनः प्रबोधन के द्वारा भी इस चमत्कार की सिद्धि होती है। संस्कार चित्त में वासना रूप में स्थित होते हैं और देश-काल-पात्र बद्ध होते हैं। किन्तु इनकी खूबी भी है कि ये प्राचीन प्रभावों (संचित कर्मों) से भी पुनः-पुनः उद्‌बोधित होते हैं। अतः इनसे नवीन प्रभावों का अधिकाधिक अर्थानुशीलन होता है। यह अनुभव साक्षिक है।

इसका मूल आधार तो यह है कि चमत्कार नामक द्रव्य में द्वंद्वात्मकता निहित है : भाव और ज्ञान की, अनुभव और संस्कार की, आत्मा और ब्रह्म की, यथार्थता और लोकोत्तरता की, सुख और आह्लाद की। इसीलिये अर्थ भावना-द्रव्य वाले हो जाते हैं। इसीलिये अर्थानुशीलन में **अभिव्यंजना** अनुभूति में केन्द्रित होती है, **प्रतिपादन** प्रज्ञा में तथा **अर्थ** विशुद्ध विचार या चैतन्य में। यही अर्थानुशीलन है : भावनाविशेष से जनित जातिविशेष चमत्कारत्व का ! सारांश में यह अर्थानुशीलन ऐसी त्रयणुक प्रतीकात्मकता है जिसे आधुनिक प्रतीकार्थवाद स्वीकार करता है।

इस तरह हम प्रतिपादक शब्द के प्रतिपादित अर्थ का भाष्य पूरा करते हैं। अब प्रतिपादक शब्द की शक्ति 'रमणीयता' तथा 'रमणीयार्थ' का विचार बाकी रहता है। सादृश्य की दृष्टि से हम व्यंग्य-व्यंजक-भाव की तरह 'रमणीय-प्रतिपादक-भाव' की धारणा से आरम्भ कर सकते हैं। इसमें से प्रतिपादक का सम्पूर्ण निरूपण हो चुका है।

व्यंजना के बजाय रमणीयता की स्थापना करके पंडितराज ने ध्वनि सूत्र को एकदम बदल दिया है। उन्होंने आनंदवर्धन के "काव्य वह है जो रस ध्वनित करे" नामक सूत्र के बजाय "काव्य वह है जो रमणीयता प्रतिपादित करे" की मौलिक रचना की है। इस सूत्र में भी उन्होंने शब्दार्थयुगल के बजाय केवल शब्द का अभिषेक किया। फलतः उन्होंने रस, रीति, अलंकार के सम्प्रदायों में बँटी काव्यदृष्टियों को सर्वसम्मत एक शब्द-इकाई पर लाकर मिला दिया। इसकी वजह से 'अलंकार' तथा 'वस्तु' परक अंश भी काव्य बने; तो मम्मट के असमान सदोष स्थल भी काव्यत्वपूर्ण हुए।

मध्यकालीन सौन्दर्यबोधात्मक परम्परा आभूषणों से सजी रमणी के सौंदर्य को सौन्दर्य की प्रारम्भिक अवस्था मानने के कारण काव्यरमणी-सौन्दर्य के विधायक अलंकार मानती है। यही काव्यदेहवादी परम्परा है जो भामह से लेकर रुद्रट तक पल्लवित-पुष्पित हुई। पंडितराज के समय की सूफ़ी आध्यात्मिकता रमणी के शरीर, रमणी के सौन्दर्य के बजाय रमणी के रमणीत्व की उपासना करती है जिसमें सौन्दर्य, भावुकता, पवित्रता, अन्तर्व्यथा तथा अन्तराह्लाद भी है। पंडितराज ने "रमणीयता" की अपनी धारणा का उन्नयन इसी परिवेश में किया जिसमें आलंकारिकों का चारुत्व, शैवाद्वैतवादियों का आनन्दवाद, वेदांतियों का विमल ज्ञान, तथा सूफ़ियों का प्रतीकवाद घुल-मिल-सा गया है। साहित्यशास्त्र के दायरे में बँधे हुए काव्यलक्षण का अनुसंधान करने में वामन ने 'सौन्दर्य' की, दंडी ने 'इष्टार्थ' की, कुन्तल ने 'स्वस्पंदसुन्दर शब्दार्थ की' तथा आनन्दवर्धन ने 'लोकोत्तर आह्लाद' की छानबीन की है। लेकिन पंडितराज ने 'रमणीयता' को सौन्दर्यबोधतात्त्विक आयाम देकर इसे बाह्य तथा

आंतरिक दोनों पक्षों में घटित किया, और काफी कामयाब भी रहे। इसी का नतीजा है कि वे 'गुण' को केवल **शब्द** या केवल **रस** से नहीं, बल्कि **अर्थ** एवं **रचना** से भी जोड़ सके। अद्वैतवादी पंडितराज के अनुसार आत्मा निर्गुण है। अतः मम्मट की तरह वे गुणों को रस का धर्म नहीं मान सकते क्योंकि उनके अनुसार रस आत्मरूप है। वे गुणों को चित्तवृत्तियों (द्रुति, दीप्ति, विस्तार) की प्रयोजकता के रूप में स्वीकार करते हैं। इसका अर्थ यह हुआ कि चित्तवृत्तियाँ ही गुण हैं। ये चित्तवृत्तियाँ रस के प्रभावस्वरूप उद्बोधित होती हैं। ये चित्तवृत्तियाँ केवल रस में ही नहीं, बल्कि शब्द, अर्थ तथा रचना में भी हो सकती हैं। यहाँ रचना को शामिल करने पर कवि के स्वभाव का भी समावेश हो गया है। अतः मधुर रचना हो सकती है, मधुर शब्द हो सकता है, मधुर अर्थ हो सकता है और मधुर रस भी हो सकता है। निस्संदेह यह "रमणीयता" नामक एक व्यापक तथा अनुसंधानात्मक बिल्कुल ताजी धारणा (concept) की सभी पंखुरियों के खिल उठने का परिणाम है जिसने सम्पूर्ण सौन्दर्यतात्त्विक वृत्ति (aesthetic attitude) की चितवन ही कुछ और कर दी। सारांश में, रमणीयता का क्षेत्र व्यंजना से बहुत-बहुत व्यापक है क्योंकि इसके अंतर्गत केवल वाच्यातिशयी व्यंग्यार्थ ही नहीं, चमत्कारत्व भी शामिल है।

रमणीयता के द्वारा सौन्दर्यधारणा में भी रूपांतर किया गया है। यह सौन्दर्य के लोकोत्तर विलक्षण रूप के साथ-साथ अन्तर्मुखी चमत्कारी "आह्लाद" के अनुभावन का भी ग्रहण करता है।

पंडितराज ने 'रमणीयता' शब्द का तात्पर्य वह ज्ञानगोचरता बताया जो लोकोत्तर आह्लाद की जनक हो—"रमणीयता च लोकोत्तराह्लादजनकज्ञान-गोचरता"। इसका लक्षण यह हुआ कि काव्याह्लाद तथा लोकांतर आह्लाद में अन्तर है। काव्य का आह्लाद 'लोकोत्तर' माना गया है। अर्थात् इसका प्रमाण लोक के प्रत्यक्ष अनुभव तथा सामान्य ज्ञान नहीं है, बल्कि सहृदय के अनुभव ही इसके साक्षी हैं। इसके अलावा इन्होंने इस अनुभव को भावना-विशेष से जोड़ा है जो चमत्कार का जनन करती है। इस तरह रमणीयता की ज्ञानगोचरता तो लोकोत्तर आह्लाद की जनक है; तथा आह्लाद की अनुभूति या भावनाविशेष चमत्कार की जनक। इस तरह चमत्कार और आह्लाद का प्रतिरूपात्मक संबंध कायम हो जाता है। इस तरह रमणीयता के दो प्रकृत मूल्य प्राप्त होते हैं—आह्लाद तथा चमत्कार। इनमें से आह्लाद ज्ञानगोचरता-जनित है, तथा चमत्कार अनुसंधानात्मक भावनाविशेषजनित। इस तरह ज्ञानगोचरता-लोकोत्तराह्लाद एवं अनुसंधानात्मा भावनाविशेष-चमत्कार के बीच कारण-कार्य संबंध हैं। इनमें से पहला युगल आशंसा (appreciation)

से तथा दूसरा भोग (enjoyment) से संबंधित है। अतएव "रमणीयता" एक नन्दतिक सौन्दर्य (aesthetic beauty) है जो कला की आशंसा एवं भोग या चर्वणा दोनों से सम्बद्ध है। सहृदय-पक्ष से यह रमणीय है क्योंकि यह उसके प्रतिबोध (response) में आह्लाद एवं चमत्कार का समावेश करती है। इस तरह रमणीयता का सौन्दर्यबोधात्मक अनुभव 'ज्ञान' एवं 'भावना' के छोरों को मिलाता है। जब रमणीयता हमारे ज्ञान का विषय बनती है तो साथ-ही-साथ वह लोकोत्तर आह्लाद की अनुभूति भी प्रदान करती है। सारांश में, रमणीयता के अनुभव के दो आयाम हैं: ज्ञानात्मक एवं अनुभूतिपरक। अतः यह रमणीयता बौद्धिक एवं संवेगात्मक, दोनों है। यह बुद्धि के अनेक बिंदुओं के जगाने के कारण ज्ञानगोचर है, तो अनुभव के नये-नये कोणों को उभारने के कारण अनुसंधानात्मक। इस तरह ज्ञानगोचरता एवं अनुसंधानात्मकता रमणीयता की क्रियावृत्तियाँ हैं। अतः मध्यकालीन नंदतिक सौन्दर्य की यह धारणा ज्ञान एवं संस्कार को भी एक-दूसरे से अनुस्यूत करती है; आह्लाद एवं चमत्कार को अभिन्न बनाती है; गोचरता के विश्लेषण में ज्ञान की एवं आह्लादानुभूति के विश्लेषण में भावना की ऐकता स्थापित करती है; तथा आशंसा एवं चर्वणा को एक अखंड व्यापार में गूँथ देती है। सारांश में, यदि व्यंग्यार्थ में केवल चमत्कार होता है, तो रमणीयार्थ में आह्लाद भी। एक बात और है। 'रमणीयता', रमणीयता की 'गोचरता' तथा रमणीयता की 'पुनः-पुनः अनुसंधानात्मक' भावना—इन तीनों में एक निरन्तर, सूक्ष्म, स्पंदनात्मक गत्यात्मकता भी लक्षित होती है। इस रमणीयता में केवल समसामयिक बोध ही नहीं है अर्थात् केवल वर्त्तमान ज्ञान ही नहीं बल्कि संस्कार भी हैं अर्थात् प्राचीन संस्कृति तथा इतिहास भी शामिल है। इनका भावात्मक योग ही रमणीयता का मूल है। संस्कार तथा ज्ञान का यह भावात्मक संयोग पंडितराज की अपनी मौलिक सूझ है। ज्ञानबोध तथा आह्लाद अनुभूति की अखंडता भी उनकी दूसरी महत्तम देन है। इस तरह रमणीयता के बोध में भी वे इच्छा (आह्लादानुभूति), ज्ञान (लोकोत्तराह्लादजनक ज्ञान) एवं क्रिया (गोचरता, पुनः-पुनः अनुसंधानात्मकता एवं रमण-ी-यता)—तीनों का एक त्रिकोण बना गये। ध्यातव्य है कि रसानंद के संदर्भ में भी उन्होंने प्रमातृ-प्रमा-प्रमेय के त्रिकोण को एकधर्मता दी है। पंडितराज के अनुसार रमणीयता लोकोत्तर अर्थात् 'एस्थेटिक' और विलक्षण अर्थात् चमत्कारपरक है। इस तरह 'रमणीयता' सौन्दर्य, चमत्कार और आह्लाद (आनन्द) में पर्यवसित होती है। रमणीयता अनुसंधानात्मक होने के कारण चिर नवीन है, संस्कारपूर्ण होने के कारण देशकालपात्रसापेक्ष्य अर्थात् सामाजिक-सांस्कृतिक मूल्य है, इच्छा-क्रिया-ज्ञानयुक्त होने के कारण विलक्षण है, लोकोत्तर होने के कारण आह्लाद-

पूर्ण है, तथा चमत्कारपूर्ण होने के कारण सौन्दर्यबोधात्मक है। मध्यकालीन चिंतन रस की तरह रमणीयता को भी शुद्ध सत्त्वगुण से ही जोड़ता है क्योंकि यहाँ भी संस्कारों की पुण्यवृत्ति की भूमिका शुरू हो जाती है। यह चिंतन सत्त्वगुण का संबंध सौन्दर्य तथा रस से, पुण्य कर्म से, और विमल ज्ञान से ही जोड़ता है। पंडितराज ने भी लोकोत्तरत्व एवं चमत्कारत्व के द्वारा ईश्वरेच्छा भी कायम रखी है। आह्लाद तथा चमत्कार के दो मूल्यों के बीच भी आह्लाद अर्थात् आनंद को ही चरम मूल्य के रूप में प्रतिष्ठा मिली है। रमणीयता की क्रियावृत्ति अनिर्वचनीय भावना या रसचर्वणा की याद दिलाती है। रमणीयता शब्द की सीमा को लाँघकर व्यंजना से भी परे जाने वाला अवांतर-व्यापार है जो अलंकार तथा ध्वनि, प्रत्यक्षीकरण तथा कल्पना, चारुत्व तथा लीला, चेतना तथा आत्मा, प्रकाश तथा आनंद के द्वित्वों के द्वंद्वमान से घटता चलता है। यह द्वंद्व-तनाव निरन्तर एक आंतरिक बोधात्मक तथा अनुभूत्यात्मक क्रियमाणता (activity) को उद्‌बुद्ध किये रहता है। अंततः यह सबसे बड़ा आश्चर्य है कि 'रस' शब्द पर जोर दिये बगैर ध्वनिवादी पंडितराज जगन्नाथ ने द्वैतपरक सौन्दर्यतात्त्विकवृत्ति (aesthetic attitude) की नींव डाल दी। यह भी कम आश्चर्य नहीं है कि वेदांती पंडितराज ने रमणी-शोभा की धारणा से गृहीत 'रमणीयता' की धारणा के द्वारा सही अर्थों में सौन्दर्यबोधशास्त्र की नींव डाली। इस दृष्टि से अगर वे भारत के बामगार्टन कहे जाएँ तो क्या आपत्ति है? पंडितराज की मुख्य देन भरत के रससूत्र के वेदांतीकरण की नहीं है, बल्कि काव्य के सौन्दर्यबोधात्मिकीकरण की है। "रमणीयता" की संश्लिष्ट धारणा आज भी आधुनिक सौन्दर्यबोधशास्त्र के निकष में खरी उतरती है, जैसा कि हमने सिद्ध करने की कोशिश की है।

....

निष्कर्ष रूप में हम कह सकते हैं कि भरत ने रससूत्र के माध्यम से कलाशास्त्रों का एक विश्वकोष रचा था। इस परम्परा की परिणति पंडितराज जगन्नाथ में हुई जिन्होंने रससूत्र के सभी अवयवों को 'शब्द' के अभिषेक के द्वारा तितर-बितर कर दिया, तथा जिन्होंने रसध्वनि के स्थान पर 'रमणीयता' की धारणा का निवेश कराया। इस तरह भरत की कलाशास्त्रीय परंपरा नाट्यशास्त्र तथा काव्यशास्त्र के मार्गों से होती हुई सौन्दर्यबोधशास्त्र में परिणत होती है। इसी तरह भरत का सुमनस् प्रेक्षक चलते-चलते सामाजिक, प्रमाता, प्रेक्षक, सहृदय तथा रसिक होते हुए पंडितराज के द्वारा योगी और वेदांती बना दिया जाता है। और इसी प्रकार भरत का लोक-रस ज्ञानवादियों, अनुभववादियों, तांत्रिकों, अद्वैतवादियों आदि की सिद्धियों को प्राप्त करता हुआ अंततः ब्रह्मानन्द-सहोदर हो जाता है। अंततः इसी तरह उक्ति का

चमत्कार रूपांतरित होता हुआ अंततः आत्मन् का प्रकाश हो जाता है। इस दृष्टि से शाहंशाह शाहजहाँ के मंसबदार पंडितराज जगन्नाथ भरत के सान्त कर्त्ता सिद्ध होते हैं।

मुख्य रूप से यह लगभग अठारह शताब्दियों या अठारह सौ वर्षों के दौरान में भारतीय मानस के विकास का इतिहास है। इन अठारह सौ वर्षों में भारतीय दर्शन तथा सौन्दर्यबोध की परम्परा यही रही है। इस परम्परा ने लोक से परलोक, ज्ञान से माया, जन से सामंत, जीवन से ब्रह्म, तर्क से श्रद्धा, प्रमाण से विवर्त, द्वैत से अद्वैत, षडदर्शन से केवलमात्र अद्वैत दर्शन, प्रेक्षक से योगी आदि में रूपांतरित होकर मध्ययुगीन इतिहास के रंगमंच पर एक सुन्दर, विचित्र तथा त्रासदीपूर्ण नाटक खेला है। इस कालखंड में मध्यकालीन तर्कशास्त्र, मध्यकालीन विश्वदृष्टिकोण, मध्यकालीन धर्मदर्शन आदि का जो अनुसंधान हमने किया है वह भारतीय मध्यकाल का नया इतिहास-लेखनशास्त्र (historiography) प्रस्तुत करता है; और इन भारतीय बुद्धिजीवियों के मस्तिष्कों की भी पुनर्रचना करता है। हमने यह सब कोशिश तो अवश्य की है।

●

दूसरा खण्ड

सौंदर्यबोधानुभव (Aesthetic Experience) या 'रसानुभूति'

रूपरेखा :

भरत–भट्टलोल्लट–श्रीशंकुक–भट्टनायक–अभिनवगुप्त–महिमभट्ट–धनंजय और धनिक–भोज–मम्मट–विश्वनाथ–भानुदत्त–रामचन्द्रगुणचन्द्र–वैष्णव सौंदर्यतत्ववेत्ता–पंडितराज जगन्नाथ–उपसंहार ॥

सौंदर्यबोधानुभव अथवा 'रसानुभूति'

मध्यकालीन विचारधाराओं के लिये ब्रह्मानुभव, लोकानुभव तथा सौंदर्यबोधानुभव के रूप में 'अनुभव'-मात्र एक जबर्दस्त चुनौती रहे हैं। इनमें से सौंदर्यबोधानुभव—पुरानी परिभाषा के मुताबिक 'रसानुभूति'—तो एक मंत्र-मुग्ध करने वाली चुनौती रहा है। भरत (ई० पू० दूसरी शताब्दी) से लेकर पंडितराज जगन्नाथ (सत्रहवीं शती) तक के पुराने भारतीय सौंदर्यतत्त्ववेत्ता बुद्धिजीवी इसी बुनियादी समस्या से उलझते रहे हैं। पंद्रह सौ सालों के दौरान में रस-निष्पत्ति के विश्लेषण की तरह रसानुभूति का निरूपण भी बिल्कुल बदल गया है। इसके बदलने में मध्यकालीन मस्तिष्क एवं अर्थतंत्र, मध्यकालीन सामाजिक व्यवस्था, मध्यकालीन अध्यात्मशास्त्र, मध्यकालीन रसायनशास्त्र, मध्यकालीन दर्शनशास्त्र, मध्यकालीन मनोविज्ञान तथा मध्यकालीन सांस्कृतिक आंदोलनों आदि की देन रही है।

भरत ने पुरोहितों की सूत्र शैली में रससूत्र भी प्रस्तुत कर दिया जिसमें विभाव-अनुभाव-संचारी के संयोग से रस-निष्पत्ति की स्थापना की गई। स्वयं भरत ने नाट्यशास्त्र के रूप में एक ओर तो कलाशास्त्रों का एक विश्वकोष संग्रहीत किया है जो प्रधानतया अभिनेताओं को कर्मकांडीय ढंग से संबोधित है, तो दूसरी ओर स्वयं ही सूत्र में भाषिकीय संभ्रांतियों (linguistic ambiguities) की अनंत संभावनाएँ छोड़ दी हैं। उन्होंने नाट्यशास्त्र के छठे अध्याय में रस तथा भाव का विवेचन किया है, तथा सातवें अध्याय में (भाव, विभाव, अनुभव, संचारीभाव के साथ) स्थायीभाव का विवरण दिया है। इस तरह स्थायी भाव बनाम रस के द्वैत तथा अद्वैत की द्वंद्वात्मक समस्या अंत तक बनी रही। इसी तरह विभाव-अनुभाव-संचारी के संयोग के स्वरूप तथा प्रकार पर शताब्दियों तक एक दार्शनिक विवाद (polemics) चला। हम पहले खंड में इसका निरूपण कर चुके हैं। भरत ने नाट्य को पंचमवेद मानकर वैदिक कर्मकांडों के लहजे में विभावादिसंयोग तथा रसनिष्पत्ति की बात कही थी। उनका युग दर्शनों, संहिताओं, कोषों तथा काव्यों के संकलन का था। अतः उन्होंने भी सभी भावादि-प्रकारों को संकलित करके कर्मकांडीय ढंग से रसनिष्पत्ति की साफ बात कह दी। कर्मकांड की प्रधानता की वजह से नाट्य में वर्णनात्मक मिथक (myth) और क्रियात्मक पद्धति (ritual) का मेल होता है। इसीलिये रस को प्रधानतया मिथककाव्यों और नाट्यमंडपों के लिये ही सुरक्षित रखा गया। जब नाट्य में जीवनवत् कार्यव्यापार नहीं हो सकता है,

तब वह आर्केटाइपल हो जाता है और उसमें मिथक तथा अन्यापदेश (allegory) की पौराणिकता एवं प्रतीकात्मकता की प्रचुरता होती है। इसी भूमिका पर आरंभ में रस नाट्य से अनुस्यूत रहा, और लौकिक प्रत्यक्ष तथा लोक रस का ही विषय रहा। लेकिन आध्यात्मिक परंपराओं के बोझ से गौरवावनत भरत नाट्य में यज्ञ के लोक, वेद तथा अध्यात्म प्रमाण मंजूर करते हैं, तथा रसानुभव के अंतर्गत – दुःख से आर्त, श्रम से आर्त, शोक से आर्त प्रेक्षकों को 'विश्रांति' का विधान करते हैं। अतः यह विश्रांति ही भट्टनायक के 'सत्त्वगुणोद्रेक', अभिनवगुप्त की 'संविद्विश्रांति' तथा पंडितराज की 'सत्त्वोपाधिक चित्तावृत्ति' में रूपांतरित हुई है। भरत ने 'विश्रांति' के साथ-साथ 'विनोद' का भी इशारा किया है। यही 'विनोद' भट्टलोल्लट के 'चमत्कार', भट्टनायक के 'सुख (सत्त्वरूप)-भोग', अभिनव के 'आनंद' तथा पंडितराजके लोकोत्तरआह्लाद में परिणत हुआ है। यह बात भी गौर करने लायक है कि भरत ने शांत रस (तथा शम स्थायी) को नामंजूर किया है क्योंकि यहाँ सभी वृत्तियाँ उपरत हो जाती हैं।

इस तरह भरत ने 'लोक-विश्रांति' तथा 'लोक-विनोद' के दो ध्रुवांतों के द्वारा रसानुभूति के जनचित्तवृत्ति वाले अनुभव का मानकमान पेश किया है। अतः वे रसानुभूति को एक विशिष्ट चित्तवृत्ति से सम्बद्ध रखते हैं। सौन्दर्यतात्त्विकवृत्ति (aesthetic attitue) की यही धारणा रसानुभूति के उक्त दो छोरों को तांत्रिकों, अद्वैतवेदांतियों, लोकदर्शनवादियों आदि के हाथों से नये-नये दार्शनिक दृष्टिकोणों से विश्लेषित करती है। सारांश में, भरत ने 'लोक-रस' अर्थात् साधारण लोगों के नाट्यानुभव की धारणा पेश की है। इस लोकरस का अनुभव 'विश्रांति' तथा 'विनोद' है। यह लोकरसानुभूति वृत्तियों की उद्बोधकता के अनुकूल होती है। अतः यह विविधरूपा भी हो सकती है। अतः भरत यज्ञ' और 'नाट्य' का अंतर जानते हैं। उन्हें यह तत्कालीन बोध हो गया था कि रसानुभव लौकिकता से विलक्षण है, यज्ञ से पृथक् है किन्तु लोकबहिर्भूत नहीं है। वे यह भी महसूस करने लगे थे कि रसानुभव लौकिक अनुभव तथा प्रत्यक्ष प्रमाण से भी विलक्षण है। किन्तु वे विलक्षणता की सीमाएँ नहीं पहचान सके हैं। केवल एक सीमा उन्हें मालूम है : रसानुभूति नाट्याश्रित है। यह भी ध्यातव्य है कि भरत रसानुभूति की व्याख्या लौकिक भाववाचक संज्ञाओं के वाच्यार्थ के द्वारा ही करते हैं। इसमें कोई भी रूपक (metaphor) या साम्यरूपक (analogy) का व्यवहार नहीं हुआ है। अतः उनके मस्तिष्क में रसानुभूति का यही लौकिक एवं विलक्षण नाट्यरूप था।

भरत के बाद आठवीं शती के अन्त तक अर्थात् पूरी सात शताब्दियों तक भरत का नाट्यरससूत्र अलंकार रूपी सकोरे से ढँके दीपक की तरह लगभग आवरणाच्छन्न ही रहता है। भामह, दंडी, वामन, उद्भट तथा रुद्रट (भी) जैसे सौंदर्य-

बोधवेत्ता बुद्धिजीवी आलंकारिक थे। वे यह मान चुके थे कि 'रस' का क्षेत्र नाट्य तथा कथाकाव्य है। वे अलंकारपरक काव्य को इन दोनों कलाविधाओं से भिन्न मानते हुए लगते हैं। इस उक्तिमूलक काव्य के लिये वे 'चमत्कार' का अभिषेक करते हैं। हजारी प्रसाद द्विवेदी यह मानते हैं कि ईसा पश्चात् पाँच-छः शताब्दियों के आस-पास तक 'नाटक' सामान्यतया महाभारत की कथा से ग्रहीत थे; 'प्रकरण' वड्डकहा तथा गाथा सप्तशती जैसी काल्पनिक कथाओं से ग्रहीत थे; और 'नाटिका' नाटक तथा प्रकरण के मेल से विरचित थी। उस युग की मान्यता थी कि रस संदर्भ (प्रकरण, रेफरेंस) में होता है। अतः काव्यदेहवादी आचार्यों ने कथाकाव्य में 'रस' की, और उक्तिकाव्य में 'चमत्कार' की प्रतिष्ठा करके कलामाध्यमों के अनुरूप विविध सौंदर्यबोधानुभवों की सत्ता स्वीकार कराई थी। वस्तुतः अलंकारशास्त्र का निवेश नागरिक और सामंतीय सभ्यता की देन है, जिसने उक्ति, वक्रोक्ति, अतिशयोक्ति, स्वभावोक्ति आदि नाना कथन उक्तियों को अलंकृत किया है। हजारी प्रसाद द्विवेदी के अनुसार संभवतः व्यंजना भी उक्ति से ही विकसित हुई है। ये सभी काव्यदेहवादी आचार्य एक 'रूपक' पा गए: 'काव्यवनिता-शरीर' का। काव्यवनिता के शरीर का सौंदर्य, अलंकार में है। अतः सौंदर्य और अलंकार पर्याय हैं: काव्यसौंदर्य और काव्यालंकार पर्याय हैं। काव्यालंकार शब्दार्थयुगल का शृंगार करते हैं। अतः सौंदर्य, अलंकार और शृंगार भी अनुस्यूत हो जाते हैं। इसी कड़ी में गुण-दोषादि तथा कान्तासम्मित उक्ति का भी रूपकात्मक विन्यास हुआ। इस तरह रस भी शब्दार्थ के रसवदादि अलंकारों में समाहित हो गया। सारांश में, 'वनिता देह' के रूपक ने सात शताब्दियों तक अलंकार, पदझंकार, शृंगार, चमत्कार आदि की धारणाओं को चरमोत्कर्ष तक पहुँचा दिया। यह वस्तुपरक रूपक है, इसलिये इसने अंतरमुखता को प्रभावित नहीं किया। इसके अलावा ये काव्यदेहवादी आचार्य न तो दार्शनिक थे, और न ही विचारधारक (ideologue); बल्कि ये व्याकरणवादी थे, इसलिये इनकी देन भाषिकीय है।

लेकिन आठवीं शती से भारतीय बौद्धिक परंपरा नखशिख आंदोलित हो उठती है। पहले खंड में हमने इस आंदोलन की समाजशास्त्रीय व्याख्या की है। एक साथ मानों बौद्धिक क्रांति की तेजस्वी मशाल जल उठती है और अंधकार भग्न होने लगता है। इस आलोक को फैलाने में न्याय, मीमांसा, सांख्य, योग, लोकायतिक, वेदांत आदि सभी दर्शन आपस में होड़ लेने लगते हैं। एक ओर प्रभाकरभट्ट, कुमारिल, शंकर तथा सरहपाद जैसे प्रचंड दार्शनिकों का उद्भव होता है तो दूसरी ओर प्रियंवद भट्टलोल्लट (मीमांसक), श्रीशंकुक (नैयायिक), भट्टनायक (सांख्यवादी), अभिनवगुप्त (शैवाद्वैतवादी) आदि जैसे विचारधारक सौंदर्यबोधशास्त्रियों का। हमने पहले खंड में इस विराट्

बौद्धिक मंथन को "त्रयणुक बौद्धिक क्रांति" कहा है। इस कालखंड में तीन क्षेत्रों से दर्शन उभर रहा था और सार्वजनिक विवादों का रूप लेने लगा था। लोकविवेक के दावेदार के रूप में प्रभाकर तथा कुमारिल जैसे मीमांसक दार्शनिक मौजूद थे, सहजसाधना के रूप में विद्रोह करने वाले सरहपाद नालंदा से उभरे थे, और अद्वैतवाद की स्थापना करने के लिये मायावादी शंकर बौद्धिक दिग्विजय के लिये निकल पड़े थे। फलत: अब भामह से लेकर रुद्रट तक जैसे सीधे-सादे अभ्यासी काव्यालोचकों का ज़माना लद गया। अब ऐसे विचारधारक सौंदर्यबोधशास्त्री आए जो किसी-न-किसी विचारधारा से प्रतिबद्ध थे, या एक न एक दर्शन के व्याख्याता थे; और बौद्धिक विवादों (polemics) के कठोर निकष में अपने विचारों को खरा सिद्ध करते थे। अत: मध्यकालीन भारतीय सौंदर्यबोधशास्त्र में दर्शनशास्त्र का गहरा आयाम जुड़ जाता है। अब सौंदर्यबोधदार्शनिक धारा के लिये भी वे ही समस्याएँ विरासत में मिलती हैं जिनसे विशुद्ध दार्शनिक जूझ रहे थे। ये समस्याएँ 'ज्ञान' (knowledge) तथा 'अनुभव' (experience) की थीं। भरत का नाट्यरससूत्र भी इस समस्या के लिये एक आदर्श उपजीव्य साबित हुआ। अत: मीमांसक से लेकर वेदांती तक ने इस सूत्र को अपनी-अपनी विचारधाराओं से गर्भित कर दिया। मानों रससूत्र वेदप्रमाण-जैसा हो गया। फलत: 'ज्ञान' की समस्या नट बनाम पात्र के इर्द-गिर्द घूमी और 'अनुभव' का निरूपण भाव को केंद्र में रखकर हुआ। स्थायीभाव मूल राम का है, अथवा पात्र राम का, अथवा नट का, अथवा सहृदय का ?— यही सवाल रसानुभुति के संदर्भ में प्रत्येक दार्शनिक दृष्टिकोण से सुलझाया गया। भरत स्वयं भी रस तथा स्थायीभाव के स्वरूप तथा संबंध के अंतर्विरोध छोड़ गए थे। इसलिये इसके द्वंद्वमान को लेकर भी 'अनुभव' की दार्शनिक व्याख्याएँ हुईं। मूलत: ये व्याख्याएं खंडनमंडनात्मक हैं, प्रतिबद्ध (committed) हैं, ज्ञानप्रधान हैं और ज्ञान जनित हैं।

इस तरह रससूत्र की दार्शनिक व्याख्याओं का यह महान् बौद्धिक विवाद लगभग तीन शताब्दियों तक (भट्टलोल्लट से लेकर अभिनवगुप्त तक) तो अखंड रूप से चला। यूरोप में रिनैसाँ को छोड़कर ऐसी कोई दूसरी मिसाल दुनिया में नहीं मिलती। भट्टलोल्लट से लेकर भट्टनायक तक यथार्थवादी विचारधारकों की टोली थी। किन्तु भट्टनायक से स्पंदित होकर और अभिनवगुप्त से शुरू होने वाली परंपरा अंतर्मुखी आदर्शवादियों की रही है। इनमें से पहली टोली ने **प्रत्यक्ष प्रमाण** पर बल दिया है तो दूसरी ने **अलौकिक प्रज्ञा** पर। रसानुभूति के निरूपण में ये दो चरण बेहद स्पष्ट हैं। अभिनवगुप्त के बाद मम्मट, विश्वनाथ, रामचंद्र गुणचन्द्र, भोज, भानुदत्त, वैष्णव सौंदर्यबोधशास्त्री आदि की परंपरा में—रामचन्द्रगुणचन्द्र तथा भोज को छोड़कर—चर्वितचर्वण और संकलन और स्पष्टीकरण की ही बहुतायत है। अंतत: पंडित-

राज जगन्नाथ शताब्दियों के बोझ का जुआँ खिसकाते हैं और रसानुभव के लिये 'रमणीयता' शब्द प्रस्तुत करके इस वर्चस्वी परंपरा के शानदार आकाशदीप का निर्वाण कर देते हैं। हम जानते हैं कि लगभग बारहवीं शती के बाद से शेष दर्शनों का अवसान-सा हो गया, और केवल वेदांत का ही एकछत्र साम्राज्य कायम होता गया। अतएव इसके बाद से उस बौद्धिक विवाद का अंत हो जाता है, एकस्वरता छा जाती है, मौलिकता निमीलित हो जाती है तथा रसानुभव का पूर्ण आध्यात्मिकीकरण हो जाता है। अभिनवगुप्त के बाद रसानुभव काफी समय तक तांत्रिकों की गूढ़, रहस्यात्मक तथा रासायनिक क्रियाओं से भी परिपक्व होता रहा है। किन्तु अन्ततः आदर्शवादी अद्वैतवाद की दिग्विजय होती है और रसानुभव का स्वरूप 'ब्रह्मानंद-सहोदर' हो जाता है। कहाँ भरतकृत 'लोक नाट्य रस', और कहाँ पंडितराजकृत 'ब्रह्मानंद-सहोदररसानंद ! !'

रसानुभव के इस इतिहासखंड में हम पहले तो यथार्थवादी विचारधारक पाते हैं जो मूलतः नाट्यविधा से बँधे हैं; और रसानुभव को प्रत्यक्ष ज्ञान की समस्या के रूप में लेते हैं। इसके बाद प्रधानतः अद्वैतवादी आते हैं जो नाट्यरस को क्रांतिकारी ढंग से एक नवीन 'काव्यरस' में रूपांतरित करते चले जाते हैं; और रसानुभूति को एक अलौकिक अनुभव के रूप में विवर्तित कर देते हैं। इस तरह नाट्यरस का काव्यरस में रूपांतर, तथा रसानुभूति का प्रत्यक्ष ज्ञान से अलौकिक अनुभव के रूप में आध्यात्मिक निरूपण—ये दो चरण मध्यकालीन संस्कृतिकर्मियों के मानसिक बोध के बेहद भिन्न परिवर्तन को प्रतिबिंबित करते हैं। मोटे तौर पर हम कह सकते हैं कि सांख्यवादी, नैयायिक, मीमांसक आदि **यथार्थ** की तलाश करते हैं; नाथ, सिद्ध, शैव, शाक्त आदि भोग के सुख या **आनन्द** की उपासना करते हैं; तथा अद्वैतवादी, वेदांती जैन, बौद्ध आदि **मोक्ष** या अमरता को लक्ष्य बनाते हैं। रसानुभूति में इन तीनों धाराओं का अन्तःमिश्रण हुआ है जिनमें से अन्ततः मुक्ति या मोक्ष की अद्वैतवादी धारा प्रधान होती गई। अतः हमें इस सापेक्ष्य विविधता पर कड़ी नज़र रखनी होगी और ब्रह्मानंदरूप रस की यथार्थ बहिर्भूत परिणति को ही अकेला तथा केवल परिपूर्ण उत्कर्ष नहीं मान लेना होगा। हमें खयाल रखना पड़ेगा कि रसानुभूति की नर्मिल (normal) दृष्टि एक विलक्षण लौकिक दृष्टि है जो सौंदर्यबोधात्मक ज्ञानगोचर लौकिक दृष्टि के नाना रूपों में विकसित होती रही है। बीच-बीच के मध्यांतरों में 'दिव्य दृष्टि' तथा 'योगज सृष्टि' की जो अवनर्मिल तहक़ीकात हुई, वह विश्व के सार्वभौम मध्यकालों के रहस्यवाद तथा निर्विकल्पवाद का एक समान परिणाम है। इसलिये यह केवल भारतीय मानस की ही, और उसकी भी सर्वोत्तम उपलब्धि क्यों बताई जाए ? यह मान

लेने पर हमें शेष सभी दर्शनों को विविधज्ञानरूपा भारतीयता के राष्ट्रीय प्रतिनिधि के रूप में चुपचाप अस्वीकार करना होगा क्योंकि आर्थिक विपन्नता तथा निरंकुश सामंतीय भ्रष्टाचार ने इहलौकिक जीवन और आर्थिक खुशहाली के प्रति जनसामान्य की आकांक्षाओं को अभिव्यक्त करने वाले दर्शनों को परायीकृत (alienate) कर दिया था। दिव्य दृष्टि को मान लेने पर हमें शंकराचार्य के आठवीं-नवीं शती वाले बोध के अनुरूप गूढ़ रसानुभूति का तोतापाठ करना पड़ेगा। हमें यह भी मानना पड़ेगा कि यद्यपि सारा समाज सामंतवाद के अंधकार, अंधविश्वासों, चमत्कारों, शोषणों आदि में निचुड़-सिकुड़ चुका था, लेकिन केवल स्वतन्त्र भारतीय मानस का ही शाश्वत एवं विशुद्ध उत्थान होता चल रहा था। यह घोर ऐतिहासिक छल है। ऐसा इतिहास-दर्शन अंधपुनरुत्थानवादी है, असमाजशास्त्रीय है, तथा पलायनवादी पतन को भी महान् अध्यात्मवाद के रूप में गौरवान्वित करके प्रबुद्ध भारतीय बुद्धिजीवियों की आधुनिक चेतना को दिग्भ्रमित करने वाला है। हम इस तथ्य के प्रति आद्यंत जागरूक रहे हैं कि जो भी, जहाँ भी, अनिर्वचित रहस्यवाद है वह हमें समस्या के समाधान के लिये एक और बड़ी चुनौती देता है, न कि अंधविश्वास या दैवी करिश्मे में हमारा पुनरावास करने का निमंत्रण भेजता है। यथातथ्यता (actuality) का आहरण प्रधानतया **प्रतीकों** (सिम्बल्स) के माध्यम से किया जाता है। आधिभौतिकता (metaphysics) की शुरूआत हमेशा प्रतीकात्मक रूपों से ही होती है जिनमें से 'सत्ता', 'जीव', 'आत्मा', 'भविता' 'अस्ति' आदि प्रमुख होते हैं। इसी तरह यथार्थता का आहरण प्रचुरतया **रूपकों** (मेटाफर्स) के माध्यम से होता है जो नये-नये अनुभवों, नये-नये अनुसंधानों तथा नई-नई संबंधताओं की नई भाषा के द्वारा अभिव्यंजना करने की कोशिश करते हैं। रूपकों का अध्ययन वैज्ञानिक विचारों तथा सामाजिक यथार्थता के विकास के इतिहास में योगदान देता है। रसानुभूति के निरूपण में चुने गए रूपकों ने मध्यकालीन रसायनशास्त्र के अलावा संवेदनात्मकता (synaesthesis) को गहराई से प्रभावित किया है। रूपकों के कई स्रोत होते हैं; जैसे कवि, योगी, वैयाकरण, तकनीकी कौशल, संस्कृति तथा काल-खंड आदि। ये रूपक सृजनात्मक व्याख्यात्मक, अनुकरणात्मक, साम्यरूपकात्मक आदि होते हैं।

रसानुभूति के संदर्भ में हम देखते हैं कि **ज्ञान** की समस्या के लिये तो दार्शनिक रूपक ही व्यवहार में लाये गए हैं। इनमें रज्जु-सर्प-रूपक, रजत-शुक्ति-रूपक, घट-प्रदीप-रूपक, मणि-प्रदीप-रूपक, प्रदीप-आवरण-रूपक, चित्र-तुरग-रूपक आदि प्रधान हैं। जब रसानुभूति के अंतर्गत **अनुभव** का निरूपण किया गया है तब दूसरे प्रकार के रूपक इस्तेमाल हुए हैं। इनमें से ओदन, प्रपानक रस, ब्रह्मानन्द आदित्य-खद्योत-प्रकाश (मधुसूदन सरस्वती), सुषुप्ति-

समाधि, कर्मचक्र आदि के उपमेय लिये गए हैं। आदर्शवादी उड़ानों में ब्रह्म, परमशिव, शिवशक्तिसामरस्य, रमणीयता आदि की साम्यरूपकताएँ (analogies) भी विकसित हुई हैं। इसी के अनुरूप हम नाना 'शक्तियों' अर्थात् अभिव्यंजना के व्यापारों को पाते हैं जिन्हें भावकत्व, भोजकत्व, रसना, चर्वणा, अनुभावना, समुपरंजन, विभावना, व्यंजना, रमणीयता आदि के द्वारा प्रकट किया गया है। वस्तुतः रसानुभव के सभी कोणों को समझने में हमें भाषा के इस रूपकात्मक स्वभाव का ध्यान रखना होगा। ऐसी भाषा में हम विकास की सभी कड़ियाँ नहीं ढूँढ़ पाते, क्योंकि यहाँ भाषा एक रूपक से दूसरे रूपक में, अथवा एक प्रतीक से दूसरे प्रतीक में छलाँग (leap) लगाकर अव्यक्त अनुभव को अर्थ देने का, तथा अर्थों को संप्रेषित करने का भगीरथ लालित्य प्रदर्शित करती है। सौंदर्यबोधदार्शनिकों ने एक साथ अज्ञाततापरक (non-cognitive) धार्मिक भाषा के ब्रह्म, शिव, शक्ति, अविद्या, आत्मा, चैतन्य, आनन्द आदि प्रतीकों का व्यवहार किया है, तो इसके समानांतर ही उसी एक ही भाषा में ज्ञापक (cognitive) दार्शनिक एवं कलात्मक भाषा के घट, प्रदीप, मणि, तुरग, ओदन, लावण्य, पानक, रमणी आदि के रूपकों का भी इस्तेमाल किया है। अतः यह भाषा तथ्यात्मक नहीं है। यह यथार्थता का रूपांतरण करती है और इसके साथ ही सीमित मनुष्य के ऐश्वर्यों की तुलना में ईश्वर के ऐश्वर्यों की असीमित परिपूर्णता का अनन्त अनुपात रचती है। यही शिव, ब्रह्म, चैतन्य तथा आत्मन् की धारणा का रहस्य है। अभिनवगुप्त से यही धारणा सर्वोच्च हो जाती है कि मनुष्य के ऐश्वर्य भी परमशिव के अखंड स्वभाव का ही अंश हैं। इस तरह अविभाजनीय ईश्वर-स्वभाव और विभाजित मानव-प्रकृति एक ही तत्त्व के उभय पक्ष हो गए। इस तरह नई दार्शनिक दृष्टि वाले किसी सौंदर्यबोधवेत्ता ने ज्योंही किसी नये रूपक का इस्तेमाल किया है, त्योंही मानवीय मस्तिष्क का विकास चौकड़ी भरकर आगे बढ़ा है, समस्या का कोई अनछुवा पहलू स्पंदित हो उठा है, और कुछ अधिक स्पष्टीकरण करने की पर्युत्सुकता जाग उठी है। इसीलिये रससूत्र के विभावादि-संयोग तथा रसनिष्पत्ति की समस्त व्याख्याओं को द्वंद्वात्मक बनाने का पुनः पुनः प्रारम्भ हर नये रूपक तथा प्रतीक ने किया है। ये ज्ञान तथा भाषा के सूक्ष्मानुमापक उपकरणों या औजारों की तरह-से रहे हैं।

रूपकों एवं प्रतीकों के अनुप्रवेश के अलावा एक आंदोलक बात रससूत्र के अर्थमीमांसात्मक (semantic), रूपात्मक (syntactic) तथा प्रतीकात्मक (symbolic) भाषिकीय गठन के अन्वेषण वाली हुई है। हर व्याख्याकार ने 'संयोग' तथा 'निष्पत्ति' का दार्शनिक भाष्य भी किया है और हरेक ने अपनी दार्शनिक दृष्टि के अनुकूल सारे रससूत्र को रंगारंग कर डाला

है। पहले के बाद दूसरा दार्शनिक उठा है और उसने पहले की स्थापनाओं का खंडन तथा मंडन करते हुए अपने दृष्टिकोण के अनुसार रससूत्र की अगली व्याख्या कर दी है। यही क्रम चलता रहा है। विभावानुभावसंचारी के संयोग को कई तार्किक रचनागठन (logical structures) दिये गए जिनमें से कारण-कार्य-सहकारी का सादृश्यमूलक रचनागठन अन्ततोगत्वा स्वीकृत हो गया। इसी तरह 'निष्पत्ति' के अन्तर्गत रसानुभव की व्याख्या उत्पत्ति (भट्ट-लोल्लट), अनुमिति (श्रीशंकुक), भोग (भट्टनायक), अभिव्यक्ति (आनंदवर्धन तथा अभिनवगुप्त), प्रकाशन (पंडितराज जगन्नाथ) इत्यादि कोरमकोर दार्शनिक धारणाओं के माध्यम से की गई। यह तथ्य रेखांकनीय है। इसके सिवाय रस तथा स्थायीभाव के आदिम अंतर्विरोध (contradiction) की जटिल पहेली बनी रही है जिसको सुलझाने के लिए चर्वणा, रसना, ध्वनन्, रमणीयता, आस्वाद, आह्लाद आदि प्रत्ययों का सहारा लिया गया है। पहले केवल 'चमत्कार' तथा 'प्रमाण' से रसानुभव की व्याख्या का संपादन होता था; लेकिन अभिनवगुप्त से चमत्कार के साथ-साथ अन्य अभिव्यंजनाशक्तियाँ भी प्रकट होना आरम्भ हुईं, क्योंकि अब समस्या कोरमकोर ज्ञान के क्षेत्र से निकलकर अनुभव के रहस्यलोक में लुकने लगी; तथा नाट्यरस के बजाय काव्यरस को आधार बना लिया गया जिससे सूक्ष्मता एवं अमूर्त्तता की संभावनाएँ बढ़ती गईं। अस्तु।

इस पृष्ठभूमि के आधार पर अब हम रसानुभूति के निरूपण का आरंभ भट्टलोल्लट से करेंगे। यह हम बता ही चुके हैं कि भरत ने रसानुभव को लोकरस के रूप में, नाट्यरस के रूप में स्वीकार किया है जो 'चित्तवृत्तियों' का प्रभाव है, और जिसमें 'विश्रांति' तथा 'विनोद' की अनुभूति होती है।

पूर्वमीमांसक **भट्टलोल्लट** अध्यात्मवादी तथा आदर्शवादी नहीं हैं। भरत की तरह वे भी यथार्थवादी तथा वस्तुपक्षवादी हैं। भरतसंमत भोज्यरस के 'उत्पत्ति' नामक शब्द से अनुप्रेरित होकर उन्होंने रससूत्र को पहले पहल कारणकार्य-नियम का एक तार्किक रचनागठन प्रदान किया। भरत की तरह उन्होंने भी 'भाव' के अंतर्गत स्थायीभाव, संचारी आदि को शामिल किया है, तथा भाव को अभिनय-प्ररिप्रेक्ष्य में ही देखा-परखा है। भरत ने भाव को वाच्य नहीं माना है; बल्कि विभावादि से गम्य बताया है। भट्टलोल्लट ने भी भाव को शब्दार्थ का अंग न मानकर मनुष्य के मनोविज्ञान की प्रक्रिया अर्थात् चित्तवृत्त्न्ना माना है।

अभिनवगुप्त तथा मम्मट द्वारा प्रस्तुत किये गए भट्टलोल्लट के मत में काफी अन्तर है। फिर भी, हम रसानुभव के समानबिंदु खोज सकते हैं। पहली समस्या स्थायीभाव बनाम रस के स्वरूप की है। भट्टलोल्लट उत्पत्ति-

वादी होने के नाते कारण-कार्य की क्रमिकता के प्रमाण को ही मानते हैं। अतः उन्होंने विभाव-अनुभाव तथा संचारी को कारण-रूप माना जिनकी वजह से मानवमन में वासनारूप में सन्निहित स्थायीभाव परिपुष्ट होते हैं। परिपुष्ट होने पर स्थायीभाव ही रस हो जाता है। इस तरह स्थायीभाव तथा रस एक ही श्रेणी के हैं अर्थात् यह एक ही मात्रा (quantity) है जिसमें दो गुणात्मक (qualitative) भेद हो जाते हैं। अतः रसरूप में किसी नवीन द्रव्य की उत्पत्ति न होकर स्थायीभाव रूपी दूध ही विभावादि के जामन से परिपुष्ट होकर रसरूपी दही में बदल जाता है।

इसके बाद कारण तथा कार्य की रासायनिक प्रक्रिया की शृंखला का निर्माण हुआ है। स्थायीभाव की इकाई के साथ विभाव, अनुभाव एवं संचारी के पृथक्-पृथक् संबंध प्रदर्शित किये गए हैं : विभाव से स्थायीभाव की उत्पत्ति होती है, अनुभाव से उसकी प्रतीति तथा व्यभिचारी से परिपुष्टि। अतः यहाँ तिहरा संबंध है। इसके अलावा उत्पत्ति के बाद प्रतीति का, तथा प्रतीति के बाद परिपुष्टि का भी एक क्रमापन (order) है। यह क्रमिकता रसानुभव को भी क्रमिक बनाती है, सहसामूहिक नहीं। क्रमिकता की व्यवस्था के हेतु भट्टलोल्लट के सामने उचित दलीलें हैं। नाट्य एक ऐसा कलारूप है जहाँ प्रेक्षक की आँखों के सामने तत्समकाल में नाट्य की रचनाप्रक्रिया प्रत्यक्ष रूप से प्रदर्शित होती है। अतः इसमें विभावादि का अभिनयात्मक क्रम अनिवार्यतः प्रमाणित रहता है। इसीलिये भट्टलोल्लट अपरिपुष्ट स्थायी को तो अनुकार्य (मूल-पात्र), अनुकर्त्ता (नट) तथा सामाजिक तीनों में मानते हैं; किन्तु इसके परिपुष्ट अर्थात् रस-रूप को उसी में मानते हैं जो रंगमंच का ईश्वर अर्थात् नट है। यहाँ भी वे क्रम का निर्वाह करते हैं। स्थायीभाव की उद्बुद्ध अवस्था, उसके बाद गम्य या प्रतीतावस्था, और उसके बाद उद्भूत व्यभिचारीभावों द्वारा पोषित या पुष्ट अवस्था ही 'रस' होती है, यह भी उनकी तार्किकता की देन है। नाट्य में अभिनय अर्थात् अनुभाव रसचक्र की नाभि होते हैं। इसलिये उन्होंने अनु-भावों के स्वामी अनुकर्त्ता अर्थात् नट में रस की तद्रूपतानुसंधानात्मा उत्पत्ति मानी है। इसके लिये भी उनका तर्क है। इस तर्कचक्र को उन्होंने पात्र तथा नट के बीच बाँटा। मूलपात्र आश्रय राम के स्थायीभाव को परिपुष्ट करने वाली पात्र विभाव सीता के अनुभाव संचारी परिपुष्ट करते हैं। यह पहला स्तर है किन्तु यह मात्र उपसैद्धांतिक (theoretical) है। यही क्रम व्यवहार में होता है : नट अपने में राम का तथा अभिनायिका में सीता का अनुसंधान अर्थात् तादात्म्यीकरण कर लेने पर अपने स्थायीभावों को उद्बुद्ध कर लेता है। अतः रंगमंचीय व्यावहारिक (practical) स्तर पर वह रसानुभव करता है। यही क्रम जब सामाजिक पर लागू करने की बारी आती है तब वे उसके स्थायीभाव

को परिपुष्ट नहीं कराते। उनके अनुसार सामाजिक पात्र या नट की तरह अन्तर्लिप्त नहीं रहता। अतः वह अभिनय अर्थात् अनुभाव की प्रतीति के स्तर पर रहकर मात्र ज्ञानगोचरता प्राप्त करता है। सामाजिक को मूलपात्र में उद्भूत रस 'सामान्याधिकरण्य' से अनुकार्य (नट) में **प्रतीत** होने लगता है। अतः रसानुभव मूल पात्र करता है, पात्ररूपता के अनुसंधान के कारण नट भी करता है, किन्तु सामाजिक (रज्जु-सर्प-न्याय से) नट में केवल पात्र की रति के आरोप की प्रतीति करता है। सारांश में रस के बोध के भी तीन स्तर हैं: लौकिक रस का अमूर्त्त मूलपात्रादि द्वारा अनुभव; नाट्यरस का नट द्वारा अनुभव; तथा अनुसंधानात्मक नटगत रस की सामाजिक द्वारा प्रतीति। स्पष्ट है कि भट्टलोल्लट ने अनुभव के भी तीन क्रम दिये हैं: लौकिक रस का यथातथ्य अनुभव, नाट्यरस की आशंसात्मक तथा असंपृक्त अनुभूति, और नाट्यरस के अभिव्यंजनाव्यापार का ज्ञान। इस तरह अंततोगत्वा भट्टलोल्लट रसानुभव को प्रत्यक्ष प्रतीति या ज्ञान में परिणत करते हैं और इसे मात्र प्रत्यक्षीकरण के दायरे में बाँध देते हैं। वे प्रत्यक्षज्ञान को ही जबर्दस्त प्रमाण मानते हैं क्योंकि वह नट में अनुसंधानात्मक रूप में, तथा सामाजिक में स्वतः प्रामाण्य रूप में साक्षात् उत्पन्न होता है। वे पूर्णतः नर्मिल एवं जागृत अवस्था के कायल हैं। अतः नाट्यप्रत्यक्ष को वे मायाभ्रांति तथा स्वप्नभ्रम जैसी दशाओं से आज़ाद रखते हैं। अतः वे विपरीतख्याति द्वारा रसानुभव की त्रुटियों का निराकरण कर डालते हैं।

यह भी द्रष्टव्य है कि कार्यकारण-शृंखला का कई धरातलों पर इस्तेमाल करने के कारण उनकी तार्किक संरचना में क्रम (sequence) पर बेहद बल दिया गया है। अतः उन्होंने सभी स्तरों पर अलग-अलग त्रित्व तो निथार लिया है, किन्तु उनका समन्वय करने में, उन्हें अनुस्यूत करने में असफल रहे हैं। इसीलिये उनकी रसानुभव की व्याख्या लौकिक यथार्थता से भिन्न सौंदर्य-बोधात्मक विलक्षणता का लेखाजोखा भी नहीं ले पाती। अनेक त्रिकोणों की वजह से उन्होंने ज्ञान की समस्या में कई नई-नई भूमियों की अभिनव तलाश की है। अतः अप्रत्याशित की यह प्राप्ति स्वभावतः 'चमत्कार' उत्पन्न करेगी। अतः भट्टलोल्लट ने त्रिपुटी (माता, मेय, मिति) के ही एक साथ प्रत्यक्षीकरण को स्वीकार किया है। और यही उनके रसानुभव का 'चमत्कार' है जो अनेक त्रिकोणों से बुना हुआ है। अंततः सामाजिक में उद्बुद्ध ज्ञान का स्वयंप्रकाश रूप ही उनका श्रेय रहा है।

नैयायिक **श्रीशंकुक** ने भी रसानुभव को मूलतः ज्ञान की समस्या के रूप में ही लिया; किन्तु अब यह एक विलक्षण ज्ञान हो गया। उन्होंने भट्टनायक द्वारा विरचित त्रिकोणों के श्रीतंत्र का समापन एकमात्र 'अनुमिति' के समन्वय

(synthesis) में कर डाला। उन्होंने मीमांसकों के 'उपमान' तथा बौद्धों के 'अनुमान' को शामिल करके अपने विशिष्ट कलाज्ञानानुभव में 'अनुमिति' की प्रतिष्ठा कर दी। भट्टलोल्लट ने भी केवल अनुभाव के प्रसंग में अनुमान की चर्चा की है, लेकिन श्रीशंकुक ने इसे एक विलक्षण सौंदर्यबोधज्ञान का पद दिया है। उन्हें रज्जु-सर्प-रूपक के बजाय एक दूजा कलात्मक रूपक (artistic metaphore) मिल गया—'चित्रतुरग-न्याय' का। बौद्धों के इस रूपक को उन्होंने मणि-प्रदीप-साम्यरूपक (analogy) की नींव पर विन्यस्त किया। यूनानी प्लेटो की तरह चित्र में अंकित अश्व तथा यथार्थ अश्व का अर्थसम्बन्ध उन्होंने क्रमशः नट तथा पात्र पर अनुमित किया। अतः उन्होंने यांत्रिक यथार्थता एवं कारण-कार्यवाद की जंजीरें ढीली कीं। अब उन्होंने कृत्रिम अनुकरण के अनुमान के द्वारा रंगमंच की 'भ्रान्ति' से बचने की कोशिश की। वे 'प्रमा' से आगे भी अपने 'संशय' को ले गए। उनकी महत्तम उपलब्धि का राज़ यही है।

नाट्यरसानुभव की नई गहराई में जाने के लिये हमें पहले दो बातों पर ग़ौर करना होगा: (i) नाट्य दृश्य तथा श्रव्य कला होने के नाते ज्ञान और अनुभव दोनों ध्रुवांतों को समावृत्त किये रहा। इसीलिये भरत से लेकर भट्टनायक तक 'भाव' का प्रयोग चित्तवृत्ति के अलावा भावरूप पात्र अर्थात् विभाव तक के लिये करते हैं; तथा 'रस' को एक ज्ञानविशेष मानते हैं। (ii) नाट्यकला के माध्यम की इकाई भी तो विलक्षण है जिसे हमने "चलशब्दचित्र" की संज्ञा दी है। इसमें 'चित्र' के अंतर्गत स्थानपरक (spatial) सभी दृश्य माध्यमों वाली कलाएँ, 'शब्द' के अंतर्गत कालपरक (temporal) सभी श्रव्य माध्यमों वाली कलाएँ, एवं 'चल' के अंतर्गत अंगमुद्रा तथा घटना से संबंधित कार्य (actions) संयोजित हो जाते हैं। इस भाँति यह एक तात्त्विक (phenomenological) इकाई है जिसमें द्वंद्वात्मक त्रित्व कायम है। इसीलिये इस नाट्य माध्यम की इकाई में ज्ञान तथा भाव की, देश तथा काल की, श्रव्य तथा दृश्य की, चल तथा अचल की, सहक्रम तथा अनुक्रम की, चित्रकला तथा शब्दकलाओं की, प्रत्यक्ष तथा अनुमान की, अनुकरण तथा असक्रिय क्रियावृत्ति की द्वंद्वात्मक ध्रुवांतता (dialectical polarity) कायम है। इसी वजह से नाट्यरस-व्यापार भी ज्ञान तथा भाव, द्वंद्व तथा अनन्यता की 'विलक्षणता' है। भट्टलोल्लट इस विलक्षणता को स्पष्ट नहीं कर पाए थे, किन्तु श्रीशंकुक ने यह कार्य सम्पादित किया।

भट्टलोल्लट ने मूलपात्र के तथा नट के, दोनों के स्थायीभावों को 'रस' बताया है। श्रीशंकुक नट को एक बेहद कुशल अभिनेता मानते हैं जो अपने स्थायी को अप्रभावित रखता है; तथा पात्र के स्थायी का रसानुभव भी नहीं करता। अतः नट एक उत्प्रेरक या 'कैटेलिस्ट' की तरह है जिसमें न तो अपने स्थायी की

भूमिका है और न ही पात्र के अनुकृत स्थायी का रसास्वाद। नट केवल मूल पात्र के स्थायीभाव का अनुकरण करता है। इस तरह श्रीशंकुक कम-से-कम यह निश्चित कर देते हैं कि स्थायीभाव मूल पात्र में ही स्थित होता है किन्तु उसमें उसका रस' नहीं होता। इसका मतलब यह है कि लौकिक भूमि पर हम भावों को प्रवृत्त होकर भोगते हैं अथवा उनका सक्रिय ज्ञान प्राप्त करते हैं किन्तु कलाभूमि पर हम उनकी आशंसा करते हैं तथा उनका मात्र ज्ञाततापूर्ण अभिज्ञान करते हैं। यहाँ 'रस' के स्वरूप की एक बुनियादी उपच्छाया झिलमिला उठती है। अतः जो भी सक्रिय है वह स्थायीभाव का रस रूप में भोग नहीं कर सकता ; जैसे पात्र। और जो भी सक्रिय होने के अलावा पूर्णतः निर्लिप्त है वह भी स्थायीभाव का रस रूप में भोग नहीं कर सकता ; जैसे नट। अतः मूल पात्र में स्थायीभाव है किन्तु रस नहीं ; और नट में दोनों की स्थिति नहीं है। किन्तु नट कृत्रिम विभावादि के द्वारा मूल पात्र के स्थायीभाव का अनुकरण करता है। यह अनुकरण उसकी कला अर्थात् 'अभ्यास' का अनूठा ऐश्वर्य है जिसमें एक ओर वह स्थायीभावों को उद्‌बुद्ध होने से नियंत्रित करता है; दूसरी ओर पात्र के स्थायीभाव का स्वयं रसरूप में अनुभव नहीं करता ; तीसरी ओर काव्यशब्दबल के द्वारा विभावों का, शिक्षा के द्वारा अनुभावों का, एवं स्वानुभव के द्वारा व्यभिचारीभावों का अनुकरण करता है ; और चौथी ओर इस अनुकरण की सारी कृत्रिमता की प्रतीति के बोध विलीन कर देता है। इस तरह अभिनय अनुकरण है, अनुकरण कृत्रिम है ; किन्तु यह कृत्रिमता निश्चय अथवा संशय से परे है। यह कृत्रिमता अनुमान है। अतः यह भ्रांति नहीं है। यह एक 'ज्ञात संशय'-जैसी है। यह अनुक्रियमाण ज्ञान विलक्षण है क्योंकि इसमें मूल पात्र के स्थायीभाव का दूसरा व्यक्ति अर्थात् नट अनुकरण करता है।

यह अनुकरण एक पूरा चक्र है। इसका विभाव से स्थायीभाव तक घूम जाना ही रस है। भट्टलोल्लट ने विभाव, अनुभाव तथा संचारीभाव के स्थायीभाव से पृथक्-पृथक् तीन संबंध माने हैं। श्रीशंकुक ने इन्हें एकजुट कर दिया तथा इनके बीच करण-कार्य-सहकारीकारण को भी मजबूत किया। इन्हें एकसाथ स्थायीभाव के लिङ्ग या हेतु या कारण बताया जिनके कारण ही स्थायीभाव-दशा की प्रतीति होती है। नाट्य में विभावादि का केवल एक रूप है : अनुकरणात्मक रूप। अतः अब ये विभावनुभावसंचारी अनुक्रियमाण होकर केवल पात्र के स्थायीभाव के लिङ्ग हो गये। इस तरह स्थायीभाव का अवस्थान किसी में (पात्र में) तथा विभावादि लिङ्ग का अवस्थान अनुकरण में (नट में नहीं) हो गया। यह एक नया विरोधाभास उभरा। भट्टलोल्लट एक ही विभावानुवादि क्रम के द्वारा एक साथ पात्र के तथा नट के, दोनों के स्थायीभावों का परिपाक कराते हैं। अब श्रीशंकुक ने एक तीर से दो कलहंसों को बिद्ध नहीं

किया। वे एक-एक संबंध की स्थापना करते हैं यद्यपि स्थायीभाव तथा विभावादि के ग्रहीता भिन्न-भिन्न हैं। उन्होंने विभावानुभावसंचारी को स्वगतत्वेन, परगतत्वेन, दोनों रिश्तों से आज़ाद कर दिया, किन्तु स्थायीभाव को केवल एक में अर्थात् पात्र में (नट में नहीं) ही स्थित किया। अतः रसानुभव नट के स्थायीभाव की निजता, तथा सामाजिक की स्मृतियों से छंट गया। यहाँ साधारणीकृत जैसी एक महत्तम उपलब्धि है। अब रस का संबंध अमूर्त्त, सूक्ष्म, ऐतिहासिक या काल्पनिक किन्तु अनुपस्थित पात्र से हो गया। अर्थात् 'पात्रत्व' प्रधान हो गया। अमूर्त्तीकरण की यह मंजिल रस को ज्ञान से आगे 'भाव' के क्षेत्र में ले गई। भट्टलोल्लट ने नट तथा पात्र के स्थायीभाव के दुहरेपन के अलावा, स्थायीभाव की अनुपचित एवं उपचित दशाओं के दुहरेपन को भी स्वीकार किया था। श्रीशंकुक ने इन दोनों द्वैतों की समाप्ति की। पहली का जिक्र हम कर चुके हैं। दूसरी के बाबत उन्होंने कहा कि विभावादि के लिंग के बिना स्थायीभाव का ज्ञान नहीं होता; और विभावादि का संयोग होते ही स्थायीभाव अनुपचित नहीं रह सकता। अतः स्थायी की एक ही दशा है: उपचित दशा अर्थात् 'रस'। भट्टलोल्लट के बाद अनुपचित दशा की व्याख्या कर्मचक्र सिद्धांत के द्वारा हुई जिससे वह 'वासनारूप मंस्कार' हो गई।

श्रीशंकुक ने अनुक्रियमाण या अनुकरणात्मक स्थायीभाव को ही 'रस' माना है। इसकी वजह स्पष्ट है। विभावानुभावसंचारी अनुक्रियमाण लिंग हैं और ये केवल पात्र की स्थायीभाव दशा का रस रूप में बोध कराते हैं। इनमें अनुकर्त्ता नट काव्यशब्दों के द्वारा विभावों का, शिक्षा के द्वारा अनुभावों का, तथा स्वानुभव के द्वारा संचारी भावों का अनुकरण करता है। किन्तु ये उसके नहीं हैं। विभावादि लिंगों के द्वारा स्थायीभाव का अनुमान तो होता है, किन्तु यह भावरूप भी है। अतः इसका प्रत्यक्ष ज्ञान संभव नहीं है। इसका अनुभव ही हो सकता है। रस के प्रधानतः अनुभवात्मक पक्ष का यह एक समर्थतर्क है। इससे एक क्रांतिकारी नतीजा निकलता है कि पहले रस का 'ज्ञान'; और इसके बाद रस से 'भाव' होते हैं। यह अमूर्त्तीकरण (abstraction) तथा तत्त्वज्ञान (ontology) का परिणाम है जिसके फलस्वरूप एक ओर तो रस से ही भाव की सत्ता प्रमाणित हुई है तथा दूसरी ओर रसभाव तथा रसज्ञान में अभेदकता की झलक दी गई। चित्रतुरगन्याय के रूपक में श्रीशंकुक ने नाट्य ज्ञान के इसी द्वंद्वात्मक चरित्र की सूक्ष्मता पकड़ने की चेष्टा की है। बौद्ध दार्शनिकों के अनुसार तुरग तथा चित्र में अंकित अर्थात् ऐंद्रियिक तथ्यांकों (Sense-datum) में अन्वित तुरग अनन्य हो जाते हैं। हम केवल चित्र को देखकर 'यह तुरग है!' कहते हैं; न कि 'यह तुरग ही है!'। इस मनोदशा में हमारा मानस प्रत्यक्ष, संशय, सम्यक्, सादृश्य आदि सभी ज्ञानों से उपरत हो जाता है। इस मनोदशा में हम अपनी तार्किक क्षमताओं का व्यवहार जान बूझकर नहीं करते, इसलिये चित्र के अश्व को लौकिक तुरग रूप में ग्रहण

करने में न तो संशय पैदा होता है, न ही निश्चय। इसी तरह हम रंगमंच पर अभिनयांकित नट को रामरूप में ग्रहण करके 'यह राम है !' कहते हैं। सारांश में, श्रीशंकुक ने इस सौंदर्यतात्त्विक मनोदशा में तर्कबुद्धि तथा परीक्षण-क्रिया के उदित न होने की शर्त लगाई है। रसानुभव के लिये यह नर्मिल मनोविज्ञान का फलक है जो कल्पित अनुमान से यथार्थता का अवभास कराता है। इसीलिये सामाजिक केवल 'यह राम का स्थायीभाव है !' का अनुमान करता है; और यह परीक्षण नहीं करता कि कृत्रिम अनुकृत विभावानुभावसंचारी किसके हैं।

इस तरह हम देखते हैं कि श्रीशंकुक मानते हैं कि अनुकरण की प्रक्रिया में रूपांतरित होने पर ही (पात्रगत) स्थायीभाव रस हो जाता है। अतएव यह रस नट के अनुकरण के द्वारा सामाजिक को प्रतीत होता है। नट का अभिनय रस की प्रतीति को सामाजिक तक अवगमन कराने की शक्ति है। इसे 'अभिनयन' कहा गया है। इसी तरह अभिनवगुप्त ने विभावना, अनुभावना तथा चर्वणा की शक्तियों की धारणा पेश की है।

श्रीशंकुक ने यह भी माना है कि स्थायीभाव की केवल एक ही अवस्था है ; और वह उपचित दशा है। विभावादि लिंगों के संयोग से स्थायीभाव उपचित हो जाता है । बिना इनके उसकी सत्ता ही नहीं है। अतः विभावादि लिंग द्वारा उपचित स्थायीभाव ही रस है। सामाजिक इसी अनुक्रियमाण रस का अनुमान लगाता है। वह व्यावहारिक प्रेक्षक है। अतः वह प्रत्यक्ष विभावादि रूपी धूम को अभिनीत देखकर अनुमान कर लेता है कि अभिनय भूमि पर अमुक अप्रत्यक्ष स्थायीभाव की अग्नि है। वह यह भी अनुमान कर लेता है कि 'यह राम का स्थायीभाव है !' 'यह अमुक रस है !' इत्यादि।

सारांश में श्रीशंकुक ने रसानुभव की यह प्रकृति तथा स्वरूप बताया है : अनुकरणात्मक विभावादि लिंगों के संयोग से स्थायीभाव ही उपचित होकर रस हो जाता है; स्थायीभाव न तो नट का होता है, न सामाजिक का; बल्कि केवल पात्र का; बिना विभावादि के स्थायीभाव की सत्ता नहीं है ; रस की प्रतीति अनुमान द्वारा ही होती है जहाँ सामाजिक तर्कबुद्धि, बाधक बुद्धि तथा परीक्षण क्रिया को उदित नहीं होने देता ; जो भी घोर लौकिक धरातल पर सक्रिय है अथवा कृत्रिम धरातल पर सक्रिय होकर भी निर्लिप्त है, वह रसानुभूति नहीं कर सकता ; नट के अभिनय की 'अभिनय शक्ति' रस प्रतीति को सामाजिक तक अवगमन कराती है ; रस ज्ञान रूप है और एक विलक्षण ज्ञान है जहाँ चित्रतुरग न्याय से नट की राम रूप में प्रतीति है तथा यह राम-रूपा प्रतीति मिथ्या होते हुए भी कम-से-कम सामाजिक को अर्थक्रिया में सक्षम बना देती है ; इत्यादि। ये सूत्र अनुक्रियमाण रस को व्यावहारिक सौंदर्य-बोधतात्त्विक की दृष्टि से निरूपित करते हैं। यथार्थवादी सौंदर्यबोधानुभव

की यह एक शानदार भूमिका है।

किन्तु रस का भोक्ता या अनुभवकर्ता कौन है? यह उत्तर देने में श्रीशंकुक लड़खड़ा गये हैं। सामान्यतः जिसका स्थायीभाव हो, तथा जिसमें स्थायीभाव उद्‌बुद्ध हो (विभावादि लिंगों के द्वारा), उसे ही स्थायीभावरूप रस का अनुभव करना चाहिए। श्रीशंकुक ने रस का अनुमान तो सामाजिक को करवा दिया है किन्तु इसका भोग उसे नहीं कराया। उनके अनुसार पात्र की स्थिति लौकिक जगत् की-सी है। उसके लिए विभाव कारण हैं, अनुभाव कार्य हैं, संचारी सहकारी कारण हैं, तथा स्थायीभाव भाववृत्ति का ज्ञान है। पात्र सक्रिय है, अविलक्षण दशा में है और बाधक बुद्धि-तत्त्वों से संचालित है, इसलिये वह रसानुभव नहीं कर सकता। शेष दो रहते हैं: नट और सामाजिक। नट पात्र के स्थायीभाव का अनुकरण करता है, अतः वह स्वयं रसानुभव नहीं कर सकता, क्योंकि पात्र का स्थायीभाव उसका नहीं है। अंत में शेष रहता है: सामाजिक। सामाजिक के न तो विभावादि अपने हैं, और न ही स्थायीभाव; अतः वह रस का अनुमान करता है, अनुभव नहीं। श्रीशंकुक ने जो यह तार्किक स्थापना की है वह उनके न्यायदर्शन के 'लिंग' तथा 'व्याप्ति' नामक अनुमान के अवयव से संचालित है। अतः उनकी स्थापना में यह अंतिम अंतर्विरोध बना रह जाता है कि (i) रस का अनुभव करने वाला पात्र, नट तथा सामाजिक तीनों में से कोई नहीं है, तथा (ii) सामाजिक रस का अनुमान तो कर लेता है किन्तु अनुभव नहीं क्योंकि वह हेतुओं से तटस्थ है। स्पष्ट है कि इस अंतर्विरोध का उद्‌गम पीछे है जहाँ श्रीशंकुक ने स्थायीभाव तो पात्र का लिया है, तथा विभावादि लिंग किसी के नहीं अर्थात् मात्र अनुकरणात्म रूप। यह द्वैत ही रसानुभव के अंतर्विरोध को नहीं सुलझा सका। लेकिन हम जानते हैं कि मध्यकालीन दृष्टि में राम जैसे मूल पात्र ऐतिहासिक होकर भी स्मृति तथा प्रत्यक्ष से बहुत दूर हैं, और केवल कवि की भावसृष्टि रूप हैं। श्रीशंकुक ने मूल पात्र राम के स्थायीभाव को भी वास्तविक मान लिया है। यह एक धार्मिक दैवी अंतर्विरोध की छाया है। यदि विभावादि किसी विशिष्ट के नहीं हो सकते तो, इसी तर्क के उपसाध्य के रूप में, स्थायीभाव सभी के हो सकते हैं। यदि अनुक्रियमाण विभावादि के द्वारा अमूर्त्त तथा अनुपस्थित पात्र के स्थायीभाव उपचित होकर रस हो सकते हैं; और यदि उन स्थायीभावों का अनुगमन भी सामाजिक तक हो सकता है, तब वे जीवित, प्रत्यक्ष, सहृदय, लौकिक विलक्षण ज्ञानदशा में उद्‌बुद्ध सामाजिक के स्थायीभाव को भी परिपुष्ट करके रसानुभव भी करा सकते हैं। श्रीशंकुक ने रस के ज्ञान रूप का तो पूरी तरह विवेचन कर दिया किन्तु रस के अनुभूत्यात्मक रूप का निरूपण लगभग छोड़ दिया। हमने चित्रतुरगन्याय को अनुभव क्षेत्र में भी लागू करके इसी पूरकता

की ओर इशारा किया है। इसी कमी की पूर्ति मध्यकालीन वासनारूप संस्कार की आध्यात्मिक धारणा ने की ; किन्तु इसकी पूर्ति मानव-प्रकृति की मूल ऐकता के द्वारा भी हो सकती थी। शायद श्रीशंकुक यह भी कर देते किन्तु वर्णों तथा वर्गों में, मतों तथा सम्प्रदायों में, योगियों तथा लोकजनों में, सामंतों तथा किसानों में बँटे हिन्दू समाज में यह मानवतावादी व्यावहारिक दर्शन असंभव था, क्योंकि तब तो सामंतयुग का चरित्र ही बदल जाता । अत: बाद में आध्यात्मिक धरातल पर ही यह एकता (जीव आत्मा) तथा भेद (कर्मफलभोग) धुआँधार प्रचारित किया गया। सौंदर्यबोधशास्त्र भी इससे प्रभावित हुआ।

(श्रीशंकुक की भट्टतौत ने जो आलोचना की है वह स्थायीभाव को भी बाह्य अनुकरणमूलक मान लेने के कारण ज्यादा है। हम समझते हैं कि श्रीशंकुक का मंतव्य विभावानुभावादि को ही अनुकरणात्मक बताने का रहा है। शेष बातों को हम पहले खंड में उठा चुके हैं। इसी तरह हम मम्मट द्वारा श्रीशंकुक के बाबत किये गए पिष्टपेषण से इत्तफाक़ रखते हैं जिसके अनुसार सामाजिक की वासना से प्रतीत रस चर्व्यमाण हो जाता है। यहाँ मम्मट द्वारा श्रीशंकुक का मम्मटीकरण हुआ है । इस प्रसंग में हम अभिनवगुप्त द्वारा प्रस्तुत श्रीशंकुक को आधार मानना ज्यादा मुनासिब समझते हैं।)

रसानुभव की पात्रता और रसानुभव की प्रकृति को सुलझाने की कोशिश सांख्यवादी भट्टनायक ने की। उन्होंने रस की उत्पत्ति, प्रतीति या अभिव्यक्ति-संबंधी उपसिद्धांतों के अंतर्विरोधों को और पैना किया।

भट्टनायक ने श्रीशंकुक के उस अंतर्विरोध को पकड़ लिया जिसने विभावादि से लेकर स्थायीभाव तक के ऐकैक्य को बाँट दिया : स्थायीभाव कहीं, और विभावादि कहीं। भट्टलोल्लट और श्रीशंकुक दोनों को ही मुताबिक रसभोक्ता 'क' है तो स्थायीभावों का अनुमापक अथवा ग्रहीता 'ख' । इसे ही संस्कृति की तर्कपद्धति में 'ताटस्थ्य' दोष कहते हैं । उन्होंने इसके लिये शानदार तर्क-जाल बुना, और इसके फलस्वरूप अंततोगत्वा सामाजिक को ही इस भोक्ता के रूप में हमेशा के लिये प्रतिष्ठित कर दिया। भट्टनायक ने स्थायीभाव तथा विभावादि के पार्थक्य के अंतर्विरोध का निराकरण किया:— इन्हें एक ही प्रमाता में ले आए। यह एक सहज तार्किक परिणति थी। किन्तु इससे कई मनोवैज्ञानिक, व्यावहारिक तथा तार्किक पहेलियाँ (puzzles) पैदा हुई। इनका विश्लेषण उन्होंने किया।

उन्होंने दो बातें तय करलीं: (क) सीतादि राम के प्रति विभाव है, सामाजिक के प्रति नहीं। ये रामसीता मूल पात्र हैं, अथवा नट राम-नटी सीता हैं, अथवा स्मृतराम-स्मृत सीता हैं, अथवा सामाजिक की अपनी कान्ता है, अथवा मात्र कान्ता है अथवा केवल कान्ताभाव है इत्यादि —ये सौंदर्यतात्त्विक एवं

सामाजिक सबंध जरूर उपस्थित होते हैं जिनमें से सौंदर्यतात्त्विक संबंधों की पहचान करनी होगी। इस पहचान की लड़ी पिरोते हुए भट्टनायक ने कहा कि त्रेता के राम के स्थायीभाव की स्मृति असंभव है। अनुमान से रस की प्रतीति मानने पर वह प्रत्यक्ष ज्ञान जैसी साक्षात् नहीं होगी। प्रत्यक्ष अनुभव मानने पर वह अन्यचित्तवृत्तियों से संवृत्त हो जाएगा। अभिव्यक्ति मानने पर मंद प्रकाश में छिपे घट के न्याय से पुष्ट, पुष्टतर, पुष्टतम अवस्थाओं के अनेक भेद हो जाएँगे। अतः नाट्य रसज्ञान प्रत्यक्ष है, किन्तु विलक्षण प्रत्यक्ष। इसी तरह रामसीता के संबंध भी हैं किन्तु ये भी लौकिक संबंध नहीं हैं। अतः यह ज्ञान का नया प्रत्यक्ष तथा नया अनुभव है। अतः वे सूक्ष्मकान्तामात्र (प्रत्यक्ष) एवं कान्ताभाव (अनुभव) की ओर मुड़े; तथा (ख) उन्होंने माना कि इस ज्ञान एवं अनुभव को ग्रहण करने वाला भी एक ही व्यक्ति होगा : सामाजिक। अतः उन्होंने नट बनाम सामाजिक के अंतर्विरोध को अंततः दबा दिया। फलतः अनिर्णीत अभिनीत विभावादि लिंग केवल मूल पात्र के स्थायीभाव के ही उपचायक होकर नहीं रह सके। भट्टनायक ने कहा कि अगर यह मान लें कि रस अनुकार्य (मूल पात्र) गत हैं तो नट तथा सामाजिक की सार्थकता नहीं रहती ; और यदि यह मान लें कि परगत (नट गत) है तो असंबद्ध सामाजिक को नाट्यमंडप में आने की कोई आकांक्षा नहीं होती। अतः उन्होंने पहेली बुझाई : रस की प्रतीति न तो स्वगतत्वेन है, और न ही परगतत्वेन। स्वगतत्वेन की मान्यता के भद्देपन (absurdity) को उद्घाटित करने के लिये उन्होंने दिव्य पात्रों की संभोग रति, हनुमान द्वारा समुद्रलंघन या राम द्वारा सेतुबंध के उदाहरण दिये। ज़ाहिर है कि वे सारे नाट्यव्यापार को लौकिक प्रत्यक्ष-व्यापार के धरातल से उठाकर भावना-व्यापार के धरातल पर ले आना चाहते हैं, तथा संबंधता के सवाल को एक व्यक्ति-विशेष से हटाकर सामान्य मानव के व्यक्तित्व से संलग्न करना चाहते हैं। अतः वे बोध के बजाय संवेद्यता को छूना चाहते हैं।

यह तो एक महत्तम बौद्धिक क्रांति है कि एक नये अनुभव को अर्थ देने के लिये भट्टनायक नये प्रतीकों (symbols) की रचना करते हैं। वे काव्य तथा नाट्यकला को समानांतर ले चलने, तथा काव्य एवं नाट्य दोनों कलाओं के लिए एक समान सौंदर्यबोधशास्त्र के निर्माण की पहली समर्थ कोशिश करते हैं। प्रत्यक्ष, अर्थ तथा अनुभव को वे एक त्रिपुर बिंदु पर ध्यानस्थ करना चाहते हैं। इसलिए भट्टनायक के संपूर्ण नाट्य-व्यापार में एक अभिनव धरातल का अभ्युदय होता है : 'सामान्य' का उदय ! पहले स्थायीभाव सामान्यवत् था ; अब विभावादि को भी अनुकरण एवं अलंकार से परे सामान्य बनाने के लिये बिल्कुल नये सवाल का जन्म हुआ। श्रीशंकुक ने विभाव को काव्यशब्दों से

अनुकृत होने वाला बताया था। भट्टनायक से इस भूमि को 'अभिधा' व्यापार के अंतर्गत शामिल कर लिया। श्रीशंकुक ने पात्र के ज्ञान को 'विलक्षण' मानते हुए चित्रतुरग एवं मणिप्रदीप के रूपक भी पेश किये थे। उन्होंने अनेक विकल्प दिये थे : 'यह नट राम है,' 'यह राम नट है', 'यह राम ही है', 'यह राम नहीं है', 'यह राम है,' इत्यादि। भट्टनायक ने इस ज्ञान को अर्थ देने के लिये दो नये प्रतीक गढ़े : 'साधारणीकरण' तथा 'भावकत्व'।

हम जानते हैं कि धारणाएँ तथा तार्किक स्कीमें वस्तुत: नये अनुभव को समझने के औज़ार हैं। हमारे अनुभव होते हैं और हम उसकी अनुभूति करते हैं। दर्शन तथा सौंदर्यतत्त्व की चिरंतन समस्या ही अनुभव एवं प्रतीकीकरण की संबंधता (रिलेशनशिप) का अन्वेषण रही है। अनुभव की कुछ धर्मता (function) होती है। इसी तरह प्रतीक की भी धर्मता होती है जो अनुभूत तथा भाव्य अनुभव का निर्माण अर्थ में करती है। अत: प्रतीक अर्थ का निर्माण करता है। अर्थ का निर्माण ऐसी अंतरक्रिया में होता है जिसमें (१) अनुभवन (experiencing) तथा (२) प्रतीक रूप में धर्मता रखने वाली वस्तु शामिल है। यह मानना ठीक नहीं है कि अर्थ केवल अनुभूत अनुभव में ही निहित है तथा तर्क उसे विकृत करता है। हमारी मूल समस्या तो अनुभवन एवं प्रतीकों की अंतर्क्रिया के फल को जानने की है। मध्यकालीन बोध के अनुगामी होकर हम भी अनुभवन (experiencing) तथा तर्क (logic) को नितांत विरुद्ध नहीं मान सकते। तर्क और वैज्ञानिक परीक्षण के संबंधों का एक धरातल है, तो अनुभवन और तर्क का दूसरा। अनुभवन के अर्थ को धारणापूर्व अर्थ (pre-conceptual meaning) माना जाता है। इस तरह अनुभवन की धर्मता के मूलाधार भावकत्व भोग, रसना, चर्वणा, विश्रांति आदि के प्रतीक एवं प्रमेय हैं। अत: प्रतीक (symbol) एवं प्रमेय (object) की सहायता से अनुभवन को अर्थ दिये जाने की संभावना है। व्यक्तित्व (personality) की धारणाओं का उद्गम भी यही है।

अनुभवन अंतर्जीवन का स्थायी, मूर्त्त, वर्त्तमान, सदा उपस्थित, मूलस्थित संघटन है। यह दर्पण की तरह विमल तथा दीपक की तरह प्रत्यक्ष नहीं है। 'इसलिये अनुभवन के किसी भी तथ्यांक की, उसके किसी भी पक्ष की और अधिक एवं और आगे व्याख्या की जा सकती है तथा प्रतीकीकरण किया जा सकता है। इस तरह हम प्रतीकीकरणों की अनंत शृंखला पा सकते हैं और अनंत ढंग से अनुभवन के अंतर ढूंढ़ सकते हैं। हम इसमें अर्थों की अनंत संख्या को संश्लिष्ट कर सकते हैं।'[1]

---

१. दे० "Experiencing and the Creation of Meaning," Eugene T Gendlin, (The Free Press of Glencoe, 1962), pp. 16.

इस तरह अनुभवन की धर्मता अर्थ-निर्माण एवं तार्किक क्रमायन के निर्माण, दोनों में सक्रिय होती है।[1] "अनुभव" के त्रिभुज में तर्कपूर्ण स्कीमों और ऐंद्रियिक प्रत्यक्षीकरण के अलावा अनुभव के 'अनुभूत' आयाम की भी भुजा है। अनुभूत अनुभव की यह भुजा तर्कपूर्व है ; तथा हमारे चिंतन, प्रत्यक्ष एवं व्यवहार, तीनों में महत्त्वपूर्ण ढंग से सक्रिय रहती है। किसी भी मध्यकालीन अनुभव-तर्क-परक व्यवस्था को जानने के लिये हमें अपने आधुनिक युग में इस तर्कपूर्व तथा धारणापूर्व अनुभव के उस रूप का अवगाहन करना पड़ेगा जिसमें वह तर्कपूर्ण प्रतीकों के साथ सक्रियमाण होता है ; तथा अर्थ का निर्माण करता है।

भट्टनायक ने अनुभवन (experiencing) की बुनियादी भूमिका को अर्थनिर्माण (meaning-formation) के अलावा/साथ-साथ व्यवहार (behavior) में भी निवेशित किया है। इसीलिये उन्होंने 'भावकत्व' एवं 'भोजकत्व' की धारणाओं को अनुभूत अनुभवों से सम्बद्ध किया है; और इन धारणाओं का प्रतीकीकरण (symbolization) भी किया है। इसी वजह से वे व्यंजना का खंडन करते हैं क्योंकि वे काव्यशब्दों के अर्थों के अलावा नाट्याभिनय के व्यवहारों को भी संग-संग ले चले हैं। उन्होंने 'अनुभव' के तीन आयाम स्पष्ट किये हैं : तर्कपूर्ण स्कीमों वाला **अभिधा-व्यापार** जो वाच्यार्थ से सम्बन्धित है; ऐन्द्रियिक प्रत्यक्षीकरणों वाला **भावकत्व-व्यापार** जो व्यवहारात्मक है, तथा,अनुभूत अनुभव वाला **भोजकत्व-व्यापार** जो सहृदय के व्यक्तित्व की धारणा में प्रतीकीकृत है। हमने अभी अनुभव-त्रिभुज की चर्चा की है। भट्टनायक की तद्रूप जागरूकता का नतीजा अनुभव की तीन शाश्वत भुजाओं की खोज है। भट्टनायक ने इन भुजाओं को क्रमशः वाच्यार्थ, रस एवं सहृदय में घनीभूत कर दिया है। यहाँ प्रतीकरूप में धर्मता रखने वाली (having function as symbols) नाट्यविधा की वस्तुरूप में उपस्थिति है। नाट्यवस्तु तथा सहृदय के अनुभवन की अन्तरक्रिया अब (भावकत्व द्वारा) रस के भावित होने, तथा (भोजकत्व द्वारा) रस का भोग होने के दो अर्थों का निर्माण करती है। अतः भावित होने और भुक्त होने के प्रतीकीकरण के द्वारा अनुभवन के अन्तर ढूँढ़े गए हैं। शैवाद्वैत ने इनके लिये ही आध्यात्मिक एवं मिथकीय प्रतीकों—ईश्वरतत्त्व, सदाशिवतत्त्व, शिवशक्तितत्त्व—की शृंखला बनाई है। भट्टनायक ने मूलतः यथार्थवादी भूमिका पर भी इतना सूक्ष्म निरूपण करके कमाल किया है।

भट्टनायक ने भी रसानुभव की पृष्ठभूमि के रूप में पहला चरण अभिधा-व्यापार को माना है जो वाच्यार्थ उपस्थित करता है। हम शब्द-जादू तथा नाम-जादू के प्रसंगों को उठाकर शब्द-विमर्श (suggestibility of words)

अर्थात् वशीकरण (hypnosis) की चर्चा भी पंडितराज के प्रसंग में कर चुके हैं। अतः अभिधा-व्यापार में अर्थ केवल औपचारिक, या रूपात्मक या वस्तुपरक संबंधता ही नहीं होते, बल्कि अनुभूत्यात्मक भी होते हैं। अनुभव का तत्त्व ग्रामोफोन, रेडियो, टेपरिकार्ड आदि में नहीं होता। यह सामाजिक तथा मानवीय है। अभिधा-व्यापार भी प्रधानतः ज्ञाततापरक (cognitive) है। किन्तु यह शब्दप्रयोग तर्कपरक न होकर ज्ञानानुभवपरक है।

इसके बाद 'भावकत्व' तथा 'भोजकत्व' रूप में जो दो अन्य प्रतीकीकरण किये गए हैं, वे विशुद्ध काव्यशब्दार्थों के क्षेत्र के नहीं हैं। इनमें अर्थ-निर्माण के साथ अनुभव और व्यवहार भी शामिल हैं। गेन्डलिन ने अनुभवन की तर्कपूर्व व्यवस्था को चार खूबियाँ बताई हैं : (१) अनुभवन "मूर्त्त" (concrete) है और अंतर्निर्दिष्ट है। यह "यह" अथवा "इस तरह मैं अनुभव करता हूँ" का बोध है। अनुभव का "यहपन" या इदमत्व सबसे महत्त्वपूर्ण है; (२) अनुभवन में एक "अधूरा क्रमापन" या आर्डर होता है। इसका एक ढंग से प्रतीकीकरण करने के उपरांत दूसरे ढंग की संभावना प्रस्तुत हो जाती है जिससे हम प्रतीकों के एक समूह के बाद दूसरे का भी इस्तेमाल कर सकते हैं। संपूर्ण रसव्याख्या में यही हुआ है ; (३) अनुभूत अर्थ प्रतीकों के बिना अपूर्ण होता है और प्रतीकों में अर्थ तर्कपूर्ण न होकर व्याख्यापरक होता है। अतः अनुभवन को हम दो, तीन, सात, नौ आदि चरणों में विभाजित कर सकते हैं क्योंकि इनके प्रमाणीकरण की समस्या कम उभरती है; और (४) हर दर्शन या दृष्टिकोण के आधार पर एक ही अनुभवन को अर्थ देने वाला प्रतीक-समूह बदल जाता है। अतः सभव अर्थों के अंतस्संबंध किसी भी तर्कपरक व्यवस्था का आद्यन्त उभरना कठिन बना देते हैं।"[1] भट्टनायक ने भावकत्व व्यापार के अंतर्गत तीन अर्थ लिये हैं। पहले खंड में हम 'भाव' की सांख्यदार्शनिक भूमिका का भाष्य कर चुके हैं। इस संदर्भ में तीन अर्थों के अंतर्गत **पहला** है काव्य में भाषा की गुणालंकारपूर्ण कलात्मक पदरचना, और नाट्य में चतुर्विध अभिनय का कौशल। इसका मतलब यह हुआ कि यहाँ सचेतन सृजनात्मकता कलामाध्यम का भरपूर उपयोग करके उसको अनुशासित करने के प्रति जागरूक है। यह माध्यम (medium) के स्वभाव तथा संभावनाओं का जादू है। भावकत्व का **दूसरा** अर्थ है विभाव-अनुभाव-संचारी तीनों का 'साधारणीकरण'। इसके अंतर्गत **पात्र** तथा उनके **भाव** स्वगत-परगत संबंध से नहीं अपनाये जाते। इसके अंतर्गत पात्र तथा उनके भाव मानवमात्र के चित्त द्वारा ग्रहण किये जाते हैं। यह अर्थ कलावस्तु के बोध को देशकालपात्र के त्रित्व से

१. वही, पृष्ठ २७-२८-२९।

विमुक्त करता है। और अन्त में भावकत्व का **तीसरा** अर्थ है सामाजिक की चेतना के मोह तथा संकट का निवारण। यह अर्थ प्रेक्षक के सम्मुख एक प्रतीकीकृत प्रमेय के रूप में नाट्यवस्तु प्रस्तुत करके तदनुकूल उसके व्यक्तित्व का रूपायन (transfiguration) करता है। इस तरह भावकत्व व्यापार के अंतर्गत (१) कलात्मक माध्यम का सृजनात्मक अनुसंधान, (२) कलावस्तु के बोध को देशकालपात्र के बन्धन से शिथिल करना, तथा (३) प्रेक्षक के व्यक्तित्व से वैयक्तिक तथा प्रतिबद्ध साहचर्यों को समाप्त करके उसकी सौंदर्य-तात्त्विक मनोदशा (aesthetic mood) को उद्बुद्ध करना शामिल हैं। अतः भावकत्व रसानुभव का **ज्ञान** है जो उसे ज्ञानरूप तथा व्यक्तिबंधनशून्य मानव-हृदय संवेद्य बना देता है। यहाँ एक बात ध्यातव्य है कि भट्टनायक ने पात्र बनाम नट के विशुद्ध प्रमाणपरक ज्ञान के विवाद को समाप्त कर डाला है। अतः भावकत्व 'नाट्यपात्र' (नट या/और पात्र) तथा सामाजिक के बीच की बाधा हटा देता है। भट्टनायक का एक महत्तम राज़ यही मिला कि भावकत्व व्यापार को उन्होंने एक ओर रहस्यवादी आधार के बजाय माध्यम के कौशलपूर्ण उपयोग पर आधारित किया, दूसरी ओर नट⇌पात्र के द्वंद्व के बजाय 'नाट्य-पात्र, की इकाई प्रस्तुत की, तथा सामाजिक की सौंदर्यतात्त्विक मनोदशा की उस शर्त्त को लागू किया जो उसे लौकिक ज्ञान तथा अनुभव से विलक्षण बनाती है। श्रीशंकुकसंमत 'कृत्रिम विभावादि' के स्थान पर भट्टनायक ने 'साधारणीकृत विभावादि' की धारणा प्रस्तुत की। भट्टनायक ने इस कृत्रिमता को दार्शनिक मिथ्यात्व से हटाकर अनुभव के ज्ञान में अनुस्यूत कर दिया। भट्टनायक ने सामाजिक चेतना के निजमोहसंकट **निवारण** की जो चर्चा की है, उससे प्रेरित होकर पंडितराज ने 'भग्नावरणचित्त' की वेदांती बात कही है। श्रीशंकुक के अनुसार स्थायीभाव विभावादि लिंग के द्वारा **अनुमित** होते हैं, किन्तु भट्टनायक ने इन्हें विभावादि के द्वारा **भावित** माना है। अतः रस भावित होता है। हम जानते हैं कि अनुभूत अर्थ (felt meaning) चिंतन, निरीक्षण, कार्य, वाणी एवं संवेगों अर्थात् मानवीय ज्ञातता के सभी रूपों में थोड़ा-बहुत हाजिर रहता है। अतः साधारणीकरण और सामाजिक चेतना की मोहसंकट से निवृत्ति, दोनों में ही संवेद्यता का तत्त्व घुला है। अतः भाव-कत्व एक विलक्षण अभिज्ञान (recognition) है। भावकत्व व्यापार के चरण तक वे भरतप्रणीत इस धारणा से बँधे-से रहे हैं कि रस ज्ञान है तथा चित्तवृत्तियाँ और विभावादि 'भाव' हैं। इस बुनियादी अंतर को उन्होंने यहाँ अंतररूपांतरित करने की कोशिश तो की है, किन्तु इसका संघुलन नहीं किया है। इसी वजह से वे भावरूप स्थायीभाव को साधारणीकरण के अंतर्गत नहीं लाए।

इसके बाद का चरण 'भोगकृत्व'-व्यापार है। इसके सांख्यदार्शनिक आयामों को हम पहले खंड में स्पष्ट कर चुके हैं। इस चरण में पूर्ववर्ती भावकत्व व्यापार द्वारा **भावित** रस का—भोगकृत्व व्यापार के द्वारा— भोग होता है। साधारणीकृत विभावादि भावना अर्थात् ज्ञानक्रिया द्वारा रस को भावित करा देते हैं। यहाँ भी एक अनूठी पकड़ के दिग्दर्शन होते हैं। जिस तरह भट्टनायक ने साधारणीकरण के द्वारा नट तथा पात्र का द्वंद्व दबा दिया है, उसी तरह उन्होंने स्थायीभाव की चर्चा बचाकर सीधे 'रस' की चर्चा करके एक ओर तो रस तथा स्थायीभाव के द्वैत के सवाल को भी दबाया है तथा दूसरी ओर इस प्रश्न को भी ढाँका है कि स्थायीभाव किसके हैं। नाट्य में स्थायीभाव का अधिकार पात्र, नट तथा प्रमातृ तीनों को हो सकता है। भट्टनायक ने नट तथा पात्र के द्वैत को मिटा ही दिया है। अतः 'नाट्यपात्र' और 'प्रमातृ' के बीच में चुनाव करने पर उन्होंने अनिवार्यतः प्रमातृ को ही चुना। इस तरह भट्टनायक स्थायीभाव की दो दशाएँ न लेकर एक रस के ही दो कोण लेते हैं : भावित रस, तथा भुक्त रस।

भुक्त रस के भोग करने वाले सामाजिक या प्रमातृ के व्यक्तित्व (personality) की मनोवैज्ञानिक रचना उनके सामने दूसरी जबर्दस्त चुनौती थी। 'प्रतिभा' की धारणा के बाद 'सहृदयत्व' की धारणा मध्यकालीन व्यक्तित्व-सिद्धांतों का एक महत्त्वपूर्ण चरण है। भट्टनायक ने व्यक्तित्व की सांख्यवादी धारणा पेश की है। सांख्य के अनुसार जगत् का कारण प्रकृति है जो त्रिगुणात्मक होने के कारण परिवर्तित होती है। शाश्वत भूत (eternal matter) निरंतर गतिशील रहता है क्योंकि इसकी गति का कारण रजस् तथा कुछ अंशों तक तमस् है। भोगायतन (शरीर), भोगद्वार (इन्द्रियाँ) तथा भोगद्वारि (अंतः-करण) आदि मध्यकालीन मानवशरीरशास्त्र की धारणा पेश करते हैं। बुद्धि, अहंकार तथा मन को **अंतःकरण**, और मन, पंचज्ञानेंद्रियों, पंचकर्मेंद्रियों को **बाह्यकरण** कहा गया है। इनमें से बुद्धि के द्वारा ही 'भोग' तथा 'मुक्ति' होती है। बुद्धि का ज्ञापन-धर्म अध्यवसाय है। यहाँ भी भट्टनायक ब्रह्म, आत्मा, चैतन्य आदि के प्रतीकों के आध्यात्मिक समूह को न लेकर तत्कालीन आयुर्वेदिक शारीरिक ज्ञान तथा मध्यकालीन रसायन (सत्व, रजस्, तमस्) का ही उपयोग करते हैं। अन्ततोगत्वा वे रसानुभव को भी इहलौकिक धारणाओं से ही स्पष्ट करने का बीड़ा उठाए हुए हैं।

सत्व-रजस्-तमस् रूपा त्रिगुणात्मिका प्रकृति की तरह भट्टनायक सूक्ष्म बुद्धि तक 'परिणाम' स्वीकार करते हैं, अतः वे मानस को भी सत्व, रजस् और तमस् गुण रूप मानते हैं। इसमें तीनों गुणों की एकता तथा सहयोग तथा इनमें से किसी एक का प्राधान्य होता है। फलतः अन्य गुण नियमित या अवरुद्ध हो

जाते हैं लेकिन नष्ट नहीं होते। भट्टनायक ने सामाजिक के सौंदर्यतात्त्विक व्यक्तित्व (=अन्त:करण) की धारणा में त्रिगुणों में से एक की प्रधानता, तथा शेष दो के निवारण का विधान किया है। वे आनंदवर्धन जैसे ध्वनिवादियों से बिल्कुल अलग जमीन पर हैं। ध्वनिवादियों के त्रिगुणवाद को हम रसधर्म का उदात्तीकृत रूप मान सकते हैं जहाँ चित् की तीनों-की-तीनों दशाएँ (द्रुति, विस्तार एवं विकास) उदात्त हैं, तथा उनके तीनों गुणरूप (प्रसाद, ओज तथा माधुर्य) भी रस के 'धर्म' हैं। भट्टनायक ने चित्तदशाओं तथा रसगुणों का ऐसा कोई विभाजन नहीं किया। उन्होंने तीनों गुणों में आरम्भिक द्वंद्वन्याय (dialectics) का इस्तेमाल किया है जिससे सत्व तथा तमस् वादी⇌प्रतिवादी हैं। उनके अनुसार सत्व से सुख, रजस् से दु:ख, और तमस् से मोह उत्पन्न होता है। वे रसानुभव (भोग) में केवल सत्त्व की प्रधानता स्वीकार करते हैं; तथा (इसके पूर्व ही) तमस् और रजस् का निवारण या निवृत्ति। अत: हम भूल से भी सत्त्व से द्रुति, रजस् से विस्तार तथा तमस् से विकास के समीकरण को नहीं लिख सकते। हमें केवल यही मानना होगा कि सत्त्व की प्रधानता अर्थात् उद्रेक के **'आलोक'** में सुख का लघुत्व होता है। यह एक सूक्ष्म दशा है। अत: रस का भोगकृत्व व्यापार सत्त्वोद्रेक से संलग्न है।

आज हम ध्वनिवादियों तथा सांख्यवादियों के इन मध्ययुगीन मनोविज्ञानाभासों को प्रामाणिक नहीं मान सकते क्योंकि इनका प्रमापन (verification) असंभव है और ये मात्र प्रतीकीकरण (symbolizations) हैं। इनके स्रोत सांस्कृतिक आदर्शों तथा नैतिक मान्यताओं में मिलेंगे। स्वयं भट्टनायक ने इस ओर इशारा किया है। वस्तुत: इन मनोविज्ञानों में संयम, नियम तथा दमन की प्रक्रियाएँ शीर्षस्थ हैं। ये शरीर तथा स्नायुचक्र के कल्पित रचना-गठनों के मनोस्वरूपनिर्माण (psycho-morphology) के प्रतिभास हैं।

सौंदर्यबोधानुभव (रसानुभव) के अंतर्गत हमें 'सत्त्वोद्रेक', 'आलोक', 'सुख', 'लघुत्व' और 'भोग' आदि के प्रतीक मिलते हैं। अत: मूल समस्या अनुभूत अर्थ (experienced meaning) की प्रतीकीकरण (symbolization) में कार्यधर्मता की है। अत: हम पहले 'प्रतीक' एवं 'अर्थ' के सवाल को उठाएँगे। यह समस्या सौंदर्यतात्त्विक व्यक्तित्व की सांख्यवादी धारणा से भी जुड़ी है।

हम जानते हैं कि दर्शन में सत्त्वोद्रेक, आलोक, सुख, लघुत्व और भोग के समानांतर अनुभूत दार्शनिक अर्थ भी हैं। अत: काव्यनाट्य के सौंदर्यबोधशास्त्र में इनके द्वारा एक अभिनव या विलक्षण अर्थ का प्रतीकायन होता है। बहुधा रूपक (metaphor) इस प्रतीकायन का लक्ष्य है। रूपक के अंतर्गत हम केवल

उपमाएँ ही नहीं, बल्कि अभिनव अनुभूत अर्थ के प्रतीकात्मक संबंध भी शामिल कर लेते हैं। इस तरह सत्त्वोद्रेक के साथ आलोक, सुख के साथ भोग और रस के साथ लघुत्व या सूक्ष्मता के संबंध में शामिल हो सकते हैं। रूपक एक नये अर्थ को उपलब्ध करता है। यह पुराने अनुभव के स्रोत तथा अन्य अर्थों वाले प्रतीकों का इस्तेमाल करते हुए करता है। रूपक अनुभव के नये क्षेत्र में अनुप्रवेश करता है। इस तरह भट्टनायक सत्त्वोद्रेक और भोग के पुराने अनुभवों तथा नये क्षेत्रों का संयोग कराकर विवेकज्ञान एवं अनुभूति का ऐक्य कराते हैं। यही नहीं, सारी नाट्यसृष्टि या विकास का प्रयोजन 'भोग' माना गया और इसके साथ ही 'मुक्ति'। भावित रस की ज्ञापक (cognitive) प्रतीति स्वयंप्रकाश्यज्ञान (सत्व के आलोक) से मिलकर सौंदर्यबोधतत्त्व की 'विवेकबुद्धि' बनती है जिसे हम "औचित्य" कह सकते हैं। अतः सत्त्वोद्रेक का प्रयोजन रसभोग है और रसभोग सामाजिक को मुक्त भी करता है। लघुत्व सूक्ष्मशरीर का आयतन अर्थात् हमारे अनुभवों, संवेगों, इच्छाओं, ऐंद्रियिक बोधों का जगत् हो जाता है। यही सूक्ष्मशरीर भोग करता है। बुद्धि में गुणों की अभिव्यक्ति ही भोग है। अतः रसभोग केवल सत्त्व की सुखानुभूति है। यह सुख भी विचित्र है। यह स्वाधिपत्य के कारण, तथा तमस् एवं रजस् के अभिभाव के कारण दुःख और मोह को अपने विकास में इस्तेमाल कर सकता है। अतः दुःख और मोह का भी भावरूप में भोग हो सकता है, और दुःख में भी सुख हो सकता है। अतः यहाँ सुख का प्रतीकीकरण अनुभूति रूप में होता है जो निर्विशेष अनुभूत्य (feelable) दशा है। इसमें विवेकबुद्धि की प्रधानता होती है। सारांश में रसानुभव के लिये व्यवहृत सत्त्वोद्रेक, आलोक, सुख, लघुत्व, भोग आदि के अनुभूत अर्थ ये ही हैं। प्रतीकीकरण में इनकी धर्मता के आधार पर हम इनके संदर्भ हासिल कर सकते हैं। अनुभूत अर्थ में असीमित सृजनात्मक संभावनाएँ निहित होती हैं। इसीलिये अभिनवगुप्त ने अपने शैव दर्शन के प्रतीकपुंज के अनुकूल सत्त्वोद्रेक के साथ प्रकाश (परमशिव) एवं आनंद (शक्ति) के तत्त्वों का संयोग कर दिया जो वस्तुतः 'प्रकाश' एवं 'सुख' के नये प्रतीकायन हैं। इसी प्रकार अभिनवगुप्त ने भोजकत्व व्यापार को 'निजसंविद्विश्रांति लक्षण' वाला तथा 'परब्रह्मास्वादसविधेन' भी बताया है। भट्टनायक ने भावकत्वव्यापार को 'निजमोहसंकट निवारण' वाला माना था। अभिनवगुप्त ने इसका शैवाद्वैतीकरण तथा वेदांतीकरण कर डाला। किन्तु हम अभिनव की इस नई प्रतीकीकृत व्याख्या को भट्टनायक की मूल स्थापना नहीं मानते। संस्कृत तर्कशास्त्र की यही परंपरा रही है कि परवर्ती आचार्य पूर्ववर्ती के विचारों को भी अपने दर्शन के द्वारा संशोधित कर डालता रहा है। अभिनवगुप्त ने यह भट्टनायक के साथ किया, मम्मट ने यह अभिनवगुप्त के साथ किया, पंडितराज ने भी यही अभिनवगुप्त के साथ किया है।

भट्टनायक का मंसूबा इतना ही है कि भोगकृत्व के द्वारा सामाजिक 'सुखाकारवृत्ति' का अनुभव करता है जिसमें रजस की क्रियाशीलता एवं विक्षुब्धता, तथा तमस् का अवरोध एवं आवरण दब जाता है ; और सत्त्व का सुख तथा ज्ञान उद्रिक्त होता है। सारांश में, भोग के लिये भोग्य वस्तु (object) न होकर एकभावदशा का "होना" ही है। यह भावदशा एक मानसधर्मता (विवेकबुद्धि) या 'मुक्ति' है जो सहृदय को रूपांतरित कर देती है । कला-माध्यम की सृजनात्मक क्षमताएँ तथा कलावस्तु की देशकालपात्रमुक्त 'मुक्ति' ही सहृदय की भोगदशा संश्लेषित करती है। श्रीशंकुक ने नट के व्यक्तित्व का विवेचन करते हुए बताया है कि वह न तो अपने स्थायीभाव को उद्बुद्ध करता है, और न ही पात्र के स्थायीभाव का रसरूप में अनुभव करता है ; अपितु वह विभावादि का मात्र अनुकरण करता है। वस्तुतः श्रीशंकुक अनुभूत अनुभव के नियंत्रण की पराकाष्ठा का सार देते हैं । इसी अनुक्रम में भट्टनायक सामाजिक या प्रमातृ के व्यक्तित्व का सांख्यवादी विकास करते हैं जहाँ व्यक्तिबंधन शून्य-मानवमात्रगत संवेद्यता ही शीर्षस्थ हो जाती है।

अभिनवगुप्त रसानुभव को रहस्य तथा अध्यातम से मंडलित कर देते हैं। रसध्वनिवादी अभिनवमात्र 'शब्द' की इकाई को ही प्राथमिकता देते हैं जिससे अब प्रधानतया 'काव्यरस' का ही निरूपण होने लगता है। अभिनव रसानुभव में 'प्रत्यक्ष' तथा 'प्रमाण' के लौकिक धरातल विलीन-से कर देते हैं। उन्होंने जिस नये प्रतीक-समूह का व्यवहार किया है वह मिथकीय (mythical) तथा अतिप्राकृतिक (super natural) और अलौकिक (other-wordly) है। अतः सौंदर्यबोधानुभव की उनकी प्रतीकात्मक अभिव्यंजना में अतिप्राकृतिक छायाओं की विभूतियाँ मिलती हैं। 'परमशिव', 'शक्ति', 'सदाशिव', 'ईश्वर', 'सद्विद्या' के पाँच दैवी तत्त्वों, तथा पुरुष 'पुरुष' और माया के 'पंचकंचुकों' के अतिमानवीय तत्त्वों का आधार लेकर उन्होंने प्रतीकात्मक अंतरप्रक्रिया के मॉडल पेश किये जिनमें भौतिकवाद तथा व्यवहारवाद से पलायन है। मध्यकालीन मानस में रहस्य (mystery) एक दैवी कार्य तथा अतिप्राकृतिक नियमों का अनुधावन है। वह सामाजिक यथार्थता से मनुष्य को पराया (alienated) कर देता है । सामाजिक नियम के अनुसार मूर्त्त यथार्थता से संपर्क की जितनी हानि होगी, उसी के अनुपात से परायापन (alienation) बढ़ेगा। लेकिन मध्यकालीन अद्वैतवादी के अनुसार मूर्त्त यथार्थता परिणाम न होकर विवर्त है। अतएव मूर्त्त यथार्थता से जितना अधिक सम्पर्क होगा, उसी के अनुपात से आत्म-परायापन बढ़ेगा। इस तरह मध्यकालीन अध्यात्म में मनुष्य अपनी सृष्टि में स्वयं को खो देता है। इसे ही प्रतीकात्मक अभिव्यंजना के सूत्र में 'शिव' का माया के कंचुकों से आच्छदित होकर 'पुरुष' हो जाना कहा गया है। अतः रसानुभव

की परिणति मनुष्य के आत्मानुसंधान अर्थात् 'मुक्ति' में है। मुक्ति दशा में वह मात्र एक अमूर्त्त 'स्व' (Abstract self) रह जाता है। इस अमूर्त्त स्व का ही विराटीकृत एवं प्रतीकीकृत स्वरूप 'शिव' है जो आत्मप्रकाश तथा आत्म-विमर्श रूप है अर्थात् चित् एवं आनंद है। अतः रसानुभव भी ऐसा ही है। मध्यकालीन चिंतन में प्राकृतिक या संघर्षात्मक व्यक्तित्व का लोप भी महत्तम लक्ष्य है। इसलिये सहृदय के एक विश्वात्मक तादात्म्य की श्रेयस् संबंधता स्वीकार की गई है जहाँ वह शिवशक्ति के सामरस्य की 'पूर्णावस्था' का अनुभव करने लगता है। यही अनुभव रसानुभव के प्रतीकीकरण में ग्रहण हो गया है। मध्यकाल में काम (work) तथा समय (time) के विषय में त्रासक वर्गीय मान्यताएँ घर कर गई थीं। जागतिक तथा आर्थिक श्रम को करने वाले हीन थे; और समय-चक्र में बहने वाले बद्धजीव। अतः सौंदर्यबोधानुभव में श्रमकर्म से मुक्त 'संविद्विश्रांति' की योगज दशा परम प्रेयान् हुई; और काल के अक्ष को तोड़ना अर्थात् कर्मचक्र और कार्यकारणनियम से आजाद होना ही सर्वोच्च अनुभवन हो गया। हम जानते हैं कि कार्य (acts) ही 'सामाजिक जन्म' के सृजनात्मक क्षण होते हैं किन्तु अद्वैतवादी दर्शन इसे प्रतीकात्मक पर्यावरण में ढालकर 'सामाजिक काल' से मुक्त हो जाता है। अतः अभिनवगुप्त सौंदर्यबोधानुभव को आदर्शवाद (Idealism), निर्विकल्पवाद (Absolutism) एवं अद्वैतवाद (Monism) के त्रिकोण में जकड़ देते हैं। अब प्रतिरूप तथा आदर्श के लिये केवल निर्विकल्प अद्वैत-आदर्शात्मक प्रत्ययों का ही यूतोपियाई धाम मिलता है।

निर्विकल्पों (Absolutes) की दुनिया में मानवीय दुनिया तथा मानवीय स्व, दोनों का उदय मनुष्य में चल रही अंतरप्रक्रिया द्वारा होता है। अद्वैतवादी दर्शन ने इनके लिये 'ब्रह्म' या 'परमशिव' के रूप में एक निर्विकल्प कारण (agent) तलाश कर प्रस्तुत कर दिया। सौंदर्यबोधानुभव की दुनिया में यह कारण चेतन मनुष्य के बजाय जीव की 'आत्मा' हो गया। ब्रह्म और आत्मा, परमशिव और जीव 'एक' हो गए। अतः सभी संबंध आध्यात्मिक ऐक्य के धरातल पर कायम हुए। निर्विकल्पों की दुनिया 'काल', 'देश', 'कर्म', 'संस्कार' तथा 'कार्यकारण' से मुक्त हुई। काल के अक्ष से विमुक्त होने के कारण सभी प्रतीकीकरण नित्य (eternal) क्रमबहिर्भूत (Simultaneous) तथा एक (One) हैं; '**देश**' से मुक्त होने के कारण वे विशुद्ध (pure) तथा सूक्ष्म (subtle) हैं; '**कार्यकारण**' से मुक्त होने के कारण वे अपरिवर्तनशील (Unchanging), उन्मेषात्मक (revelatory) तथा स्थायी (constant) हैं; और '**कर्म**' से मुक्त होने के कारण वे कैवल्यपूर्ण (Salvation), संबंधताओं से परे (beyond relationship) और विश्रांत (restful) हैं।

अतः अब रसप्रतीति एवं रसचर्वणा को निर्विकल्पों की ऐसी ही दुनिया में विचरण करना पड़ा जहाँ काल, देश, कर्म, कार्यकारण आदि के अक्ष टूट गये हैं। मार्क्स के अनुसार सर्वांश रूप वाला यह निर्विकल्प ज्ञान अर्थात् चित् प्रधानतः प्रदर्शन (display) का ही एक प्रतीकीकरण है। दार्शनिक दृष्टि अमूर्त्त मानस (abstract mind) के सारत्व–essence–का यह ऐसा आत्म-प्रमेयीकरण (self-objectification) है। निर्विकल्प आदर्शवादी दार्शनिक बोध अपने आत्म-अजनबीपन (self-estrangement) के दायरे में विश्व-चिंतन का अजनबी-हुआ मानस है। ऐसा दार्शनिक मस्तिष्क स्वयं का अवभास अमूर्त्त ढंग से ही करता है।' फलतः सामंतयुग में आध्यात्मिक विचारधारा 'तप' एवं 'अनासक्ति' से प्रकाश एवं आनंद के अवकाश (leisure) में प्रस्थित हुई। तप का चरम रूपांतर 'प्रकाश' में; और अनासक्ति का 'आनंद' में हो गया।

मध्ययुगीन आधिभौतिक तर्कशास्त्र की संक्षिप्त रूपरेखा उपर्युक्त है। इसलिये अभिनवगुप्त ने पूर्ववर्ती यथार्थवादी परंपरा के स्थान पर अद्वैती शैवदार्शनिक परंपरा, और ज्ञान (Knowledge) के बजाय विश्वास (faith) की प्रतिष्ठा की। इसलिये उन्होंने 'रहस्य', 'चमत्कार', 'विश्रांति', 'उन्मेष' अलौकिक जैसी तर्कपूर्व अवधारणाओं (pre-logical conceptions) का भरपूर व्यवहार किया है। इन नये प्रतीकीकरणों ने सौंदर्यबोधानुभव का स्वभाव ही बदल दिया। भारतीय, सौंदर्यबोधदर्शन में यह पूरे १८० कोणों का घुमाव है। इसकी वजह से वह अलबेला महान् दार्शनिक विवाद (polemics), यथार्थवादी जीवनधारा के प्रति संघर्षभरा आग्रह, तर्क की मानवतावादी महान् प्रतिष्ठा, प्रत्यक्ष प्रमाण का निष्पक्ष अध्यास आदि सभी विलुप्त से हो गये। एक तरह से भारतीय मनीषा का ही कायाकल्प (metamorphosis) हो गया। इस अद्वैतवादी जीवनदर्शन को तत्काल में 'नव्य' कहा गया और सभी यथार्थ-वादी दर्शन भी 'नव्य' (?) होकर यथार्थविरोधी, शरीर-आत्म के पार्थक्य, इह-लोक-परलोक के पार्थक्य के प्रतिपादक हो गये। अतः ज्ञान के तर्कपरक (logical) और क्रियान्वयनपरक (operational) आयाम उपेक्षित हो गए। अब अनुभवन में सामाजिक तथा व्यावहारिक जाँच-पड़तालों अर्थात् 'ख्याति' के स्वरूपों का सिलसिला ढल गया। अब शिव से पुरुष तक के जो प्रतीकीकरण किये गए वे साम्यरूपकात्मक (analogical) थे, तथा विराटीकृत अनुभूतियों के कल्प थे। इस मध्यकालीन दृष्टिकोण का यही अभिमत बन गया कि अर्थ केवल अनुभूत अर्थ में निहित है तथा तर्क (logic) उसे विकृत कर देता है। इसके पहले अनुभूति को अस्त-व्यस्त माना जाता था जिसे तर्क विन्यस्त करता था। अतः अभिनव ने विराटीकृत अनुभूति और निर्विकल्प प्रतीक की अंतरक्रिया के द्वारा

अर्थ-निर्माण की सृष्टि की। यह सबसे महत्त्वपूर्ण तथ्य है। उदा० प्रकृति-स्तर वाला 'बुद्धि' का 'अध्यास', ही पुरुष-स्तर पर 'विद्या' के 'कंचुक', तथा परमशिव-स्तर पर 'संवित् चित्त' के 'प्रकाश' में 'विराटीकृत' और 'निर्विकल्पित' हो गया। हमें इन दो विशेषणात्मक करणों को आद्योपान्त ध्यान में रखना होगा।

इस अवनर्मिल मनोदशा में बाह्य इंद्रियों के बोध की अपेक्षा अंतरबोध तथा अतीन्द्रियबोध को ही आधार माना गया। अतः प्रतीकों में केवल अंतर्मुखी बोधकता की ही प्रतिष्ठा हुई। इसलिये यह बोधकता क्रमिक विकास, परिवर्तन या परिणाम न होकर सहसा स्फूर्ति या कौंध या निर्वात दीपशिखा के रूपक से ही निरूपित हुई। अतः यह लौकिक अनुमान, प्रमाण, प्रत्यक्ष, उत्पत्ति आदि से विशिष्ट या विलक्षण के अलावा रहस्यपरक और चमत्कारपूर्ण भी हुई। अतः यह 'अ-लौकिक' हुई। सौंदर्यवस्तु या प्रमेय के लिये तो 'अ-लौकिक' विशेषण का यह प्रथम सशक्त अनुप्रवेश है। इसने दामिनीदमक की तरह उत्पत्ति (लोल्लट), अनुकृति (शंकुक), प्रतिबिंब (भट्टनायक) के प्रमाण भी निरर्थक बना दिये। अब केवल 'अ-लौकिक' बोध ही अंतिम सत्य हो गया। तर्कशास्त्र की दृष्टि से इसका नतीजा यह हुआ कि प्रतीक (symbol) एवं प्रमेय (ebject) के संबंधों की अपेक्षा प्रतीक और प्रतीक के संबंधों की ही अंतर्मुखी बोधपरक व्याख्याओं का एक मिथकीय तथा आर्केटाइपिल संसार बन गया। अतः अब तर्क-प्रमाण की जगह विश्वास-श्रद्धा ने ले ली। सारांश में प्रमा की कीमत पर प्रज्ञा का हृदयाभिषेक हुआ। अतः हृदय की चर्चा भी अभिनवगुप्त में ही सर्वाधिक मिलती है जो तर्क के निरास और रहस्यात्मक अनुभवन का फल है।

इसके लिये अभिनवगुप्त को एक प्रतीक-तन्त्र तथा सिद्ध-अनुभव की भूमि तैयार करनी पड़ी। उन्होंने कर्मसिद्धांत तथा स्थायीभाव का समन्वय किया। हृदय में पहले से ही स्थित स्वसंबद्ध संस्कारों का उद्बुद्ध होना उन्होंने भी स्वीकार किया, लेकिन लोक के बजाय कलामाध्यम के द्वारा उनके उद्बुद्ध होने पर उन्हें (संस्कारों को) स्वसंबद्ध नहीं माना क्योंकि विभावादि के 'उपायों' से नियुत कंचुक विगलित हो जाते हैं। अतः स्वत्व की विस्मृति ही स्वत्व का विस्तार है। इस विरोधाभास में लौकिक स्वत्व तथा सौंदर्यतात्विक अलौकिक स्वत्व के बीच सूक्ष्म अन्तर किया गया है। अतः अनादि वासनाओं से संस्कारित सुप्त हृदय सुषुप्ति जैसी अवस्था में रहता है, किन्तु यही उद्बुद्ध होने पर 'हृदयसंवाद' करता है अर्थात् कलामाध्यम के द्वारा छने हुए संस्कारों को स्थायीभाव रूप में ग्रहण करता है। हम पहले खंड में यह बता ही चुके हैं कि यह शक्ति 'तन्मयीभवन' में उन्मिषित मानी गई है; और यह 'अनुभावन' की विशेषता है। अभिनवगुप्त ने आत्म (जीव) को शिव का अंश रूप लेते हुए स्थायीभाव को विश्वात्मक माना है। यह एक महत्तम अमूर्त्तीकरण हुआ है जिसने एक

शाश्वत् मानवीय चिति (eternal human psyche) की आध्यात्मिक धारणा का उद्‌घाटन किया। अतः यह माना गया कि किसी भी काल या देश के कवि अथवा पात्र से किसी भी काल या देश का सहृदय 'हृदय-संवाद' कर सकता है क्योंकि परमशिव तथा जीवों का अद्वैत तथा एकरूपत्व स्वीकृत हो चुका है, वासना को अनादि माना गया है, तथा संसारचक्र को अनन्त। अतः कर्मसिद्धांत एवं स्थायीभाव के संयोग के परिणाम से एक ओर तो काल-देश की थोड़ी सीमाएँ टूटीं तो दूसरी ओर अतीत-वर्तमान-भविष्य के तीनों कालखंडों को एकक्रम उपस्थिति हो गई। अतः तत्समकालीन अनुभूति के इस वृत्त में नित्य रस की चर्वणा भी मुमकिन हो गई। इसी का फल यह भी हुआ कि असंलक्ष्यक्रम के न्याय के अनुरूप विभावानुभावसंचारी का एक साथ और सहसा उन्मेष माना जा सका। दूसरी क्रांतिकारी बात और हुई। वासना के साथ चित्तवृत्ति का भी मेल कराया गया, अतः संस्कारभेद तथा वासना की तीव्रता-मंदता आदि के कारण जो अनेक मनोवैज्ञानिक समस्याएँ उठती आ रही थीं, वे अभिनवगुप्त को भी मथ रही थीं। अतः उन्होंने एक ओर तो 'अधिकारी सहृदय' की धारणा प्रस्तुत की, तथा दूसरी ओर सात 'रसविघ्नों' के निवारण की शर्त्त रखी। विमलप्रतिभानशाली हृदय वाला सहृदय ही अधिकारी माना गया है। उसका हृदय निर्मल दर्पण के समान है (विमलमुकुरकल्पीभूतनिजहृदय)। अतः इन कारणों से वह साधारणीकृत विषयसामग्री के साथ तन्मयीभवन कर सकता है। विषयसामग्री में एक तो उपकरण सामग्री है; जैसे नट, वेशभूषा, रंगसंग्रह, प्रवृत्ति, वृत्ति, धर्मी, गीत, वाद्यादि। और दूसरी भावद्रव्य है; जैसे पात्र, चरित्र, घटनाएँ, भाव, संवेगादि। इन दो सामग्रियों का भी मुख्य कार्य रसविघ्नों को समाप्त करना है।

रसविघ्न के दो मूल कार्य हैं: (१) ये सहृदय को लौकिक भावभूमि की चेतना से बाँधे रखते हैं; तथा (२) कलामाध्यम तथा कलावस्तु को स्वपर-तटस्थ संबंधों से कंचुकित रखते हैं। अतएव उपकरण-सामग्री तो सहृदय को लौकिक भावभूमि से उपरत करके कला के वातावरण में तन्मय कर देती है; तथा भावद्रव्य विभावादि का साधारणीकरण करते हैं। जो बात श्रीशंकुक ने केवल 'अभिनयन' के जिम्मे सौंपी थी, वही अभिनवगुप्त ने नटादि रूप उपकरण-सामग्री पर बख्शी। रसज्ञान (रसप्रतीति) के प्रसंग में अभिनवगुप्त ने भट्टनायक से बहुत ज्यादा ग्रहण किया है। जिस तरह भट्टनायक साधारणी-करण को अभिधा के बाद की व्यापक भावकत्व-भूमि प्रदान करते हैं, उसी तरह अभिनवगुप्त साधारणीकरण को और अधिक व्यापक बनाना चाहते हैं—'भावना' से भी व्यापक। यहाँ वे आनंदवर्धन से प्रेरित होकर 'व्यंजना' द्वारा इसकी व्यापकता की परिकल्पना करते हैं। उनकी "साधारणता" की धारणा

के अंतर्गत सहृदय पूर्णतः शुद्ध हो जाता है अर्थात् उसकी 'संवित्' विश्रांत हो जाती है, सभी रसविघ्न समाप्त हो जाते हैं, सभी विषयसामग्री चमत्कार एवं निर्विशेषता से परिपूर्ण हो जाती है, और मात्र स्थायीभाव की ही चर्व्य-माणता रहती है, आदि। सारांश में सहृदय की संवित् 'देश', 'काल' एवं 'व्यक्ति' की विशेषता से विमुक्त हो जाती है। अतः अभिनव ने भट्टनायक के अन्दाज़ में ही अभिधा और भावकत्व की तरह 'विभावना', 'अनुभावना' तथा 'समुपरंजन' के कार्य माने हैं। अतः ये विभावादि जातिवाचक एवं भाववाचक अमूर्त्तनों (abstractions) में ढल जाते हैं।

इसे वे एक विशेष प्रकार का प्रत्यक्ष मानते हैं – 'वीतविघ्नप्रतीति' ! लोक की 'विघ्नबहुलाप्रतीति' रसानुभूति को अवरुद्ध करने वाले मानसिक विघ्नों से पूर्ण होती है जिसमें देश, काल एवं पात्र का विशेषत्व है। इसकी तुलना में वीतविघ्नप्रतीति में प्रमेय तथा प्रतीक साधारणीकृत हैं अर्थात् शैवाद्वैत के ईश्वरतत्त्व के ज्ञानोपाय के चरण में हैं जहाँ इदम् की प्रधानता होती है। यह तन्मयीभवन-आधृत दशा है। किन्तु इसके साथ ही 'झटिति प्रत्यय' के द्वारा वीतविघ्नप्रतीति में ही रस की चर्वणा होती है। सिद्धांततः उन्होंने 'भावना' एवं 'भोग' को एकचरण करके संविद्विश्रांति में अन्तर्निहित कर लिया।

वीतविघ्नप्रतीति में होनेवाली विश्रांति (शान्ति) को चमत्कारपूर्ण बताया गया है। इस दशा में विभावादि सहृदय के स्थायीभाव के अभिव्यंजक होते हैं। भट्टनायक ने तो नट एवं पात्र के बीच का द्वैत समाप्त करके 'नाट्यपात्र' की जैसी धारणा पेश की है, लेकिन अभिनवगुप्त ने नट को ग़ायब कर दिया है और एक जबर्दस्त विघ्नस्थिति के सूचक भाव-संबंध से छुट्टी पा ली है। अतः अभिनवगुप्त के त्रिकदर्शन के मुताबिक सहृदय के हृदय में जो संस्कार रूप में अनादिवासना स्थित है वही वासनारूप स्थायीभाव संविद्विश्रांति दशा में रस-रूप में अभिव्यक्त हो जाता है। यह संविद्विश्रांति 'आनंद' का मूल है।

रसप्रतीति के लिए अभिनवगुप्त ने चार रूपकों का प्रतीकीकरण किया है : (१) जिस तरह चावल के पकने पर उसे ही भात कह देते हैं, उसी तरह पूर्वस्थित स्थायीभाव को रसरूप में अभिव्यक्त मान लेते हैं। अर्थात्, रस कार्यकारण से मुक्त हैं और विकास (evolution) के बजाय उद्घाटन-(revelation) धर्मा है; (२) जिस तरह दीपक अंधकार में पूर्वस्थित घट को प्रकाशित कर देता है उसी तरह विभावादि रस को समकाल में प्रकाशित कर देते हैं अर्थात् विभावादि एवं रस में साहचर्य-संबंध है; (३) जिस तरह पानक रस में विभिन्न अवयवों का मिला-जुला एक स्वाद होता है, उसी तरह विभावादि के मिश्रित स्वादों की एकरसना रस है अर्थात् रस शुद्ध-संवेदन-रूप नहीं है; एवं (४) जिस तरह

शिव एवं शक्ति की अद्वैतावस्था चित् एवं आनन्द रूप है, शुद्ध विमर्श है, तथा देशकाल की बाधा से 'स्वतन्त्र' है, उसी तरह रसानुभव में सहृदय की संविद्विश्रांति की दशा होती है जहाँ देशकालवियुक्त स्वतंत्रता का 'चमत्कार' है, क्रम न होकर समूहालंबन है, तथा आत्मस्थ अवस्था का 'परमभोग' रूप आनंद है। इन कारणों से ही मध्यकालीन आध्यात्मिक सौंदर्यबोधशास्त्र में रस अलौकिक है। यहाँ ये चार रूपक बिल्कुल ताज़े तथा नये अर्थनिर्माण तथा प्रतीकात्मक कार्य को संपादित करते हैं। रूपकात्मक (metaphorical), तर्कपूर्व (pre-logical), प्रतीकात्मक (symbolic) तथा अनुभूत्यात्मक (feelable) होने के कारण ये अर्थ चमत्कारपूर्ण अनुभवन के अनुगमक हैं। हमें इस चमत्कार के विधान में दो विचित्रताओं पर भी ग़ौर कर लेना होगा : (१) अभिनवगुप्त ने नाट्य के संदर्भों को विलुप्त सा करके प्रधानतया शब्द-शक्तियों का संदर्भ स्वीकार किया है; (२) अब प्रत्यक्ष और चिंतन और तर्क के स्थान पर अलौकिक प्रत्यक्ष तथा समाधि जैसी तन्मयीभवन योग्यता तथा चमत्कार की प्रतिष्ठा हो गई। अतः यह अनुभव विलक्षण होने के उपरांत अलौकिक हुआ, और अन्ततः रहस्यात्मक हो गया जहाँ जागृति एक निचले स्तर की हो गई; तया स्वप्न, समाधि (विश्रांति), तन्मयीभवन (धारणा), सुषुप्ति आदि कसौटी बन गए। फलस्वरूप सौंदर्यबोधानुभव श्रम (work), पदार्थ (matter), जागृतचेतना (consciousness), प्रत्यक्ष (reality), तथा ज्ञान (knowledge) की बहती गंगा से कटकर देश, काल तथा कर्म से निर्मुक्त होनेवाली आध्यात्मिक अभिव्यंजनाओं के अनुरूप रूपायित (transfigured) होने लगा। इसीलिये हमने इसे संपूर्ण भारतीय सुपरिगठन (superstructure) की ही महत्तम क्रांति कहा है जो निर्विकल्पों, अमूर्त्तनों तथा अद्वैतों के प्रत्ययों में मायामुग्ध हो गई। जो जगत् (space) तथा इतिहास (time) की अवहेलना करता है वह स्वयं अपनी निंदा करता है और सामाजिक सत्यों की मशालों को नहीं जला पाता। अद्वैतवाद ने देश एवं काल की सत्ता क्षीण करके भारत में जिस काले सामंतवाद की जड़ें मजबूत कीं उसमें जगत्, जीवन तथा जन के प्रति प्रेम नहीं रहा, आर्थिक सक्रियता तथा सामाजिक परिवर्तन की संभावनाएँ कुचल गईं तथा उसमें मौलिकता तथा बौद्धिकता को माया और नास्तिकता घोषित किया गया।

इसी भूमिका पर अद्वैतवाद में 'आनंद' की कल्पना हुई है। आनंद का मूल कारण है सहृदय की संविद्विश्रांति। विश्रांति समाधि की अवस्था है। यह मानस के नियंत्रण की क्षमता अर्थात् 'प्रत्याहार' जैसी है जहाँ इन्द्रियाँ वृत्तिरूप हो जाती हैं। आनन्द में वस्तु या प्रमेय को 'विचार' अथवा 'वितर्क' रूप में पेश नहीं किया जाता। वस्तुतः यह एक मानसदशा है जहाँ 'ग्रहण' पर समाधि

की गई है, न कि 'ग्राह्य' पर। अतः मात्र भाववृत्ति की अनुभूति ही आनंद है और यह सूक्ष्म है। इसे मिथकीय प्रतीकतंत्र से भी स्पष्ट किया गया है। अभिनवगुप्त मान्य काश्मीरी त्रिकदर्शन के अनुसार परमशिवतत्त्व का विश्वात्मक रूप प्रकाश-विमर्श-मय है। यह रूप शिवशक्तिमय है, चिन्मयावस्था है, सामरस्य है। प्रकाश चित् है, तथा विमर्श आनन्द। जिस तरह शक्ति शिव का ही एक पक्ष है, उसी तरह आनन्द भी चित् का एक पक्ष। अतः प्रकाशरूप चित्शक्ति का विमर्श स्वतन्त्र है। अतः विमर्श आनन्दशक्ति है। अतः विमर्शरूप शिवतत्त्व में विश्रांति ही आनन्द है। यह "पूर्ण" है। रसानुभव की प्रतीति को इसीलिये आनन्दरूप तथा पूर्ण माना गया है क्योंकि परमशिव का चित्शक्तिमय जीव या आत्मतत्त्व भी यही है। परमशिव की प्रकाशरूप चित्शक्ति ही 'संवित्' है। यह आत्मप्रकाश है। यह एक निर्मल मुकुर की तरह है जिसके अन्तरतम में विश्व बिंबरूप में प्रकाशित होता है। अतः विमर्शतत्त्व प्रतिबिंबित होता है। अतः विश्व को संवित् से पृथक् नहीं किया जा सकता; और विश्व का आभास आनन्दमय ही रहता है। अतः संवित् प्रकाश तथा विमर्शमय भी है। सहृदय का निर्मल मनोमुकुर भी तद्रूप प्रतिबिंब की क्षमताएँ रखता है। इसीलिये संविद्विश्रांति की दशा को ही आनन्द कहा गया है। इस दशा में रसाभिव्यक्ति होती है अर्थात् अनादिवासनारूप स्थायीभाव रसनाशक्तिमय होकर चर्व्यमाण रस हो जाते हैं। इस दशा में ये 'पूर्ण', 'स्वतन्त्र', आत्मस्थ आदि होते हैं। रसानन्द के निरूपण में यह स्वातंत्र्य मुक्ति का 'उपाय' हो गया। 'मुक्ति' का मूल अर्थ दुःख से स्वतन्त्रता है। न्यायदर्शन में मुक्तावस्था यथार्थ है, जबकि शैवाद्वैत में यह अलौकिक हो गई है। सांख्य मुक्ति में 'विवेक' पर बल देता है, वेदांत 'साधना' पर; किन्तु शैवाद्वैत 'विश्रांति' पर। दुःख तथा इच्छा, इन दोनों से निवृत्ति, तथा आत्मचेतना (अहं) और विषयचेतना (इदं) के भेद का अन्त आदि मुक्ति के पक्ष हैं। सांख्य में सुख को सत्त्वगुणप्रधान मानकर विवेकशील प्रतीक के रूप में स्वीकार कर लिया गया है। अभिनवगुप्त के दर्शन में इसके एक पारमार्थिक प्रत्यय 'आनन्द' की स्थापना हुई है। इस लोक के अनुभवों को दोष तथा विघ्न मानने की मूल मध्यकालीन दृष्टि त्रिक में भी है। इसीलिये आत्मपरायापन (self-alienation) का परम अमूर्त्त रूप ही संविद्विश्रांति माना गया। इस तरह मोक्षदशा को एक समाधिदशा से जोड़ा गया, और इस अवनर्मिल दशा को विराटीकृत तथा उदात्तीकृत किया गया। अतः कर्म से विश्रांत और निवृत्त अमूर्त्त स्व (abstract-self) का ज्ञान ही आनन्दशक्ति हो गया। यहाँ हमें वेब्लेनसंमत अवकाशभोगी वर्ग द्वारा ही संस्कृति-निर्माण की बात सहसा याद आ जाती है। यहाँ चेतना का अन्तर्गमन तथा अंतर्क्रिया ही सारवान

होती है। अतः रसानंद परमशिव की विमर्शशक्ति का आनन्द, शुद्धसंवेद्य आनन्द न होकर चित्तवृत्तिमूलक हृदयत्व के संवेदन से भी युक्त होता है।

रसानन्द के निरूपण के लिये संविद्विश्रांति की भावपरक भूमिका ही ली गई है जो 'ग्रहण' से संबंधित है। यही सहृदयता की ज्ञानगोचरता है। इस संविद्विश्रांति की आनन्द-दशा में देश, काल तथा कारणकार्यन्याय के अक्षों का लय भी माना गया है। परमशिव पक्ष से तो विश्वास तथा गूढ़ वैयक्तिक अनुभूति के आधार पर हम इस प्रतीकात्मक अभिव्यंजना की धर्मता का प्रमाणेतर विवरण जान-पहचान भी लेते हैं, लेकिन जब सहृदय-पक्ष से यही बात उठाई जाती है तब इस 'चमत्कारपूर्ण' व्यापार के उन्मेष (revelation) का विश्लेषण जरूरी हो जाता है। अतः हम रसप्रतीति को 'देश' तथा 'काल' से संबंधित मनोविज्ञान की धारणाओं के आलोक में परखेंगे।

हम देखते हैं कि मध्यकालीन सौंदर्यबोध में दीपक, किरण, निष्कंप या निर्वात दीपशिखा, लौ, प्रकाश आदि के प्रतीकों की परिणति परमशिव के प्रकाश रूप 'चित्' में हुई है। इस चित् में एक ओर तो सभी गति (motion) का लय होता है, दूसरी ओर प्रत्यक्षीकरण (perception) का ऐंद्रियिक विश्व विलुप्त हो जाता है, तीसरी ओर नियत तथा स्थित् (static) दशा हो जाती है तथा चौथो ओर ऐंद्रियिक सवेदना को विघ्नबहुल तथा अव्यवस्थित ज्ञानरूप माना जाता है। वस्तुतः यहाँ प्रधानतः देश (Space) का उदात्तीकरण हुआ है। मध्यकाल में इंद्रिय ज्ञान की आरंभिक व्याख्याएं भ्रम या भ्रांति रूप में हुई हैं। यथार्थवादी दार्शनिकों ने ही प्रत्यक्ष ज्ञान को अंततोगत्वा स्वप्रकाश तथा सत्य माना है। यथार्थवादी दार्शनिकों ने देश, काल तथा कार्यकारणनियम की वस्तुपरकता शिरोधार्य की थी। किन्तु अद्वैतवादी दार्शनिकों ते **मनोवैज्ञानिक भूमिका पर** इनका विलयन किया है। हम जानते हैं कि देश (space) के अतःप्रभाव की ग्राहक तीन इंद्रियाँ हैं: नेत्र (रूप), त्वचा (स्पर्श) तथा काइनेस्थेटिक (kinesthetic)। इसीलिये प्रकाशरूप चित् में मूलतः नाट्य के दृश्य, तथा काव्य के दिग्दृश्य अर्थात् स्थान या देश को 'अंतर्मुखी देश (subjective space) में रूपांतरित किया गया है। इसके लिये ही 'प्रकाश' तथा 'चित्' के प्रतीक ग्रहण किये गये हैं। 'मेरे लिये' का स्थानपरक अनुभव दृश्यात्मक होता है, किन्तु 'मुझमें' का अनुभव अंतर्मुखी समाधिपरक हो जाता है। इसके अनुसार मैं "यहाँ" होता हूँ; तथा कलावस्तु "वहाँ"। किन्तु इसके सभी चमत्कारपरक रूपों में 'यहाँ⇌वहाँ' का भेद नहीं रहता है। दिशा का संबंध गहराई से है। प्रकाश रूप में यह गहराई वासनारूप संस्कारों के सुषुप्त धरातल का अंतर्यामित्व हो जाती है।

इसी तरह 'काल' (Time) संबंधी मनोविज्ञान है। काल में अब⇌तब,

आदि ⇌ अंत, परिवर्तन ⇌ अवधि, गति ⇌ विश्राम आदि के गमक होते हैं। अतः काल में अनुक्रमण (successiveness) मूल तत्त्व है। इससे मुक्त होना क्रिया (शक्ति) की स्वतंत्रता है। काल-प्रसार की चेतना का उदय तभी होता है जब हम (क) पूर्ववर्ती-परवर्ती का अनुभव करें; (ख) तत्समकाल अर्थात् "अब" (now) के प्रति जागृत हों; तथा (ग) क्षण या निमिष (moment) के अनुभव से प्रयाण कर जाएँ। काल-अक्ष में आयामविहीन मूर्त्त तथा अनुभूतबिंदु "अब" (now) है। कालपरक 'अब' में देश की सहक्रमिकता (simultaneity) का गुण भी आ जाता है। इसीलिये मध्यकालीन सौन्दर्यबोधदर्शन में विभावानुभावसंचारी **समूहलंबनात्मक** हैं, रस **असंलक्ष्यक्रम ध्वनि** है, रसचर्वणा **तत्समकाल** में होती है। यह सौंदर्यबोधदृष्टि "अब" को ही 'महाकाल' में विराटीकृत कर देती है। इसीलिये क्षणिक रसानुभव भी—विरोधाभासी से ढंग (paradoxically) से नित्य है तथा सम्पूर्ण कारणकार्य-न्याय से मुक्त है। "अब" हमेशा किसी निश्चित का अध्यवसाय भी है। किन्तु "अब" काल का परमाणु है। अतः इसकी व्याख्या कठिन है। इसीलिये मध्यकालीन सौंदर्यबोधशास्त्र ने कार्यकारणन्याय के बजाय अभिव्यक्ति या उन्मीलन या उन्मेष या उद्घाटन न्याय का प्रतिपादन किया; इसीलिये रसानुभव तथा ब्रह्मानुभव को तर्क क्षेत्र से बाहर निकालकर फेंक दिया गया। यह "अब" मेरा होता है, तथा इसमें ही जीवन-स्पंदन होता है। अतः मध्यकालीन सौंदर्यबोध ने 'अब' को 'कालातीत' में, तथा जीवनस्पंदन को शिवरूप 'आत्म स्पंद' में बदल दिया। इस "अब" की पुनरावृत्ति नहीं हो सकती। अतः यह प्रमाण का विषय नहीं है, और लोकविलक्षण 'अलौकिक' है।

अतः जीवन के दो ध्रुवांत में "अब" तथा "यहाँ" की इकाइयाँ हैं। इनमें ही ऐंद्रियिक अनुभवन का आधार निहित है जो ज्ञान, स्मृति, ध्यान, शिक्षण तथा चिंतन तक में विस्तृत होता जाता है। इस अनुभव का सत्यरूप ही यथार्थता है। किन्तु अभिनवगुप्त का मध्यकालीन सौंदर्यबोध ऐंद्रियिक अनुभव की मूलभित्ति का ही लय करके 'माया' तथा 'कंचुक' से द्वन्दता करता है। अतः यह प्रतीकात्मक कार्य की दृष्टि से लौकिक ज्ञान तथा स्मृति न होकर 'अलौकिक' संस्कार तथा साक्षात्कार होता है। समाधि तथा ध्यान की योगज दशाओं में हम देश एवं काल के मायावृत्त (hallucinatory) रूपों को ही सही रूप मान बैठते हैं। अद्वैतवादी जीवनदृष्टि में ऐसे रूपों के आधार पर भी रसप्रकृति की व्याख्याएँ हुई हैं। विषयी चेतना (subject-consciousness) अर्थात् 'अहं' और विषय-चेतना (object-consciousness) अर्थात् 'इदं' के बीच पहले तो दोनों में से किसी एक की भी श्रेष्ठता को नामंजूर करके संतुलित समतोलन कायम किया गया है; जैसा कि 'मायातत्त्व' तथा

'सद्‌विद्या तत्त्व' में। यह "और" अव्यव की देन है। इसके बाद "साथ" अव्यव के द्वारा मैं तथा जगत में से एक के अनुभव की वृद्धि होती है; जैसे ईश्वर तत्त्व और सदाशिव तत्त्व में। इसके बाद "मैं" अवयव के द्वारा द्वैत तथा अद्वैत का विरोधाभास प्राप्त किया जाता है; जैसा कि शिवशक्तितत्त्व में। अंततः आत्मचेतना (self-consciousness) का आत्मपरायीकृत रूप ही अंतिम श्रेय बन जाता है और मूलाधार इंद्रियज्ञान का जगत् विरोधी तक हो जाता है। रसानुभव के चक्र में 'प्रकाश' तथा 'आनंद' के रहस्यात्मक प्रतीकीकरणों की आधुनिक व्याख्या यही है।

निष्कर्ष रूप में, देशकालव्यक्तिबद्ध लौकिक भूमिका तथा काम एवं मेहनत (श्रम) के स्थान पर अभिनवगुप्त ने निःश्रेयस आत्मपरायीकृत (self-alienated) संविद्विश्रांति को रस, रसानंद, परमभोग आदि का मूल माना है जो मूलतः श्रम (लेबर) के बजाय अवकाश को, भौतिक जगत् (अशुद्ध) के बजाय अमूर्त्त शिवतत्त्व (शुद्ध) को, तर्क के बजाय आस्था को, जीवन के बजाय आत्मन् को ही अंतिम सत्य माननेवाला आध्यात्मिक दृष्टिकोण है। इस दृष्टि के अनुसार ज्ञान स्वयंप्रकाश तथा सत्य होने की अपेक्षा अब एक ओर तो 'परमशिवतत्त्वज्ञान' (या ब्रह्मज्ञान) हुआ, तो दूसरी ओर 'शक्ति' भी हो गया। अतः प्रकाशरूप ब्रह्म ज्ञान तथा शक्ति का नया समीकरण कायम हुआ। अतः साम्यरूपक ढंग से (analogically) रसप्रतीति भी आनन्दमय हो गई। इस सारे व्यापार के लिये एक 'निर्विकल्प कारण' (Absolute agent) भी मिल गया जो स्वयं पूर्ण, स्वतंत्र, शुद्ध, नित्य, विश्वोत्तीर्ण आदि मान लिया गया। इस भाँति यह मध्यकालीन अन्वीक्षाचक्र पूरी तरह से चक्रवर्ती हो जाता है। अभिनवगुप्त ने मध्यकालीन भारतीय विश्वदृष्टिकोण (world-view) की मूल धुरियों के इर्द-गिर्द अपने रसचक्र तथा सहृदय के कर्मचक्र को नचाया। इस दृष्टिकोण के अनुसार पहले तो जो भी भूत (मैटर) तथा गति (मोशन) है वह स्थूल, भ्रांति, क्षणिक तथा दुःखपूर्ण है और जो भी शुद्ध, चैतन्य तथा शाश्वत है वह सत्य, सुख तथा आनंद है। दूसरे, अतीत-वर्तमान-भविष्य, जीवात्मा-जगत्-परमात्मा, सृष्टि-स्थिति-संहार, परमशिव-पुरुष-प्रकृति आदि सभी त्रित्व चक्राकृत (cyclic) और तालयुक्त (rhythmic) हैं। इसलिये इहलोक बनाम परलोक, शरीर बनाम आत्मा, ब्रह्म बनाम माया, प्रत्यक्ष बनाम विवर्त, जागृति बनाम समाधि, सुख बनाम आनन्द आदि के पार्थक्य की एक ऐसी सामंतवादी अंधविश्वासों वाली गहरी स्थायी खाई खुदी जो एक हजार वर्षों के बाद भी औद्योगीकरण में कटिबद्ध भारत के आधुनिकीकरण को भग्न करने के लिये दुर्धर्ष संघर्ष कर रही है। इस विश्वदृष्टिकोण का रहस्योद्‌घाटन करके ही हम आधुनिक ज्ञान, विज्ञान तथा सौंदर्यबोध के औजारों का

इस्तेमाल कर सकते हैं। अस्तु।

परवर्ती क्रम में **महिमभट्ट** ने अभिव्यंजनावादी अभिनवगुप्त के रसाभिव्यक्तिवाद के विरोध में रस को 'अनुमेय' मानने का विवेक प्रदर्शित किया ; **धनंजय** तथा धनिक ने रस को 'भाव्य' माना है और व्यंजना का खंडन करते हुए तात्पर्य को प्रधानता दी है ; तथा **भोज** ने रसबोध का सामंतीयकरण किया है। भोज के समय में तांत्रिकों तथा सिद्धों का अंधविश्वासी जाल और फैलने लगा था ; तथा सिद्ध और सामंत के आभिजात्य रिश्ते जुड़ रहे थे और सामंत और मंत्री के संबंध टूट रहे थे। भोज ने मूलतः अभिनवगुप्त की दार्शनिक भित्ति पर तर्क करना शुरू किया। एक ही मध्यकालीन तर्कशास्त्र को एक दूसरे कोण से देखने के कारण उसके संभ्रांत (ambiguous) परिणाम निकले। उन्होंने एक नये आशंसक की धारणा पेश की जो सहृदय की तरह सात्विक हो, सिद्ध की तरह आत्मविभूतियों वाला हो तथा सामंत की तरह अहंकार वाला हो। अतः वह रसिक, योगी और भावक हो। इसके लिये उन्होंने "रसिक" शब्द इस्तेमाल किया जो भरत के सुमनस् की अपेक्षा अपनी शान-शौकत के प्रति 'सचेतस्' है। अतः 'सचेतस्‌रसिक' विमलप्रतिभानशाली हृदय वाला होने के बजाय सात्विक अहंकार तत्व वाला हो गया। पहले खंड में भट्टनायक की विवेचना करते समय हम सांख्यदर्शन के अनुरूप 'अहंकार' का निरूपण कर चुके हैं और भोज की चर्चा में भी इस पर विचार कर चुके हैं। सांख्य के अनुसार अहंकार का धर्म 'अभिमान' ('यह मेरा है / नहीं है') है। इससे ही मनस्, ज्ञानेंद्रियाँ, कर्मेन्द्रियाँ तथा तन्मात्रादि उत्पन्न होते हैं। अतः मन की सुख-दुःखादि की अनुभूतियाँ अहंकार-विकृति हैं। अतः भोज ने भी अहंकार तत्त्व से ही सबका विकास माना है।

यहाँ तक तो ठीक है। यह भी ठीक है कि उन्होंने अहंकार के अभिमान को आधार बनाया है। किन्तु यहाँ वे अवस्था का विवस्थापन (डिस्प्लेसमेंट) कर देते हैं। वे इसे चित्तवृत्ति-भूमि के बजाय चित्-भूमि पर संस्थापित कर देते हैं। हम यह जानते हैं कि मध्यकालीन शैव-तत्त्वमीमांसा सौंदर्यबोधानुभूति में 'चैतन्य' (संविद्) तथा 'चित्तवृत्ति' के अंतर्विरोध का निराकरण नहीं कर सकी क्योंकि उसमें प्रकृति तत्त्व का परिमाण भी स्वीकृत है। अतः उसमें इन दोनों का सहक्रम स्वीकृत हुआ। चैतन्य तथा चित् धरातल पर अद्वैत तथा अखंड अनुभूति होती है, किन्तु चित्तवृत्ति के धरातल पर भेदपरक तथा सोपाधिक। अभिनव ने चित्तवृत्तियों से दामन नहीं छुड़ाया था। अतः वे रसों के भेद तथा चर्वणा को भी स्वीकार करते हैं ; और रस की अद्वैतता एवं अखंडता को भी। भोज ने अभिमान-तत्त्व को चित् के धरातल पर स्थापित किया। फलस्वरूप अब रसों के भेद संभव नहीं रहे। अतः उन्हें एक ओर तो स्थायीभाव

या सुप्त संस्कारों के बजाय अभिमान या अहंकार को ही रसरूप मानना पड़ा और दूसरी ओर उसका एक नाम श्रृंगार-रस देना पड़ा। इसका दूसरा फल भी निकला। चित् की भूमिका पर अनुक्रम का समाप्त होना माना गया है। यहाँ केवल सहवर्ती अवस्थाएँ ही रह सकती हैं। अतः संपूर्ण रससूत्र का तर्कपूर्ण ढांचा लड़खड़ा गया। अब विभावादि में कारणकार्य-क्रम नहीं रहा तथा साधारणीकरण का सवाल भी लुप्त हो गया। अब अवस्थावश विभाव सभी व्यभिचारी हैं, सभी स्थायी हैं। अर्थात् अब सूत्र का यह सारांशीकरण हो गया : "अवर्गीकृत भावों से प्रकाशित होकर सात्विक अहंकार या अभिमान ही केवल-मात्र श्रृंगार रस है।" यह भरतसूत्र का ऐसा संशोधन है इसने केवल 'रस' को ही ग्रहण किया है, विभावादि के कर्मकांड को नहीं। यहाँ उन्हें दो नये सर्जक रूपक मिल गये : सूर्य तथा सम्राट् के। उन्होंने बताया कि जिस तरह सम्राट को घेरे हुए सामंत उसकी रक्षा तथा समृद्धि करते हैं अथवा रश्मियाँ सूर्य को घेरे रहती हैं, उसी तरह अहंकार-रूप रस के सूर्य या सम्राट को भावों की चित्तवृत्तियाँ घेरे रहती हैं। अतः भोज ने एक अंतिम तब्दीली और की : 'रस (श्रृंगार) से स्थायीभाव (रति) जन्म (जायन्ते) लेते हैं।' इस तरह भोज की इस अन्वीक्षा का रहस्य रस को चित्तवृत्ति से बिलकुल अलग करके चित् से संबद्ध कर देने में है। इसकी वजह से वे चित्तवृत्ति पर आश्रित भरत के रससूत्र की तार्किक संरचना का ध्वंस कर सके।

भोज के पश्चात् **मम्मट** (मध्य ग्यारहवीं से लेकर पूर्व चतुर्थ बारहवीं शती तक) आते हैं। भरत के पश्चात् अभिनवगुप्त को भारत का सौंदर्यतत्त्व-वेत्ता ऋषि बनाने का संपूर्ण श्रेय मम्मट को है। व्यंजनावादी मम्मट ने अभिनव के रससिद्धांत की कालजयी प्रतिष्ठा करके विशुद्ध काव्यशास्त्र की रचना की। वे एक अभ्यासी टीकाकार हैं ; और उन्होंने सबसे पहले रसनिष्पत्ति एवं रसानुभव की लोकप्रिय, सहज तथा सामान्य पाठक-संवेद्य व्याख्या की है। उन्होंने रीति, ध्वनि तथा रस, तीनों मतों का समन्वय करके काव्यशास्त्र की व्यापक नींव डाली जिसमें काव्यरस को मुकुट धारण करवा दिया गया। किन्तु उनमें मौलिकता का आश्चर्यपूर्ण अभाव है। मम्मट से काश्मीरी बुद्धिजीवियों को वर्चस्वी परंपरा छिन्न-भिन्न हो जाती है।

यही नहीं, ग्यारहवीं शती से अद्वैत वेदांत का दार्शनिक साम्राज्य कायम हो जाता है, और सभी दिशा-दिशांतरों को 'माया' का दिग्विजयी अश्व जीत लेता है।

इसके बाद रस की सिद्धि भी मध्यकालीन रसेश्वरवादी रासायनिकों अर्थात् तांत्रिकों के चमत्कारों, मनोवैज्ञानिक मायावरणों, निद्रा-चक्रों, मादक द्रव्यों, कामपरक साधनाओं के अतिप्राकृतिक क्षेत्र में प्रवेश कर लेती है। पहले

खंड में हम इस परिवर्तन की सांस्कृतिक-सामाजिक परिणतियों का हवाला दे चुके हैं। इस पक्ष से दार्शनिक धरातल पर 'सिद्धि' तथा 'शून्य' (nothingness) की धारणाएँ मिलीं। इन तांत्रिकों (नाथों, सिद्धों, योगियों) ने भरत-सम्मत रससिद्धि को गुह्यरहस्यमय बना दिया। हां, शून्य की धारणा का गणितशास्त्रीय आधार इतना सबल तथा वैज्ञानिक था कि इसका बेहद रूपकात्मक (metaphorical) उपयोग किया गया। चक्र (wheel), दशमलव (decimal) तथा शून्य (zero) का अन्वेषण भारतीय देन है जिसने विश्व के विज्ञान को क्रांतिकारी तार्किक मोड़ दिया। इसके कारण ही रथों तथा बैलगाड़ियों का विकास हुआ। इसके रूपकात्मक संदर्भों के अंतर्गत ब्राह्मणों की चक्रवर्तित्व, संसार-चक्र, कर्म-चक्र, सृष्टि-चक्र, आदि की धारणाएं विकसित हुईं; एवं बौद्धों की धमचक्र, महायान, हीनयान आदि की धारणाएं प्रसारित हुईं। आर्यभट्ट ने दशमलव-प्रणाली का विकास किया था। तेरहवीं शती में उत्कल में कोणार्क के प्रसिद्ध सूर्यमंदिर के विशाल रथचक्रों का भी निर्माण हुआ था, और लगभग तेरहवीं शती के अंत में उत्कलनिवासी विश्वनाथ ने भी रसानुभव की व्याख्या में शून्य-चक्र की सभी गणितीय पहेलियों (puzzles) को मानों पूंजीभूत कर दिया है। हम जानते हैं कि 'शून्यता' के प्रतिपादक बौद्ध तांत्रिक नागार्जुन थे। उनकी परंपरा में वज्रयानी सिद्ध इसी शरीर को अक्षय तथा अमर बनाने वाली महासुखवादी साधनाएँ करने लगे। रसेश्वरसिद्धों का तो एक अलग सम्प्रदाय है। ये सभी मदिरा और प्रमदा के दैहिक भोग का प्रचार करते हैं और आयुर्वेद से कटे अपने मध्यकालीन रसायन (alchemy) के झूठे करिश्मों का बखान करते हुए जनता को काले जादू का शिकार बनाते हैं। इन परिस्थितियों में योग का भी समावेश हुआ। अतः कई संचारीभाव तो विशुद्ध योग-प्रक्रियाओं की शारीरिक तथा न्यूरोटिक दशाओं के क्षेत्र के ही हो गये। 'पिंड' को ही 'ब्रह्माण्ड' मानने वाले सिद्धों के बुनियादी विश्वास का मूल भी 'शून्य' की धारणा है। सारांश में, इन सिद्धों ने 'स्वप्न', 'सुरा' तथा 'सुंदरी' के अंत-र्बाह्य उत्तेजकों (stimuli) के पुरजोश आधार पर अपने ज्ञान, चमत्कारों, ऋद्धियों, सिद्धियों, अनुभवों आदि की अवनर्मिल मानसदशाओं का गूढ़ बखान किया है। मध्यकालीन सौंदर्यबोधदर्शन में हमें अवनर्मिल दशाओं में उत्पन्न ऐसे बेहद अनुभूत अनुभवों की बड़ी गहरी छानबीन करनी होगी क्योंकि सौंदर्यबोध में इन तीनों उत्तेजकों से प्राप्त मायावरणों (hallucinations), भ्रांतियों (illusions), स्वप्नों (dreams), वशीकरणों (hypnosis), इल्हामों (trance) आदि सभी को 'ब्रह्मज्ञान' से येनकेनप्रकारेण नत्थी कर दिया गया है। आधुनिक भारतीय बुद्धिजीवियों के सामने इसे निथारने की महत्तम चुनौती हमेशा हाजिर रहेगी।

वेदांती **विश्वनाथ** (तेरहवीं शती का अंत या चौदहवीं शती का पूर्व-चतुर्थ) ने रससिद्धांत की व्याख्या वेदांती विचारधारात्मक दृष्टि से की। उन्होंने एक ओर तो काव्यरस की प्रतिष्ठा पदकदंब ('वाक्यं रसात्मकं काव्यं) की सौंदर्यतात्त्विक संरचना (structure) के आधार पर की ; दूसरी ओर भट्टनायक-सम्मत भावकत्व-व्यापार में अंतर्निहित 'साधारणीकरण' को स्वतंत्र दर्जा प्रदान किया ; तीसरी ओर रसानुभव-संबंधी सभी आदर्शवादी धारणाओं का एक शब्दकोश बना दिया और चौथी ओर भट्टनायक से प्रेरित होने के साथ-साथ अभिनवगुप्त की शैवाद्वैतवादी धारणाओं को वेदांती दृष्टि से परखा।

विश्वनाथ का रस-स्वरूप-निबन्धन यों है :

'कुछ बिरले प्रमातृ ही रसास्वाद कर पाते हैं जो पुराने जन्म (प्राक्तन) के पुण्यों से परिपूर्ण रहते हैं। यह रसानुभव तभी होता है जब उन बिरले सहृदयों के हृदय में **सत्व का उद्रेक** होता है। यह रस **अखंड** है, **स्वयंप्रकाश** है, **आनंद** है और चिन्मय है। यह रसानुभव **वेद्यांतरस्पर्शशून्य** है और (इसीलिये) **ब्रह्मास्वादसहोदर** है। यह **लोकोत्तरचमत्कारप्राण** है तथा आस्वाद से अभिन्न **आस्वादरूप** है।'

विश्वनाथ ने सहृदय की धारणा में रूपांतर किया है। अभिनवगुप्त संमत 'विमलप्रतिभानशाली' सहृदय अब 'प्राक्तनपुण्यशाली' हो जाता है जिसके फलस्वरूप प्रतिभा को पुण्य अर्थात् दिव्यमंगलकारी संचितकर्म स्थानांतरित कर देते हैं। अतः 'सहृदय' और 'योगी' का सादृश्य मजबूत होता है। यह तत्-कालीन समाज में योगी की बढ़ती हुई ऐतिहासिक प्रतिष्ठा का प्रतिबिंब है। ऐसे बिरले सहृदय का मनोविज्ञान भट्टनायक प्रणीत सत्वोद्रेक वाला ही है जिसकी वजह से रजोगुण की चंचलता तथा तमोगुण के मोहसंकट की बाह्यता से वीतराग हो जाता है। यहाँ समाधि की साम्यरूपकता का व्यवहार हुआ है : जिस तरह योगी समाधि के द्वारा रजस् एवं तमस् का निवारण करते हैं उसी तरह सहृदय रसास्वाद के द्वारा ही यह दशा सिद्ध कर लेते हैं।

इसके बाद रस को अखंड, स्वयंप्रकाश, आनंद तथा चिन्मय बताया गया है। ये सभी विशेषण एक ही श्रेणी या केटेगरी के हैं जहाँ चित् का देशकालकार्यकारण-मुक्त चतुर्मुखी स्वातंत्र्य है। **अखंड** होने के कारण विभावानुभावसंचारी की एक साथ तथा एकरूप में अनुभूति होती है और रसानुभव के अनुभव की शब्द या मंद कोटियाँ नहीं होतीं क्योंकि अखंड होने के मतलब पूर्ण और क्रमिकतामुक्ति है। **स्वयंप्रकाश** होने का मतलब कारणकार्यन्याय से मुक्ति होकर उन्मेष है। अतः इससे तादात्म्य करके स्थायीभाव भी ज्ञानरूप हो जाते हैं। प्रकाशरूपता के बजाय ज्ञानरूपता की अन्विति कराकर विश्वनाथ ने शैवदृष्टि को वेदांती दृष्टि

में रँगा है। वेदांत के अनुसार आत्मा सत्-चित्-आनंद रूप है, अखंड है, प्रकाशमय है। इस सादृश्य के आधार पर रस भी तद्रूपतः चिन्मय है अर्थात् यह स्वप्रकाशानंद का प्राचुर्य नहीं, अपितु स्वप्रकाशानंदरूप है। सारांश में रसरूप और आत्मरूप की साम्यरूपकता के कारण रस भी निर्विकल्पों (absolutes) के लोक का बोध हो जाता है। यहाँ ज्ञान और अनुभव के दो अक्षों का संधान है।

इसके बाद रस की कुछ अन्य विशेषताओं का व्याख्यान हुआ है। रस को वेद्यांतरस्पर्शशून्य कहा गया है। इसका मतलब यह है कि रसरूप अनुभव की अवस्था में किसी भी अन्य वेद्यवस्तु का संसर्ग या स्पर्श नहीं होता। अतः इसमें न तो वेद्य (रस) और न ही वेदक (सहृदय) भाव का विश्लेषण किया जा सकता है। यह मात्र आत्मानुभव है। इसको ही चित्तवृत्ति के धरातल पर 'स्वाकारवदभिन्नत्वेनायमास्वाद्य' कहा गया है अर्थात् यहाँ ज्ञाता और ज्ञान की, रस और अनुभव की, आस्वाद (अनुभव) तथा आस्वादविषय (रस) की भिन्नता नहीं मानी गई है। यहाँ 'दधिन्याय' का रूपक लागू हुआ है : जैसे दूध ही दही में रूपांतरित होता है वैसे ही स्थायीभाव का रूपांतर-परिणाम रस है। लेकिन विश्वनाथ भी स्थायीभाव की चित्तवृत्ति-भूमिका की 'अशुद्धता' से हैरान हैं। अतः उन्हें भी आत्मा के धाम में चमत्कार, लोकोत्तरता, अलौकिकता जैसे अर्थों का नवनिर्माण करना पड़ा है। फलतः उन्होंने रत्यादि भाव को 'चिदानन्द-चमत्कार रूप' से परिणत किया। 'चमत्कार' का भाष्य हम कई प्रसंगों में कई प्रकार से कर चुके हैं। अतः रस लोकोत्तरचमत्कार-प्राण भी हुआ। गणितीय ढंग से जब गत्यात्मक काल के "अब" के निमिष में देश की समाधिभूत स्थिरता का भी द्वैतद्वंद्व होता है तब उसे चमत्कार कहते हैं जहाँ विस्मय और रोमहर्ष की प्रधानता रहती है। दार्शनिक शब्दावली में चमत्कार को 'सकलनिर्विघ्नमुक्तसंवित्' कहा गया है।

इस सबकी परिणति रस को भी निर्विकल्प अर्थात् वेदांती ब्रह्मास्वाद-सहोदर बताने में हुई। इस रूपक की वजह से एक तो यह इन्द्रियों के प्रत्यक्ष से हटकर यथार्थवादी जीवनदर्शनों की परम्परा से हट जाता है, दूसरे आत्मा का विषय होकर विशुद्ध तथा निर्विकल्प ब्रह्मरूप हो जाता है जो 'नित्यता' (eternity) तथा उद्घाटन (revelation) का अवभास कराता है, और तीसरे शुद्धचिदानन्दात्मक अनुभव होने के बजाय रत्यादि से एकान्वित चिदानन्दरूप अनुभव हो जाता है। किन्तु अन्ततोगत्वा यह स्वयंसिद्ध ही माना गया है।

हम इन आध्यात्मिक प्रतीकों तथा उनकी प्रतीकात्मक अभिव्यंजनाओं के बाबत अब तक इतना ज्यादा कह चुके हैं कि अब इनके नये भाष्य की गुंजाइश नहीं रह जाती। मूलत: यहाँ हम अंतर्विरोधों का निराकरण न पाकर उनका दमन पाते हैं। यह द्वैताद्वैत या मूर्त्त द्वंद्वों का सूक्ष्म निषेध (negation) है। यह निषेध प्रकृति (nature) तथा मनुष्य (man) से परे ब्रह्म की भूमि पर हुआ है जो स्वयं में एक अमूर्त्त एवं निर्विकल्प चिंतन का प्रत्यय है। अत: व्यावहारिक दृष्टि से निर्विकल्पों का यह शब्दकोष असंभव है। स्वतन्त्र श्रम को आनन्द में, पारलौकिक ज्ञान को शक्ति में, समाधि को चैतन्य में, मनुष्य को आत्मा में अमूर्त्तित (abstract) करने के ही इन नतीजों के कारण यह सैद्धांतिक क्रियात्मकता (theoretical activity) गोचर होती है। अत: 'ज्ञेय' की यह प्रतीति एक सूक्ष्म अमूर्त्तचेतना के रूप में, और 'ज्ञाता' की प्रतीति एकमात्र आत्मचेतना के रूप में होती है। इसके साथ इनमें भी पर्यवसान होता है। अत: आत्मचेतना का सूक्ष्म आत्मचेतना से तादात्म्य का एक विरोधाभासी (paradoxical) समीकरण बन जाता है। सारांश में, आत्मचेतना ही विषयरूप (इदं) तथा विषयिरूप (अहं) दोनों ही हो जाती है। फलत: चेतना के प्रमेयों का ब्रह्मरूप में लय होता चला जाता है। निष्कर्ष रूप में कहा जा सकता है कि इस आध्यात्मिक तर्कशास्त्र के अन्तर्गत मनुष्य के निषेध के द्वारा ब्रह्म तथा ब्रह्मांश रूप आत्मा की सत्ता सिद्ध होती है; किंवा स्वयंसिद्ध होती है।

इसीलिये हमें इस तर्कगम्यता में 'शून्यता' की कुछ धारणाएँ भी झिलमिलाती हुई गोचर होती हैं। नागार्जुन की शून्यता की धारणा में सत् का इतना निषेध नहीं है जितना कि सत्-रूपों की अवस्थाओं की स्वीकृति का। शून्यता वस्तु के असत्कार्यवादी (non-causal) एवं अप्रधानवादी (non-substantial) तत्त्व से संबंधित है। शून्यता एक निर्विकल्प सत्य के रूप में प्रतिष्ठित हुई है। यह विशुद्ध 'तथता' है जिसका अर्थ वस्तुओं की समग्रता का एकत्व है। इसके अभावात्मक पक्ष में वस्तुओं की सभी उपाधियों का कोई अनुबंध नहीं रहता। वस्तुत: इस प्रसंग में वेदांती शंकर ने बौद्धों के महायान का ब्राह्मणीकरण किया है। अत: शून्यता तथा चित्तरूप आत्मा तथा रसरूप आनन्दसमाधि का एक समीकरण जुड़ता हुआ भासित होता है। इसीलिये 'पूर्णता' और 'नि:श्रेयस' का द्वंद्वात्मक पर्याय हो सकता है। वस्तुत: सिद्धों की संस्कृति नागार्जुनीय है; और सिद्धों के महाशून्य में 'काय', 'वाक्' तथा 'चित्' के तत्त्व माने गए हैं जिनसे ध्यानीबुद्धों तथा शक्तियों का उदय होता है। अत: चित् रूप शिवतत्त्व ही 'शून्य निरंजन' होकर अन्त में मिथकीय देवता 'शिव' हो जाता है। शिव स्वयं में 'विरोधों का सामंजस्य' है। अत: इस छूंछे मध्यकालखंड में महाशून्य, महाभाव, महासुख, महावाक्य, महारस आदि की धारणाओं के विकास के

सापेक्ष्य कारण हैं—द्वंद्वात्मक संसर्ग। निर्विकल्प धरातल पर अमूर्त्तीकरणों (abstractions) के द्वारा विषय-विषयि के द्वैतों को संक्रमित कर दिया जाता है, किन्तु यह चेतनावस्था के बजाय समाधि की ब्रह्मन्-निर्वाणरूप तुरीयावस्था की कीमत पर होता है। इसे दो सहवर्ती आध्यात्मिक प्रतीकात्मक प्रक्रियाओं द्वारा स्पष्ट करने का दावा किया गया : 'सद्य-परनिवृत्ति' (मम्मट) तथा 'अलौकिक चमत्कार' (अभिनवगुप्त)। वेदांतयोग की शब्दावली में रसप्रतीति को संप्रज्ञात समाधि-दशा माना गया है। किन्तु यह पूर्णतः सविकल्प भी नहीं हो सकी क्योंकि बिभावादि का पृथक् बोध नहीं रह पाता। अतः यह न तो निर्विकल्प समाधि है और न ही पूर्णतः सविकल्प समाधि। इसीलिये विश्वनाथ ने इसे 'युक्त-वियुक्त दशा' का नाम दिया है। इसीलिये उनके रस-समाधि के शब्दसंग्रह में वेद्य-वेदन, ज्ञान-अनुभव, चिदानन्द, संवित्चमत्कार, स्थायी-रस, समाधि-भोग, योग-काव्य वेद्यांतर-शून्य—ब्रह्मानन्द-सहोदर आदि के युगलों में वाद-प्रतिवाद के द्वंद्वात्मक वैपरीत्य का बोध बड़ी आसानी से छिटकाया जा सकता है।

हमें इस तथ्य के प्रति भी जागरूक रहना होगा कि 'शून्य' (zero) केवल एक वैज्ञानिक अन्वेषण ही नहीं है, बल्कि यह मूलतः तो 'ब्रह्मन्' एवं 'निर्वाण' के लिये ग्रहीत हुआ था। सभी अध्यात्मवादियों, तार्किकों तथा सौंदर्यबोधविचारधारकों के लिये शून्य सीमित संघटन (फिनोमेना) के अकेले एक ही प्रत्यक्षीकरण के मानदंड से बिल्कुल परे है। यह अनन्त, अनादि, अनेक, अरूप आदि है। वस्तुतः शून्य में ही गणितीय ढंग से देश एवं काल तथा व्यक्ति एवं कार्यकारणता के अक्ष टूटते हैं। इसीलिए ब्रह्म की धारणा में इसका महत्तम योग हुआ है। इसके अन्तर्मुखी प्रत्यक्षीकरण को 'दिव्यदृष्टि' कहकर मध्यकालीन समाधान कर लिया गया और इसके नाना रूपों को निर्विकल्पों (Absolutes) में रूपांतरित कर दिया गया है। उदाहरणार्थ, पांच शिव-तत्त्व, ब्रह्म-ईश्वर-आत्मन्, चित्-आनन्द-सत् आदि ऐसे ही रूपांतरित निर्विकल्प रूप हैं। शून्य के ये 'स्वतन्त्र' रूप सभी श्रेणियों (+, —, ÷, तथा ×) से परे हैं। शून्य सभी अनुभवमूलक तथ्यांकों का सूक्ष्म आधार है; इनका अतिक्रमण भी करता है; और पूर्ववर्ती सभी रूपों तथा शून्यों का भी संक्रमण करता है। अतः यह चमत्कारपूर्ण, लोकोत्तर एवं विलक्षण भी हो गया, मध्यकालीन तर्कशास्त्र के कंपास (compass) में न अँटने के कारण। शून्य के दो ध्रुवांत हैं : समग्रता या सभी (+), तथा शून्यता या कुछ नहीं (—)। रसरूप ज्ञान का वेदांती आस्वाद भी गणितीय पहेलियों का रूपकात्मक रहस्यलोक है। यह निर्विकल्पों का लोक है। विश्वनाथ ने इस लोक को (भोज की तरह) चित्तवृत्तियों की खिदमतगारी से हटाकर चित्त के निर्विकल्प धाम में प्रतिष्ठित

करने की पुरजोश कोशिश की है। अतः विश्वनाथ कृत रंगरूप के प्रतीकीकरण में हम कुछ दार्शनिक समस्याओं के सामाजिक दर्पण भी स्वच्छ कर सकते हैं। रस के पारिभाषिकों को पिंडरूपता तजकर ब्रह्माण्डरूपता स्वीकार करनी पड़ती है; परिवर्तन को भ्रम तथा दुःखपूर्ण माना गया है अतः अपरिवर्तनशील आत्मा और आत्मरूप रस नित्य तथा आनन्दात्मक है; शरीर तथा पदार्थ के असमान आत्मा को मूलतः अमर, स्वतन्त्र, मुक्त तथा प्राक्तनी माना गया है; वर्तमान की अपेक्षा अतीत को श्रेष्ठतर माना गया है जो एक निराशावादी तथा अंतर्मुखी दृष्टिकोण है तथा जिसकी वजह से भविष्य परिवर्तनरहित तथा कालसहित अर्थात् मोक्ष हो गया; कलानुभव आदि सभी की तुलना अनुभव के धरातल से उठाकर ग्रास्वाद की भूमि पर तथा प्रमाणों के धरातल से छुड़ाकर आत्मज्ञान के परायीकृत (alienated) लोक में निष्पत्ति कराई गई है; काल को मिथकीय काल (Mythric time) में रूपांतरित कर दिया गया है; तथा काव्यनाटकादि का बोध रहस्यवादी दार्शनिक प्रेषणीयता के आधार पर समझाया गया है।

इस पृष्ठभूमि पर विश्वनाथ ने (रस का निरूपण करने के बाद) रस के ग्राधार पर काव्य रसात्मक निरूपण किया : "वाक्यं रसात्मकं काव्यम्"। उन्होंने मम्मट की लक्षणपरिभाषा—'तददोषौ शब्दार्थौ सगुणावनलंकृती पुनः क्वापि'—को नये भावालोक में देखा। इस दर्शन के अन्तर्गत गुण, अलंकार, दोषाभाव और रीति आदि को काव्य के उपकरण माना गया है, रसात्मकता के उपकरण नहीं। ग्रतः इन लक्षणों का तथा इनके माध्यम से ध्वनिपूर्व अनेक सौंदर्यशास्त्रीय सम्प्रदायों का सम्बन्ध मात्र कलारूपों (art-forms) से शेष रह जाता है, और ये चारों सौंदर्यतात्त्विक रूपात्मक मूल्य मात्र उत्कर्षाधायक हो जाते हैं। जिस तरह नाट्य में नट, वेशभूषा, रंगमंच के उपकरण, गीत, वाद्य ग्रादि की उपकरण-सामग्री होती है, उसी तरह काव्य में रीति, गुण, अलंकार तथा दोषहीनता की भूमिका है। अपने अपने माध्यम में ये दोनों सहृदय को लौकिकभूमि से स्वविस्मृत करके उसे रसानुभूति (रसात्मकता) के अनुकूल मार्ग प्रशस्त करते हैं। इनका संबंध कौशल तथा चातुर्य से है और ये सृजनात्मक अनुकरण (creative mimesis) जैसे ही हैं। अतः ये 'वाक्य' के काव्यात्मक मूल्य हैं।

पहले खंड में हमने वाक्य के अन्य धर्मों में योग्यता, आकांक्षा, ग्रासत्ति तथा संनिधि का जिक्र किया है जिनके द्वारा एक सम्पूर्ण अर्थ का कथन तथा अर्थ की एकता की प्रतीति (अर्थैक्य) होती है। ऐसा वाक्य पदों का समूह या 'पदकदंब' कहा गया है—'वाक्य स्याद् योग्यताकांक्षासत्तियुक्तः पदोच्चयः'। ऐसे 'वाक्य' का 'काव्यलक्षात्मक वाक्य' में रूपांतर अलंकार, गुण, अदोषता,

रीति आदि करते हैं। ये काव्यलक्षात्मक वाक्य ही अभिव्यंजित 'रसात्मक वाक्य' के अभिव्यंजक होते हैं। इस भाँति हम काव्यलक्षणात्मक वाक्य तथा रसात्मक वाक्य के बीच अभिव्यंजक-अभिव्यंज्य-भाव संबंध मानते हैं। इस प्रकार हम पद→पदकदंब→वाक्य→काव्यलक्षणात्मक वाक्य→रसात्मक वाक्य की एक शृंखला पाते हैं। विश्वनाथ ने इस शृंखला को और आगे बढ़ाया है :—'रसात्मक वाक्य→महावाक्य'। उन्होंने पदकदंब को वाक्य की तथा काव्यलक्षणात्मक पदकदंब को काव्यवाक्य की संज्ञा दी है। इसी तरह वे मानते हैं कि वाक्यकदंब में भी अर्थैक्य हो सकता है। ऐसा वाक्य ही 'महावाक्य' है। वस्तुतः यही उनकी मौलिक कल्पना का श्रेय है। वे वाक्य में रसयोजना के अपने मौलिक स्वप्न को उन्मीलित करते हैं।

'महावाक्य' के नये अर्थनिर्माण में ही विश्वनाथ की देन का इंद्रजाल छिपा है। हम जानते हैं कि रामायण, रघुवंश आदि महाकाव्यों में रससमाधि होती है। इसीलिये अलंकारिकों ने 'रस' को नाट्य एवं महाकाव्य के लिये आरक्षित कर दिया था और मुक्तक के आधार पर काव्य की बड़ी ललित तथा रूपात्मक (formal) तथा माध्यमपरक परिभाषाएँ करते रहे थे। विश्वनाथ ने महाकाव्यप्रबंधभावना को मुक्तक पर भी आच्छादित कर दिया। अतः मुक्तकों पर भी महाकाव्यात्मक साये झिलमिला उठे। अतः सिद्धांततः यह मानने की गुंजाइश हो गई कि महाकाव्य की रसात्मक एकवाक्यता मुमकिन है। बस यहीं 'रसात्मक वाक्य' का रहस्य छिपा है। स्पष्ट है उनका मंतव्य एक रसात्मक वाक्य के बजाय वाक्यकदंब अर्थात् 'महाकाव्य' को इकाई माना है। स्पष्ट है कि विश्वनाथ यह महसूस करने लगते हैं कि काव्यमाध्यम पदकदंब या वाक्य तथा वाक्यकदंब या महावाक्य वाला होता है। अतः एक ओर यह गुणदोषालंकारादि से विलक्षण है, तो दूसरी ओर इसमें विभावानुभावसंचारी की समग्र योजना की अनिवार्यता जरूरी नहीं है। यह उनकी बेहद क्रांतिकारी अंतर्दृष्टि है। इसीलिये उन्होंने 'रसपूर्ण वाक्य' के बजाय 'रसात्मक वाक्य' का ही इस्तेमाल किया है। उन्होंने देखा कि विभाव तथा अनुभाव नाट्य के लिये तो अवश्यंभावी हैं, लेकिन काव्य में तो मूलतः व्यंजनाशक्ति स्फुरित होती है। अतः नाट्य के रससूत्र की पूरी योजना के दौर से गुजरे बिना भी काव्य रसात्मक हो सकता है। काव्य के संदर्भ में उन्होंने विभावादित्रितय की अपेक्षा 'प्रकरण वैशिष्ट्य' को नाट्य जैसा दर्जा दिया। अतः उन्होंने स्वीकार किया कि यदि काव्य में प्रकरण-वैशिष्ट्य है तो व्यंजना का विनायकत्व होगा ही। अतः रसोद्बोध होगा। अतः यदि विभादित्रय का संवलन न भी हो, तो भी रसोद्बोध होता है। इस प्रकार उन्होंने 'ध्वनि' और 'अभिव्यक्ति' की दोनों दृष्टियों को परस्पर पूरक बनाया है, तथा इन्हें सम्मिलित कर लिया है।

उनकी विलक्षणा का मूल्यही ध्वनि-अभिव्यक्ति-संयोग है। अतः यदि विभावादित्रय में-से कहीं एक हो, अथवा दो हों, तो भी रसास्वादन अवश्यंभावी होता है। इसका जो कारण उन्होंने दिया है वह अनुभूत्यात्मक होकर भी मध्यकालीन सौंदर्यदार्शनिक परिपाटी में विचित्र लगता है। उन्होंने कहा कि काव्य की व्यंजकताशक्ति अन्य अनुपस्थित (विभाव-अनुभाव-संचारी में से एक अथवा दो) को अविलंब प्रकाशित कर देती है। इस सौंदर्यदार्शनिक परंपरा में विभावानुभावसंचारी की उपस्थिति जरूरी है जो अनुद्बुद्ध (अनुपस्थित) स्थायीभाव को प्रकाशित करती है जो रस है। किन्तु विश्वनाथ ने विभावादित्रितय में एक की प्रधानता में शेष दो अनुपस्थितों को, तथा दो की प्रधानता में तीसरे अनुपस्थित को भी **साथ-साथ** प्रकाशित होना मान लिया है। इसके कई परिणाम निकले : एक, विभावादि चक्र अब विशुद्ध कलामाध्यम के लिंग नहीं रहे बल्कि ये भी बँटकर काव्यमाध्यम एवं सहृदय-चित्त में बिखर गए ; दो, अब विभावादि में से भी अनुपस्थित वलय स्थायीभाव की तरह प्रकाशन योग्य हो गए ; तीन, विभावादि के बजाय काव्य में प्रकरण वैशिष्ट्य प्रधान हो गया। अतः विश्वनाथ मुक्तकों को भी रससमाधि के अंतर्गत खींच लाये। यह एक बड़ी उपलब्धि है। इसके अलावा वे भोज की तरह ही भरतसूत्र के संकलनत्रय की इकाई तो भग्न कर लेते हैं, किन्तु भोज की तरह विभाव-अनुभाव-संचारी की धारणाओं से आज़ाद नहीं हो पाते। कहीं-न-कहीं उनके मन में परंपरापूजक कवि बैठा है जो यह यथार्थ सत्य तो स्वीकार लेता है कि विभावानुभावसंचारी में से एक या दो के अभाव में भी काव्य में अवश्यंभावी रसास्वाद होता है लेकिन वे तुरंत सारे सौंदर्यतात्त्विक तर्कबोध को रौंदते हुए घोषणा करते हैं कि व्यंजकता शक्ति के द्वारा अनुपस्थित वलय भी अविलंब प्रकाशित हो उठते हैं। हमें इसकी एक कीमत भी मिली : विश्वनाथ को स्थायीभाव का भी साधारणीकरण करना पड़ा क्योंकि अब तो केवल रसोद्बोध की चर्चा हुई ; और दूसरे, अब तो स्थायीभाव की तरह विभावानुभावसंचारी भी प्रकाश्य हो गए। अतः रसपूर्ण नाट्य और महाकाव्य की तरह **रसात्मक** वाक्य एवं मुक्तकरूप रसात्मक महाकाव्य भी रसोद्बोध में सक्षम हो गए। स्पष्ट है कि अब रससूत्र के विभावादित्रितय की सार्थकता काव्यमाध्यम में कारगर नहीं हो पा रही है।

भानुदत्त ने परंपरा से विद्रोह करने की निगाह से काव्य को और ज्यादा यथार्थता का फलक दिया तथा उसे अध्यात्मपरक प्रतीकों से थोड़ा छुड़ाया। किन्तु वे इतना अधिक विभ्रांत (confused) हैं कि उनकी मौलिक उद्भावनाएँ स्वाप्निक-जैसी बनी रह जाती हैं। जिस तरह भट्टलोल्लट मूल रामादि में भी रसास्वाद को स्वीकार करते हैं तथा अभिनवगुप्त सहृदय में अर्थात् जिस तरह रससूत्र की व्याख्या की परंपरा में लौकिक रस एवं अलौकिक

रस के भी चरण रहे हैं, उसी तरह भानुदत्त लौकिक संयोगजन्य लौकिक रस तथा अलौकिक संयोगजन्य अलौकिक रस के भेद को स्वीकार करते हैं। यह स्थापना फूहड़ (absurd) है। इसके आगे वे छै इंद्रियों के अनुसार छै लौकिक रसों की तथा ज्ञान की तीन दशाओं के अनुसार तीन अलौकिक रसों की उद्भावना करते हैं। लगता है कि सभी प्रकार के भावों को वे रस के पद पर आसीन करने के हिमायती हैं। उन्होंने अलौकिक रस के तीन भेद माने हैं: (१) स्वाप्निक, (२) मानोरथिक तथा (३) औपनयिक (काव्यरस)। स्वप्न में व्यक्त होनेवाले लौकिक अनुभव स्वाप्निक रस हैं; नवीन मनोरथों को उत्पन्न करने वाले अनुभव मानोरथिक रस हैं, तथा भिन्न अनुभवों की इच्छा-उपरत भावना औपनयिक रस है। भानुदत्त ने 'मायारस' का भी जिक्र किया है जो प्रवृत्ति-मूलक चित्तवृत्ति से प्रतीत होता है। भानुदत्त की इन मान्यताओं में अस्पष्टता तथा विभ्रांति का बवंडर है। लेकिन एक बात स्पष्ट है कि भानुदत्त को स्वप्न में काव्यसृजन का (कॉलरिज की भाँति) अनुभव हुआ होगा; और वह सृजन में प्रतिभा के अलावा साहचर्यों की वशीभूतता को भी पहचान चुके होंगे। मध्यकालीन अनुभवों में इन्हें समाधि तथा निरोध के क्षेत्र में रखा गया था। भानुदत्त ने इन्हें सृजनात्मक अनुभव के क्षेत्र में लाने की धुँधली कोशिश की। किन्तु तत्कालीन परंपरा में रचनाप्रक्रिया के लिये कोई सूत्र नहीं था। अतः उन्हें इस सृजनात्मक अनुभव को भी रसानुभव वाले रससूत्र के प्रतीकतंत्र में ही जाँचना पड़ा। अतः परिणाम उलट गए। वस्तुतः पहले दोनों प्रकार के रसभेद सृजनात्मक अनुभवपरक हैं, भावक अनुभवपरक नहीं। इसके समानांतर ही भानुदत्त मायारस एवं लौकिक रस का जो व्याख्यान करते हैं उसकी वजह तो यही मालूम पड़ती है कि वे इस नतीजे पर आ चुके हैं कि व्यावहरिक दृष्टि से न तो किसी को रसानुभव की अनुभूति ब्रह्मानंद-सहोदर रूप होती है, और न ही किसी को संविद्विश्रांति होती है। वस्तुतः ये मात्र आदर्श प्रारूप (models) हैं। भानुदत्त ने इसी मोहभंग को प्रकट करने के लिये शायद रस के यथार्थवादी आयामों की अजनबी संभावनाओं को टटोला है लेकिन अनुभवगम्य प्रखर सचाई को भी जरूर तपाया है। हम भानुदत्त की मानसिक उथल-पुथल का यही जवाब दे सकते हैं।

भानुदत्त की कल्पित कल्पनाओं के स्वप्नों-मनोरथों के विपरीत सैद्धांतिक तथा दार्शनिक दृष्टि से रसानुभव के अंधविश्वास की लीक को पुनश्च तोड़ने वाले रामचंद्र-गुणचंद्र (बारहवीं शती का अन्त) हैं। रामचंद्र-गुणचंद्र नास्तिक कहे जाने वाले जैनदर्शन के अनुयायी हैं। उन्होंने रस की सुखदुःखवादी व्याख्या की है। यह आनंदवादी धारा से भिन्न है। रामचंद्र गुणचंद्र उपचयवादी हैं अर्थात् वे लौकिक स्थायीभाव के उपचय अर्थात् परिपोष को

रस मानते हैं। अतः वे भट्टलोल्लट की टूटी कड़ी को नये ढंग से जोड़ने की कोशिश करते हैं।

यथार्थवादी परंपरा रस को ज्ञान की समस्या मानकर चली है। रामचंद्रगुणचंद्र इसे अनुभव के क्षेत्र में रखकर परखते हैं। यथार्थवादी परंपरा में रस देश-काल-व्यक्ति-संबंध से आबद्ध रहता ही है, जबकि आदर्शवादी परंपरा में वह इन संबंधों से मुक्त हो जाता है। यथार्थवादी परंपरा रस की लौकिक भूमि पर स्थित रहती है जबकि आदर्शवादी परंपरा में लौकिक भूमिका विगलित होती जाती है जिससे 'निर्विघ्नसंविद्विश्रांति' प्राप्त होती है। यथार्थवादी परंपरा रस को लौकिक तथा आदर्शवादी अलौकिक मानती है। यथार्थवादी परंपरा कारणकार्यनियम (उत्पत्तिवाद) के क्रम से बँधी है जबकि आदर्शवादी परंपरा में रसास्वाद में एक समूहालंबनात्मक तथा तत्समकाल की—झटिति-प्रत्यय से—चर्वणा है। इसी भूमि पर भट्टलोल्लट ने एक ओर तो पात्रगत रस एवं नटगत रस की धारणा पेश की थी, और दूसरी ओर रसोत्पत्ति का एक क्रम माना था जिसके अनुसार विभाव रस को उत्पन्न, अनुभाव प्रतीत तथा संचारी उपचित करते हैं एवं उपचयावस्था में ही स्थायी रसनीय होता है। फलस्वरूप व्यक्तिसंबद्ध होने के कारण रस प्रवृत्तिनिवृत्तिपरक है तथा स्थायी के लौकिक अवस्था में होने के कारण सुखदुःखात्मक भाव भी परिपुष्ट होकर सुखदुःखात्मक रस हो जाते हैं; अतः रस सुखदुःखात्मक है; रस लौकिक है; रस खंडरूप है; और रसत्व तक पहुँचने का एक क्रम है। इसलिये यह झटितिप्रत्यय और अखंड आनंदघन संवित् का चर्वणारूप नहीं है। लौकिक रस के सुखदुःखात्मक स्वरूप तथा लोकोत्तर रस के आनंदरूप का यह अन्तर बताया गया है। इसी भूमिका पर रामचंद्र-गुणचंद्र ने 'सुखदुःखात्मको रसः' कहा है।

अद्वैतवादी आदर्शवाद के प्रत्ययों की तुलना में यथार्थवाद का उपर्युक्त निरूपण सचमुच बेहद अनाड़ी मालूम पड़ेगा। हम इसे यांत्रिक यथार्थवादी व्याख्या मानते हैं जिसे सांख्य, न्याय, मीमांसा जैसे किसी भी दर्शन ने नामंज़ूर किया है। जाहिर है कि रस की ऐसी यथार्थवादी व्याख्या में लौकिक अनुभव बनाम कलात्मक अनुभव, लौकिक अनुभवों के क्रम बनाम कलात्मक अभिव्यंजनाओं के ज्ञापन, लौकिक कर्मनिरति बनाम कलात्मक एकाग्रता आदि के बुनियादी अंतर्विरोधों (contradictions) तक का निराकरण नहीं हुआ है। यह निर्मिति घोर भौतिकता (materiality) से पीड़ित है जिसमें यथार्थता के कलात्मक रूपांतर का बोध अधूरा है। क्रम से तो कोई भी देशकाल अक्ष में प्रस्थित वस्तु मुक्त नहीं हो सकती; अलबत्ता झटिति से या असंलक्ष्यता से इस क्रम का बोध नहीं हो सकता हो और हम इसे एकघन मान लें। वस्तुतः यह देश को "यहाँ" तथा काल को "अब" की इकाई में वितरित करके उसके

ज्ञापन (cognition) की बुनियादी समस्या है। इस द्वंद्वात्मक इकाई के पृथकत्व का आभास न होना ही चमत्कार है और यही लौकिक अवस्था से भिन्न विलक्षणता है। इसके बाद व्यक्तिसंबद्धता का सवाल है। अधिकार की अंतर्मुखी तथा साधारण्य अवस्थाएँ भी होती है क्योंकि व्यक्ति और जाति की श्रेणी एक ही है। अतः व्यक्ति मानवमात्र भी है। यथार्थवाद इस स्थापना के इस सामान्यत्व के तथा इस सामूहिकता के प्रति प्रीत रहता है। अतः व्यक्ति संबद्धता को निजी सम्पत्ति या स्वकान्त रूप में कोई भी कला-माध्यम नहीं स्वीकार करता है। अंतिम बात सुखदुःखात्मकता की रह जाती है। 'आनन्द' के अंतर्गत ग्रहण (अनुभूति) का भोग है। यह भोग सत्वोद्रेक-प्रधान है अर्थात् प्रकाशरूप है। आनन्दवादी धारा भी तो अमूर्त्तीकृत दुःख का आनन्दरूप में अनुभव स्वीकार करती है। यथार्थवादी धारा के सम्मुख ऐसा कोई भी ब्रह्मानन्द का रूपक नहीं है। अतः वह जरा निर्भीक तौर पर इसे सुखदुःखात्मक घोषित कर देती है। अतः यह केवल अर्थनिर्माण का भाषाखेल (language-game) है जिसके केवल मात्र प्रमाण तो उपयोग (use) तथा व्यवहार (behavior) तथा अभिव्यंजना (expression) हैं।

रामचन्द्रगुणचन्द्र ने उपचयवादी यथार्थ परम्परा का संशोधन भी किया है। उन्होंने माना कि स्थायीभाव का परिपोष करने वाले विभाव एवं व्यभिचारी भाव हैं तथा निश्चित करने वाले स्पष्ट अनुभाव हैं। स्पष्ट है कि उन्होंने उत्पत्ति की उपेक्षा की है तथा उपचय या परिपुष्ट पर जोर दिया है। अतः उनके अनुसार विभाव एवं व्यभिचारी भावों से परिपुष्ट, और स्पष्ट अनुभावों से निश्चित स्थायीभाव रस होता है। सुखात्मक विभावादि और दुःखात्मक विभावादि से परिपुष्ट रस क्रमशः सुख और दुःख की उत्पत्ति करते हैं। रामचन्द्रगुणचन्द्र के अनुसार यदि लौकिक अवस्था में सुख तथा दुःख के भाव होते हैं तो भयानक, बीभत्स, रौद्र और करुण रस भी दुःखरूप हैं; तथा शृंगार, हास्य, वीर, अद्भुत और शांत रस सुखरूप हैं। अतः उनकी स्थापना है कि सभी रस सुखात्मक नहीं होते। वस्तुतः इस संदर्भ में वे 'आनन्द' की प्रतीकात्मक अभिव्यंजना को सांख्य की दृष्टि से दुहरे प्रतीकार्थों में प्रसारित कर देते हैं; अन्यथा मूल भित्ति एक-सी है।

लौकिक भूमिका का सवाल महत्तम है जिससे यथार्थवादी तथा आदर्शवादी, दोनों ही सौंदर्यबोधशास्त्रियों को उलझना पड़ा है। यथार्थवादी सौंदर्यबोधशास्त्रियों ने चित्रतुरग न्याय, भावकत्व व्यापार, आदि के द्वारा स्थान या देश (space) का उदात्तीकरण किया है, तो आदर्शवादी सौंदर्यतत्त्ववेत्ताओं ने वीतविघ्नप्रतीति, भग्नावरणचित्त, तन्मयीभवन योग्यता आदि की धारणाओं के द्वारा यही काम संपादित किया है। श्रीशंकुक नट के अभिनयकौशल का

प्रभाव स्वीकार करते हुए कहते हैं कि कृत्रिम विभावादि भी कृत्रिम नहीं प्रतीत होते। भट्टनायक पात्र तथा विभावादि के साधारणीकरण के द्वारा लौकिक भूमि के विगलित होने का उपाय बताते हैं। रामचन्द्रगुणचन्द्र कला की प्रतिनिवेदनात्मक (representational) प्रकृति को मूलाधार बनाते हैं। अतः इस प्रतिनिवेदन-निपुणता को ही वे तथाकथित 'अलौकिकता' का जनक मानते हैं। उनका कहना है कि करुण में भी आनंदांश का आ जाना कोई लोकोत्तर चमत्कार न होकर (१) या तो कविशक्तिकौशल या नटशक्तिकौशल का चमत्कार है अथवा (२) नाट्यभावों का स्वभाव है अथवा (३) यथावस्थित वस्तुप्रदर्शन कविकौशल या नटकौशल है। इस तरह रामचन्द्रगुणचन्द्र एक ओर तो घोर यांत्रिक यथार्थवादी न होकर यह स्वीकार करते हैं कि हम **वास्तविक** दुःख या **वास्तविक** सुख का अनुमान नहीं करते हैं अर्थात् यह अनुभूत सुखदुःख न होकर प्रतीत या आस्वाद्य सुख-सुख है अतः इसे कलात्मक ढंग से अभिव्यंजित किया जाता है; दूसरी ओर आदर्शवादियों की तरह इसे जीवन की यथार्थता से पूर्णतः आत्म-परायीकृत (self-alienate) भी नहीं कर देते और तीसरी ओर कवि की सृजनात्मकता के प्रथम स्रोत को ही सर्वप्रधान कारण मानते हैं। अतः वे कलात्मक विलक्षणता को अर्थात् यथार्थता के रूपांतर को मंजूर करते हैं। यह कलात्मक विलक्षणता एक ओर सृजनक्षमता तथा अभिनयक्षमता से उत्पन्न कौशलात्मक **चमत्कार** है; दूसरी ओर कविकौशल तथा नटकौशल से साक्षात् प्रतिनिवेदित होनेवाला **प्रत्यक्षीकरण** है, और तीसरी ओर कलामाध्यम का **माध्यमानुरंजित वैशिष्ट्य** है। इस प्रकार 'ब्रह्म' तथा 'विश्रांति' का आश्रय लिये बगैर रामचन्द्रगुणचन्द्र ने सौंदर्यबोधानुभव में सुख एवं दुःख की उभयात्मक सत्ता के विरोधाभास को काफी सही ढंग से समझ लिया है और इसे कविकौशल तथा नटकौशल से जन्य माना है। अतः यह कोई लोकोत्तर संघटन न होकर मूलतः माध्यम (medium) की क्षमताओं के दुहरे अनुसंधान का कौशल मात्र है। अलबत्ता रामचन्द्रगुणचन्द्र लौकिक अनुभव तथा रसात्मक अनुभव के बीच अंतर्विरोध को नहीं निथार पाये हैं।

रामचन्द्रगुणचन्द्र और भानुदत्त यह इशारा जरूर कर देते हैं कि रससूत्र की आध्यात्मिक व्याख्याओं को लोकभूमि पर या तर्कभूमि पर लाते ही आसन्न संकटापन्न अंतर्विरोध उभरने लगते हैं, और मानुषीकलारचना तथा ब्रह्मानंद समाधि के बीच का समीकरण सौंदर्यतत्त्व के संवेगात्मक-अभिव्यंजनात्मक स्वरूप को ही अमूर्त्तीकृत करता चला जाता है। किन्तु मध्यकालीन भारतीय जीवन में बारहवीं शती के बाद से शांकर वेदांत का प्रभाव सर्वोपरि हो जाता है। अतः आध्यात्मिक-अद्वैतवादी-ब्रह्मकारणवादी-मध्यकालीन बोध का ही आधार मजबूत हुआ। इस आधार पर वैष्णव सौंदर्यबोधशास्त्र

का नया आयाम उद्घाटित हुआ। मधुसूदन सरस्वती और रूपगोस्वामी (सोलहवीं शती का आरम्भ) ने 'भक्ति' को भी रस मानकर सौंदर्यबोधानुभव में एक नई भूमि ढूंढ़ी। पहले विभावादि काव्यनाटकगत होते थे तथा स्थायी सहृदयगत्; और अलौकिक भूमिका पर हृदयसंवाद होता था। भक्तिरस के अंतर्गत एक नये रूपक का चमत्कार मिलने लगा : आदित्यरूप भक्ति का। अब 'ब्रह्मचैतन्य' ही स्थायीभाव हो गया, तथा भक्तिरस परमानंदरूप। इस तरह चैतन्य एवं आनंद एकान्वित हो गए। पहले बाह्य वस्तुओं का प्रतिबिंब चित्तवृत्ति को सीमित करता था किन्तु अब तो स्वयं ब्रह्मचैतन्य की छाप पड़ने के कारण सीमा का सवाल नहीं रहा। अतः बाह्य वस्तु के पूर्ण विसर्जन के कारण 'ज्ञान' तथा 'विलक्षणता' के महीन साये ढल गए और अंतःकरण की भगवदाकारता सर्वोच्च हो गई। भट्टनायक को राम-सीता तथा शिव-पार्वती के विभावादि की वजह से साधारणीकरण का समाधान सूझा था। किन्तु यहाँ तो अनादिवासनारूप संस्कारों के बजाय ब्रह्मचैतन्य ही स्थायीभाव है, और वही आनन्दरूप होकर रस है। अतः बड़ी चतुराई 'चित्त' एवं 'चित्तवृत्ति' के द्वैत को खत्म करके 'चित्त' एवं 'चित्' के ही चैतन्य तथा आनन्द रूप की प्रतिष्ठा की गई। अतः यह 'दिव्य' रति शृंगाररस के बजाय भक्तिरस रूप हो जाती है। रूपगोस्वामी ने भक्ति के चार भेद किये : सामान्य, साधनांकित, भावाश्रिता तथा प्रेमनिरूपिका। उन्होंने कृष्णरति को भक्तिरस का स्थायीभाव बनाया; तथा सहृदय को **साधक एवं सिद्ध भक्त** बताकर एक और मध्यकालीन व्यक्तित्व-धारणा विकसित की। इस नये रस-वर्गीकरण में भक्तिपरक शृंगाररस का नाम 'उज्ज्वल रस' हो गया। इसे 'मधुर-रस' की संज्ञा भी मिली जिसका स्थायी मधुरारति है।

बंगाल में पाल सम्राटों के पतन के बाद सेन सम्राटों के उत्थान के साथ गौडीय वैष्णवधारा का प्रसार हुआ। कृष्ण को 'भगवान्' रूप में मानकर उनकी स्वरूपशक्ति, जीवशक्ति एवं मायाशक्ति की कल्पना की गई। इनमें-से भगवान कृष्ण की स्वरूपशक्ति को सत्-चित्-आनन्दात्मक माना गया जिसके तीन पक्ष हैं : संधिनी, संवित् एवं ह्लादिनी। इस तरह त्रित्वों का एक शैवा-द्वैत-जैसा जाल बिछ जाता है। 'ह्लादिनी' का रूपांतरण ही राधा है। राधा शक्ति है और कृष्णलीला; राधा 'रति' है और कृष्ण 'रस'; तथा राधा मदन है और कृष्ण काम। इस तरह मिथुन-भाव का कामाध्यात्मिकीकरण भी मध्यकालीन काम-शास्त्र की विचित्र विशेषता है जिसके लिये शैवों को शिव-शक्ति तथा वैष्णव को कृष्ण-राधा के युगल मिला गए। अतः सामंतीय यौनाचार भी इससे आदर्शीकृत एवं लोकोत्तर होकर आत्मछद्म करने लगा। फलतः स्वकीया प्रेम की अपेक्षा परकीया प्रेम श्रेष्ठतर स्वीकृत हुआ और 'राधाभाव' कहलाया।

सौंदर्यबोधशास्त्रीय दृष्टि से यह एक पूर्ण-आत्मपरायेपन की स्थिति है; यौन (sex) के निर्विकल्प प्रतीक की उपलब्धि है; यह एक ही स्थायीभाव 'रति' के दैवी रूप पर केन्द्रित है; तथा इससे सौन्दर्यबोध एवं अध्यात्मबोध के बीच अपेक्षित कोई भी मौलिक भेद नहीं रह पाते। हम पहले खंड में इस प्रसंग का विवेचन कर चुके हैं।

अब हम अंततः **पंडितराज जगन्नाथ** (सत्रहवीं शती) की धारणाओं को लेंगे। पंडितराज शांकर अद्वैतवादी हैं। अतः वे अभिनवगुप्त एवं विश्वनाथ के नज़दीक होंगे ही। उन्होंने अभिनवगुप्त के रसाभिव्यक्तिवाद का वेदांतीकरण कर डाला है, तथा विश्वनाथ से प्राप्त 'लोकोत्तर चमत्कार', 'वेद्यान्तरस्पर्शशून्यता', 'ब्रह्मानन्द सहोदरता' जैसी धारणाओं का नवोन्मेष किया है। भट्टनायक कृत 'निजमोहसंकटनिवारण' की धारणा के बजन पर उन्होंने 'भग्नावरणचित्त' की धारणा उद्भासित की है। हम पहले खंड में स्वयं पंडितराज के विश्लेषण प्रसंगों में, तथा इस दूसरे खंड में विश्वनाथ के विश्लेषण प्रसंग में ब्रह्म, चित्त, आत्मा, लोकोत्तरता, आह्लाद, रमणीयता आदि की विशदीभूत व्याख्याएँ कर चुके हैं जिनकी पुनरावृत्तियों से कोई फायदा नहीं होगा।

हम इस मूल सूत्र को बता चुके हैं कि मानव-जगत् तथा मानव स्व का जो आभास मानवीय क्रियात्मकता के द्वारा होता है उसके लिये व्यक्तिसंबद्ध एवं लोकसंभूत कारण (agent) के बजाय एक व्यक्तिसम्बन्धमुक्त तथा लोकोत्तर कारण के रूप में 'ब्रह्म' की प्रतिष्ठा कर देने पर शुद्ध तथा उदासीन प्रतीकात्मक अभिव्यंजनाओं वाला निर्विकल्प-समूह मिल जाता है। अद्वैत वेदांत में आत्मा, ब्रह्म, चैतन्य, ईश्वर, समाधि, तुरीय आदि ऐसे ही निर्विकल्प प्रत्यय हैं जो विषय एवं विषयि दोनों को क्रमशः सूक्ष्म अमूर्तचेतना एवं आत्मचेतना रूप में सारांशीकृत कर देते हैं। ये निर्विकल्प प्रत्यय एक अमूर्त्त दार्शनिक मानस के सारत्व या एशेंस हैं। यह अमूर्त्त दार्शनिक मानस प्रकृति (nature) एवं यथार्थ मनुष्य (real man) दोनों से अमूर्त्तन धारण कर लेता है। ये प्रत्यय तर्कपूर्व विलक्षण अनुभूति वाले प्रतीकात्मक कार्य (symbolic acts) बन जाते हैं। वेदांत में 'अमूर्त्त' निर्विकल्पों के तीन सिद्धात हैं: (१) 'ईश्वर', आत्म एवं सत्, लौकिक प्रत्यक्ष एवं प्रमाण से परे हैं; (२) इस अनुभूत जगत् के सम्बन्ध से निर्विकल्प (ब्रह्म) के, तथा 'शेषी' (Beyond) एवं 'अंशी' (whole) रूपों से ही शेष एवं अंश के संबंध प्राप्त होते हैं; तथा (३) निर्विकल्प (ब्रह्म) 'पर' है जो अनुभूत्यात्मक जगत् एवं जड़ से भिन्न है।[1] निर्विकल्पों से विरचित

१. दे० C. Kunhan Raja : 'Some fundamental Problems in Indian Philosophy", pp. 236. Motilal Banarasi Das, Delhi. 1960.

ऐसे 'लोकोत्तर ज्ञान' में भला 'ऐंद्रियिक ज्ञान' तो गड़रियों की तरह थाह ढूंढता रह जाता है। अतः आत्मपरायेपन (self-alienation) के 'मुक्ति' तथा 'शुद्धि' के मजबूत आयामों में जकड़ा हुआ लौकिक अनुभूत प्रमेय (ग्राह्य) तथा अनुभवबोध (ग्रहण), दोनों ही 'मिथ्या' या 'भ्रम', या 'माया', या 'अध्यास' है। यह दूसरा सूत्र है। अतः ब्रह्म और माया के दो ध्रुवांतों के बीच वेदांती सौंदर्यबोधानुभव द्वंद्वात्मक विरोधी बोध से संक्रमित है— ब्रह्म की ओर, ब्रह्मज्ञान की ओर आनंदरूप ब्रह्मज्ञान की ओर ! इस ध्रुवांतता (polarity) के बनने का एक ऐतिहासिक कारण है: आत्मा का बाह्य जगत् से मुकाबला होने पर दो ऐसे तथ्य मिले जिन पर विजय नामुमकिन थी। वे थे, मृत्यु और परिवर्तन (अनित्यता)। फिर, जगत् में भी दुःख था। अतः मुक्ति और शुद्धि को आत्मा का गुणधर्म माना गया तथा अमरता, आनन्द और नित्यता ही चरम आध्यात्मिक मूल्य हो गए। ये सब ब्रह्म के रूप भी हुए। अतः आत्मा भी ब्रह्म का अंश हो गई। ये तीन सूत्र सबसे ज्यादा महत्त्वपूर्ण हैं। अतः वेदांत ने ब्रह्म-अंश रूप आत्मा को सत्-चित्-आनन्द रूप माना। यह आत्मरूप अखंड तथा प्रकाशमय तथा ऐक है। किन्तु 'अज्ञान' के आवरण से ढँका रहकर 'अशुद्ध' तथा 'बद्ध' रहता है। अतः ब्रह्म-ज्ञान चित्त के इस अनावरण को भग्न करता है जिससे भग्नावरण चित्त अर्थात् मुक्त हृदय में ब्रह्मानन्द या ब्रह्मानन्द-सहोदर-रस की अभिव्यक्ति या "व्यक्ति" होती है। सौंदर्यबोधशास्त्र की शब्दावली में पंडितराज इस आवरण भंग को ही 'चर्वणा' कहते हैं। अतएव काव्य की विभावानुभावसंचारी आदि की अलौकिक प्रक्रिया के द्वारा भी चैतन्य का आवरण भंग हो जाता है। इस प्रकार यह अज्ञान की निर्विकल्प निवृत्ति नहीं है क्योंकि वासनाएँ तथा चित्त वृत्ति यहाँ उपस्थित रहती है, और रत्यादि के सूक्ष्म आवरण में रहकर ही आत्मचैतन्यरूप रसानन्द का आस्वादन होता है। अतः रसानुभव विशुद्ध चैतन्य की अवस्था में नहीं होता। अतः यह 'ब्रह्मानंद-सहोदर' है। पंडितराज कहते हैं कि रसानुभूति में एक ओर चित्तवृत्ति विषयकारा होती है तथा दूसरी ओर चैतन्य चित्तवृत्तिमय। यह मूलतः सहक्रमिकता (Simultaneity) के, तथा ज्ञान के बिंब-प्रतिबिंबवादी सिद्धांतों का मेल है जिन्हें मध्यकालीन तर्कशास्त्र में बखूबी इस्तेमाल किया गया है। सौंदर्यबोधात्मक जगत् को हम भ्रांतिपरक या मायामय 'जगत्' से विच्छिन्न कर ही नहीं सकते। इसीलिये वेदांत तक को इस क्षेत्र में किंचित् 'अशुद्ध' (?) तथा 'अमुक्त' (?) चित्त को ही सौंदर्यसंस्कारित करके 'सोपाधिक चैतन्य' के अर्थ में भी प्रतीकीकृत करना ही पड़ा। इसके अलावा एक दूसरा अंतर्विरोध भी झलकता है कि पंडितराज को रसानुभूति में चित्त और चित्तवृत्ति के दो सहक्रमिक एवं उद्धार-बोधक (↑) दो तत्त्व मानने पड़े। अतः अंशी (ब्रह्म) के दो अंशों (चिदंश एवं चित्तवृत्त्यंश)

के बीच विशेष्य (चित्तवृत्ति) एवं विशेषण (चैतन्य) के संबंध कायम किये गये। यह एक गणितीय धारणा भी है जो शून्य से उद्भूत है। इसे अनुभव के संदर्भ में 'अनिर्वचनीय' कहकर वेदांत ने समस्या से हाथ धोने की जल्दी की है। वेदांतसौंदर्य अंतर्विरोधों के पुञ्ज में उलझ गया है। निद्राचक्र से ही प्रेरित होकर 'निद्रा' माया तथा ज्ञान को 'प्रकाश' कहा गया है। यदि यह है तो जागृति के साथ ही माया को विलुप्त हो जाना चाहिए। किन्तु माया बनी रहती है; और जागृति के बजाय ज्ञान की उल्टी यात्रा स्वप्न, सुषुप्ति एवं तुरीयावस्था में होने लगती है। इसके अलावा यदि स्वतंत्र माया भ्रम है, जगत् भ्रम और ब्रह्म सत्य है तो माया का कारण शुद्ध सत्य ब्रह्म कैसे हो सकता है? यदि हम संस्कार की बात करते हैं तो ईश्वर के संस्कार या आत्मा के संस्कारों की स्वीकृति अजीब होगी। स्वयं अपने अध्यासपरक तर्कजाल से भी वेदांत इन दरारों को नहीं पाट सकता। अतः इसे 'अनिर्वचनीयता' का आश्रय लेना ही पड़ेगा।

तैत्तिरीय उपनिषद् आनन्द को ब्रह्म तथा रस मानता है अतः ब्रह्म = आनन्द = रस का समीकरण बनता है। आनन्दमय ब्रह्म का आत्मस्वरूप आनंद भी होगा। अतः सहृदय के आत्मस्वरूप का आनन्द ब्रह्मानंद के क्षेत्र का होगा किन्तु सहृदय का आत्मस्वरूप चैतन्य स्थायीभाव की चित्तवृत्ति की उपाधियों से भी उपनीत रहता है। अतः 'रस' की दो व्याख्याएँ हुईं : (१) चैतन्य रूप आत्मा द्वारा प्रकाशित रत्यादि चित्तवृत्ति रस है; तथा (२) रति आदि चित्त-वृत्तियों के विषय में होनेवाली अनुभूति रसानुभूति है। अतः रस = आनंद = चैतन्य (ब्रह्म) के समीकरण के अनुसार रसानंद तो चैतन्यरूप का ही आनंद है; और लौकिक न होकर 'लोकोत्तर' है। अतः रसचर्वणा या रसानुभूति एक विलक्षण व्यापार है क्योंकि विभावादि के संयोग से रत्यादि भावों की यह चित्तप्रकाशित अवस्था आती है। अतः पंडितराज को भग्नावरणचिद्विशिष्ट स्थायीभाव को ही रस मानना पड़ा है। सारांश में, चित्तवृत्ति एवं चित् सहक्रमिक (simultaneous) हो जाते हैं। यही इस प्रतीकीकरण का मूल-मंत्र है। वे इन दो तत्त्वों को तदाकार तो करने में सफल हो गए किन्तु इनका 'लय' करने में आत्मरूप चिदंश के भी भ्रमपूर्ण या पुनश्च अज्ञानावृत्त हो जाने का खतरा था। अतः उन्होंने संप्रज्ञात समाधि का रूपक लेकर अपना सादृश्य प्रमाण पूरा कर लिया। इसीलिए वे चिदात्मक रस तथा वृत्तिपरक रस के अंतर्विरोध का निराकरण नहीं कर सके क्योंकि वेदांतदर्शन में जगत् तथा ज्ञान अनुभव तथा तर्क, जागृति तथा स्वप्न के द्वंद्वात्मक विपरीतों का समन्वय 'अशुद्धता' तथा 'भ्रांति' तथा 'बद्धता' हो जाता है। फलतः उन्होंने सौंदर्य-बोधानुभव को ब्रह्मानन्द-सहोदर माना, अर्थात् रसरूप काव्यानन्द है तो आत्म-

स्वरूप ही, किन्तु इनमें 'कलुष'-हीन चित्तवृत्तियाँ सत्वगुण का झीना आवरण डाले रहती हैं। अतः रसानन्दरूप आत्मा 'ईश्वर' से तुलनीय है जो शुद्ध सत्व-उपाधि है। वेदांती रूपकवाद (metaphorism) की यह चरम परिणति है। और इसी बिंदु पर हम भी पुनः 'शून्य' की धारणा का सादृश्य पेश करना चाहेंगे। पहले हम बता चुके हैं कि शून्य मूलतः 'ब्रह्म' तथा 'निर्वाण' के लिये रूपकान्वित हुआ था।

शून्य (zero) की कुछ विशिष्टताएँ हैं : (१) यह अकेला एक +त्मक या —त्मक सिफर न होकर सभी का, अथवा किसी-का-भी नहीं अक्ष है; (२) शून्य सभी रूपाकृतियों (लीला) को रचता है तथा असीम-रूप (निर्गुण) भी है; (३) यह एक अकेले प्रत्यक्षीकरण से परे 'शेषी' तथा अंश से परे 'अंगी' है; (४) यह सृष्टिपरक (+) या प्रलयपरक (—) है; (५) इसमें इन दोनों की स्थिति (×) अर्थात् समन्वय भी है; (६) यह पूर्णतः निःश्रेयस अर्थात् शून्यता के रूप में अभाव है जिसे 'निर्वाण' कहते हैं; (७) यह ब्रह्मन् अर्थात् अतिलौकिक परिपूर्णता है; (८) यह अणुत्व तथा आकाशतत्व के बीच समतोलन है; (९) इसके उदासीन केन्द्र में सुख-दुःख, पाप-पुण्य, जन्म-मृत्यु, दोनों के स्रोत संवलित रहते हैं; (१०) इसमें ब्रह्माण्ड के उद्गम को खोजा जा सकता है; (११) यह सभी श्रेणियों (+,।—,।×,।∞,।=,।×,≈।) से परे है; (१२) यह सभी अनुभववादी आँकड़ों का आधार है किन्तु उनका अतिक्रमण कर लेता है; (१३) यह पूर्णत्व (whole) है जो अंशों के गमकों से परे तथा अधिक भी है; (१४) यह अनुभवपूर्व आरंभ तथा अनुभवोत्तर अंत का चक्र है तथा (१५) यह न तो धनात्मक है, न ऋणात्मक; न दोनों का संयोग; न वृद्धि, न विनाश; बल्कि अस्ति-नेतिपरक इन सभी का समूह है। इस तरह यह विरोधाभासों का एक पुंज है जिसकी व्याख्या भिन्न-भिन्न प्रतीकात्मक-चक्रों के द्वारा नये-नये ढंग से की जा सकती है। ब्रह्म के पूर्णत्व, अनंतता, नित्यता, प्रकाश, आनंद आदि प्रत्यय तो शून्यता की दार्शनिक-गणितीय परिणतियाँ हैं जिसमें देश-काल के अक्षों का सचमुच विलयन हो जाता है। और जहाँ सभी रूप, सभी अंश, सभी खंड आदि विश्रांत हो जाते हैं। इसलिये हम ब्रह्म, रसानंद, आत्मा, विश्रांति आदि की सौंदर्यबोधात्मक अन्वितियों को भी इस फलक पर जाँच सकते हैं बशर्ते कि हम कला और सौंदर्यतत्त्व की द्वंद्वात्मक ऐकता को आद्योपांत पकड़े रहें। शून्य की तरह नाभि होती है और गर्भ होता है। अतः पंडितराज ने 'हिरण्यगर्भ' की धारणा का भी प्रयोग किया है जो संसारचक्र तथा कर्मचक्र तथा अनुभवचक्र को चलाता है। हिरण्यगर्भ प्रजापतिरूप सहृदय है, और यह सहृदय समाधिभूत अनुभवों का ग्रहीता है। पंडितराज ने सहृदय की धारणा का ऐसा अंतिम वेदांतीकरण भी

कर डाला। शून्य के बहाने चर्चा आगे छेड़ने पर हम यही पाते हैं कि मध्यकालीन मानस मानवीय ज्ञान की सीमा के प्रति रहस्यात्मक तथा संत्रासपूर्ण ढंग से जागरूक था। वह इस ज्ञान को बद्ध, अशुद्ध, अपूर्ण, भ्रम आदि भी मानने लगा क्योंकि उसके सामने अन्वेषण तथा प्रमाणों के वैज्ञानिक क्षितिज उषाओं से खुलते हुए नज़र नहीं आते थे। हर युग का मनुष्य अनुभववादी (empirical) ज्ञान को अंश रूप में ही इस्तेमाल कर सका है। उस युग में भी यह एक महत्तम दार्शनिक प्रश्न बना और इसका समाधान अंश-अंशी, शेष-शेषी (parts-whole) के रूप में पेश किया गया। ब्रह्म, मोक्ष, ईश्वर, विद्या आदि को अंशी या पूर्ण माना गया। अतः उन्हें देश, काल, व्यक्ति, श्रम, कर्म, पदार्थ, गति, परिवर्तन आदि के सभी लौकिक प्रत्ययों से मुक्त कर दिया गया। इस तरह ये मध्यकालीन चिंता के संदर्भात्मक एकांश (contextual units) हो गए। लौकिक भूमिका पर संदर्भात्मक एकांश अनुभववादी व्यवहारों के अंतर को अर्थपूर्ण बनाते हैं। किन्तु ये अलौकिक संदर्भात्मक एकांश "है-पन" (Is-ness) के बजाय "चाहियेपन" (ought-ness) के द्रष्टा हो अतः आनन्द और रस और चैतन्य के 'पूर्ण' अनुभव भी इसी 'अलौकिक भूमिका' पर निवेदित हुए। अनुभव को सर्वमान्य अर्थ न दे पाने के कारण निर्विकल्पों की इस व्यवस्था ने इन्हें 'विलक्षण' भी मान लिया। चमत्कार का जन्म भी ऐसे ही हुआ। इसके समानांतर ही पूर्ण (wholes) रूप ब्रह्म, आत्मा, रस, विश्रांति, मुक्ति आदि का इतना विपुलीकरण, विराटीकरण, अमूर्त्तीकरण तथा उदात्तीकरण किया गया कि संस्कृति की अंतःश्रेणियों (categories) की साधारणताएँ ही खो गईं। जीवन में अनुभव के तीन मार्ग माने गए: इच्छा, क्रिया तथा ज्ञान। इसी तरह अनुभव के तीन प्रकार माने गए : लौकिक अनुभव, कलात्मक अनुभव तथा ब्रह्मानुभव। इन अनुभवांशों को एक अंशी (whole) में समन्वित नहीं किया गया बल्कि इनमें सिद्धिपरक अंतर डाल दिये गए। अंशी को अंशों का समूह मानने (ब्रह्म-आत्मा, आनन्द-सुख) के सिद्धांत का विचित्र ढंग से अतिक्रमण करके अंशी या पूर्ण (ब्रह्म, रसानन्द) को अंशों से परे, पृथक्, भिन्न तथा अतिरिक्त भी बना दिया। इसीलिये रसानन्द तो सोपाधिक चैतन्य का आस्वाद रूप हो गया किन्तु लौकिक सुख 'अज्ञान' ही बना रहा। इस रसानुभूति को मध्यकालीन दर्शन (मुक्ति, आत्मा, प्रकाश, चैतन्य), गणित (देशकालमुक्ति), रसायन (प्रपानक रस, सिद्धि, चर्वणा, रसना, भावना) मनोविज्ञान (चित्त, विश्रांति, समाधि, ध्यान, हृदयदशाएँ, मनोमुकुर), सांस्कृतिक प्रयोजनों (धर्म, अर्थ, काम और मोक्ष) आदि के द्वारा रूपकात्मक भाषा में समझाया गया है। इस भाँति भरतसंमत 'लोकरस' 'अलौकिक ब्रह्मास्वादरूप रस' में आकर थम गया।

एक उलझन यह भी है कि क्या हम इस रहस्यानुभूति की मनोवैज्ञानिक व्याख्या कर सकते हैं ? अनुभूति को केवल प्रतीकात्मक अर्थ ही दिये जा सकते हैं और मध्यकालीन सौंदर्यतत्त्ववेत्ताओं ने भी इसी रौशन निगाह की तसदीक की। हम कई प्रसंगों में रूपकात्मक भाषा के कई सवाल सुलझा चुके हैं। इसलिये हम कुछ अन्य पहलुओं को लेंगे। धारणापूर्व (preconceptual) अनुभवन को प्रभावित करने वाले अनेक तत्त्व हैं जिनमेंसे मध्यकालीन बुद्धिजीवियों ने धर्म, काम (sex), कार्य (work), स्वप्न (dreams), वर्गीय हित (पुण्य) की दृष्टि से विचार किया था। आज हम अर्थशास्त्र, प्राणिशास्त्र, विज्ञान, मनोविज्ञान, साइबर्नेशन पर जोर देते हैं। मध्यकालीन बुद्धिजीवियों के ज्ञान के औज़ार अर्थात् धारणाएँ एवं प्रतीक आदि अपेक्षाकृत अविकसित तथा सीमित थे। किन्तु हर नये अनुभवन की व्याख्या के लिये वे एक-न-एक प्राणवंत रूपक को प्रकाशित कर देते थे। हम जानते हैं कि अनुभवन (experiencing) परिवर्त्तमान है; तुरन्त नये वातावरण की सृष्टि करता है; व्यक्ति सापेक्ष्य है; वातावरण प्रभावित है; मूलतः अपरिभाषेय किंतु व्यापकतः विवरणात्मक है; इकाइयों में नहीं ढाला जा सकता; प्रतीक का व्यवहार किये जाने पर सृजनात्मक ढंग से तबदील हो जाता है, व्यक्तिसंबद्ध है; वगैरह वगैरह। इस अनुभवन के सौंदर्यतात्त्विक पक्ष को कतई नहीं छोड़ा जा सकता। अतः वेदांती सौंदर्यबोधदर्शन में भी चित्तवृत्तिमूलक रसानुभूति की कल्पना मौजूद रही है—निस्संदेह तथाकथित 'भग्नावरण-चित्त' दशारूप में। किन्तु ब्रह्म के संदर्भ में अनुभव का भी एक 'पूर्णरूप' कल्पित किया गया जो 'आत्मचैतन्य' में प्रतीकीकृत हुआ। अतएव रसचर्वणा में रसानुभूति की गहराई इतनी नहीं बाकी बची जितना कि रसानन्द का प्रकाश बिखरा। इस अनुभवन के लिये भी 'लोकोत्तर चमत्कार' तथा 'समाधि' की पूर्वतार्किक (प्रि-लाजिकल) धारणाएँ पेश की गईं।

किन्तु क्या इसका मनोवैज्ञानिक आधार है ? यथेष्ट है। न्यूरोफिज़िओलाजिस्टों के मुताबिक तो यह शमन (inhibition) के द्वारा एकाग्रता (concentration) की प्रक्रिया है जहाँ चेष्टा की चेतना शून्य (वेद्यांतरस्पर्शशून्यता) हो जाती है, तथा केवल प्रमेय के प्रति जागरूकता (प्रमेयाकारता) रह जाती है। इसे ही 'प्रकाश' के कई प्रतीकीकरणों द्वारा स्पष्ट किया गया है। हम जानते हैं कि वशीकरण (hypnosis), योग (शमन) तथा मादकता (drunkenness) शरीर-मस्तिष्क-इकाई में एक कल्पित स्थिति को उत्पन्न कर सकती हैं। जहाँ अंतर्लोक का प्रक्षेपण होता है। इन अवनर्मिल दशाओं में प्रमातृ स्वत्वबंधन से विगलित होकर भी मानसिक प्रक्रियाओं के दौर से गुज़र सकता है। इसे 'असाहचर्य' (dissoication) कहते हैं जहाँ

दो समानांतर बौद्धिक प्रक्रियाएँ एक-दूसरे से स्वतन्त्र होकर भी जारी रहती हैं। सम्बद्धप्रत्यावर्तन सिद्धांत (Conditioned Response Theory) इसे सिद्ध कर चुका है। इसी तरह ट्रांस (trance) या कला के रसविघ्नों से मुक्ति वाली दशा में भी अ-साहचर्य के प्रमाण आइजेंक तथा वाइत्ज़ेनहोफ़र को मिले हैं। बर्नेट इसे 'सह-सचेतन क्रियात्मकता' (co-conscious activity) कहते हैं जिसके अंतर्गत नटादि सामग्री (अभिनवगुप्त), अभिनयन (श्रीशंकुक), अभिधा (भट्टनायक), व्यंजना (विश्वनाथ), रमणीयता (जगन्नाथ पंडित, आदि के विमर्श (suggestion) ऐसी चित्तदशा उद्बुद्ध कर देते हैं जिससे उत्तेजना की स्थानीय दशाएँ (local conditions) उत्पन्न हो सकती हैं। 'साधारणीकरण' तथा 'तन्मयीभवन' तथा 'झटिति प्रत्यय' आदि पुराने शब्द लगभग ऐसी ही दशाओं के परिणाम हैं। वस्तुतः ये दशाएँ केवल यथार्थता के मनोवैज्ञानिक सिद्धांत (reality principle) को ही ढील नहीं देतीं बल्कि व्यक्तित्व का भी क्षणिक रूपांतर (सत्वोद्रेक, चर्वणावस्था आदि) कर देती हैं। इसका कारण यही है कि कलामाध्यम तथा कलाकर-कौशल, दोनों के द्वारा उत्पन्न बिंबों का जो प्रत्यक्षीकरण होता है वह ऐंद्रियिक बोध तथा लौकिक प्रत्यक्षीकरणों से जरूर ही कुछ भिन्न होता है। ये बिंब इन मामूली परिधियों से बाहर के होते हैं। इन्हें पहले ग्रहण (बिंब) किया जाता है और फिर प्रक्षेपित (प्रतिबिंब)। इस विशिष्ट दशा में अंतर्बाह्य प्रतिबंधकों (censors) की शक्ति भी घट जाती है। विश्रांति और शांति (repose and peace) की इस दशा को मध्यकालीन चिंतन ने 'संविद्विश्रांति' तथा 'चमत्कार' जैसे भीम शब्दों के द्वारा लगभग प्रकट किया है।

सारांश में, रसानुभूति एवं रसानंद के मध्यकालीन निर्विकल्प प्रत्ययों की संप्रति यही आधुनिक व्याख्या हो सकती है।

काव्यक्षेत्रांतर्गत पंडितराज ने अभिनवगुप्त की सिद्धांत की व्याख्या में व्यवहृत अपनी धारणाओं को नये सिरे से एक सौंदर्यबोधात्मक दृष्टिकोण में ढाल दिया है। उनका सूत्र है : "रमणीयार्थ प्रतिपादकः शब्दः काव्यम्"। पहले खंड में हम इस पर सविस्तार विचार कर चुके हैं। यहाँ दो-तीन बातें द्रष्टव्य है : एक तो उन्होंने विश्वनाथ के 'वाक्यं रसात्मकं काव्यम्' सूत्र का संशोधन किया है; दूसरे वैष्णव सौंदर्यबोधशास्त्र से प्राप्त राधा अर्थात् ह्लादिनीशक्ति को भी 'आह्लाद' में ढाल दिया है; और तीसरे रमणीयता की धारणा में अपने शानशौकत वाले मुगल युग की सामंतीय संस्कृति को भी प्रतिबिंबित किया है।

महापात्र विश्वनाथ के 'रसात्मक वाक्य' के बजाय पंडितराज ने 'रमणीयार्थ प्रतिपादक शब्द' की इकाई ली है। विश्वनाथ विभावानुभाव

व्यभिचारी की जंजीर से पूर्णतः मुक्त नहीं हो सके थे, लेकिन पंडितराज ने काव्यकला के संदर्भ में इसे विच्छिन्न कर दिया। इसी तरह उन्होंने रस के बजाय रमणीयता की प्रतिष्ठापना की। फलतः भरत का पूरा रस-सूत्र ही अपने मूल पारिभाषिकों को तो खो बैठा, किंतु नये तात्पर्यार्थों से मंडित हो गया। अपने सूत्र में पंडितराज ने शब्दार्थयुगल के बजाय केवल शब्द का प्रतिष्ठान किया। फलतः रस, रीति, अलंकार, वक्रोक्ति के सम्प्रदायों में बँटी काव्यशास्त्रीय दृष्टियाँ शब्द-नाभि पर आकर मिल गईं। इसकी वजह से 'अलंकार' एवं 'वस्तु' परक अंश भी काव्य बने तो अदोष स्थल तथा, भरतसूत्र का संपादन करने वाले महाकाव्यात्मक महावाक्य भी, काव्यत्व के दावेदार हो गए। इस तरह उन्होंने 'रमणीयता' के अन्तर्गत रस और अलंकार, गुण और रीति, ध्वनि और वक्रोक्ति के विशिष्ट चारुत्वों का पर्यवसान कर दिया। विश्वनाथ ने गुण, अलंकार, अदोषता आदि को रस के उपकरण नहीं बल्कि उत्कर्षाधायक माना था; पंडितराज ने रससमेत इन्हें रमणीयता के उपकरण मान लिया। इस तरह सही अर्थों में वे रीतिवाद (Mannerism) के द्रष्टा तथा सौंदर्यबोधशास्त्र (Aesthetics) के औपचारिक प्रतिष्ठापक हो जाते हैं।

'शब्द' के द्वारा पंडितराज काव्य की शब्दार्थ इकाई या वाक्य के अर्थैक्य को लाँघ गए। उन्होंने सीधे शब्द से (रूढ़ 'अर्थ' का संक्रमण करते हुए) अनुभव पर छलांग लगाई। अतः शब्द और अनुभवों के 'विलक्षण' संबंध प्राप्त हुए और अर्थ-निर्माण के लिये एक नई प्रक्रिया अर्थात् रमणीयता-शक्ति की जरूरत महसूस हुई। हरेक कलात्मक अनुभव का गर्भ अनुभूतियों (feelings) से प्राणवंत रहता है; और अनुभूतियाँ हरेक ऐंद्रियिक प्रत्यक्षीकरण (बिंब) एवं यथार्थता की पकड़ (व्यवहार) का आधार हैं। इसलिये बिंब और अनुभूति की एकता का सिद्धांत कला के सौंदर्यबोधानुभवों का मेरुदण्ड है। पंडितराज ने अपने 'प्रतिपादक शब्द' (जिसकी अर्थानुभूति-शक्ति 'रमणीयता' है) को ब्रह्म तथा नाम की सह-नित्यता (co-eternity) और नाम तथा विमर्श की द्विसंयुजता (bi-valency) प्रदान की है। यह प्रतिपादक शब्द एक तो अलंकार, रूपक, उपमा आदि के कार्य संपादित करता है; दूसरे 'बिंब' एवं 'मुद्रा' के प्रयोजनों (motifs) से प्रचुर होता है; तीसरे 'प्रमा' एवं 'प्रज्ञा' की एकता कायम करता है; तथा चौथे अनुभवन एवं अनुभव का समंजस भी करता है। इसीलिए 'शब्द' ही काव्य है। उन्होंने 'शब्द' को भावना तथा चमत्कार से संलग्न किया है। यह भावना विशेष 'अर्थ' में घनीभूत होता है अर्थात् अर्थ ज्ञान के धरातल के तुरन्त बाद—झटितिप्रत्यय से—भावना के धरातल में घुल जाता है। इसीलिये यह अर्थ तर्कपूर्व (pre-logical) होगा ही। अतः भावना को चमत्कार का कारण एवं अर्थपरिणाम

का कार्य कहा गया। ऐसी 'भावना विशेष' यदि 'पुन: पुन: अनुसंधानात्मा' हो तो कोई एतराज़ नहीं है।

यह अर्थ 'रमणीयार्थ' भी है। प्रतिपादक शब्दों का रमणीयता-व्यापार अभिनवगुप्तसंमत 'रसनाव्यापार' के वज़न पर उभरा हुआ मालूम होता है। किन्तु यहाँ भी बिंब एवं अनुभूति की एकता—फलस्वरूप व्युत्पन्न विलक्षणता—तो बरकरार है। पंडितराज ने भावनाविशेष को चमत्कारजनक भी माना है, तथा 'चमत्कार' एवं 'आह्लाद' की अभेदता भी सिद्ध की है। पूर्ववर्ती विश्वनाथ लोकोत्तर चमत्कार की स्थापना कर चुके हैं। पंडितराज ने चमत्कार को अभिनवसंमत संविद्विश्रांति के बजाय अनुसंधानात्मा से जोड़ा है जिससे वेदांती लहजे में वे इसमें चैतन्य का प्रसार एवं विस्तार कर सके हैं। पहले खंड में हम 'चमत्कार' की अत्याधुनिक अन्वीक्षाएँ पेश कर चुके हैं। पंडितराज की यह व्याख्या उनका एक वक्र समर्थन है। उन्होंने चमत्कार में 'विस्मय' (दे० विश्वनाथ) के साथ-साथ 'आह्लाद' की संनिधि कर डाली है। काव्याह्लाद से संबंधित होने के कारण यह चमत्कार 'लोकोत्तर' भी कह दिया गया है। वस्तुत: यहाँ यथार्थता के रूपांतरण की ज्ञानगोचरता तथा मानसिक प्रक्रिया की सह-चेतन (co-conscious) कार्यवाही का आयत्तीकरण हुआ है। विश्वनाथ ने इसे 'चित्तविस्तार' बताया है, तो पंडितराज ने 'पुन:-पुन: अनुसंधानात्मा'। वस्तुत: चमत्कारत्व अर्थात् चमत्कार नामक द्रव्य में द्वन्द्वात्मकों का सहअस्तित्व है : भाव और ज्ञान का, अनुभव और संस्कार का, चैतन्य और चित्तवृत्ति का, यथार्थता और लोकोत्तरता का, सुख और आह्लाद का, इत्यादि-इत्यादि।

इसी भूमिका पर पंडितराज ने 'रमणीयता' का अभिषेक किया है जो बहुत-कुछ कलात्मक सौंदर्य (artistic beauty) की तरह है और जिसका उद्भव 'रमणी' के मध्यकालीन सेक्सपरक रूपक आध्यात्मिकीकरण से हुआ है। जैसा कि हम पहले कह चुके हैं कि रमणीयता की धारणाओं में कई सांस्कृतिक संदर्भात्मक इकाइयाँ (contextual units) मिलती हैं। इसमें आलंकारिकों का चारुत्व, अद्वैती शैवों का आनन्दवाद, वेदांतियों की वेद्यांतर स्पर्श'शून्यता' एवं सूफ़ियों का प्रतीकवाद उपनीत है। अतएव रमणीयता का क्षेत्र व्यंजना से बहुत व्यापक है क्योंकि इसके अंतर्गत व्यंग्यार्थ ही नहीं, चमत्कारत्व भी शामिल है। वस्तुत: यह नंदतिक सौंदर्यबोध है जिसमें सौंदर्य की आशंसा (appreciation) तथा चर्वणा (enjoyment) दोनों ही शामिल हैं। यह 'ज्ञान' एवं 'भावना' के छोरों को मिलाती है। अत: यह बौद्धिक एवं संवेगात्मक, दोनों प्रकार का अनुभव है। इसीलिये ज्ञानगोचरता एवं अनुसंधानात्मकता रमणीयता की क्रियावृत्तियाँ हैं। इसमें चमत्कार के

साथ आह्लाद भी शामिल है। रमणीयता में केवल वर्तमान बोध ही नहीं, सांस्कृतिक अनुभव अर्थात् संस्कार भी शामिल हैं। संस्कार और ज्ञान का ऐसा संयोग पंडितराज की मौलिकता है। इस तरह 'रमणीयता' सौंदर्य, आह्लाद तथा चमत्कार में पर्यवसित हो जाती है। फलतः वे रस के बजाय सौंदर्य की, आनन्द के बजाय आह्लाद की, संविद्विश्रांति के बजाय चमत्कारत्व की अभिनव कल्पना करते हैं। यह उनकी दूसरी नितांत मौलिक निष्पत्ति है। उनकी रमणीयता की अंतर्क्रियाव्रत्ति अनिर्वचनीय भावना तथा रसचर्वणा के संदर्भों से गुंफित की जा सकती है। रमणीयता शीर्षक अवांतर व्यापार चारुत्व एवं लीला, चेतना एवं आत्मा, प्रकाश एवं आनन्द, अलंकार एवं ध्वनि, प्रत्यक्षीकरण एवं अनुसंधानात्मकता आदि के द्वित्वों के द्वन्द्वमान से प्रतिपादित होता निरन्तर चलता है अर्थात् इसमें गोचरता है।

निष्कर्ष रूप में कहा जा सकता है कि काव्यशास्त्रीय क्षेत्र में पंडितराज जगन्नाथ ने भरत के रससूत्र के सभी अवयवों तथा पारिभाषिकों को स्थानांतरित, प्रतीकीकृत तथा अमूर्त्तीकृत कर डाला। रस-दर्शन के लम्बे नाटक के अन्तिम अंक का फलागम यही है। यह कम ताज्जुब की बात नहीं है कि वेदांती पंडितराज ने दार्शनिक भूमि पर रमणीशोभा के काव्यदेहवादी रूपक से ग्रहीत 'रमणीयता' की धारणा को आधार बनाकर सौंदर्यबोधशास्त्र की नींव डाली। यहाँ हम पुनः अपनी बात दुहराते हैं कि वे भारतीय सौंदर्यबोधशास्त्र के बॉमगार्टन हैं।

एक बात और। भरत ने समारम्भ नाट्यरस से किया था जिसमें सौंदर्यतात्त्विक व्यापकता थी। पंडितराज ने समापन रमणीयता से किया जिसमें सौंदर्यबोधशास्त्रीय दर्शन है। इस तरह 'रससूत्र' तथा 'रसानुभव' के व्यास-बिंदुओं को मिलाने वाला मध्यकालीन सौंदर्यबोधदर्शन का चक्र पूरे ३६०° घूम जाता है। भरत ने आरम्भ 'लोक-रस' से किया था और पंडितराज ने (अभिनवगुप्त की व्याख्या में) समापन 'ब्रह्मानन्द-सहोदर'-रस से किया। पन्द्रह शताब्दियों के दौरान में भारतीय मध्यकालीन मानस का यह सौंदर्यबोधात्मक इतिहास है जिसमें मध्यकालीन संस्कृति प्रतिबिंबित है। हमने इस गूढ़, प्राचीन, धुंधले प्रतिबिंब को आधुनिक समाजशास्त्रीय-सौन्दर्यबोधशास्त्रीय भूमिका पर निवेदित किया है ताकि हम पुराने मध्यकालीन भारतीय बुद्धिजीवियों के तत्समकालीनबोधों, उनकी चुनौतियों, उनके मस्तिष्कों की रचना, उनके तर्कशास्त्र, उनके दर्शनशास्त्रों एवं जीवनदृष्टियों को, उनकी मुसलसल बहसों को बीसवीं शताब्दी के आधुनिक भारत की चेतना तथा चुनौती के परिप्रेक्ष्य में जाँच-परख सकें। यदि उन्होंने अपने विश्व-दृष्टिकोणों (world-views) के आधार पर सांस्कृतिक रचनाएँ की हैं, तो हमने अपने सामाजिक

विज्ञानों के आधार पर उस ऐतिहासिक संस्कृति का नवमूल्यांकन किया है। हमारे उन पुरखों की सामाजिक व्यवस्था तथा प्रतीकों में, और हमारी सामाजिक-आर्थिक व्यवस्था तथा प्रतीकों में आकाश-पाताल का अन्तर होता जा रहा है। अतएव एक ही सांस्कृतिक परम्परा किन्तु भिन्न-भिन्न सामाजिक-सांस्कृतिक पैटर्नों के बीच अब 'हृदयसंवाद' तो हो भी सकता है, लेकिन 'संवादसेतु' बनाने के लिये हमें इतिहास की पुनर्रचना करनी होगी तथा आधुनिक बोध और आधुनिक बौद्धिक क्रांति की भूमिका पर मध्यकालीन बोध को समझना एवं प्रेषित करना पड़ेगा। इसके लिये हमें आधुनिक भारत के जीवन के अनुरूप प्रतीकों का इस्तेमाल करना होगा। आखिरकार, आद्योपान्त और अंततोगत्वा वैयक्तिमनुष्य भी प्रतीकों (symbols) का व्यवहार करने वाला टेक्नीशियन तथा सामूहिक मनुष्य ही तो है! अस्तु।

●

परिशिष्ट

आदि शंकराचार्य द्वारा 'परकाया-प्रवेश' तथा 'त्रिपुर-सुन्दरी' के कूट (कोड)-*

—रमेश कुंतल मेघ

हमें मालूम है कि यह न्यौता और चुनौती मधुमक्खी के छत्ते को ही मानो सृजनपत्री बनाने जैसी है। तथापि लगभग बारह शताब्दियों के पश्चात् अपुन से प्राथमिक पहल करने में क्या हर्ज है?

हम जानते हैं कि नौजवान आदिशंकराचार्य (सातवीं शताब्दी का पूर्वार्द्ध) विवर्तवादी हैं। लेकिन देवी माँ की स्तुतियों में परिणामवादी (सगुणोन्मुख) हो गए हैं। उन्होंने **मातृदेवी** की मिथपौराणिक, **देवी माँ** की आध्यात्मिक तथा **चिरन्तन नारीत्व** की योग-भोग-तन्त्रवादी (त्रिपुर सुन्दरी के आद्य प्रारूप में) तिहरी ध्यान-छवियों के सन्दर्श किये हैं। हमें आधुनिक प्रसंगों में यह भी मालूम है कि उनके समय में शरीरतन्त्रशास्त्र (एनॉटमी), शरीर जैवशास्त्र (फिजिओलॉजी), तथा गहन मनोविज्ञान (डेप्थ साइकोलॉजी) की वैश्विक अवधारणाएँ विकसित नहीं हुई थीं। वे मानव देह के लिए कुंडलिनी, षट्चक्रभेदन, शिवशक्ति-सामरस्य, अर्धनारीश्वरत्व आदि के द्वारा 'शक्ति' की–सृष्टि एवं काम की–तांत्रिक-यौगिक व्याख्याएँ ही करते हैं और वे तब सक्रियमाण भी रही थीं। हमें इस तथ्य को रेखांकित करना होगा कि किसी भी कृति

* संस्कृत के श्लोक चमनलाल गौतम की पुस्तक से उद्धृत हैं, (दे.(आ)-3) 'सौन्दर्य लहरी' शीर्षक से ही चार-पाँच पुस्तकें अति महत्त्वपूर्ण हैं जिनके लेखक तथा प्रकाशक निम्नलिखित हैं–

1. मेडिकल डॉक्टर लंका शिवरामा प्रसाद कृत, प्रशान्ति हॉस्पिटल, वारंगल, 2009
2. 'सौन्दर्य लहरी : तत्व-दृष्टि और सौन्दर्य सृष्टि', (अंग्रेजी में) प्रभुदयाल मिश्र, विश्वविद्यालय प्रकाशन, वाराणसी
3. चमनलाल गौतम कृत, संस्कृति संस्थान, ख्वाजा कुतुब, वेदनगर, बरेली, द्वितीय संस्करण, 1976
4. रुद्रदेव त्रिपाठी कृत, रंजन पब्लिकेशन, नई दिल्ली
5. 'आनन्द लहरी' : रामप्रसाद दधीच 'प्रसाद' कृत भावानुवाद, लोकसाहित्य केंद्र, 93, नेहरू पार्क, जोधपुर, 2011

या दर्शन को उसके (रचना) काल से पृथक नहीं किया जाना चाहिए। वह कालसापेक्ष्य, अतः तुलनात्मक, उपागम वाली भी होती है। कुंडलिनी-शक्ति या अवचेतन में दमित-संस्थित 'इदम' या ऊर्जा या 'लिबीडो' के बीच धारावाहिकता मिलती है, यदि पारिभाषिकों को एक व्यासी प्राचल (पैराडाइम) पर संकल्पित करें। वेदान्ती संन्यासी आदि शंकराचार्य के द्वारा 'परकाया प्रवेश' तथा 'सौन्दर्य लहरी' में देवी का अलौकिक शृंगार-चित्रण आधुनिकता के चक्रचिह्नों में धर्म-दर्शन की निगूढ़ पहेलियाँ हैं।

बाल ब्रह्मचारी शंकर की कुल आयु बत्तीस वर्षों की रही थी। वे एक मुंडित महासंन्यासी और दार्शनिक योगी के अलावा हाड़-मांस वाले वीर्यवान, छबीले, खूबसूरत नवयुवक भी थे।

शंकराचार्य के दादागुरु गौड़पाद उपनिषदों में निष्णात थे। उनके वेदान्त की आधारशिला 'मांडूक्य उपनषिद्' प्रतीत होती है। ऐसी प्रतीति है कि अनुगामी शंकर उसी धारा में बहे। सो, अन्तःप्रज्ञा तेजस है तथा बहिर्प्रज्ञा वैश्वानर अर्थात् विश्वरूप हुई। ऐसी व्यास-रेखा के संग-संग युवक शंकर श्री ने विद्या अर्थात् 'श्रीविद्या' के शैवशाक्त तन्त्र में भी उन्मुख हुए।

अ अपनी दिग्विज के उपक्रम में वे वृद्ध कुमारिल भट्ट के यहाँ गोष्ठी-वार्ता करने पहुँचे। कुमारिल का अन्तिम समय था। अतः उन्होंने कहा वे उनके शिष्य-दम्पति मंडन मिश्र–भारती के पास जाएँ। पते के रूप में यह कहा कि उनके गेह के शुक-पिक तक संस्कृत में ही वार्तालाप करते हैं।

शंकराचार्य मंडन-दम्पति के ग्राम पहुँचे। कुएँ से जल भरने वाली कुछ नारियों ने उन्होंने मंडन-दम्पति का पता पूछा। उन्होंने भी कहा कि जहाँ शुक-पिक संस्कृत में बात करते सुनाई दें वही मंडन-गेह है।...शंकराचार्य सही ठाँव पहुँच गए।

उस गेह में मुंडित (सिर मुड़ाए) संन्यासियों का प्रवेश वर्जित था। गेह के कपाट बन्द थे। सो शंकराचार्य सूक्ष्म शरीर द्वारा अन्दर पहुँचे। मंडन-भारती को यह नागवार लगा कि उनके कक्ष में एक मुंडा (सिर मुड़ाए साधू) क्यों आ गया।...शंकराचार्य ने कुमारिल भट्ट का हवाला देते हुए कुछ जिज्ञासाओं के समाधान की बात कही। वहाँ बौद्ध, नैयायिक, पूर्व एवं उत्तर मीमांसा के दार्शनिकों का परिवेश था।...सो, यह तय हुआ कि शंकराचार्य तथा मंडन मिश्र के बीच शास्त्रार्थ होगा और विदुषी भारती निर्णायक होंगी। भारती ने एक-एक माला दोनों के गले में डालते हुए कहा कि जो पराजित होगा उसकी माला मुरझा जाएगी। –क्या वाद-विवाद हुआ, इसका ग्रन्थों में उल्लेख नहीं है। तथापि मंडन मिश्र हार गए। उनकी माला मुरझा गई। पत्नी भारती यह कैसे सहन करतीं? सो, उन्होंने शंकराचार्य को उनके प्रश्नों का उत्तर देने की चुनौती दी।

जब भारती के भी सभी प्रश्नों का सटीक उत्तर शंकराचार्य देते रहे तो भारती ने एक छलछद्म किया अर्थात् उनसे कामकला विषयक प्रश्न पूछे। इन प्रश्नों का उल्लेख भी तत्कालीन ग्रन्थों में सन्दर्भित नहीं है। शंकराचार्य ने कहा कि वे तो बाल ब्रह्मचारी हैं। अतः इस क्षेत्र से नितान्त अनजाने हैं। ...भारती उनसे उत्तर पाने पर अड़ गई। आखिरकार शंकराचार्य ने एक पखवाड़े की मोहलत माँगी। भारती इससे सहमत हो गईं।

शंकराचार्य अपने डेरे में लौट आए तथा अपने शिष्यों से कहा कि वे अब 'परकाया-प्रवेश' करेंगे। अतः उनकी देह शववत् हो जाएगी। शिष्यगण उसे एक गुफा में सुरक्षित-संरक्षित रखे रहें क्योंकि तांत्रिक और वज्रयानी, शव-साधना करने के लिए उसको उठा सकते हैं। ऐसा ही किया गया।

शंकराचार्य के दादागुरु गौड़पाद उपनिषदों में निष्णात् थे। उनके वेदान्त की आधारशिला 'मांडूक्य उपनिषद्' प्रतीत होती है। ऐसी प्रतीति है कि अनुगामी शंकर उसी धारा में बहे। सो, अन्तःप्रज्ञा तेजस है तथा बहिर्प्रज्ञा वैश्वानर अर्थात् विश्वरूप हुई। ऐसी व्यास-रेखा के संग-संग युवक शंकर श्री विद्या अर्थात् 'श्रीविंद्या' के शैवशाक्त तन्त्र में भी उन्मुख हुए थे।

अतएव भारती विदुषी और प्रवीणा होने के साथ चतुर भी थीं। वे जानती थीं कि चारपुरुषार्थों में से अर्थ से तो संन्यासी शंकर का कोई वास्ता नहीं, धर्म और मोक्ष में तो वे पारंगत परिणामवादी हैं। इसलिए बचे काम में ही इस अनाड़ी ब्रह्मचारी शंकर को उलझाया जा सकता है। (जब 'परकाया-प्रवेश' के बाद वे दोबारा भारती के सामने पहुँचे होंगे तो उस युवा योगी ने योगतत्व की सूक्तियों पर भी आधारित अपना स्टैंड बता दिया होगा) कि आगे एक यह किंवदन्ती है कि 'शरद् पूर्णिमा की रात में कामरूप का युवा राजा अति सम्भोग की स्थिति में प्राण त्याग करने वाला है। ऐसी जानकारी उन्होंने अन्तर्दृष्टि द्वारा प्राप्त कर ली थी। अतः अपनी प्राणमय सूक्ष्म देह उड्डयन करते हुए वे कामरूप में राजा के रंगमहल में पहुँच गए। उन्हें पता चला कि युवक राजा कामशास्त्र में प्रवीण है। वह वृषभ, अश्व तथा शश एवं मृग वृत्ति द्वारा अपनी अनेक सुन्दर-स्वस्थ-सुडौल नारियों के साथ सम्भोग करने में पारंगत है। वे रमणियाँ भी पद्मिनी, शंखिनी, वित्रिणी तथा हस्तिनी की चतुःप्रकृति वाली हैं। राजा तदनुकूल कामबन्ध, रतिरण तथा भोगलीलाएँ करता है।

जब शरद पूर्णिमा का चन्द्रमा निकला तो राजा ने प्राण त्याग दिए। और शंकराचार्य के प्राण (सूक्ष्मशरीर) ने उसकी देह में प्रवेश कर लिया। कामरूप राजा-रूपी शंकराचार्य ने चार दिनों, चार रातों तक उन रानियों से अखंड सम्भोग करके यौन का परम सुख प्राप्त कर लिया। उन्हें कामकला का पूरा ज्ञान हो गया।

रानियों की प्रेमी पतिनिष्ठा तथा शंकराचार्य का ब्रह्मचर्य, दोनों भी कायम बने रहे क्योंकि यह अलौकिक तथा लोकोत्तर आनन्दोत्सव था, 'योगी तथा कामिनी' का। (क्या यह अनुभव 'गोपाल दृश्यरति' (व्यायेरिज्म) भी था?) नैतिक दुविधा से बचने को राजा का शव उत्प्रेरक बनाया गया। यह प्रथम कूट का आरम्भिक खुलासा है।

एक अन्य किंवदन्ती के मुताबिक, शंकराचार्य ने कर्णाटक के युवक राजा अमरुक के शव में परकाया-प्रवेश किया था। उसकी अनेक प्रकार की रानियों तथा वारांगनाओं के साथ नाना-विध कामकलाएँ तथा रतिकेलियों का योग-भोग करते रहे। उस सबको उन्होंने 'अमरुक शतक' में भी प्रस्तुत किया। [युवक राजा चाहे कामरूप का हो अथवा कर्णाटक का; भोग्य रमणियाँ चाहे कामरूप के शक्तिपीठ की हों अथवा कर्णाटक के अन्तपुर (भोग-मंडप) की, इससे कोई फर्क नहीं पड़ता—अगर व्याख्याएँ तथा अभिप्रेत एक जैसे हों।...ध्यातव्य हो कि कर्णाटक-क्षेत्र अर्थात होशल-संस्कृति-संगम में ही प्रौढ़ देवराज महाराज ने 'रतिरत्न प्रदीपिका' की रचना की थी जो वात्स्यायन-प्रणीत 'कामशास्त्र' की सम्पूरक मानी जाती है। ...प्रसंगवश 'गीतगोविंदकार' महाकवि जयदेव (या इसी नामधारी कवि) ने (पुरुषकेंद्रित कामशास्त्र की पूरकता में) स्त्रीकेंद्रित 'रतिमंजरी' का भी प्रणयन किया था।] 'विद्यानिवास मिश्र जयदेव से 'राधायुग' का सभारंभ बताते हैं।'

बहरहाल, मौखिक परम्परा वाली किंवदन्तियों में अन्तर्लीन शंकराचार्य तथा कामरूप के राजा अथवा कर्णाटक के महाराजा अमरुक की अन्तर्भुक्ति के सबूत नहीं हैं। फिर भी 'अमरुक शतक' में रूप-लावण्य, कामकला, केलिक्रीड़ा, प्रणय-क्षोभ, सखी-विमर्श हैं। मन की दुनिया में मान और प्रणय-कोप है, शठ नायक का छल है। धूर्तता है। परकीया नायिकाएँ हैं...मुग्धा एवं प्रमदा सौन्दर्यगर्विता रमणियाँ प्रचुर हैं। 'अन्या' के चक्रचिह्नों में अविश्वास भी है। सारा माहौल लौकिक है तथा उन्मादी ऐंद्रियिकतापूर्ण है। क्या परकाया-प्रविष्ट शंकर ऐसे भी हो सकते हैं तथा यह मनोविज्ञान में संभाव्य है? बताएँ!

बहरहाल, अब परम यौन सुख-विज्ञ होकर शंकराचार्य के प्राण (सूक्ष्म शरीर) लौट आए तथा गुफा में संरक्षित-सुरक्षित रखी उनकी मूल स्थूल देह में प्रविष्ट हो गए जिससे वे पुनरुज्जीवित हो गए। इस तरह परकाया-प्रवेश के पूर्व एवं पश्चात् का चक्र पूरा हो जाता है। तथापि उनमें उस अन्य कामरूप-राजा के सभी कामरतिपरक भोग अन्तर्लीन हो जाते हैं। यही कूट का एक रहस्य है। इस प्रकार वे ब्रह्मचर्य और कामसुख, दोनों प्रकार के अनुभवों में सिद्ध हो जाते हैं।

वे लौटकर भारती के पास आए और योगतत्व के आधार पर (कामकला-विषयक प्रश्नों के उत्तर देने के लिए) मणिपुर-चक्र में शिव-शक्ति की समरसता उपस्थ एवं योनि का संगम है (सौन्दर्य लहरी, श्लोक 41) अर्थात् गुदा एवं लिंग/योनि के मध्य

ही 3½ कुंडल बनाए कुंडलिनी-शक्ति सुषुप्त रहती है : आदि-शक्ति की भाँति। अयच, जिस योनि से जन्म में उत्पन्न हुआ, वह भार्या की अन्य योनि में रमण करता है। यही संसार-चक्र है (यस्याज्जातो भगात्पूर्व. तस्मिन्न भगे रमन। या माता सा पुनर्भार्या सा भार्या मातरेवहि॥)।

उन्होंने सभी प्रश्नों के उत्तर दिए। भारती भी पराजित हो चुकी थीं। वे दम्पति शंकर के पटु शिष्य बन गए।

शंकर ने इस गुप्त-मादक अनुभव का परवर्ती प्रत्याहस्तान आगे चलकर **'सौन्दर्य लहरी'** के प्रणयन में किया। उसमें दो स्तर हैं—महाशक्ति माँ तथा महासुन्दरी-रमणी के। 'त्रिपुर सुन्दरी' में इन दोनों का समाहार भी किया गया। उन्होंने ऋत् एवं सृद्धि, लौकिक एवं अलौकिक, काम एवं रति, सौन्दर्य एवं भोग के विभिन्न पाठों को एक व्यासरेखा पर अनिर्वचित कर दिया।

बहुधा दर्शनों में जो तर्करेखा तथा व्याख्या-चक्र होते हैं, उनके प्रथम सोपान में 'क्या'–'क्यों', 'कैसे' द्वारा निगमन होता है। दूसरे सोपान में 'किन्तु' तथा 'यदि' द्वारा विभिन्न व्याख्याओं एवं भाष्यों की प्रोक्तियाँ उन्मीलित होती हैं।

तीसरे सोपान में 'शायद' तथा 'निर्णय की अधिष्ठापना हुआ करती है। दिशाएँ आध्यात्मिक अथवा लोकायत होती हैं। आदि शंकराचार्य ने **'सौन्दर्य लहरी'** में आध्यात्मिक वृत्त के अन्तर्गत लौकिक चक्रचिह्नों की श्री भवानीयता मंडित भी है। वे भारती से भी प्रेरणा जो ले चुके थे। इस प्रकार से शंकर में कामरूप की विभिन्न रमणी-रानियों तथा भारती की कामकला का अभिज्ञान संचित हो गया था। इसका प्रक्षेपण उन्होंने **सौन्दर्य लहरी** में देवी-माँ, रति-कुशल-देवी, अभिजात नारी तथा सौन्दर्यगर्विता मोहिनी के वक्रपंथों में निरूपित किया। इसमें 'उदात्तीकरण', 'तादात्म्यीकरण' तथा 'प्रक्षेपण' की द्वन्द्वनिराकरण वाली मनोवैज्ञानिक दशाएँ उद्घाटित होती हैं। यही उक्त कूट का दूसरा गूढ़ आयाम है।

देवी-धुरी पर उन्होंने काम तथा सौन्दर्य को आध्यात्मिक तथा दार्शनिक प्रतीकों द्वारा अभिलक्षित कर डाला। यह कूट का तीसरा आयाम है। हम मानते तथा जानते हैं कि 'परकाया-प्रवेश' तथा 'सौन्दर्य लहरी' के आध्यात्मिक काम-सौन्दर्य वाले रहस्यकूटों को कथित (आधुनिक) परा-मनोविज्ञान (पैरा-साइकोलॉजी) भी अवकूटित नहीं कर सकता क्योंकि यहाँ एक ही देह में दो देहों तथा एक ही जीवन में योगी और भोगी के दो जीवनों की सहक्रमिकता (साइमलटेनिटी) है। (इस प्रसंग में हम 'पुनर्जन्म' की अवधारणा को शंकर-वृत्त से बाहर पाते हैं यद्यपि इसका रूपायन दिव्य अक्ष में अवतारवाद तथा सांसारिक अक्ष में आवागमन (पुनर्जन्म) में हुआ है)।

वस्तुतः **पुनर्जन्म** आत्मा की वह अवस्था है जब अमर आत्मा एक शरीर को त्याग कर (उसी नस्ल के) दूसरे शरीर में प्रवेश कर जाती है। अगर आत्मा

अविनाशी है, मात्र अमूर्त प्रत्यय (आइडिया) है तथा निर्विकल्प तौर पर विशुद्ध है, तो नई (जन्मी) देह में पूर्वजन्म के संस्कारों तथा अनुभवों की लौकिक-पार्थिव-ऐंद्रियिक इयत्ताएँ मौजूद हो ही नहीं सकतीं। अतः यह एक आधुनिक दार्शनिक विरोधाभास (पैराडॉक्स) एवं द्विभाजन (डिकोटॉमी) ही मानी जाएगी। फलतः 'परकाया-प्रवेश' का अंजाम इस श्रेणी में नहीं आता क्योंकि इसमें 'आत्मा' का गमन-आगमन नहीं होता। एक शरीर का सदा के लिए परित्याग भी नहीं होता और पूर्वजन्म की सत्ता में संलिप्तता भी नहीं संस्थित होती। सिद्धि की अवधारणा के एक स्तर पर परकाया-प्रवेश में सूक्ष्म 'प्राण' का अन्तरण माना गया है। इस तरह इसके द्वारा एक दार्शनिक पहेली के औचित्य को अनुकूलित कर दिया गया है।

इसी कड़ी में आधुनिकताबोध के लिए एक दुःनियति (प्रेडिकामेंट) **'दिव्यजीवन'** तथा अन्तश्चेतना की अरविंदवादी प्रपत्तियाँ हैं। योगी अरविंद ने जो देहेतर तथा देहोत्तर स्तरों वाली परा-मनोवैज्ञानिक अर्थात् अन्तश्चेतनात्मक शब्दावली की अधिरचना की है वह फ्रायड एवं जुंग के देहाधारित इदम-अहं-महाअहं-अवचेतन अथवा लिबीडो-सामूहिक अवचेतन-प्रजातीय अतीत से नितान्त भिन्न है। दोनों के बीच लोकोत्तर बनाम लौकिक की मध्यवर्ती सीमारेखा खिंची है। महायोगी की अवधारणाएँ अविनाशी–अनिर्वचनीय–निर्विकल्प का आगाज देती हैं। अतएव वे भी हमारे इस प्रदत्त प्रसंग से अवान्तर हैं।

इसके अतिरिक्त कुछ किंवदन्तियाँ भी गौरतलब हैं। मसलन, उनके वालदैन अनन्य तथा सती विशिष्टा की शिवभक्ति से प्रसन्न होकर स्वयं सदाशिव ने उनके यहाँ जन्म लिया। इस तरह शंकराचार्य शिव के अवतार भी हुए तथा शिव ने भी **अवतार** लिया। थच 'देवीमाता' त्रिपुर सुन्दरी का लोक मणिद्वीप है। मणिद्वीप निवासिनी 'महा-देवी-माता' (गॉडेस मदर) ने भी (केरल के इस नम्बूदिरि ब्राह्मण) बालक को स्वयं स्तनपान कराया था। अतः वह आद्य 'मातृदेवी' (मदर गॉडेस) के रूप में अभ्युदित हुई। तीसरे आयाम में वह इहलौकिक 'चिरन्तन नारीत्व' (ईटर्नल फेमिनीन) के रूप में अपनी ऐंद्रियिक देह, सौन्दर्य तथा कामरतिरूपा के रूप में भी सृष्टि-विधायिनी है। इस तरह से एक ओर मिथकयान की मातृदेवी, शक्ति साधना की महादेवी माता और मनोसांस्कृतिक आद्य प्रारूप (आर्केटाइप) अर्थात् चिरन्तन-नारीत्व की यह त्रयी ही तो 'त्रिपुर सुन्दरी' है। इसी के अनुरूप-प्रतिरूप में हम शंकराचार्य को त्रिनेत्र से देखने का सन्दर्श करें। वे संन्यासी योगी पुरुष हैं, पुत्र युवक हैं तथा यौनोदात्त पुरुष भी हैं। वे हमारी 'त्रिमूर्ति-संरचना' हैं। ऐसे शंकराचार्य का ही त्रिपुर सुन्दरी के ध्यान से परकाया प्रवेश करना देहोत्तीर्णता–देहेतर अनुभव–होना संभाव्य है। इसमें हम स्नायुविक दिग्भ्रान्तिकरण (हेलुसिनेशन) का भी प्रक्षेपण पाते हैं।

उक्त दोनों कूटों के सन्दर्भ में हम अनुमान करते हैं कि 'परकाया-प्रवेश' **देहांतरण** (मेटामार्फोसिस) के बजाय **तत्वांतरण** (ट्रांसम्यूटेशन) है।

ऐसे विचित्र ध्यान-ध्यानतीत अनुभव की अभिव्यंजना भी नृतात्विक भासिकी के वृत्त में आएगी। सो वह ऋचा से स्तोत्र से श्लोक में प्ररिणत होती हुई अनिर्वचनीय से अतिवचनीय होगी। और यही हुआ है।

इस भाँति हम निश्चित ही कुछ कदम आगे बढ़ सके हैं। प्रमाणस्वरूप 'सौन्दर्य लहरी' का पूर्वार्द्ध तत्वज्ञानपरक है लेकिन उत्तरार्द्ध त्रिपुर सुन्दरी के मातृ-देवी-नारी (की त्रिमूर्ति) के अंग-प्रत्यंगों का आद्योपान्त कामोन्मुख सौन्दर्य-निरूपण भी है। इसलिए यह खंड 'आनन्द लहरी' भी बताया जाता है। आनन्द-लहरी के कथित इंद्रियालौकिक श्लोकों के बीच इहलौकिक नारी-शोभा तथा रमणीय रति का मनोविश्लेषणात्मक 'प्रक्षेपण' एवं 'तादात्म्यीकरण' (प्रोजेक्शन एंड आइडेंटिफिकेशन) लक्षित कर सकते हैं। ऐसी अर्थभ्रान्ति वाले कूटों (कोड्स) के बन्धन खोलने के हेतु ये अन्तर्द्वंद्व-निवारक उपकरण भी तो उपलब्ध हैं। अतिशयता के निमित्त यह भी ध्यातव्य है कि शिव का अवतार (शाक्त मत परक) तथा त्रिपुर सुन्दरी माँ का वैभव-विराज, दोनों ही शुद्ध अद्वैतवादी नहीं हैं।

उपर्युक्त निर्मितियों तथा पैटर्नों के उपरान्त अब हम 'सौन्दर्य लहरी' के पूर्वार्द्ध-उत्तरार्द्ध पाठों के प्रतिपाठ तथा उत्तरपाठ का अवगाहन कर सकते हैं।

हमारे सामने दो विकल्प हैं। फिलहाल संकल्प कोई नहीं है। या तो शंकराचार्य की जन्मजन्मांतरधर्मी 'अनादिवासना' का स्पंदित उन्मीलन हुआ है, अथवा ये अन्य कायिक स्रोतों से ग्रहीत या अनुमित स्पंदन-संवेदन है।

अन्य अक्ष में भी हम शुरू में ही जिरह की सीमाएँ बता दें कि विदुषी भारती द्वारा पूछे गए कामशास्त्रीय प्रश्नों के कोई भी ऐतिहासिक दस्तावेज नहीं है। इसी अनुपूरकता में शंकराचार्य द्वारा परकाया-प्रवेश के अनुभवों के भी कोई लिंजधरी विवरण नहीं मिलते। इन वजूहात से हमें प्रकरणों/तथ्यों की भी अनुभिति करनी होगी।

पहली पुनर्रचना यह है कि 'आनन्द लहरी' वाले उत्तरार्द्ध में 'कामकला' तथा रतिकेलि अथवा समागम के प्रत्यक्ष संकेत नहीं हैं। केवल–कामोन्मुखता तथा देहशोभा, देहभाषा, देहांगों की ही ऐंद्रियिक अभिव्यक्तियाँ हैं। सो, हमें भी इन्हीं ध्रुवांतों में परिसीमित होकर ही प्रोक्ति में संलिप्त होना पड़ेगा। परवर्ती चैतन्य महाप्रभु की विभूति में यह श्रृंगार का **'उज्ज्वल रस'** है।

तथापि हमें यह भी ध्यान में निरन्तर रखना होगा कि शंकराचार्य के युग में जो 'पद्धति (मेथड) की समस्याएँ' थीं वे योग और भोग, तन्त्र और चक्र, श्रीविद्या और भगवती आदि से क्रियान्वित होती थीं। आज आधुनिक युग में शरीर के रचनात्मक संगठन (टैक्टोलॉजी), शरीर की तंत्रिकाओं के अध्ययन एवं उपचार (न्यूरोलॉजी),

जैविक इलेक्ट्रॉनिकी (बायोनोमिक्स), जैव शरीर का रासायनिक अध्ययन (बायोकेमिस्ट्री), तांत्रिक संस्थान का गहराइयों से अध्ययन (बायोनिक्स) आदि अनुशासनों का विकास हो चुका है। आयुर्वैज्ञानिक डॉक्टर लंका शिवरामा प्रसाद ने कुछ यथोक्त सन्दर्भों में षट्चक्र का विश्लेषण किया है। प्रभुदयाल मिश्र ने श्रीविद्या तथा प्रभुदयाल मिश्र ने तन्त्रागम के तन्त्र एवं मंत्र का गहरा अनुशीलन किया है।

मध्यकाल का एक अन्तिम संकल्प यह भी रहा था कि देवी माँ तथा मातृदेवी और त्रिपुर सुन्दरी—तीनों की देहशोभा, मानवीय दृष्टिपथ के नखशिख-क्रम के विपरीत, शिर से नख तक अवलोकित होती आई है। 'सौन्दर्य लहरी' में त्रिपुर-सुन्दरी है, त्रिपुर-भैरवी नहीं। 'सौन्दर्य लहरी' का नाभिक (न्यूक्लियस) है—देह के षट्चक्र-बिन्दु। वे बहिर्गत से आभ्यंतरिक होते जाते हैं तथा योग एवं तन्त्र से सम्बद्ध हो जाते हैं। इनमें षट्चक्रों के स्थान हैं तथा योग एवं भोग की लोकोत्तर एकान्विति है। 'चक्र' वस्तुतः देहांग-स्थल में है।

'परकाया-प्रवेश' की ऋद्धि-सिद्धि परक किंवदन्तियों से इतर अनुभिति और आधुनिक अभिज्ञान के आयामों में इसमें—1. देहांतरण (मेटामार्फोसिस) के बजाय **तत्वांतरण** (टांस्मूटेशन) तथा विभ्रान्तिकरण (हेलुसिनेशन) ही समीचीन तथा समुचित प्रतीत होते हैं। इसके अलावा—2. कामरूप के युवक राजा के शव की किंवदन्ती के पीछे भी—**गोपन दृश्यरति** (व्यायोरिज्म) ही अभिलक्षित होती है क्योंकि यह नैतिक दुविधाओं को निरस्त या स्थगित कर देती है। 3—यह प्रसंग श्रुति-स्मृति-जनित तथा चमत्कारिक प्रवृत्ति वाली **लोकवार्ता** (फोकवेज) की मौखिक परम्परा (ओरल ट्रेडिशन) के संक्षेत्र का भी है।

'विद्यानिवास मिश्र जयदेव से 'राधायुग' का समारंभ बताते है।'

अंा अन्त में हम **नारीत्व-त्रिकोण** में 'देवी मां', 'मातृदेवी' तथा चिरन्तन नारीत्व वाले **'त्रिपुर-सुन्दरी'** के कूट का अवगाहन करेंगे। यह त्रिकोण भी 'शक्ति' एवं 'विद्या' एवं 'सृष्टि' के त्रित्व से सायुज्य है। (यह हमारा श्रीचक्र है)।

अब हम ध्यानी अवधारणाओं के अलौकिक तथा लोकोत्तर और लौकिक लोकों में भी अनुप्रवेश को तैयार हैं। (सम्प्रति, अनसुने प्रश्नों तथा अनकहे लोकसाक्ष्यों के बीच से भी हमें कुछ अलक्षित वक्रपंथ ढूंढ़ने पड़ेंगे)। शंकर ने इस 'त्रिक्' के त्रिकोण को एक बिन्दु में केंद्रीभूत कर दिया है। आश्चर्य है कि वह बिन्दु 'सौन्दर्य' की तरंग में है।

नृतत्व शास्त्र तथा मिथक-आलेखकारी के अक्षों से विदित होता है कि विश्व की सभी प्राचीन सभ्यताओं में **महामाता** या **मातृदेवी** (मदर गॉड्स) का अभ्युदय सबसे पहले हुआ था। कालान्तर में **देवी माँ** की अवधारणा का अपनी-अपनी संस्कृति के मुताबिक विकास होता गया। शंकराचार्य का युग एक परिष्कृत धर्म दार्शनिक चरण वाला था। अतः इसमें मातृदेवी पर देवी माँ का आच्छादन होता गया।

वे माटी की मातृमूर्तियाँ अनगढ़ तथा आदिम हैं। उनके विशाल स्तन, भारी नितम्ब तथा पृथुल जांघें ही 'आर्केटाइपल प्रतीक' बन गईं—क्रमशः पोषण, धारण, और जनन की। अतः हम पहले 'देवी मां' को लेंगे तथा बाद में महामाता या मातृदेवी के अवशेषों को निथारेंगे क्योंकि इन तीनों में परस्पर अधिव्यापन (ओवर लैपिंग) जो हुआ है। लौकिकता से अलौकिकता में सन्तरण की झलक खूब मिल जाती है।

इसलिए **आ-खंड** में हमें स्व-विवेकाधीन अन्दाजे भी करने पड़ेंगे। पिछले खंड की समाधि की केंद्रित भावातीत ध्यान की अपेक्षा इसमें **'दिव्य सौन्दर्यबोध-शास्त्र'** का भी उन्मीलन हुआ है। सूत्ररूप में इसके अन्तर्गत अनुभूति-अभिज्ञान-संकल्प का ईश-इल्हाम (रेवेलेशन) होता है।

सिद्धांत की व्यास-रेखा पर 'अग्निपुराण' की उपच्छाया में आनन्द वर्धन ने आह्लाद तथा अभिनवगुप्त ने अभिव्यक्ति-केंद्र पर उद्घाटन किये। आनन्द वर्धन ने घोषित किया कि 'काम' का रसास्वाद अति मधुर अर्थात् मधुरा है जिसमें आह्लाद का चरमोत्कर्ष होता है। इसे वे अतींद्रिय मधुमती भूमिका पर भी प्रतिष्ठित करते हैं। यह परम्परा 'श्रीमद्भागवत' से लेकर रुद्रभट्ट तथा भोजराज तक चलती रही। उत्तर मध्यकाल में रूप गोस्वामी तथा जीवगोस्वामी ने गौडीय रीति में 'उज्ज्वल (शृंगार) रस' के बन्धान से रस तथा मधुसूदन कवींद्र ने रस 'चंद्रिका' के माध्यम से दिव्य सौन्दर्यबोध का आख्यान किया।

वस्तुतः इसका उद्गम तन्त्रशास्त्र माना जाता है जिसमें तन्त्र एवं काम (कला) का संयोजन है। इसकी परिणति सौन्दर्योपभोग एवं सिसृक्षा में हुई है। शंकराचार्य की लहरियों में भी यह दिशा भी संलक्षित हो रही है—मूलाधारचक्र से सहस्रार कमलदल में उत्कर्ष तक।

कालान्तर में यह शृंगार रो आगे **शान्त** एवं **दास्य** में अन्तरित हुआ। शंकराचार्य की लहरियों में यह उन्मेष भी संलक्षित है। इसी के साथ "तुम (देवी मां/मातृदेवी/त्रिपुर सुन्दरी) और मैं" की सम्बन्धताएँ भी स्वकीय कान्ता से लेकर परकीय प्रिया के स्वरूपों तक विस्तीर्ण हुई।...इससे भी आगे **सख्य** तथा **वात्सल्य** तक गें यह दृष्टि परिव्याप्त हुई।

आगे चलकर 'तुम और मैं' का विस्तार 'वह और तू' में हो गया। यह रजस् से सत्व की ओर का भी साधना-पंथ माना गया।

एक महासूत्र में हम लौकिक खंडरस से महाभाव-महाराग-महामुद्रा की महारास एवं महारस की दशा में उत्तीर्ण होते हैं। यहाँ आकर धर्म तथा काम से आगे का लक्ष्य **मोक्ष** हो जाता है।

हम सौन्दर्यबोधशास्त्र से प्रयाण करके दर्शनशास्त्र एवं नीतिशास्त्र की भूलभुलैयों में प्रवेश कर जाते हैं। ऐसे पनघट की डगर बहुत-बहुत कठिन है। हम तो आपके साथ हिम्मत करके चल ही रहे हैं। अस्तु॥

I. देवी माँ

देवी माँ से सम्बन्धित प्रोक्तियाँ (डिस्कोर्सेस)—स्तुतिपरक तथा अभयकामी और वरद-याची भी हैं। इनकी संरचना (स्ट्रक्चर) श्लोकात्मक है। शब्द-समुच्चय (लेक्सिकॉन) धर्मदर्शन एवं तन्त्र-योग-शाक्त-शैव के मत-सम्प्रदायों के कई पारिभाषिक कुलकों (सेट्स) वाला है (शताब्दियों बाद मीराबाई की सृजनधर्मिता में भी निर्गुण-सगुण, तन्त्र-योग दिव्य लीला-केलिक्रीड़ा परक साम्योजन हुआ था)। बेहद अमूर्तता तथा ऐंद्रियिकता का द्वंद्व भी है। ये सभी सीमाएँ तथा संभावनाएँ हमें भी बांधे रखेंगी। इनका ग्रहीता सामाजिक तथा सहृदय की अपेक्षा बहुधा आराधक और भक्त है। इसलिए सम्प्रेषण में भी हमें अनिर्वचनीयता तथा अतिवचनीयता के विरोधाभासी हिंडोले में डोलना पड़ता है।

नारीत्व-त्रिमूर्ति को सर्वप्रथम निथारने के लिए देवी माँ के शिख से नख की दिशा में अवरोहण करना लाजिमी है। सो, सर्वप्रथम **मुकुट** तथा **मुखमंडल** को लिया जाना अभीष्ट है।

शंकर माँ भगवती की स्तुति में कहते हैं कि वाक्शक्ति तुम्हीं ने दी है और उसी से मैं स्तुति कर रहा हूँ, जिस प्रकार सूर्य के सामने दीपक, चन्द्र के सामने चन्द्रकान्तामणि तथा समुद्र के सामने अर्घ्यजल का विराट्-वामन का न्याय है। इसलिए मैं अपनी इस स्तुति द्वारा तुम्हारे वैभव-विराज का बखान करता हूँ।

यह विश्वरूप त्रिमूर्ति-परक है किन्तु महामाया माँ की निस्सीम महिमा है जो ब्रह्मा की वाग्देवी, हरिकान्ता पद्मा, हर पत्नी पार्वती से विराट् है। उस माँ भगवती के चरणों में विष्णु-ब्रह्मा-शिव भी प्रणतिभाव से झुकते हैं। तथापि वह शिव की शक्ति है। उसी से समन्वित होकर शिव सृष्टिकर्ता बनते हैं।

अतः त्रित्व की शृंखला में देवी माँ के त्रिनेत्र हैं जिसमें से दक्षिण सूर्य, वाम चन्द्रमा तथा मध्य का स्वर्णकमल की शोभायुक्त संध्या की गोधूलि है। देवी माँ के (तीन के बजाय) चार भुजाएँ हैं जिनमें अंकुश, पाश, बाण और धनुष हैं। वे मोहिनी रूपा हैं, उनकी अभय एवं वरद मुद्राएँ हैं। वे शिवप्रिया हैं, सरस्वतीरूपा भी हैं। ऐसे विग्रह में शिल्पशास्त्र के अनुसार देवी का एक ही मुख तथा दो चरण हैं। वे आदिशक्ति-रूपा हैं।

आचार्य शंकर **भक्त** के रूप में नमन करते हैं। वे मानते हैं कि जो देवी माँ की वंदना करता है, वह वाणीमंडित तथा सहृदय-आह्लादक बन जाता है। भक्त शंकर स्वालाप में भी उनका जाप करते हैं। वे मानते हैं कि उनके आनन्दलोक में अभय प्राप्त (यह) भक्त निवास करता है, अतः भक्त ही विष्णु-सा, ब्रह्मा-सा, लक्ष्मी-सा, सरस्वती-सा अर्थात् भगवान में तदात्मक हो जाता है। यहाँ तक कि रमणियाँ भी विमल भावयुक्त हो जाती हैं तथा देवी के सदृश्य ही रूप-लावण्यमयी हो जाती हैं।

इस भाँति 'मैं-तुम' का सम्बन्ध 'मैं-मैं' की तदाकारता में अन्तर्लीन हो जाता है। साम्यरूपात्मकता की यह विलक्षण सौन्दर्यबोधानुभूति है।

धारा-प्रवाह में शंकर देवी भगवती के **दिव्य सौन्दर्य** का वर्णन भी करते हैं। एक महासूत्र है कि शिवप्रिया की आराधना के लिए ही विष्णु ने भी नारी (मोहिनी) रूप धारण किया तथा काम देवता भी तुम्हें नमस्कार करके रति-नेत्रों द्वारा मानवों को आकर्षित करता है (हरि सत्वामाराध्य प्रणत-जन-सौभाग्य जननीं/पुरा नारी भूत्वां...स्मरोपि त्वां नत्वारति नयन लेह्येन्न वपुषा मुनीनामप्यन्तः प्रभवति हिःमोहाय महताम् ॥ 51 ॥) अतः स्वयं देवी कामदेवता की उपासना पर प्रसन्न हो गईं और (शंकराचार्य जैसे) मुनि भी मोहलिप्त हो गए। कारण कि कामदेव भी भगवती के कटाक्ष से ही विश्वविजेता बन गया। अपने पुष्पधनु, मधुकर-प्रत्यंचा, शब्द-रूप-स्पर्श-गन्ध-रस के पंचवाणों द्वारा वह शीतल-मन्द-सुगन्ध-मलय पवन के युद्ध-रथ पर आरूढ़ होकर मधुमय वसन्त रूपी सेनापति के साथ रतिसमर में जूझता है। (धनुःपौष्प मौवी मधुकरमयी पंचविशिखा–॥ 6 ॥)। इस भाँति शंकर ने काम को भी देवी की ही एक (काम) कला माना है।

जब **काम** की प्रतिष्ठा हो गई तो शैव-वैष्णव के समन्वयवादी शंकर को **तन्त्र** शास्त्र भी लाना वांछनीय हो गया। इस दिशा का विस्तार 'त्रिपुर-सुन्दरी' में सिद्ध होता है।

यहाँ भी शंकर का आत्मनेपदीय सन्दर्श है कि वे **'श्री'** से **'श्रीविधा'** में परिणति कराते हैं। श्री का उदय-स्थान आकाश है। उसकी पीठ विशुद्ध चक्र में तथा आयतन आज्ञा चक्र में है। यह मूलाधार चक्र पर्यंत है। 'श्री' सर्वत्र कमलमय है किन्तु उसका मुकुट मणिमय है (क्योंकि वह मणिद्वीप वासिनी त्रिपुर-सुन्दरी भी है)। 'श्री' की ही **श्रीविधा** है। यह संसारचक्र है तथा अमृतदायिनी है। इसके अधीश्वर भी शंकर हैं। इसके चक्रचिह्न षोड्षीविद्या हैं। इस भाँति यहाँ भी त्रित्व बनाया है शंकराचार्य ने– श्री, श्रीविधा तथा श्रीचक्र का। त्रिपुर सुन्दरी-प्रसंग में हम श्रीचक्र का भाष्य करेंगे।

तन्त्र के चक्रचिह्नों में **षट्चक्र** संयुक्त हुए है–शुरुआत तुरीयातीत अवस्था के शिव-पर्यंक से होती है। सुषुप्त कुंडलिनी-शक्ति जाग्रत होकर षट्चक्र बेधन करती है। वह लिंग/योनि एवं गुदा के ऊपर-नीचे है अर्थात् काम एवं सृष्टि का जनक है। इसके बाद पेडू पर स्वाधिष्ठान चक्र, नाभि-मूल में मणिपूरक वक्र, हृदय में अनाहत-चक्र, कंठ में विशुद्ध-चक्र, भ्रू-मध्य में आज्ञा चक्र आदि की मनोदैहिक परियोजना की गई है। ये सभी मन में अभिकल्पित इच्छा-क्रिया-ज्ञान-प्रकाश-विमर्श की शक्तिमूलक पूर्वानुभितियाँ-जैसे हैं।

हमें भी इन चक्रों में षट्-ऋतु की प्रकृति-लीला भी संलक्षित मिलती है। यथा, मूलाधार में वसन्त ऋतु, स्वाधिष्ठान में ग्रीष्म, मणिपूर में वर्षा, अनाहत में शरद,

विशुद्ध में हेमंत तथा आज्ञा चक्र में शिशिर ऋतु की तुल्योगिता है। चमनलाल गौतम इसका सविस्तार निरूपण करते हैं।

इनमें भी **मूलाधार** ही क्रियाशक्ति का केंद्र है। अतः अन्योक्तियों द्वारा लिंग उमापीठ है। उमा की योनि वेदी है। रुद्र उपस्थ है। यहाँ यज्ञ-रूपक है। (रुद्रो यज्ञ उमा देवी) इसके ऊपर भी तन्त्र में, पुराण में महातांडव का वितान है।

कुंडलिनी की अवधारणा भी तन्त्र एवं काम की धुरी है। कुंडलिनी-शक्ति ही षट्चक्र भेदन करके सहस्रार में युगनद्ध होकर सूर्य-चन्द्र-विद्युत के तेजों से संयुक्त होने की दिव्य महाद्रुति दीप्ति है। कुंडलिनी की यात्रा मेरुदंड के भीतर की नाड़ियों से होती हुई मानी गई है। सबूत नहीं है। (इसीलिए यह लिंग/योनि की लंबाई-गहराई वाली अर्थात् साढ़े तीन कुंडल (अंगुल) वाली भी है)। प्रभुदयाल मिश्र ने तन्त्र तथा श्रीविद्या पर कई स्थापनाएँ की हैं। वस्तुतः यह सिस्टम तर्कातीत है और इसमें कई मध्यकालीन मनोदार्शनिक आयामों का सम्पुँजन हुआ है। अतः हम यहीं समापन करेंगे। तदपि दिव्य सौन्दर्यबोध के इन आधिभौतिक रूपायनों में आर्केटाइपल प्रतीक झिलमिलाते हैं तथा मानवदेह में कामोत्तेजना के 'तप्त बिन्दु' (हॉट प्वांट्स) भी स्पंदित होते हैं।

अन्ततोगत्वा हम **दिव्य सौन्दर्य** तथा देवी के **शिख-नख** का शांकर आलोचिन्तन करेंगे।

इस वृत्त की कतिपय बंकिमताओं को राम 'प्रसाद' दाधीच ने अत्यंत निमग्न होकर अनुसृजित किया है।

सर्वप्रथम देवी के शिर के **मुकुट** का कीर्तन करते हुए शंकर देखते हैं कि वह किरीट आकाश में जड़ित मणियों से जड़ा हुआ है और उषाकाल में नाना रंगों में चमकता हुआ पक्षियों के झुंड जैसा लगता है। (अर्थात् उषावेला ही भगवती का किरीट है)।

देवी के सौन्दर्य को ब्रह्मा भी अंकित नहीं कर सकते। उर्वशी-कुल की अप्सराएँ, ब्रह्माणी, वैष्णवी, अनेक देवललनाएँ उस सौन्दर्य की लालसा में लालायित रहती हैं। यह सौन्दर्य शिव-सायुज्य की कामना में परिपूर्ण होता है (दाधीच)। उस सौन्दर्य की प्रभा से ऐसा लगता है मानो स्वयं शृंगार-रस ने शरीर धारण कर लिया है। देवी का सौन्दर्य महाशिव को तो **सम्मोहित** करता ही है, कामदेवता द्वारा उपासना करने पर **प्रसन्नता** प्रदान करता है। अतः इस दिव्य सौन्दर्य में चमत्कार, शक्ति, दया के साथ-साथ प्रसन्नता एवं सम्मोहन का भी विधान है क्योंकि कामाक्षीदेवी अपने काम-नेत्रों से समस्त जीवों में काम उत्पन्न करती है क्योंकि उसकी दिग्विजय भी देवी की कृपा-कटाक्ष का परिणाम है (॥ 6 ॥)। इसकी किरण से ही शंकराचार्य जैसा भी दृष्टिवान, शक्तिवान, बुद्धिवान हो जाता है तथा रूपवती (कामरूप या कर्णाटक की)

रमणियाँ पागल-सी उसके पीछे इस प्रकार मोहित होकर दौड़ने लगती हैं कि उनके वेणीबन्ध खुल जाते हैं, पयोधर ढंकने वाली चादर शिथिल हो जाती है, करधनियाँ टूटकर इधर-उधर बिखर जाती है। उन्हें अपने परिधानों की सुध-बुध नहीं रहती (आ.ल. ॥ 13 ॥)।

देवी की **अंगकान्ति** बालारुण की अरुण दीप्ति है। उसके **मोहक लावण्य** में मृगनयनी युवतियाँ, उर्वशी-सी अप्सराएँ तथा (शंकराचार्य जैसे) साधक भी निमग्न डूब जाते हैं। कारण कि, देवी ने पहले शिव को अपने वामांग में, फिर उन्हें अतृप्भना पाकर दक्षिण अंग में समा लिया। इस प्रकार शिव पूर्ण सायुज्ययुक्त हो गए। इस भाँति देवी शिवरूपा होकर पूर्ण हो गई (त्वयां हत्वा वामं वपुश्यरितृमेन मनसा॥23॥)। यह शांकर अवधारणा दोनों अर्द्धांग-हरण वाली है अर्थात् अर्द्धनारीश्वर से भी आगे अतुल्य अर्धपुरुसेश्वरी है।

देवी माँ की ऐसी **देह** के स्वाधिष्ठान-चक्र में तिमिरहारिणी विद्युत् निवास करती है। उनका उद्भूत एवं स्थूल स्तनों के भार से सम्पन्न उरस्थल, मनोरम हँसी एवं कटाक्ष में कामदेव और कदंब की शोभा से युक्त देह है (आ.ल. ॥ 58 ॥)। एक अन्य श्लोक में भी समग्र देह-सौन्दर्य विकीर्ण हुआ है–देवी की ललित कटि में क्वणन शब्द गुंजाने वाली (ब्रह्मांड के ग्रहों–नक्षत्रों वाली करधनी, शिशु-हस्ति के गंडस्थल से पुष्ट उभरे हुए अमृत भरे कुच-कुंभ, मध्यभाग में पतली शारदीय चन्द्र के समान कटि तथा चारों हाथों में धनुष-बाण, अंकुश-पाशयुक्त देह है। अतएव देवी अस्त्र-शस्त्रों तथा अभय-वरद आदि मुद्राओं से निपुणा है।

निष्कर्ष के तौर पर सम्पूर्ण देह में शक्ति, काम और सौन्दर्य का समायोजन है। इस दिव्य सौन्दर्य में अनिर्वचनीय शक्ति है। इसके केंद्र हैं कुंतलों की वक्रता, मन्दहास्यसरलता, शिलावत पुष्ट कुच-मंडल, अतिशय मृदुलता, पुष्ट नितम्ब तथा रक्तिम वस्त्र तथा रक्तवर्णी अलंकारों से श्रृंगार है। यह विराट् एवं वैश्विक रूप-सौन्दर्य है (आ.ल.॥52॥)

अन्ततः शिख से नख तक के निम्नगामी वर्णन के अन्तर्गत **मुखमंडल** एवं **चरणकमल** की प्रधानता है। इसमें **देहांग** बहुधा कामरूप एवं अमरुक आह्वानक हैं।

(क) पहले **मुखमंडल** : स्वर्णमुकुट अथवा ग्रह-नक्षत्र जड़ित किरीट के बाद **मुखमंडल** की सौन्दर्य लहरी की तरंगों के समान तुम्हारी केशराशि में सिन्दूर-पूरित **माँग** है। तुम्हारा मुख कमलों की शोभा की हँसी उड़ाता है। तुम्हारे **कपोलों** पर झूलते कर्णफूलों से प्रतिबिंबित तुम्हारा मुख कामदेवता के चार पहियोंवाले रथ के समान है जिस पर आरूढ़ वह विश्वविजयी देवता उसके सूर्य-चन्द्र रूपी दो पहियों से उद्धत शिव से युद्ध को तत्पर है। (मुख कामदेव का युद्धरथ है–॥ आ.ल. ॥ 59 ॥)। कपोल निर्मल दर्पण हैं। यहाँ देवी-मुखमंडल का केंद्रीय यौनोत्तेजक सौन्दर्य बोधानुभव है।

मुखमंडल अपनी कुंतल-राशि से लहराता है। मुख-कमल के सौन्दर्य पर स्निग्ध-कोमल-सुकुमार कुंतलों का घना पुंज खिले हुए नील कमलों-सा है। उस सुगंधित केशपाश की सुरभि चुराने इंद्र के नन्दन-वन के पुष्प आ बसे हैं।

मुख पर घुंघराली **अलकें** सुन्दर भ्रमर-शावकों जैसी हैं।

तुम्हारा **ललाट**--मुकुट के साथ लावण्य एवं कान्ति से दीप्त है। ललाट पर **तीनों नेत्र** तीन रंगों के अंजन से शोभित हैं--सत्व, रज, तमस की भाँति। वे प्रलयकाल से उपरत ब्रह्मा-विष्णु-रुद्र को पुनः सृष्टि-स्थिति-प्रलय चक्र को संचालित करते हैं। ये तीनों नेत्र क्रमशः सूर्य (दायाँ), चन्द्र (बायाँ) तथा गोधूलि वेलाओं के निर्माता हैं। इस तरह सम्पूर्ण सृष्टि तुम्हारा विराट् रूप (मैक्रोकाज्म) है। कामाक्षी, तुम अपने कामनेत्रों से समस्त जीवों में काम उत्पन्न करती हो। (कामकला : ...हिमगिरिसुते कामपि कृपामपांगान्ते लब्ध्वा जगादिमनगौ विजयते॥सौंल.॥6॥)।

तुम्हारे नेत्र-**कटाक्ष** के पीछे रूपवती स्त्रियाँ पागल-सी दौड़ने लगती हैं। कृपा-कटाक्ष उपकारी है।

तुम्हारे द्वारा **पलकें** खोलने पर सृष्टि सृजित होती है और मूंदने पर विसर्जित होती हैं। तुम्हारी **भवें** भयनाशक होने के साथ-साथ रतिपति के बायें कर में थामे हुए धनुष की तरह हैं जिसकी प्रत्यंचा तुम्हारे भ्रमर-समान नेत्रों से निर्मित है। तुम्हारी **नासिका** के शीतल निःश्वासों से मोती बन रहे हैं और वे समृद्ध होकर नथुनी बना रहे हैं। तुम्हारी सुन्दर **दन्तमाला** मूंगे--जैसे लाल ओठों की शोभा बढ़ाते हैं। तुम्हारे **अधर** न तो प्रवालमणि हैं, न बिंबा-फल है, बल्कि प्रकृत्या रक्तवर्ण हैं। **अथच** तुम्हारी सम्पूर्ण देहकान्ति इन **ओष्ठों** में प्रतीयमान है। चन्द्रमा के समान स्वच्छ तथा कर्पूर-खंडों से युक्त तुम्हारे **ताम्बूल-ग्रास** को स्कन्द, उपेंद्र तथा इंद्र--ये तीनों ग्रहण करते हैं। तुम्हारी **जीभ** जपापुष्प-सी अरुणा है तथा शिव के गुणगान में अविश्रान्त है। तुम्हारे **कपोल स्थल** कानों में झूलते गोलाकार झुमकों के निर्मल दर्पण हैं जो चार चक्रों का आभास देते हैं। ऐसे में तुम्हारा मुखकमल कामदेव के दो पहियोंवाला युद्धरथ भी हो जाता है।

नेत्रों के बंकिम **कटाक्ष** की तरह ही तुम्हारे चन्द्रमुख की वह **मुस्कान** है। मुस्कानरूपी मधुर चंद्रिका का अत्यधिक रसपान करने से चकोरों की चोंच कठोर जड़ हो गई। इसीलिए वे प्रत्येक रात में उसका रसपान किया करते हैं। तुम्हारी **चिबुक (ठोढ़ी)** को पिता गिरिराज ने वत्सलता से बार-बार स्पर्श किया एवं कान्त शिव ने अधरामृत-पान हेतु उसे बार-बार ऊपर उठाया। तुम्हारी **ग्रीवा (गर्दन)** को त्रिपुरांतक तथा कामारि शिव नित्यप्रति स्पर्श किया करते हैं जिससे उनके अरिमर्दनकारी हथेली के खुरदुरेपन से वह वैसी हो गई है। मुखमंडल के अन्तिम उपांग **कान** हैं। वक्रप्रोक्ति द्वारा शंकराचार्य परिहास करते हैं कि शफरीकाएँ

(मछलियाँ) निमेषहीन भीत होकर छिपी रहती हैं क्योंकि तुम्हारे नयन ईर्ष्या के कारण इनकी चुगली कानों से न कर दें।

इस तरह मुखमंडल अपने सभी लघु-दीर्घ उपांगों के साथ शास्त्रप्रस्थानक होते हुए निर्मल दर्शन तथा सौन्दर्य दीप्ति से सायुज्य हो गया है।

(ख) 'सौन्दर्य लहरी' के अन्य महत्त्वपूर्ण अंग **चरण** या चरण-कमल हैं।

देवी माँ, मैं तुम्हारे चरणों के लाक्षारस अर्थात् लाल महावर का प्रसाद-पान कब करूँगा क्योंकि यह सरस्वती-मुख से निकले कवित्व-रस के समान है। (शंकर ने अधर के तांबूल रस तथा चरणों के महावर तक भी अपनी सूक्ष्म सौन्दर्यानुभूति की अभिव्यंजना की है)। शंकर उन चरणों को अपने मस्तक पर रखने की प्रार्थना करते हैं; क्योंकि उन चरणों का जल शिव की जटाजूट से निर्गत गंगा तथा उनमें लगा महावर-जल विष्णु-केशों में लगी हुई मणिप्रभा के समान है। उन चरणों पर लाक्षा-महावर भी उत्कट कान्ति दमकती है और उसके प्रहार से तुम्हारे प्रमद वन के अशोक फूल उठता है। लेकिन पशुपतिनाथ के चरणों में ऐसा चमत्कार नहीं है। अतः वे भी भगवती के चरण-प्रहार की स्पृहा रखते हैं। यही होता है अधोमुखी शिव के ललाट पर तुम्हारे चरणों का कामद ताड़न हो ही जाता है जिससे अपने चिरकालिक अन्तर्दाह को प्रकट करते हुए अनंग कामदेवता भी तुम्हारे नूपुरों की रुनझुन के ब्याज से खुशी प्रकट करता है। भगवती द्वारा अपना चरण-प्रहार पुरुषायित-बंध में कामवासना जाग्रत करने का भी सूचक है जिससे शिव कामपीड़ित हो उठते हैं (यह रुद्राग्नि का जागरण भी है)। सारत्व में : तुम्हारे चरणद्वय कमल को पराजित करते हैं अर्थात् कमला या पद्मा को भी वशीभूत कर लेते हैं (आ.ल. ॥ 46 ॥)।...इस भाँति सुन्दरी देवी की **पदन्यास-क्रीड़ा** को जानने के लिए उसके कामरूप-भवन में विचरण करने के लिए ब्रह्मचारी शंकराचार्य भी राजन्य हंस होकर प्रवेश का अभ्यास करते हैं। तुम्हारे चरण-कमलों में बन्धे मणिमय नूपुरों की झंकार जहाँ तक जाती है, राजहंस भी पीछे-पीछे 'शिक्षा पाने' चला आता है ('पदन्यासक्रीडा परिचयमिवारब्धुमनसश्चरन्तस्ते खेलं भवनकलहंसा न जहति। अतस्तेषां शिक्षां सुभगमणिमंजीररणितच्छलावाचक्षाणं चरणकमलं चारुचरिते'॥आ.ल.॥50॥)।

हमने इस प्रभाग में मिथक-आलेखकारी की मिथकीय-अन्तर्कुंडलन (मिथिक इंटर-लॉकिंग) की पद्धति का इस्तेमाल किया है। फिलहाल शिख-नख के अन्य प्रसंगों के लिए हम बगलकाट करते हैं।

इस खंड में देवी माँ की धुरी पर उनके सौन्दर्य, शक्ति, शील से उद्भूत कृपा, दया, ममता, करुणा, ज्ञान, आनन्द की प्रार्थनाएँ व्याप्त रही हैं। शंकराचार्य ने देवी माँ की दास्य-शान्त-वात्सल्य भाव से 'मैं-तुम' वाली सम्बन्धता निश्चित की है (सख्य

नहीं है)। शिव-धुरी पर 'तुम-वह' की सम्बन्धता भी है। चारों ओर आह्लाद एवं कालोत्तीर्णता परिव्याप्त है। महाराग-महाभाव-छाया है। शिख-नख वर्णन के अक्ष पर सहस्रार से मूलाधार की ओर अवरोहण है। इस अक्ष पर चिरन्तन नारीत्व का आधिभौतिक आयाम उन्मीलित होता आया है।

II. मातृ-देवी

यह निथार **'चिरन्तन नारीत्व'** का दूसरा खंड है। प्रागैतिहासिक आदिम शैल चित्रों के पश्चात् विश्वभर की सभ्यता-संस्कृतियों में इन माटी की मूरतों को मानवता की सर्वप्राथमिक शिल्पाकृतियाँ कह सकते हैं। देवी-मां के अलौकिक आयाम के प्रतिपक्ष में यह लौकिक आयाम है।

अति छोटे मुहांदरे वाली इनमें सभी कुछ अनुपात का अतिशय उल्लंघनकारी है। बेहद गोल फूले स्थूल स्तन, मोटापायुक्त फैले नितम्ब तथा गरू (भारी) और बेडौल जंघाएँ हैं 'कनक भूधराकार शरीरा।' यद्यपि आदिशंकर ने ये तीन निथार नहीं किये हैं किन्तु त्रिकालदर्शी दार्शनिक ने शायद इसकी अनादि वासनापरक धुरी का भी सन्दर्श किया है। निखार या वर्गीकरण तो हम विवेकाधीन प्रज्ञा (डिस्क्रीशनरी इंट्यूशन) द्वारा कर रहे हैं। यह हमारी अनिवार्यता है और परिणामतः स्वतन्त्रता भी। अतएव हमें भी इन्हीं अंगों पर केंद्रीभूत होना चाहिए।

इन मातृ-देवियों का प्रयोजन सौन्दर्य, दिव्यता, दार्शनिकता नहीं है। ये **प्रजनन** तथा मातृसत्ताक नृतत्व वाली **शक्ति** से संलिप्त है। अतः ये **महामाता** हैं।

महामाता की आरंभिक मृणमूर्तियों में प्रायः एक ही मुद्रा है—बैठी हुई। ये बहुधा भुजाओं से रहित तथा टांगों से विहीन हैं। संभवतः महामाता का मातृदेवी के रूप में आनुष्ठानिक व्यवहार होना शुरू हो गया था। सो, सबसे पहले स्तन सृष्टि के पोषक माने गए। मातृदेवी के सौन्दर्य-बोध-शास्त्र की यही लौकिक व्यासरेखा है। गौरतलब है कि युवक शंकर ने स्वयं मातृदेवियों की आदिम माटी की मूरतों के देहानुपात का सौन्दर्यबोध अंगीकार नहीं किया। उनके मानक भी गुप्तों–वाकाटकों वाले रहे। यथा वह निस्सीम महिमावाली महामाता **महामाया** है जो ब्रह्मा की वाग्देवी, हरि की पद्मा तथा हर की पार्वती से भी भिन्न है (आ.ल. ॥ 57 ॥);...वह जगत की रक्षा के निमित्त करुणामयी काचिदरुणा है। उसके **गात्र** शिरीष की आभायुक्त हैं, **कुचतट** पाषाण के समान हैं, **कटिभाग** कुश की भाँति तन्वी हैं तथा **नितम्ब** अधिक स्थूल हैं—'शिरीसाभा गात्रे दृसदितव कठोरा

कुचतटे। भृशंतन्वी मध्ये पृथुरषि वरारोहिविषये जगत्वातुंशंभोर्गयति करुणा काचिदरुणा', (आ.ल. ॥ 52 ॥)। अतएव हम भी कुच, कटि, नितम्ब और जंघा का ही निरूपण करेंगे।

सबसे पहले **पयोधर स्तन :** साहचर्यवश सबसे अधिक मौर्यकालीन दीदारगंज की चंवरधारिणी यांक्षणी के स्तन ही मातृदेवी के देहांग के समीपी लगते हैं। उसके अमृतपूर्ण कुंभस्तन कलभ (शिशु हाथी) के गंडस्थल के समान हैं; उन सुपुष्ट स्तनों से दुग्ध प्रवाहित है; कुचमंडल शिलावत पुष्ठ हैं; उसके स्तनद्वय स्कन्द तथा गणेश जैसे पुत्रों द्वारा पान किये गए (समं देवि स्कन्दद्विपवदनपीतं स्तनयुगं) जिससे वे दोनों पुत्र अब तक भी रति-प्रसंग से अनभिज्ञ और कुमार ही बने हुए हैं (आ.ल. ॥ 32 ॥) आदि। महामाता के स्तन पोषण की महिमा को बखानने में ऋग्वेद (7/1/10) में अद्‌भुत समाहार है–'यस्ते स्तनः शशयुर्यो मयोभूर्यः सुम्नयुः सुहतोयः सुदत्रः। येन विश्वा पुष्यशि वार्याणि सरस्वति तमिह धातने कः॥' हे प्रवहशीला सरस्वती! तुम्हारा स्तन शक्तिदायक, सुखदायक, पुष्टिदायक, मन को पवित्र करने वाला और प्रार्थना के योग्य है। उसे हमें भी प्रदान कीजिए।

माटी की मूरतों में तो **कटि** लम्बोदर में ही समा गई है लेकिन शंकर की नजर में पृथुल स्तनों के हिलने से चोली के बन्ध तो टूट गए हैं परन्तु कामदेवता ने कटिप्रदेश में त्रिवली के बन्ध तीन बार बांध दिए हैं (आ.ल. ॥ 39 ॥)।

अब नितम्ब : मातृदेवी के नितम्बों में इतनी गुरुता तथा विस्तार है कि उससे सम्पूर्ण पृथ्वी की गति ही अवरुद्ध हो गई है तथा उसका विस्तार तुम्हारे नितम्ब-विस्तार से कमतर नजर आता है–'अतस्ते विस्तीर्णो गुरुश्यम शेषां वसुमतीं नितम्ब प्राग्भारः स्थगयति लघुत्वंनयति च॥ आ.ल. ॥ 40 ॥)। इसी तरह मूरतों की वामन **जंघाओं** के बजाय युवक शंकर ने उन्हें गजराजों की सूंड़ों के समान, स्वर्ण कदली स्तम्भों के समान विजयिनी बताया है (आ.ल. ॥ 41 ॥)। अथच तुम्हारी दोनों जांघें रुद्र को पराजित करने के हेतु, दुगुने बाणों से परिपूर्ण कामदेवता के दो तरकशों के समान हैं ('पराजेतु रुद्रं द्विगुणशरगर्भो गिरिसुते निषंगौ जंघे ते विषमविशिखो वाढमकृत।' (आ.ल. ॥ 42 ॥)

ध्यान रहे कि भगवती, गिरिसुता के माध्यम से ये उद्वेलन युवक ब्रह्मचारी संन्यासी आचार्य, दार्शनिक शंकर के हैं। इनमें मनोविश्लेषण के अवचेतन की सभी परतें रहस्योद्‌घाटित हो रही हैं और शंकराचार्य की दीप्त छवि एक अर्द्धनारीश्वर की भाँति आलोकित हो रही है। इनको मिथकों की ढालें तथा कुंडल-कवच पहनाए गए हैं। अवचेतन में उनका कामयोगी भी अंगड़ाई लेता है।

III. त्रिपुर-सुन्दरी

इस तीसरे खंड में चिरन्तन नारीत्व का अन्तिम तीसरा कोण **त्रिपुर-सुन्दरी** वाला है। सम्प्रति हम **त्रिपुर रहस्य** की चर्चा को टाल रहे हैं। अलबत्ता यह तथ्य है कि 'आनन्द लहरी-सौन्दर्य लहरी' में देवी मां-मातृदेवी-त्रिपुर सुन्दरी की एकतानता में परस्परव्याप्ति तथा अति आच्छादन भी हुए हैं। त्रिगुणात्मक वर्गीकरण तो हमने भाष्य तथा अवकूटन (डि-कोडिंग) के लिए किया है।

हम **त्रिपुर भैरवी** की चर्चा भी नहीं करेंगे क्योंकि आवेशी युवक के ललित सौन्दर्य-पंथ में वह शामिल नहीं है। अलबत्ता 'श्रीचक्र' तथा 'कामदेवता' इसके चक्रचिह्नों में सम्मिलित होंगे।

त्रिपुर सुन्दरी कृपालु, समर्था तथा प्रसन्ना है। उसने काम को परमानुरागी कामदेवता बना दिया। महात्रिपुरसुन्दरी तो चिदानन्द (चित् एवं आनन्द युक्त) लहरी है। वह माधुर्यमंडित 'सावित्री मिर्वाचा' है। वह **मणिद्वीप-वासिनी** है जो सुधासिंधु के मध्य में, कल्पवृक्षों की वाटिका से परिवृत्त है। वहाँ नीप उपवन के मध्य चिन्तामणियों से निर्मित पर-(योनि के) त्रिकोणाकार मंच पर परम शिव के पर्यंक पर आनन्दलीन है (सौं.ल. ॥ 8 ॥)। तुम तो स्वयं शरीरधारी शृंगार रस हो (शरीरी शृंगारो रस)। अतः त्रिपुर-सुन्दरी **श्रीललिता** है। मणिपीठ एक लिंग-नुमापीठ भी है जिसमें रुद्र उपस्थ एवं उमा योनि रूपा हैं। वहाँ महातांडव-नृत्य (नृत्यप्रियो-नित्यनृत्य) होता है। अतः युवक शंकर की त्रिपुरसुन्दरी (उनकी) आदि इच्छाशक्ति है, परालतिता है, भट्टारिका है तथा संकल्पात्मक मनश्चमत्कार भी है। ऐसी है उनकी त्रिपुरसुन्दरी!

नारीवृत्त में उसमें नारीत्व की शक्ति, माया (मोहिनीयता), कला, शुद्धविद्या एवं अशुद्ध विद्या के नारी-स्वरूपों का पुंज है। इन्हें 'शिव-युवतियाँ' बताया गया है। बाद में ये लौकिक रमणियाँ हो जाती हैं जो काममुग्ध होकर बेसुध हो जाती हैं (शरज्योत्सनाशुद्धां...), उनकी अंगकान्ति में मोहक लावण्य है। उनके शिलावत पुष्ठ कुचमंडल तथा पुष्ठ नितम्ब हैं, (आ.ल. ॥ 52 ॥)।

भगवती त्रिपुरसुन्दरी की मधुमति भूमिका ऐसी है कि (शंकर की तरह सभी को) **भोग** तथा **मोक्ष** सहज साक्ष्य हो जाते हैं (यह तो बिलकुल नवीन समीकरण है जो विरुद्धों का भी सामंजस्य करता है। कैसे?) जो पुरुष तुम शिवस्वामिनी की कामकला का ध्यान करता है वह स्त्रियों के चित्त को तुरन्त शोभायुक्त कर देता है। (शंकराचार्य कामकला का तन्त्र भी खींचते हैं कि वह मुख को शीर्ष बिन्दु तथा नीचे दोनों स्तनों के दो बिन्दु बनाकर उसके नीचे की ध्यान-वेदी जैसा है। इस प्रकार एक अधोमुखी त्रिकोण बनता है (सौं.ल. ॥ 19 ॥)। यह

त्रिपुरसुन्दरी का देहत्रय स्वरूप है।) इसमें काम की चिद्शक्ति में, फिर आनन्दानुभव में उत्तीर्णता होती है। इस भाँति काम, योनि, कामकला, वज्रपाणि, गुहा आदि आवरण त्रिपुरसुन्दरी के अवयव-स्वरूप हैं। उनका रूपाकार गात्र, केश, मुख, स्तन, कटि, नितम्ब तथा पाश हैं। इन्हीं लड़ियों में कुंतल, मुखमंडल, कपोल, उरु, कटाक्ष, ग्रीवा, मुस्कान, पदाघात आदि का सौन्दर्योत्सव हम प्रदर्शित कर चुके हैं।

अतः शंकराचार्य ने त्रिपुरसुन्दरी दर्शन में धुरी कामरति-केलि की बनाई है। यही उसकी अनिर्वचनीया शक्ति है (दाधीच)। यही उसकी एक कला (आवरण) है। इसी से उस शिवकान्ता ने उनका अर्धांग हरण कर लिया है। ऐसा ही उसका कामरूप-कामाख्या पीठ है। इसीलिए त्रिपुरसुन्दरी शिवयुवती भी है। उसके नाना प्रतिरूप **श्रीचक्र** बनाते हैं जिसमें चार शिवकोण तथा पाँच शक्तिकोण हैं जो क्रमशः श्रीकंठ तथा शिवयुवतियाँ कहाते हैं।

शंकराचार्य द्वारा मुख से स्तनद्वय द्वारा खचित एक त्रिकोण का उल्लेख किया जा चुका है। अब एक अन्य त्रिकोण भी अनुकल्पित है जिसका शीर्ष बिन्दु नाभि भंवर है जो स्तनरूपी खिले हुए कुसुमों को रोमराजि की लतानाल से धारण किये हैं अथवा कामरूपी अग्नि को धारण करनेवाली यज्ञवेदी के समान है (आ.ल. ॥ 37 ॥)।

इस भाँति शंकराचार्य ने कई त्रिकोणों तथा कामरथ की परिकल्पना करके श्रीचक्र एवं श्रीविद्या का सन्दर्श (विजन) किया–कराया है। उनकी व्यवस्था में भी श्रीविद्या सूक्ष्म शरीर, तथा श्रीचक्र स्थूल शरीर है। श्रीचक्र में शिवशक्ति सायुज्या महात्रिपुरसुन्दरी निवास करती हैं। इसलिए अध्यात्म अक्ष पर श्रीचक्र ब्रह्मांड का भी प्रतीक है। सो, यह शरीर भी, तदाकार-न्याय से, श्रीचक्र का रूप है। यह 'शरीर' नारी-पुरुष का युगनद्ध है। इसमें चार शिव-त्रिकोण तथा पाँच शक्ति-त्रिकोण हैं। इनके सम्मिलन से ही पूरा चक्र बनता है। यह एक बेहद खूबसूरत सौन्दर्य-डिज़ाइन बनाता है। जब यह सम्मिलन नहीं होता तब परमशिव का प्रतीक बिन्दु मात्र ही शेष रहता है, तब सौन्दर्य में विक्षेभ तथा अ-सौन्दर्य–बोधशास्त्र की भाटा-तरंगें उछाल मारती हैं (जिसके कई उत्तर-आधुनिक रूपायन हैं)।

अब आगे भी महारूपक का खुलासा करें : जिस प्रकार सम्पूर्ण ब्रह्मांड का मिथकीय आश्रय **शेषनाग** है, वैसे ही सर्वयोग तन्त्रों का आश्रय भी सर्पिणी-सी **कुंडलिनी** (की शक्ति) है। योग-क्रियाओं से अग्नि की तीव्रता अत्यधिक हो जाती है जो देह के तापमान को ज्वर, परिश्रम, कामज्वर के लक्षण बताती है। सन्तप्त होकर कुंडलिनी भी जाग्रत होती है...और यह अमूर्त आघातीत सर्पिणी के समान फूत्कार

करके सीधी होकर षट्चक्र भेदन करती है जो देह के 'मनस्तात्विक केंद्र' तथा 'तप्त बिन्दु' की तांत्रिक प्रोक्तियाँ हैं।

हमने त्रिपुर रहस्य को निवेदित नहीं किया है। हम तो अपनी गुमनाम नीलतारा के सहवास से ही आगे बढ़ते रहेंगे। वह 'ध्यान-छवि' तो है।

अन्तिम जिज्ञासा : एक

तो क्या हमारे 'किंवदन्ती-पुरुष' शंकर ने 'परकाया-प्रवेश' तथा 'देवी-स्तुतियों' द्वारा श्रीविद्या, देहात्मा-रहस्य तथा षट्चक्र, शक्ति-त्रिकोण, कुंडलिनी शक्ति, श्रीचक्र, तन्त्र एवं काम आदि की अवधारणाओं एवं पूर्व-तार्किकताओं के द्वारा वैष्णवों-शैवों, चार्वाकों-शाक्तों, वज्रयानियों-बौद्धों से शताब्दियों वाला वैचारिक-संग्राम (पोलोमिक्स) चालू रखा था तथा अपनी योग-भोग, लोक-परलोक, ब्रह्म-जगत की अन्तश्चेतनाओं की वरीयता (हेजिमनी) संस्थापित की थीं?

ऐसा आभास यत्र-तत्र-सर्वत्र झिलमिलाता दृष्टिगोचर होता है क्योंकि शंकराचार्य प्रच्छन्न बौद्ध तथा निर्गुण वैष्णव भी बताए गए हैं, क्योंकि प्रतिश्रुतियों में कामरूप के युवा राजा, कर्णाटक के अमरुक, भारती, अभिनवगुप्त आदि से उनके सम्पर्क तथा शास्त्रार्थ के बीच तो शताब्दियों का अन्तराल है। अतः इसे हम ऐतिहासिक रोमांस की संज्ञा भी दे सकते हैं।

प्राचीन काल में वात्स्यायन जैसे कामयोगी तथा आधुनिक युग के हैवलॉक एलिस आदि ने देह और यौन, देह के उत्तेजक तप्त बिन्दुओं तथा कामकला की आदि वासनाओं के अन्तर्गत ललाट, कर्ण, कपोल, भ्रूव, वक्ष, नाभि, उरु, योनि, जंघा, पिंडली, पद के तलुवों आदि को शामिल किया है। शंकर ने भी दार्शनिक साधनाओं तथा मनोविज्ञान द्वारा इनका अभिज्ञान प्राप्त किया है। यह अद्भुत समानता है।

मंडन मिश्र की पत्नी भारती ने अपनी मनीषा से शंकर के आधे-अधूरेपन को जोड़कर **'जीवन की गुणवत्ता'** का उत्थान करा दिया। शंकर ने भी मोक्ष के बजाय काम एवं धर्म की मैत्री कायम की। उन्होंने विलासी सामंतीय भोग-सुख को नकारकर स्वस्थ कामकला तथा (दिव्य) सौन्दर्य एवं व्यावहारिक योग का प्रतिपादन किया। उन्होंने बलाधिकारी भोग सुख को वर्जित किया, वर्णाश्रम-व्यवस्था का निषेध किया तथा कर्मकांड के विरोध में संग्राम लड़ते रहे जो जीवनपर्यंत या जीवनोत्तर जारी रहा।

उन्होंने अपने 'दार्शनिक धर्म' में **दर्शन** को आध्यात्मिक बनाया तथा **धर्म** में लोकधर्म के समन्वय एवं समरसता का प्रचार किया। यह उनका बहुजनीन लोकपक्ष

है। दर्शन चक्र में निर्विकल्प समाधि, ब्रह्म, विद्या, माया, चैतन्य, आनन्द आदि की उनकी मौलिक अवधारणाएँ छा गईं। उन्होंने पारमार्थिक सत्ता के स्वरूप के सन्निकर्ष में व्यावहारिक सत्ता तथा प्रतिभासिक सत्ता को भी परिणामी बताया। किंवदन्तियाँ ऐतिहासिक पुनर्निर्मिति भी करती हैं, ऐतिहासिक ज्ञान भी देती हैं कि शंकर ने चार्वाकी देहात्मवाद-इंद्रियात्मवाद–प्राणात्मवाद-आत्म मनोवाद को धारावाहिक समझा दिया था तथा आत्मा में ब्रह्म के अद्वैत के साथ जीवन-सुख के भोग का आयाम भी उद्घाटित किया था। वे 'प्रत्यक्ष' के प्रमाणों के लिए सत्य और मिथ्या के ध्रुवातों में पोलेमिक्स करते रहे। आधुनिक युग में जिस प्रकार विवेकानन्द ने रामकृष्ण मिशन द्वारा, दयानन्द सरस्वती ने आर्य समाज द्वारा संन्यास की दिशाएँ ही बदल दीं, उसी प्रकार आचार्य शंकर ने भी 'पूर्ण पुरुष' तथा 'चिरन्तन नारीत्व' के अभिज्ञान से मध्यकालीन तथा आधुनिक मनुष्य की नयी-नयी अस्मिताओं के 'सांस्कृतिक आकृतिबन्ध' (कल्चरल पैटर्न) गढ़ डाले हैं। यह एक धीरोदात्त सांस्कृतिक क्रान्ति सिद्ध हुई। इसने यही सिद्ध किया कि कोई भी महत्त्वपूर्ण पुरुष/महिला अनिंद्य देवता/देवी नहीं, बल्कि उत्कर्ष संघर्षी मानुष होते हैं।

अन्तिम प्रार्थना : एक

वाह, आत्मन्वेषी शंकराचार्य! आप तो कमाल के हैं। आपने अपने अविनाशी ध्यानरूप में कुमारिक तथा सरहपाद को भी सुना, फिर उन्हें खूब सुनाया। आप 'प्रच्छन्न बौद्ध' तक कहलाए। आप कालोत्तीर्ण भी होते गए।

किन्तु हम तो आपको मध्यकाल के सिद्ध-सामंत वाले मध्यान्तर का 'पूर्णपुरुष' पाते हैं। आपने **योग** (निर्विकल्प महाभूत समाधि में देवी-ध्यान) तथा **भोग** (परकाया-प्रवेश) का साम्योजन किया। चतुर्पुरुषार्थों में-से संन्यासी के नाते आपने अर्थ का परित्याग किया और **धर्म** तथा **मोक्ष** की साधनाएँ कीं। किन्तु **काम** के अन्तराल की आपूर्ति करते हुए मानो आपने 'धर्म-काम-मोक्ष का नया त्रित्व' सृजित किया।

आपने अपनी क्रांतदर्शी अन्तश्चेतना द्वारा **'चिरन्तन नारीत्व'** के त्रिक्' को भी सिद्ध किया। इसके अन्तर्गत अलौकिक देवी मां, लौकिक मातृदेवी तथा लोकोत्तर त्रिपुरसुन्दरी को हमने स्वविवेकाधीनता से अवकूटित किया है। इस आदि शक्ति का श्रेयस् उद्देश्य नारी एवं नारीत्व को भरपूर अस्मिता से मंडित करना रहा जिसमें उसके ऐंद्रियिक-काममोहक-भावनात्मक-मानसिक–उत्तर सामाजिक स्वरूपों का अनुसन्धान केंद्राभिसारी हो गया है। इसका मनोरथ यह था कि मध्यकाल से आधुनिक काल तक नारी के प्रति हमारा मर्दवादी निर्मन अहं तथा सामाजिक

पाशविकता समाप्त हो ताकि अब हम नारी को सचमुच सम्मानीया, सखी, प्रिया, कान्ता, भगिनी, माता, महामाता के रूपों में अभिनंदित करना शुरू करें। देवी नीलतारा भी ऐसी हो सकती, काश!

ओए! भाई! जानम, अते मित्रानिआं, इस लेख का आशय भी यही है कि हम आधी-अधूरी कथनी-करनी-रहनी वाली अपनी जिंदगानी में कुछ तो छल-छद्मों, स्वार्थों-अहंकारों से छुटकारा पाएँ। 'पूर्ण पुरुष' तथा 'चिरन्तन नारीत्व' हमारे आदर्श, प्रादर्श तथा प्रतिदर्श हैं। हम दोनों एक समान हैं। हम दोनों एकसाथ हैं। यही हमारी मानवतावादी साम्यमूलक नियति है।

(2011)

॥ समापन ॥

परिशिष्ट-2

*अभिनवगुप्त, बताओ कि आज के सामाजिक निस्संग-निर्वैयक्तिक क्यों रहें?

आज तो ऐसा सांस्कृतिक अभिकल्प (डिजाइन) हम जैसे आधुनिकों के अभिज्ञान से भी दूर की कौड़ी जैसा है कि किस तरह से सौन्दर्य दर्शनवेत्ता **अभिनवगुप्त** (ई.प. दसवीं शती के अन्तिम चौथाई से ग्यारहवीं शती के प्रथम चौथाई) **'अभिनव भारती'** में **भरत मुनि** (ई.प. दूसरी शती के आलेदुआले) को तथा **'ध्वन्यालोक लोचन'** में **आनन्दवर्धन** (ई.प. नवीं शताब्दी का मध्य) को, अपनी बहुआयामी वैश्विक सन्दृष्टि (वर्ल्ड व्यू) में समायोजित करके, धारावाहिक बना सके। यह कोई दस शताब्दियों अर्थात् एक हजार वर्षों से अधिक का कालखंड है जिसमें उन्होंने महाभाष्यकार के रूप में भी दृश्य काव्य (नाटक, नाट्य, नृत्त) तथा श्रव्य काव्य (स्वरूप-भेद, शब्द शक्तियाँ, काव्य स्वाद) को एक ही व्यास-रेखा पर संस्थापित किया। यही नहीं, उन्होंने सांख्य, वेदान्त, शैव दर्शनों के बीच भी एकतानता कायम की तथा त्रिक् एवं तन्त्रालोक के द्वारा भी शक्ति एवं ललिताशोभा की अभिनव परियोजनाएँ प्रस्तुत कीं। उनकी ऐसी दिग्दिगंतव्यापी दिग्गज प्रतिभा गर्वित एवं चकित कर देती है।

तदपि उन्हें ध्यान एवं समाधि के, प्रेक्षक एवं सहृदय के, निर्वैयक्तिकता एवं निस्संगता के, सोपानी संयुक्तता एवं एकलीन समरसता के विरोधाभासों तथा अन्तर्विरोधों से भी जूझना पड़ा। अतएव हमें भी दार्शनिक, शास्त्रीय, सामाजिक, ऐतिहासिक भूलभुलैयों से गुजरकर ही मंजिल पाना होगा। ऐसे महाप्रश्नों का प्रारब्ध ऐसा ही होता है। अलबत्ता ये ग्रामलोक, समाज-संस्कृति-इतिहास के भी महा प्रश्न हैं। तथापि ये **लोकप्रिय** तथा **गल्प** (आख्यायिका, उपन्यास, कहानी) की तरह सहज-सरल मनोविनोदी सम्प्रेषण वाली प्रोक्तियाँ कतई नहीं हो सकते। उनके शब्दभंडार (लेक्सिकॉन), पारिभाषिक (टर्म्स) तथा तर्क-न्याय आदि भिन्न-भिन्न होंगे। इसलिए हम उनकी कुछ अधिष्ठापनाओं, विशेषकर क्लासिक की निर्वैयक्तिकता

* सारी भारतीय तिथियाँ सुशील कुमार डे के अनुसार दी गई हैं।

एवं निस्संगता, पर सवाल-दर-सवाल उठा सकते हैं ताकि हमारे आधुनिक समय तथा जादुई व आभासी यथार्थ में उनकी प्रासंगिकता खोज सकें। उनका युग सामंतीय, आभिजात्य, ऐकरेखांक संस्कृति की प्रमुखता वाला था। अतः उनके जटिल बहुधर्मी 'दार्शनिक मनोविज्ञान' में देह-मन-बुद्धि से परे पहुँचकर आध्यात्मिक प्रत्ययों (शिव, शक्ति, माया, प्रकृति, त्रिगुण, प्रत्यभिज्ञा, जीव-आत्मा—आनन्द, समाधि आदि) की अनेकानेक प्रजनक संरचनाएँ परिव्याप्त हैं।

इन वजूहातों से हमें अभिनवगुप्तपाद के बरक्स भरत, भट्टनायक, श्री शंकुक आदि के अलावा बर्तोल्त ब्रेख्त (1898-1956), स्तानिस्लावस्की (1863-1938) आदि को भी समानान्तरतः लेना होगा क्योंकि यही हमारी अनिवार्यता एवं स्वतन्त्रता, दोनों है। यह हमारा समकाल भी तो है।

सो, सर्वप्रथम अभिनवगुप्त संमत **मनुष्य की अवधारणा** लें। यह मूलरूपेण 'प्रेक्षक' तथा 'सहृदय' की अनुषंगी है। यह सौन्दर्यदार्शनिक अन्तर्विरोधों से अनुस्यूत है जिसमें हमारे आचार्य ताउम्र उलझे रहे। ...एक ओर वे सांख्य-दर्शन के पुरुष-प्रकृति की संरचना को लेते हैं तो उस पर ही परम शिव-पंचरूपा शक्ति का बन्धान करते हैं। इस उपक्रम में वे माया को भ्रान्ति के बजाय एक यथार्थ क्रियाशक्ति के रूप में स्वीकार करते हैं। इस तरह 'नाट्यशास्त्र' के मूल लोकधर्मी उद्गम का रहस्य उद्घाटित कर डालते हैं। अब दूसरे पक्ष में वे अपनी (तत्कालीन) 'सामाजिक चेतना' के अनुरूप समाधिस्थ सुमनस्—अर्थात् सक्रियमान 'सामाजिक' (मनुष्य) को जोड़ते हैं। तीसरे आयाम में वे सांस्कृतिक चक्रचिह्न में सहृदय एवं प्रेक्षक को भी, एकात्म-न्याय से, एकतान कर देते हैं अर्थात् 'वासना' (रस) तथा 'संविश्चमत्कार' को पारसरूप बना डालते हैं। ये सब उनकी 'सामरस्यमय पुनर्निर्मितियाँ एवं परियोजनाएँ हैं।

तथापि द्वैताद्वैत के द्विस्तरीय (पुरुष-शिव, प्रकृति-शक्ति के) द्वंद्व में वे मनुष्य की सहृदय-प्रेक्षक अभिभूमिकाओं (रोल्स) के लिए समाधि तथा चमत्कार को युगनद्ध करते हुए सौन्दर्यबोधशास्त्रीय निस्संगता तथा निर्वैयक्तिकता की विरोधाभासी शर्तें लगा डालते हैं। प्रत्युत समाधि तथा चमत्कार का यह द्वैत-द्वंद्व उन्हें अद्भुत के (भट्टनायकीय, कुंतकीय) मनोरहस्यात्मक लोकों में भी अन्तर्यात्राएँ कराता है।

नतीजतन, आगे हम ऐसी दशा तथा दिशा और स्थिति की पुनःरचना एवं पुनराख्यान करने को प्रस्तुत हैं। (इस सांस्कृतिक पैटर्न में उन्होंने जो 'ध्यान' (मेडिटेशन) तथा 'समाधि' (ट्रांस) के दार्शनिक प्रत्ययों को ऐकीकृत कर दिया, उससे हमारी आधुनिक मुश्किलें और बढ़ गई हैं) मध्यकालीन आभिजात्य सामंतीय वैश्विक सन्दर्श में 'हृदय' को 'आत्मा' द्वारा भी विस्थापित किया जाता रहा है। यहाँ से हमारी जिज्ञासा आरंभ होती है।

प्रथम द्रष्टया कृतिकार के सिसृक्षाजन्य छाया-पात्र का, इंट्यूशन, फिर कृति में अवतरित चरित्र (नेता), तो मंच पर प्रत्यक्षण के नेपथ्य-वाली ही हैं। इसके बाद ही अभिनेता (नट) और परकायी अभिनेत तथा प्रेक्षक या सामाजिक यथार्थ तथा भ्रान्ति, तादात्म्य तथा निर्वैयक्तिकता आदि के अनुत्तरित प्रश्न उठाते आए हैं। अभिनवगुप्त प्रेक्षक को धुरी बनाते हैं, तो बहुसांस्कृतिक वैश्विक पटल पर स्तानिस्लावस्की अभिनेता को तथा बर्तोल्ट ब्रेख्त दर्शक को लक्ष्य बनाते हैं। यही सारांश है।

बहुसांस्कृतिक (मल्टी कल्चरल) तथा धर्मसाम्प्रदायिक समाजों में अथवा एक ही धर्म एवं संस्कृति वाले समाज में, देश-प्रस्थान या काल के अन्तराल से, सामूहिक तथा वैयक्तिक विलक्षणता कम से कम किंचित् बरकरार या बची रहती हैं। मसलन, शिव की तांडव-मूर्ति को मुस्लिम-सामाजिक या बकरीद को वैष्णव सहृदय स्वपरान्य-सम्बन्ध से निरपेक्ष नहीं कर सकता। स्वयं अभिनवगुप्त के समय में ही शैव तथा वैष्णव सामाजिक या मधुरोपासना वाले महारास में त्रिकृदर्शन अनुयायी, तथा बौद्ध वज्रयानी एक समान तन्मयीभवन–योग्यता अर्जित नहीं कर सकते थे। कालचक्र ऐसे समाज एवं इतिहास को एकायामी नहीं रहने देता। मानो अभिनवगुप्त ने तो एकायामी समाज के एकमत-विश्वासी सामाजिकों तथा श्रीनगर में शारदापीठ के सहृदयों को लक्ष्यीभूत किया था।

वे लड़ीवार 'समाधि'-दशा 'का भी जिक्र करते हैं। योग में इसके आध्यात्मिक आयाम हैं किन्तु सौन्दर्यबोध के चक्रचिह्न में आधिभौतिक है। साहित्य-वृत्त में जब हमारी काव्य-नाटकादि में संलिप्तता होती है और जब हम सम्प्रेषण-अनुभवन की दशा में अन्तःस्पंदित होते हैं तब पात्र-घटना-भाव के साथ-साथ अनगिनत साहचर्यों का संयोग तथा हस्तक्षेप भी होने लगता है अर्थात् कृती-पात्र-नट की त्रयी में ग्रहीता भी अपना चौखट बना लेता है। ऐसी दशा में कला-दशा में निरपेक्ष होकर केंद्रीभूत होने के लिए एकाग्रता और ध्यान अनिवार्य है। यही उनके सौन्दर्यबोधानुभव के प्रतिपादन में **'समाधि'** है। इसी रो हग निर्वैक्तिकता के अन्तर्प्रदेशों में अनुगमन करते हैं।

अभिनवगुप्त द्वारा **'निस्संगता'** तथा **'निर्वैयक्तिकता'** की अवधारणाओं की पहेलियाँ उभरने के मूल में काव्य-नाटक की एक संयुक्त इकाई बनाना भी मालूम होता है। शायद भरत मुनि ने ऐसा नहीं किया था। वे अभिनेय 'नाट्य'-वेत्ता थे। जब समस्या की गेंद पठनीय 'नाटक' के पाले में फेंकी गई तब नट बनाम पात्र तथा कृती बनाम पात्र के द्वंद्व खुले और 'संयोग' तथा 'निष्पत्ति' को लेकर नये-नये रसवादी अनुपाठ बनने लगे। अलबत्ता भट्टनायक ने अद्भुत-धुरी के जादुई यथार्थ की साधारणीकरण द्वारा व्याख्या की। इसी लड़ी में श्रीशंकुक ने

चित्रकला के फलक का दृष्टांत लेते हुए वास्तविक अश्व बनाम चित्रांकित तुरग (अश्व) की तदात्मकता को 'अनुभिति' का न्याय बना दिया।

परन्तु समस्या जस-की-तस रही कि दो (मैं = तुम) को कैसे एक (मैं = तुममय मैं) में अन्तर्लीन किया जाए। सो, 'समाधि' तथा 'संविश्चमत्कार' के मनोदार्शनिक प्रत्ययों का अनुप्रवेश कराया गया। फिर भी समस्या नहीं सुलझी। 'साधारणीकरण' अथवा 'समाधि' ने विचारधारा तथा यूटोपिया के नये आयाम और भी उभार दिए–ब्रह्म तथा माया के, पुरुष तत्व–परमशिव तत्व के। अभिनवगुप्त तथा पंडितराज वहाँ भी अनुसन्धान करने पहुँचे।

तो, नामिक (न्यूक्लियस) कहाँ है?

काव्य के चक्रचिह्नों में तो **व्यक्तिगत** (पर्सनल) तथा **वैयक्तिक** (इंडीवीजुअल) की एकात्मकता प्रगीतों (लिरिक) शोकगीतों (एलेजी-वियोग) पत्रगीतों (एपिस्टल) में स्वीकृत होकर नैसर्गिक तथा सहज होती है। अतः यहाँ 'मैं = मैं' का रिश्ता ही चला। लेकिन नाटक तथा नाट्य में क्रमशः कृती और नट का भी अतिरिक्त अनुप्रवेश होता है। सो, अगर पात्र का चरित्रांकन तथा घटना-चक्र लें तो वह उसकी धुरी पर वैयक्तिक एवं व्यक्तिगत ही होगा। अब पहले भरत-पाठ में नाटककार ने उससे तादात्मय करके 'मैं-तुममय मैं' का समीकरण बनाया तो नट ने परकाय-प्रवेश जैसी अभिनयदशा में अपने व्यक्तित्व तथा पात्र के चरित्र की विश्वासपरक प्रतीति करा दी। वस्तुतः यह सारे व्यापार में कृती और पात्र, नट और पात्र के द्वैत को विलीन करके 'अद्वैत' की व्यासरेखा में अन्तर्निहित करना हुआ अर्थात् यथार्थ (कृती/नट) और भ्रान्ति (पात्र) के भेद को रंगशाला में विलीन कर देना। मूलतः पात्र के जिस व्यक्तित्व एवं वैयक्तिकता की रचना या पुनर्निर्मिति हुई उसमें कृतिकार तथा नट के भी व्यक्तित्व एवं वैयक्तिकता का अन्तर्विलयन होता गया। अतः हमारा निष्कर्ष है कि मात्र एक (कृती या नट) के केंद्रापसरण के बजाय पात्र के केंद्राभिसार में कृती और नट और पात्र की अनेकविध व्यक्तित्व एवं वैयक्तिकता समाती गई। अतः यह सामूहिक निर्वैक्तिकता तथा निस्संगता है, न कि एक (कृती या नट, या पात्र) की।

तो हम अब अभिनवगुप्त की भरत-संगोष्ठी में बहुसांस्कृतिक बर्तोल्त ब्रेख्त तथा स्तानिस्लावस्की को भी क्यों न बुलाएँ? हमें ऐसा करना लाजिमी हो जाता है।

जैसे ग्रीक नाटककार एथेंस की लगातार पराजयों तथा सामाजिक हताशा को करुणा एवं भय के स्थायी भावों के चक्र में घुमाते हुए, त्रासपूर्ण अन्त को तथा (विरेचन द्वारा) प्रशान्ति (ट्रेंक्विलिटी) को, प्रारब्ध-रूप निश्चित करते हैं, उसी वृत्ति के चलते अभिव्यक्तिवादी अभिनवगुप्त काश्मीरी अभिजन सामंतों एवं खूबसूरत परिचारिकाओं तथा रानियों के रहस्यचक्रों से उत्तीर्ण होते हुए आनन्द को लक्ष्य-रूप

सिद्ध करते हैं। प्रत्यभिज्ञावादी तथा भट्टतौत के शिष्य आचार्य अभिनव प्रेक्षक एवं सहृदय में 'रसज्ञता' के अलावा तीन अतिरिक्त शर्तें लागू करते हैं–1. परिशुद्ध मनोमुकुर, 2. तन्मयीभवन-योग्यता एवं 3. हृदय-संवाद। वे राम और अभिनेता राम को, कालिदास के पुरुरवा तथा रसज्ञ पाठक के हृदय को, तदात्मक स्वीकार करते हैं। इसी तादात्मय-वृत्त में ही तो **'तन्मयता'**, अर्थात् आस्वादक-आस्वाद्य-आस्वादन की एकाकारिता, अर्थात् आह्लाद-दशा है। उनका सहृदय-तत्व तो सहृदयानुकृति तथा सहृदत्यानुभूति को एकात्म कर देता है। इस तरह भारतीय सौन्दर्यबोधशास्त्र के इतिहास में सहृदय, सुमनस, सचेतस, रसिक, भावक, विदग्ध, श्रोता, प्रेक्षक एवं सुधी तथा रसिक (भामह, दंडी-सम्मत) पर्यायों की नाममाला गुंथती चली आई है। अभिनव ने तन्मयता की योग्यता के अन्तर्गत निस्संग एवं निर्वैयक्तिक होने अर्थात् प्रेक्षक एवं सहृदय के 'स्व' एवं 'स्वयंत्व' के पूर्ण पर्यवसान को लक्ष्यीभूत किया। यहाँ मानो व्यक्ति की अनादि वासना से अलौकिक आनन्द तक की धारावाहिकता है। क्या सचमुच प्रेक्षक या सहृदय काव्य-नाटक के अनुभव की दशा में स्व-पर-अन्य के रिश्तों से निरपेक्ष हो जाता है? मनो-सामाजिक तथा मनोदैहिक उपागम इसे अस्वीकार करते हैं। हम साहचर्यों के मध्य में भी होते हैं।

मार्क्सवादी नाटककार चिन्तक बर्तोल्त ब्रेख्त (1898-1956) क्लासिकी ग्रीक **परम्परा** से प्रस्थान करके सामाजिक-राजनीतिक **परिवर्तन** में पूरा नेपथ्य तथा मत्तवारिणी, रंगपीठ-रंगशीर्ष ले आए और अन्ततः रंगशाला तक को रंगमंच का ही विस्तार बना डाला।

ब्रेख्त ने 'एपिक थियेटर' तथा 'एलियेनेशन इफेक्ट' की अवधारणाओं द्वारा कला के इतिहास का समाज की आधुनिकता से अन्तर्भाव कर दिया। ब्रेख्त प्रेक्षक में अभिनवी भावुकता तथा अनुभूति, तन्मयता तथा समाधि के बजाय तर्क एवं सामाजिक परिवर्तन की अपेक्षा रखते हैं। ब्रेख्त-चक्र में अभिनेता (नट) भी पात्र में अन्तर्मुक्त होने के बजाय अपनी पहचान बनाए रखता है। अतः दोनों ही व्यक्तिगत रूप से सजग रहते हैं। अतएव दोनों ही आलोचनात्मक अवलोकन की प्रक्रिया में लिप्त हैं। तात्पर्य यह कि पात्र-नट-प्रेक्षक की एकाकारिता द्वंद्वात्मक (डायलेक्टिकल) हो जाती है। यही ब्रेख्त-सम्मत 'ऐलियेनेशन इफेक्ट' या परकीयकरण-प्रभावन है। यह हीगेलियन और किर्केगार्डीय 'ऐलियेनेशन' से नितान्त भिन्न है। यह अभिनवगुप्त तथा पंडितराज के सहृदय के परिशुद्ध मनोमुकुर तथा सहृदय-संवाद से तो नितान्त भिन्न और पृथक भी है। ब्रेख्तीय 'ऐलियेनेशन' आभिजात्य-चक्र से भिन्न प्रकार की अनुभव एवं प्रेक्षकीय प्रतिक्रिया है जहाँ दर्शक (प्रेक्षक) एक सजग आलोचक तथा तर्काभिभूत अवलोकनकर्ता हो जाता है। अनुषंग में अभिनेता (नट) को भी अहसास बना रहता है कि वह स्वयं

पात्र नहीं है बल्कि उसका अभिनय कर रहा है, और दर्शक भी उसको रंगमंच की यवनिका के पीछे तक तैयार होते हुए खुलकर देख रहा है। इसलिए ऐसी 'भिन्नता' में नाट्य के दृश्य तथा अंक को भी तोड़ा जाता है।

इस प्रभावन को वे 'एपिक थियेटर' की अवधारणा की प्रपत्ति बनाते हैं। यह भी 'एपिक' के शास्त्र से भिन्न है।

यह इतिहास तथा मौजूदा समाज के परिवर्तन की सापेक्षता वाला है। इसमें तर्क होता है तथा प्रेक्षक समाधि-दशा के बजाय अपने अनुभव की जांच-पड़ताल करके रंगशाला में ही प्रतिक्रियाएँ देता है तथा स्वयं भी एक आभासी अभिनेता हो जाता है। अनेक समूहों तथा वर्गों के स्तरों के सामाजिकों की मौजूदगी के कारण प्रत्येक दृश्य भी अपने आप स्वायत्त तथा पूर्ण होता है। इसमें 'वृत्तांत' भव्य या सामान्य या विलक्षण हो सकता है जो सामाज-सांस्कृतिक परिवर्तनों के लिए कार्यकारण से इतर भी 'छलांग' लगा सकता है। अमरेंद्र कुमार शर्मा ने बर्तोल्त ब्रेख्त पर नायाब निष्कर्ष दिए हैं—''ब्रेख्त का 'एपिक थियेटर' एक विशिष्ट सामाजिक दशा के भीतर पनपने वाली भावना, विचार, संकल्पना (आइडियाज) और उसकी आदतों को रेखांकित करता है। परम्परागत थियेटर (अरस्तू मॉडल के थियेटर) के भ्रमजाल से हटकर ब्रेख्त ने यथार्थवादी थियेटर के रूप में 'एपिक थियेटर' की स्थापना की।...(इसमें) व्यक्ति का 'स्व' कभी भी सामाजिक, राजनीतिक, सांस्कृतिक व आर्थिक संरचना के सत्तामूलक दबाव में नहीं आता, बल्कि इस थियेटर में 'स्व' प्राकृतिक व स्वतन्त्र होता है।'' ('वर्तमान साहित्य' सितंबर 2011, पृ. 61-62)। अतएव 'एपिक थियेटर' के माध्यम से ही 'ऐलिमेनेशन-प्रभावन' का प्रतिपादन होता है।

अभिनवगुप्त नट की अभिव्यक्ति तथा प्रेक्षक (सहृदय) का 'वर्चस्व' (हेजिमनी) को तो स्वीकार करते हुए लगते हैं किन्तु प्रेक्षक (सामाजिक, दर्शक वर्ग, जनता) को अभिनेता (नट) के प्रतिपक्ष में खड़ा नहीं करते। अलबत्ता वे महाकाव्य-परम्परा के अनुरागी रहे थे। शायद इस वजह से भी वे नट एवं पात्र के सम्बन्ध तो (अलौकिकता के व्यूह में) मंच पर ले जाते हैं परन्तु ब्रेख्त की तरह जनता से सीधे संवाद नहीं करा पाते–। गौरतलब है कि वे काश्मीरी शैव दर्शन के अन्तर्गत 'माया' तथा शिव-तत्वमय 'आनन्द' को स्वीकार करते हैं तथा दार्शनिक न्यास-रेखा पर प्रकृति-पुरुष एवं शिव-शक्ति से 'सामरस्य' का अभिनव समायोजन भी करते हैं। उक्त तीन विलक्षण प्रत्ययों (माया, सामरस्य, आनन्द) की प्रत्यभिज्ञा द्वारा वे कई नई दिशाएँ खोल देते हैं। तदपि वे इतिहास के यथार्थ से संलिप्त नहीं हो पाते। वे काश्मीर की राजसभाओं तथा अन्तःपुरों, पंडितों तथा डोगरों के विकल्प में तन्त्रालोक दे गए हैं। भरत मुनि की धुरी में 'सामाजिक' था। अभिनव

सहृदय (ध्वन्यालोक लोचन) तथा प्रेक्षक (अभिनव भारती) की संयुक्तता ले आए। तदपि वे शनैःशनैः **निस्संगता** एवं **निर्वैक्तिकता** के संजाल भी फेंकते चले।

उन्होंने भट्टनायक (नवीं सदी के अन्तिम चौथाई से दसवीं का मध्य) तथा श्रीशंकुक (नवीं शताब्दी का पूर्वार्द्ध--) से भी बड़ी कठिन दार्शनिक पोलेमिक्स (विचार दर्शन-व्यूह) की लड़ाइयाँ लड़ीं। श्रीशंकुक सहृदय में स्थायीभाव को अनुमेय मानते हैं तो अभिनव इसे सहृदय में नित्य मानते हैं। वे मानते हैं कि जिस प्रकार मिट्टी में सुगन्ध होती है, उसी तरह **स्थायीभाव** सहृदय के अन्तःकरण में विद्यमान होते हैं। अतः वे पूर्वसिद्ध हैं परन्तु **रस** पूर्वसिद्ध नहीं है। सो, स्थायीभाव की रसरूप में 'अभिव्यक्ति' होती है जिसके लिए सहृदय का परिशुद्ध मनोमुकुर तथा तन्मयीभवन-योग्यता होनी चाहिए। अर्थात् उसको तत्काल से अतिक्रमण (ट्रांसेंडिंग दि इमीजिएट) करना लाजिमी है, अर्थात् उसे स्वपरान्यता से विमुक्त होना अभीष्ट है। वे अगला रूपकन्याय पेश करके कहते हैं कि **एक** ही घट (देह/स्व) में अंधकार (स्थायी भाव की वासना) होता है किन्तु दीपक द्वारा उसमें प्रकाश (रस दशा) फैल जाता है।

इस रूपक की गंभीरता के लिए ही अभिनव ने पूर्वजन्म के संस्कार तथा इस जीवन के अनुभव एवं व्यवहार जोड़ दिए। मानो वे कहना चाह रहे हैं कि राम-सीतादि के विभावादि **अलौकिक रूप** धारण कर लेते हैं। तथापि काव्य-नाटक में--विभावादि के द्वारा ही--उनका लौकिकीकरण हो जाता है। अतः वे **लौकिक रूप** में सहृदय से जुड़ जाते हैं। इस भाँति अभिनव ने नुकीले तीर फेंककर भट्टनायक को भी चित्त करने की रणनीति बनाई। उन्होंने उनके 'भुक्तिवाद' को ही ध्वनि-सिद्धांत के 'अभिव्यक्तिवाद' में रँग डाला। वैचारिक चतुराई से उन्होंने भावकत्व का ध्वनि में, तथा भोजकत्व का रसास्वाद में अन्तर्भाव कर दिया। इस बहाने अनजाने में ही उन्होंने भरत (दूसरी शती) के रससूत्र की चौथी व्याख्या भी कर डाली कि विभावादि और स्थायी भावों में परस्पर व्यंजक-व्यंग्य-रूप **संयोग** होता है।[1] इसके द्वारा ही रस की अभिव्यक्ति होती है। तो अभिनवगुप्त ने अपने तर्कजाल द्वारा सहृदय का **'सम्पूर्ण अमूर्तिकरण'** कर डाला। इसी तरह आनन्दवर्धन (नवीं शताब्दी का मध्य) को भी वैयाकरणों, नैयायिकों, मीमांसकों आदि से विचार दार्शनिक जंग (पोलेमिक्स) लड़नी पड़ी थी। अभिनवगुप्त ने उनके ध्वन्यालोक का भी 'लोचन' में साक्षात् किया है।

मिथकीय देवासुर-संग्राम की भाँति वैचारिकीकरण भी निरन्तर चलता आया है। किसी प्रचलित चिन्तन-पद्धति के प्रतिवाद में नवीन चिन्तन-पद्धति उदित हो जाती है। काश्मीर में एक ओर क्षयशील राजतन्त्र था तो दूसरी ओर इस्लामी एकेश्वरवाद तथा सूफी इश्क-मजाजी, इश्क-हकीकी का प्रचार। अभिनवगुप्त की

चिन्तन-धारा ने अद्भुत बोध से 'माया' एवं 'आनन्द' को सकारात्मक ढंग से स्वीकार करके **त्राण देने की सचेतना** भी जगाई। परकीयकरण (ऐलियेनेशन) को अद्भुत रस के बजाय संविश्चमत्कार तथा झटिति (प्रत्यय) में समाविष्ट कर दिया मानो निर्वैक्तिकता में परकीयकरण का समाहार प्राप्त किया गया। ऐसे विकल्प से वे राजमहलों एवं सामंतों की दुरभिसंधियों तथा अन्तःपुर की रमणियों के भोग-विलास के बजाय अनादि वासना की पवित्रता में लिवा ले गए। उन्होंने शिव-शक्ति के सामरस्य को मूलाधार बनाया और उस पर अभिव्यक्ति तथा प्रत्यभिज्ञान का सुपरिगठन उसारा। उनकी आवाज भ्रान्तियों-मिथ्या जगत के भ्रमों तथा विसंगतियों के विरुद्ध थी। उन्होंने सामाजिक सरोकारों को शक्ति के पाँच गतिक रूपों (डायेनाटाइप्स) अर्थात् इच्छा-क्रिया-ज्ञान-प्रकाश-विमर्श से अभिव्यंजित कर दिया। वे ब्रेख्त के दो ध्रुवांती सिस्टम (एपिक थियेटर तथा एलियेनेशन इफेक्ट) को त्रिआयामी (प्रकृति-पुरुष-परम शिवशक्ति) में उत्तीर्ण करा गए। उन्होंने सहृदय का स्व-इतर अमूर्तिकरण भी कर डाला। अभिनव यथार्थ के, वास्तविक के बजाय, आभासी, व्यंजक, प्रतीयमान अर्थों में लीन हो गए। वे भट्टनायक अथवा राजानक कुंतल या कुंतक (10वीं-11वीं शती का मध्य) की भाँति अन्तर्विरोधों में जीना नहीं चाहते थे। वे समाधि में खोते डूबते चले गए। वर्षों बाद इसकी क्षतिपूर्ति मम्मट तथा राजशेखर तथा भोज को करनी पड़ी। बेशक वह एक बेहद जटिल सौन्दर्यसामाजिक दुनिया थी जिसमें सामाजिक परिवर्तन तथा ऐतिहासिक विरासत के बीच सामंजस्य बैठाना बहुत मुश्किल हो गया था। बहुत बाद में दामोदर गुप्त को कुट्टनियों के मतों से तथा क्षेमेंद्र को विभिन्न वर्गीय समूहों तथा कौशलों, एवं गणिकाओं के विलास के निहंग कुटिल यथार्थ से रू-ब-रू होना पड़ा।

अभिनव ने काव्य की शब्दशक्तियों तथा नाट्य की रसधाराओं को विस्तार से, पहले पृथक और बाद में संश्लिष्ट 'वैश्विक दृष्टि' से, जांचा तथा समझा। हम अब नाट्यवेत्ता स्तानिस्लावस्की के 'नाट्य सिस्टम' के साथ समानान्तरताएँ आरेखित करेंगे। 'नाट्य-सिस्टम' में इसके लिए पहले भरत के 'नाट्यशास्त्र' तथा अभिनवगुप्त के 'अभिनव भारती' नामक भरतभाष्य की संयुक्त पूर्वपीठिका' का सर्वेक्षण कर लें।

भारतीय **सूत्र-पद्धति** के अनुसंग में **संवाद-सूक्तों** के गान एवं नृत्य के साथ अभिनय (अवस्थानुकृति) की परम्परा रही है ताकि आदि वासना की रति तथा सुख की उच्चर आनन्द-दशा की समग्रता हो जाए। इसकी पूर्वपीठिका में भरत के 'नाट्यशास्त्र' का मिथकीय उद्गम हुआ। वह एक-डेढ़ लाख वर्षों से भी पहले ब्रह्मा द्वारा रचा गया माना गया। तब नृवानर शनैः-शनैः नृमानव में क्रमविकास पा रहे थे। अतः उक्त अंधविश्वास आद्यंत अवैज्ञानिक है।

'नाट्यशास्त्र' में सूत्र एवं सूक्ति की विधियों वाले **दृश्य काव्य** के प्रथम पार्श्व में नाट्यवेद अर्थात् 'नाट्यशास्त्र' का सामूहिक वर्धन-संकलन हुआ। (द्वितीय पार्श्व में दशरूपक का सारांश है। इसी के सहवर्तन में 'वाक्' का 'काव्य' में रूपांतर हुआ जो **श्रव्य काव्य** में परिणत हुआ। अभिनवगुप्त के उभयात्मक सरोकार रहे थे)। दृश्य काव्य की वैदिक भूमिका में ऋग्वेद से पाठ्य, सामवेद से गीत-गान, यजुर्वेद से अभिनय तथा अथर्ववेद से रस-तत्व का पुंजीभवन हुआ। यह **पहला सिस्टम** है। **द्वितीय सिस्टम** में रंगमंच का वास्तु शास्त्र है जो रंगभूमि को खुली रंगशाला से उत्तरोत्तर अभिनय-पीठ रंगशीर्ष (मत्तवारणी समेत), रंगपीठ (विश्रांति स्थल), नेपथ्य गृह (नटों के सुसज्जित होने का स्थल) तक विस्तार पाता है। रंगशाला के सामाजिकों का सरोकार रंगशीर्ष तक ही होता है। बर्तोल्त ब्रेख्त ने यह सरोकार रंगपीठ तथा नेपथ्य-गृह तक विस्तृत करके तदात्मक तन्मयता के बजाय परकीयकरण-प्रभावन का उन्मीलन किया। यथा–

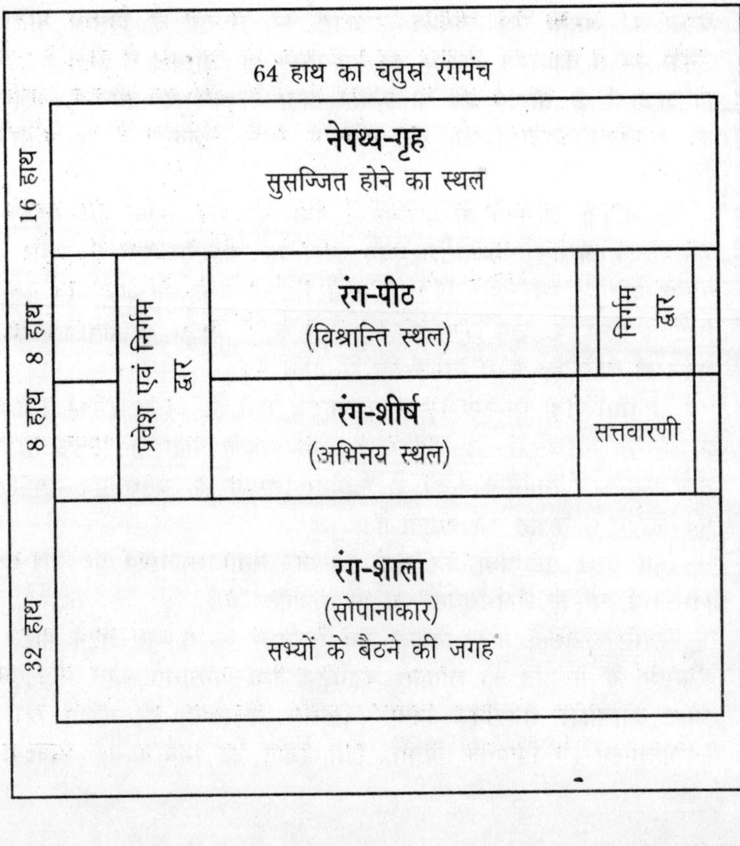

तृतीय सिस्टम में (कथा–) वस्तु के आदि से अन्त तक की व्यवस्था है– 1. जिसका आरंभ मंगलाचरण तथा सुखद सौभाग्यशाली अन्त भरत वाक्य से होता है; 2. इसमें मूल वस्तु की सहकारिणी पताका एवं प्रकरी हैं; 3. इसका संग्रन्थन पाँच संधियाँ एवं अर्थ-प्रकृतियाँ करती हैं; 4. इसमें आदि से अन्त तक कथासूत्र-बन्ध करनेवाले चरणों में आरंभ-प्रयत्न–प्राप्त्याशा, नियताप्ति एवं फलागम हैं; 5. नाट्य चक्र के नेता धीर प्रशान्त या धीर ललित अथवा धीरोद्धत या धीरोदात्त होते हैं। उनका साहचर्य विदूषकों, खलनायकों तथा नायिकादि से होता है; 6. कथावस्तु के प्रभावन में रसास्वाद अन्तर्निहित होता है; रस भी आठ-नौ प्रकार के होते हैं; अन्ततः **चौथे सिस्टम** में रीतियाँ (–वृत्तियाँ) एवं शब्द शक्तियाँ आती हैं। इनके गुण-दोष, अलंकारादि का खुलासा होता है। ये 'ऐतिहासिक प्रस्थानों' एवं 'सामाजिक भाषिकी' (सोश्यो-लिंग्विस्टिक्स) के आरेख (ग्राफ) भी बनाती हैं। अभिनवगुप्त ने भी श्रव्य काव्य में इनका पारंपरिक सारांश ढालते हुए रमणीय प्रतीयमान अर्थ को काव्य की **आत्मा** एवं उपमादि अलंकारों को वाच्यार्थ के **विलास** माने हैं। उनके मत से काव्यगत शब्दार्थों का पर्यावसान भी **रसास्वाद** में होता है। इससे ही शब्दार्थों के **सौन्दर्य** की भी प्रतीति होती है और यह सौन्दर्य, अलंकारों के अतिरिक्त, शब्दार्थों की, शब्द-शक्तियों वाली, **व्यंजकता** में ही **अभिव्यक्त** होता है।

निष्कर्षतः अभिनव के प्रणयन में नेता और नट, कवि और सहृदय के द्वैत-द्वंद्व के अधीन आभ्यंतरीण एवम् सामाजिक परिवर्तन **नेता** में, शरीर तथा आत्मा का द्वंद्व **रस** (और रीति) में, कर्म सिद्धांत तथा धर्म-अर्थ-काम वस्तु में प्रक्षेपित होता है। इस कला-सांस्कृतिक कृत्य में नाट्य ही समाज-चित्त का मुकुर हो जाता है; नाट्य समाज-रूप हो जाता है।

ये चारों-पाँचों सिस्टम परस्पर गुत्थमगुत्थ रहते हैं। अथच इनका पुंजीभवन ही 'सम्पूर्ण नाट्य' (टोटल थियेटर) है। यह बर्तोल्त ब्रेख्त के 'एपिक थियेटर' तथा कांस्टेटिन स्तानिस्लावस्की के 'थियेटर सिस्टम' के समक्ष एवं समानान्तर मुकाबले में उपस्थिति दर्ज कराता है।

हम ब्रेख्त पर चर्चा कर चुके हैं। अब **स्तानिस्लावस्की** पर वाद-संवाद करेंगे। वे 'मास्को आर्ट-थियेटर' के भी संस्थापक थे।

स्तानिस्लावस्की नाट्य-निर्माता एवं निर्देशक भी थे। वे अपने नाट्य के 'सिस्टम' के सिद्धांत को लगातार संशोधित तथा परिवर्धित करते रहे। उनका ध्यान कोरमकोर **'नियामक विचार'** (रूलिंग आइडिया) पर केंद्रित रहा जो 'अन्ततोगत्वा भी नियामक विचार' रहा अर्थात् वह सामाजार्थिक व्यवस्था में

संस्कृति के सुपरिगठन का आधारभूत विचारधारात्मक सन्दर्श है। वह वर्गों तथा गणलोक को लक्षित था। नाट्य में वे **अभिनेता की प्रकृति** को भी निर्णायक मानते हैं। यह उनका द्वितीय सूत्र है।

भारतीय नाट्य-चक्र में कृती तथा पात्र के बजाय नट तथा प्रेक्षक को लक्ष्य बनाकर प्रायः सभी प्रमुख रस-सूत्र के व्याख्याता संलिप्त रहे कि इन दोनों में-से रसभोक्ता कौन है तथा किस विधि से रसास्वादन करता है। उन्होंने नट के व्यक्तित्व तथा अस्मिता पर कम ही गौर किया है। स्तानिस्लावस्की ने मनुष्य की, जैविक (आर्गेनिक) मनुष्य की मनोवैज्ञान चक्र में उपचेतनात्मक (सब-कांशस) प्रकृति पर ध्यान केंद्रित कराया। यह अद्वितीय प्रस्थान था जो पात्र तथा प्रेक्षक से उत्तीर्ण होता है। अभिनवगुप्त भी सहृदय-प्रेक्षक को लक्ष्यीभूत करते रहे। इस प्रकार नाट्य के सौन्दर्यबोधशास्त्र में 'मनुष्य (पात्र-नट-दर्शक) की समस्या' ही परिव्याप्त रही।

सो स्तानिस्लावस्की ने मनुष्य की जिंदगी के शाश्वत् मनोवैज्ञानिक-शारीरिक नियमों की पड़ताल की। इस न्याय से अभिनेता को भी अपने व्यक्तित्व के साथ अपनी अभिभूमिका (रोल) जीने की भी दक्षता चाहिए। यह प्रकृत्‌वादी उपागम की उपच्छाया भी है। वे मानते हैं कि उपचेतन-अन्तर्भूमि पर अभिनेता का पात्र के चरित्र में (आर्गेनिक) स्थानान्तरण-रूपांतरण होता है। इस वजह से अभिनेता (नट) में **कल्पनाओं** की स्वायत्तता न होकर उस सृजनात्मकता को वरीयता देते हैं जो प्राकृतिक नियमों से संचालित है। अभिनवगुप्त एवं उनके आदर्श भरत इन शाश्वत् नियमों के मूल को सामाजिक तथा प्रेक्षक में स्थित करते हैं। अलबत्ता, भरत और अभिनव, ब्रेख्त और स्तानिस्लावस्की 'कलाकार की जैविक प्रकृति (वासना, संवित्)' पर आग्रह करते रहे हैं। यह सार्वभौम-सर्वकालिक मान्यता है। यहाँ भारतीय रसधारा के आत्मानन्द-आयाम में प्रेक्षक-सहृदय को निर्वैयक्तिक-निस्संग स्वीकार कर लिया गया है। यह एक आभासी तथ्य है, अनपेक्षित भी है क्योंकि शाश्वत् मानवीय चरित्र में स्व-पर-अन्य सभी एक समान हैं। स्तानिस्लावस्की का आग्रह अभिनेता (नट) की प्रतिभा एवं कला पर पुंजीभूत हुआ। वे यह भी बताते हैं कि कई अभिनेता भी घटिया, आलसी, प्रमादी और अगंभीर होते हैं। अतः उनका प्रयोजन था कि सही अभिनेता को या मनुष्य-अभिनेता को अपने स्व-वृत्त में कला से अनुराग करना चाहिए न कि कला में स्वयं से आत्मरति। अतः नट या अभिनेता को अपने स्वत्व तथा निजता को भी अनावृत्त करना चाहिए ताकि उसकी अस्मिता की छाप बने (जैसे अमिताभ बच्चन, राजकपूर, मीना कुमारी, रेखा आदि)। स्तानिस्लावस्की यथार्थवाद के

आद्यान्त पक्षधर रहे। इस उपक्रम में वे नट की परा-पश्यंती ऊर्जा को विमुक्त करते रहे (दे. ज्यॉर्जी तोवस्तोमोगोव : 'कांस्टेनटिन स्तानिस्लावस्की', पृ. 7-12, राडुगा पब्लिशर्स, मास्को 1984)।

अतएव **रंगमंच** का आनन्द खुले रूप में दर्शकों को सामने से प्रत्यक्ष मिलता है। दर्शक एवं अभिनेता के बीच में दूरी भी काफी कम होती है तथा अच्छे अभिनेता को तुरन्त ही दर्शक-वृंद से प्रतिबोधन (रेस्पांस) मिलता है। तुलना में **फिल्म** कैमरा क्लोज-अप की दुनिया है। जो कुछ कैमरा 'कट' तथा 'कैच' कर लेता है वही दर्शक के सामने पर्दे पर प्रतिच्छायित होता है। दर्शकों का रेस्पांस भी बहुत देर से मिलता है। इसमें संगीत-पाठ्य-चित्र की त्रयी होती है। फिल्म का अपना सौन्दर्यबोधशास्त्र है जिसके प्रवाचक रोलां बार्थ हैं। यह एक इतर क्षेत्र है। अतः हम प्रसंग को स्थगित करते हैं।

अन्तिम अनुरोध के साथ

आचार्य अभिनवगुप्त, आज हमें बताओ कि सामाजिक-सहृदय-पाठक-श्रोता-दर्शक निस्संग-निर्वैयक्तिक क्यों रहे? क्यों वह अपनी विराट् विरासत तथा गहरे ज्ञान तथा मनोविज्ञान को केवल आभिजात्य-समाधि में लीन कर ले? यह भी सच है कि अगर रस-परिकल्पना सहृदय-सापेक्ष होगी तभी उसमें 'भोग' की **अनुभिति** होगी, अन्यथा नहीं। तो निर्वैयक्तिकता की दशा में हृदय को विस्थापित-सा करके सहृदय की **आत्मा** को केंद्र बना दिया जाता है। भट्ट नायक ने साधारणीकृत सामाजिक में रस का उपभोग कराके पहेली खोली है। वे बताते हैं कि रस सामाजिक के वासना-रूप में नहीं होता, बल्कि भोजकत्व-व्यापार की सहायता से दूसरे का उपभोग करता है। अभिनवगुप्त, आप कहते हैं कि विभातादि व्यंजकों के द्वारा स्थायी भाव साधारणीकृत होकर व्यंग्य अर्थात् (शृंगारादि) रस होता है। यही **अभिव्यक्ति** है। आप रस को सहृदय के हृदय में वासना-रूप में विद्यमान तो मानते हैं परन्तु उसका अलौकिक-चमत्कारिक आस्वादन **आत्मा-वृत्त** में कराते हैं।

पहेली बेहद मुश्किल है। यह ज्ञान-मीमांसा तथा ओंटोलॉजी का भी क्षेत्र है। हम जानते हैं कि परिवर्तन-विकास के, तथा वस्तु-अनुभव एवं विचार के समेकन से ही **संवेदनशीलता** का उन्नयन होता है। यह 'होने' (बिकमिंग) वा प्रथम अभिज्ञान है। दार्शनिक-चक्र में यह अहं का विसर्जन तो हो सकता है, न कि व्यक्तित्व का अथवा मनोलोक का। फिर 'मैं' का स्थान 'वह' (आत्मा) क्यों ले लेता है?

तो आचार्यश्री, आप त्रिक्दर्शन के भी बानी हैं। अपने 'माया' को तो स्वीकार कर लिया। उसे पुरुष-धुरी में लिप्त-संलग्न करके आगे शिवत्व का अनुसंगी बना दिया। बेशक यह आपका क्रान्तिकारी प्रस्थान रहा। फिर आप हमें स्थायीभाव की ऐंद्रियिकता तथा रसानन्द की अतींद्रियता की दुविधा में क्यों भटका रहे हैं? इनके बीच भी तो एक आधुनिक तालमेल बैठाना ही पड़ेगा। मसलन, जब पात्र (कृष्ण राधा या निराला या मज़ाज या आन्दाल या मीरा) स्वयं वाचक तथा साक्षी हों, जब वे वैयक्तिक व्यास-रेखा पर ही भक्ति की रसेश्वरलीला को मांसल तथा यथार्थ बना डालें, तब हम कैसे प्रत्यभिज्ञा करें? वस्तुतः भ्रान्ति एवं यथार्थता भी, उच्चतर सोपानों में, फांतासी, अलौकिकता तथा यूटोपिया भी हो जाती हैं। (भट्टनायक रामवृत्त में हनुमान तथा रावण को लेकर ऐसे जादुई यथार्थ से जूझे थे)। हम 'गोदान' के साथ 'चित्रलेखा', 'बाणभट्ट की आत्मकथा', 'दीवार में एक खिड़की रहती थी' की भी तो मिसालें लेने को उत्सुक हो रहे हैं।

आचार्यश्री, तो आज सामाजिक पाठक-सहृदय-दर्शक निस्संग-निर्वैयक्तिक क्यों रहे? क्यों वह अपनी अस्मिता तथा सारत्व को आभिजात्य-समाधि में अन्तर्भुक्त कर दे? आभिजात्य (एलीट) के चक्र में शुद्धता-शाश्वतता-सर्वोत्कृष्टता की एक अनिर्वचनीय ललक ही निस्संगता-निर्वैयक्तिकता-तन्मयता–समाधि-संविश्चमत्कार आदि में अमूर्तीकृत्वा उभारी जाती है, कला में भी। भट्टनायक इसके अन्तराल में बखूबी झांके हैं, जब उनके सामने भी अलौकिकता तथा आश्चर्य की चुनौतियाँ आईं। उन्होंने समाधान निकाला– 'कान्ता' के बजाय 'कान्ता-भाव' में; अर्थात् 'साधारणीकरण' में। आचार्य, आपने संविश्चमत्कार के पारिभाषिक का अनुप्रवेश करा दिया और उसमें लपेट कर निस्संगता (स्वपरान्य परकता-निवृत्ति) द्वारा तन्मयीभवन-योग्यता की दशा से जोड़ दिया।

निस्सन्देह अभिनवगुप्त की कतिपय अप्रकट पश्यंती-दुविधाएँ भी झिलमिलाती हैं। सो, उनकी जीवनदृष्टि सांसारिकों तथा समाधिकारों को एकमेव करती है। इसी लड़ी में उन्होंने अगली दुविधा के समाहार में सुहृदयशाली सहृदय को भी निस्संग-निर्वैयक्तिक बना डाला। शतियों बाद में भोज ने 'समरांगण सूत्रधार' में संचारियों तथा स्थायी भावों की परस्पर अदला-बदली करके अनुपम रसक्रान्ति की थी किन्तु वह उस युग की सामाजिक-सांस्कृतिक-चेतनता में परवान नहीं चढ़ सकी। आचार्य अभिनवगुप्त ने प्रायः मनोविकारों तथा मनोविनोदों से कुट्टी करके चित्तवृत्ति-निरोधक मनःयोग से जन्मांतरकारी मैत्री गांठ ली। क्यों?

तो विचार, नियामक विचार, श्रेयस विचार कैसे, कहाँ से आते हैं? स्वर्ग से? ओलिंपस से? ब्रह्मलोक से? शायद कतई नहीं। वे हमारे वर्तमान भौतिक जगत् और ऐंद्रियिक जीवन तथा जैविक काया से उन्मीलित-उद्भूत होते हैं। आश्चर्य और हर्ष तब होता है जब अभिनवगुप्त हद कर देते हैं, अर्थात् समाधि, संवित् और सम्भोग (रति) को एकतान करने को भी उन्मुख होने लगते हैं। हां, विचार ऐसे भी आया करते हैं कि आचार्य अभिनवगुप्त से लेकर ब्रेख्त, स्तानिस्लावस्की, इब्सन, बर्नार्ड शॉ, मोहन राकेश, हबीब तनवीर, सुरेंद्र वर्मा तक यह खोज-यात्रा जारी है।

(2011)

परिशिष्ट-3

सिद्धों का संसार : जादू, धर्म और विज्ञान का विचित्र संस्कार

बाहर से भारतीय सामन्तवाद का मध्ययुग बेहद जटिल और अबोधगम्य लगता है। एक ओर शंकर, कुमारिल और प्रभाकर के प्रतिनिधित्व में जबर्दस्त दार्शनिक परिवर्तन हो रहे थे; दूसरी ओर सिद्धों और नाथों की चर्चाओं में वर्ण-व्यवस्था के चहुँमुखी संकट दृष्टिगोचर हो रहे थे; तीसरी ओर राजस्थान में चारण-भाट मध्यकालीन मिथीतिहास-लेखक के रूप में रासो-प्रशस्तियाँ तैयार कर रहे थे और चौथी ओर श्रीहर्ष के काल (ईसा की सातवीं शती) में पाल, आभीर, चालुक्य, राष्ट्रकूट, पल्लव, चेर, चोल, चन्देल आदि को मिलाकर लगभग सत्तर से अधिक स्वायत्त सामन्ती राज्य फैल चुके थे। इससे यही जाहिर होता है कि भारत के अलग-अलग क्षेत्रों में सामन्तीय सम्बन्धों तथा उत्पादन-शक्तियों के रूप भी किंचित् भिन्न-भिन्न थे।

पर्वतों और जंगलों के कुछ क्षेत्र—जो सिद्धपीठ भी बने **आदिम कबीली साम्यवाद** की अवस्था में भी थे; घटियों के क्षेत्रों में वर्णाश्रम-व्यवस्था का विचित्र घोल भी हो गया था; मैदानी कृषि-क्षेत्रों में सामन्तवाद स्थापित हो गया था जो भूमि के सामूहिक स्वामित्व पर आधारित था और जिसमें वर्णाश्रम व्यवस्था का लचीला ढाँचा इस तरह ढल गया था कि उसमें दास-प्रथा पर आधारित सम्बन्ध भी बने रहे। इनके बीच में कहीं सामन्तवाद प्रधान था; कहीं कबीलाई व्यवस्था पर वर्णाश्रम-व्यवस्था थोप दी गई थी; कहीं वर्णाश्रम-व्यवस्था के ढाँचे पर कबीलाई गणचिह्नवाद (टोटेमिज़्म) भी छाप दिए गए थे। इलाकों के ग्राम्य समुदायों में अपने **कारीगर** और **दस्तकार** (बढ़ई, लोहार, नाई, धोबी, डोम्ब) होते थे, तो पर्वतांचलों और जंगलों का विशिष्ट **उद्यमी** (डोम्बों, बहेलिन, मछुआरे आदि) जन होते थे। उन पर उस समय मूलतः बौद्धमत का प्रभाव था जो स्वयं वज्रतन्त्र में पतनोन्मुख था। स्वामी विवेकानन्द ने कहा है कि 'बौद्धमत ने आर्यों, मंगोलों और आदिवासियों की जो खिचड़ी तैयार की उसके जरिए अचेतन रूप से उसने कई किस्म के बीभत्स वामाचारों के लिए रास्ता तैयार किया। समाजशास्त्रीय भाषा में हम कह सकते हैं कि यह सामन्तीय व्यवस्था में दासप्रथा तथा

आदिम साम्यवाद के भी अवशेषों के जारी रहने और वर्ण-व्यवस्था से उनके गड्डमड्ड होने का प्रतिफलन है।

अगर हम वज्रयानी परम्परा के **सिद्धों** के **क्षेत्रों** और **जातियों** का विश्लेषण करें तो कुछ और भी नई बातें खुलती हैं।

सबसे पहले तो यही प्रकट होता है कि लोकचित्त में वे भयंकर और अलौकिक जादूगर के रूप में छाए थे। आम लोकविश्वास था कि सिद्ध 'वज्रकाया में स्थित अमर पुरुष हैं और उन्होंने साधनाओं द्वारा असाधारण एवं अतिमानवीय शक्तियाँ प्राप्त कर ली हैं। उनकी शक्तिमूलक सिद्धियाँ अधिकतर भौतिक सम्पन्नता और शारीरिक भोग से जुड़ी हैं। इस तरह हम उन्हें उसी लोकायतिक परम्परा की क्षयिष्णु और विकृत लहर से जोड़ सकते हैं जिसकी प्रबल धारा बौद्ध, सांख्य, न्याय-वैशेषिक दर्शनों के रूप में बह चुकी थी। अतः उनकी शब्दावली में ब्रह्म, माया, जीव आदि वेदान्ती शब्दों का नितान्त अभाव है।

आरम्भ में **शैव** और **बौद्ध,** दोनों ही साधनाओं का मिश्रण मिलता है अथवा कुछ आरम्भिक सिद्ध दोनों पद्धतियों के आचार्य थे। मीनपा इसके दृष्टान्त हैं। गोरखनाथ को पहले वज्रयानी और बाद में शैव नाथयोगी माना जाता है। इसी तरह कामरूप के सिद्धपीठ में शैव पद्धति की प्रधानता रही यद्यपि यहाँ ही ये दोनों पद्धतियाँ बहुत निकट आईं। इसी के साथ एक तथ्य और भी उद्‌घाटित होता है कि कुछ सिद्ध ब्राह्मण और क्षत्रिय थे। किन्तु उन्होंने या तो निम्नवर्ग की स्त्रियों को रख लिया और उनका पेशा भी अपना लिया, अथवा वे रूढ़िवादी ब्राह्मणों द्वारा तिरस्कृत कर दिए गए। नालन्दा के ब्राह्मण सरहपा ने महामुद्रा-साधना, से विवाह के बाद तिल कूटने का पेशा अपना लिया। इस तरह ऐसे सिद्ध अपने ब्राह्मण-धर्म तथा वर्ण-व्यवस्था के कठोर चक्र का अतिक्रमण करते हैं। (इसीलिए ये एक भौतिक एवं भोगवादी, लोकायतिक एवं दैनिक जिन्दगी से जुड़ते हैं)। और, निश्चित ही ईसवी 800-1000 में यह जिन्दगी बेहद आत्मनिर्वासित रही होगी।

बाकी के लगभग साठ से ज्यादा सिद्ध शूद्र और आदिवासी थे। उनकी आजीविकाएँ भी वैसी ही थीं। कुक्कुरीपा कुत्ते पालते थे, गुँडुरिया चिड़ियाँ पकड़ते थे; पचरीपा पौधे रोपते थे; शबरपा नर्तक थे; कंबलाग्बरपा पहाड़ी कम्बल बुनते थे, कंथालीपा दर्जी थे; काण्हया तथा तंतिपा जुलाहे थे; तिलोपा तेल निकालते थे; कम्परिपा लोहारी करते थे; मीनपा और लुईपा मछुआरे थे; अचिंतिपा लकड़हारे थे; व्यालिपा सँपेरे थे; जोगीया कंकालीपा हड्डियों के शिल्पी थे; इत्यादि। इनमें-से कइयों ने अपनी महामुद्रा साधनाओं से विवाह कर उनके पेशों के अनुसार ही अपना नामकरण कर लिया था। यह अनुमान है कि ये अपनी आजीविका तथा पेशे में इतनी दक्षता प्राप्त कर गए थे, सामान्य उत्पादन-शक्ति को इतनी कुशलता से सिद्ध कर

चुके थे कि वे ही संकलित होकर **सिद्धियाँ-ऋद्धियाँ** बन गईं। जाहिर है कि ये सिद्ध कालिदास के 'मेघदूत' की शर्मीली सिद्ध-पत्नियों के दुर्ललित कांत नहीं थे, और न ही इनकी ऋद्धियाँ सामन्तीय थीं। वे प्रतिभा की देन (जन्मजा), अथवा औषधिजा अथवा फार्मूलों से प्राप्त (मन्त्रजा) थीं। रस-रसायनसिद्धि-धातुशोध की आरम्भिक तकनालॉजी थी; पाताल-सिद्धि खनिको और अहेरियों के लिए जरूरी थी; अंजन-सिद्धि जुलाहो, मछुआरों, दस्तकारों के लिए आवश्यक थी; खेचर-सिद्धि प्राकृतिक लक्ष्यों को जाननेवाले के लिए वांछनीय थी; भूचर-सिद्धि और पादलेप-सिद्धि गुलामी करनेवाले दासों तथा पहाड़ी बोझ ढोनेवाले मेरुशिखरों के घुमन्तू शबर लोगों के लिए अपेक्षित थी; खंड-सिद्धि तो प्रत्येक योद्धा की काम्य उसी तरह थी जिस तरह अंजन-सिद्धि कारीगरों और दस्तकारों के लिए श्रेय थी। इन 'सिद्धियों' से युक्त उनकी देह **'वज्रदेह'** हो जाती थी :- एक बलिष्ठ और कुशल काया!! यह **नौ-सिद्धियों** की गणितीय संख्या भी सारपूर्ण है। यह 'नव' दिशा भी है तथा शून्य से पूर्व के समस्त उपाय भी है।

सिद्धों के पेशों तथा उनकी प्रशिक्षित दक्षता अर्थात विराटीकृत सिद्धियों से यही परिलक्षित होता है कि उनका जादुई मर्म (वज्रयान-मन्त्रयान) कृषि की अपेक्षा दस्तकारी से अधिक जुड़ा। उनके लघुकौशलों और निम्न आजीविकाओं में हीनता थी और इस हीनता को उन्होंने 'सिद्धि' में बदल दिया। हीनयानी समूहों तथा निम्नवर्गीय आदिम अर्थरचना में उत्पादक शक्तियाँ बेहद अविकसित थीं। उनके विकास की निहित तथा परोक्ष सम्भावनाओं को लेकर सिद्धों ने आठ सिद्धियाँ आरोपित कर लीं। अतः यहाँ कौशल और सिद्धि का ऐसा सामंजस्य है जिसमें वैज्ञानिक अभ्यास तथा जादुई अनुष्ठान के ध्येय घुल-मिल और उलट-पुलट गए हैं।

इसकी व्याख्या एक अन्य हाशिए पर भी की जा सकती है। ब्राह्मण-परम्परा का हिन्दू धर्म के रूप में पुनरुत्थान से एक ओर तो भौतिकवादी दर्शनों का उच्छेदन हो रहा था तो दूसरी ओर बौद्धमत का खंडन हो रहा था। सामन्तवादी चरण की वर्ण-व्यवस्था में शारीरिक एवं भौतिक कार्य 'अशुद्ध' माने जाते रहे हैं; तथा अमूर्त विषय श्रेष्ठ एवं शुद्ध। सिद्ध तो जाति और पेशे से भी अशुद्ध थे। अतः उन्होंने **अघोर** (बीभत्स) तथा **कापालिक** (अशुद्ध) के प्रति प्रतीकों को लेकर, आत्मा के बजाय **मानव-काया** को लेकर, ब्रह्मलीनता के बजाय **महासुख** को लेकर, अमृत के बजाय **रस** को लेकर अपनी वाममार्गी साधना प्रति प्रस्तुत की। यही नहीं; वे काशी और कांची, मिथिला और श्रीनगर जैसे ब्राह्मण-केन्द्रों से हटकर कामरूप और ओडियान, पूर्णगिरि और अर्बुद, जालंधर और श्रीहट्ट जैसे दूरस्थ आभिजात्य-विमुक्त **पीठों** में केन्द्रित हो गए। एक रूढ़िवादी सात्विकता तथा अस्वाभाविक ब्रह्मचर्य के विरोध में उन्होंने **सहज जीवन** एवं **सहभोग** को अंगीकार किया। अतः एक उच्चवर्गीय पवित्रता तथा सवर्ण महानता की प्रतिक्रिया ही इसके अभ्यंतर में मिलती है। इन्होंने इसी शरीर को शुद्ध

करने का, लौकिक सुख में ही परमानन्द प्राप्त करने का और दैनिक आजीविका को ही महासिद्धि में बदलने का मार्ग अपनाया। इस तरह सिद्धों के रूप में हम एक समानान्तर और प्रतिवादी (एंटी-थीसिस) परा-संस्कृति का रचना पाते हैं जिसका आर्थिक मूलाधार छोटे-छोटे शारीरिक कर्म तथा दस्तकारी है। उनके समय में पालवंशी राजाओं ने बौद्धों एवं सहजयानी सिद्धों को प्रश्रय दिया जिससे वे भी सामन्तीय विचारधारा की जकड़ में आ गए। पूर्वी भारत के ऐसे गठन को राहुल सांकृत्यायन ने **सिद्ध-सामंत-समाज** कहा है और इसकी प्रवृत्ति बताई है कि "बौद्ध अब भारत की किसी सामाजिक समस्या का कोई हल अपने पास नहीं रखते थे। अब उन्हें अपनी पुरानी कमाई को बैठकर खाना था...बौद्ध कभी दिङ्नाग तथा धर्मकीर्ति के प्रौढ़ दर्शन को सामने रखकर लोगों की आँखों में चकाचौंध पैदा करना चाहते थे; कभी योग, समाधि, जन्तर-मन्तर, डाकिनी-साकिनी के चमत्कार से लोगों को अपनी ओर खींचना चाहते थे और कभी सिद्धों के विचित्र जीवन और लोकभाषा की कविताओं को भी इस काम के लिए इस्तेमाल करते, मगर यह सब हवा में तीर चलाना था...बौद्धों के मस्तिष्क और हथियार कुंठित हो चुके थे।" इस तरह सिद्धों की विचारधारा और सुपरिगठन भी अन्ततोगत्वा आधिकारिक सामन्तवादी सम्बन्धों का बंदी बन गया। किन्तु उस युग में सामन्तवाद की विचारधारा की केन्द्रीय धुरी हिन्दू धर्म तथा वेदान्त थी। फलतः सिद्धों की संघटना नाथ-योगियों द्वारा अनुस्थापित हुई। इस तरह 'सिद्ध-सामन्त-युग' की आधिकारिक विचारधारा पूर्वी भारत के सामन्तीय और दरबारी सिद्ध-चिन्तन तक को अपने में विलीन कर लेती है। बाद में हिन्दू ऐतिहासिक अनुश्रुति में ओडियान (ओडिसा) तथा मगध (बिहार) तथा बंग-क्षेत्र तक हीनमार्गी तथा अधम बताए गए। बाद में स्वयं सिद्ध भी शैव होते गए (गोरखनाथ, मीनपा, मत्स्येन्द्रनाथ) तथा ये नाथ योगी स्वयं को आदिनाथशिव का अनुयायी मानकर पुनः 'शुद्धि' और 'योग' के मार्ग पर आ गए। सिद्धों के गुह्य अनुष्ठानों तथा नारी-सम्भोग का बहिष्कार हो गया। इस तरह बाद में शैव हठयोगियों ने **सहज समाधि** को तथा वैष्णव भक्तों ने **सहज भाव** को स्थापित किया। उधर बंगाल में बौद्ध पाल एवं चन्द्र राजवंशों के स्थान पर वैष्णव और शैव अनुयायी राजवंश भी स्थापित हो चुके थे। इस तरह **एक चक्र** पूरा घूम जाता है। स्वयं को जनसमूह से अलग समझनेवाले ये सिद्ध जब सामन्तों के दरबारों से जुड़े तो वे अपनी 'क्रिया' तथा 'चर्या' से भी विच्छिन्न हो गए; और पाखंडी तथा भ्रष्ट होते गए। जनसमूह से पुनः जुड़ने की शुरुआत सन्तों एवं भक्तों एवं सूफियों ने की क्योंकि तब तक हिन्दू-सामन्तवाद प्रभावहीन हो गया था। और **इस्लामी सामन्तवाद** का प्रभाव शुरू हो चला था (गजनवी-हमले, गुलाम-वंश, खिलजी-वंश, तुगलक-वंश, लोदी-वंश, मुगल-वंश)।

1. 'हिन्दी काव्यधारा', भूमिका, पृ. 35

सामाजिक-सांस्कृतिक रूपायन की दृष्टि से देश में वेदान्त के एकेश्वरवाद और इस्लाम के एकेश्वरवाद का विचित्र सामंजस्य हुआ; ग्रामीण दस्तकार शहरों में आकर कारीगर बनने लगे; सिद्धों से ज्यादा शक्तिशाली शाहंशाह हो गया; और 'सभी ऐतिहासिक घटनाओं ने धार्मिक छाप ग्रहण कर ली' (एंगेल्स)। विनिमय परक के बजाय **तिजारती अर्थतन्त्र** (मर्केटाइल इकोनॉमी) तथा महासाम्राज्य से नए वर्गीय सम्बन्ध कायम हो रहे थे जिनकी अभिव्यक्ति स्वामी-सेवक, भगवान-भक्त (स्वामी-सचिव), ठाकुर और रानी के रूप में हुई। इस तिजारती अर्थतन्त्र में कृषि और दस्तकारी (शृंगार, सज्जा) की चीजें ही खपत में आती हैं। ये मन्दिरों में भी इस्तेमाल हुईं। किन्तु पूर्ववर्ती सिद्धों की सिद्धियों की लिपियों में 'कृषि' एवं बड़े 'शिल्प' के शक्तिरूप, अलंकार-उपमान और शैलियाँ (झाँकी, रास) में नहीं प्रकट हो सकते थे क्योंकि वे मूलतः पर्वत एवं धन केन्द्रों की अर्थरचना पर आश्रित थे।

कृषि-केन्द्रित ग्राम तथा उपभोग-केन्द्रित शहर के अर्थतन्त्र के लिए तो विकल्परूप में **वैष्णव-साधना की भूमिका** तैयार हो रही थी। इसलिए लोदी और मुगलकाल में हम दूसरे प्रकार के उपकरण और प्रसाधन पाते हैं जो मुद्रा के बजाय नखशिख शृंगार पर, नवसिद्धियों के बजाय नवधा भक्ति पर, पंचमकार के बजाय पंचरात्र पर, शक्ति के बजाय अवतार पर, और ज्ञानयोग के बजाय भक्तिभाव पर बल देने लगते हैं। सिद्धों की अपेक्षा आरम्भिक पर्वतीय अर्थरचना में (आज भी) **नारी** ही प्रधान श्रमिका एवं शोभा होती है। अतएवं **'मुद्रा'** भी द्वयर्थक भ्रान्ति लेकर आई। उनके तात्कालिक हरिजनीय तथा आदिवासी तथा गिरिजनाय अर्थतन्त्र एवं सहज-पद्धति में उत्पादक एवं सृष्टि की विराट् शक्तियाँ पूर्ण बन्धनमुक्त नहीं हो सकती थीं। इसलिए भी उनमें **उत्पादक-शक्ति** की आवश्यकता का रूपान्तरण **उर्वरक-शक्ति** की कामुकता में हो गया। अतएव उनमें शनैः-शनैः रहस्यात्मक उर्वरक-कामातुर अनुष्ठानों के जादू तथा गुह्यकर्म छाते चले गए। अब हम पुनः अपने प्रतिपाद्य को लेते हैं।

आरम्भ में ये साधारण और मेहनती लोग इस कदर अलौकिक और असामान्य नहीं थे। **पूर्वार्द्ध चरण** में इन्होंने ही तो बौद्ध दर्शन और बौद्ध परम्परा से विद्रोह किया था। ये निवृत्ति मार्ग की अस्वाभाविक को अस्वीकृत करके प्रवृत्तियों को स्वस्थ तृप्ति में ही जीवन की सिद्धि मानते थे; दुखवादी दर्शन के बजाय सुखवादी भोग को अनुष्ठान मानते थे; निर्वाण की अपेक्षा सहजानन्द को अन्तिम ध्येयं मानते थे; वीतरागी एवं ब्रह्मचारी के अनावश्यक दमन के बजाय जात-पाँत के बन्धन तोड़कर एक प्रिया को पत्नी रूप में प्रतिष्ठा देकर उसे महामुदा-रूप में साधना-सखी बनाते थे; सद्गुरु के बजाय नारी को महाप्रज्ञा मानते थे; अकेले के बजाय अर्द्ध-गृहस्थ एवं महाराग-योगी थे। इस तरह ये सिद्ध अपने जीवन को सहज प्रवृत्तिमूलक ढंग से

भोगते थे; अस्वाभाविक और अलौकिक की अमानवीयता तथा आभिजात्य से दूर थे। ये **शरीर** को वज्रकाया बनाने का परिश्रम एवं अभ्यास करते थे, संसार को भोग्य मानते थे और प्रवृत्तियों की स्वस्थ तृप्ति में ही आनन्द मानते थे। इस तरह इन्होंने उच्च वर्ग एवं आभिजात्य चक्रोंवाली नैतिकता से अपने को बिलकुल अलग कर लिया। उनके लिए यह **भव** मिथ्या और यह **शरीर** क्षणभंगुर न होकर क्रमशः भोग्य और वज्ररूप है; इन भव में कुछ भी अपवित्र या अशुद्ध नहीं है; इस जीवन तथा जगत में निषिद्ध बातों से भी महासुख प्राप्त होता है; **भावों** की केवल सत्वगुणी ही नहीं, बल्कि सर्वगुणी पूर्ण उत्तेजना ही (निर्वाण से ज्यादा) सहजानन्द देती है। इसलिए उनकी चर्या में अन्तर की इन्द्रियों को उत्तेजित करने के लिए **मद्य**, नए जीवन के महासुख के लिए **मुद्रा-मैथुन,** तथा शक्ति एवं शौर्य के लिए **मांस-मत्स्य** का सेवन एक नई नैतिकता का सूत्रपात करता है। निष्कर्ष रूप में, उन्होंने अशुद्ध और अपवित्र और अग्राह्य को सहज, मानवीय तथा आनन्दमय माना। पहले चरण में ये सिद्ध बेहद विद्रोही और सहज थे। इनकी क्रिया तथा चर्या, आजीविका तथा सिद्धि, कथनी तथा करनी के बीच समरसता थी। ये चारों ओर सहजता और साधना (संयम) से विमुक्त थे। इस तरह, देवीप्रसाद चट्टोपाध्याय के विचार से, उनका तन्त्रवाद लोकायतों द्वारा अपनाया गया एक लोकप्रिय नाम था, जिसका सारतत्त्व आदिम कबीलों के अश्लील रस्म-रिवाजों से सम्बन्धित आद्य-भौतिकवाद था।...तान्त्रिक सम्प्रदाय की उत्पत्ति जादुई अनुष्ठानों, देवी माता, तथा उत्पादकता बढ़ाने के कर्मकांडों वाले आदिम कृषि समाज से हुई है।[1] **तन्त्र** और **मुद्रा** के द्वारा ये विद्रोही और बहिष्कृत, दमित और उत्पीड़ित साधक-जन लोकज्ञान और सहज सुख प्राप्त करने का मार्ग ढूँढ़ रहे थे।

किन्तु **परवर्ती चरण** में ये सिद्ध सहज के बजाय असाधारण हो गए। ये आजीविकाओं में सिद्धहस्त होने के बजाय अतिमानवीय शक्तियों के चक्कर में पड़ गए, मुद्रा-मैथुन के बहाने दुराचार और व्यभिचार के शिकार हो गए तथा लोकज्ञान के बजाय पाखंड, और सुख के बजाय आतंक फैलाने लगे। उनके 'सहज' एवं 'भोग' की कैटेगरियों में ही ये सारे नेतिकरण (निगेशंस) निहित थे। सहज एवं सामन्तीय अभिजात्य की प्रभुसंमत जीवन-विधि थी; तथा भोग भी सामन्त-वर्ग का ब्रह्मानन्द-सहोदर था। इसलिए साधारण गृहस्थ एवं साधक सिद्ध इनका समाज-सांस्कृतिक विपर्यय (इंवर्जन) कैसे कर सकते थे। हर सामान्यजन सरहपाद या गोरखनाथ कैसे हो सकता था? इसलिए परवर्ती चरण में आतंक और अवनर्मिलता की धुरियाँ क़ायम हो गईं। सिद्ध असिद्ध हो गए।

1. 'लोकायत' पृ. 73ए

जनता से संबद्ध होकर तथा संगठित होकर ही सिद्ध विद्रोह को ज्ञान तथा सुख की ओर लक्षित किए रह सकते थे। लेकिन अलग होकर तथा अकेले साधक होकर तो वे मूलतः एक अवनर्मिल एवं असामान्य मनोविज्ञान के वृत्त में आ गए। फलतः मद्य और मुद्रा की डायोनीशियन दशाओं में उन्होंने अपने स्नायुमंडल को बेहद सुन्न (शून्य), स्तब्ध या इंद्रियातीत कर दिया; तथा इंद्रियों को बेहद उत्तेजित कर दिया। इस तरह नाड़ियों की उत्तेजना और इंद्रियों को अतिक्रान्त दशा (तनाव) में उन्होंने कामातुरता, प्रवृत्तिमूलकता तथा मादकता को ही आधार-भूमि बना दिया। इसी तरह उनका प्रत्यक्षीकरण भी भ्रम, विभ्रम एवं सम्मोहन आदि से आच्छादित हो गया। अतः उनके **अनुभव-लोक** अवनर्मिल एवं मनोरोगात्मक भी हो गए। इसीलिए उनमें दर्शन और सौंदर्य के बजाय **जादू** और भोग का भ्रामक यथार्थ ज्यादा परिव्याप्त हुआ है। उन्होंने रहस्य एवं जादू का एक साथ सहारा लिया। जादू का अपना तर्कशास्त्र होता है किन्तु मिथ्या एवं भ्रामक आदिम समाजों की अवस्था के बाद **जादू** प्रायोगिक एवं व्यावहारिक नियमन के विकास एवं अनुप्रवेश में रुकावट बन जाता है। मध्यकाल में यह गुह्यतन्त्र एवं रहस्य-साधना के धार्मिक प्रारूपों में रूपान्वित हो गया।

ऐसा क्यों? सामान्यतः मानवीय सामाजिक चेतना एवं व्यवहार के उन्मीलन में आदिम समाज-व्यवस्थाओं में जादू के पश्चात **धर्म** का आविर्भाव होता है। तब तक, छद्म विज्ञान की परिधि में, **ब्रह्मांडशास्त्र** (कॉस्मोजनी), एक मिथितिहास (माइथोलॉजी) और एक आध्यात्मिक मनो-शरीरशास्त्र (साइकोफिजीजियोलॉजी) भी प्रस्तुत हो चुका होता है। किन्तु आदिजनों, गिरिजनों तथा शूद्रजनों के बीच से उभरकर आनेवाले आरम्भिक सिद्धों ने सामन्तीय हिन्दू धर्म तथा महासंघीय बौद्धधर्म (महायान) से सम्बन्ध-विच्छेद करके पुनः जादुई अनुष्ठानों, देवी-माता की उपासना तथा उर्वरक-कर्मकांडों से अर्थात लोकजीवन और लोकचित्त और लोक-अभ्यास से नाता जोड़ लिया। अतः धर्म से पुनः जादू एवं रहस्य की ओर पुरोगमन करके सिद्धों ने 'धार्मिक जादू' की फांतासी भी कायम की जो मूलरूपेण आर्थिक उत्पादन, आयुर्वेदीय उपचार तथा काम-शास्त्रीय सुखभोग के ही रहस्यपरक अमूर्तीकरण हैं। धार्मिक जादू (वज्र) तथा 'यन्त्र-मन्त्र-तन्त्र' एवं 'मंडल चक्र' आदि की गणितीय धारणाओं की इस प्रक्रिया ने सामाजिक प्रत्यक्षीकरण को केवल फांतासीय ही नहीं बनाया, बल्कि सामाजिक यर्थाथता को भी खंड-खंड विभाजित कर डाला। अतः उनके मनोलोक भी अवनर्मिल (एब्नार्मल) तथा मनोरोगात्मक (साइकियट्रिक) होते हैं।

यह एक विचित्र संयोग है कि इधर सिद्धों के जादुई फार्मूले (तन्त्र, मन्त्र, यन्त्र) रहस्यात्मक गणित का ज्यामितिक इस्तेमाल कर रहे थे, आदिम रसायनशास्त्र (रससिद्धि, अंजन, पादलेप आदि) के प्रयोग कर रहे थे और उधर शुद्ध तथा निर्विकल्प आभिजात्य एवं क्लासिकल अंचलों में 'शून्य, ब्रह्म, आनन्द' का समीकरण स्थापित

हो रहा था; तथा भास्कराचार्य गणित-ग्रंथ भी लिख रहे थे। एक ओर समाज में ब्राह्मण श्रेष्ठतर वर्ण तथा क्षत्रिय श्रेष्ठ वर्ण के रूप में सत्ताधारी वर्ग बन चुके थे तो दूसरी ओर इस सामन्तवाद में वर्ण की दासप्रथा के अन्तर्गत केवल 'वर्ण' थे–'जातियों' एवं उपजातियों में जड़े जा चुके थे। एक ओर ब्रह्म को प्रथम कारण तथा अन्तिम यथार्थ स्वीकार किया जा रहा था, तो दूसरी ओर भव को प्रथम कारण तथा भोग को श्रेष्ठतर कार्य माना जा रहा था। ये सामन्त और सिद्ध, ब्राह्मण और शूद्र, सत्ताधारी और शासित वर्ग के बीच के अन्तर्विरोधों के ही फिलसफाना नतीजे थे।

आदिम कबीलों में जादू ने **विज्ञान** की भूमिका अदा की थी–यद्यपि निषेधात्मक ढंग से। उसका उदय प्राकृतिक कारणों को न जान पाने के फलस्वरूप हुआ था।...अब यह विज्ञान को प्रतिस्थापित करनेवाली चीज नहीं रह गई थी। उल्टे, इसने विज्ञान की प्रगति के लिए दरवाजा बंद कर दिया। ग्राम-समुदाय के गत्यावरोध और आर्थिक पिछड़ेपन को और भी मजबूत बनाते हुए उसने सामाजिक प्रगति को अवरुद्ध कर दिया। और जनता, जो वैज्ञानिक ज्ञान से अनभिज्ञ थी, अधिकाधिक यथार्थ से भागने लगी और जादू-टोने तथा मन्त्र-तन्त्र की शरण ढूँढ़ने लगी।[1]

अब इस भूमिका से आगे, सबसे पहले, सिद्धों की **शरीर सम्बन्धी कार्य** की (फिजियोलॉजी) और स्नायुचक्र तथा धमनीचक्र वाले रूपायनों को लिया जा सकता है। उन्होंने एक अप्राकृतिक एवं अजीवशास्त्रीय आयुर्वेद की परिकल्पना कर डाली। वे न तो चरक और सुश्रुत की तरह औषधि एवं शल्य के विशेषज्ञ वैद्य थे; और न ही आयुर्वेद की नर्मिल परम्परा के अनुयायी थे।

इसलिए उन्होंने दो बुनियादी धारणाओं की परिकल्पना की– (क) यह **'स्थूल शरीर'** तो मृत्यु और जरा से परिवर्तनशील होनेवाला भूत है किन्तु इसमें भी 'सूक्ष्म शरीर' है। महामुद्रा-साधना और रस-रसायन से वही स्थूल शरीर 'वज्रकाया' एवं 'दिव्य देह' में रूपान्तरित हो जाता है।

(ख) यह शरीर भी एक 'क्षुद्र ब्रह्मांड' है अर्थात् यह प्रकृति और बुद्धलोक का लघुपिंड है। इसमें नक्षत्र, ग्रह, मंडल, पद्म, चक्र आदि सभी हैं।

क्योंकि सिद्ध शल्यवेत्ता नहीं थे और न ही आधुनिक एक्सरे के साधनों से लैस थे। अतः उन्होंने अंजन-सिद्धि एवं **सूक्ष्म शरीर** की परिकल्पना कर डाली।

आयुर्वेद ने शरीर के स्थूलतर तत्त्व रस-रक्त, मांस-मेदा, अस्थि-मज्जा, और शुक्र माने हैं। सिद्धों ने 'रस' तथा 'शुक्र' पर ध्यान दिया और विचित्र अनुष्ठानों (अभिचारी) द्वारा उनको वज्रदिव्य तथा अजर-अमर बनाने के लिए कीमियाई प्रयोग किए। आयुर्वेद में त्रिदोष के रूप में वात, पित्त और कफ नामक तीन धातुएँ मानी गई हैं। वेदान्त ने इनसे सत्व (वात), रज (पित्त) और तम (कफ) नामक त्रिगुणों को

1. 'भारतीय चिन्तन परम्परा', के. दामोदरन, पृ. 242

संवर्धित किया; लेकिन इन सिद्ध वैद्यों ने इन्हें क्रमशः पारद या शुक्र (सत्व), सूर्य (रज) तथा चन्द्र (तम) से प्रतिस्थापित कर डाला। यही नहीं; उल्टे, अग्नि-प्रधान सूर्य (रज), पृथ्वीजल-प्रधान चन्द्र (तम) और आकाश-प्रधान शुक्र या पारद (सत्व) की धारणा से उन्होंने ज्योतिष एवं आयुर्वेद की सन्धि कर डाली। वात में गति एवं संवेदन की शक्ति मानी गई है। सिद्धों ने उसे पारद या शुक्र रूप में मानव-निर्यता माना। पित्त ताप-निर्धारक शक्ति है। सिद्धों ने उसे सूर्य-रूप में ताप एवं शरीर यन्त्र का नियंता माना। कफ शीत एवं स्थितिकारक शक्ति रखता है और ग्रंथियों के स्राव का संयोजक है। सिद्धों ने उसे शीतल और संयोजक (चन्द्र) माना। इस तरह वे त्रिदोषों से सीधे–त्रिगुणों का संक्रमण करके–'आयुर्वेदिक ज्योतिष' की नई विद्या का अटपटा अनुसंधान करने लगे।

इसी आधार-भूमि पर सिद्धों ने आयुर्वेद के एक और वैज्ञानिक अन्वेषण का लाभ उठाया। आयुर्वेद में कर्मेन्द्रिय उपस्थ तथा ज्ञानेन्द्रिय रसना के अन्तर्सम्बन्ध की स्वीकृति है। इसे श्रीमद्‌भागवत् तक में स्वीकार किया गया है। इनसे एक ओर तो सौन्दर्यबोधशास्त्रीय रस-सिद्धि की दिशा खुलती है, तो दूसरी ओर तांत्रिक (पारद अभ्रक संयोग) रस-सिद्धि का चमत्कार भी फैलता है। शाक्त सिद्धों ने कर्मेन्द्रिय उपस्थ में कुंडलिनी को स्थित किया तो ज्ञानेन्द्रिय रसना में अमृत-झरण को। इसके लिए उन्होंने क्रमशः कर्म-मुद्रा (सम्भोग आसन) एवं महासुख की धारणाएँ भी पल्लवित कीं। बस, इस स्थूल-सूक्ष्म शरीर-द्वय में वे मेरुदंड को तो जानते ही थे; मस्तिष्क को भी किंचित् पहचानते थे। अतः ज्योतिष के 'चक्र' एवं प्रकृति के 'पद्‌म' के उपमानों के आधार पर उन्होंने अपना ही एक उपसूक्ष्म शरीर रच डाला। (पहला सूक्ष्म शरीर अन्तकरण और ज्ञानेन्द्रियों का तो था ही)। यह **सूक्ष्म शरीर** मूलधार से शुरू होकर मेरुदंडों को चक्रों (छै) तथा पद्‌मों के अवस्थानों को पूरित करता हुआ मस्तिष्क के शीर्ष बिन्दु (ब्रह्मरंध्र) में पूरा हो जाता है। इस तरह एक ओर तो मूलाधार से सहस्रार तक मेरुदंड की वज्रयष्टि का आधार बना, तथा दूसरी ओर चक्रों एवं पद्‌मों से युक्त नाड़ी-केन्द्रों की परिकल्पना की गई। फलतः इस स्थूल शरीर में क्षुद्र ब्रह्मांड और सूक्ष्म शरीर, दोनों ही घुल-मिल गए।

शरीर में रक्त और रस के प्रवाह के बजाय उन्होंने रज और वीर्य के संयोग में **महासुख** का, तथा पारद और अभ्रक के शोध में दिव्य शरीर की **महासिद्धि** का आयोजन किया। स्पष्ट है कि ऐसे आयोजन में सत्व और शुद्धि और नैतिकता को कोई मनोनैतिक भूमिका नहीं मिल सकती थी। अतः सिद्धों ने इस जगत एवं शरीर में कुछ भी अपवित्र तथा अशुद्ध नहीं माना। उनके लिए सब कुछ शक्ति (ऊष्मा एवं ऊर्जा) तथा शून्य (सम्पूर्णता एवं अतींद्रियता) में अमूर्तीकृत हो गया। अतः अगली कड़ी में उन्होंने **भोग** को ही योग में कायान्तरित कर डाला। अतः इस रूपक-न्याय

के केन्द्र में वासना एवं कामना की प्रतिष्ठा हो गई जिससे तन्त्र ने काम एवं सुख के क्षेत्र में स्त्री-पुरुष का संयोग (मुद्रा) कर दिया। अतः यहाँ प्राकृतिक पंचतत्व भी प्रतीक होकर विचित्र 'पंचतत्त्व' (मद्य-मांस/मत्स्य/मुद्रा-मैथुन) बन गए। मद्य आनन्द का तत्त्व हो गया; मुद्रा महासुख में ढल गई तथा (उनके तर्क से) मैथुन अत्यंत पवित्र तथा नित्य-नव-जीवनदायिनी क्रिया हो गई।

सिद्धों में शरीररचनाविज्ञान (एनाटमी) के मेरुदंड एवं मस्तक (ब्रेन) के चहुँ ओर ही शरीरशास्त्र (फिजियोलॉजी) तथा स्नायुचक्रशास्त्र (नर्वोलॉजी) का अपना विचित्र अर्थात् सूक्ष्मशरीर विकास किया। अब मनोविज्ञान की अवनर्मिल तथा वशवर्ती विचित्र दशाओं के लिए उन्होंने हठयोग में भी अपने ढंग का परिवर्तन किया। 'क्षुद्र ब्रह्मांड' की उनकी धारणा के अनुसार मानव-देह में भी सृष्टि के पंचभूत हैं और उनके मिलन की भूमिका प्रज्ञा-उपाय का मिलन है; मानव की सूक्ष्म देह में ग्रह, उपग्रह, नक्षत्र भी हैं। इस तरह यहाँ वे **चित्त** से ही सम्पूर्ण बाह्य सृष्टि को व्युत्पन्न माननेवाले होकर पतंजलि के आदर्शवादी पक्ष में भी शामिल हो जाते हैं। किन्तु उन्होंने हठयोग-साधना में मुद्रा-मैथुन-साधना को घुला-मिलाकर विचित्र अभ्यासों अर्थात् 'अभिचारों' को विकसाया। एक ओर चित्तनिरोध, तो दूसरी ओर गुह्य भोग! एक ओर विराग तो दूसरी ओर महाराग!

आयुर्वेद में वात-पित्त-कफ के त्रिदोषों को शरीर-संचालक तथा रोगकारक दोनों माना है और उनके सन्तुलन में ही स्वास्थ्य और शक्ति का निदान बताया है। सिद्धों ने **वात** को (पंचमहाभूत तत्त्व के अन्तर्गत पवन (वायु) के निरोध को) अर्थात् उसको बद्ध एवं निश्चल करने को ही अनिवार्य बताया ताकि अपान से प्रज्ज्वलित अधोमुखी कालाग्नि शुक्र को सुखा न सके और चित्त चंचल न रहकर स्थिर एवं एकाग्र हो जाए। इस तरह 'वायु=काल' का एक रूपक-रिश्ता बना।

इसी तरह '**शुक्र** (वीर्य)=शुक्रतारक' का एक दूसरा द्वयर्थक समीकरण बना। शुक्र मनुष्य में यौवन और शक्ति का संचालन, तथा प्रजनन और सृष्टि का अभिकर्ता है। शुक्र सम्भोग-सुख का स्पंदित झरण भी है। अतः शुक्र ही काम और बल, स्वास्थ्य और सौंदर्य, यौवन, अमरता और वज्र आदि सभी का हेतु है। कामकला में प्राणवायु के स्तंभन बिना शुक्र स्खलन हो जाता है। सिद्धों ने अपनी साधना में 'स्खलन' को 'अपानवायु से प्रज्ज्वलित अधोमुखी कालाग्नि का कर्म' कहा है। तथा 'स्तंभन' को प्राणवायु के ऊपर जाने एवं अपान वायु के नीचे आने को रोककर यथास्थान स्थिति कर देना अर्थात् 'काल पर विजय' (लुईपा) बताया है। अर्थात् शुक्र का अद्यःपतित न होना और मैथुन के महासुख में लीन होना—ये दोनों सहवर्ती अभ्यास सिद्धों में कई मनोशारीरिक तनावों को उत्पन्न करते थे। ऐसी अस्वाभाविक एवं अवनर्मिल प्रतिक्रिया के लिए अर्थात् योगी और भोगी के एकीकरण के लिए वे मांस और मत्स्य,

मदिरा और मुद्रा, तथा मैथुन जैसे तेज उत्तेजकों और मादकों का अवचेतनमंथक इस्तेमाल करते थे। उन्होंने तेज धातु का उदय बोधिचित्र के उदय से जोड़ दिया और इसे शुक्रतारक का रूप भी दे दिया।

इसी तरह **मैथुन** के लिए 'मुद्रा (बंध) = मुद्रा (नारी)' का भी समीकरण कायम किया। आयुर्वेद की तीन धातुओं के बजाय सिद्धों ने चित्त में ही पंचमहाभूतों की उत्पत्ति की स्थापना की। उनके मुताबिक जब बोधिचित्त (वज्र या कुलिश के रूप में) प्रज्ञा (पद्म या कमल के रूप में) से घर्षण करता है तो उससे तेज धातु या अग्नि की उत्पत्ति होती है; और अग्नि के चलने या हिलने से वायु की; और इस स्पंदन से सुख मिलता है वही आकाश ('वात'=वायु=आकाश) है। इस तरह आयुर्वेदिक स्थूल शरीर में वे पंचमहाभूतों को अन्तस्थ करके, सूक्ष्मशरीर की धारणा में खोकर, अन्तर्मुखी हो गए। लेकिन योग और भोग के बीच तो शत्रुतापूर्ण (एंटागोनिस्टिक) अन्तर्विरोध है और ये कदापि सहवर्ती नहीं हो पाते। इसलिए सिद्ध अन्दर से प्राणायाम द्वारा योग-साधना करते रहे; तो बाहर से मुद्रा-मैथुन द्वारा गुह्य-साधना। किन्तु वस्तुतः वे योग के निषेध के द्वारा भोग का भी नेतिकरण कर रहे थे; शरीर के शुद्धिकरण के नाम पर उसे अवनर्मिल मन के 'इरोटिक' विस्फोटों की धुरी बना रहे थे जहाँ सहज के नाम पर 'इद्म' का उच्छृंखल निवर्चन ही हुआ।

उन्होंने काम और कामना, मैथुन और सम्भोग के बीच, अभ्यास से, अन्तर करने की कोशिशें कीं। काम-कला को योग-साधना और सहज-दर्शन में रूपान्तरित करने के प्रयास में सिद्धों ने मुद्रा-मैथुन को ही महासुख तथा सहजानन्द के रूप में सर्वोच्च धार्मिक अनुभव मान लिया। अतएव **मिथुन-मुद्रा** और **योग-आसन** घुल-मिल गए। अतएव मन्त्रोचार के अनुष्ठान में अंगुलिनिर्देशक विशिष्ट मुद्राएँ भी महामुद्रा (नारी शक्ति) बदल गईं। फलतः साधनाएँ मिथुन-परक हो गई। मुद्रा-साधक **'सुरत वीर'** (महाराग द्वारा विराग का दमन करनेवाला) हो गया क्योंकि वह भी एक सामन्तीय नायक की तरह महामुद्रा-नायिका का उपभोग करता है। इस तरह मुद्रा एक रमणी तथा सम्भोग-आसन, दोनों है जिसका लक्ष्य यह है कि मैथुन के समय साधक के शुक्र का क्षरण न हो और वह रमणी (–मुद्रायोगिनी) को स्खलित कराकर उसके रज को भी–प्राणायाम के द्वारा–अपने शरीर में ऊपर खींच ले ताकि वह वज्रकाया हो जाए (इसके लिए भी वीरसिद्धों ने वज्रोली, सहजोली जैसी क्रियाएँ उद्भूत कीं)। यही पद्धति **'वज्रयान'** है। अतः सिद्धों का जीवन-दर्शन एक ओर अपनी आजीविकाओं में निष्णात कौशल (सिद्धि) प्राप्त करके एक सहज जीवन बिताना था, तो दूसरी ओर उन्मत्त मैथुन-सम्भोग के महासुख को भोगते हुए भी शुक्र को संचित रखकर वज्रकाया प्राप्त करना चाहता था। निस्सन्देह इसके लिए वे अपने पहले पक्ष को उपेक्षित करते हुए दूसरे पक्ष की विकृतियों में डूबते गए।

पुरुष की ऊर्जा और शक्ति को पुनर्प्राप्त करने में चरक ने भी 'चिकित्सा स्थानम', II–2.5 में, वाजीकरण के अन्तर्गत पत्नी-नारी का महासहयोग स्वीकार किया है—वैद्यक की दृष्टि से। वैद्यक की दृष्टि से ही **'सर्प'** का आदिम और आर्केटाइपल चिह्न-प्रतीक एक ओर उपचार (प्रकृति) का तथा दूसरी ओर उर्वरता (पृथ्वी) का निधायक रहा है। सर्प अमरता तथा कालचक्र का भी सूचक हुआ है। भारत, यूनान तथा मिस्र की प्राचीन संस्कृतियों में सर्प की उपर्युक्त दोमुखी भूमिका रही है। सभी औषधि-दर्शनों में 'रस-अमृत' का भी समीकरण बना है जिससे एक ओर सौन्दर्यबोधानुभव तथा दूसरी ओर दर्शन, चिन्तन उन्मीलित हुआ है। शारदातनय में वसुकि में रसोद्गम बताया गया है; योग के मुनि पतंजलि को भी 'अहिपति' या 'भुजंगविभु' कहा गया है। योगाचार में मनुष्य की अमृतशक्ति को 'कुंडलिनी' (कुंडलित सर्पिणी) के रूप में अभिव्यंजित किया गया है। इस तरह शाक्त, शैव, तांत्रिक, वज्रयानी आदि सभी में ये आदिम सेक्स-प्रतीक सर्वगोचर हैं। कुछ सिद्धों ने इसी **रस** की अमरता के लिए रसेश्वर-साधना की ओर भी प्रयाण किया तो बाद में भक्तों ने इसी रस की मधुरता के लिए अवतार, (तेज, सत्व), लीला के प्रति तन्मयता प्रकट की। सिद्धों ने आतंक और कठोरता को कलात्मक अभिव्यक्ति में बदलने का अनगढ़ प्रयोग किया। जबकि भक्तों ने रति और करुणा को महाभाव में अभिव्यक्त कर दिया। सिद्धों ने मिथुन-सुख के उदास रूप में आनन्द को स्थापित किया, जबकि भक्तों ने भावरति के उज्ज्वल रूप को आनन्द बताया। इसीलिए सामन्तीय मध्यकाल में समानान्तर विषयानन्द, ब्रह्मानन्द और रसानन्द की कामशास्त्रीय, दर्शनशास्त्रीय और काव्यशास्त्रीय धारणाएँ परस्पर स्पर्द्धा एवं तुलना करती हुई दृष्टिगोचर होती हैं। वस्तुतः यह दो विचारधाराओं का अस्पष्ट संघात एवं द्वन्द्वात्मक समन्वय है।

सामन्तीय मध्यकाल में स्त्रियों के लिए काम का प्रयोजन सम्भोग (गर्भाधान) तथा विलास (ऐश्वर्य) नहीं था। यह तो सामन्तों के लिए था। उनके लिए काम प्रयोजन दो, सुख और मिथुन (विहार), थे। यह बात कई तरह से पुष्ट होती है क्योंकि बौद्ध विहारों और तान्त्रिक पीठों में भिक्षुणियों एवं योगिनियों के साथ गर्भाधानरहित यौन-सम्बन्धों का केवल मात्र यही गुप्त-गुह्य तथा अश्लील रूप हो सकता था। (भक्तों की सगुण-साधना में यह सब अवतारों की लीला होने के कारण रंजन और मोहन से युक्त पवित्र और निर्मल घोषित हो गई थी)। इसलिए वीर्य का स्तंभन करना, रज को ऊपर खींचना, कामासनों में विहार एवं व्यायाम करना आदि—प्रज्ञा एवं उपाय होकर समासीन हुए। अतः ये वज्रयानी मुद्राएँ तथा मैथुन व्यायाम एवं विहार के लिए थे। इसीलिए खजुराहो में मिथुन-युगलों का, तथा तन्त्र में वज्रयानी युगनद्ध का समन्वय हुआ। अगर मूर्तियों तथा चित्रों में योगिनियाँ एवं अप्सराएँ एवं यक्षिणियाँ हैं, तो स्थूल पंचमाकर-पंचमहाभूत साधना में कथित 'नीच' जाति की रमणियाँ। ऐसे

मनुष्य 'शठ' न कहे जाकर 'सिद्ध' कहे जाते थे! क्या खूब है ढकोसला!! किन्तु इसका भी एक दूसरा हाशिया है। इसे हम शिल्प में ढूँढ़ सकते हैं। खजुराहो के मंदिर-मंडल–विशेषतः महादेव और दूलादेव के मन्दिरों में अप्सराओं के साथ मिथुन-मूर्तियाँ हैं। मन्दिरों में चौंसठ कलाओं की तरह चौरासी काम (मिथुन) आसन भी खुद गए हैं। चौरासी सिद्धों, चौरासी आसनों, चौरासी लाख योनियों की यह संख्या तो कम्प्यूटर बता सकेगा। वहीं नृसिंह, नृवराह, हयग्रीव, जीभ पसारे हुए सिंह आदि देवताओं के कन्धों के दाएँ-बाएँ ऊपर पैर उठाए हुए घोड़े बने हैं तथा उनके पैरों में घुटने टेके हुए एक स्त्री बैठी है–अपना मुँह घोड़े के लिंग के समीप ऊपर उठाकर। यह उर्वरता का ही जैविक विकासमय कामशास्त्र है। ये अश्व उच्चैःश्रवा और उसके आरूढ़क इंद्र के अश्वपुरुषमय अमूर्त्त प्रतीकीकरण हैं, इन्द्रिय रूप में। यहाँ तिहरा प्रतिस्थापन हुआ है, प्रतीकायन क्रम में। अतः इन्हीं मन्दिरों में एक ओर मानुषी प्रेमी युगलों की मिथुन-मूर्तियाँ हैं, तो दूसरी ओर इस तरह की (ग्रोटस्क या) किमाकार साधना-मूर्तियाँ। मनुष्य की समस्या, मानव शरीर और काम-सम्बन्धों की समस्या इस तरह रहस्यात्मक, किमाकृत तथा फांतासीय हो गई! यह एक विचित्र बात है कि खजुराहो और पुरी के मन्दिर-मंडलों में काम की गोपनीयता और अश्लीलता अनावृत हो गई। पहले काम अन्तःपुर सरोवर और उपवन तथा अभिसार-केन्द्रों की गोपनीयता में विशिष्ट एवं विलासी था। काव्य में इस विमुक्ति के केन्द्र कृष्ण तथा लीला बने; किन्तु शिल्प में शिव और शक्ति बने। इसके अलावा अभिनय-मुद्राओं, नृत्य-मुद्राओं, योग-मुद्राओं के बाद काम मुद्राओं के इस नए अधिग्रहण द्वारा मानव-शरीर की नई शक्ति एवं लास्यता, तथा काम-क्रीड़ाओं की नई 'हैपेनिंग' के रूप में नया अनुभव भी उद्घाटित हुआ। यहाँ मैथुन सामन्तीय आनन्द तथा अवकाश-विलास के बजाय सुख-साधना और वज्र-व्यायाम बनकर प्रतिष्ठित हुआ है। कामातुर नारी कितनी स्वतन्त्र और समान होकर आई है, इन मूर्तियों में! पुरुष की ही तरह समान, सक्षम, सखी, स्वतन्त्र और समीप! यहाँ परम्परागत हिन्दू, गृहस्थ पुरुष भी अपनी दमित कुंठा से आजाद हुआ है : किंवा, 'वीर शैव' हो गया है। किन्तु इसे इस तरह भी गौरवान्वित करना गलत तथा अस्वाभाविक है।

मंडी, चंबा, कुल्लू, मनाली (नग्गर), वैजनाथ जैसे हिमप्रस्थीय आँचलों में मैं स्वयं वहाँ की संस्कृति और कला के अपने अनुशीलन के बाद वहाँ दो स्तरों पर सांस्कृतिक परिवर्तन को परिलक्षित कर सकता हूँ। पहले स्तर पर शैव-बौद्ध-सिद्ध साधनाओं के केन्द्र के रूप में इनके मिल-जुले हुए मन्दिर हैं। दूसरे स्तर पर इन क्षेत्रों में (ग्यारहवीं शती के आसपास से) वैष्णव-साधना की राजकीय प्रतिष्ठा हो गई जिसे बहुधा बंगाल के सामन्त यहाँ लाए। इन सभी हिमालय-शिखरों पर शैव, शाक्त और सिद्ध मन्दिर हैं। किन्तु बाद में ये एक केन्द्रिय वैष्णव अवतार के अधीन हो गए। मंडी में माधवराव

का मन्दिर, नग्गर (मनाली) में वेणुगोपाल का मंदिर, कुल्लू में रघुनाथ जी का मन्दिर, चंबा में विष्णु-मन्दिर इसी तथ्य की गवाही देते हैं। हिमालच के इन क्षेत्रों में एक हजार साल पुरानी पाँच-पाँच, छह-छह फीट की पीतल की अतुलित एवं अनुपम मूर्तियाँ हैं। पाषाण की विष्णु-मूर्तियों के त्रिमुख चतुर्मुख (त्रिमुखी शिव की तरह) रूप में एक वराह का, एक कच्छप का, एक नृसिंह का तथा एक मोहक किशोर का है। ये तथ्य सम्प्रदायों के अन्तः मिश्रण की अनेक दिशाएँ इंगित करनेवाले हैं।

इससे स्पष्ट है कि वर्ण-व्यवस्था के प्रति विद्रोही ये शूद्र एवं निम्नवर्गीय सिद्ध स्वयं अपने को जनसमूह से अलग समझते थे। ये हरेक कर्म तथा क्रिया तथा चर्चा में एक ऐसा विलक्षण और खतरनाक पंथ या साधन चुनते थे जो गुप्त हो तथा अवनर्मिल अभ्यासों (कर्मकांडों) से युक्त हो। इस तरह सिद्ध अपनी साधनाओं में ऐसा आत्मभ्रम पाल बैठे और संसार के विपरीत चलते गए। उनकी मानसिकता रहस्यात्मक तथा अपर-तर्का (प्रे-लॉजिकल) थी। इसीलिए स्थूल शरीर के अस्तित्वमाण आधार पर उन्होंने भ्रामक सूक्ष्म शरीर की **अमृत-छाया** बना डाली; और पंचमहाभूत वाले भौतिक शरीर को ब्रह्मांड का क्षुद्र रूप बनाकर उसमें ग्रह-नक्षत्र, पंक-कमल, अग्नि-वायु, सूर्य-चन्द्र आदि का लघु-विश्व (माइक्रो-काज्म) भी ढाल दिया। अतः एक आयाम में सिद्धों ने चित्त में ही पंचमहाभूतों (सृष्टि एवं प्रकृति) की उत्पत्ति कर दी; तथा दूसरे आयाम में मानवशरीर को विश्व-विकास में एक जैविक प्रकार के बजाय स्वयं विराट ब्रह्मांड बना डाला। (मैक्रो-काज़्म) का ही एक लघु अर्थात् (शक्तिसंचित प्रतिबिम्बमाण) **क्षुद्र ब्रह्मांड** बना डाला। अतः पहले में चित्तकारणवाद का, तथा दूसरे में बिंब-प्रतिबिंबवाद का सहारा लेकर सिद्धों ने यथार्थता को फांतासी में प्रतिभासित कर डाला। यह उनकी मध्यकालीन झूठी तर्कपद्धति के परिणाम थे और इन्हें भ्रामक ही होना था।

सूक्ष्म शरीर एवं दिव्य देह की आकांक्षाओं ने सिद्धों को पुनः एक मनगढ़ंत स्नायुमंडल तथा शक्ति-संचार-प्रणाली गढ़ने को विवश किया। उन्होंने उपस्थ और गुदा के मूल से लेकर कपाल और सिर तक पहुँचने वाली रीढ़ की हड्डी अर्थात् मेरुदंड को ग्रहण किया और एक मिथकीय रूपक से उसे मेरुशिखर कहा। मेरुशिखर के नीचे वसुकि है—सर्वशक्तिमान ब्रह्मांड का आधार। अतः उन्होंने मेरुदंड की जड़ (मूलाधार) में शक्ति को सर्पिणी (कुंडलिनी) की भाँति सुषुप्त बताया। मेरुदंड के शिखर (कपाल) पर मस्तिष्क है। इसके लिए उन्होंने सौ पंखुड़ियों वाले पूर्ण कमल (उष्णीस कमल) का प्राकृतिक उपमान चुना।

आयुर्वेद में कंठ, नाभि, हृदय की मेरुदंड से पृथक सत्ता है और उनके विभिन्न शारीरिक प्रकार्य हैं। सिद्धों ने उन्हें पड़ाव-केन्द्र मानकर मेरुदंड में ही स्थित कर दिया और 'चक्र' का नाम दिया। उन्होंने नाभि से लेकर कपाल तक (हिन्दू तन्त्र में मूलाधार

से लेकर सहस्त्रार तक) उर्ध्वमुखी शक्ति-प्रवाह की कल्पना की और मेरुदंड को नाभिचक्र, हत्कमल, सम्भोग-चक्र (कंठ के समीप) तथा महासुख-चक्र (मस्तिष्क) में बाँट दिया। प्रत्येक चक्र में बुद्ध की एक-एक काया का वास करा दिया तथा पंखुरियों की विशिष्ट संख्याओं वाले एक-एक कमल तथा उसमें एक-एक **बीजाक्षर** का संस्थान करा दिया। अतः चार चक्रों से बँधे मेरुदंड की ज्यामिति खिंची-बनी।

साथ में उन्होंने आयुर्वेदिक वात, पित्त और कफ के स्थान पर क्रमशः शुक्र, अग्नि और रस, अथवा आकाश, सूर्य और चन्द्र की कायाकल्पात्मक रूपक-लड़ी गूँथ ली। इसी तरह रक्त और रस के प्रवाह के बजाय शुक्र और रज के प्रवाह की अवैज्ञानिक धारणा दी। रक्त-प्रवाह का केन्द्र हृदय है और उसके मार्ग धमनी तथा शिरा हैं। इसके अलावा भी असंख्य नाड़ियाँ हैं। सिद्धों ने बत्तीस नाड़ियाँ मानीं। उनमें पाँच प्रमुख मानी (रसना, ललना, मूत्र नाड़ी, विट्‌ नाड़ी और शुक्र-नाड़ी। पाँच में भी तीन सर्वप्रमुख मानी (रसना, ललना और अवधूती)। दो नाड़ियों में से (सिद्धों ने नासापुट से जानेवाली श्वास नलिकाओं को नाड़ियाँ बना डाला) :- पहली वाम नासापुट से नाभिकेन्द्र में जानेवाली (ललना) और दूसरी नाभिकेन्द्र से दक्षिण नासापुट तक आनेवाली (रसना) कहलाई। इन नाड़ियों का केन्द्र हृदय न होकर शुक्र, (ललना) तथा रज (रसना) का वहन करनेवाली हो गई। ललना चन्द्र-स्वभाव की और प्रज्ञा रूप हुई (रज वहन करने वाला नारी तत्त्व) तथा रसना सूर्य-स्वभाव की और उपायरूप हुई (रज वहन करने वाला पुरुष तत्त्व। विरुद्धों का धर्म विपर्यय!! एक तीसरी नाड़ी अवधूती की भी कल्पना की जो मेरुदंड के अन्दर-अन्दर चलकर महासुखचक्र में पहुँचती है। यह अवधूती नाड़ी (हिन्दू योग में सुषुम्ना नाड़ी) रजभूषित शुक्र (अथवा प्रज्ञोपाय के युगनद्ध रूपी बोधिचित्त) का वहन करती है। इसे 'भगवती नैरात्मा' या 'सहज सुन्दरी' भी कहा जाता है। यह पूर्ण एकता, ज्योति अथवा बोद्धत्व की नाड़ी है। इसे परिशुद्धा-रूप में 'डोंबी' तथा अपरिशुद्धा रूप में 'छिनाली' कहा गया। इस तरह सिद्धों ने मध्य-काल में मेरुदंड-चक्र तथा नाड़ी-पद्म वाला अपना एक **मनगढ़ंत** शरीर विज्ञान तथा झूठा स्नायु मंडल गढ़ डाला जिसमें रक्त और रस के बजाय शुक्र और वीर्य प्रवाहित है। वस्तुतः तो उन्होंने नाड़ी-केन्द्रों को गुप्त शक्ति के प्रवाह-पंथों के रूप में ही विश्वासवद्ध करना चाहा होगा।

अब शरीर की **ग्रंथियों** तथा **रसों** के रसायन को उन्होंने मुद्रा-मैथुन के अनुष्ठान से बन्धनयुक्त कर दिया क्योंकि वे शुक्र-रज, उपाय-प्रज्ञा, सूर्य-चन्द्र, सरस्वती-यमुना के रूप में क्रमशः ललना-रसना को पहले ही रूपकायित कर चुके थे। इस तरह उनके मध्यकालीन रहस्यवादी मानस ने **रूपकवाद** (मेटाफोरिज्म) से **रूपकायान्तरणवाद** (मेटामोफिस) के प्रत्यक्षीकरण-न्याय का चक्र पूरा कर डाला। उपर्युक्त समानान्तर समतुलित रूपक युगलों का समूह भी शरीर शास्त्र, लौकिक अभ्यास, ज्योतिष और

भूगोल का मेल कराते हैं। क्षुद्र ब्रह्मांड की अपनी कल्पना को मुकम्मिल करने के लिए उन्होंने शुक्र के स्खलन को रोकने हेतु शरीर में (मांसपेशियों का संकुचन करके) **'बंध'** की धारणा भी दी जिससे शरीर में **'चक्र'** के बाद **पीठ** बने जहाँ ये 'बंध' किए जाते हैं (जालंधर-बंध, उड्डीयान-बंध, कामरूप-बंध आदि)। ये बंध शुक्र या रज या वायु को स्थिर करने के निमित्त हैं।

इतने बड़े **मिथ्याभास** को गढ़ने के मूल में केवल 'काम' तथा 'सुख' (कामना और वासना) हैं। मुद्रा-मैथुन के सुख के औचित्य के लिए ही सिद्धों ने बोधिचित्त को शुक्र रूप माना तथा उसे नाभिचक्र में प्रतिष्ठित किया। उन्होंने बोधिचित्त का सुख-स्वभाव माना जो रसभूषित भी है।

मुद्रा-मैथुन में सिद्धों ने शुक्र के अद्यःपतन को रोकने तथा रज के ऊर्ध्वगमन को चलाने के लिए वायु, (पवन) अर्थात् प्राण या प्राणायाम की भूमिका स्वीकार की जिससे सम्भोग भी कर्ममुद्रा तथा हठयोग बन गया। सिद्धों ने निर्माण-चक्र (नाभिचक्र) में ही पवन का निरोध करके बोधिचित्त के उद्बुद्ध करने का विधान किया। उन्होंने काम के प्राथमिक आनन्दों (चुंबन, आलिंगन, समागम) का ही सहजानन्द (राग विराग से वर्जित) के रूप में नैरात्मवादी उदात्तीकरण कर डाला।

उनके अनुसार लौकिक सुख (कर्ममुद्रा) की स्थिति में प्राण सदा सक्रिय और चंचल रहता है क्योंकि अपने स्थूल क्रम में यह रसना एवं ललना में ही निश्वसित-उच्छ्वसित होता है। इस क्रम में ही ऐन्द्रियिक प्रत्यक्षीकरण तथा लौकिक अनुभव होते हैं।

किन्तु उनके अनुसार—अगर नाभि-चक्र या निर्माण-चक्र (हिन्दू तन्त्र के मूलाधार चक्र) में मिलनेवाली ललना के द्वारा प्राण (वायु) को नहीं खींचा जाए, और यदि एवज में नाभि-चक्र से आगे ऊपर के चक्रों का क्रमशः बेधन किया जाए अर्थात् यदि मध्य की अवधूती नाड़ी से रजभूषित शुक्र का ऊर्ध्वगमन कराया जाए तो मनुष्य के स्वभाव और व्यक्तित्व भी क्रमशः बदलते हैं। (निर्माणकाया, धर्मकाया, सम्भोगकाया, महासुखकाया) तथा शक्तिमान एवं वज्रवान भी होता है। इस तरह मुद्रा-साधना द्वारा शुक्र को रोकना, वायु को निश्चल करना, चित्त को एकाग्र करना तथा काल पर विजय प्राप्त करना मानो ये चारों पूर्वापर एक तान मनोशारीरिक व्यापार बन गए। फलतः अविचल आनन्द, वज्रकाया और शून्यैरात्म्य भी परस्पर अंतर्भुक्त हो गए। यह कल्पित अवधूली नाड़ी में ऊपर उठनेवाली प्राणवायु का करिश्मा हुआ। अवधूती (नाड़ी) द्वारा चारों चक्रों का बेधन करने की पद्धति में सिद्धों ने चार मुद्राओं (कर्ममुद्रा, धर्ममुद्रा, शानमुद्रा, महामुद्रा), चार क्षणों (विचित्र, विपाक, विमर्द्द) तथा चार आनन्दों (प्रथमानन्द, परमानन्द, विरमानन्द, सहजानन्द) के मनोदैहिक व्यवहारशास्त्र की भी मनगढ़ंती कर डाली।

इस तरह उन्होंने अपने क्षुद्र ब्रह्मांड रूपी शरीर में क्रमशः चारचक्र, चार चक्रों में चार कमल और बुद्ध की चार कायाएँ; चार कायाशों (अमोघसिद्धि, अमिताभ, रत्नसंमत, अक्षोभ्य, वैरोचन) में चार महाभूत (क्षिति, जल, पावक, समीर) तथा चार शासक देवियाँ (लोचना, भामकी, पांडुरा, तारा), चार शासक देवियों तथा चार बुद्धों के चार युगनद्ध (ये ही मंडल चक्र का निर्माण करते हैं) और चार देवियों की चार भावनाएँ अर्थात् निर्दोष चित्त (करुणा, मैत्री, मुदिता, उपेक्षा) की एक पूरी सूक्ष्म एवं दैवी-व्यवस्था रच डाली। अतः **शरीर सम्बन्धी उनकी धारणा** में एक तो उसमें त्रिनाड़ी प्रवाहित, एवं मेरुदंड आश्रित एक कामकलापूर्ण आयुर्वेद है; दूसरे स्थूल शरीर में 'सूक्ष्मशरीर' तथा 'क्षुद्र ब्रह्मांड' की सत्ता है; तीसरे सुरतवीर महामुद्रा-मैथुन द्वारा बुद्धत्व (नैरात्म्य, महासुख) की सिद्धि कर लेता है। क्योंकि इस देह में ही बुद्धों का और देवियों का वास है; चौथे वह आयु (प्राण) का निरोध करके काल पर विजय प्राप्त करता हुआ वज्रकाया-वज्रवाक् वज्रचित्त अर्थात् 'वज्रधर शरीर' को प्राप्त करता है; पाँचवें मानवचित्त का अलौकिक रूप बोधिचित्त है जो रसभूषित सुख-स्वभाव वाला है। इस बुनियादी मानव-स्वभाव से ही क्रमशः करुणा, मैत्री, मुदिता तथा उपेक्षा जैसी बीज-भावनाओं का अभ्युदय मानवीय व्यक्तित्व रूपान्तरित कर देता है। इस भाँति सिद्धों ने बल और शक्ति, कामना और वासना, काम और भोग, सुख और आनन्द, प्रज्ञा और उपाय, रमणी और वीर, शुक्र और रज, स्थूल और सूक्ष्म आदि के विरोधी अर्न्तवर्णों (कैटेगरीज) के द्वित्वों को लेकर उनकी संघर्ष विहीन अद्वैतावस्था कायम करने की दार्शनिक चेष्टा में अपने जादुई आधार को गुह्यता में, धार्मिक काम को रहस्यात्मकता में तथा भौतिक-लोकायतिक दृष्टिकोण को अर्द्ध-सामन्ती तथा छद्म आदर्शवादी जीवन दर्शन में विकृत कर डाला। उन्होंने उर्वरता, उपभोग और उपचार के मूल एवं लौकिक काम प्रयोजनों को महामुद्रा-महासुख एवं महाराग में विराटीकृत कर डाला। अतः अपनी मिथ्या तर्कपद्धति में पहले उन्होंने विराट् को वामन बनाने के न्याय (विराट् ब्रह्मांड से क्षुद्रब्रह्मांड) को; दूसरे स्थूल को सूक्ष्म बनाने की प्रणाली (पृथ्वी को तेज में, सम्भोग को सहन में) को; तथा तीसरे स्थूल लघु को पुनः पूर्णविराट् बनाने के सिद्धांत (चित्त से बोधिचित्त, सुख से महासुख, रत से अमृत आदि) को ग्रहण करके अपने गूढ़ रहस्यपरक प्रत्यक्षीकरण (मिस्टिकल एवं ऑकल्ट परसेप्सन) के रूपकात्मक गणित का प्रणयन किया है। इस भाँति अब तक हमने उनके **मानसिक प्रारूपों** की लगभग सभी गुत्थियाँ खोल डाली हैं।

स्थूल-लघु को सूक्ष्म-विराट् बनानेवाली उनकी मानसिक क्षमता फांतासीय ऐश्वर्यो वाली, मदिरा और मुद्रा से बेहद उन्मादित तथा बेहद अमूर्त थी। कर्मेन्द्रिय उपस्थ से जुड़ी कर्ममुद्रा में तो उन्होंने साधक और मुद्रा-रमणी के मैथुन की

स्वीकृति की; लेकिन धारणाओं के अमूर्तन में उन्हें क्रमशः 'उपाय' और 'प्रज्ञा' का भावन-व्यापार दे दिया। इसके उपरान्त कपाल के उष्णीष कमल में पुनः उनका अतिरिकामूर्त मिथकीयकरण करके महासुखभोगी बुद्ध (पुरुष तत्त्व) और सहजसुंदरी (नारी तत्त्व) का पूर्ण एकीकरण कराया है। यह एकीकरण ही बुद्धत्व, परमानन्द और शून्य है अर्थात् 'पूर्ण आनन्द' है। यह रूपान्तर **मनोशारीरिक** भूमिका पर हुआ है।

मनोप्राकृतिक भूमिका पर सिद्धों ने पंचमहाभूतों का उपयोग करके एक आदिम जादुई-रसायन का समाहार भी किया है जिसे रसेश्वरवादियों ने शुद्ध अकार्बनिक तथा कार्बनिक संयोगों द्वारा विज्ञान में अभिषेकित करने की असफल चेष्टाएँ भी कीं। उन्होंने कुछ यौगिक (कम्पाउन्ड्स) तथा औषधियाँ तथा शोधित धातुएँ अवश्य निर्मित कर लीं, किन्तु वे अपने पूर्ववर्ती कारीगर-कीमियागरों की तरह न तो चन्द्रगुप्त मौर्य कालीन जंग न लगनेवाले लौह-धातु का शोधन कर सके और न ही अशोक की पाषाणी लाटों पर लगाया गया चमकीला लेप तैयार कर सके। वे पारद (शुक्र) और अभ्रक, कपूर और सिंदूर के रासायनिक मिश्रण से ऐसे फार्मूले बनाने में संलिप्त हो गए जो उन्हें अमृत दे सकें। अगर सिद्ध वज्रदेह को मुद्रा-साधना द्वारा प्राप्त करना चाहते थे तो **रसेश्वर** इसी देह को रस-शोध द्वारा अजर-अमर करके दिव्य देह बनाने के अ-जीव-रसायनिक (अन-बायो-केमिकल) ''उपाय' कर रहे थे। वे 'शक्ति' की ऊर्जा को रसायनों द्वारा अक्षर और अमृत बनाने की 'प्रज्ञा' तलाश रहे थे। अतः वे झूठे रसायन-विज्ञानी बनकर चुक गए क्योंकि वे 'प्रकृति की डायलेक्टिक्स' को अस्वीकार कर रहे थे। धातुओं के शोध के फार्मूलों के बजाय वे मन्त्रों के, एपरेटस बनाने के बजाय जादुई यन्त्रों के तथा वैज्ञानिक परीक्षण के बजाय तन्त्रों के जंजाल में फँस गए। अतः जादू से विज्ञान की विमुक्ति न हो सकी और रसायन गुह्य साधना में विकृत तथा विस्थापित हो गया। अस्त्रों अर्थात् औजारों को उन्होंने उन हथियारों के रूप में समझ लिया जो अदृश्य होने के साथ-साथ भयंकर रूपवाले प्राणी हो जाते थे। विकराल दाँतों तथा अग्नि-जिह्वाओं वाले! भय तथा हिंसा फैलाने वाले!!

अतएव ये शैव रसेश्वर अक्षय **शुक्र** के बजाय **देह** के लिए साधना करते थे ताकि मृत्यु ही न हो और इस 'रस' द्वारा अमर हो जाएँ अर्थात् दिव्य शरीर प्राप्त कर लें। ऐसे 'रस' की प्राप्ति के लिए उन्होंने भी एक विराट् साधर्म्य का उपयोग किया। पारद को शिव का वीर्य तथा अभ्रक को गौरी या भगवती की रज मानकर उन्होंने पारद (=रस) के कई यौगिक बनाने की कई अवस्थाओं तथा विधियों–परिशोधन उपायों–के पारिभाषिक गढ़े; मूर्छित पारा, बद्ध पारा। मूर्छित पारा के परिशोधन से, पारा तथा प्राण (वायु-आक्सीजन) के मिश्रण से उपचारक औषधि

तैयार होती है जो मृत्यु तक का अवरोध कर सकती है; तथा बद्धपारा के प्राण में बेधन से शरीर सूक्ष्म तथा हल्का हो जाता है। इस तरह रसेश्वरों ने रसना-ललना नाड़ियों के बजाय बाहरी धातुओं से औषधि बनाई; और अवधूती द्वारा चक्रभेदन के बजाय पारा द्वारा प्राण-भेदन की विधि बताई। इस तरह उन्होंने मुद्रा के बजाय प्राण (वायु) को प्रमुखता दी। एक विधि में प्राण एवं पारा का मिश्रण मृत्युंजयी देह देता है, तो दूसरी में प्राण में पारा का बेधन दिव्यदेह।

सिद्धों ने पारद और अभ्रक के बजाय मुद्रा-साधना में शुक्र और रज के संयोग की, तथा रजभूषित शुक्र के ऊर्ध्वारोहण के प्रति कल्पना की। उन्होंने भी शुक्र के बंध के लिए प्राण (प्राणायाम) नियन्त्रण के प्रयोग (पूरक, कुंभक, रेचक) किए। उन्होंने शरीर और मुद्रा और योनि को ही क्रमशः मन्त्र तथा तन्त्र तथा मंडल बनाया; और महामुद्रा-साधना में ही पहले अग्नि (तेज धातु), फिर वायु, फिर आकाश की व्युत्पत्ति कराई। उन्होंने शुक्र-वाहिनी ललना नाड़ी को चन्द्र स्वभाव की (उल्टा धर्म) तथा रज-वाहिनी रसना नाड़ी को सूर्य स्वभाव की बताया। तो, इस तरह से वे ज्योतिष और भौतिकी का गड्डमड्ड करके शरीर को ही क्षुद्र ब्रह्मांड बना बैठे। किन्तु विचित्र तथा विलक्षण अनुभूतियों को अभिव्यंजित करने के लिए उन्होंने शुक्र एवं रज के स्वभाव उलट डाले जिससे नारी (शक्ति) की प्रमुखता हो गई क्योंकि शक्ति की ऊर्जा के बिना शुक्र निष्क्रिय माना गया। इसके बाद उन्होंने भी यह माना कि अपानवायु से प्रज्ज्वलित अधोमुखी 'कालाग्नि' शुक्र को सुखाती है जिससे मृत्यु और शक्ति क्षय होता है। अतः उन्होंने प्राणवायु को ऊपर जाने तथा अपानवायु को नीचे जाने से रोककर पहले तो शुक्र को स्थिर तथा संचित करने की धारणा दी जिससे चित्त भी चंचल न होकर स्थिर और एकाग्र हो जाए। इस स्थिति के निश्चल और निरोधित स्थिति के लिए उन्होंने यह भी रूपक कथन किया कि ललना (चन्द्र) और रसना (सूर्य) के निरोध से अन्धकार उत्पन्न हो जाता है जिससे कालाग्नि क्षय होती है।

इसके बाद उन्होंने अवधूती के उद्घाटन के साथ ही एक दूसरी अग्नि-'चंडाग्नि' का उदय माना है जो एक ओर तो निरोधित एवं रजभूषित शुक्र को महासुखचक्र में ले जाती है तो दूसरी ओर क्लेश-वासनाओं को भस्म कर डालती है। वह उज्ज्वल आलोक फैलाती है (दाह नहीं) और बोधिचित्त को मणि की तरह जगमगा देती है। अतः **चंडाग्नि** 'महासुखरूपी राग' की आलोक एवं आनन्दपूर्ण अग्नि है।

इस तरह सिद्धों और रसेश्वरों ने एक विचित्र तथा विलक्षण समीकरण बना डाला। 'शुक्र=पारद=रस=शुक्रतारक=तेज=चन्द्र=बोधिचित्त!' रूपकों (मेटाफर) को रूपकायान्तरण (मेटामार्फोसिस) में चमत्कार अथवा रहस्य द्वारा (अर्थात् कारण-कार्य-न्याय का अतिक्रमण करके) ढाल देनेवाली ऐसी पद्धति सारे मध्यकालीन धर्माश्रित

तर्क पद्धतियों में रही है। इसी पद्धति के द्वारा सिद्ध भी विरुद्ध द्वित्वों का विचित्र अद्वैत कायम करते हैं, अथवा विराट् (मैक्रो) एवं वामन (माइक्रो) रूपों की अदला-बदली करा देते हैं; अथवा विभिन्न तथा विपुल ज्ञानशाखाओं को एक ही केन्द्रीय विचारधारा के सिद्धान्त में (रूपक द्वारा) संग्रथित कर देते हैं। भरत या शंकर या सरहपा, सभी यही करते हैं। ऊपर के सप्तपदीय समीकरण में भी मानव-शरीरशास्त्र, भौतिकशास्त्र, रसायनशास्त्र, ज्योतिषशास्त्र, गुणवाद, धर्मचिन्तन आदि का समाहार हो गया है। वे आधुनिक सापेक्ष और द्वंद्वात्मक सिद्धान्तों के बजाय एक पूर्ण तथा परम सिद्धान्त में अपनी सम्पूर्ण चेतना तथा उपायों को केन्द्रीभूत कर डालते थे; जैसे, आनन्द, ब्रह्म, सहज, शून्य।

इस तरह हम और आगे मध्यकालीन मिथ्या अतर्कतक-पद्धति का **पूरा खाका** खींच सकते हैं जिसे भाषिकी (लिग्विस्टिक्स) एवं इतिहास के अन्तर्सम्बन्धों द्वारा प्रकट किया जा सकता है :–

(क) सिद्धों के कर्मकांडों तथा अनुष्ठानों में भाषा-क्रीड़ा की साहचर्यापसारी (एसोसिएसनल) तथा, उपमानधर्मी (एनालॉजिकल) दिशाएँ विचारधारा एवं समाज-जीवन के विभिन्न पक्षों को जोड़कर एकतान ही नहीं करती थीं; बल्कि उन्हें एकीकृत व्यापार तथा समतुल्य समीकरणों में भी बाँध देती थी। 'शुक्र=शुक्रतारा=तेज-पारद=रस' का सूत्रबंध इसका एक असम सर्वांगीण उदाहरण है–

(ख) उनके आयुर्वेद और जादू, मनोविज्ञान और शरीर-विज्ञान आदि में श्लेष तथा यमक तथा ध्वनिसाम्य का व्यवहार करके दो सहवर्ती व्यवस्थाओं और उपायों को संयुक्त कर दिया जाता था : जैसे नाड़ी, नारी (रसना-ललना) ; मुद्रा (रमणी), मुद्रा (मिथुनासन), वायु प्राणवायु (काल); आदि।

(ग) उनके स्वभाव एवं स्वधर्म के विन्यास में पहले तो विपरीत एवं विरुद्धों के द्वित्व रचे जाते थे; फिर उनमें से चित्त और पुरुष-प्रधान एक तत्त्व को अभिकर्ता बनाकर (उच्चतर समरस दशा में) उनका अद्वैत कायम कर दिया जाता था; जैसे ललना-रसना, सूर्य-चन्द्र, शुक्र-रज, पारद-अभ्रक, आली-काली; इत्यादि।

उनका यही आधिभौतिक तर्क-प्रणाली काव्य तथा व्याकरण तथा रस के शास्त्रों पर भी लागू हुई।

निष्कर्ष रूप में हम यही कह सकते हैं कि सिद्धों में 'रहस्यात्मक तत्त्वों' का समावेश तर्कपूर्व (प्रि-लॉजिकल), तथा जादुई मानसिकता के संस्कार के कारण हुआ है। रहस्यात्मक तत्त्वों में 'गुह्य और गुप्त तत्त्व' हुआ ही करते हैं और उन पर मध्यकालीन मस्तिष्क साधनाओं एवं चमत्कारों का आमरण आच्छादन कर ही दिया करता है। अतः रहस्यात्मक तत्त्वों की व्याख्या के लिए आधुनिक विश्लेषण के भाषा-उपकरणों का इस्तेमाल करके हमने पहले तो उनके रूपकों तथा रूपकायान्तरणों

को तार-तार किया; और फिर उनकी मध्यकालीन चित्तकारणवादी तर्क-पद्धति के अन्तर्विरोधों का उद्घाटन किया। सर्वाधिक समग्र रूप में हमने यह दिखाया कि यथार्थता के प्रति सिद्धों की इन विशिष्ट मनोवृत्तियों का अध्ययन करके ही हम उनके 'प्रत्यक्षीकरणों' एवं 'अमूर्तीकरणों' के यथार्थ अतल में पैठ सकते हैं। इसके लिए हमने आयुर्वेद, शरीरविज्ञान, ज्योतिषशास्त्र, रसायनशास्त्र के क्षेत्रों में उनके अन्तर्मुखी रूपायनों का थोड़ा विश्लेषण किया है।

हमने यह भी स्थापना की है कि सिद्धों की पूर्ण ऐकीकरण या सहज या बुद्धत्व की धारणा का यह अमानवीय अलौकिक रूप 'काम शक्ति' में केन्द्रित है। उन्होंने भोग और सुख को महासुख और महाराग में विराटादर्शीकृत कर डाला। दूसरी ओर उसे घृणित और विकृत भी कर डाला। सिद्ध लोकायत की भौतिकवादी भूमि से आरम्भ करके भी संसार के विपरीत चले तथा स्वयं को जनसमूह से अलग समझने लगे। यद्यपि वे बुनियाद से निम्न वर्ग के विद्रोही कारीगर-दस्तकार-कामगर थे।

सामाजिक सम्बन्धों को केवल युगनद्ध सम्बन्ध में मिथकीयकृत करने के कारण तथा भौतिक उत्पादन-सम्बन्धों को सुखकामातुर उपभोग सम्बन्धों में बदल देने के कारण संसार और जीवन सम्बन्धी उनके प्रत्यक्षीकरण ही अन्यथाकृत (डिस्टार्टेड) हो गए। और तब इस अवनर्मिल मनोभूमि पर तथा असाधारण सामाजिक आत्मनिर्वासन की दशा में उन्होंने मानव-शरीर, मानव-सम्बन्ध, मानव-मूल्य, मानव-समस्या आदि के जो प्रश्न उठाए हैं वे स्वतः ही यथार्थ और सामाजिक और लोकायतिक के बजाय फांतासीय, रहस्यात्मक और दिग्भ्रामक हो गए। उनका पूरा विश्वोत्पत्ति-शास्त्र तथा शरीर-शास्त्र ढह गया। वे मात्र रसेश्वरीय रसायनिक तथा नकली आयुर्वेदज्ञ बनकर चुक गए क्योंकि वे लोकमत में लोक चमत्कार जुटाने के घनचक्कर में फँस गए; तर्क के बजाय वासना (सेक्स) एवं कामना (इच्छा) को प्राथमिकता देने लगे; और विज्ञान के बजाय जादू-टोने के सहारे ज्ञानप्राप्ति (बुद्धत्व) का अंधविश्वास फैलाने लगे। इसलिए उत्पादन-सम्बन्धों से जुड़े हुए अपने लोक के (अर्थात 'हीन') यान (पद्धति) पर भी उन्होंने अलौकिक सिद्धियों (उपायों) का आवरण डाल दिया। आरम्भ में वे आदिम समाजों के उत्पादकता एवं उर्वरता बढ़ाने वाले कर्मकांडों को जादू से वैज्ञानिक अवस्था में ले आनेवाले कुशल (सिद्ध) कारीगर भी साबित हुए थे लेकिन हिन्दू सामन्तीय व्यवस्था में वे योग तथा रहस्य के कुचक्रों में जकड़कर केवल भयानक ऐंद्रजालिकों के रूप में ही जाने गए। उनके जादू में जो प्रारम्भिक यथार्थता एवं विज्ञान अन्तर्निहित थे, वे रहस्यात्मक तत्त्वों के अधिनायकत्व के कारण विलुप्त हो गए। इससे उनमें कला और सौन्दर्य तिरोभूत ही रहे। बाद के भक्तों और सन्तों के वृत्तों में जब धर्म आया तो वह वैष्णवों के 'महाभाव' के रूप

में अभिषेकित होकर कला के 'महारस' से जुड़ गया। फलतः जादू एवं रहस्य एकदम गायब हो गए; और पारद-अभ्रक-योग से प्राप्त रससिद्धि के बजाय रति और रस की आनन्दसिद्धि का अभिषेक हुआ। सिद्ध और सिद्ध-चर्या भी क्रमशः भावना और गृहस्थ-जीवन के बिलकुल बदले परिवेश में आ गई। महामुद्रा (शक्ति) का कायाकल्पन 'महाभाव' (राधा) में हो गया।

इस तरह सिद्धों ने जादू और विज्ञान और धर्म के गड्डमड्ड से एक नई भाषा, एक नए लौकिक प्रत्यक्षीकरण, एक नए सौंदर्यबोध, एक नए सरल जीवन विचित्र भ्रमों आदि की प्रस्तावना-मात्र अवश्यमेव प्रस्तुत की है।

(1970)

'ब्रह्म' के गणितीय गुणसूत्र तथा 'आनन्द' की समाधि

क

ब्रह्म : 'भारतीय दर्शन' व धर्म की अवधारणाएँ काफी मुश्किल हैं। भारतीय आर्य (हिंदू) धर्म का स्रोत सनातन है। यह आचार-व्यवहार-आचरण से संबद्ध ज्ञानपुंज 'वेद' से शुरू होकर ज्ञानराशि के सर्वोच्च शिखर 'वेदान्त' में परिणत होता है। यह किसी एक दैवी पुस्तक (बाइबल, कुरान, गुरुग्रन्थ साहिब) तथा ऐकायामी मजहब पर आश्रित न होकर अनेक सम्प्रदायों और मतों में विविध-विस्तीर्ण होता रहा है। बौद्ध धर्म, जैन धर्म, सिख धर्म, लोकायत आदि व्यापक व्यास रेखा पर **'भारतीय धर्म-दर्शन'** ही हैं।

इन सभी में आर्ष पारिभाषिकों की व्याख्याएँ बदलती गईं तथा परम्परागत पदों के 'रजिस्टर' भी बदले हैं। 'अस्ति' तथा 'नास्ति' के भेद को लेकर षड्दर्शनों का उपक्रम भी चला है। नास्तिक तथा नैयायिक दर्शन पंचतत्वों में से वायु और आकाश की द्वैतता में भेद करने गर मतभेद रखते हैं।

सम्राट हर्ष के बाद विदेशी ईसाई तथा इस्लामी धाराओं का (वेदान्त-चक्र के उपरान्त) प्रभाव पड़ने लगा। संस्कृतियों का अन्तरावलंबन तथा किंचित् संगम हुआ। इससे **'भारत में धार्मिक दर्शन-धाराओं'** का आर्विभाव हुआ है। सूफी-धारा, जोगियों की कुछ शाखाओं तथा निर्गुणियों (कबीरपंथियों, नानकपंथियों) में इनके क्षीण सम्पर्क परिलक्षित किये जा सकते हैं और नहीं भी किये जा सकते हैं। (जातियाँ तथा वर्ण-व्यवस्था इसका ऐतिहासिक कैंसर हैं।)

II. वेद (ज्ञानपुंज) के ऐतिहासिक उन्मेष-क्रम में उपनिषदों ने **'काव्य'** के स्थान पर 'वाक्' की, तथा वेद के 'ऋत्' (या विश्वदेव) के स्थान पर 'ब्रह्म' की अवधारणाओं को प्रस्तुत करके दार्शनिक क्रान्ति उपस्थित की। अब ऋचाओं के स्थान पर **'सूत्र'** तथा अनेक देवताओं के बजाय एक (आदिकारण-आदिकर्ता) **'ब्रह्म'** की प्रतिष्ठा हो गई। यज्ञ को भी 'ज्ञान' द्वारा प्रतिस्थापित कर दिया गया। इस तरह 'ब्रह्म'

और 'ज्ञान' और 'सूत्र' की त्रयी ने रूपान्तरणों द्वारा आगमी शताब्दियों को संचालित किया। ब्रह्म तथा जीव की मध्यस्थता करने **'माया'** भी छा गई।

III. गौतम बुद्ध ने (संसार के) 'आदि' तथा 'अन्त' की तो बात की, लेकिन 'अनादि' और 'अनन्त' के संवाद पर मौन रहे। इसी तरह उन्होंने 'अस्ति' (ईश्वर की सत्ता) पर भी चुप्पी साध ली। वे आदि/अन्त अर्थात् संसार में आवागमन से छुटकारे की समस्या से जूझते रहे जो 'निर्वाण' में लक्षित है अर्थात् पुनर्जन्म नहीं हो। उन्होंने ब्रह्म की आनन्दमयता के बजाय संसार को दुखों के पारावार में डूबे हुए देखा। उन्होंने 'महाकरुणा' को उद्धार का मार्ग माना—'आनन्द' के बजाय **'करुणा'**!

IV. अनादि के 'शून्य' और अनन्त के पर्यन्त-अन्तरिक्ष से 'चक्र' और उसके सूक्ष्मरूप 'बिन्दु' का आविर्भाव हुआ। इसका आधिभौतिक गणित क्या है?

शून्य में 'नाम-रूप-गुण' अथवा 'सत्-चित्-आनन्द' **निमीलित** हैं। शून्य में सृष्टि संहार भी तिरोभूत हैं। किन्तु इसमें इनकी स्थिति (मध्यवर्ती) है। अतः अगर आदि ओर अन्त हैं तो 'मध्य' भी अवश्य होगा। (यह 'मध्य' या केंद्र या बिन्दु सूर्य अर्थात् विष्णु बना जिसके हजारों नाम-गुण-रूप बताए गए, जिसको सत्-चित्-आनन्द के घन का सगुण **'स्वरूप'** बताया गया)। सत्-चित्-आनन्द के प्रतिपक्ष में संसार की ('माया') में भी सत्व-रजो-तमो गुणों का सन्धान हुआ। यहाँ स्वतः ही एक आधिभौतिक डायलेक्टिक्स उभरती चल रही है। आदि शंकराचार्य ने इस बिन्दु पर ऐसा सार्थक हस्तक्षेप किया कि 'शून्य' का वेदान्ती संस्करण गढ़ दिया। सो, वे 'प्रच्छन्न बौद्ध' भी कहलाए; यद्यपि उन्होंने बौद्ध दर्शन का व्यावहारिक उन्मूलन कर डाला था।

V. जगत् तथा संसार और उसकी माया को 'अविद्या' एवं 'मिथ्या' घोषित करके शंकराचार्य ने एक ओर 'ब्रह्म' को सत्य घोषित किया, दूसरी ओर स्वयं आत्म को 'ब्रह्म'

बताया (अहं ब्रह्मास्मि), तीसरी ओर परात्म को भी ब्रह्म बताया (तत्वम् असि) तथा चौथी ओर सर्वत्र 'ब्रह्म' को व्याप्त बताया (सर्वं खलु इदं ब्रह्म)।

तो, हम यहीं से अपने भौतिक नृतत्वशास्त्र (फिजिकल एँथ्रोपोलॉजी) की छायावाले गणितीय भाष्य की शुरुआत करते हैं।

आदि-अन्त के बजाय अनादि-अनन्त के कुलक से समारंभ करते हुए युवक शंकर ने उसे 'आकाश' (स्पेस : अन्तरिक्ष) बताया। इस भाँति शंकर ने 'मध्य' को तिरोभूत कर दिया। इससे रेखा या अनुक्रम तो नहीं बन सकता। इसलिए **'चक्र'** ही बने—काल-चक्र, कर्म-चक्र आदि। इस सबका नतीजा यह हुआ कि आद्यंत से युक्त परिवर्तनधर्मा रेखा परिवर्तनशील, क्षणभंगुर अर्थात् मिथ्या हो गई। दिक् के निस्पंद महाशून्य (स्पेस) के किसी बिन्दु पर महाविस्फोट (बिंग बैंग) के बाद ही सौरमंडल की गतिकी अर्थात् **काल** का जन्म हुआ, दिक् की नवजात नाभि से। इसी जन्म के साथ (ध्वनियुक्त) **शब्द** जन्मे। सो, साम्य रूपकता से **'शब्द-ब्रह्म'** का आविर्भाव हुआ (बिन्दु में तो आदि-अन्त विलीन रहता है। उसमें न तो **दिक्** और न ही **काल** होता है)।

किन्तु जब रेखाक मध्य (मिडल) के बजाय चक्रिक **केंद्र** (सेंटर) बनता है तो रेखा परिधि या वृत्त बन जाती है जिसका हरेक **बिन्दु** एक साथ आदि भी है एवं अन्त भी। यहाँ भी न तो अनादि है और न ही अनन्त।

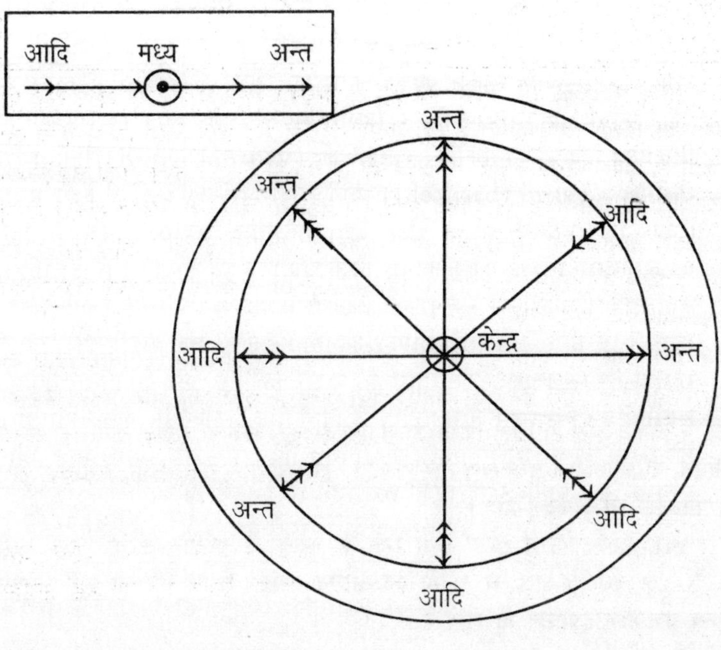

केंद्र में परिधि-वृत्त में हरेक बिन्दु आदि-अन्त है। अर्थात् वह कारण भी है और कार्य भी; अर्थात् वह केंद्राभिसारी (संहार) है तथा केंद्रापसारी (सृष्टि) भी; अर्थात् वह आदिकारण है और आदिकर्ता भी; अर्थात् केंद्र में दिक्-काल तिरोहित हैं, अर्थात् यहीं **'ब्रह्म'** है।

VI. तो हमें अनादि और अनन्त कहाँ तथा कैसे मिलेंगे? **मिलेंगे**–त्रिज्या (टैंजेट) में।

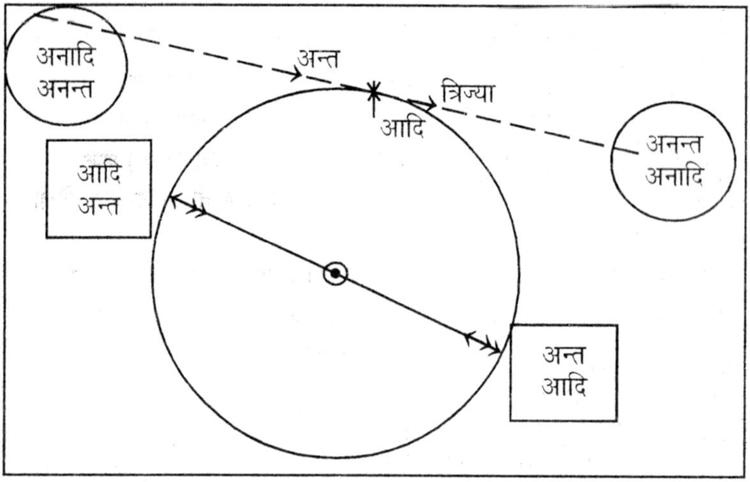

परिधि के किसी भी **'स्पर्श'** को केंद्र से जोड़कर नब्बे डिगरी की व्यास रेखा पर बाहर जो दिशाएँ प्रतिभाषित हैं, वे अनादि-अनन्त हैं। यहाँ स्पर्श बिन्दु मध्य बन सकता हे, आदि भी हो सकता है, अन्त भी हो सकता है। यह तभी होगा जब त्रिज्या दिशाबोध को उत्तीर्ण करके दीपित होती है। यहीं से 'ब्रह्म' के परवर्ती संबोध विष्णु के हजारों नामों, गुणों (विशेषणों), रूपों (अनन्त अवतारों-मूर्तियों) आदि का उद्भव होता है जिसे कई देवमंडल समेत वैष्णव, शैव, शाक्त, वज्रयान सम्प्रदायों ने फलीभूत किया भी।

'केंद्र' चक्रगति देता है। 'मध्य' आदि-अन्त, उत्थान-पतन, अवतार-उद्धार का हेतु है। आदि के पीछे की ओर अनादि तथा अन्त के आगे की ओर अनन्त है। यह चक्र में त्रिज्या द्वारा ही सिद्ध किया जा सकता है। इस तर्क से रेखाक जगत् या संसार सीमित, परिवर्तनशील तथा क्षणभंगुर होंगे ही। इस न्याय से काल-चक्र, कर्म-चक्र और नियति-चक्र भी शाश्वत् होंगे।

VII. अगर चक्र में 'केंद्र' तथा रेखा के 'मध्य' से प्रस्थान करके 'शून्य' धुरी पर X-अक्ष तथा Y-अक्ष पर दर्शनों का आरेख (ग्राफ) तैयार करें तो कई अनुपम रहस्य क्रमशः उद्घाटित हो जाते हैं–

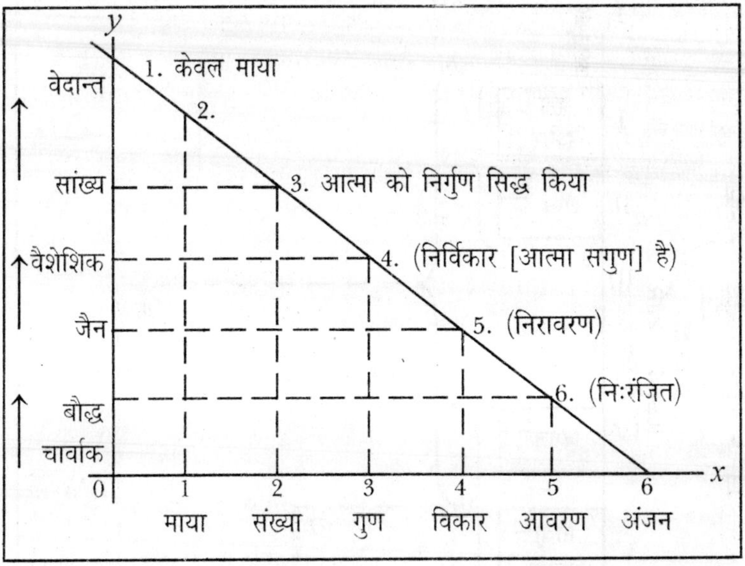

(अ)–लोकायत या चार्वाक में छहों तत्वों की समग्रता है। सृष्टि के छह तत्व क्रमशः 'सूक्ष्म तत्व' में पहुँचने की प्रक्रिया में छह दर्शनों के अन्तर्गत एक-एक को छोड़ते गए हैं। अन्ततः वेदान्त में केवल एक (माया) का विवेचन मुख्यतः हुआ है।

(आ)–यह व्यापक रूप से षट् दर्शनों का **समन्वयवाद** ही कहा जा सकता है। (धारावाहिकता में परम्परा के अलावा हमें अन्य कोई पदनाम नहीं सूझ रहा है)। चार्वाक शरीरात्मवाद-प्रधान है; बौद्ध बुद्धि-प्रधान; जैन में आत्मा-बुद्धि एक एवं पृथक दोनों ही हैं; वैशेशिक में आत्मा सगुण है; सांख्य में प्रकृति-पुरुष पृथक हैं तथा वेदान्त में आत्मा अमर तथा शरीर नश्वर है। अतएव ऐसी द्वैतता से सब कुछ उलटा-पुलटा हो गया।

कर्म-चक्र पर हजारीप्रसाद द्विवेदी : "**कर्म-फल का सिद्धांत** भारतवर्ष की अपनी विशेषता है। ...इसका सुदूर प्रभावी परिणाम समस्त भारतीय समाज को प्रभावित किये हुए है, इसने निश्चित रूप से हिंदुओं की मनोवृत्ति को मोड़ दिया है जिसकी तुलना समस्त संसार में नहीं मिल सकती। हजारों वर्षों से भारतीय इतिहास में जो जन्म से नीच समझी जानेवाली जातियों में उत्कट विद्रोह का भाव नहीं आया वह इसी सिद्धांत को स्वीकार करने के कारण। प्रत्येक व्यक्ति यह जानता है कि उसके लिए कर्म का फल दूर नहीं हो सकता है।" ('भारतवर्ष की सांस्कृतिक समस्या', 'अशोक के फूल' पृ. 61)

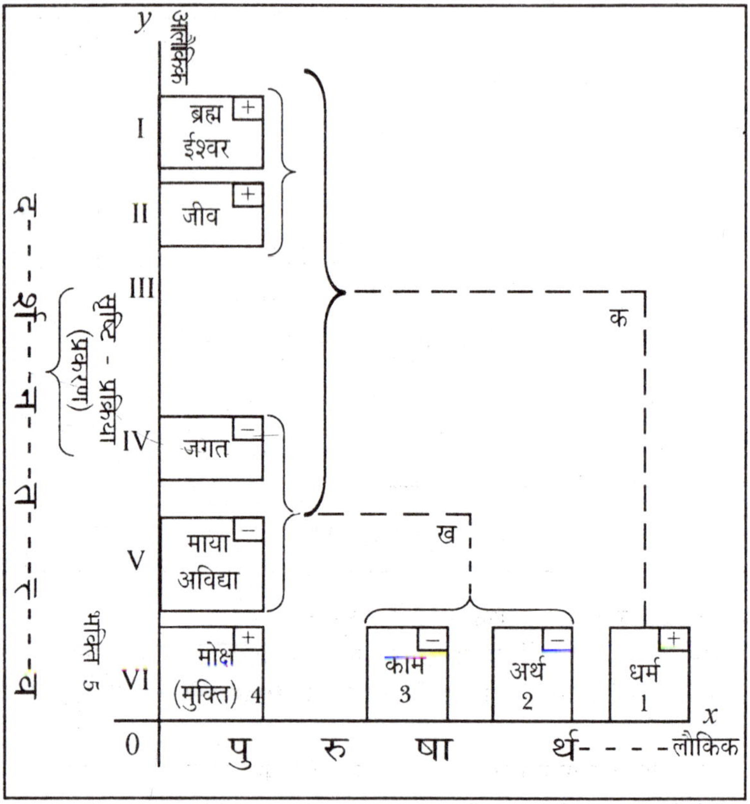

इसी उपक्रम में दर्शन-तत्वों के कुछ गुणसूत्र खोले जा सकते हैं—

(i) चार या पाँच पुरुषार्थों में-से मोक्ष 'परम पुरुषार्थ' है तथा दो (अर्थ) और तीन (काम) निषेधपरक हैं।

(ii) छह दर्शन-तत्वों में-से (IV) जगत् और (V) माया निषेधपरक हैं।

(iii) मूलरूपेण (क) संसार-चक्र तथा (ख) कर्म-चक्र हैं।

(iv) इस भाँति हमारा यह 'सिस्टम-विश्लेषण' संवर्गों को लक्षित कर लेता है।

VIII—निष्कर्ष रूप में अनादि एवं अनन्त के युग्म की अवधारणा महाशून्य (या कास्मिक स्पेस) की है। (ब्लैक होल भी कह सकते हैं)। यहाँ काल दिशा-संकेत कर रहा है, क्षणवत् गतिमान नहीं हुआ है। यहाँ देश कणवत् है, सगुण नहीं हुआ है। इसमें दोनों के ही कई मार्गों/प्रकारों से उन्मीलन की संभावनाएँ विद्यमान् हैं। यहाँ **ब्रह्म-विद्या** है। केंद्र के अभिसारी होने पर ब्रह्म के निर्गुण या निराकार के तथा केंद्र के अपसारी होने पर ब्रह्म के सगुण या साकार के पूर्वानुमान उद्भूत हुए होंगे। निर्गुण

काल-प्रधान है; सगुण देश-प्रधान। श्रव्य सांस्कृतिक रूप निराकारी है जबकि दृश्य साकार धर्मा है।

इसी तर्क-रेखा को आगे बढ़ाएँ--मात्र काल-अक्ष निरपेक्ष अमृत-तत्व है। मात्र देश-अक्ष मर्त्यमान द्वंद्व है। कष्ट और सुख है; शोक और हर्ष है।

भारतीय तत्व-चिन्तन में महाशून्य के केंद्र-बिन्दु से ब्रह्म और आत्मा के, ब्रह्म और जगत् के, अमरता और मर्त्यमाणता के द्वैत-द्वंद्व उद्भासित हुए हैं। इन्हें छापकर ही अमरता महानन्द एवं महाकरुणा से भी उत्तीर्णता की चिरन्तन प्राक् कल्पना है। यह निर्वाण है, मोक्ष एवं मुक्ति है तथा (जगत-जीवन की संयुजता में) मार्क्सवादी **'समग्र उद्धार'** (टोटल रिडेमप्शन) भी है। आदिभौतिकता (मेटाफिजिक्स) के गुण-सूत्र (जीनकोड) बहुत कुछ ऐसे ही खुल सकते हैं।

ख

आनन्द : भारतीय कला-दर्शन में भरत-भामह-दंडी-रुद्रट आदि की सौन्दर्य--अलंकार--रीति की धारा में **सौशब्ध-धुरी** रहा है। किन्तु जब शरीर के आगे उसमें भी आत्मा का ज्ञान-अभिज्ञान खोजा जाने लगा तो भट्टलोल्लट-भट्टनायक-आनन्दवर्धन-अभिनवगुप्त-विश्वनाथ-पंडितराज जगन्नाथ ने **आनन्द-अनुभूति** की अन्तर्यात्राएँ आरंभ कीं।

I. नाट्य-नृत्य तथा काव्य-नाटक के कलावृत्त में ये आयाम कृति तथा निष्पादन में केंद्रित हैं। अतः इनमें आदि-मध्य-अन्त इनकी संरचना (स्ट्रक्चर) का बन्धान करते हैं। लेकिन ऐसा महावितान अनादि-अनन्त की महाभूत समाधि में संलक्षित होता जाता है। सो, कला एवं काव्य की 'आत्मा' और अनुषंग में आत्मा के (रस के बजाय) 'आनन्द' की सिद्धि ने अन्ततोगत्वा 'ब्रह्म' की सत-चित्--आनन्द-धन परक व्यास-रेखा समुपस्थित कर दी। सो, काव्यानन्द को, श्री शंकुकीय अनुभिति, भट्ट नायकीय साधारणीकरण एवं अभिनवगुप्तीय अभिव्यक्ति से परे **ब्रह्मानन्द** द्वारा अभिकल्पित किया गया। यदि ब्रह्मानन्द लौकिक (काम-कलापरक) विषयानन्द से कई गुना अधिक है तो फिर काव्य तथा कला का आनन्द **ब्रह्मानन्द-सहोदर** घोषित किया गया। इस भाँति सौन्दर्य से शुरू हुई काल-यात्रा आत्म-आनन्द में, आनन्द की समाधि में, संविद्विश्रान्त होती है।

II. ब्रह्म-आत्मा--आनन्द का त्रित्व तीन आयामों में विकसित हुआ--(i) सत्-चित्-आनन्द घन, (ii) अन्नमय-प्राणमय-मनोमय-ज्ञानमय-आनन्दमय--पंचकोष तथा (iii) भावादि-पैटर्न में विभावानुभाव-संचारी-स्थायीभाव के संयोग से रसादि तथा उनकी एकैक-एकात्म आनन्द में संविद्विश्रांति।

पहले पंडिताई के कुछ चर्चे कर लिए जाएँ। **'ब्रह्म'** के निर्विकल्प प्रत्यय तथा आत्मा का प्रखर अनुप्रवेश उपनिषदों द्वारा होता है। ...ब्रह्म मूर्त-अमूर्त, मर्त्य-अमर्त्य, स्थिर-अस्थिर (यत्), सत् (स्व-लक्षण) तथा त्यत् (अवर्णनीय) है। यही 'परम आत्मा' है जो अविद्या से बन्धनयुक्त होकर **'जीवात्मा'** हो जाता है।

ब्रह्म के **'चित्'** पक्ष में बौद्धिक समन्वय की क्षमता है जिसका विभेद आशंशा (एप्रिहेंशन) द्वारा होता है। व्यापक संबोध में यह बौद्धिक है जिसमें स्मरण, अनुसन्धान अन्तर्निहित हैं। इस भाँति चित् मानसिक प्रवृत्ति अर्थात् आत्म सम्पुष्टिकारी ऐसी सक्रियता है जो बाह्योन्मुख है—प्रमेय (ऑब्जेक्ट) की ओर से। प्रसंगवश संबोध (सेंस) अथवा संवेदना (सेंसिबिलिटी) के दो पक्ष हैं—उद्घाटन (प्रकाश) एवं व्याप्ति (आहरण)।

'आत्मा' में विभुत्व एवं नित्यत्व है। चार्वाकों के मुताबिक, भिन्न-भिन्न जड़ पदार्थों के सम्मिश्रण से आत्मा में चैतन्य उत्पन्न होता है। यह मिश्रण पंचभूतों—पंच ज्ञानेंद्रियों—पंच-कर्मेंद्रियों वाला है। सम्मिश्रणकारी शरीर का विघटन होते ही, आत्मा भी नहीं रहती तथा चैतन्य भी नहीं रहता। वस्तुतः यहाँ जड़ तथा प्रकाश (चेतन) का द्वंद्व लक्षित है। इसी तरह एक अनसुलझा विरोधाभास है कि आत्मा एवं ब्रह्म अभिन्न हैं, पूर्ण हैं तथा सर्वव्यापी हैं।

'आनन्द' के दार्शनिक आयाम के अन्तर्गत कारणावस्था में केवल पुरुष एवं प्रकृति विद्यमान रहते हैं। यही आनन्दमय अवस्था है। जब कारण-शरीर चैतन्य को आवृत्त कर लेता है, तब वह आनन्दमय कोष कहलाता है। इस अवस्था में सभी (लौकिक) प्रपंचों का लय होता है। सभी कुछ शान्त-विश्रान्त रहता है। अतः यह सुषुप्ति-उन्मुख समाधि दशा-सी है। वह सुख तथा दुख तथा सुख-दुख का अतिक्रमण करती है।

नाट्य-नृत्य तथा काव्य-नाटक के चक्रों में आनन्द आदि-मध्य-अन्त के सहवर्तन में अनादि-अनन्त में संविद्विश्रान्त होता है। ...वस्तुतः यह सविकल्प-निर्विकल्प समाधि के मध्यान्तर जैसा है। यह ब्रह्म की समानान्तरता में अद्वैत, एकात्म, एकैक में तिरोभूत होता है। ...यह नौ-दस रस-दशाओं से कालोत्तीर्ण तथा देशोत्थानित हो जाता है। सुतरां यह शब्दशक्तियों तथा विभावानुभावादि के रससूत्र से प्रस्थान करके मात्र निस्संग-निरपेक्ष-निर्विकार—अनिर्वचनीय हो जाता है। यह **महाभूत समाधि** में विश्रान्त होता है (हमारा आशय दंडी-सम्मत वैदर्भी रीति के समाधि-गुण से कतई नहीं है)।

जब नाटक-नृत्य एवं काव्य-नाटक में अलौकिक प्रतीति-रूप **'रस'** की संस्थिति कर दी गई तब **आस्वादन** भी एक मानस-व्यापार हो गया जिसका प्रतिफलन हर्ष एवं तृप्ति हो गया (यहाँ भोजन के स्वाद से भिन्न मात्र रूपकत्व है)। इस भूमिका पर

अभिनवगुप्त ने **रसना** को स्वसंविद् का चर्वणा-व्यापार घोषित किया। वास्तव में यह आस्वादन का ही पर्याय है।

तो रस का संरूप क्या है? यह विविध स्थायी भावों वाला है जो चमत्कारमय है। किन्तु यह सुखरूप, दुखरूप या सुख-दुख रूप है क्योंकि इसमें परस्पर विरुद्ध स्थायी-भावों का भी सामंजस्य है। अतएव अभिनवगुप्त ने उसे, इनसे ऊपर, आनन्दरूप में विश्रान्त किया। इससे तो सम्पूर्ण व्यापार ही बदल गया।

यहाँ **'चर्वणा'** एकघन तथा प्रकाशमयी (उद्घाटक तथा व्याप्तिपरक बोध-स्वरूपा) है। अर्थात्—यह 'एकघन विश्रान्त निर्विघ्न **संविति**' है। सो, यह आनन्दमयता से मंडित होती जाती है और आनन्द का सारभूत तत्व हो जाती है। सो यह सुखरूप-दुखरूप—सुखदुख रूप हो ही नहीं सकती। तो क्या यह महाभूत समाधि में लयता है?

एकघन संविति में विश्रान्त होने के कारण चित् में त्रिगुणात्मक विक्षोभ नहीं होता। अतः अब सभी अनुभव आनन्दरूप हो जाते हैं। क्या मनोविज्ञान इसकी साखी दे सकता है, आनन्द की मूर्तता में?

III. अन्ततः हम सांस्कृतिक-आकृतिबन्ध (कल्चरल पैटर्न) तथा सामाजिक पंचांग (सोशल चार्टर) का आगाज करने के काबिल हो सकते हैं। शुरुआत तो आर्यों तथा भरतमुनि से ही करनी समीचीन होगी।

परवर्ती यूनानियों (ग्रीकों) की तुलना में भारतीय आर्यों के पास एक बड़ा विरसा था। वे चार वेदों, पंचमवेद—(अर्थात् नाट्यशास्त्र) के महाकृती थे। वे क्रमशः कर्म-सिद्धांत के बानी तथा सौभाग्य-चक्र के अभियंता थे। वे सुखों तथा खुशियों के, गौधन-धान्य तथा विजयों के विजिगीषु, धीरवीर, भोगी तथा कबीलाई गोत्रों के संघ वाले भी थे। अतएव आरंभ में करुण-भयानक, रौद्र-बीभत्स के यथार्थबोध की अवहेलना करते रहे, जबकि ग्रीकों के नागर कबीले इनसे जूझते हुए ऐतिहासिक यथार्थता की त्रासदी भोगते रहे। प्रतिपक्ष में आर्य पुरोहित एवं ऋषि शृंगार-वीरता-धीरता-रौद्र—को प्राथमिकता देते रहे। इस वजह से उनका वैश्विक दृष्टिकोण (वर्ल्ड व्यू) सुखांत सिद्ध हुआ। अतः वे सौभाग्य-कामी होते गए। सो, इतिहास की अपेक्षा मिथक एवं वाक् (काव्य/ऋचा) उनकी धुरी बने। इस वजह से भय एवं करुणा के विरेचन (कैथार्सिस) से उन्मीलित **प्रशान्ति** नहीं, बल्कि वस्तु-नेता-रस के आह्वानों से आह्लादित ध्यान समाधि वाला **आनन्द** श्रेयपद पर अभिमंत्रित हुआ। इस भाँति उपनिषद्-काल तक आते-आते, व बाद में, **समाधि** की तन्मयता में **'रस'** ही सौन्दर्यबोधानुभव की मधुमती भूमिका बनता गया।

तुलना में ग्रीकों ने 'कामेदी' को निम्नतर बोध का माना। आर्यों ने करुणा का अभिज्ञान कंट्रास्ट अथवा अपवाद के रूप में किया (यद्यपि उत्तर आर्यान में बुद्ध ने करुणा को, तथा मध्यकाल में भवभूति ने करुणा को रसराज घोषित किया)।

भरत मुनि से उद्गम खोजने पर धुरी नाट्य (थियेटर) की बनी। नृत्त से नृत्य उभरा। नाट्य में नृत्त तथा नृत्य में नाट्य का रि-मिक्स (पुनः मिश्रण) हुआ। कालांतर में 'भरत नाट्यशास्त्र' तथा नृत्य में 'भरतनाट्यम' एकैक सौन्दर्यबोधात्मक वेदिका पर आधारित हो गए। नाट्य में अभिनय तथा नृत्य में मुद्रानुकृति प्रधान हुई। पहले में रससूत्र तो दूसरे में भावरस का उन्मेष हुआ।

भरत के 'नाट्यशास्त्र' में भाव-अभिनय-रस प्रधान है तो 'भरतनाट्यम' में भी मुद्रा-भंगिमा-ताल द्वारा भावरस प्रमुख हुए। तथापि दोनों की धुरी **'नृत्त'** है। प्रकारांतर से आहार्य अभिनय तथा संगीत भी अनुषंग बनते गए। व्यवहार में नाट्य-धुरी शूद्रक-अश्वघोष-कालिदास-भास ने गतिमान की तो नृत्य का मंडप लोकधर्मी नर्तकियों, दिव्य अप्सराओं तथा अनुष्ठान-सम्पादिका देवदासियों ने साधा। यह प्रथम सौन्दर्यतात्विक इंजीनियरी साबित हुई : नृत्य तथा नाट्यका अन्तरावलंबन। दूसरी इंजीनियरी का आगाज बहुत बाद में हुआ जब श्रीशंकुक ने काव्य नाटक तथा चित्र का, तथा भट्टनायक ने काव्य तथा नाटक में साधारणीकरण द्वारा भावकत्व-भोजकत्व व्यापार की दिशाएँ खोजीं।

IV. फिर कुछ **'ऐतिहासिक पुनर्निर्मितियाँ'** होने लगीं। सांख्य-दर्शन के पुरुष-प्रकृति वाला द्वंद्वैक्य का उन्मीलन नायक-नायिका में भी आश्रय-आलंबन विभावों द्वारा हुआ। इसमें किंचित् संशोधन भी हुआ। यज्ञभूमि का सूक्त-पुरुष नाट्यशाला में नेता या नट हो गया। संयम-नियम-सन्तुलन-अनुकरण के 'योग' से वह व्यवहारवादी; धीरत्व की धुरी पर ललित एवं उद्धत, उदात्त एवं प्रशान्त प्रवृत्तियों के अक्षों पर चारित्र्य-गतिकी द्वारा मंडित हुआ। रमणियों के लिए भी काम एवं शृंगार की भूमिका पर उनकी अष्टनायिका-छवियों की दशाएँ अनुरंजित की गईं। इन चक्रचिह्नों के मूल में 'नृत्त' (ताल/छंद) आ मिला। नृत्त से नृत्य तथा नाट्य, दोनों का उन्नयन हुआ। नृत्य का केंद्र देहभाषा तथा नाट्य की धुरी अभिनय (अनुकृति) बना। अभिनय भी आंगिक-वाचिक-आहार्य हो गया। नृत्य तथा नाट्य तथा काव्य अन्तरावलंबित हो गए।

सो, नृत्य एवं नाट्य की गोधूलि-भूमा **'भाव'** है। **नृत्य** में मुद्राएँ तथा भंगिमाएँ (अवाचिक भाषा में) भाव की व्यंजक बनीं। **नाट्य** में स्थितियों-दशाओं का बहुविध संचार हुआ जो स्थायी-भाव की खोज में संलिप्त हुआ। अतः दोनों ही रस का उद्रेक करने लगे। इन तीनों का संगम **रस** में हुआ। अब अगली छलांग **आनन्द** की ओर लगनी थी। शायद इस व्यवधान का एक कारण यह भी था कि नृत्य एवं नाट्य, दोनों ही आनुष्ठानिक तथा निष्पादक (पर्फार्मिंग) कलारूप थे। इसके अलावा नृत्य शिल्पशास्त्र तथा चित्रसूत्रों से भी प्रसंस्कारित होता चला। व्यवधान को लांघा 'काव्य' ने। वैदिक वाक् एवं काव्य के द्वंद्व-न्याय तथा परवर्ती शब्दब्रह्म एवं

अर्थशक्तियों की तिहरी त्रिगुणात्मिका ने नाट्य में भी काव्यत्व के समायोजन कराए। इसलिए बाद में नृत्य तथा नाट्य के बजाय काव्य तथा नाटक की एक नई इकाई बनती चली। एक ओर अलंकार-सौन्दर्य-रीति द्वारा **शब्दार्थों के साहित्य** की धारा तो दूसरी ओर **काव्यात्मा की भाव-रस-आनन्द-धारा** प्रवाहित हुई। इससे काव्य के गुण-दोष विवेचन के बजाय नेता एवं नायक की समस्याओं से जोरदार मुकाबला हुआ। कई भ्रान्तियों को निथारा गया। सो 'चित्त' के बजाय 'आत्मा का सन्दर्भ-बिन्दु' दीपित हो उठा।

V. इस भाँति अभिनय की तिहरी धुरी तथा शब्दार्थ की तिहरी शक्तियों के अन्तर्विरोध उजागर हुए। नाटक एवं अभिनय के मंच से छिटककर काव्य तिहरी शब्द शक्तियों (अभिधा-लक्षणा-व्यंजना) पर केंद्रीभूत होता गया। अब सहवर्तन में 'ब्रह्म' तथा 'ब्रह्मानन्द' के हस्तक्षेप भी होने लगे। अब दर्शन का वर्चस्व (हेजिमनी) भी आरंभ हुआ। अतः काव्य-शरीर बनाम काव्य-आत्मा के बीच अन्तर्विरोध खुल्लम-खुल्ला **धुरीण्ण** हो गया। इससे नाट्य की रंगभूमि छूटती गई। आनन्दवर्धन और अभिनवगुप्त ने यह अभिकल्प भी संकलित कर डाला। बाद में मम्मट तथा पंडितराज जगन्नाथ ने दार्शनिक मशाल में सब कुछ आलोकित कर डाला। (अवांतरतः विश्वनाथ ने महाकाव्य तथा महावाक्य का एकात्व कर दिया)।

शताब्दियों के ऐतिहासिक उपक्रम में नृत्य और नाट्य,काव्य और नाटक, चित्र और काव्य, शिल्प और नृत्य, कला-साहित्य और दर्शन-शास्त्र, कला-शास्त्र और काम-शास्त्र के समायोजनों-संयोजनों के द्वारा ही **'भारतीय सौन्दर्यबोधशास्त्र'** (एस्थेटिक्षा) की प्रजनक वेदिका स्वयंमेव प्रस्तुत होती गई।

VI. हम यह कई मर्तबा प्रतिपादित करते आ रहे हैं कि नृत्य और नाट्य, काव्य और नाटक, शिल्प और चित्र आदि कला-सांस्कृतिक रूप-पंचांगों का संगम या पद्मनाभि **रस** में उन्मीलित हुई। दर्शन के दिग्दर्शन ने रस का शीर्ष लक्ष्य **आनन्द** में सिद्ध किया। यही गौरीशंकर-शिखर हो गया।

इसके लिए काव्य-शरीर में गूढ़ अन्तर्यात्राएँ शुरू हुई। रस-निष्पति किसमें? रचनाकार में, कि पात्र में, कि अभिनेता (नट) में, अथवा सहृदय सामाजिक में? फिर इनमें-से कौन-कौन, कैसे-कैसे इसका भोक्ता है? वाद-विवाद-संवाद की यह पोलेमिक्स शताब्दियों तक चालू रही। लोल्लट भट्ट, भट्टनायक, श्रीशंकुक, अभिनवगुप्त पाद आदि ने इस जटिल अन्तर्द्वंद्व को अपने-अपने संस्कार-दार्शनिक सन्दर्शों द्वारा व्याख्यायित किया। उन्हें यह विश्रांति तथा संविति काव्य-आत्मा के **आनन्द** में उद्घाटित हुई। हम उपखंड (ii) में आत्मा तथा आनन्द की पूर्वानुभितियों के प्रस्थान बता चुके हैं। अतएव उनकी वही पुनरावृत्ति अनपेक्षित है। तदपि–

तदपि प्राथमिक नृत्त तथा नृत्य में रस से अग्रगामी प्रस्थान क्षीणतर रहा। वह मंदिरों और राजसभाओं में शुद्ध एवं दिव्य अथवा रागोदीप्त एवं लोकधर्मी होता गया। उदयशंकर, अन्ना पावलोवा, रुक्मिणी देवी, बाला सरस्वती, शोवना नारायण, सोनल मानसिंह, मल्लिका साराभाई, हेमा मालिनी, बिरजू महाराज आदि इसकी मिसालें हैं।

जब नाट्यशास्त्र 'पंचम वेद' का दर्जा पाता गया तो परवर्ती आचार्यों ने इसको उपनिषद् के ब्रह्म तथा आत्मा तथा आनन्द का सन्दर्श प्रदान कर दिया। अतएव नव/नौ प्रकार के रसों के अद्वैत-एकात्म-विश्रान्त-समाधिभूत अनुभव को **'आनन्द'** से संलक्षित किया गया। तदपि 'ब्रह्म' तथा 'आत्मा' तथा 'आनन्द' तथा 'सौन्दर्य' अर्थोत्तीर्ण, अपरिभाषेय, अनिर्वचनीय प्रत्यय बने रहे हैं।

(2004, 2012)

❒❒❒